삶과 죽음을 바라보는
티베트의 지혜

삶과 죽음을 바라보는

티베트의 지혜

소걀 린포체 | 오진탁 옮김

민음사

THE TIBETAN BOOK OF LIVING AND DYING:
The Spiritual Classic & International Bestseller: 30th Anniversary
by Sogyal Rinpoche

Copyright © Rigpa Fellowship 2002, 2020
All rights reserved.

Korean Translation Copyright © Minumsa 1999, 2013, 2014, 2020, 2023

Korean translation edition is published by arrangement with
HarperOne, an imprint of HarperCollins Publishers through EYA.

이 책의 한국어 판 저작권은 EYA를 통해
HarperCollins Publishers와 독점 계약한 **(주)민음사**에 있습니다.

저작권법에 의해 한국 내에서 보호를 받는 저작물이므로
무단 전재와 무단 복제를 금합니다.

나는 이 책을 잠양 켄체 최기 로되, 뒤좀 린포체,
딜고 켄체 린포체, 뇨슐 켄 린포체, 켄체 상윰 칸도 체링 최된을 비롯해
나의 삶에 영감을 주었던 모든 스승들에게 바치고 싶다.
이 책이 현재를 사는 혹은 죽어가는 사람들에게 읽혀
죽은 이들을 자유로 이끄는 안내서가 되기를.
이 책이 모든 독자들에게 도움이 되고,
깨달음으로 향하는 그들의 여정에 원동력이 되기를.

달라이 라마의 추천사

알맞은 때에 간행된 이 책에서, 소걀 린포체는 삶의 참된 의미를 어떻게 이해할 것인지, 죽음을 어떻게 받아들일 것인지, 그리고 지금 죽어가고 있는 사람과 이미 죽은 사람을 어떻게 도울 수 있는지에 초점을 맞추고 있다.

죽음이란 삶의 자연스런 일부분으로, 누구나 언젠가 반드시 죽음에 직면하게 된다. 나는 우리가 살아 있는 동안 죽음을 다루는 방식은 두 가지라고 생각한다. 죽음을 무시하거나 자기 자신의 죽음과 정면으로 맞서 죽음에 대해 분명하게 생각함으로써 죽음이 야기할 수 있는 고통을 최소화하는 것. 그러나 두 가지 중 어느 것도 죽음을 실제로 극복할 수는 없다.

불자(佛子)로서 나는 죽음이란 삶의 일상적인 전개 과정으로, 지상에서 살아가는 한 꼭 수용해야 하는 과정이라고 생각한다. 죽음을 피할 수 없음을 직시하면 죽음을 걱정할 이유가 사라진다. 나는 죽음이란 궁극적인 종말 같은 것이라기보다 낡아서 해어졌을 때 갈아입는 옷 같은 것이라고 생각한다. 하지만 죽음이 언제 어떻게 찾아올지 우리는 결코 예측할 수 없다. 따라서 죽음이 실제로 찾아오기 전에 미리 준비하는 것만이 현명한 처사이다.

물론, 대부분의 사람들은 평화롭게 죽기를 바란다. 그러나 우리의 삶이 폭력으로 가득 차 있거나, 성냄, 집착, 공포 같은 감정으로 마음이 크게 혼란스럽다면, 평화롭게 죽을 수 없음 또한 자명한 일이다. 따라서 죽음을 바르게 맞이하고자 한다면 올바르게 사는 법을 배워야 한다. 즉 평화로운 죽음을 희망한다면 우리의 마음과 자신의 삶 속에서 평화를 일구어야 하는 것이다.

이 책에서 앞으로 제시하겠지만, 불교적 관점에서 볼 때, 죽음을 실제로 어떻게 겪느냐 하는 점은 매우 중요하다. 우리가 어떻게 또는 어디에서 다시 태어나게 되느냐 하는 것은 일반적으로 업(業)에 의해 결정되겠지만, 죽는 순간 지녔던 마음의 상태가 다음 생의 향방에 영향을 미칠 수 있다.

따라서 우리가 커다란 업보를 쌓았음에도 죽음의 순간에 덕으로 충만한 마음을 유지하기 위해 특별한 노력을 기울인다면, 덕으로 가득한 업을 강화시켜 좀더 활성화시킬 수 있을 것이며, 그리하여 행복한 다음의 생을 맞을 수 있으리라.

죽음이 실제로 일어나는 시점은 가장 심오하고도 풍요로운 내적 경험을 불러일으킬 수 있는 때이기도 하다. 능숙한 수행자는 명상 속에서 죽음의 과정을 반복해서 인지함으로써 자신이 실제로 죽는 순간을 커다란 영적인 깨달음을 얻기 위한 방편으로 활용할 수 있다. 이런 까닭으로 숙련된 수행자는 자신이 죽어가고 있는 시점에 임해서도 명상 수행에 몰입하는 것이다. 수행자가 얼마나 성취했는지 여부는 임상적으로 죽은 뒤 얼마나 오랜 시간이 지난 후에 육신이 부패하기 시작하는가를 종종 징표로 삼기도 한다.

스스로의 죽음을 준비하는 것 못지않게 다른 사람이 죽음을 바르게 수용하도록 돕는 것도 의미 있는 일이다. 태어날 때 우리는 누구나 무력한 존재이다. 그때 따뜻한 보살핌을 받지 못했더라면 살아남지 못했을 것이다. 죽어가는 사람들 역시 자신을 돌볼 수 없기 때문에 그의 고통과 불안을 우리가 완화시켜 주어야 하고, 그가 죽음을 침착하게 맞이하도록 최선을 다해서 도와야 한다.

이때 가장 중요한 점은 죽어가는 사람이 이미 겪고 있는 혼란을 심화시켜서는 안 된다는 것이다. 죽어가는 사람을 돕는 우리의 첫 번째 목적은 그들을 편안하게 이끄는 것이다. 그렇게 할 수 있는 방법은 여러 가지가 있다. 죽어가는 당사자가 영혼의 의례(儀禮)에 익숙한 사람이라면, 이 의례가 제시될 때마다 그는 용기를 얻어 영감을 받을 것이다. 우리가 그의 곁에서 따뜻하게 그것을 재확인시켜 주기만 해도, 죽어가는 사람의 마음속에 평온함과 안락함을 불러일으킬 수 있다.

죽음과 죽어가는 과정은 티베트 불교와 현대 과학 전통이 만날 수 있는 기회를 제공한다. 양자가 죽음의 이해와 실용적 이익의 차원에서 서로 커다란 기여를 할 수 있다고 믿는다. 특히 소갈 린포체는 이런 만남을 촉진시킬 수 있는 위치에 있다. 티베트 불교의 전통 속에서 태어나 성장한 그는 티베트의 위대한 라마들로부터 가르침을 받았다. 또한 그는 서양식 현대 교육을 받고 서양에서 영혼의 스승으로 수십 년 간 살았고 가르침을 펼쳤으므로, 서양의 사유 방식에도 익숙한 인물이다.

이 책은 독자들에게 죽음과 죽어가는 과정을 이론적으로 설명할 뿐만 아니라, 죽음과 죽어가는 과정을 이해하는 실제적인 척도를 제공할 것이며, 자기 자신과 다른 사람이 죽음을 평온하고도 충만하게 준비하도록 도울 것이다.

1992년 6월 2일
달라이 라마

30주년 기념판 서문

    1992년 『삶과 죽음을 바라보는 티베트의 지혜』가 처음 출판되었을 때, 독자의 반응을 예상하기는 어려웠다. 이 책은 티베트 불교 전통의 관점에서 삶과 죽음에 대한 완벽한 비전을 제시했다. 당시에 사람들은 물질문명의 발전 너머에 과연 무엇이 있는지 의심하고 있었다. 사람들은 보다 깊은, 영적인 질문에 대한 답을 구하고 있었던 것이다. 그러나 이런 질문은 여전히 미지의 영역에 있었는데, 특히 죽음 자체는 두려움의 근원이었다.
    공교롭게도 이 책은 뜨거운 열광과 관심을 받았다. 공동 편집자인 나는 이 책의 출간 소식이 입에서 입으로 전달되는 과정을 놀란 눈으로 지켜보았다. 이 책은 점차 널리 알려지게 되었다. 우리는 이 책이 이만큼 영향력이 커질 줄은 전혀 예상하지 못했다. 시간이 흐를수록 많은 사람들이 이 책에서 엄청난 지지와 위안을 얻고 있다는 것이 분명해졌다. 우리는 수년 동안 이 책이 어떻게 도움이 되었는지 상세하게 쓰여 있는 감동적인 편지와 메시지를 계속 받았다. 책에서 깊은 영감을 받은 사람들이 있었고, 삶과 죽음의 의미를 분명하게 깨달았다는 사람들이 있었다. 사랑하는 사람의 죽음을 변화시켰다고 말하는 사람도 있었고, 자신의 삶의 결정적인 국면에서 큰 도움을 받았다는 사람들이 있었다. 슬픔과 절망에 빠진 사람들, 집, 병원, 호스피스에서 자신의 죽음에 직면한 사람들, 심지어는 사형 집행을 기다리는 사람도 있었다. 어떤 사람들은 이 책을 두 번, 세 번 꼼꼼하게 읽고, 삶의 위기가 닥친 순간에 다시 읽었다고 말했다. 어떤 사람들은 책을 침대맡에 놓아두고 가르침이나 영감이 필요할 때마다 책을 집어 들었다고 했다. 책을 여러 권 구입해서 주위 사람들에게 나누어 주었다는 사람들도 있었다.

여러 나라의 의료 기관, 교육 기관에서 이 책을 교재로 채택해 방법과 수행법을 교육 과정에 활용했다. 호스피스 활동으로 상을 받았던 한 의사는 말했다. "의학적으로는 도저히 설명할 수 없는 상황에서, 이 책은 고통을 받고 있는 환자들을 도울 수 있는 방법을 알려 주었다." 인도 첸나이의 한 여성은 이 책에 깊이 감동받고, 시한부 질병을 앓고 있는 말기 환자들을 위한 의료 재단을 만들었다. 미국에서 한 10대 청소년이 피자를 배달하다 총에 맞아 죽었을 때, 그의 아버지는 이 책에서 죽음에 대한 내용을 읽고 있었다. 그는 당시 총을 쏜 청소년의 아버지와 함께 재단을 설립해, 학교에서 청소년들에게 비폭력을 가르치고 있다.

이제 이 책은 80개 국가에서 34가지 언어로 출판되었다.(곧 티베트어로도 출판될 것이다.) 지금까지 300만 부가 판매되었다. 중국 내의 판매를 포함한다면, 아마도 400만 부에 달할 것이다. 이 책은 친구, 가족, 동료뿐 아니라 전혀 모르는 사람에게도 전해졌다. 이 책이 또 다른 장소에서 불특정한 사람들의 손에 전해진 것까지 고려한다면, 1992년 발행 이후 얼마나 많은 사람들이 이 책을 접했는지 정확하게 파악하기는 불가능할 것이다.

독자들은 이 책 곳곳에 담겨있는 일관된 내용, 즉 어느 누구도 개종시키려는 의도가 없다는 메시지에 반응하는 듯하다. 어떤 독자는 이렇게 말한다. 이 책이 스스로의 신념과 신앙심을 보다 강화시켰다고. 종교를 가지고 있지 않은 사람들에게 삶의 목적을 보다 새롭게 제시해 주었다고. 또 이 책은 사람들에게 영적인 길에 대한 길잡이 역할을 했다. 그들은 명상을 시작하거나, 불교 수행에서 자신의 길을 발견해 참된 스승을 찾아 나서기도 했다. 이 책은 또한 신비를 벗겨 내고 개념적 오류를 몰아내기도 했다. 가족들은 명상이나 불교에 관심을 보이는 자녀나 형제들을 덜 의심스러운 눈으로 바라보게 되었다. 가족들도 이러한 마음 수행의 이로움을 볼 수 있었기 때문이다.

티베트 불교의 가르침은 지상에서 가장 오래된 지혜 전통 중 하나로 여겨진다. 티베트 불교의 가르침은 매우 심오하고, 현대 사회가 당면한 문제에 딱 들어맞는다. 티베트 불교는 마음에 대한 독특한 이해, 더 정확히 말하면 우리의 참된 본성을 전해주고 있다. 수행을 통해 따뜻함, 자비, 복원력, 마음의 평온함이 전 세계에 확산할 수 있게 한다. 이처럼 중대한 가르침은 세심하게 다듬어져 수세기에 걸쳐 스승으로부터 제자에게 전수되었고, 끊임없이 살아 있는 지혜로 오늘날까지 이어지고 있다. 따라서 이 책에 담겨 있는 것은 구전으로 전승된 것들의 진수다. 이것은 소걀 린포체가 그의 스승으로부터 전수받은 것이기도 하다. 그 결과 이 책은 전승 과정의 축복으로 가득 차 있다. 전통의 관점에서 보면, 이 축복이 이것이 가진 모든 영향과 이익의 궁극적인 근원이다.

이 책은 참된 의미에서 위대한 스승들과 수행자들이 살던 시대의 따뜻함과 관용에 대한 경의이며, 또한 티베트 구전 전승의 대변자로 간주될 수 있다. 우리가 이 책 곳곳에서 들을 수 있는 것은, 살아 있는 스승이 직접 우리에게 말을 거는 듯한 목소리와 지혜이기 때문이다. 이 책이 저술되었을 때에는 20세기의 가장 위대한 스승들에게 직접 질문을 던지고 답변을 듣는 것이 여전히 가능했다. 당신은 그 스승들을 이 책에서 만나게 될 것이다. 비록 지금은 그들의 세대가 지나갔지만 말이다.

이 책을 통해 기대하는 것이 무엇인지 물었을 때 소걀 린포체는 이렇게 대답했다. "우리가 죽음을 바라보고 죽어 가는 사람을 돌보는 방식, 그리고 우리가 삶을 바라보고 살아 있는 생명을 보살피는 방식 전체에 조용한 혁명이 일어나도록 고취하는 것이다." 지난 시간을 뒤돌아보면 이 책은 많은 사람이 더 평화롭게, 더 적은 두려움으로 삶을 영위하게 하는 데에 도움을 주었다. 우리가 죽음을 바라보는 방식은 지난 30년 동안 변했다. 삶의 마지막 기간을 보살피는 방식에 대한 일반 사람들의 의식은 훨씬 높아졌다. 우리는 웹 사이트, 단체, 책, 가이드, 주류 방송, 다큐멘터리를 비롯해 '데스 카페(death cafés)'와 같은 풀뿌리 운동까지 다양한 매개를 통해 죽음을 주제로 한 대화를 이어 가고 있다.

호스피스와 통증 완화 치료 또한 확대되었는데, 죽어가는 사람을 따뜻하게 보살피는 과정에서 의사, 환자, 가족이 함께 소통하고 있다. 이로써 중요한 사실이 발견되었다. 죽음에 대해 사람들이 평소에 이야기하도록 돕고, 죽어 갈 때 그들이 바라는 것을 미리 생각하도록 돕고, 의사들이 죽음을 주제로 환자와 대화할 수 있도록 돕는 것이 얼마나 중요한지 알게 된 것이다. 많은 것이 바뀌었지만 여전히 해야 할 일이 많이 남아 있다. 예를 들어, 젊은이들을 포함해 사람들에게 죽음에 대한 문제를 교육해야 하고, 더 통합적인 방식으로 죽어 가는 사람을 보살펴야 하며, 호스피스의 기본 정신을 계속 유지해야 한다는 것이다.

이 책에서 제시하듯이, 어떻게 죽을 것인지에 관한 문제는 중요하다. 죽어 가는 사람에게 필요한 핵심은 그들에게 삶의 의미와 관계를 이어 주는 더 깊은 영적 차원이다. 이 책의 직접적인 성취 중 하나는 '영적 보살핌'이라 불리는 교육과 훈련 프로그램이었다. 영적 보살핌은 의료 종사자, 자원봉사자, 일반 대중에게 훈련을 제공하기 위해 고안되었는데, 삶과 죽음에 관한 불교적인 지혜와 자비에 의해 고취된 이 프로그램은 특히 삶의 마지막을 보살피는 과정을 위한 것이다. 현재까지 4만여 명의 의료 종사자가 교육 과정에 참가했고, 아일랜드와 독일에는 이 프로그램을 위한 돌봄 센터가 조성되었다.

이 책은 죽음에 대한 획기적인 태도를 형성했고, 죽어 가는 사람에 대한 돌봄 문제를 더욱 공개적으로 논의하도록 일조했다. 이 책이 지난 30년 동안 명상, 자비, 상호 의존성의 확산에 기여했다면 참으로 기쁜 일이다. 그러나 이 책의 가장 큰 기여는 티베트의 지혜 전통이 시간을 초월한 특성을 지녔다는 사실과 (티베트에서는 위험에 처했지만) 이러한 가르침이 오늘날과 먼 미래까지 전 세계에 이로움을 준다는 사실을 드러냈다는 것이다. 젊은 사람이든 나이 든 사람이든 더욱 많은 현대인이 이 가르침에 한층 더 쉽게 접근할 수 있다면 얼마나 멋질까. 결국 영적인 이해와 진전은 의심할 여지 없이 인간의 생존을 위해 필수적이다. 게다가 '평화의 봉사자'들에 대한 메시지가 넘쳐나는 가운데, 이 책은 그 자체로 직접적인 행동을 요구한다. 지혜와 자비의 가치를 일상생활 속에서, 현실의 치열한 싸움터에서 실천하는 개인들에게 말이다.

오늘날 현대 사회는 새롭고 혼란스러운 도전에 직면하고 있고, 우리는 이로부터 결코 벗어날 수 없다. 우리 모두 알고 있듯이, 세계 곳곳에서 소외, 억압, 정신적 질병이 계속 늘어나고 있다. 우리가 삶의 상호 의존성에 대한 인식을 거부하면서 자연과 지구의 파괴가 갈수록 심해지고 있다. 30년 전에는 우리가 이러한 가르침을 의식하는 수준을 필요로 했다면, 오늘날은 한층 더 절박해졌다. 왜냐하면 이 가르침은 우리에게 무지, 절망, 냉소주의, 탐욕에서 벗어난, 의미와 자존감의 결여에서 벗어난, 죽음과 삶 자체에 대한 두려움에서 벗어난 세상에 대한 비전을 제시하기 때문이다. 이 가르침들은 변화를 위한 길과 방법을 제시한다. 만일 우리가 삶과 죽음을 전체적으로 볼 수 있다면, 죽음을 비극이 아니라 변화의 기회로 볼 수 있다면, 그리고 우리가 자비와 마음의 내적 본성에 의해 의미로 충만한 삶을 바라볼 수 있다면 얼마나 큰 변화가 일어날 수 있을까. 그것은 이 책의 저자가 제시한 혁명과도 같을 것이다.

마지막으로 이 책을 읽은 몇몇 독자의 경험에서 나온 말을 한마디 보탠다. 당신 마음속에 의심이 꿈틀거리고 있다면, 이 책을 읽으면서 마음속 그 의심을 조용히 간직해 보라. 그러면 어떤 직관이나 통찰, 이해가 곧 드러나는 것을 깨닫게 될 것이다. 이 책을 계속해서 읽을수록, 저절로 더 많은 것이 분명하게 드러날 것이다.

영감이 풍부한 소걀 린포체는 전 세계를 쉴 새 없이 여행하면서 메시지를 전했다. 그는 감동적이면서 카리스마 넘쳤고, 도전적이면서도 동시에 사람들의 흥미를 불러일으켰다. 암 발병으로 2년여에 걸쳐 치료하던 중 2019년 가을, 소걀 린포체는 세상을 떠났다. 유감스럽게도 소걀 린포체의 말년에 린포체와 리그파에 대한 여러 가지 불평불만이 제기되었다. 리그파의 반응은 657쪽의 '리그파'를 참조하라.

이 책 저술은 오랜 기간의 자료 조사, 토론, 집필, 윤독, 원고 수정 등 여러 해에 걸친 기나긴 여행이었다. 이 책 집필은 내 삶에서 가장 비옥하고 가장 창의적인 시기 중 하나였다. 격렬한 열정과 관심으로 이루어진 저술 과정에서, 믿기 어렵겠지만 정신적 고양을 체험했다. 감히 말씀드린다면, 이 책 저술에서 나는 비록 작은 부분이기는 하지만 어떤 역할을 했다고 자부한다. 내게 소중한 기회를 허락한 소걀 린포체와 내 스승들에게 오늘까지도 마음 깊이 감사드리고 있다.

패트릭 개프니

서문

나는 티베트에서 태어났다. 내가 캄 지방에 있는 스승, 잠양 켄체 최기 로되의 사원에 들어가 생활을 시작한 것은 생후 여섯 달 때부터였다. 티베트에는 천화(遷化)한 위대한 스승의 환생을 찾는 독특한 전통이 있다. 환생한 것으로 확인된 어린애는 미래의 스승이 되기 위해 특별한 교육을 받는다. 내게는 소걀이라는 이름이 주어졌지만, 내 스승은 나를 테르푄 소걀의 환생으로 나중에야 인정했다. 테르푄 소걀은 유명한 비교(秘敎) 전승자로 내 스승의 스승 가운데 한 인물이자 13대 달라이 라마의 스승이었다.

내 스승, 잠양 켄체는 티베트 인으로는 키가 큰 편이었다. 그가 군중과 함께 있을 때면 다른 사람보다 족히 머리 하나 정도는 컸다. 그는 은빛으로 빛나는 아주 짧은 머리에 유머가 넘쳐흐르는 부드러운 눈길을 지녔다. 그의 귀는 붓다의 귀처럼 길었다. 그러나 가장 주목되는 것은 바로 스승의 모습 그 자체였다. 그의 눈빛과 자태를 엿보기만 해도 스승이 지혜롭고 성스러운 인물임을 누구나 알 수 있었다. 그의 목소리는 성량이 풍부한 데다가 심원하고 사람을 매혹시키는 힘이 있었다. 그는 가르칠 때에 머리를 약간 뒤로 젖힌 상태에서 웅변처럼, 시처럼 거침없이 가르침을 쏟아내곤 했다. 또한 존경과 경외심을 불러일으키기에 마땅한 사람임에도 스승의 모든 행동에는 겸손이 배어 있었다.

잠양 켄체는 내 삶의 근거이다. 그리고 이 책을 저술하도록 영감을 불어넣어 주셨다. 그는 티베트 불교의 수행 방식을 탈바꿈시킨 인물의 환생이었다. 티베트에서는 단지 환생의 칭호를 지니는 것만으로 충분하지 못했다. 자신의 학식과 영적인 수행을 통해 항상 존경을 받아야 했다. 스승은 오랜 세월 동안 은둔 생활을 했는데, 그에 관한 불가사의한 이야기는 많이 전해 내려온다. 그는 심오한 앎과 영적 깨달음을 지녔다. 그는 백과 사전이나 마찬가지여서 어떤 질문을 던지더라도 답을 알고 있었다. 티베트에는 다양한 영적인 전통이 있지만, 잠양 켄체는 그 수많은 전통 모두의 권위를 인정해 주었다. 그를 알고 있거나 그에 대해 들은 적이 있는 모든 사람에게 스승은 티베트 불교의 화신이었고, 진리를 실현해 수행을 완수한 인물이 어떤 일을 해야 하는지 보여주는 살아 있는 증거였다.

그는 내가 자신의 작업이 계속 진행되도록 돕는다고 말했다고 한다. 확실히 그는 나를 아들처럼 대했다. 나의 작업 속에서 성취한 것들과 내가 수많은 사람들과 접촉할 수 있었던 것은 그가 내린 축복의 결실이라고 나는 느끼고 있다.

아주 어린 시절의 기억은 모두 스승에 대한 것이다. 그는 내가 자란 환경 자체였고 그의 감화는 내 소년 시절을 지배했다. 그는 내게 아버지나 다름없었다. 내가 요구하는 것마다 그는 들어주었다. 그의 영혼의 동반자이자 내게는 또한 아주머니였던 칸도 체링 최된은 이렇게 말하곤 했다. 〈린포체를 방해하지 말아라. 그분은 무척 바쁘시단다.〉[1] 그러나 나는 항상 그의 곁에 있고자 했고 그도 내가 함께 있는 것을 좋아했다. 나는 시도 때도 없이 그에게 질문을 던져 성가시게 했지만 그는 언제나 진지하게 답했다. 나는 장난꾸러기 소년이었다. 어떤 가정 교사도 나를 가르칠 수 없을 정도였다. 그들이 나를 때리려고 할 때마다 나는 스승에게 달려가 그의 등에 올라타곤 했는데, 그러면 어느 누구도 감히 다가서지 못했다. 그의 등에 웅크리고 있을 때 나는 자부심을 느꼈고 기쁘기도 했다. 그는 껄껄 웃기만 할 뿐이었다. 그러던 어느 날 가정 교사는 내게 알리지 않고 내 장래를 위해서라도 이런 짓을 계속 하도록 두어서는 안 된다고 그에게 간청했다. 그 다음 번에 내가 숨기 위해 달아나자, 가정 교사는 방안에 들어와 그에게 세 번 절하고 나를 끌고 나왔다. 방안에서 끌려나갈 때 나는 가정 교사가 스승을 두려워하지 않는 것을 참 이상하게 생각했다.

잠양 켄체는 그의 전생에 깨달음을 얻어 지난 세기 티베트 동부 지방을 휩쓴 불교 문화와 영성(靈性)의 르네상스를 불러왔던 바로 그 방에 살고 있었다. 그곳은 멋진 방이었다. 그다지 크지는 않았으나 성스러운 물건들과 그림, 책으로 가득 차 있고 신비스러운 분위기로 충만한 방이었다. 사람들은 그 방을 〈붓다의 극락 세계〉, 〈권능의 방〉이라고 불렀다. 만일 내게 티베트에서 기억에 남는 한곳을 꼽으라고 하면, 그 방을 꼽을 것이다. 스승은 나무와 가죽 조각으로 만든 낮은 의자에 앉고 나는 그 옆에 앉았다. 나는 스승의 그릇으로 함께 식사를 하지 않는다면 음식 먹기를 거절하곤 했다. 방 옆의 작은 침실에는 베란다가 달려 있었는데, 그곳은 항상 어두컴컴했고 한쪽 구석의 작은 난로 위에다가 언제나 주전자로 차를 끓이고 있었다. 나는 늘 스승의 발밑에 놓인 작은 침대에서 잤다. 그가 작은 소리로 기도를 올리면서 불교식 염주인 마라의 구슬을 째각째각 굴리는 소리를 나는 결코 잊을 수 없을 것이다. 내가 자러 가면 그는 거기에 앉아서 수행을 닦았으며, 아침이면 나보다 먼저 일어나 축복과 권능으로 충만한 모습으로 앉아서 또다시 수행을 닦곤 했다. 눈을 뜨고 그를 바라볼 때마다 나는 따사롭고 아늑한 행복감을 느끼곤 했다. 그는 자신의 주변을 그토록 평화롭게 이끌었던 것이다.

내가 성장하자, 잠양 켄체는 내가 의식(儀式)을 주관하도록 했고 자신은 염불을 이끄는 역할만 맡았다. 그가 다른 사람들에게 베푸는 모든 가르침과 비교 전수(秘敎傳授)를 나는 직접 목격했다. 하지만 지금 내가 기억하는 것은 세부적인 내용보다도 전체적인 분위기다. 내게 있어서 그는 살아 있는 붓다였다. 다른 모든 사람 역시 그렇게 알고 있었다. 그가 비교를 전수할 때 그의 제자들은 경외심으로 그의 얼굴을 거의 쳐다보지도 못했다. 어떤 사람들은 실제로 그를 이전 스승의 현현으로, 또는 다른 붓다나 보디사트바 즉 〈보살〉[2]로 보았다. 모든 사람들은 그를 린포체, 〈존귀한 존재〉라고 불렀다. 린포체는 위대한 스승에게 붙이는 호칭이다. 그가 함께 있을 때 어느 누구도 이런 호칭으로 불릴 수 없었다. 그의 존재는 매우 인상 깊어서 많은 사람들은 그를 〈최초의 붓다〉라고 정답게 부르곤 했다.[3]

만일 내가 잠양 켄체를 만나지 못했더라면 전혀 다른 사람이 되었을 것이다. 따사로움과 지혜 그리고 자비로움을 지닌 그는 불교 가르침의 성스러운 진리를 온몸으로 체현(體現)해 현실에 활용함으로써 삶에 울려퍼지게 했다. 스승의 저러한 분위기를 내가 다른 사람과 공유할 때마다, 내 안에서 용솟음치는 것과 똑같은 심원한 느낌을 그들도 감지할 수 있었다. 그때 잠양 켄체가 내게 고취시킨 것은 무엇이었을까? 가르침에 대한 흔들림 없는 확신, 그리고 스승이란 존재가 차지하는 핵심적 중요성과 그 극적인 역할에 대한 믿음. 내가 무엇을 이해하든지, 그것이 스승의 은덕임을 나는 알고 있다.

이 은혜에 내가 보답할 수 없지만 다른 사람에게 전할 수는 있을 것이다.

나는 티베트에서 젊은 시절을 보내며, 잠양 켄체가 죽어가는 사람과 이미 죽은 사람을 인도하기 위해 티베트 사회에 널리 사랑을 전파하는 것을 보았다. 티베트에서 라마는 영혼의 스승일 뿐만 아니라 현인, 치료사, 사원의 성직자, 의사, 환자와 죽어가는 사람을 돕는 영혼의 치료사이기도 하다.

나는 나중에 「티베트 사자의 서」와 관련된 가르침으로부터 죽어 가는 사람과 죽은 자를 인도하는 독특한 기법을 배우게 되었다. 그러나 죽음(그리고 삶)에 대해 내가 배운 가장 위대한 가르침은 나의 스승이 무한한 자비심과 지혜와 이해로 죽어가는 사람을 인도하는 광경을 직접 목격하면서 배웠다.

나는 이 책을 통해 그의 위대한 지혜와 자비가 전세계에 전해지기를 염원한다. 이 책을 매개로 당신이 어디에 있든지 당신 또한 그의 지혜를 이어받아 스승과의 생생한 인연을 발견할 수 있기를 기원한다.

* * *

1) 〈존귀한 존재〉를 의미하는 용어, 린포체는 티베트에서 높이 존경받는 영혼의 교사에게 붙여진다. 티베트의 중앙 지역에서는 광범위하게 사용되었지만, 동부 지방에서는 이 호칭이 존중을 받아서 오직 가장 훌륭한 스승에게만 부여되는 경향이 있었다.
2) 보디사트바(보살)의 유일한 희망은 모든 중생에게 이익을 주는 것이다. 따라서 다른 존재를 최대한으로 돕기 위해 자신의 전생애를 영적인 수행에 바쳐 중생

이 깨달음에 도달하게 한다.
3) 잠양 켄체는 또한 지도자로서 영적인 변화 운동을 고취했다. 그는 행하는 모든 것에서 조화와 합일을 권장했다. 어려움에 빠진 사원을 후원하고 영적으로 위대함을 성취한 수행자를 발견하기도 했다. 또한 그는 거의 알려지지 않은 전승 계열의 수행자를 후원해서 널리 인정받도록 고취하기도 했다. 위대한 흡인력을 지닌 그는 스스로가 살아 있는 영적인 중심인 듯했다. 성취해야 할 영적인 과제가 있을 때마다, 그는 거기에 참여할 최상의 전문가와 장인(匠人)을 끌어들였다. 왕과 왕자로부터 가장 평범한 사람에 이르기까지 모두에게 그는 끊임없이 관심을 표했다. 그를 만난 사람이면 누구나 그와 관련된 자기 자신의 이야기를 갖게 되었다.

차례

	달라이 라마의 추천사	7
	30주년 기념판 서문	10
	서문	17

삶

1	죽음이라는 거울 앞에서	27
2	덧없음	46
3	반성과 변화	67
4	마음의 본성	90
5	마음을 고향으로 이끌기	113
6	진화, 카르마 그리고 환생	157
7	네 가지 바르도와 다른 실재들	191
8	지금 이 삶의 일상적인 바르도	205
9	영적인 길	230
10	가장 내밀한 정수	266

죽어감

11	죽어가는 사람을 돕는 마음의 충고	297
12	소망을 실현시켜 주는 자비의 보석	320
13	죽어가는 사람을 영적으로 보살피기	354
14	죽음을 대비하기 위한 수행	376
15	죽어가는 과정의 전개	409

죽음과 환생

16	근원	**431**
17	본래 갖추어진 광휘	**453**
18	생성의 바르도	**472**
19	죽음 이후에 돕기	**492**
20	임사 체험	**523**

결론

21	보편적인 과정	**555**
22	평화의 봉사자	**581**

부록1	나의 스승들	**597**
부록2	죽음과 관련된 의문들	**602**
부록3	평온하게 죽음을 맞이한 두 사람	**615**
부록4	두 가지 만트라	**630**

참고 문헌	**640**
감사의 말	**647**
옮긴이의 말	**653**

삶

1

죽음이라는 거울 앞에서

죽음이란 현상을 내가 처음 경험한 시기는 일곱 살 때였다. 그때 우리는 티베트의 중부 지방으로 여행하기 위해 동부의 고산 지대에서 출발 준비를 하고 있었다. 삼텐은 내 스승을 시중 드는 사람 가운데 한 사람으로, 내게 다정했던 멋진 승려였다. 밝고 둥글고 통통한 얼굴을 지닌 그는 언제나 미소가 넘쳐흘렀다. 또한 품성이 좋아서 사원에서 모든 사람의 인기를 독차지했다. 스승은 매일 가르침을 베풀고 비교(秘敎)를 전수하고 수행과 의식을 이끌었다. 하루 해가 저물 무렵이면 나는 친구들을 모아놓고 아침에 보았던 장면을 재현하는 일종의 연극 놀이를 했다. 스승이 그날 아침에 입었던 옷을 항상 내게 빌려준 사람이 바로 삼텐이었다. 그는 결코 거절하는 법이 없었다.

그런데 어느 날 갑자기 그가 병이 났다. 그가 더 이상 살지 못하리라는 것은 분명했다. 우리는 출발을 연기해야만 했다. 그 후 2주일 동안 일어났던 일을 나는 결코 잊을 수 없다. 모든 것에 고약한 죽음의 냄새가 구름처럼 걸려 있었다. 그때를 회상할 때마다 그 냄새가 내게 몰려온다. 사원 전체가 죽음을 깊이 의식하는 분위기로 팽배했다. 하지만 소름 끼치거나 간담을 서늘하게 하는 그런 것은 결코 아니었다. 스승의 면전에서 삼텐이 죽는다는 것은 특별한 의미가 있었다. 그의 죽음은 우리 모두에게 가르침이었다.

삼텐은 스승의 저택 안에 있는 작은 절의 창문 옆에 놓인 침대에 눕혀졌다. 그가 죽어가고 있음을 나는 알았다. 때때로 나는 그를 찾아가 그 옆에 앉곤 했다. 그는 말을 할 수 없었다. 수척하고 찌그러진 그의 얼굴을 보고 충격을 받았다. 그가 우리를 떠나가고 있으며 더 이상 그를 볼 수 없으리라는 것을 나는 알았다.

삼텐의 죽음은 쉬운 일이 아니었다. 그의 거친 숨소리는 어디를 가든 우리를 따라다녔고 우리는 그의 육신이 썩는 냄새를 맡을 수 있었다. 이 숨소리를 제외하면 사원은 침묵에 휩싸여 있었다. 모든 것이 삼텐에 초점이 맞춰져 있었다. 죽음의 진행 과정에 오랜 시간이 걸려서 삼텐은 크게 고통받았지만, 그가 마음 깊숙이 평온함과 내적 확신을 지니고 있음을 우리 모두 느낄 수 있었다. 처음에 나는 이를 납득할 수 없었다. 그러나 나중에 그의 믿음과 수행, 그리고 스승의 존재로 인해 그것이 가능했음을 깨닫게 되었다. 나는 슬프기는 했지만, 스승이 그 자리에 함께 있으니까 모든 일이 잘될 줄 알았다. 왜냐하면 그가 삼텐이 해탈을 지향하도록 도울 것이기 때문이다. 어떤 수행자든지 스승의 면전에서 죽는 것을 바라며, 스승에 의해 죽음의 세계로 인도되는 것이 행운임을 나중에야 나는 비로소 알게 되었다.

잠양 켄체는 죽어가는 삼텐을 조용히 인도하며 그가 겪게 될 죽음의 과정으로 한 단계 한 단계 이끌었다. 스승의 정확한 앎, 그의 확신 그리고 마음의 화평함에 나는 크게 놀랐다. 스승과 함께 있으면 그의 화평한 신념 때문에 큰 두려움에 빠졌던 사람마저도 확신하게 되었다. 잠양 켄체는 죽음을 조금도 두려워하지 않았다. 그렇다고 해서 그가 죽음을 가볍게 취급한 것은 결코 아니었다. 자신도 죽음을 두려워한다고 우리에게 자주 말하곤 했다. 그는 죽음을 소박하게 또는 위안을 주는 것으로 이야기하지 말라고 경고한 바 있다. 그러나 스승으로 하여금 그렇게 냉정하면서도 그렇게 밝게, 그토록 노련하면서도 신비스럽고 태평하게 죽음을 맞이하게 하는 것은 도대체 무엇일까? 이런 의문은 나를 숨막히게 했다. 그 후 나는 이런 의문에 푹 빠지게 되었다.

삼텐의 죽음은 나를 뒤흔들었다. 그 일곱 살 때, 나는 처음으로 내가 속한 전통의 거대한 힘을 엿보았고, 영혼을 정화하는 수행의 목적을 이해하게 되었다. 삼텐은 수행을 통해 죽음을 받아들일 수 있었고, 괴로움과 고통이 깊고도 자연스러운 영혼 정화의 일부임을 분명히 이해했던 것이다. 내 스승도 수행을 통해서 죽음에 대한 온전한 앎 그리고 죽어가는 사람을 인도하는 정확한 기법을 지니게 되었다.

삼텐이 죽은 뒤 우리는 티베트의 수도인 라사를 향해 출발했다. 말을 타고 꼬불꼬불한 길을 지나 그곳에 도착하는 데 세 달이나 걸렸다. 그곳으로부터 우리는 티베트의 중부와 남부 지방의 성지(聖地) 순례를 계속했다. 7세기 이후부터 이 성지들은 티베트에 불교를 전한 성자, 왕, 그리고 학자를 기리는 곳이었다. 내 스승은 티베트의 모든 영적인 전통을 이끌었던 많은 스승들의 현신(現身)이었다. 그 명성 때문에 가는 곳마다 그는 떠들썩한 환대를 받았다.

성지 순례 여행은 매우 흥미진진했고, 아름다운 추억으로 가득 차 있다. 티베트 사람들은 자연의 모든 빛을 최대한으로 활용하기 위해 일찍 일어난다. 우리는 황혼 무렵 자리에 들었다가 해뜨기 전에 일어났다. 처음 해가 비칠 때 짐을 실은 야크가 이동을 시작해야 했다. 천막을 걷을 때에, 마지막으로 정리하는 것은 부엌과 내 스승의 천막이었다. 선발대는 좋은 야영 장소를 물색하기 위해 먼저 출발했다. 우리는 휴식을 취하기 위해 정오 무렵에 행진을 멈추고 천막을 쳤다. 나는 강변에 천막을 치고 물소리를 듣거나 천막 속에 앉아 그 위에 떨어지는 물소리를 듣기 좋아했다.

우리는 천막 숫자가 서른 개에 이르는 작은 집단이었다. 나는 하루종일 황금빛으로 장엄하게 장식한 말을 타고서 스승의 뒤를 따랐다. 말을 타고 가는 동안, 그는 가르침을 제시하기도 했고 이야기를 전해 주거나 수행을 이끌기도 했고, 나를 위해 특별히 몇 가지 수행을 고안하기도 했다. 어느 날 성스러운 호수인 얌독 초에 이르러 호수 수면에 반사되는 하늘색을 보았을 때에, 우리 일행 가운데 또 다른 승려, 라마 체텐이 죽어가기 시작했다.

라마 체텐의 죽음은 내게 또 다른 가르침으로 분명히 각인되었다. 그는 내 스승의 영혼의 반려자였던 칸도 체링 최된의 가정 교사였다. 그녀를 아는 사람들은 그녀를 티베트에서 제일 뛰어난 여성 수행자로 간주했다. 그녀는 내게 드러나지 않는 스승으로, 다정다감함과 단순함을 통해 가르침을 펴는 헌신의 화신이었다. 라마 체텐은 지극히 인간적이었고 할아버지 같은 성격을 지녔다. 그는 예순을 넘은 나이에 키가 꽤 컸고 머리카락은 백발이었는데, 자연스러운 품격이 넘쳐흘렀다. 그는 또한 매우 높은 수준의 명상 수행을 성취했다. 그의 옆에 있기만 해도 내게 평온함과 온화함이 전해졌다. 때때로 그는 나를 나무랐고 그럴 때면 나는 그를 두려워했다. 하지만 그가 가끔씩 드러내는 엄격함에도 결코 따뜻함을 잃은 적이 없었다.

라마 체텐은 특별한 방식으로 죽었다. 근처에 사원이 있었으나 깨끗이 닦아야 할 시신을 남기지 않겠다고 말하면서 그곳에 가기를 거절했다. 그래서 우리는 야영지를 잡고 평소와 마찬가지로 둥글게 천막을 쳤다. 그는 칸도의 가정 교사였으므로 그녀가 그를 간호하면서 보살폈다. 그가 갑자기 그녀를 불렀을 때, 그의 천막 안에는 그녀와 나 두 사람뿐이었다. 그는 그녀를 〈아미〉라고 다정하게 불렀다. 〈아미〉는 그의 고향 사투리로 〈내 아이〉를 뜻한다. 그는 부드럽게 말했다. 〈아미, 이리 오렴. 때가 되었나 보다. 이제 네게 더 이상 말해 줄 수 없겠구나. 너는 지금 모습 그대로 훌륭하단다. 너와 함께 있으니까 행복하구나. 네가 지금까지 했던 방식 그대로 잠양 켄체를 섬기도록 해라.〉

그러자 그녀는 천막 밖으로 뛰어나가려고 몸을 돌렸다. 그러나 그가 그녀의 옷소매를 잡았다. 〈어디 가려느냐?〉 그가 물었다. 〈린포체를 불러야겠어요.〉 그녀가 답했다.

〈그를 괴롭히지 말아라, 그럴 필요 없단다.〉 그가 웃었다. 〈린포체와 나는 함께 있단다.〉 이런 말과 함께 그는 하늘을 똑바로 응시하다가 죽었다. 칸도는 그의 손이 풀어지자 스승을 부르기 위해 뛰어나갔다. 나는 조금도 움직일 수 없어서 그대로 앉아 있었다.

죽음을 목전에 둔 사람이 저처럼 확신을 지닐 수 있다니 나는 크게 놀랐다. 라마 체텐은 모든 사람이 갈망하듯 자신을 도와줄 인물을 부를 수 있었다. 그러나 그는 그럴 필요를 느끼지 못했다. 나는 이제야 그 이유를 이해한다. 그는 자기 안에 함께 있는 스승의 존재를 이미 알고 있었다. 잠양 켄체는 그와 함께, 항상 그의 마음속에 있었다. 단 한순간도 떨어진 적이 없음을 그는 느끼고 있었던 것이다.

칸도가 잠양 켄체[1]와 함께 왔다. 그가 천막 안으로 들어오기 위해 몸을 구부리던 모습을 나는 결코 잊지 못할 것이다. 그는 라마 체텐의 얼굴을 한번 쳐다보고 이어서 그의 눈을 살펴보고 껄껄 웃기 시작했다. 그는 항상 그를 〈라 겐(연로한 사문)〉이라고 부르곤 했다. 그것은 애정의 표현이었다. 그가 말했다. 〈라 겐, 그 상태로 머물지 마세요.〉 나는 이제야 이해하지만, 그는 라마 체텐이 마음을 진리의 공간에 몰입시키고, 죽어서도 그 상태를 유지할 수 있도록 하는 수행자의 특별한 명상 수행을 하고 있음을 보았던 것이다. 〈라 겐, 우리는 여행자입니다. 우리는 순례자입니다. 그렇게 오래 기다릴 시간이 없습니다. 자, 이제 제가 당신을 인도하겠습니다.〉

나는 그 자리에서 꼼짝도 못한 채 다음에 일어난 일을 직접 목격했다. 직접 보지 않았다면 나 자신도 결코 믿지 못했을 것이다. 라마 체텐은 다시 소생했다. 스승은 그의 곁에 앉아 죽기 직전에 의식을 인도해 주는 포와 Phowa 수행법으로 그를 이끌었다. 이 수행을 행하는 방식은 여러 가지가 있다. 그때 그가 사용한 방법은 스승이 모음 〈아〉를 세 번 말할 때 최고조에 달했다. 스승이 처음으로 〈아〉를 말했을 때에, 라마 체텐이 그를 따라 내는 소리를 우리는 분명하게 들었다. 두번째의 경우 그의 목소리는 좀더 희미해졌다. 세번째의 경우 침묵만 흘렀다. 그는 그렇게 떠나갔다.

삼텐의 죽음은 내게 영적 수행의 목적을 가르쳐주었다. 라마 체텐의 죽음을 통해서 수행자가 일생 동안 자신이 성취한 놀라운 능력을 드러내는 것이 드문 일임을 나는 깨달았다. 때때로 그들은 단 한번, 죽음의 순간에 자신의 능력을 보여줄 뿐이다. 당시 나는 어린애에 지나지 않았지만 삼텐의 죽음과 라마 체텐의 죽음사이에 커다란 차이가 있음을 감지했다. 살아 있는 동안 수행을 닦은 선량한 승려의 죽음과 한층 높은 경지에 오른 수행자의 죽음에는 차이가 있음을 알게 된 것이다. 삼텐은 평범한 방식으로 고통 속에서, 하지만 확신 속에서 죽어갔다. 라마 체텐은 그 죽음을 통해 자신이 영적 수행에 정통함을 보여주었다.

라마 체텐의 장례를 치르자마자, 우리는 얌독의 사원으로 이동했다. 평소에 하던 대로 나는 스승의 방에서 그 옆에 누워 잠을 청했다. 그날 밤 벽에서 깜빡거리던 버터 램프의 그림자가 떠오른다. 모든 사람들은 잠이 들었건만 나는 깨어 있었고 밤새도록 울었다. 그날 밤 죽음이 실재하고, 나 역시도 언젠가 죽어야 한다는 사실을 알게 되었다. 그렇게 누워서 죽음 그 자체와 나 자신의 죽음을 숙고하자, 슬픔과 함께 마음 깊은 곳에서 죽음을 수용해야 한다는 의식이 서서히 솟구쳤다. 이와 더불어 내 삶을 영적 수행에 헌신하겠다는 결의도 다져졌다.

따라서 나는 아주 어렸을 때부터 죽음과 그것의 의미에 직접 대면했다. 앞으로 얼마나 그렇게 많은 종류의 죽음이 하나하나 쌓여 나가게 될지 그 당시 나는 상상조차 할 수 없었다. 중국의 침공 이후 내 조국, 티베트의 비극적인 상실이 뜻하는 죽음. 조국의 죽음은 곧 망명을 의미했다. 그것은 내 가족과 내가 소유했던 모든 것을 잃어버림을 뜻했다. 우리 라카르 창 집안은 티베트에서 가장 부유한 집 가운데 하나였다. 14세기 이래 불교 가르침을 뒷받침해 주고 위대한 스승들이 그 작업을 계속 진행하도록 돕는 등 가장 유력한 후원자 가운데 하나로 유명했다.[2]

그러나 온갖 죽음 가운데 가장 충격적인 죽음, 내 스승 잠양 켄체의 죽음이 다가오고 있었다. 그를 잃었을 때 나는 내 존재의 근거를 잃은 듯했다. 티베트가 무너진 해는 1959년이었다. 티베트 인에게 내 스승의 죽음은 티베트를 황폐화시킨 두번째 충격이었다. 그리고 그의 죽음은 티베트에 있어서 한 시대의 마감을 의미했다.

죽음이 현대 사회에서 차지하는 자리

내가 처음 서양 사회에 도착했을 때, 그때까지 내가 익숙하게 받아들였던 죽음에 대한 태도에 비추어보건대 새로 접한 서양 사람의 태도는 너무나 대조적이어서 나는 크게 충격을 받았다. 기술 문명의 발달로 많은 것을 성취했음에도, 현대 서구 사회는 죽음이라든가 죽어가는 과정 또는 죽음 이후 무엇이 일어나는지에 대해 실제로 이해하는 것이 아무것도 없다.

오늘날 사람들은 사실상 죽음을 부인하게끔 교육받았으며 죽음은 상실과 소멸을 뜻할 뿐이라고 배웠다. 이런 사회적 분위기 때문에 대부분의 세상 사람들은 죽음을 인정하지 않거나 죽음의 공포 아래 삶을 영위하는 것이다. 사람들은 죽음이란 단어를 입에 올리는 것조차 불건전한 것으로 여기고 자신을 죽음에 맡기는 위험을 무릅쓰는 것이라고 믿는다.

무슨 까닭에서인지 모르겠지만, 어떤 사람들은 죽음이란 모든 권리를 다 써버리는 것이고 아무것도 걱정할 게 없는 상태가 된다는 식으로 소박하면서도 분별 없이 생각하기도 한다. 이런 사람들을 생각하면 나는 티베트의 한 고승의 말이 떠오른다. 〈사람들은 종종 죽음을 하찮게 여겨 이렇게 생각한다. '그래, 누구나 죽는다. 그러니까 죽음은 크게 문제 될 게 없지. 죽음은 자연스러운 거야. 나는 괜찮아.' 그러나 이런 태도는 그가 죽을 때까지만 통용될 뿐이다.〉[3]

죽음을 대하는 이러한 두 가지 태도 가운데 하나는 죽음으로부터 허둥지둥 달아나야 한다고 생각하는 것이며, 다른 하나는 내버려두면 자연히 처리된다고 여기는 것이다. 하지만 두 가지 견해 모두 죽음의 참된 의미로부터 얼마나 동떨어져 있는가!

물론 기독교를 포함해서 세계의 모든 위대한 영적 전통은 죽음이 끝이 아니라고 우리에게 분명하게 말하고 있다. 이런 전통들은 죽음 이후의 삶에 대한 비전을 전해 주고 있다. 그 비전은 우리가 지금 영위하는 이 삶에 성스러운 의미를 부여하고 있다. 그러나 이러한 가르침에도 대부분의 현대인들은 현재의 삶을 전부로 여길 만큼 영혼이 메말라 있다. 삶 이후의 삶에 대한 어떤 실제적인 또는 근거 있는 신념도 없이 대부분의 사람들은 궁극적인 의미를 상실한 채 자신의 삶을 이어가고 있을 뿐이다.

　죽음을 인정하지 않음으로 야기되는 참담한 결과는 한 개인의 차원을 훨씬 넘어선다. 그 참담함은 지구 전체에 영향을 미친다. 이 생이 유일한 것이라고 굳게 믿기 때문에, 현대인은 장기적인 비전을 계발할 수 없게 된다. 그래서 그들이 자신의 일시적인 이익을 위해 지구의 천연 자원을 약탈하는 행위를 자제하게 할 근거가 아무것도 없으며, 미래에 치명적일 수 있는 자신만의 이기적인 삶을 억제시킬 방도가 전혀 없게 되는 것이다. 산성비로 황폐화된 아마존 강에 책임 의식을 느끼게 하는, 브라질의 전임 환경부 장관의 발언 같은 경고를 도대체 우리는 얼마나 더 들어야 하는 것일까!

　　현대 산업 사회는 광신적인 종교 집단이나 다름없다. 우리는 지구상의 온갖 생명 시스템을 먹어치우고 독살하고 파괴하고 있다. 우리의 아이들이 도저히 감당할 수 없는 차용 증서에 우리가 서명하는 셈이다……. 우리는 이 지구상에 사는 마지막 세대라도 되는 양 제멋대로 행동하고 있다. 나의 가슴속에, 마음 깊숙이, 자신의 비전 한가운데 근본적인 변화가 없다면 지구는 숯처럼 검게 그을려 황막한 금성처럼 종말을 맞게 되리라.[4)]

죽음에 대한 두려움, 죽음 이후의 삶에 대한 무지로 우리의 삶 전체를 위협하는 환경 파괴가 갈수록 격화되어 간다. 사람들이 죽음이 무엇인지, 또는 어떻게 죽어야 하는지 배우지 못했기에 환경 파괴가 더 한층 심화되는 것이 아닐까? 또는 죽은 뒤에 무엇이 일어나는지, 자신의 삶 뒤에 실제로 무엇이 있는지, 어떤 희망도 제시되지 않아서 그런 것은 아닐까? 삶의 모든 의미와 죽은 뒤 자신의 삶에 열쇠를 쥐고 있는 단 한 가지만을 제외하고 다른 모든 주제에 관해서 젊은이들이 그렇게 높은 교육을 받는다는 사실은 참으로 이상하지 않은가?

티베트 불교의 몇몇 고승들이 가르침을 받고자 접근하는 사람들에게 던지는 단 한 가지 간단한 질문은 종종 나의 흥미를 돋군다. 그대는 이 삶 이후의 삶을 믿는가? 그들은 이런 질문을 철학적 명제로서 묻는 것이라기보다 마음 깊이 느끼는지 여부를 묻는 것이다. 그들은 만일 이 삶 이후의 삶을 믿는다면, 인생관 전체가 달라지고, 책임감과 도덕관이 한층 또렷해진다는 것을 안다. 티베트의 고승들은 이 삶 이후의 삶에 대한 확고부동한 신념이 없는 사람들이 행동의 인과응보에 대한 충분한 사려 없이, 근시안적인 결과에만 집착하는 사회를 형성하게 될 것을 염려한다. 바로 이것이 우리가 지금 살고 있는 이 세계를 진실된 자비심이라고는 거의 찾아보기 힘든 잔인한 세상으로 만든 주요 원인이지 않을까?

나는 세상에서 가장 풍요로운 강대국들이 불교 경전에서 전하는 마왕들이 사는 세계가 아닌지 종종 생각한다. 마왕들은 영혼의 차원은 조금도 돌아보지 않고 온갖 쾌락에 빠져 터무니없을 정도로 사치스러운 삶을 영위한다. 죽음이 닥치기 전에는, 또한 예기치 않은 몰락의 신호가 나타나기 전에는 모든 것이 잘 진행되는 듯하다. 그러나 파탄의 조짐이 나타나기 시작하면 마왕들의 부인과 연인은 더 이상 접근하지 않고, 다시 마왕으로 태어나기를 바란다는 의례적인 축원과 함께 저 멀리서 꽃다발만을 던질 뿐이다. 지난날의 행복이나 쾌락의 추억도 그들이 지금 직면하고 있는 고통을 경감시켜 주지는 못한다. 마왕들은 한층 난폭해지고 마침내 비참한 상태에서 혼자 죽어가게 된다.

마왕들의 이러한 운명은 현대 사회가 늙은이, 병자, 죽어가는 사람을 취급하는 방식을 연상시킨다. 현대 사회는 젊음, 섹스, 그리고 권력에 사로잡혀 있고 늙음과 쇠약함은 멀리하려고 한다. 연로자가 더 이상 일을 할 수 없어 쓸모 없어지면 버림받는다는 것은 간담을 서늘하게 하는 일이 아닌가? 노인을 경로원 같은 곳에 맡겨 외롭게 방치한 채 죽어가게 한다는 사실이 마음을 어지럽히지 않는가?

또한 암과 에이즈 같은 시한부 인생으로 고통받는 환자를 우리가 취급한 방식에 대해 되돌아보자. 이제는 우리가 그들에게 다른 방식으로 임할 때가 되지 않았을까? 나는 에이즈로 죽은 사람들을 알고 있다. 나는 심지어 그들의 친구조차도 그들을 부랑아로 취급하는 것을 자주 보았다. 에이즈 환자로 낙인찍힌 그들은 큰 절망에 빠져 자기의 인생을 구역질 나는 것으로 느끼게 된다. 세상 사람들의 눈으로 볼 때 그들의 인생은 이미 끝난 것이다.

우리가 알거나 사랑하는 누군가가 죽어갈 때조차, 대부분의 사람들은 그를 어떻게 도와야 하는지 아무런 준비가 되어 있지 못하다. 그가 죽어갈 때, 우리는 그의 미래에 관해 어떤 식으로도 용기를 줄 수가 없다. 죽은 뒤 그가 어떤 방식으로 지속될지 또는 어떻게 도울 수 있을지 우리가 아는 것은 아무것도 없다. 사실, 이런 식으로 생각한다는 것조차 난센스라고 해서 비웃음거리로 치부되기 십상이다.

이런 현대적 상황을 감안해 볼 때, 이전보다 더 한층 죽음과 죽어가는 사람에 대한 우리의 태도가 근본적으로 변해야 한다는 점이 분명하게 제기된다.

다행스럽게도 죽음과 죽어가는 사람에 대한 태도가 변하기 시작하고 있다. 예를 들어 호스피스 운동은 죽어가는 사람을 실질적인 면과 동시에 감정 조절의 측면에서 보살피는 훌륭한 작업을 추진하고 있다. 그러나 그것만으로는 아직 충분하지 못하다. 죽어가는 사람이 그러한 사랑과 보살핌을 필요로 하기는 하지만, 한층 더 깊은 어떤 것이 여전히 필요하다. 그들은 죽음과 삶의 실제적 의미를 발견하고자 한다. 그것이 제시되지 않는다면, 우리가 어떻게 그들에게 궁극적인 의미에서 위안을 줄 수 있겠는가? 따라서 죽어가는 사람을 보살피는 것은 그의 영혼을 평온하게 이끄는 일을 포함해야 한다. 우리가 진정으로 죽음에 직면해서 이해할 수 있는 것은 영적인 앎에 의해서만 가능하기 때문이다.

최근 서양에서 엘리자베스 퀴블러로스 Elisabeth Kübler-Ross와 레이먼드 무디 Raymond Moody 같은 개척자들이 죽어가는 사람에 대한 전반적인 연구를 시작했다는 사실에 나는 기운을 얻게 되었다. 퀴블러로스는 죽어가는 사람을 돌보는 방식을 주의 깊게 살펴본 결과, 무조건적인 사랑과 좀더 밝은 태도로 임한다면 그들이 평화롭게 죽음을 맞이하게 되고, 심지어 영적인 변화를 체험하게 된다고 밝혔다. 레이먼드 무디의 용기 있는 작업을 계승한, 임사 체험의 다양한 측면에 대한 활발한 과학적인 연구들은 삶이 죽음과 더불어 끝나지 않으며 〈삶 이후에 또 다른 삶〉이 실재한다는 생생하고도 강력한 희망을 인류에게 제시하기도 했다.

그러나 불행하게도 죽음과 죽어가는 사람에 대한 이렇게 놀라운 새 사실에 담긴 진정한 의미를 충분히 이해하지 못하는 사람들이 있다. 어떤 사람들은 죽음을 지극히 매혹적인 것으로 간주하기도 한다. 죽음을 아름다운 것으로 생각하여 절망적인 자신의 삶으로부터 벗어나기 위해 자살을 감행한 비극적인 젊은이들의 일화를 전해 들은 일도 있다. 하지만 우리가 죽음을 두려워해서 직면하기를 거절하거나 낭만적으로 여기는 경우, 죽음은 하찮은 것으로 전락해 버린다. 죽는다고 절망해서도 안 되고 죽음에 도취해서도 안 된다. 죽음은 우리를 억압하는 것도 아니고 흥분시키는 것도 아니다. 그것은 단지 삶의 과정일 뿐이다.

죽어가는 바로 그 순간에 임박해서야 우리들 대부분이 삶의 진가를 인정하려 드니 이 어찌 슬픈 일이 아니겠는가! 이와 관련해서 나는 티베트 불교의 위대한 스승, 파드마삼바바의 다음 말을 종종 회상하게 된다. 〈시간이 많이 남았다고 믿는 사람들은 죽음에 임박해서야 비로소 준비를 시작한다. 죽음이 닥치면 그들은 회한으로 인해 날뛰게 된다. 그러나 이미 때는 늦지 않았는가?〉 대부분의 사람들이 삶을 위해 아무 준비도 없이 살았던 것처럼, 어떤 준비도 없이 죽는다는 사실보다 현대 사회에 소름 끼치는 일이 어디 있을까?

삶과 죽음을 통한 여행

붓다의 지혜에 따르면, 우리는 죽음을 준비하기 위해 우리의 삶을 실제적으로 활용할 수 있다고 한다. 우리의 삶을 직시하기 위해 자신과 가까운 누군가의 고통스런 죽음이라든가 시한부 인생이라는 충격적인 선고를 굳이 기다릴 필요는 없다. 또한 우리가 죽으면 빈손으로 생면부지의 인물을 만나게 된다고 억지로 몰아넣을 것도 없다. 우리는 바로 지금 여기에서 삶의 의미를 발견할 수 있다. 우리는 온 마음을 다해서, 정확하게, 그리고 평온한 마음으로 순간순간 죽음과 영원을 위해 변화하고 준비할 기회를 만들 수 있다. 불교적으로 보면, 삶과 죽음은 둘로 나뉠 수 없는 하나이며 죽음이란 삶의 또 다른 시작이다. 죽음은 삶의 온전한 의미가 반영된 거울이다.

이런 생사관이 티베트 불교에서 가장 오래된 학파의 가르침 가운데 핵심을 차지한다. 「티베트 사자(死者)의 서(書)」에 대해 들은 적이 있는 사람이 많을 것이다. 이 책에서 나는 「티베트 사자의 서」를 좀더 알기 쉽게 설명하고 그 내용을 한층 확장해 죽음뿐만 아니라 삶 역시 발견하게 하고, 단지 가르침의 일부분에 지나지 않는 「티베트 사자의 서」를 넘어 가르침 전체를 좀더 상세히 제시하고자 한다. 놀라운 이 가르침을 통해서 우리는 죽음과 삶 전부가 바르도bardo라고 알려진, 지속적으로 변화하는 실재가 현시된 것임을 발견할 것이다. 〈바르도〉라는 용어는 일반적으로 죽음과 환생 사이의 중간 상태라고 간주된다. 하지만 실재에 있어서 바르도는 삶과 죽음을 통해 지속적으로 나타나는 것이며 자유 또는 깨달음의 가능성을 증대시킬 이음새 역할을 한다.

바르도는 자유를 얻기 위해 특별히 좋은 기회이다. 왜냐하면 이 가르침이 제시하는 것처럼 바르도에는 다른 것보다 훨씬 유력하고 잠재적인 것에 좀더 많이 관계되는 어떤 순간이 있으며, 그때는 우리가 무엇을 행하든지 결정적이며 광범위하게 영향을 미친다. 당신이 절벽 끝을 향해 발자국을 옮기는 그 순간과 같은 상태가 바로 바르도라고 나는 생각한다. 예컨대 스승이 제자에게 그의 마음의 가장 깊은 핵심과 원형을 제시하는 그 순간, 그리고 이런 순간들 중에서 가장 중요하고 비중 있는 때가 바로 죽는 순간이다.

그러므로 티베트 불교의 관점에 따르면, 우리의 존재 전체를 지속적으로 연결되는 네 가지 상태로 나눌 수 있다. 삶, 죽어가는 과정과 죽음, 죽음 이후, 환생. 이것들은 네 가지 바르도로 알려져 있다. 지금의 삶이라는 일상의 바르도, 죽어가는 고통스러운 바르도, 다르마타라는 빛나는 바르도, 생성되는 카르마적인 바르도.

바르도의 가르침은 광대해서 모든 것을 포괄하기 때문에, 이 책은 그 내용을 신중하게 배치했다. 삶과 죽음의 역정에 관한 열린 비전을 통해 당신은 단계적으로 인도받을 것이다. 우리의 탐구는 필연적으로 죽음이 무엇을 의미하는가라는 질문과 무상함이라는 진리가 현시되는 다양한 국면을 직접 검토하는 것에서부터 출발하게 된다. 이런 식의 검토 작업을 통해 우리는 아직까지 시간을 갖고 있는 지금의 삶을 좀더 풍부하게 활용할 수 있게 되고, 우리가 죽게 되더라도 자신의 삶을 낭비했다는 후회에 빠지거나 자기 자신을 힐책하지 않게 될 것이다. 티베트의 유명한 성자이자 시인인 밀라레파도 이렇게 말했다. 〈내 종교는 후회 없이 살다가 후회 없이 죽는 것이다.〉

무상함에 담긴 헤아리기 어려운 메시지, 무상함과 죽음 너머에 있는 그 무엇을 깊이 심사숙고하면 곧바로 티베트의 오래되고 설득력 있는 가르침의 정수(精髓), 〈마음의 본성〉에 맞닿게 된다. 우리의 가장 깊숙한 정수라고 부를 수 있고, 우리 모두가 찾고 있는 마음의 본성을 실현하는 것이 삶과 죽음을 이해하는 열쇠다. 죽는 그 순간, 일상적인 마음과 미혹은 사라지고 그 갈라진 틈으로 끝없는 하늘과도 같은 우리 마음의 성품이 드러나기 때문이다. 그 품 안에서 전 우주가 전개되는 하늘과 마찬가지로 마음의 이러한 본성이 삶과 죽음 모두의 토대인 것이다.

이 가르침에 의하면 마음에 대해 아는 모든 것은 죽을 때 해체되며, 죽은 이후 무엇이 지속되는지 우리는 아무것도 생각할 수 없으며, 마음의 본성이라는 좀더 깊은 실재의 새로운 차원에 대해 아무것도 모른다는 것이 분명해진다. 따라서 우리가 아직 살아 있을 때 마음의 본성에 정통해지는 것이 중요하다. 그래야만 죽는 그 순간 마음의 본성이 자발적으로 힘차게 스스로를 드러낼 때를 준비할 수 있을 것이다. 그때 우리는 매우 자연스럽게, 바르도 가르침에 따르면 〈어린애가 어머니 무릎을 향해 달려가는 것처럼〉 마음의 본성을 알아보게 되리라. 그리고 그러한 상태를 유지함으로써 마침내 온갖 속박으로부터 풀려나게 된다.

마음의 본성에 대해 말하게 되면 자연히 온전한 방식으로 명상을 가르치게 된다. 왜냐하면 명상은 마음의 그러한 본성을 반복해서 드러내 점차적으로 실현하고 견고하게 다지는 유일한 통로이기 때문이다. 삶과 죽음을 통한 여행의 온전한 의미와 맥락을 충분히 제시하기 위해서는 인간 생명의 전개 과정, 재탄생, 그리고 카르마에 대한 설명이 주어져야 한다.

이를 통해 독자들은 확신을 갖고 이 책의 핵심에 들어갈 수 있을 만큼 충분한 지식을 갖게 될 것이다. 이 책에서는 다양한 전승 자료로부터 유래되는 네 가지 바르도, 죽음과 죽어가는 다양한 과정에 대한 포괄적인 설명, 삶과 죽어가는 과정과 죽음과 그 후 자기 자신과 다른 사람을 돕기 위한 설명, 실제적인 조언, 영적인 수행을 자세하게 제시할 것이다. 이렇게 해서 바르도의 가르침이 어떻게 인간의 마음과 우주의 깊은 본성을 이해하게 하는지 그런 비전을 제시하는 것으로 이 책을 맺게 된다.

학생들은 종종 내게 묻는다. 이러한 바르도가 무엇인지를 어떻게 해서 알게 되었는가? 놀라울 정도로 정확한 바르도 가르침과 죽어가는 과정, 죽음, 환생 각각의 전개 과정에 대한 기분 나쁠 정도로 정확한 지식을 어떤 근거로 알게 되었는가? 나의 답변을 대부분의 독자들이 처음에는 이해하기 어려울지도 모른다. 오늘날 서양 사람들이 갖고 있는 마음의 개념은 지극히 협소하기 때문이다. 최근 과학의 획기적인 성과들, 특히 정신과 신체에 관한 과학과 초(超)개인 심리학의 두드러진 연구 성과에도 불구하고 대다수의 과학자들은 마음을 여전히 머릿속의 물질적 과정에 지나지 않는 것으로 환원할 뿐이다. 이런 식의 주장은 모든 종교의 신비주의자들과 명상 수행자들이 체험을 통해 수천 년 간 입증해 온 것에 정반대되는 것이다.

그렇다면 이 책은 어떤 전거(典據)나 근거에 입각해 씌어졌을까? 어느 미국 학자가 제시한 것처럼, 불교가 말하는 〈내면의 과학〉은 〈실재에 대한 철저하고도 포괄적인 지식과 이미 평가받은 자아와 환경에 대한 심층적 이해에 근거하고 있다. 다시 말해 붓다의 완벽한 깨달음에 바탕을 두고 있다〉.[5] 바르도 가르침의 근원은 근본 불교 시대의 붓다로까지 거슬러 올라가는 것으로 일련의 위대한 스승들에 의해 증득되고, 설명되고, 전수되어 온 깨달은 마음, 온전하게 깨어 있는 붓다의 마음이다. 그들이 발견한 마음이 여러 세기에 걸쳐 주의 깊고 엄밀하게(거의 과학적이라고 부를 수 있을 만큼) 설명되고 명확하게 언명됨으로써 삶과 죽음에 대한 가장 완벽한 그림이 우리에게 제시될 수 있었던 것이다. 잠양 켄체와 다른 위대한 스승들로부터 영감을 받아 내가 서양에 최초로 전하는 것이 이처럼 완벽한 그림이다. 나는 다년간에 걸쳐 심사숙고하고, 가르치고, 직접 수행하고, 스승들과 함께 토론하여, 내 모든 스승들의 가장 중요한 가르침을 모은 이 책을 쓰게 되었다. 이 책은 〈새로 쓴 티베트 사자의 서〉이자 〈삶에 대한 티베트의 지혜〉이다. 나는 이 책이 일종의 편람이자 안내서, 참고 문헌이자 성스러운 영감의 근원이 되기를 바란다. 이 책을 음미하고 반복해서 읽어야만 그 의미의 다양한 층들이 확연하게 제시될 수 있을 것이다. 독자가 이 책을 읽으면 읽을수록 함축하는 바가 심오함을 더 깊이 느끼게 될 것이고, 바르도 가르침을 통해 전해지는 지혜의 깊이를 더 한층 감지하게 될 것이다.

바르도 가르침은 우리가 죽음을 미리 준비할 때 일어나는 것과 대비하지 않을 때 닥치는 것의 차이를 명확하게 제시해 준다. 선택의 결과가 이것만큼 현격하게 차이 나는 것은 없을 것이다. 만일 우리가 아직 살아 있는 지금 죽음을 받아들이지 않는다면, 우리는 삶을 통해, 죽는 순간에, 그리고 죽은 이후에 값비싼 대가를 치르게 되리라. 죽음을 받아들이지 않을 경우 지금의 삶과 앞으로 다가올 모든 삶은 황폐해지고 우리는 우리의 삶을 온전하게 충분히 살 수 없게 된다. 우리는 죽어야만 하는 우리 자신, 바로 그 상태에 갇혀버리고 만다. 이러한 무지로 인해 깨달음을 지향하게 하는 토대를 우리는 빼앗기게 되고, 끝없는 환상의 나락, 생사의 끝없는 순환, 붓다가 윤회[6]라고 일컫은 고통의 바다에 떨어지게 된다.

그러나 불교 가르침의 근본 메시지는 우리가 죽음을 제대로 준비한다면 삶과 죽음 모두에 아직 커다란 희망이 남아 있다고 가르친다. 불교 가르침은 삶에서 놀랍고도 궁극적으로 끝없는 자유를 성취할 가능성을 제시해 준다. 그런 자유는 지금 우리의 노력에 따라 우리 자신의 것이 될 수도 있다. 죽음도 선택할 수 있고 그래서 삶 역시 선택할 수 있는 그런 자유. 죽음을 준비하고 수행을 닦은 사람에게 죽음은 패배가 아니라 승리, 삶의 가장 영광스러운 성취의 순간이다.

* * *

1) 이 기록은 라마 체텐의 죽음에 관한 칸도 체링 최된의 기억을 따른다.
2) 14세기 티베트의 위대한 성자 송카파가 암도의 북동 지방으로부터 티베트의 중앙 지역으로 여행하는 도중 그들의 집에 멈추었을 때, 그가 그 가문에 붙인 명칭이다.
3) 차고뤼 툴쿠 린포체, 『죽음과 삶의 관계 Life in Relation to Death』(Cottage Grove, OR: Padma publishing, 1987), 7쪽.
4) 런던의 《선데이 타임스 Sunday Times》, 1991년 3월호에 인용된 호세 안토니오 루첸버거 Jose Antonia Lutzenberger의 말.
5) 로버트 서먼 Robert A. F. Thurman, 『마음의 과학: 동서양의 대화 "MindScience" An East-West Dialogue』(Boston: Wisdom, 1991), 55쪽.
6) 윤회(삼사라)는 생사가 걷잡을 수 없을 정도로 순환, 반복되는 것으로, 중생들은 어설픈 행동과 자기 파괴적인 감정에 이끌려 쉴새없이 고통을 반복하게 된다. 열반은 괴로움을 넘어선 상태, 궁극적인 진리의 실현 또는 불성을 뜻한다. 딜고 켄체 린포체는 이렇게 말한다. 〈마음의 본성을 알아차릴 때, 열반이라고 일컫는다. 미혹으로 몽롱해질 때 윤회라고 부른다.〉

2

덧없음

 우리가 지구 어느 곳에 있든지 죽음이 찾아내지 못하는 곳이란 없다. 우리가 의심과 회의의 땅에 있기라도 하 듯 온갖 방향으로 끊임없이 고개를 돌릴지라도……. 만일 죽음이라는 재난으로부터 벗어날 길이 있다 해도, 나는 죽음으로부터 벗어나고자 하지 않는다. ……당신이 죽음으로부터 벗어날 수 있다고 생각한다면, 그것은 미친 짓이다.(중략)

 사람들은 오고 가며 쉴새없이 움직이고 춤을 추기도 하지만, 죽음에 대해선 한마디 말도 하지 않는다. 모든 일이 잘되어 갈 수 있다. 그러나 죽음이 그들에게, 그들의 아내에게, 그들의 아이들에게, 그들의 친구에게 찾아올 때, 죽음을 의식하지도 못했고 준비하지도 못했기에 폭풍처럼 감정이 그들을 압도해 울부짖고 분노하면서 절망에 빠지게 된다.(중략)

 죽음이 우리에게서 가장 좋은 것을 빼앗아가기 시작할 때, 죽음에 대해 사람들이 일반적으로 취하는 것과 다른 정당한 방식을 택하도록 하자. 죽음을 낯설게 여기지 말자. 죽음과 자주 접촉해야 한다. 죽음에 익숙해지도록 하자. 다른 무엇보다 죽음을 마음으로 자주 생각하자.

……죽음이 어디에서 우리를 기다리는지 우리는 모른다. 죽음을 몸에 익히는 것은 자유를 실습하는 것이다. 어떻게 죽어야 하는지 배운 사람은 노예가 되지 않는 방식을 배운 셈이다.[1]

— 몽테뉴

죽음을 몸에 익혀서 자유를 실습하는 것이 왜 그렇게 어려울까? 우리는 어째서 죽음을 두려워하며 바라보는 것조차 피하는 것일까? 어쨌든, 우리는 마음 깊이 죽음으로부터 벗어날 수 없음을 안다. 밀라레파는 〈우리가 그토록 두려워하는 시체라 불리는 것이 바로 지금 여기에서 우리와 함께 살고 있다〉라고 말했다. 우리가 죽음에 직면하기를 회피할수록, 죽음을 무시할수록, 우리를 괴롭히는 공포와 불안은 더욱 커지게 된다. 우리가 그런 두려움으로부터 달아나기 위해 애쓸수록, 공포는 더 한층 끔찍해지게 된다.

죽음은 엄청난 신비다. 하지만 죽음에 대해 우리가 말할 수 있는 두 가지가 있다. 우리가 죽는다는 것은 절대적으로 확실하고, 우리가 언제 어떻게 죽을지는 확실하지 않다는 것. 그렇다면 단 한 가지 확실한 것은 언제 죽을지 불확실하다는 이유로 우리가 죽음에 직면하기를 연기한다는 사실이다. 술래잡기 놀이를 하는 어린애가 자기 눈을 가려서 아무도 자신을 볼 수 없다고 생각하는 것과 같은 짓을 우리는 하고 있다.

왜 우리는 죽음의 공포 아래서 살아야 하는가? 우리의 본능적인 욕망은 계속 살아가는 것이고 죽음이란 우리에게 친숙한 모든 것을 끝장낸다고 생각하기 때문이다. 죽음이 찾아오면, 전혀 알지 못하는 공간에 던져지거나 전적으로 다른 누군가가 된다고 우리는 느낀다. 무서울 정도로 낯선 환경에 처해서 길을 잃어버리고 당혹하게 될 것을 우리는 상상한다. 죽음이라는 근심, 걱정에 시달리면서, 낯선 외지에서, 어딘지도 모르고, 말도 안 통하고, 돈도 없고, 사람과 접촉하지도 못하고, 여권도 없고 친구도 없이 혼자서 눈 뜨는 아침과 같다고 상상한다.

우리가 죽음을 두려워하는 가장 큰 이유는 자신이 누구인지 모르기 때문이다. 우리는 자신이 다른 것과 구분되는 독자적이고 개인적인 정체성을 지니고 있다고 생각한다. 그러나 구체적으로 그 내역을 검토해 보면, 그 정체성이란 전적으로 그것을 받쳐주는 무수한 사물들의 집합에 불과한 것임을 알게 된다. 이를테면 우리의 이름, 자신의 〈일대기〉, 배우자, 가족, 집, 일, 친구, 신용 카드……. 우리가 자신의 안전을 위해 의지하고 있는 것들은 이렇게 깨지기 쉽고 일시적인 버팀목일 뿐이다. 따라서 그것들을 모두 잃어버린다면, 진정 우리가 누구인지 말할 것이라도 있을까?

우리에게 이처럼 친숙한 버팀목이 제거된다면, 우리는 바로 우리 자신, 우리가 모르는 바로 그 사람, 우리가 평생 동안 함께 살아왔지만 결코 만나기를 원하지 않았던 바로 그 낯선 사람과 만나게 된다. 우리는 이처럼 낯선 사람과 침묵 속에서 마주치지 않기 위해서, 삶의 시간을 하찮고 사소한 시끄러운 움직임으로 채우고 있는 것은 아닐까?

또한 이것은 우리의 삶의 방식이 기본적으로 비극적임을 지적하는 것은 아닐까? 우리는 꾸며진 정체성, 즉 「이상한 나라의 앨리스」에 나오는 가짜 거북과 마찬가지로 노이로제에 걸린 채 지어낸 이야기 세계에서 살고 있다. 빌딩을 세우는 쾌감에 정신이 팔려 우리들은 모래 위에 집을 짓고 있다. 죽음이 환상을 무너뜨려 숨겨진 공간으로부터 우리를 쫓아낼 때까지 이 세계는 기묘하게도 튼튼한 것처럼 보일 수 있다. 우리가 현실에 대한 좀더 정확한 단서를 지니지 못한다면 어떤 일이 일어나겠는가?

죽을 때 우리는 모든 것, 특히 우리가 그토록 애지중지해 맹목적으로 의존했고, 그렇게 열심히 계속 살아 있게 하려고 애썼던 육신을 뒤에 남기고 떠난다. 그러나 육신과 마찬가지로 우리 마음도 믿을 만한 것이 못 된다. 잠시 자신의 마음을 들여다 보라. 그것은 쉴새없이 이리저리 튀어다니는 벼룩처럼 보일 것이다. 생각은 아무 이유도 없이 어떤 것과도 무관하게 솟아날 것이다. 순간순간 혼란에 휩싸일 때마다 우리는 변덕스러운 마음에 끌려다니게 된다. 우리에게 친숙한 의식 상태가 오직 이것에 지나지 않는다면, 죽는 순간 자신의 마음에 의지하는 것은 어처구니없는 도박이 될 것이다.

커다란 자기 기만

사람의 탄생은 슬픔의 탄생이다. 우리가 오래 살면 살수록, 어리석음도 증대된다. 결코 회피할 수 없는 죽음으로부터 벗어나려는 갈망이 점점 예민해지기 때문이다. 얼마나 고통스러운가! 우리는 자신의 손이 닿지 않는 것을 위해 살지 않는가! 미래에도 계속 살고자 하는 열망 때문에 우리는 현재의 삶을 제대로 살 수 없게 된다.

— 장자(莊子)

내 스승께서 돌아가신 후, 나는 뒤좀 린포체와 가깝게 지냈다. 그는 근래에 가장 위대한 명상가 가운데 한 사람으로, 신비가이자 요가 수행자였다. 어느 날 그는 부인과 함께 차를 몰고 프랑스 전역을 다니면서 시골 풍경에 찬탄한 적이 있었다. 그들이 새로 페인트칠을 하고 꽃으로 장식한 기다란 공동 묘지를 지날 때였다. 뒤좀 린포체의 부인이 말했다. 〈린포체, 서양에는 모든 것이 저처럼 단정하고 깨끗하군요. 심지어 시신을 안치한 곳조차 먼지 하나 없어요. 동양에는 사람들이 살고 있는 집도 이렇게 깨끗하지는 않죠.〉

그가 답했다. 〈아! 그래요, 정말 그렇죠. 이 나라는 문명이 발달한 국가이니까. 그들은 죽은 시신을 위해 저처럼 놀랄 만한 집을 마련했군요. 하지만 당신도 보지 않았어요? 그들은 살아 있는 시신을 위해서도 멋있는 집을 짓죠.〉

나는 이 이야기를 생각할 때마다, 삶의 계속성과 영속성에 대한 잘못된 믿음에 입각할 때 그 삶이 얼마나 공허하고 하찮아지는지 생각하게 된다. 우리가 저렇게 살아갈 때, 뒤좀 린포체의 지적대로 우리는 살아 있는 시체가 된다.

우리들 대부분은 저렇게 살고 있다. 우리는 미리 정해진 계획에 따라 산다. 우리는 젊은 시절을 교육받기 위해 보낸다. 그러고 나서 일자리를 구하고 누군가를 만나 결혼해 아이를 낳는다. 우리는 집을 사고 사업에 성공하려고 노력하고 전원 주택이나 두번째 자동차 구입을 목표로 삼는다. 우리는 친구와 함께 휴가를 즐기며 퇴직 이후의 계획을 세운다. 어떤 사람들에게 가장 큰 문제는 다음 휴일을 어떻게 보낼 것인가, 크리스마스 때 누구를 초대할 것인가 하는 것이다. 우리는 단조롭고, 보잘것없고, 계속 되풀이되고, 하찮은 것을 추구하기 위해 삶을 소모한다. 우리가 더 나은 것을 알지 못하기 때문이다.

삶의 진행 속도는 너무나 빨라서 우리는 마지막 순간에 이르러서야 비로소 죽음을 생각하게 된다. 더욱더 많은 재산, 더욱더 많은 물품, 더욱더 편리한 문명의 이기에 둘러싸여 비록 무상함이란 깊숙한 두려움이 우리를 숨막히게 할지라도, 결국 이것들의 노예가 되어버리고 만다. 우리의 모든 시간과 정력은 단지 이것들을 유지하는 데 소모된다. 우리 삶의 유일한 목표는 가능한 한 안전하고 확실하게 모든 것을 보존하는 것이다. 변화가 일어날 때, 우리는 가장 빠른 치료, 교묘하게 고안된 일시적인 해결을 원한다. 심각한 병이나 재난이 우리의 무감각함을 뒤흔들지 않는다면 우리의 삶은 표류하게 마련이다.

우리가 이 삶을 위해 많은 시간이나 생각을 쓰는 듯하지만, 사실은 그렇지 않다. 오랫동안 일하고 퇴직한 사람을 생각해 보자. 나이 들어 죽음의 시간이 다가오자, 그는 자신이 무엇을 해야 할지 아무것도 모른다. 실용적인 것에 대해서 우리는 쉴새없이 지껄이지만, 서양에서 통용되는 실용적인 것이란 아무것도 아는 게 없고 종종 이기적인 단견(短見)을 의미할 뿐이다. 우리가 아편 따위에 취하기라도 한 듯이 오직 이 삶에만 초점을 맞추는 것은 커다란 자기 기만이다. 이로 인해서 현대 사회에 황량하고도 파괴적인 유물론이 활개치게 된다. 어느 누구도 죽음을 말하지 않고 어느 누구도 삶 이후의 삶을 말하지 않는다. 죽음을 말하면 이른바 세계의 〈진보〉가 왜곡된다고 사람들이 믿기 때문이다. 그러나 우리의 가장 큰 욕망이 진정 계속해서 사는 것이라면, 어째서 우리는 죽음이 끝이라고 무모하게 고집하는 것일까? 왜 적어도 죽음 이후의 삶이 있을 수도 있는 가능성을 모색하지 않는 것일까? 만일 우리가 자신이 주장하는 만큼 실용적이라면, 진지하게 이렇게 물어야 한다. 우리의 미래는 참으로 어디에 있는가? 결국, 어느 누구도 백 년 이상 살 수 없다. 그 이후에는 설명할 길 없는 영원한 미래가 뻗어 있건만…….

활발한 게으름

내가 좋아하는 〈'달처럼 유명한'의 아버지〉는 티베트에서 오래된 이야기이다. 매우 가난한 남자가 고된 일을 한 끝에 곡식 한 자루를 모았다. 그는 자신이 자랑스러웠다. 그는 집에 돌아와서 쥐와 도둑으로부터 곡식을 안전하게 지키기 위해 곡식 자루를 대들보에 밧줄로 매달았다. 그렇게 매달아 놓고서도, 예방을 위해 밤새도록 그 밑에 자리잡고 지켰다. 거기에 누워서 그는 이렇게 생각했다. 〈내가 이 곡식을 조금만 팔아도 큰 이익이 남을 거야. 그것으로 더 많은 곡식을 사다가 똑같이 되팔아야지. 그러면 얼마 안 가서 나는 부자가 될 거야. 사회에서 손꼽히는 사람이 되겠지. 많은 여자들이 나를 따를 테지. 아름다운 여성과 결혼하고 머지 않아 아이도 생기겠지……. 아들일 거야……. 아이 이름을 뭐라고 지을까?〉 방안을 둘러보던 중, 그의 눈길이 작은 창에 멈췄다. 창문을 통해 달이 떠오르고 있었다. 그는 이렇게 생각했다. 〈옳거니! 이 얼마나 상서로운 조짐이냐! 참으로 멋진 이름이야. 아이를 '달처럼 유명한'이라고 불러야지…….〉 그가 생각에 몰두하는 동안, 쥐 한 마리가 곡식 자루에 도달해서 밧줄을 갉기 시작했다. 그의 입에서 〈달처럼 유명한〉이란 말이 떨어지자마자, 곡식 자루가 천장에서 떨어져 그는 그 자리에서 죽었다. 〈달처럼 유명한〉은 물론 태어나지도 못했다.

이 이야기 속의 남자처럼 얼마나 많은 사람들이 내가 〈활발한 게으름〉이라고 부르는 것에 휩쓸려 지내는가? 동양과 서양에서 게으름의 형태는 차이가 있다. 동양적 스타일은 인도에서 깨달음을 위해 수행하는 사람들의 게으름 같은 것이다. 태양 아래서 하루 종일 시간 보내기, 아무것도 하지 않기, 쓸모 있는 어떤 일도 하지 않기, 차 마시기, 라디오에서 흘러나오는 힌두 영화의 음악 듣기, 친구들과 한담(閑談) 나누기 등이 그런 게으름에 속한다. 서양의 게으름은 이것과 크게 다르다. 그것은 우리의 삶을 강제적인 활동으로 가득 채워 참으로 중요한 문제에 부딪칠 시간이 없게 한다.

우리의 삶을 살펴보면, 이른바 〈책임〉이라 불리는 중요하지 않은 일이 얼마나 많이 우리 삶을 가득 채우고 있는지 분명히 알 수 있다. 어떤 스승은 이를 〈꿈속에서 집안일하기〉에 견준다. 우리는 중요한 일에 시간을 보내려 하지만 도대체 시간이 나지 않는다고 말한다. 심지어 아침에 일어나기만 해도 할 일이 많다. 창문 열기, 침대 정리, 목욕하기, 이빨 닦기, 개나 고양이 먹이 주기, 지난밤에 사용한 그릇 씻기, 가게에 가서 떨어진 설탕이나 커피 사오기, 아침 식사 준비……, 할 일이 끝도 없다. 이어서 옷을 분류하고, 선택하고, 다림질하고, 다시 갠다. 또한 머리를 손질하고 화장을 한다. 옴짝달싹 못할 정도로, 하루가 전화 걸기와 사소한 일들로 가득 차 있음을 우리는 알게 된다. 이것을 〈불필요한 일들〉이라 부를 수는 없는 것일까?

우리의 삶은 우리에게 기묘한 타성을 길러주어 우리가 휩쓸려가도록 한다. 우리는 어떤 선택도 하지 않았고 통제할 수도 없다. 물론 이런 타성을 때때로 나쁘게 느낀다. 악몽을 꾸고 땀에 젖은 채 깨어나 스스로 묻는다. 〈나는 내 삶에서 무엇을 하고 있는가?〉 그러나 우리의 걱정은 아침 식사 시간까지만 지속될 뿐이다. 우리는 서류 가방을 챙겨들고 원래의 일상으로 되돌아가게 된다.

나는 인도의 성자, 라마 크리슈나를 생각한다. 그는 제자들에게 이렇게 말했다. 〈그대들이 여인을 좇아다니거나 돈 버는 일같이 번거로운 일에 사용하는 시간 중 십분의 일만이라도 영적인 수행에 사용한다면, 몇 년 안에 깨달음을 얻을 것이다!〉 세기가 바뀌는 때에 히말라야의 레오나르도 다 빈치라고 불리는 티베트의 한 스승이 있었는데 그의 이름은 미팜이었다. 그는 시계, 대포, 비행기를 발명했다고 한다. 하지만 완성되자마자, 그것들이 좀더 큰 번잡함의 원인일 뿐이라고 말하면서 그는 곧바로 파괴시켜 버렸다.

덧없음 53

티베트어로 몸은 〈뤼 lü라고 불리는데, 그것은 수화물처럼 〈사람이 떠난 뒤에 남는 것〉을 의미한다. 〈뤼〉라고 말할 때마다 티베트 인들은 인간이란 이 삶과 육신에 잠시 머무는 여행자일 뿐이라는 사실을 상기하게 된다. 따라서 티베트 인들은 외적인 환경을 좀더 편하게 만들기 위해 모든 시간을 소모하는 번거로운 일을 벌이지 않는다. 그들은 굶주리지 않을 정도의 먹을 것, 등을 덮을 정도의 의복, 그리고 머리를 덮을 정도의 지붕만 갖춰진다면 만족해한다. 우리가 지금까지 하던 대로 계속해서 외적 환경을 개선하기 위해서만 애쓴다면, 본래대로 종말을 맞게 되고 끝없는 혼란에 빠질 것이다. 제정신이라면 어느 누가 호텔에 투숙할 때마다 호텔 방을 괴팍스럽게 다시 장식하려 하겠는가? 나는 파툴 린포체의 이런 충고를 좋아한다.

늙은 암소를 기억하라,
외양간에서 잠자는 것에 만족한다.
당신도 먹고, 자고, 그리고 배설한다.
그것을 피할 수는 없다.
그 밖에 무슨 일이 있으랴!

때때로 나는 현재 문명의 가장 위대한 성취가 윤회와 무익한 번잡함을 번지르르하게 판매하는 것이 아닌가 생각한다. 현대 사회는 진리로부터 멀어지게 하는 온갖 것, 진리를 살아남기 어렵게 핍박하고 그것이 존재한다는 것을 믿기조차 힘들게 하는 온갖 것을 찬양하는 듯하다. 모든 것이 삶을 찬미하는 현대 문명으로부터 비롯된다고 생각하지만, 현대 문명은 사실상 삶으로부터 실제적인 어떤 의미도 빼앗아버린다. 사람들은 끊임없이 〈행복하다〉고 말하지만, 현대 문명은 진정한 기쁨에 이르는 길을 가로막고 있다.

윤회를 조장하는 현대적 상황은 길들여진 우리의 근심과 억압을 부추기고, 또 우리를 쉴새없이 탐욕스럽게 만드는 소비를 촉진시키는 기계에 영양을 공급한다. 윤회의 세계는 고도로 조직되고 다방면으로 전개되며 정교하다. 그것은 우리를 향해 선전을 펼치면서 모든 각도로 공격하고, 우리 주위에 거의 흔들림 없는, 현대 문명에 탐닉하는 환경을 만든다. 그로부터 피하려 하면 할수록, 우리는 교묘하게 만들어진 덫에 더욱더 갇혀버린다. 18세기 티베트의 스승, 직메 링파는 이렇게 말했다. 〈감각의 깎아지른 듯한 변화에 매혹되어 윤회의 삿된 순환 속에서 끝없이 떠돌게 된다.〉

행복을 약속하지만 사실은 재난으로 이끄는 거짓된 희망, 꿈, 야망에 사로잡힌 채, 우리는 끝없이 펼쳐진 사막에서 갈증에 시달리며 헤매는 사람과 같다. 이 윤회의 바다가 우리에게 제공하는 마실 물이란, 더 한층 목마르게 하는 한잔의 소금물일 뿐이다.

죽음을 직시한다

이런 상황을 알아차린다면, 겔세 린포체의 다음 말에 귀를 기울여야 하지 않을까.

> 미래를 계획하는 것은 메마른 협곡에서 고기를 잡는 것과 같다.
> 원하는 대로 이루어지는 것은 아무것도 없으니 당신의 모든 계획과 야망을 포기하도록 해라.
> 당신이 무언가를 생각해야 한다면
> 언제 죽을지 모른다는 것뿐······.

티베트 인에게 1년 중 가장 큰 축제는 신년 축제로, 서양의 크리스마스, 부활절, 추수 감사절, 생일을 모두 합친 것과 같다. 파툴 린포체는 일생 동안 삶에 가르침을 주는 기행으로 일관했던 위대한 스승이었다. 다른 사람들과 마찬가지로 새해를 축하하고 사람들에게 〈행복한 새해〉를 축원하는 대신, 파툴 린포체는 흐느껴 울었다. 그 이유를 물으면, 그는 많은 사람들이 죽음에 대해 아직 아무런 준비도 못했건만 또 한 해가 지나가고 1년 더 죽음에 가까이 다가섰기 때문이라고 답했다.

어느 날 우리 모두에게 일어날 수 있는 일을 생각해 보자. 우리가 중요한 생각에 몰두하면서, 또는 워크맨에 귀기울이면서 길을 따라 걸어가고 있다. 그런데 갑자기 자동차 한 대가 다가오더니 우리와 부딪힌다.

텔레비전을 켜거나 신문을 읽어보자. 당신은 도처에서 죽음을 발견한다. 사람들이 비행기 추락 사고나 자동차 사고로 죽으리라는 것을 예측할 수 있었을까? 그들은 우리와 마찬가지로 삶을 당연한 것으로 받아들였을 것이다. 우리가 알고 있는 사람이나 친구가 예기치 않게 죽었다는 이야기를 얼마나 자주 들었던가? 우리가 죽기 위해서 꼭 아파야 하는 것은 아니다. 우리의 육신은 자동차와 마찬가지로 어느 날 갑자기 부서지고 고장 날 수 있다. 우리는 평소에 매우 건강하지만, 병이 나서 바로 다음날 죽을 수도 있다. 밀라레파도 이렇게 노래했다.

> 당신이 튼튼하고 건강할 때에는
> 질병이 찾아오리라 생각 않았겠지.
> 그러나 병은 갑자기 찾아온다네.
> 마치 벼락이 치는 것처럼.

이 세상에 함께 있을 때에는
죽음이 도래하리라 생각 않겠지만
천둥처럼 갑자기 찾아온다네
머리 위에 떨어지는 우레같이.[2]

우리는 종종 자기 자신에게 진지하게 물어볼 필요가 있다. 〈만일 내가 오늘밤 죽는다면? 그렇다면 무슨 일이 일어날까?〉 우리가 내일 아침에 일어날 수 있을지, 또는 어디에 있을지 알 수 없다. 만일 숨이 멎어서 다시 숨쉴 수 없다면 당신은 죽은 것이다. 그것은 아주 간단한 일이다. 티베트 속담에 이런 말이 있다. 〈내일 또는 다음의 생, 어느 것이 먼저 올지 우리는 결코 알지 못한다.〉

티베트의 유명한 명상 수행자 몇몇은 밤에 잠자러 갈 때, 잔을 비우고 침대 곁에 뒤집은 채 내버려둔다. 그들이 아침에 일어나서 잔을 필요로 할지 결코 알 수 없기 때문이다. 심지어 그들은 타다 남은 불꽃이 다음날 아침까지 계속 켜져 있는지 걱정하지 않기 위해, 밤에 불을 끈다. 순간순간마다 그들은 죽음이 임박할 가능성과 더불어 살아가는 것이다.

직메 링파의 은둔지 근처에 연못이 있었다. 그는 연못을 건너는 데 큰 어려움을 겪었다. 제자 몇 사람이 다리를 놓자고 말했더니 그는 이렇게 답했다. 〈무슨 소용이 있겠나? 내가 내일 밤에 여기서 잠을 자고 나서도 계속 살아 있을지 어느 누가 알겠는가?〉

어떤 스승은 좀더 거친 비유를 통해서 삶의 허약함을 우리에게 일깨우고자 한다. 예를 들어 우리가 독방에서 불려나와 사형장으로 끌려가는 사형수, 그물에 걸린 물고기, 도살장에서 순서를 기다리는 짐승이라고 상상해 보라고 그들은 말한다.

또 다른 스승은 조용한 명상 수행의 일부로, 자기 자신이 죽음에 도달한 생생한 순간들을 상상해 보라고 제자들에게 권한다. 예컨대 사랑하는 사람들의 놀람, 고통, 당황, 무력함, 비탄, 그들이 일생 동안 지녔던 것이나 지니지 못한 것을 실감 나게 상상하라는 것이다.

> 침대에 마지막으로 곧게 뉘인 몸
> 최후의 몇 마디를 힘 없이 속삭이는 목소리
> 과거를 회상해 기억을 마지막으로 되살리는 마음,
> 저 드라마가 당신에게 언제 일어날까?[3)]

죽음이란 실재하는 것이고, 아무 예고 없이 불쑥 찾아온다는 사실을 반복해서 조용히 숙고하는 것이 중요하다. 티베트 속담에 나오는 비둘기처럼 되어서는 안 된다. 그 비둘기는 잠자리를 만들기 위해 밤새도록 부산을 떨다가, 잠을 자기도 전에 새벽이 밝고 말았다고 한다. 20세기의 중요한 스승, 닥파 겔첸은 이렇게 말했다. 〈인간은 준비하고, 준비하고, 준비하는 데 자신의 삶을 다 소모한다. ……단지 전혀 준비하지 못한 다음 생을 맞이하기 위해.〉

진지하게 삶에 임하기

삶이 얼마나 소중한지 아는 사람은 아마도 삶이 얼마나 부서지기 쉬운지 이해하는 사람일 것이다. 한번은 내가 영국에서 개최된 회의에 참석한 적이 있다. 참석자들은 BBC 방송과 인터뷰했다. 그들은 동시에 실제로 죽어가는 여인과 대화를 나누었다. 그녀는 죽음이 실재한다고 한번도 생각하지 않았기 때문에, 두려움에 사로잡혀 미쳐가고 있었다. 이제야 그녀는 비로소 알게 되었다. 그녀는 자신보다 오래 사는 사람들에게 오직 한 가지 메시지를 남겼다. 삶, 그리고 죽음에 진지하게 대면하라는 것.

삶에 진지하게 대면하는 것이 우리가 히말라야의 깊은 산속이나 티베트에서 옛날처럼 살면서 우리의 삶 전체를 명상 수행에 바치는 것을 뜻하지는 않는다. 현대 사회에서 우리는 일을 해서 돈을 벌어야 한다. 하지만 아홉시에 출근하고 다섯시에 퇴근하는 생활에 깊이 말려들어 삶의 좀더 깊은 의미를 도외시해서는 안 된다. 우리가 해야 할 일은 균형을 잡고 중도(中道)를 발견하는 것이다. 또한 본질과 무관한 활동이나 편견에 지나치게 걸려들지 않는 것이고, 우리의 삶을 더욱 단순화하는 것이다. 현대의 삶에서 균형을 잡아 행복하게 사는 열쇠는 단순함에 있다.

불교에서 예절이 뜻하는 것이 바로 단순함이다. 티베트어로 예절을 〈췰 팀 tsul trim〉이라고 한다. 〈췰〉은 〈적당한〉 또는 〈정당한〉이고, 〈팀〉은 〈규칙〉 또는 〈길〉을 뜻한다. 따라서 예절이란 적당하게 또는 정당하게 일을 처리하는 것이다. 다시 말해 극도로 복잡한 시대에 우리의 삶을 단순화하는 것이다.

마음의 평화는 단순함으로부터 나온다. 당신은 단순함을 통해 영적인 진리만이 초래할 수 있는 앎을 추구하는 시간을 더 많이 확보해 죽음과 마주할 수 있다.

슬프다, 이것을 사람들이 거의 행하지 않다니! 우리는 자신에게 이렇게 물어야 할 것이다. 〈내가 나의 삶에서 진정 성취해야 할 것은 무엇인가?〉 다시 말해서 우리는 삶과 죽음에 대해 얼마나 이해하는가? 나는 내 친구 케네스 링 Kenneth Ring과 다른 연구자들의 임사 체험의 연구 보고에 크게 고무받았다. 치명적인 사고라든가 임사 체험을 겪고 살아난 사람 가운데 매우 많은 사람들이 〈자신의 삶을 파노라마식으로 되돌아보았다〉고 증언했다. 불가사의할 정도로 생생하고 정확하게, 그들이 자신의 삶에서 겪은 일들이 다시 살아난 것이다. 때때로 그들은 자신들의 행동이 다른 사람에게 미친 영향을 몸소 견뎌내기까지 했고 그들의 행동이 야기한 감정을 직접 겪기도 했다. 어떤 남자가 케네스 링에게 이렇게 말했다.

누구나 진리를 이해하고 배우기 위해서 지구에 태어나게 되었음을 알게 되었다. 예를 들면, 더 한층 서로를 사랑하는 것. 가장 중요한 것은 물질이 아니라 인간 관계와 사랑임을 발견하는 것. 또한 자신의 삶에서 행한 모든 것이 기록되어 있으며, 그 당시 아무 생각 없이 지나쳤던 것이라도 언제나 나중에는 드러난다는 사실을 알아야 한다.[4]

삶을 되돌아보기는 때때로 빛나는 현존, 〈빛의 존재〉와 함께 일어난다. 임사 체험자의 다양한 증언을 통해 두드러진 점은 〈빛의 존재〉와의 이런 만남을 통해 단 한 가지 삶의 참된 목표가 〈다른 사람을 사랑하는 것을 배우고 지혜를 얻는 것〉임이 제시된다는 것이다.

어떤 사람이 레이먼드 무디에게 말했다. 〈빛이 나타났을 때, 그가 내게 말한 첫번째 것은 '그대는 당신의 일생 동안 무슨 일을 했는가?'였든가 그 비슷한 취지의 말이었다. ……이를 통해서 그는 사랑의 중요성을 계속 강조했다. ……그는 또한 앎과 관련된 것에 매우 관심 있는 듯했다.〉[5] 또 어떤 남자는 케네스 링에게 이렇게 말했다. 〈내게 질문이 던져졌다. (그러나 아무 말도 필요 없었다. 마음속으로 생각하자마자 곧바로 얘기가 이루어졌다.) '그대는 인류를 이롭게 하고 향상시키기 위해 무엇을 했는가?'〉[6]

우리가 죽을 때, 일생 동안 해왔던 모든 것이 제시됨으로써 우리가 어떤 사람인지 분명히 드러나게 된다. 모든 것 하나하나가 빠짐 없이 고려되는 것이다.

가을 구름

네팔에 있는 자신의 수도원에서 내 스승의 가장 연로한 제자, 딜고 켄체 린포체가 가르치기를 끝냈다. 그는 우리 시대의 첫째 가는 스승 가운데 한 인물이자 달라이 라마의 스승이기도 했고, 그를 무한한 지혜와 자비를 지닌 인물로 존경하는 다른 많은 스승들의 스승이기도 했다. 지난 20년간을 은둔지에서 보낸, 이처럼 부드럽고 찬란하게 빛나는 산과 같은 인물을 우리는 존경했다. 그는 학자이자 시인이고 비교(秘敎) 전수자였다. 그는 잠시 쉬었다가 먼 곳을 바라보았다.

〈나는 이제 일흔여덟 살입니다. 일생 동안 나는 많은 것을 보았습니다. 많은 젊은이가 죽었고, 내 또래의 많은 사람들도 죽었고, 나이 많은 사람들도 죽었습니다. 높은 신분에 있었던 많은 사람들이 미천해졌습니다. 미천한 사람들이 높은 자리에 올랐습니다. 많은 나라들이 변했습니다. 전세계에 많은 혼란과 비극, 전쟁, 전염병, 무시무시한 파괴도 있었습니다. 여러분들이 깊이 생각한다면 영원히 지속되는 것은 아무것도 없음을 알게 됩니다. 심지어 당신 몸의 가장 자그마한 머리털조차도 영속되지는 않습니다. 그리고 이것은 이론이 아니라 바로 당신 자신이 직접 알고 깨닫고 자기 자신의 눈으로 볼 수 있는 것입니다.〉

나는 종종 자신에게 묻는다. 〈모든 것은 도대체 왜 변하는 것일까?〉 유일한 답이 내게 떠오른다. 그것이 바로 삶이 존재하는 방식이다. 어느 것 하나도 변하지 않는 것이 없다. 붓다는 말했다.

> 우리의 존재는 가을 구름처럼 덧없다.
> 존재의 삶과 죽음은 마치 춤 동작을 보는 것과 같다.
> 삶은 하늘에서 번쩍이는 번갯불처럼 잠깐이며
> 깎아지른 산에서 흘러내리는 급류와 같다.

우리가 죽음에 직면할 때 많은 고뇌와 어려움을 겪게 되는 주된 이유 가운데 하나는, 우리가 덧없음에 함축된 진리를 모른다는 것이다. 우리는 결사적으로 모든 것이 영속하기를 바란다. 그러나 그것은 헛된 바람일 뿐이다. 우리가 종종 깨닫듯, 믿음은 실재와 거의 아무 관련이 없다. 잘못된 정보, 생각, 가정에 근거한 헛된 믿음은 우리의 삶을 떠받치는 허약한 토대이다. 우리가 지어낸 진실이 아무리 자주 가로막힌다 해도 우리는 아무 희망 없는 믿음에 사로잡혀 거짓된 생각을 계속하고자 애쓴다.

우리는 마음속으로 변화는 언제나 상실이자 고통이라고 간주한다. 변화가 일어나면, 우리는 자신을 맞춰시키려고 한다. 영원은 곧 안전이고 변화는 그렇지 않다고 우리는 완고하게 믿는다. 그러나 변화란 우리가 삶에서 만나는 사람과 마찬가지다. 처음 만날 때에는 어렵고 힘들지만, 깊이 사귀면 사귈수록 우리가 생각했던 것보다 훨씬 친숙해지고 덜 까다로워지는 것처럼.

이를 숙고해 보자. 역설적으로 말하자면 덧없음이란 우리가 매달릴 수 있는 유일한 것이고, 아마도 우리가 유일하게 지속적으로 소유하는 것이다. 무상함이란 하늘이나 땅과 같다. 우리 주변의 모든 것이 변하고 무너지더라도 하늘과 땅은 유지된다. 예컨대 마음이 갈기갈기 찢기고, 우리의 전생애가 분해되고……. 남편이나 아내가 아무 말도 없이 돌연 사라졌다고 하자. 땅은 여전히 그대로 있고 하늘도 여전히 그대로 있다. 그러나 우리에게 어느 것도 당연하지 않음을 확인시키기라도 하듯 땅조차 때때로 지진으로 흔들린다.

심지어 붓다마저도 죽었다. 그의 죽음은 소박한 사람, 나태한 사람, 만족해하는 사람에게 충격을 주기 위한 가르침이었고, 모든 것은 영원하지 않고 죽음이란 피할 수 없는 삶의 과정임을 우리에게 일깨우기 위한 가르침이었다. 죽음이 다가오자 붓다는 말했다.

> 모든 발자국 가운데
> 코끼리의 발자국이 최고이고
> 마음을 다스리는 명상 가운데
> 죽음에 대한 명상이 최상이노라.[7]

우리가 균형을 잃을 때마다 또는 게으름에 빠질 때마다, 죽음과 덧없음에 대해 성찰하면 자신을 일깨워 진리로 돌아갈 수 있다.

> 태어난 것은 죽게 되고
> 모인 것은 흩어지고
> 축적한 것은 소모되고
> 쌓아올린 것은 무너지고
> 높이 올라간 것은 아래로 떨어진다.

오늘날 과학자들은 우주 전체가 단지 변화, 활동, 과정, 즉 모든 것의 근거인 흐름의 총계일 뿐이라고 말한다.

모든 소립자의 상호 작용은 원래 있는 소립자의 소멸과 새로운 소립자의 생성으로 이루어진다. 소립자의 세계에는 끊임없는 생성과 소멸의 춤판, 질량이 에너지로 변하고 에너지가 질량으로 변하는 끊임없는 춤판이 벌어진다. 존재의 안팎에서 순간적인 형태들이 끊임없이 새롭게 창조되었다가 사라진다.[8]

우리의 삶이 일시적으로 생겨난 형상들의 춤판이 아니라면 무엇이겠는가? 모든 것은 항상 변하지 않는가? 이를테면 공원에 있는 나무의 잎사귀, 당신이 이 책을 읽고 있는 방안의 전등, 계절, 날씨, 하루의 시간, 거리에서 당신 곁을 스쳐 지나가는 사람들. 그렇다면 나란 도대체 무엇이란 말인가? 지난날 우리가 행한 모든 것이 이젠 꿈 같지 않은가? 우리와 함께 자란 친구, 뇌리에서 떠나지 않는 어린 시절, 순수한 정열로 한때 간직했던 이런저런 생각들. 우리는 이것들을 모두 뒤에 남기고 떠나왔다. 지금, 이 순간 이 책을 읽는 것만이 생생한 현실인 듯하다. 그러나 이 책의 이 페이지조차도 곧 기억의 장으로 넘겨질 것이다.

우리 육신의 세포는 죽어가고, 우리 뇌 속의 신경 세포는 퇴화해 가고, 우리 얼굴의 표정마저도 기분에 따라 항상 변한다. 우리가 자신의 성격이라 부르는 것은 단지 〈마음의 흐름〉에 불과할 뿐이다. 오늘 우리는 일이 잘되어 가니까 기분이 좋다. 내일 우리는 정반대의 기분을 느낄 수 있다. 그렇다면 좋은 느낌은 대체 어디로 갔는가? 환경이 바뀜에 따라 우리는 새로운 영향을 받게 된다. 우리 존재는 영속하지 않으며, 환경의 영향도 영속하지 않으며, 우리가 가리키는 그 어디에도 확실하거나 지속되는 것은 없다.

우리의 생각과 감정보다 예측할 수 없는 것이 있을까? 우리가 다음에 무엇을 생각할지 또는 무엇을 느낄지 알 수 있는가? 우리 마음은 사실 텅 비어 있고 덧없으며 꿈처럼 일시적이다. 생각을 들여다보자. 생각은 떠올랐다 잠시 머물고 곧 사라진다. 과거는 이미 지나갔고, 미래는 아직 오직 않았다. 또한 우리가 지금 겪고 있는 현재의 생각은 금세 과거가 된다.

〈우리가 실제로 지닐 수 있는 유일한 것은 바로 이 순간뿐이다.〉

내가 이러한 것들을 가르칠 때 때때로 어떤 사람이 찾아와 말한다. 〈이 모든 것은 명백합니다! 나는 이미 알고 있습니다. 새로운 것을 말해 주세요.〉 나는 그에게 이렇게 말한다.

〈당신이 무상함에 함축된 진리를 정말 이해해서 알아차렸습니까? 그것을 당신의 모든 생각, 호흡, 움직임과 합치시켜 당신의 삶이 바뀌었습니까? 당신 자신에게 두 가지 질문을 던져보시오. 자신과 모든 사람과 모든 것이 죽어가고 있다는 사실을 순간순간마다 기억하고 있으며 그래서 모든 존재를 언제든지 자비심으로 대하고 있습니까? 죽음과 무상함을 통렬하고도 절박하게 이해해서 매 순간마다 깨달음을 추구하고 있습니까? 두 질문에 대해 당신이 '그렇다!'라고 답할 수 있다면 덧없음을 제대로 이해한 거요.〉

* * *

1) M. A. 스크리치 M. A. Screech가 편역한 몽테뉴, 『몽테뉴의 수상록 The Essays of Michel de Montaigne』(London: Allen Lane, 1991), 95쪽.
2) 가르마 창 Garma C. C. Chang이 영역한 밀라레파, 『밀라레파의 십만송(十萬頌) The Hundred Thousand Songs of Milarepa』 2권(Boston: Shambhala, 1984), 634쪽.
3) 글렌 멀린 Glenn H. Mullin이 영역한 『영적인 변화를 노래한다: 제7대 달라

이 라마의 선집 *Songs of Spiritual Change: Selected Works of the Seventh Dalai Lama*』(Ithaca, NY: Snow Lion 1982), 61쪽.

4) 케네스 링 Kenneth Ring, 『오메가를 향하여: 임사 체험의 의미를 찾아서 *Heading Towards Omega: In Search of the Meaning of the Near-Death Experience*』(New York: Quill, 1985), 69쪽.

5) 레이먼드 무디 Raymond Moody, Jr., M.D, 『삶 이후의 삶 *Life after Life*』(New York: Bantam, 1976), 65-67쪽.

6) 케네스 링, 앞의 책, 67쪽.

7) 『대반열반경 *Mahaparinirvana Sutra*』 중에서.

8) 게리 쥬카브 Gary Zukav, 『춤추는 물리(物理) *The Dancing Wu Li Masters*』(New York: Bantam, 1980), 197쪽.

3

반성과 변화

티베트에서 보낸 나의 소년 시절에, 붓다와 같은 시기에 사는 큰 행운을 누렸던 젊은 여인 크리샤 고타미의 이야기를 들은 일이 있다. 그녀의 첫 아이가 태어난 지 1년여 만에 병으로 죽었다. 비탄에 빠진 그녀는 아기의 시신을 끌어안고 만나는 사람마다 아기를 되살리는 약을 달라고 간청하면서 거리를 떠돌아다녔다. 어떤 사람은 그녀를 무시했고, 어떤 사람은 그녀를 비웃었고, 어떤 사람은 그녀가 미쳤다고 생각했다. 그녀는 마침내 어떤 현자를 만났는데, 그는 세상에서 그녀가 찾고 있는 기적을 일으킬 수 있는 유일한 인물이 붓다라고 말했다.

그래서 그녀는 붓다를 찾아가 그의 발밑에 아기의 시신을 내려놓고 자신이 찾아온 사연을 말했다. 붓다는 무한한 자비심을 지니고 귀를 기울였다. 그러고 나서 부드럽게 말했다. 〈당신의 상처를 치유할 수 있는 단 한 가지 방법이 있습니다. 시내에 들어가서 죽음을 겪지 못한 집이 있거든 거기서 겨자씨 하나만 가져오세요.〉

크리샤 고타미는 신이 나서 곧바로 시내에 들어갔다. 그녀는 처음 만난 집에서 발을 멈추고 말했다. 〈붓다께서 제게 죽음을 겪어본 적이 없는 집을 찾아가 겨자씨 하나를 얻어오라고 하셨습니다.〉 그녀는 이런 답을 들었다. 〈이 집에서는 많은 사람들이 죽었습니다.〉 그녀가 옆집으로 갔더니 그들은 이렇게 말했다. 〈우리 집안에서는 셀 수 없이 많은 사람들이 죽었습니다.〉 그녀는 세번째와 네번째 집에도 갔고, 마침내 온 시내를 돌아다니게 되었다. 그리고 결국 붓다가 제시한 그 조건을 충족시킬 수 있는 집을 찾을 수 없음을 깨달았다.

그녀는 아이의 시체를 납골당에 가져가서 마지막 인사를 했고 곧바로 붓다에게 되돌아왔다. 붓다가 물었다. 〈겨자씨를 가져왔습니까?〉 그녀가 말했다. 〈아닙니다. 붓다께서 저에게 가르치신 교훈을 이제야 이해합니다. 자식을 잃은 비통함 때문에 눈이 멀어 단지 저 하나만이 죽음의 손아귀에서 신음한다고 착각했습니다.〉

붓다가 말했다. 〈왜 다시 나를 찾아왔습니까?〉 그녀가 답했다. 〈죽음이 무엇이며, 죽음의 이면에, 또 죽음을 넘어서 무엇이 있는지, 그리고 무언가가 있다면 내게 있어서 어떤 것이 죽지 않는지 붓다께 가르침을 구하려고 합니다.〉

붓다는 그녀에게 가르치기 시작했다. 〈만일 당신이 삶과 죽음의 진리를 알고자 한다면, 다음에 대해 계속해서 숙고해야 합니다. 우주에서 변치 않는 단 한 가지 법칙이 있습니다. 모든 것은 변한다, 모든 것은 덧없다는 것입니다. 당신 아이의 죽음을 통해 당신은 지금 우리가 속해 있는 영역, 즉 윤회의 세계가 견딜 수 없는 고통의 바다임을 알게 되었습니다. 윤회라는 생사의 끝없는 순환에서 벗어나는 단 하나 유일한 길은 해탈에 이르는 것입니다. 고통을 겪음으로써 당신은 이제 배울 준비가 되었습니다. 당신의 마음이 진리를 향해 열려 있으므로, 이제 나는 당신에게 그것을 보여줄 것입니다.〉

크리샤 고타미는 붓다의 발앞에 무릎을 꿇었고 삶의 마지막 순간까지 그를 따랐다. 이 이야기가 끝날 무렵 그녀는 깨달음을 얻었다고 한다.

죽음을 받아들이기

크리샤 고타미의 이야기를 통해, 또다시 반복해서 우리가 관찰할 수 있는 무언가가 제시된다. 즉 죽음과 직접 접촉함으로써 실제적인 깨달음을 얻고, 우리가 삶에 접근하는 방식 전체에 커다란 변화가 일어날 수 있다.

임사 체험을 예로 들어보자. 아마도 가장 중요한 뜻밖의 사실 가운데 하나는, 임사 체험이 그것을 겪는 사람의 삶을 놀랄 만큼 변모시킨다는 점이다. 임사 체험 연구가들은 그로 인한 영향과 변모가 깜짝 놀랄 정도라는 사실에 주목해 왔다. 예컨대 임사 체험자들은 죽음에 대한 공포가 줄어들었고 죽음을 한층 깊이 받아들이게 되었다. 그들은 다른 사람을 돕는 일에 더욱 많은 관심을 갖게 되었고, 사랑의 중요성을 좀더 진지하게 생각하게 되었으며 물질적 향락을 덜 추구하게 되고 영적인 차원과 삶의 영적인 의미에 대한 믿음이 증대되었다. 그들은 물론 삶 이후의 삶에 대한 믿음에 훨씬 더 마음을 열어놓게 되었다. 어떤 남자가 케네스 링에게 말했다.

나는 길을 잃고 아무 목적 없이 떠돌면서 물질적 재산만을 삶의 목표로 여기던 사람이었다. 그러나 이제 삶에 깊은 동기와 목표를 갖게 되었다. 나는 분명히 방향을 설정하고 생의 마지막에 이르러 보상받으리라는 확고부동한 신념을 지닌 사람으로 바뀌었다. 물질적 재산에 대한 관심과 끝없는 소유욕 대신 영적인 이해를 갈망하게 되었고 삶의

조건을 향상시키기 위해 열정적으로 애쓰게 되었다.[1]

어느 여인이 영국의 임사 체험 연구가, 마고트 그레이 Margot Grey에게 말했다.

내가 점점 더 깊이 느끼게 된 것은 사랑에 대한 고도의 감수성, 사랑을 나누는 능력, 가장 사소하고 제일 무의미한 일에서 기쁨과 즐거움을 발견하는 능력이었다. ……나는 병들어 죽어가는 사람들에게 커다란 연민을 느꼈다. 죽어가는 과정이란 삶의 연장일 뿐임을 그들이 알게 하고 어떻게 해서든 그렇게 의식할 수 있기를 나는 진심으로 바랐다.[2]

심각한 질병처럼 삶을 위협하는 위기가 그에 상응하는 변화를 일으키는 것을 우리 모두 알고 있다. 암으로 죽은 의사, 프레다 네일러 Freda Naylor는 용기 있게 계속 투병 일지를 썼다.

나는 한번도 해보지 못한 것을 경험했다. 그래서 나는 암에 걸린 것을 오히려 고맙게 생각한다. 내가 서 있는 그 자리에 멈춰서서 재평가하고 나아가기 위해, 죽어야 하는 숙명에 굴복함으로써 끊임없이 나를 놀라게 하는 내 안의 힘인 겸양과 나 자신에 대한 더 많은 것들을 발견했다.[3]

만일 우리가 새롭게 발견한 겸양과 열린 마음으로 〈재평가하고 나아간다〉면, 죽음을 있는 그대로 수용할 수 있다면, 영적인 가르침과 영적인 수행을 훨씬 더 수용할 수 있을 것이다. 그렇게 수용함으로써 또 다른 놀라운 가능성, 치유 능력을 개발할 수 있을 것이다. 나는 1976년 뉴욕에서 뒤좀 린포체를 찾아온 중년의 미국 여성을 기억한다. 그녀는 불교에 별다른 관심이 없었지만 시내에 뛰어난 스승이 있다는 말을 들었다. 그녀는 몹시 아팠고 병세가 매우 절망적이어서 무슨 짓이라도 하고자 했다. 심지어 티베트의 스승까지도 찾아볼 정도로! 그 당시 나는 뒤좀 린포체를 위해 통역을 맡고 있었다.

그녀는 방으로 들어와 뒤좀 린포체 앞에 앉았다. 그녀는 자신의 병세와 그의 존재에 자극받아 눈물을 왈칵 쏟았다. 그녀가 불쑥 말했다. 〈의사가 앞으로 몇 달 못 산다고 했습니다. 저를 도와줄 수 있습니까? 저는 지금 죽어가고 있습니다.〉

그녀가 놀랄 정도로, 뒤좀 린포체는 부드럽고 자비심이 충만한 목소리로 껄껄 웃었다. 그리고 나서 조용히 말했다. 〈당신도 알다시피 우리는 모두 죽어가고 있습니다. 단지 시간 문제일 따름입니다. 우리 중에서 어떤 사람은 다른 사람보다 먼저 죽게 될 뿐입니다.〉 이런 몇 마디 말로 그는 누구나 죽는다는 원리를 그녀에게 제시했고, 죽음에 임박한 것은 그녀만이 아님을 알게 했다. 이런 말로 그녀는 근심을 덜었다. 그리고 나서 그는 죽어가는 과정과 죽음을 받아들이는 것에 대해 이야기했다. 또 죽음과 함께 있는 희망도 말했다. 마지막으로 그는 병을 치유하는 수행을 제시했고 그녀는 열심히 수행을 닦았다.

죽음을 받아들였을 뿐만 아니라, 매우 헌신적으로 수행을 닦았기에 그녀의 병은 치유되었다. 나는 시한부 인생으로 선고받아 몇 달밖에 남지 않은 사람들의 이야기를 전해 들은 적이 많다. 그들이 홀로 떨어져서 영적 수행에 전념하고 자기 자신과 죽음을 참으로 받아들였을 때, 그들의 병은 치유되었다. 이것은 무엇을 말하는가? 우리가 죽음을 받아들여서 삶에 대한 태도를 바꾸고 삶과 죽음의 긴밀한 연관을 발견하게 된다면, 극적으로 치유될 가능성이 있다는 것이다.

티베트의 불교도들은 암 같은 질병을 일종의 경고라고 여긴다. 그것은 우리가 영적인 욕구 같은 우리 존재의 깊은 차원을 무시하고 있음을 환기시키는 것이다.[4] 만일 이런 경고를 진지하게 받아들여 삶의 방향을 근본적으로 바꾼다면, 육신만이 아니라 우리의 존재 전체를 치유할 수 있는 희망이 떠오를 것이다.

마음 깊은 곳에서 일어나는 변화

크리샤 고타미가 그랬듯, 무상함을 깊이 생각하면, 우리 시대의 스승 뇨슐 켄포 린포체가 다음 시에서 강렬하게 표출한 진리를 이해할 수 있다.

> 모든 것은 근본적으로 환상이고 덧없나니,
> 이원적으로 느끼는 사람들은 고통을 행복이라 여기는구나.
> 마치 칼끝에 묻은 벌꿀을 핥는 것처럼.
> 실재인 것으로 굳게 집착하다니 얼마나 어리석은가!
> 관심을 안으로 돌리게나, 내 친구여![5]

그러나 내면에 주의를 돌리기가 얼마나 힘든 일인가! 우리는 얼마나 쉽게 낡은 습관을 좇고 우리를 지배하는 행동 양식에 사로잡히는가! 뇨슐 켄포의 시가 우리에게 말하는 것처럼 그것들이 우리를 고통스럽게 하더라도, 우리는 거의 운명으로 체념하고 그것들을 받아들인다. 우리가 그것들에 굴복하는 데 익숙해져 있기 때문이다. 자유를 이상이라고 생각할 수 있겠지만, 자유가 습관으로 전락한다면 우리는 순전히 노예일 따름이다.

그러나 깊은 성찰은 서서히 우리에게 지혜를 가져다준다. 우리는 자신이 고착된 생활 습관을 또다시 반복하는 것을 자각할 수 있고, 그로부터 벗어나기를 갈망하기 시작하게 된다. 물론, 우리는 또다시 빠져들겠지만 그렇더라도 점점 그로부터 벗어나 바뀔 수 있다. 「다섯 장으로 된 자서전」이라 불리는 다음의 시는 우리에게 이렇게 말한다.[6]

   1) 나는 길을 따라 걸어간다.
      포장된 길에 깊은 수렁이 있다.
      나는 그곳에 빠진다.
      나는 길을 잃었다. ……나는 희망이 없다.
      그것은 내 잘못이 아니다.
      빠져나갈 길을 영원히 찾지 못할 것이다.

   2) 나는 같은 길을 따라 걸어간다.
      포장된 길에 깊은 수렁이 있다.
      나는 그것을 못 본 척한다.
      나는 다시 그곳에 빠진다.
      내가 같은 수렁 속에 빠져 있음을 믿을 수 없다.
      그러나 그것은 내 잘못이 아니다.
      빠져나가려면 여전히 상당한 시간이 걸릴 것이다.

   3) 나는 같은 길을 따라 걸어간다.
      포장된 길에 깊은 수렁이 있다.

나는 수렁을 보았다.
나는 또다시 거기에 빠졌다. ……그것은 습관 때문이다.
내 눈은 열려 있다.
내가 어디 있는지 나는 안다.
그것은 내 잘못이다.
나는 즉시 빠져나온다.

4) 나는 같은 길을 따라 걸어간다.
포장된 길에 커다란 수렁이 있다.
나는 비켜서 지나간다.

5) 나는 다른 길을 따라 걸어간다.

 죽음을 깊이 심사숙고하는 목적은 마음 깊은 곳에서 실제로 변화를 일으키기 위함이고, 〈포장된 길에 있는 깊은 수렁〉을 피하기 위함이고, 〈다른 길을 따라 걷는 법〉을 배우기 위함이다. 이렇게 하기 위해서는 종종 오랫동안의 은둔과 깊은 명상이 요청된다. 그렇게 해야만 삶의 시간 동안 우리가 무엇을 해야 할지 알 수 있기 때문이다.
 죽음을 들여다본다고 해서 간담이 서늘해지거나 소름 끼칠 필요는 없다. 왜 침대에 누워 있을 때나 휴일에, 또는 특별히 당신을 즐겁게 하는 음악을 들으면서 영감을 받고 긴장이 풀려 편안할 때, 죽음에 관해 숙고하지 않는가? 당신이 행복하고 건강하고 자신만만하고 하는 일이 잘 풀릴 때에는, 어째서 죽음을 들여다보지 않는가? 당신이 자연스럽게 자기를 반성하게 되는 특별한 계기에 왜 주목하지 않는가? 그런 계기들과 함께 천천히 씨름해 보자. 이것들이야말로 당신이 강력한 경험을 겪게 하고, 당신의 세계관 전체를 빠르게 변화시키는 계기이기 때문이다. 이런 계기를 통해 지난날의 믿음이 산산조각 나게 되고 당신도 변모할 수 있다.

죽음을 명상함으로써 우리가 〈자유〉라고 부르는 것, 티베트어로는 〈네 중 ngé jung〉이라 부르는 것의 깊은 의미를 알게 될 것이다. 〈네〉는 〈현실적으로〉, 〈틀림없이〉를 뜻하고 〈중〉은 〈나오다〉, 〈벗어나다〉, 〈태어나다〉를 뜻한다. 죽음을 깊이 자주 심사숙고하면, 당신은 자신의 습관적 경향이 혐오스럽다는 느낌을 받으며 그것으로부터 〈벗어나게〉 될 것이다. 당신은 점점 습관적 경향으로부터 해방되어, 스승의 말대로 버터 조각에서 머리카락을 빼내는 것처럼 부드럽게 그것들로부터 풀려나게 되리라.

당신에게 찾아올 이런 자유와 더불어 당신은 슬픔과 기쁨을 겪게 된다. 왜냐하면 습관적 경향으로부터 벗어날 수 있을 때 낡은 삶의 방식이 얼마나 하찮은지 깨달으니 슬플 것이고, 새로 전개되는 비전이 한층 거룩하니까 기쁠 것이다. 이는 일상적인 기쁨과 크게 다르다. 그것은 깨달음으로부터 생겨나는 새롭고 심원한 힘, 확신, 한없는 영감을 가져오는 기쁨이다. 이 깨달음은 당신이 습관에 얽매이지 않게 하여 진정으로 습관에서 벗어날 수 있게 하고, 당신을 변화시켜 점점 자유롭게 성장하도록 할 것이다.

죽음의 고동 소리

죽음이 단 한번만 일어난다면, 도대체 죽음을 알 수 있는 기회란 없을 것이다. 그러나 다행스럽게도 삶이란 단지 탄생과 죽음을 계속 반복하는 춤, 변화를 노래하는 춤일 따름이다. 계곡의 물 흘러가는 소리, 해변에 부딪히는 파도 소리, 내 심장의 박동 소리를 들을 때마다, 나는 덧없음의 소리를 듣는다. 이런 변화, 이런 작은 죽음을 통해서 우리의 삶은 죽음과 관련을 맺게 된다. 이런 변화는 우리가 집착하는 모든 것으로부터 벗어나기를 재촉하는 죽음의 박동 소리, 죽음의 고동 소리이다.

따라서 우리는 지금 이러한 변화와 직접 대면하기로 하자. 다시 말해 죽음을 준비하는 길에 오르자는 것이다. 인생이란 고통과 괴로움, 어려움으로 가득 차 있다. 하지만 이 모든 것들은 우리가 죽음을 감정적인 면에서 잘 수용할 수 있도록 돕는다. 우리가 변화로부터 배우기를 멈추는 것은 사물이 영원히 지속된다고 믿을 때뿐이다.

만일 우리가 배울 가능성을 외면한다면, 우리는 꽉 막혀버려 무언가에 집착하게 된다. 집착은 모든 문제를 일으키는 근원이다. 덧없음을 걱정하니까, 모든 것이 변화함에도 우리는 무언가에 결사적으로 집착하게 된다. 우리는 내려놓기를 꺼려한다. 그러나 실은 사는 것 자체를 두려워하는 것이다. 삶을 배우는 것은 내려놓기를 배우는 것이기 때문이다. 그리고 그것은 무언가에 집착하는 우리의 몸부림에 말미암은 비극이자 아이러니이다. 삶을 내려놓지 않는 것은 불가능할 뿐만 아니라, 우리가 피하려고 하는 바로 그 고통을 불러일으킨다.

집착함 이면에 깔린 의도는 그 자체로 나쁠 것 없다. 행복하려는 욕망은 결코 나쁘지 않다. 그러나 우리가 집착하려는 것은 본래 집착할 수 없는 것이다. 티베트 인들은 〈우리가 똑같은 강물에 똑같은 손을 두 번 씻을 수는 없다〉, 〈한 움쿰의 모래를 아무리 쥐어짜도 기름을 얻을 수는 없다〉고 말한다.

무상함을 진정으로 받아들이면 집착으로부터, 영원함에 대한 잘못되고 파괴적인 견해로부터, 우리가 모든 것을 세웠던 그 안전함에 대한 잘못된 열정으로부터 서서히 벗어날 것이다. 우리가 집착할 수 없는 것을 집착하는 까닭에 겪게 되는 온갖 마음의 고통은 가장 깊은 의미에서 결코 필요하지 않음을 점차 알게 된다. 처음엔 익숙하지 않아서 이를 받아들이기가 어려울 수도 있다. 그러나 우리가 계속해서 심사숙고하면 할수록, 우리의 마음과 가슴은 점차 변화하게 된다. 집착을 내려놓는 것이 자연스럽게 느껴지기 시작하고 더욱 편하게 여겨질 것이다. 뿌리 깊은 우리의 어리석음으로부터 벗어나는 데에는 오랜 시간이 걸리겠지만 우리가 숙고하면 할수록 더욱 집착을 내려놓게 될 것이다. 모든 것을 바라보는 우리의 방식에 변화가 일어나는 것이 바로 그때이다.

  무상함을 곰곰이 생각하는 것만으로는 충분하지 않다. 자신의 삶 속에서 덧없음과 직접 대면해야 한다. 의학 공부가 이론과 실제 둘 다 요구하듯 삶도 마찬가지다. 실제적인 훈련이 바로 여기, 지금 당장 변화가 일어나고 있는 삶이라는 실험실에서 진행되어야 한다. 변화가 일어날 때, 우리는 새로운 안목으로 보는 법을 배워야 한다. 비록 변화가 그 이전과 마찬가지의 방식으로 일어날 수도 있겠지만, 우리 안에 있는 무엇인가가 달라질 것이다. 전체 상황은 이제 한층 편해지고 덜 긴장하게 되고 덜 고통스러워질 것이다. 심지어 변화로 인한 충격 또한 덜 받게 될 것이다. 변화가 계속 이어짐에 따라 조금 더 알아차리게 되고, 삶을 바라보는 우리의 눈은 한결 깊어지고 훨씬 넉넉해지리라.

변화와 대면하기

한번 실험을 해보자. 동전 하나를 집어들자. 동전이 우리가 집착하고 있는 그 무엇이라고 가정하자. 동전을 힘껏 움켜쥐고 팔을 뻗어 땅에 손바닥이 닿게 하자. 이제 움켜쥔 주먹을 풀거나 손에 쥔 것을 내려놓는다면, 당신이 집착하고 있는 것을 잃을 것이다. 그것이 바로 당신이 손을 움켜쥐고 있는 까닭이다.

그러나 또 다른 가능성이 있다. 당신이 움켜쥔 주먹을 풀고 계속 그것을 잡아둘 수도 있다. 팔은 여전히 쭉 뻗은 채, 손바닥을 돌려 하늘을 향하게 한다. 손의 힘을 뺀다. 그래도 동전은 여전히 당신의 펼쳐진 손바닥에 있다. 당신 자신도 풀려난 것이다. 그리고 동전은 여전히 당신 것이고 그 주위의 모든 공간도 당신 것이다.

따라서 집착함 없이 덧없음을 수용하고 여전히 삶을 즐길 수 있는 방법이 있다. 이제 인간 관계에서 자주 일어나는 일에 대해 생각해 보자. 사람들은 갑자기 파트너가 떠나가고 있다고 느낄 때에만 그들을 사랑했음을 안다. 그때 그들은 상대방에게 좀더 강하게 집착한다. 그러나 그들이 집착하면 할수록 상대방은 그들로부터 더욱 달아나고 인간 관계는 더욱 깨지기 쉬워진다.

우리는 행복하기를 바란다. 하지만 우리가 행복을 추구하는 바로 그 방식이 아주 서투른 데다가 솜씨가 없어서 단지 더 큰 슬픔만 야기할 뿐이다. 우리의 행복을 보증하는 무언가를 가지기 위해서 우리는 집착해야 한다고 생각한다. 우리는 자기 자신에게 묻는다. 〈만일 우리가 그것을 소유할 수 없다면, 어떻게 그것을 즐길 수 있겠는가?〉 그러나 우리는 어째서 집착을 사랑으로 착각하는 것일까! 관계가 아무리 좋았을지라도 사랑은 집착, 불확실함, 소유욕, 교만함 때문에 망쳐진다. 사랑이 막을 내릴 때, 당신에게 남은 것은 사랑의 〈파편〉과 애착의 흔적뿐이다.

그렇다면 우리는 어떻게 해야 집착을 극복할 수 있을까? 오로지 무상함을 알아차릴 때뿐이다. 이렇게 알아차림으로 해서 우리는 꽉 움켜쥠으로부터 서서히 벗어날 수 있다. 변화에 대한 올바른 태도가 어떠해야 하는지 스승의 말씀을 일별해 보자. 우리는 지나가는 구름을 바라보는 하늘처럼, 또는 수은처럼 자유로워야 한다. 수은은 땅에 떨어져도 그 본성을 고스란히 보전한다. 수은은 먼지와 결코 섞이지 않는다. 우리가 스승의 충고를 좇아 집착에서 서서히 풀려남에 따라, 우리로부터 커다란 자비심이 흘러나오게 된다.

집착의 구름은 쪼개지고 흩어져 자비심으로 충만한 우리 마음의 태양이 밝게 빛나게 된다. 윌리엄 블레이크의 시에 드러난 진리를 자기 자신의 깊은 곳에서 맛보기 시작하는 것이 바로 그때이다.

> 자신을 기쁨에 묶어둔 그는
> 숭고한 삶을 망친다.
> 기쁨이 날아다닐 때 그것에 입맞추는 그는
> 영원의 해돋이 속에서 산다.[7]

무사의 영혼

만약 우리가 집착을 내려놓는다면, 우리는 결국 아무것도 아니게 된다고 믿도록 배웠을지라도, 삶 자체는 정반대의 것을 보여준다. 즉 집착을 내려놓음이란 참된 자유에 이르는 길인 것이다.

파도가 해변에 밀려올 때 크게 훼손됨이 없이 견뎌내면서도 조금씩 침식당해 아름다운 형상으로 조각되는 바위처럼, 우리의 성격도 변화를 겪음으로써 새롭게 형성되고 뾰족한 모서리가 부드럽게 깎여나가게 된다. 날씨 변화를 통해서도 우리는 부드럽지만 흔들리지 않는 침착함을 계발하는 법을 배울 수 있다. 자기 자신에 대한 확신이 점점 증대되면 선행과 자비심이 자연스럽게 자신으로부터 흘러나오기 시작해 다른 사람까지 즐겁게 한다. 그러한 선행은 죽음 후에도 계속 유지된다. 우리 모두의 마음에는 근본적인 선함이 깃들여 있다. 우리 삶이란 그렇게 뿌리 깊은 선을 드러내는 법을 배우는 과정이자 그것을 실현하기 위한 훈련의 장이다.

삶 속에서 상실과 거짓에 직면해 덧없음을 배우게 될 때마다, 우리는 진리에 더욱 다가서게 된다. 아주 높은 곳에서 떨어질 때 우리가 내려설 곳은 오직 하나뿐이다. 땅, 즉 진리의 땅이다. 만일 당신이 영적 수행으로 비롯하는 식별력을 지니게 된다면, 그때의 추락은 결코 재앙이 아니라 내면의 안식처를 발견함이다.

만일 적절히 이해되고 마땅하게 활용할 수만 있다면, 어려움과 장애는 종종 예상치 못한 힘의 원천이 될 수 있다. 스승들의 전기를 읽을 때, 그들에게 아무런 어려움과 장애가 없었다면, 그것을 극복하기 위해 필요한 힘을 찾을 수 없었을 것이라는 사실을 우리는 때때로 발견한다. 이는 예를 들어 티베트에서 무사 출신의 위대한 왕, 게살에게도 해당된다. 그의 탈출기는 티베트 문학의 가장 위대한 서사시이다. 게살은 〈정복되지 않는〉이란 뜻으로, 굴복당하지 않는 사람을 가리킨다. 게살이 태어난 순간부터 그의 사악한 아저씨 도퉁은 수단 방법을 가리지 않고 그를 죽이려 했다. 그러면 그럴수록 게살은 훨씬 더 강인하게 자라났다. 사실, 게살이 위대해진 것은 도퉁 덕분이다. 이를 티베트 속담에서는 이렇게 표현했다. 〈만일 도퉁이 사악하고 교활하지 않았더라면 게살이 그렇게 위대해지지는 못했을 텐데.〉

티베트 인에게 게살은 싸우는 무사일 뿐만 아니라 영혼의 무사이다. 영혼의 무사가 된다는 것은 아주 특별한 용기를 필요로 한다. 그 용기는 타고난 지성과 부드러움, 두려움 없음이다. 영혼의 무사도 여전히 깜짝깜짝 놀라기는 하지만, 그들은 고통을 즐기고 근원적인 공포와 마주서고 어려움을 피하지 않고 그로부터 교훈을 끌어낼 만큼 용기가 있다. 초기얌 퉁파 린포체가 말한 것처럼 무사가 된다는 것은 〈자기 보존을 위해 싸우는 우리의 평범한 투쟁을 좀더 큰 비전, 대담함, 열린 마음, 진심에서 우러나오는 영웅주의로 바꿀 수 있음〉[8]을 뜻한다. 좀더 큰 비전의 뜨락에 들어감은 변화의 와중에서도 편안함을 유지하는 법, 덧없음을 친구로 사귀는 법을 배운다는 뜻이다.

무상함의 메시지

우리가 덧없음을 좀더 깊이 살펴보면, 무상함에는 아주 다른 얼굴의 또 다른 메시지가 깃들여 있다. 즉 우리의 눈으로 우주의 근본에 대해, 그것과 우리의 특별한 관계에 대해 눈을 뜨게 해주는 매우 거대한 희망이 깃들여 있음을 발견하게 될 것이다.

모든 것이 덧없다면 모든 것은 〈비어 있다〉고 일컬을 수 있다. 그것은 어떤 영속적이고 공고한, 본래적으로 타고난 특성이 결여되어 있음을 뜻한다. 참으로 모든 것을 상호 관계로 이해한다면, 모든 것은 독립된 존재가 아님을 알 수 있다. 붓다는 우주를 무수하게 다양한, 반짝반짝 빛나는 보석으로 짜여진 거대한 그물에 비유했다. 그 보석들은 또한 무수한 면으로 이루어져 있다. 보석 하나하나는 그 거대한 그물 안에 있는 다른 모든 보석들을 반사하고 있으므로 사실상 하나의 보석은 다른 모든 보석들과 하나인 것이다.

파도를 생각해 보자. 한쪽 방향에서만 본다면, 파도는 시작과 끝, 탄생과 죽음이라는 분명한 정체성을 지니고 있다. 다른 방향에서 바라본다면, 파도 자체는 실제로 존재하지 않으며 그것의 단지 어떤 개별적인 정체성은 〈비어 있고〉, 물로 〈가득 찬〉 움직임일 뿐이다. 따라서 당신이 파도에 대해 깊이 생각해 본다면, 그것은 바람과 물에 의해 일시적으로 생겨난 것으로, 계속 변화하는 일련의 환경에 좌우된다는 것을 알 수 있다. 또한 하나의 파도는 모든 다른 파도와 관계 맺고 있음도 알게 된다.

당신이 어떤 것이든 제대로 본다면, 어느 것도 그 자체로 고유한 존재란 없음을 알 것이다. 이렇게 독립된 특성의 부재를 우리는 〈공(空)〉이라고 일컫는다. 나무를 생각해 보자. 우리가 나무에 대해 생각할 때, 나무는 분명하게 규정된 무엇이라고 생각하는 경향이 있다. 그러나 어떤 차원에서 보면 나무는 파도와 마찬가지다. 나무를 한층 가까이에서 보면 그것이 궁극적으로 독립된 존재가 아님을 알게 된다. 나무에 대해 더 깊이 생각할 경우, 나무가 우주로까지 뻗어나가는 지극히 미묘한 관계의 그물 속으로 용해되는 것을 알아차리게 된다. 나뭇잎에 떨어지는 빗방울, 나무를 흔드는 바람, 양분을 공급해 주고 나무를 지탱해 주는 토양, 사계절과 날씨, 달빛과 별빛 그리고 햇빛, 이 모든 것이 나무의 일부를 이룬다. 나무에 대해 생각하면 할수록 우주의 모든 것이 나무가 지금의 모습을 이루도록 돕는다는 사실을 발견하게 된다. 예컨대 나무는 어느 한순간도 다른 어떤 것으로부터 분리된 적이 없으며, 매 순간마다 그것의 품성은 미묘하게 변하고 있다. 바로 이것이 일체는 공하다는 말의 참뜻으로, 홀로 독립해 있는 존재는 없다는 것이다.

현대 과학은 상호 관계의 범위가 폭넓게 적용됨을 말하고 있다.

아마존 강의 열대 우림에서 불 타고 있던 나무가 어떤 이유에서인지 프랑스 파리의 시민들이 숨쉬는 공기로 바뀌고, 멕시코 유카탄 반도를 날아다니는 나비의 날갯짓이 스코틀랜드의 헤브리디스 열도에 있는 양치류의 삶에 영향 미친다는 사실을 생태학자들은 알고 있다. 생물학자들은 개체와 그 정체성을 창조하는 유전자의 환상적이면서도 복잡한 춤, 즉 먼 과거로부터 비롯하며 이른바 개개의 〈정체성〉이 다양한 영향력들의 연속으로 구성되어 있음을 보여 주는 춤을 밝혀내기 시작했다. 물리학자들은 붓다가 우주 전체에 펼쳐진 반짝반짝 빛나는 그물 비유를 통해 제시한 것과 놀랄 정도로 유사한 양자의 세계를 우리에게 소개했다. 그물 안에 있는 보석과 마찬가지로, 모든 입자는 잠재적으로 다른 입자들과 다양하게 결합할 가능성을 지니게 된다.

따라서 우리가 자기 자신과 그토록 견고하고 안정되어 있고 영속할 것 같은 주변의 사물을 제대로 본다면, 그것들이 꿈에 지나지 않음을 발견하게 된다. 붓다는 이렇게 말했다.

> 모든 것이 이와 같음을 알아야 하나니
> 신기루 같고, 허깨비 같고,
> 꿈 같고, 구름으로 만든 성곽 같고,
> 본성은 없으면서, 단지 그럴듯하게 보일 뿐.

> 모든 것이 이와 같음을 알아야 하나니
> 맑은 하늘에 떠 있는 달이
> 해맑은 호수에 비치는 듯하지만
> 달은 저 호수에 다다른 적 없나니라.

모든 것이 이와 같음을 알아야 하나니
음악, 소리, 그리고 흐느낌으로부터
울려퍼지는 메아리 같음을,
그러나 메아리에는 아무런 멜로디가 없노라.

모든 것이 이와 같음을 알아야 하나니
말, 소, 짐수레, 그리고 다른 것을
환영으로 보여주는 마술사와 같음을,
그러나 아무것도 나타나지 않노라.[9]

    실재가 이렇게 꿈과 같은 속성을 지닌다는 것을 깊이 성찰한다고 해서 결코 약해지거나 절망하거나 비참해질 필요는 없다. 그와 달리, 이제껏 우리가 지녔는지 거의 알지 못했던 따뜻한 유머, 부드럽고 강인한 자비심을 계발시켜 모든 사람과 사물에게 더욱 관대하게 대해야 한다. 티베트의 위대한 성자 밀라레파는 이렇게 말했다. 〈공을 보게 되면 자비심이 솟아난다.〉 우리가 깊이 숙고함으로써 공과 만물의 상즉상입성(相卽相入性)을 제대로 알아차릴 때, 붓다가 우주를 반짝반짝 빛나는 보석이 무한하게 서로를 비추는 그물이라고 말한 것처럼, 세상은 한층 밝고, 맑고 더 한층 반짝거리는 빛으로 나타날 것이다. 우리는 더 이상 자기 자신을 방어하거나 거짓으로 꾸며서는 안 된다. 그래야 어느 티베트의 스승이 충고한 것을 행하기가 훨씬 쉬워질 것이다.

    항상 삶이 꿈과 같음을 알아차려서 집착과 미움을 줄여라. 모든 중생을 따뜻하게 대하라. 다른 사람이 당신에게 어떻게 하든지 사랑과 자비로 임하라. 그대가 그것을 꿈으로 여긴다면, 그들이 무슨 짓을 하든 아무 문제가 되지 않을 것이다. 꿈속에 있는 동안 긍정적인 생각을 유지하는 것이 그 비결이다. 바로 이것이 핵심이다. 이것이야말로 참된 영성이다.[10]

또한 우리가 모든 것과 모든 사람과 상호 의존적인 관계라면, 참된 영성(靈性)이란 아무리 사소한 행동, 말, 생각(身口意: 三業)일지라도 우주 전체에 영향을 끼친다는 점에 유의하는 것이다. 조약돌 하나를 연못에 던져보자. 잔물결이 서로 결합해 새로운 물결을 만들어내며 저 끝까지 파문이 번질 것이다. 모든 것은 따로 떼어놓을 수 없을 정도로 깊이 연관되어 있다. 우리가 행하는 모든 것, 말하는 모든 것, 생각하는 모든 것, 그리고 우주 전체에 우리의 책임이 있다. 달라이 라마도 이렇게 말했다.

오늘날처럼 밀접하게 상호 연결된 세상에서, 개인과 국가는 더 이상 그들의 문제를 혼자서 해결할 수 없다. 우리는 서로를 필요로 하며, 따라서 보편적인 책임 의식을 계발해야 한다. ……지구 가족 전체를 보호하고 교육시키고 좀더 약한 구성원을 뒷받침해 주고 우리 모두가 살고 있는 환경을 보존하고 돌보는 것은 우리 한 사람 한 사람 모두가 함께 책임져야 할 일이다.[11]

변하지 않는 것

무상함은 이미 우리에게 많은 진리를 제시했다. 하지만 덧없음은 여전히 최후의 보물을 감추고 있다. 그것은 아주 깊이 숨겨져 있어 우리가 지금까지 생각지도 못했고 알아차리지도 못했지만,

사실은 자기 자신과 매우 가까운 곳에 있다.

서양의 시인, 라이너 마리아 릴케는 우리의 매우 깊은 두려움이 우리에게 깊숙이 박혀 있는 보물을 지키는 용과 같다고 했다.[12] 무상함이 우리에게 일깨우는 두려움, 예컨대 어느 것도 실재하지 않고 어느 것도 지속되지 않는다는 두려움 때문에 우리는 가장 훌륭한 친구와 마주치게 된다.

왜냐하면 이런 두려움 때문에 우리는 이렇게 묻게 되기 때문이다. 모든 것이 소멸되고 변한다면 참된 것은 도대체 무엇인가? 현상 뒤에는 무엇이 있는가? 한없이 무한정하게 광대한 것이 실제로 있는가? 변화와 덧없음의 춤 안에서 일어나는 것은 무엇인가? 실제로 우리가 의지할 수 있는 무엇, 죽음 이후에도 계속 살아남는 것이 있는가?

이런 의문에 절박하게 매달려 깊이 심사숙고하게 되면, 우리가 세상을 보는 방식이 점차 근본적으로 바뀔 것이다. 지속적으로 성찰하고 집착을 내려놓는 수행을 닦음으로써, 우리는 이름을 붙여 묘사하거나 개념을 통해 설명할 수 없는 〈어떤 것〉을 자기 자신 속에서 발견하게 되고, 세상의 온갖 변화와 죽음 저편에 놓여 있는 〈무언가〉를 알아차리게 된다. 우리가 영원함에 대해 그렇게 집착하게 하는 편협한 욕망과 마음의 혼란이 해소되어 사라지기 때문이다.

이런 일이 일어날 때에, 우리는 무상함이라는 진리 이면에 깔린 광대한 뜻을 반복해서 발하는 섬광을 만나게 된다. 그것은 우리가 일생 동안 비행기를 타고 먹구름과 난기류 속을 헤매다가, 갑자기 맑고 무한하게 펼쳐진 하늘을 만나는 것과 같다. 자유라는 새로운 차원의 출현에 고취되고 생기가 돋궈져, 우리는 자신을 경이로 가득 채우는 깊이 있는 평화, 기쁨, 자기 자신에 대한 확신을 발견하게 된다. 또한 어느 것에 의해서도 파괴되지 않고 변화되지 않고 소멸되지 않는 〈어떤 것〉이 자기 자신에게 있다는 확신이 점차 불러 일으켜지게 된다. 밀라레파는 이렇게 말했다.

> 죽음의 공포로, 나는 산에 올랐다.
> 또다시 죽는 시간의 불확실성에 대해 명상했더니,
> 마음의 본성이 죽음을 넘어선 영구적인 요새임을 알아차리게 되었다.
> 이제 죽음에 대한 온갖 두려움에서 벗어났다.[13]

즉 밀라레파가 죽음을 넘어서 끝없이 영속한다고 일컬은 마음의 본성이 우리에게 조용하고 맑은 하늘처럼 현존함을 점점 의식하게 된다. 그리고 이렇게 새로운 의식이 생생해지고 끊어짐이 사라지면 「우파니샤드」에서 말한 〈의식층의 전환〉이 일어나게 된다. 그것은 우리가 누구인지, 우리가 왜 여기에 있는지, 또 우리가 어떻게 행동해야 하는지에 대한 개인적이고 비개념적인 계시다. 그리고 우리는 마침내 새로운 삶, 거의 재생(再生)이라고까지 일컬을 수 있는 새로운 탄생에 도달하게 된다.

지속적으로 아무 두려움 없이 변화와 무상함이란 진리를 깊이 성찰함으로써, 우리는 점차적으로 자기 자신과 대면하게 된다. 그리하여 감사와 기쁜 마음으로 변화를 넘어선 진리와 죽음을 넘어선 진리와 마음의 한량없는 본성을 발견하게 되니 이 얼마나 아름다운가! 또한 이러한 과정은 너무나 신비롭게 우리의 어리석음을 깨우쳐 준다.

　　　　　　　＊　＊　＊

1) 케네스 링 Kenneth Ring, 『오메가를 향하여: 임사 체험의 의미를 찾아서 Heading Toward Omega: In Search of the Meaning of the Near-Death Experience』(New York: Quill, 1985), 99쪽.
2) 마고트 그레이 Margot Grey, 『죽음으로부터의 귀환: 임사 체험 연구 Return from Death: An Exploration of the Near-Death Experience』(London: Arkana, 1985), 97쪽.
3) 오웬스 R. G. Owens 박사와 프레다 네일러 Freda Naylor, 『죽으면서 살면서 Living While Dying』(Wellingborough, England: Thorsons, 1987), 59쪽.
4) 티베트는 전통적으로 특유의 자연 의학 체계를 지니고 있으며 독특하게 질병을 이해한다. 티베트의 의사들은 약만으로 치료할 수 없는 어떤 질병의 경우 의학적 처방과 함께 영적인 수행을 병행하도록 조언한다. 이런 식의 수행을 실천하는 환자는 대부분 완벽하게 치유되며 최소한 그들에게 제시된 처방을 좀 더 잘 받아들이게 된다.
5) 뇨슐 켄 린포체 Nyoshul Khen Rinpoche, 『자연스러운 거룩한 평화 안에서 쉬기: 영적인 체험의 노래 Rest in Natural Great Peace: Song of Experience』(London: Rigpa, 1987년), 27쪽.
6) 찰스 화이트필드 Charles L. Whitfield, 『어린이를 치료하기 Healing the Child Within』(Orlando, FL: Health Communications, 1989년)에서 인용한 포티아 넬슨 Portia Nelson의 말.
7) 제프리 케인스 Geoffrey Keynes 편 블레이크의 「영원 Eternity」, 『블레이크 전작집 Complete Writings』(Oxford and New York: OUP, 1972년), 179쪽.
8) 알렉산드라 데이비드닐 Alexandra David-Neel과 라마 용덴 Lama Yongden, 『링의 게살의 초인적인 삶 The Superman Life of Gesar of Ling』(Boston: Shambhala, 1987년) 서문.
9) 「사마디라자 수트라〔月燈三昧經〕」, 헬레나 노버트호지 Helena Norbert-Hodge가 『오래된 미래: 라다크로부터 배운다 Ancient Futures: Learning from Ladakh』(London: Rider, 1991년), 72쪽에서 인용함.
10) 착둡 튈쿠 린포체 Chagdud Tulku Rinpoche, 『죽음과 삶의 관계 Life in Relation to Death』(Cottage Grove, OR: Padma publishing, 1987), 28쪽.
11) 달라이 라마, 『상냥함의 정책: 달라이 라마 선집 A Policy of kindness: An

Anthology of Writing by and about the Dalai Lama』(Ithaka, NY: Snow Lion), 113-114쪽.

12) 라이너 마리아 릴케, 스티븐 미첼 Stephen Mitchell 옮김, 『젊은 시인에게 보내는 편지 *Letters to a Young Poet*』(New York: Vintage Books, 1986), 92쪽.

13) 밀라레파의 유명한 시, 파툴 린포체가 「위없이 드넓은 자비로우신 분께서 베푸신 가르침 Kunzang Lamé Shyalung」에서 인용.

4

마음의 본성

　우리가 우주 전체라고 여기는 어둡고 좁은 장막, 우리 자신이 만든 그 안에 갇혀 있는 까닭에, 극소수의 사람만이 실재의 다른 차원을 상상으로나마 그려볼 수 있다. 파툴 린포체는 우물 속에서만 줄곧 살아온 늙은 개구리 이야기를 한 적이 있다. 어느 날 큰 호수에 사는 개구리가 그를 방문했다.
　〈너는 어디서 왔니?〉 우물 속에 사는 개구리가 물었다.
　〈큰 호수에서〉 그가 답했다.
　〈너의 호수는 얼마나 크니?〉
　〈놀랄 정도로 어마어마하게 커요.〉
　〈여기 내 우물의 4분의 1 정도 되나?〉
　〈훨씬 커요.〉
　〈더 크다고? 우물의 반 정도?〉
　〈아니야, 훨씬 크다니까.〉
　〈그것은……, 이 우물만 하냐?〉
　〈비교도 안 돼요.〉
　〈말도 안 돼! 내 눈으로 직접 보아야지.〉

그들은 함께 호수를 향해 떠났다. 우물 안에서만 살던 개구리가 호수를 보자, 엄청난 충격을 받아 머리가 산산조각 났다.

티베트에서 보낸 어린 시절의 추억은 점점 가물가물해지지만, 두 번의 순간은 언제까지나 내게 남아 있을 것이다. 그것은 나의 스승 잠양 켄체가 마음의 본질적이고 근원적이며 가장 깊숙한 본성을 내게 소개한 순간이다.

티베트에서는 결코 이런 개인적인 체험을 밝히는 일이 없기에, 처음에 나는 이것을 삼가야 한다고 느꼈다. 그러나 나의 제자들과 친구들은 이런 체험을 제시함으로써 다른 사람을 도울 수 있다고 확신하며 내게 그 체험을 책에 담아야 한다고 계속해서 주장했다.

두 번의 순간 가운데 첫번째는 내가 여섯 살 때인가 일곱 살 때 일어났다. 그것은 잠양 켄체가 머무는 특별한 방에서, 스승이 이전의 삶에서 육화(肉化)된 잠양 켄체 왕포의 커다란 조각품 앞에 있을 때 전개됐다. 이 조각품은 무게 있고 경외감을 불러일으키는 모습을 하고 있었는데, 버터 램프의 불빛이 그 앞에 가물거리면서 얼굴을 비추어 더욱 그러했다. 무슨 일이 일어났는지 내가 알아차리기도 전에, 스승은 지극히 일상적이지 않은 행동을 취했다. 그는 갑자기 나를 껴안고 번쩍 들어올렸다. 그러고 나서 내 얼굴 한쪽에 크게 입맞춤했다. 오랫동안 내 마음은 얼떨떨했고 놀라울 정도의 다정다감함, 따뜻함, 확고한 신념, 그리고 권능에 감싸였다.

두번째 경우는 좀더 의례적이었는데, 위대한 성인이자 티베트 불교의 아버지 파드마삼바바가 명상했던 동굴, 로닥 카르추에서 일어났다. 우리는 티베트의 남쪽 지방을 순례하던 중 그곳에 멈추어섰다. 그 당시 나는 아홉살이었다. 스승은 나를 앞에 불러 앉히고서 말했다. 그곳엔 우리 둘밖에 없었다. 〈지금 나는 '마음의 본성'을 너에게 제시하고자 한다.〉 종과 작은북을 들고 그는 근본 불교 시대의 붓다로부터 자신의 스승에 이르기까지 모든 위대한 스승들의 도움을 청하는 주문을 읊었다. 이어서 그는 가르침을 내렸다. 갑자기 그는 내게 질문 하나를 던지고는 아무런 답도 제시하지 않았다. 〈마음이란 무엇인가?〉 그는 이렇게 질문을 던지고 곧바로 내 눈을 뚫어져라 응시했다. 나는 크게 놀랄 수밖에 없었다. 내 마음은 산산이 부서졌다. 어떤 말, 어떤 명칭, 어떤 생각도 남아 있지 않았다. 사실상 마음마저도 남아 있지 않았다.

그렇게 놀라운 순간에 무슨 생각이 일어날 수 있겠는가? 과거의 생각은 이미 지나가 버렸고, 미래의 생각은 아직 일어나지 않았다. 내 생각의 흐름은 즉시 잘려나갔다. 순수한 충격으로 틈이 벌어졌고, 그 틈새에서 어떤 집착으로부터 벗어난, 순전하고 직접적인 현재 의식이 적나라하게 드러났다. 그것은 단순하고 어떤 것으로도 가려 있지 않았고 근본적이었다. 하지만 그렇게 벌거벗은 단순함은 또한 광대한 자비심의 따사로움으로 빛나고 있었다.

저 순간에 나는 얼마나 많은 것을 말하고 싶던지! 스승은 분명히 하나의 질문을 던졌을 뿐이다. 하지만 그는 결코 답을 기대한 것이 아니었다. 그리고 답을 찾으려 하기도 전에 나는 아무 말도 할 수 없음을 알았다. 마치 벼락이라도 맞은 듯 나는 놀란 채로 앉아 있었다. 하지만 예전에 알지 못했던 깊고 선명한 확신이 내 속에서 솟아오르고 있었다.

스승이 내게 〈마음이란 무엇인가?〉라고 묻는 바로 그 순간, 굳이 마음이라 일컬을 것도 없음을 누구나 알고 있는 듯 느껴졌다. 내가 이를 마지막으로 깨달은 사람인 듯한 느낌을 받았다. 정말 마음을 찾는다는 것이 그 당시엔 얼마나 우스꽝스럽게 보였는지!

스승의 이러한 가르침은 내 존재 깊숙한 곳에 씨앗을 심어놓았다. 나는 나중에 이것이 티베트 불교에서 대대로 쓰인 가르침의 방식임을 알게 되었다. 하지만 그 당시엔 이 점을 모르고 있었다. 게다가 전혀 예기치 못한 일이었기에 나는 더욱 놀랐고 훨씬 감동적이었다.

우리의 전통에 따르면, 마음의 본성을 소개할 때 〈세 가지 근거〉를 전제해야 한다. 그것은 신뢰할 수 있는 인물의 축복과 믿을 만한 제자의 헌신적 태도, 그리고 확실한 계보에 따른 전수 방식이다.

미국의 대통령은 당신에게 마음의 본성을 전수할 수 없다. 당신의 아버지나 어머니 또한 마찬가지다. 아무리 권세 있는 자라도, 또는 그들이 당신을 지극히 사랑한다 해도 그것은 중요하지 않다. 마음의 본성을 온전하게 실현했고 축복과 전승 계보의 체험을 전할 수 있는 인물만이 전수할 수 있다.

또한 제자는 개방성, 깊이 있는 비전, 자발성, 열정, 그리고 경외감을 발견해야 하고, 계속해서 그런 것을 마음에 품어 자신의 마음 전체를 바꾸어야 한다. 그래야만 가르침을 수용할 수 있게 될 것이다. 이것이 바로 제자의 헌신적 태도가 의미하는 것이기도 하다. 제자의 헌신적 태도가 없어도 스승이 가르침을 전수할 수는 있겠지만, 그럴 경우 학생은 아무것도 받아들일 수 없으리라. 마음의 본성을 전수하는 것은 스승과 제자 모두가 마음 전체를 바꾸는 체험 속으로 들어갈 때에만 가능하다. 오로지 마음과 마음, 가슴과 가슴이 저렇게 만날 때에만 제자는 그것을 알아차리게 된다.

전수 방법 역시 매우 중요하다. 수천 년 간 시도되었고 재확인되었으며, 지난날의 스승들이 깨달음을 성취할 수 있었던 것 역시 똑같은 방식을 통했기 때문이다.

스승이 자발적으로, 게다가 그렇게 어린 나이의 나에게 가르침을 주었을 때, 그는 지극히 일반적이지 않은 방식을 취했던 것이다.

일반적으로는 훨씬 이후에 제자가 명상의 실수(實修)와 영혼정화의 입문 단계를 겪을 때, 전수가 행해진다. 그것은 즉, 제자의 가슴과 마음이 원숙해져서 진리를 곧바로 이해할 수 있을 만큼 열려 있어야 한다는 뜻이다. 그래야만 가르침을 전수하는 감동적인 순간에, 스승 자신이 실현한 마음의 본성을(우리는 그것을 스승의 〈지혜로 충만한 마음〉이라고 부른다) 이제 믿을 수 있을 만큼 이해력을 갖춘 제자에게 제시할 수 있다. 그때 스승은 제자에게 붓다가 실제로 무엇인지 소개하는 것일 뿐이다. 다시 말해 제자에게 그의 내부에서 살아움직이는 깨달음을 일깨우는 데 지나지 않는다. 그러한 경험을 통해서 붓다, 마음의 본성, 그리고 스승의 지혜로 충만한 마음은 하나로 융합된다. 그때 제자는 감사의 마음으로 충만해서 아무 의심 없이 제자와 스승 사이, 지혜로 충만한 스승의 마음과 자기 마음의 본성 사이에 어떠한 분리도 없고, 분리된 적도 없고, 결코 분리될 수도 없음을 깨닫게 된다.

뒤좀 린포체는 그의 유명한 깨달음 선언에서 이렇게 썼다.

> 현재의 순수 의식이 붓다 바로 그것이기에
> 열린 태도와 평온한 마음 가운데서 나는 내 마음의 라마를 발견했다.
> 이처럼 무궁무진한 자연 그대로의 마음이 바로 라마의 본성임을 우리가 알아차릴 때,
> 더 이상 애착하고, 움켜잡고, 눈물 흘리면서 애원하거나 갖가지 불만을 터뜨릴 필요조차 없게 된다.
> 이렇게 억지로 꾸며내지 않고 열려 있는 자연 그대로의 상태에서 편안하게 쉼으로써,
> 무엇이 일어나든지 인위적으로 목표를 설정하지 않아도 자기 해방의 축복을 얻게 된다.[1]

당신 마음의 본성이 스승의 그것과 똑같음을 충분히 인지하면, 그때부터 그대와 스승은 한순간도 분리될 수 없다. 왜냐하면 스승은 당신 마음의 본성과 하나이므로, 그 자리에 항상 함께 있기 때문이다. 내가 어린 시절에 목격했던 라마 체텐의 죽음을 기억하는가? 자신이 죽어가는 침대 곁에서 스승과 함께할 기회가 주어졌을 때 그는 이렇게 말했다. 〈린포체와 나는 함께 있단다.〉

라마 체텐처럼 스승과 자신이 분리될 수 없음을 알아차릴 때, 커다란 감사와 경외감 그리고 존경심이 솟구치게 된다. 뒤좀 린포체는 이를 〈정견(正見)에 대한 경외감〉이라고 부른다. 그것은 마음의 본성을 바르게 이해함으로부터 자발적으로 연원하는 헌신이다.

나의 경우 마음의 본성을 전수받는 다른 계기들이 많았다. 가르침과 입문식에서, 그리고 나중에 다른 스승으로부터 전수를 받기도 했다. 잠양 켄체가 죽은 후, 뒤좀 린포체가 사랑을 베풀어 나를 돌보아주었고, 나는 몇 년 동안 그의 통역자로 일하기도 했다. 그때의 경험이 내 인생의 또 다른 국면을 열어주었다.

뒤좀 린포체는 티베트에서 매우 유명한 스승과 신비가들 가운데 한 인물로, 저명한 학자이자 저술가였다. 내 스승 잠양 켄체는 뒤좀 린포체가 매우 놀라운 인물이고, 이 시대의 살아 있는 파드마삼바바의 화신이라고 말하곤 했다. 따라서 나는 뒤좀 린포체의 가르침과 개인적 접촉이 없었을 때에도 그를 깊이 존경했다. 내 스승이 죽은 후 20대 초반 무렵, 나는 어느 날 히말라야 고원의 피서지 칼림퐁에 있는 그의 집을 방문했다.

나는 도착해서 그의 첫번째 미국 학생 한 명이 어떤 가르침을 받는 광경을 목격했다. 마음의 본성에 관한 그의 가르침을 번역해 줄 만큼 충분한 영어 실력을 갖춘 통역자가 없어서 그녀는 크게 좌절하고 있었다. 내가 들어오자 뒤좀 린포체는 말했다. 〈오! 그대가 왔군. 잘 왔어! 그녀를 위해 통역할 수 있겠나?〉 그래서 나는 함께 앉아 통역해 주었다. 그는 한 시간쯤 모든 것을 포용하는 놀라운 가르침을 제시했다. 나는 크게 감동하고 영감을 받아 눈물을 흘리기도 했다. 바로 이것이 잠양 켄체가 의미했던 것임을 나는 알아차렸다.

그 후 나는 곧바로 뒤좀 린포체에게 가르침을 청했다. 매일 오후 그의 집에 가서 서너 시간을 함께 보냈다. 그는 작은 키에 아름답고 온화한 얼굴, 정교한 손, 그리고 섬세한 데다 거의 여성적인 풍모를 지녔다. 그는 머리를 길러 요가 수행자처럼 매듭으로 묶었다. 그의 눈은 항상 신비한 감흥으로 빛나고 있었다. 대자대비 그 자체인 듯한 그의 목소리는 부드럽고 조금 쉰 듯했다. 뒤좀 린포체는 티베트산 카펫이 깔린 낮은 자리에 앉고 나는 바로 그의 밑에 앉았다. 등뒤의 창문을 통해 빛나는 석양을 배경으로 해서 앉아 있던 그의 모습을 나는 언제까지나 기억할 것이다.

그러던 어느 날, 그로부터 가르침을 받고 함께 수행을 닦을 때 나는 놀라운 체험을 했다. 그의 가르침을 통해 들었던 모든 것이 내게 일어나고 있는 듯했다. 내 주위의 모든 물질들이 분해되었다. 나는 크게 흥분해서 말을 더듬거렸다. 〈린포체……, 린포체……, 그게 일어났습니다!〉 그가 나를 향해 몸을 기울여 안심시켰을 때, 그의 얼굴에 가득한 자비 넘치는 표정을 결코 잊을 수 없다. 〈괜찮아……, 괜찮아. 너무 흥분하지 말게나. 결국, 그것은 좋지도 나쁘지도 않을 걸세〉 놀라움과 축복으로 나는 넋을 잃었다. 좋은 체험이 명상 수행 과정의 유용한 이정표가 될 수 있기는 해도, 거기에 만일 집착이 끼어든다면 덫이 될 수도 있음을 뒤좀 린포체는 잘 알고 있었다. 그런 체험 너머 훨씬 깊고 한층 안정된 땅으로 접어들어야 한다. 그의 현명한 가르침이 나를 곧바로 그곳으로 인도했다.

뒤좀 린포체는 또다시 가르침을 베풀어 마음의 본성을 실현하도록 영감을 불어넣었다. 그의 말은 수행을 통한 실제 체험으로 가득 찼다. 여러 해에 걸쳐 매일매일 그는 내게 〈정곡을 찌르는 것〉으로 알려진 마음의 본성에 대한 가르침을 제시했다. 나의 스승 잠양 켄체로부터 씨앗과도 같은 핵심적인 온갖 훈련을 받았지만, 그 씨앗에 물을 주고 꽃을 피운 것은 바로 뒤좀 린포체였다. 그리고 내가 가르치기 시작했을 때, 나를 고무시킨 것이 바로 그가 보여준 선례들이었다.

마음과 마음의 본성

삶과 죽음은 마음속에 있으며 그 밖에 어디에도 없다는 것은 여전히 지금까지도 불교의 혁명적인 통찰이다. 마음은 모든 것의 보편적인 토대로, 행복과 고통의 창조자이고 우리가 삶이라 부르고 죽음이라 일컫는 것의 창조자이다.

마음에는 여러 측면이 있지만, 두 가지가 두드러진다. 첫번째는 일상적인 마음으로 티베트어로는 〈셈 sem〉이라 일컫는다. 어떤 스승은 그것을 이렇게 정의한다. 〈분별하는 의식, 즉 외적인 것을 수용하거나 거부하는 작용을 하는 것, 그것이 바로 마음이다. 기본적으로 그것은 깨달은 자와 구별되는 '다른 어떤 것'과 관련을 맺는다.〉[2] 셈은 종잡기 어렵고 이원론적으로 생각하는 마음인데, 단지 투사되고 잘못 지각된 외적인 특정한 대상과의 관련 속에서만 작동할 수 있다.

따라서 셈은 생각하고 꾸미고 욕망하고 조작하는 마음이고, 성냄의 파도로 불타 오르는 마음이고, 부정적 감정과 생각의 파도를 만들어 그 속에 빠지는 마음이고, 산산이 부서지거나 개념화하거나 결속시키는 경험에 의해 그 〈존재〉를 지속적으로 주장하고 확증하고 굳히는 마음이기도 하다. 일상적인 마음은 끊임없이 변화하는 데다가 외부의 영향, 습관, 조건들의 희생양이 된다. 스승들은 셈을 활짝 열린 문 아래 놓여 주변의 온갖 바람으로부터 공격받는 촛불에 비유한다.

하나의 각도에서 보자면, 셈은 깜빡거리고 불안정하고 무언가에 달라붙고 다른 것에 쉴새없이 신경 쓰는 것이다. 그것의 에너지는 이처럼 외부에 투사됨으로써 소모된다. 나는 때때로 그것이 나무 위에서 쉴새없이 이리저리 옮겨다니는 원숭이나 풀 같다고 생각한다. 하지만 다른 방식으로 보자면, 일상적인 마음은 거짓된 데다 우둔한 안정성, 독선적이고 자기 방어적인 무력감을 지니고 있고 뿌리 깊은 습관 때문에 돌처럼 굳어 있다. 셈은 비뚤어진 정치가처럼 교활하고, 의심이 많고, 사기와 책략에 능숙하다. 잠양 켄체가 말했듯 셈은 〈속이기 게임의 천재이다〉. 우리는 이처럼 혼란스럽고 뒤죽박죽인 데다가 훈련받은 적도 없고 장황한 셈, 즉 일상적인 마음의 경험 안에서 끊임없이 변화와 죽음을 되풀이한다.

두번째는 마음의 본성, 그것의 가장 내밀한 정수가 있다. 이것은 변화나 죽음에 결코 흔들리지 않을 정도로 절대적이다. 지금 현재 그것은 황급히 줄달음치는 우리의 생각과 감정에 포위되고 가려진 채 우리 자신의 마음, 우리의 셈 안에 숨겨져 있다. 강한 돌풍이 구름을 쫓아내 빛나는 해와 광활한 하늘을 드러내는 것처럼, 특별한 상황 아래 어떤 영감을 받아 마음의 이런 본성이 돌연 우리에게 드러날 수도 있다. 이러한 일별에는 다양한 깊이와 정도가 있겠지만, 각각의 경우 이해, 의미, 자유의 빛을 우리에게 가져다줄 것이다. 이것은 마음의 본성이 바로 이해의 뿌리이기 때문이다. 그것을 티베트어로는 〈리그파 Rigpa〉라고 부르는데, 원초적이고도 순수한 때묻지 않은 의식으로, 지적이고 인식 능력이 있으며 항상 깨어 빛난다. 그것은 앎 자체에 대한 앎이라고 말할 수 있다.[3]

마음의 본성이 우리 마음에만 있다고 상상해서는 안 된다. 그것은 사실상 모든 것의 본성이다. 마음의 본성을 실현하는 것이 모든 것의 본성을 실현하는 것이라고 아무리 자주 말해도 지나치지 않는다.

역사를 통해 출현한 성인과 신비가는 그들이 체현한 진리를 상이한 명칭으로 찬양했고 다양한 모습과 방식으로 해석했지만, 그들이 궁극적으로 체험한 것은 마음의 본질적 성격이다. 기독교와 유태교에서는 그것을 〈신〉이라 부른다. 힌두교도는 그것을 〈자기 자신〉, 〈시바〉, 〈브라흐만〉 그리고 〈비슈누〉라고 일컫는다. 수피의 신비가는 〈숨겨진 정수〉라고 칭한다. 그리고 불교도는 〈불성(佛性)〉이라 부른다. 모든 종교의 심장부엔 기본적인 진리가 있다는 확신, 다시 말해 바로 지금의 삶은 그것을 끌어내어 실현할 성스러운 기회라는 확신이 깔려 있다.

우리가 붓다라고 말할 때, 자연히 우리는 기원전 6세기에 깨달음을 성취한 인도의 왕자 고타마 싯다르타를 떠올린다. 그는 아시아의 수많은 사람들에게 영혼의 길을 가르쳤다. 그의 가르침은 오늘날 불교라 불린다. 그러나 붓다라는 말에는 한층 심오한 의미가 담겨 있다. 그것은 어떤 특정한 사람, 다시 말해서 무지로부터 온전히 깨어나서 그에게 잠재된 방대한 지혜의 문을 활짝 연 인물을 뜻한다. 붓다는 고통과 좌절로부터 근원적으로 벗어나서 영원히 지속되는 불멸의 행복과 평화를 발견한 사람이다.

그러나 오늘날처럼 의심이 많은 시대를 사는 대부분의 사람들에게, 이런 상태는 하나의 환상이거나 꿈, 또는 결코 도달할 수 없는 위업으로 보일지도 모른다. 붓다가 당신이나 나와 똑같은 인간이었음을 항상 명심해야 한다. 그는 결코 자신이 신이라고 외치지 않았으며 단지 자기가 불성, 깨달음의 씨앗을 지녔고 다른 모든 사람도 마찬가지임을 알고 있었다. 불성이란 모든 중생이 태어날 때부터 타고난 것이다. 그래서 나는 항상 이렇게 말한다. 〈우리의 불성은 어떤 붓다의 불성만큼이나 훌륭하다.〉 이는 붓다가 보드가야에서 깨달았을 때 우리에게 전해 준 좋은 새소식으로, 이 말씀에 많은 사람들이 크게 고무받고 있다. 〈깨달음은 누구나 가능하다〉는 그의 메시지는 커다란 희망을 제시한다. 실제로 수행함으로써 우리 역시 누구나 깨달을 수 있다. 만일 이 가르침이 참되지 않다면, 오늘날에 이르기까지 무수히 많은 사람들이 깨달음을 얻는다는 것은 불가능했으리라.

붓다가 깨달음을 성취했을 때, 그가 하고자 했던 모든 것은 사람들에게 마음의 본성을 제시해서 자신이 실현한 것을 공유하는 것이었다고 말해진다. 그러나 그는 광대한 대자대비의 마음으로 우리가 그것을 이해하는 일이 얼마나 어려운지 또한 알고 있었다.

우리가 붓다와 똑같은 내적인 본성을 지녔다 할지라도, 마음의 본성이 개개인의 일상적인 마음으로 뒤덮여 감싸여 있기 때문에 우리는 그것을 인지하지 못한다. 예를 들어 비어 있는 꽃병을 생각해 보자. 꽃병 안쪽의 공간은 바깥 공간과 정확하게 같다. 단지 꽃병의 깨지기 쉬운 벽으로 인해 꽃병의 안과 밖이 서로 분리되는 것이다. 이와 마찬가지로 우리의 불성은 자신의 일상적인 마음의 벽에 둘러싸여 있다. 그러나 우리가 깨달을 때, 꽃병이 조각 나는 것처럼 일상적인 마음도 깨어지리라. 그때 〈안쪽의〉 공간은 순간적으로 〈바깥의〉 공간과 결합한다. 안과 밖이 하나가 되는 것이다. 그리고 당장 그 자리에서 안과 밖이 서로 분리되지도 않고 상호 다르지도 않음을 알게 된다. 안과 밖은 항상 하나였던 것이다.

하늘과 구름

따라서 우리의 삶이 어떠하든지 불성은 항상 우리와 함께한다. 그것은 항상 완벽하다. 붓다라 할지라도 그의 무한정한 지혜로 불성을 증대시킬 수 없고, 엄청난 혼란에 빠져 있는 듯한 중생이라도 결코 불성을 훼손시킬 수 없다. 우리의 참된 본성은 하늘에 비할 수 있고, 일상적 마음의 혼란스러움은 구름에 견줄 수 있다. 어느 날 하늘은 온통 구름으로 뒤덮인다. 그런 날 우리가 지상에서 올려다보면, 하늘에 구름 이외의 것이 있으리라고 믿기는 아주 어렵다. 그러나 비행기를 타고 날기만 해도 맑게 짙푸른 하늘의 무한함을 발견할 수 있다. 저 위에서 보면, 우리가 전부라고 여겼던 구름이 아주 자그맣게 저 멀리 아래에 있는 듯이 여겨진다.

우리는 항상 이것을 기억해야 한다. 구름은 하늘이 아니고 하늘에 〈속하지도 않는다〉. 구름은 단지 거기에 그렇게 걸려 있다가 다소 엉뚱하게 아무 사심 없이 지나가 버린다. 구름은 어쨌든 하늘을 더럽히거나 오염시킬 수 없다.

그렇다면 이 불성은 정확히 어디에 있는가? 불성은 하늘 같은 우리 마음의 본성에 있다. 전적으로 열려 있고 자유롭고 아무 한계도 없는 불성은 근본적으로 지극히 단순하고 자연스러워 결코 복잡해지거나 오염되거나 더럽혀질 수 없으며, 그토록 순수하기에 순수와 비순수의 개념마저도 넘어선다. 마음의 이러한 본성이 하늘 같다고 말함은 물론 비유에 지나지 않는다. 모든 것을 포용하는 마음의 본성이 온갖 한계를 벗어난 모습을 상상할 수 있도록 돕기 위해 그런 비유를 사용한 것이다. 왜냐하면 불성은 하늘이 지니지 못한 특성, 의식의 빛나는 명료함을 지녔기 때문이다. 그래서 불성은 이렇게 말해진다.

불성은 알기 쉽게 말해서 그대의 흠 없는 현재 의식으로, 인식할 수 있으되 텅 비어 있고 벌거벗은 상태이지만 늘 깨어 있다.

뒤좀 린포체는 이렇게 썼다.

어떤 말로도 그것을 묘사할 수 없다.
어떤 예로 그것을 설명할 수도 없다.
윤회가 그것을 더욱 나쁘게 할 수도 없고
열반이 그것을 더욱 좋게 할 수도 없다.
그것은 결코 생겨나지도 않았다.
그것은 언젠가 없어지는 것도 아니다.
그것은 결코 자유로워진 적이 없고
그것은 결코 미혹된 적도 없다.
그것은 존재하지 않지만
존재하지 않는 것도 아니다.
그것은 아무런 한계도 없다.
그것은 어떤 범주에 속하지도 않는다.

뇨슐 켄포 린포체는 이렇게 말했다.

심오하고 평온하고, 복잡함에서 벗어나
어떤 것과도 뒤섞임 없이 반짝반짝 빛나는 명료함,

마음의 개념적 이해를 벗어남,
이것이 승리한 자 마음의 깊이다.
그 안에는 버려야 할 것도 없고,
보태야 할 것도 없다.
그것은 다만 티없는 깨끗함으로
자연스럽게 그 자신을 바라본다.[4]

네 가지 잘못

사람들이 마음의 본성이 지니는 깊이와 영광을 인지하는 것조차 그렇게 어려워하는 이유는 무엇일까? 마음의 본성이 너무나 낯설어서 쉽사리 믿어지지 않는 내용이 많아서일까?

바르도 가르침에 따르면, 우리가 마음의 본성을 지금 곧바로 실현하는 것을 가로막는 네 가지 잘못이 있다고 한다.

첫째, 마음의 본성은 너무나 가까이 있어서 깨닫기 어렵다. 우리가 자기 자신의 얼굴을 볼 수 없듯, 마음은 그 본성을 바라보기가 어렵다.

둘째, 마음의 본성은 너무나 심원해서 우리를 숨막히게 한다. 그것이 얼마나 깊은지 우리는 전혀 모른다. 만일 우리가 알았다면, 이미 어느 정도 그것을 실현했을 것이다.

셋째, 마음의 본성은 우리에게 너무나도 쉬워서 믿을 수 없을 정도이다. 실제로 우리가 해야 할 일이란 마음의 본성이라는 있는 그대로의 순수 의식에서 쉬는 것이다. 마음의 본성은 어느 순간이든 항상 현전하기 때문이다.

넷째, 마음의 본성은 엄청나게 놀라워 우리가 적응할 수 없다. 마음의 본성은 참으로 방대해서 우리의 편협한 사고 방식과 어울리지 않는다. 우리는 정말로 믿을 수 없다. 깨달음이 우리 마음의 실제 본성이라고 상상할 수조차 없다.

만일 깨달음의 추구에 거의 전적으로 헌신하는 티베트 같은 문명에서도 네 가지 잘못에 대한 분석이 타당하다면, 대부분이 미몽 속에서 무언가에 빠져 있는 현대 문명의 경우에 얼마나 뚜렷하고도 신랄하겠는가! 그곳에서는 마음의 본성에 대한 어떠한 지식도 찾아볼 수 없다. 문필가나 지식인에 의해 씌어진 일조차 거의 없다. 현대의 철학자는 그것을 직접 언급하지 않는다. 대다수의 과학자는 그것이 가능하다는 것 자체를 부정한다. 대중 문화도 아무 역할을 하지 못한다. 어느 누구도 그것을 노래하지 않는다. 어느 누구도 연극에 그것을 대사로 올리지 않는다. 그리고 텔레비전 화면에 나오지도 않는다. 우리는 일상적으로 감각할 수 있는 영역을 넘어서서 실재하는 것이란 아무것도 없다고 믿게끔 교육받고 있다.

그것의 존재에 대한 확실하고 거의 설득력 있어 보이는 부정에도 불구하고, 우리는 여전히 마음의 본성을 잠깐 동안이나마 엿볼 때가 있다. 무언가를 찬양하는 음악, 자연 속에서 때때로 느끼는 평온한 행복, 또는 지극히 일상적인 상황 속에서 마음의 본성은 고취될 수 있다. 천천히 흘러내리는 눈을 바라볼 때나 산 뒤에서 떠오르는 해를 볼 때나, 신비롭게 방안을 비추는 한줄기 햇빛을 볼 때, 마음의 본성을 흘끗 볼 수도 있다. 계시, 평화, 그리고 축복 넘치는 그런 순간이 우리 모두에게 일어나 기묘하게도 우리와 함께 머물기도 한다.

때때로 이렇게 본 것을 우리가 반쯤은 이해할 수도 있다고 생각하지만, 현대 문화는 그것을 깊이 이해할 수 있게 하는 맥락이나 틀을 제시하지 못한다. 이런 식의 일별을 한층 깊게 탐구하고 어디에서 비롯했는지 발견하도록 고취하기는커녕, 분명하고 교묘한 방식으로 그 체험을 외면하도록 하고 있다. 우리가 그 체험을 함께 공유하고자 하더라도, 어느 누구도 진지하게 들으려 하지 않는다. 그 체험이 무엇을 의미하는지 이해하기만 해도 좋을 텐데, 우리는 우리의 삶에서 신비로움을 가장 잘 드러내는 체험을 외면한다. 그 무지몽매함, 우리가 실제로 누구인지 알지 못하게 억압하는 것이 아마도 현대 문명의 가장 암울하고 제일 혼란스러운 측면일 것이다.

마음속을 들여다보기

이제 완전히 방향을 바꾸어보자. 오직 한방향으로만 바라보는 태도를 바꾸어보자. 자신의 생각과 투사하는 것을 좇는 데 삶을 소모하도록 우리는 교육받았다. 심지어 〈마음〉이 이야기되더라도, 언급되는 것은 생각과 감정뿐이다. 어떤 연구자가 마음이라고 상상한 것을 연구할 때, 그는 자신이 투사한 것만을 볼 뿐이다. 어느 누구도 모든 언어적 표현의 근원인 마음 자체를 실제로 바라보지 못한다. 이렇게 되면 비극적인 결말을 피할 수 없다. 파드마삼바바는 이렇게 말했다.

〈마음〉이라 불리는 것이 폭넓게 존중되고 많이 토론될지라도,
여전히 이해되지 못하거나 잘못 이해되거나 한쪽 방향으로만 이해될 따름이다.
마음이 있는 그대로 올바르게 이해되지 않으므로,
헤아릴 수 없을 정도로 많은 철학적 개념과 주장이 생겨나게 된다.

게다가 평범한 사람들은 그것을 이해하지 못하기에,

그들은 자신의 불성을 깨닫지 못한다.

그래서 삼계(三界)에서 육도(六道) 윤회를 거듭하며 고통이 끊이지 않게 된다.

그러므로 자기 자신의 마음을 이해하지 못하는 것은 지극히 애통한 일이다.[5]

우리가 이런 상황으로부터 어떻게 빠져나올 수 있을까? 그것은 매우 간단하다. 우리 마음은 두 가지 태도를 지닌다. 밖을 바라보기와 안을 들여다보기. 이제 안을 들여다보기로 하자.

마음의 방향을 어떻게 정하느냐 하는 조그만 변화로 일어나는 차이는 굉장하다. 심지어 세계를 위협하는 재앙마저도 역전시킬 수 있다. 좀더 많은 사람들이 마음의 본성을 알게 되면, 자신들이 사는 세계의 빛나는 광경 역시 알게 되어 격렬하게 싸워서라도 이 세상을 용감하게 지킬 것이다. 티베트어로 불자(佛子)를 뜻하는 〈낭파 nangpa〉라는 말은 흥미롭다. 그것은 〈내부 사정을 잘 아는 사람〉을 의미한다. 즉 바깥이 아니라 마음의 본성 내에서 진리를 추구하는 사람이라는 것이다. 불교의 모든 가르침과 수행은 단 하나에 초점을 맞추고 있다. 마음의 본성을 살펴보기, 그래서 죽음의 공포로부터 벗어나 삶의 진리를 체득하도록 돕는 일.

마음속 들여다보기는 커다란 용기와 치밀함을 필요로 하며 삶과 마음에 대한 우리 태도의 전적인 변화를 요구한다. 우리는 밖을 내다보는 데 정신이 팔려 우리 내면에의 접근로를 거의 완벽할 정도로 잃어버렸다. 우리는 마음속 들여다보기를 두려워한다. 왜냐하면 현대 문화는 우리가 마음속에서 발견하게 되는 것에 대해 아무 설명도 못하기 때문이다. 만일 우리가 마음속을 들여다본다면,

미쳐버릴지도 모른다고 생각할 수도 있다. 이것이 우리가 실제 본성을 발견하지 못하게 막는 자아의 궁극적이면서도 지극히 뛰어난 전략 가운데 하나이다.

떠들썩하게 살아가면서 우리는 자기 자신을 바라보는 아주 작은 모험마저도 배제해 버린다. 심지어 명상이란 단어마저도 사람들을 깜짝 놀라게 할 수 있다. 사람들은 〈무아〉, 〈공〉이란 단어를 들을 때, 이런 상태를 경험하는 것이 우주선 문밖으로 내던져져 어둡고 차가운 공간에서 영원히 떠다니게 되는 것과 같다고 생각한다. 이렇게 생각하는 것보다 진리에서 멀어지게 하는 것은 없다. 광란에 빠진 세계에서 침묵과 정적은 우리를 두렵게 한다. 우리는 시끄럽고 몹시 흥분되는 일을 벌임으로써 두려움으로부터 벗어나려 한다. 그리고 우리 마음의 본성을 바라보는 일은 우리가 해야 하는 것 가운데 가장 마지막에 해당된다.

때때로 우리는 우리가 누구인지 진정으로 묻기를 원하지 않는다는 생각이 종종 들기도 한다. 바로 지금 이대로가 아닌 어떤 다른 실재가 있음을 발견할까 두렵기 때문이다. 이를 발견하게 되면, 우리가 지금까지 살아왔던 방식에 대해 어떻게 생각하게 될까? 우리 친구와 대학 동료는 우리가 지금 알고 있는 것에 어떻게 반응할까? 새로 알게 된 지식으로 우리는 무엇을 할까? 앎에는 책임이 뒤따른다. 어쩌다 감옥 문이 열린다 해도, 달아나지 않는 죄수도 있다고 한다.

깨달음의 약속

현대 사회에서 마음의 본성을 실현하는 것에서 유래하는 특질을 체현한 인물은 거의 찾아보기 어렵다. 따라서 우리가 깨달음을 상상하는 것이나 깨달은 인물을 알아보는 것은 어렵고, 우리 자신이 깨달을 것이라 상정하는 것은 더더욱 어렵다.

인간적 삶과 개인적 자유의 가치를 그렇게 칭송하면서도 우리 사회는 사실상 권력, 섹스, 돈에만 열중해 있으며 죽음이나 참된 삶에 관련된 것이라면 어떤 접촉이든 가로막으려고 한다. 인간의 깊은 잠재력에 대해 얘기를 듣거나 추측하기 시작한다 해도, 우리는 믿지 못한다. 영적인 변화를 생각하게 되더라도, 그것은 지나간 시대의 위대한 성인과 영적인 스승에게만 가능한 것이라고 여긴다. 달라이 라마는 현대 사회의 많은 사람들에게 자신을 진정으로 사랑하는 태도나 자기 자신을 존중하는 태도가 결여되어 있다고 자주 말했다. 우리의 인생관에는 전반적으로 자기 자신의 한계에 대한 신경질적인 확신이 깔려 있다. 이런 확신 때문에 깨어 있고자 하는 온갖 희망은 부인된다. 그러니까 〈우리 모두는 이미 기본적으로 완벽하다〉는 붓다 가르침의 근본 원리와는 비극적이게도 모순되는 것이다.

우리가 깨달음의 가능성을 생각해 본 적이 있을지라도, 우리는 성냄이나 탐욕, 질투, 원한, 잔인함, 성욕, 두려움, 근심, 혼란 같은 우리의 일상적 마음을 감싸고 있는 것들을 바라보며 깨달음을 얻을 어떤 가능성도 묻어버리고 만다. 그리고 그 본성을 실현할 가능성에 대해 어떤 얘기도 들어본 적이 없는 사람이라면 그것을 성취할 가능성이란 전혀 없음은 말할 것도 없다.

그러나 깨달음은 가능하고 지상에는 아직도 깨달음을 얻은 스승이 어딘가에 있다. 당신이 그런 인물을 실제로 만나게 되면, 가슴 깊숙이 충격받고 감동받아 〈깨달음〉, 〈지혜〉같이 그대가 개념상으로만 생각했던 단어가 현실적으로 참되다는 사실을 알게 될 것이다. 온갖 위험을 내재하고 있음에도 오늘의 세계는 무척 재미있는 곳이다. 현대인의 마음은 실재에 대한 다른 비전을 향해 서서히 문을 열고 있다. 현대인은 달라이 라마와 테레사 수녀 같은 위대한 스승을 텔레비전에서 볼 수 있다. 오늘날 동양의 많은 스승이 서양을 방문해 가르침을 전하고 있다. 신비주의적 전통에서 비롯하는 책들이 점점 많은 독자를 확보해 가고 있다. 이 행성의 절망적인 상황이 점차로 전지구적 차원의 변화가 일어나야 한다고 사람들을 일깨우고 있다.

깨달음은 내가 이미 말한 대로 실재한다. 누구든지 올바른 환경 속에서 바르게 수행을 닦기만 하면 마음의 본성을 실현할 수 있고, 우리 안에 있는 죽지 않는 것과 영원히 순수한 것도 알게 된다. 이것은 세계의 모든 신비적 전통이 약속하는 것이고, 헤아릴 수 없이 많은 인물들에 의해 실현되었고 또한 실현되어 가고 있다.

이 약속은 놀랍게도 색다른 것도 아니고 환상적인 것도 아니고, 학식 있는 자만을 위한 것도 아니며 모든 인간을 대상으로 한다. 스승들의 말씀에 따르면 우리가 그것을 깨달을 때, 그것은 뜻밖에도 일상적인 것이 된다고 한다. 영적인 진리는 까다롭거나 은밀하지도 않다. 그것은 심오한 상식일 뿐이다. 그대가 마음의 본성을 실현할 때 겹겹으로 쌓인 혼란은 사라진다. 그것은 그대가 실제로 〈붓다가 되는 것〉이라기보다 단지 미혹되기를 서서히 멈추는 것일 따름이다. 붓다가 되는 것은 영적으로 전능한 초인이 된다는 것을 뜻하는 게 아니다. 이제 비로소 참된 인간이 된다는 의미이다.

가장 위대한 불교 전통 가운데 하나는 마음의 본성을 〈평범함의 지혜〉라고 일컫는다. 이것은 아무리 강조해도 지나치지 않다. 우리의 참된 본성과 모든 존재의 본성은 뭔가 특별한 것이 아니다. 우리가 이른바 일상 세계라고 부르는 것이 윤회의 소용돌이 속에서 괴상하고 터무니없고 복잡한 미망으로 가득 찬 것이라니, 참으로 이상하다. 우리가 마음의 〈일상적〉이면서도 자연스럽게 타고난 본성을 보지 못하는 것은 이처럼 〈괴상한〉 환각 때문이다. 붓다가 지금 우리를 내려다보고 있다고 상상해 보자. 죽음으로 이끄는 미혹의 복잡함과 정교함을 볼 때, 붓다는 얼마나 슬퍼하며 놀라게 될까!

때때로 우리는 불필요할 정도로 복잡하기 때문에, 스승으로부터 마음의 본성을 소개받더라도, 그것이 너무나 단순해서 믿지 못한다. 우리의 일상적 마음은 이것이 그렇게 단순할 리가 없다고 말하고, 이것보다 더한 것이 있음에 틀림없다고 말한다. 우리 주위를 밝히는 빛과 함께, 우리를 만나기 위해 휙 내려오는 금발머리의 천사가 오즈의 마법사처럼 굵은 목소리로 〈이제 당신에게 마음의 본성을 소개하겠다〉고 말하는 식으로, 확실히 한층 〈영광스러운〉 것임에 틀림없다고 생각한다. 그러나 그러한 드라마는 없다.

우리의 문화에서 지성이 과대 평가되었기 때문에, 깨닫는다는 것은 평범하지 않은 지성을 요구한다고 생각한다. 사실상 많은 종류의 지혜들은 모호한 경우가 더 많다. 티베트에는 〈그대가 지나치게 영리하다면, 중요한 것을 완전히 놓칠 수 있다〉는 말이 있기도 하다. 파툴 린포체는 말한다. 〈논리적인 마음은 흥미로운 듯하다. 하지만 그것은 미혹의 씨앗이다.〉 사람들은 자신의 이론에 사로잡혀 중요한 점을 놓칠 수 있다. 티베트 사람들은 이렇게 말한다. 〈이론은 털가죽 코트 위에 덧대어 붙인 헝겊 조각 같은 것이다. 언젠가 벗어버리면 그만이다.〉 이젠 용기를 북돋우는 이야기를 해보자.

지난 세기에 어느 위대한 스승에게 얼간이 제자가 있었다. 스승은 마음의 본성을 소개하기 위해 반복해서 그를 가르쳤다. 그러나 여전히 그는 그것을 얻지 못했다. 마침내 스승은 화가 나서 그에게 말했다. 〈여보게, 보리가 가득 찬 이 가방을 저 멀리 산꼭대기로 옮겨주게. 하지만 도중에 멈춰 쉬지는 말게. 산꼭대기에 이를 때까지 계속 가도록 하게.〉 제자는 단순한 사람이었지만 스승에 대해 결코 흔들림 없는 헌신과 믿음을 지닌 사람이었다. 그는 스승이 말한 대로 했다. 가방은 무거웠다. 그는 가방을 들고 산비탈을 향해 출발해 중간에 감히 쉬지를 못했다. 그는 계속 걷고걸었다. 가방은 갈수록 무거워졌다. 산행은 오랜 시간이 걸렸다. 마침내 정상에 도달해 그는 가방을 내려놓았다. 그는 땅바닥에 털썩 주저앉았고 극도의 피로로 녹초가 되었지만, 아주 편하게 휴식을 취했다. 그의 얼굴에 신선한 산 공기가 느껴졌다. 그의 모든 장애가 사라지고, 이와 함께 그의 일상적인 마음도 사라져버렸다. 모든 것이 방금 멈춘 듯했다. 바로 그 순간, 그는 갑자기 그 마음의 본성을 체득했다. 〈아하! 이것이 바로 스승께서 내게 그토록 보여주고자 애쓰셨던 것이구나〉라고 그는 생각했다. 그는 다시 산을 달려 내려왔고, 모든 예법을 접어둔 채 스승의 방에 뛰어들었다.

〈저는 이제 그것을 얻었습니다. 정말로 그것을 얻었다고요.〉

그의 스승은 멋지게 웃었다. 〈그래, 산에 오르기가 재미있었던가 보구나, 그렇지?〉

그대가 누구일지라도 이 제자가 산에서 체험한 것을 겪을 수 있고, 그러한 경험을 통해 두려움에서 벗어나 삶과 죽음을 극복할 수 있다. 하지만 이러한 과정에 착수하기 위해 가장 뛰어나고 제일 빠르고 가장 효과적인 길은 무엇일까? 첫 단계는 명상 수행이다. 명상 수행은 일상적 마음의 습관과 환상을 벗어던지게 한다. 그래서 일상적 마음은 서서히 순화되어, 적합한 순간에 우리가 실제로 누구인지 알 수 있게 한다.

* * *

1) 뒤좀 린포체 Dudjom Rinpoche, 『저 멀리서 라마를 부른다 Calling the Lama from Afar』(London: Rigpa, 1980).
2) 초기암 퉁파, 『붓다의 마음 The Heart of the Buddha』(Boston: Shambhala, 1991), 23쪽.
3) 이 책에서 일상적인 마음 셈은 〈마음〉이라고 말하며 가장 깊숙한 핵심적인 순수 의식 리그파는 〈마음의 본성〉이라고 말한다.
4) 뇨슐 켄포 린포체 Nyoshul Khen Rinpoche, 『자연스러운 거룩한 평화 안에서 쉬기: 영적인 체험의 노래 Rest in Natural Great Peace: Songs of Experience』(London: Rigpa, 1989), 4쪽.
5) 존 미르딘 레이놀스 John Myrdlhin Reynolds, 『있는 그대로의 의식을 바라보는 것을 통해 자기를 해방시킨다 Self Liberation through Seeing the Naked Awarness』(New York: Station Hill, 1989), 10쪽.

5

마음을 고향으로 이끌기

　　2,500여 년 전 아주 오랫동안 진리를 추구했던 어떤 남자가 마침내 인도 북부의 어느 조용한 장소에 이르러 나무 밑에 앉았다. 그는 진리를 찾을 때까지 결코 일어서지 않겠다는 엄청난 결심을 하고 그곳에 계속 앉아 있었다. 해질 무렵 그는 미혹으로 말미암은 모든 어둠을 떨쳐버릴 수 있었다고 한다. 다음날 이른 아침 동트는 하늘에서 샛별이 반짝일 때, 그는 인간 존재의 궁극적인 목적인 깨달음을 성취함으로써 오랜 인내와 수행과 정진의 결실을 맺었다. 그렇게 성스러운 순간에 땅은 〈축복에 취하기라도 한 것처럼〉 흔들렸다. 불교 경전에서는 이렇게 전하고 있다. 〈그때 어디에 있는 누구든지 화나지 않았고 병나지 않았고 슬프지 않았다. 어느 누구도 사악하지 않았고 어느 누구도 자만심에 빠지지 않았다. 세계는 완성에 이르기라도 한 것처럼 매우 조용했다.〉 이 남자는 나중에 붓다로 알려지게 되었다. 베트남의 스승 틱낫한은 붓다가 깨달은 그 순간을 이렇게 아름답게 묘사하고 있다.

　　고타마는 자신을 무수한 생 동안 가두었던 감옥이 부서지는 듯한 느낌이 들었다. 무지[無明]가 그 감옥을 지키는 간수였다. 무지 때문에 먹구름에 가린 달과 별처럼 그의 마음이 희미했던 것이다. 한없이 이어지는 미혹의 파도에 가려서 마음은 실재를 주관과 객관, 자아와 타아, 존재와 비존재, 탄생과 죽음으로 잘못 나누었다. 이렇게 차별하는 마음 때문에 잘못된 소견, 즉 감정, 갈망, 집착, 생성의 감옥이 생겨났다. 나고, 늙고, 병들고, 죽는 고통은 단지 감옥의 벽을 두껍게 만들 뿐이다. 감옥으로부터 벗어나기 위해서 해야 하는 유일한 일은 간수를 붙잡고 그의 진정한 얼굴을 바라보는 것이다. 무지가 간수이다. ……간수가 사라지면 감옥도 사라지고, 다시는 갇히는 일이 없게 될 것이다.[1]

붓다는 깨닫는 순간, 참된 본성에 대한 무지가 바로 윤회의 고통으로 떨어뜨리는 원인이며, 무지 자체는 습관적으로 미혹에 빠지는 우리 마음의 성향에 뿌리 두고 있음을 보았다. 마음의 미혹을 끝내는 것이 곧 윤회를 벗어나는 것이다. 붓다는 이를 위해서 마음을 진정한 본성으로 이끌어야 한다는 것을 깨달았다. 붓다는 명상 중에 하늘처럼 열린 마음으로 앉아 있으면서도 여전히 땅에 근거하고 있음을 우리에게 보여주기라도 하려는 듯, 자신의 머리 위와 주변에 하늘을 대동한 채 고요하면서도 겸허한 위엄을 갖추고 있었다. 하늘은 우리의 절대적인 본성이다. 우리의 본성은 아무 장애가 없으며, 아무 한계도 없기 때문이다. 땅은 우리의 실재이며 우리가 처한 현실로, 우리의 상대적이고 일상적인 생활 여건을 뜻한다. 명상할 때 우리가 취하는 태도는 절대적인 것과 상대적인 것, 하늘과 땅, 천상과 지상을 새의 두 날개처럼 서로 연결하는 것이다. 그러니까 하늘처럼 불멸하는 마음의 본성과 덧없이 죽을 수밖에 없는 인간의 숙명을 통합하고 있음을 뜻한다.

명상을 배우는 것이 지금 이곳의 삶에서 당신이 얻을 수 있는 가장 큰 선물이다. 왜냐하면 명상을 배움으로써 진정한 본성을 찾아 떠날 수 있으며, 바르게 살고 또 바르게 죽기 위해 필요한 안정과 확신을 발견할 수 있기 때문이다. 명상이란 깨달음으로 통하는 길이다.

마음을 닦는 일

명상에는 수많은 방법이 있다. 나는 수천 번이나 그것을 가르쳤지만 그때마다 가르치는 내용은 모두 달랐으며, 그때마다 명상은 직접 마음에 와닿았고 새롭게 느껴졌다.

운좋게도 우리는 전세계의 많은 사람들이 점점 명상에 익숙해지고 있는 시대에 살고 있다. 명상은 문화적, 종교적 장벽을 넘어 받아들여지고 있으며, 수행자가 진리와 직접 관계를 맺게 해주는 수행법으로 점차 수용되고 있다. 명상은 종교의 도그마를 초월하는 동시에 종교의 본질을 꿰뚫어보는 수행이다.

일반적으로 사람들은 참된 자아에서 벗어나 끝없는 일상적인 활동 속에 자신의 삶을 탕진하고 있다. 명상은 우리를 본성으로 이끌어가는 방법이다. 명상을 통해 우리는 모든 습관적인 삶의 양식을 넘어서 우리 존재를 충만하게 경험하고 즐길 수 있다. 오늘날 우리는 격렬하고 불안에 가득 찬 투쟁 속에서, 엄청난 속도와 공격의 소용돌이 속에서, 서로 경쟁하고 무언가에 집착하고 무언가를 소유하고 무언가를 획득하다가, 결국 본질과 동떨어진 일상적인 활동과 편견 속에서 살아가게 된다. 명상은 이런 삶의 양식과 정반대의 것이다. 명상하는 것은 우리가 흔히 〈정상적으로〉 움직인다고 하는 것과 완전히 단절함을 뜻한다. 왜냐하면 명상은 어떤 근심도 없는 상태로 어떠한 경쟁도, 무언가를 소유하려는 욕망도, 어떤 것을 움켜쥐기 위한 집착도, 불안에 가득 찬 투쟁도, 무언가를 이루려는 갈망도 없기 때문이다. 명상은 수용할 것도 거절할 것도 없고 희망도 공포도 없는 상태이다. 우리를 가두었던 감정들과 개념들은 명상을 통해서 서서히 자연스러운 단순함으로 향하게 된다.

불교의 스승들은 마음을 유연하게 움직일 수 있는 법을 알고 있다. 우리가 마음을 닦기만 한다면 무엇이든 할 수 있다. 사실 우리는 이미 윤회에 의해, 또 윤회하기 위해 완벽할 정도로 훈련받아 왔다. 즉 자신에게 닥치는 모든 일들에 질투, 집착, 근심, 슬픔, 절망, 비탄, 탐욕, 성냄으로 반응하게끔 끊임없이 훈련받아 왔다. 우리가 애써 일으키려 하지 않아도, 저절로 이러한 부정적인 감정들이 떠오르게 될 정도로 훈련되어 있는 것이다. 따라서 모든 것은 훈련의 문제이자 습관의 힘에 달려 있다. 마음을 미혹에 맡겨보자. 만약 우리가 정직하다면, 그 마음이 미혹의 검은 주인이 되고 집착의 달인이 되어 교활하고도 삿되게 그런 노예 상태에 굽실거리게 될 것을 너무나 잘 알 것이다. 이제 그런 환상으로부터 빠져나오기 위해 명상에 헌신해 보자. 그러면 시간과 더불어 참을성 있게 인내함에 따라, 훈육에 익숙해짐에 따라, 올바르게 수행을 닦음에 따라 우리 마음은 스스로 얽힌 매듭을 풀고 본래적인 축복과 명석함을 알게 될 것이다.

마음을 〈수행하는 것〉은 결코 마음을 강제로 복종시키거나 세뇌하는 것을 뜻하지 않는다. 마음을 닦는 것은 무엇보다도 마음이 움직이는 법을 직접적으로, 구체적으로 바라보는 것이고, 영적인 가르침과 명상 수행을 통한 체험에서 유래하는 앎과 관계를 맺는 것이다. 그리고 나면 당신은 마음을 길들이고 그것을 능숙하게 다루기 위한 이해, 마음을 좀더 유연하게 하기 위한 이해를 이용할 수 있게 된다. 그래서 당신 자신이 마음의 스승이 되어 가장 충만하고 유익한 목적에 사용할 수 있을 것이다.

8세기의 불교 스승 샨티데바는 이렇게 말했다.

> 마음이라는 코끼리를 온갖 방면으로 세심하게 주의해서 끌고 간다면,
> 모든 공포는 사라지고 완전한 행복이 찾아오게 된다.
> 모든 적들, 즉 (우리 마음의) 호랑이, 사자, 코끼리, 곰, 뱀[2]
> 그리고 모든 지옥의 파수꾼들, 즉 악마와 공포,
> 이 모든 것을 당신의 마음이 지배하고
> 마음으로 길들여 모든 것을 다스릴 수 있다.
> 온갖 공포와 측량할 수 없는 슬픔은 마음에서 나오기 때문이다.[3]

한 작가가 자연스럽게 표현하는 법을 배우기 위해서는 몇 년에 걸친 문학 수업이 필요하고, 무용수가 우아한 동작을 얻기 위해서는 오랜 기간에 걸친 고통스러운 노력이 필요하다. 명상이 어떻게 당신의 삶을 이끄는지 이해하기 시작할 때, 당신은 명상 수행이 당신의 삶에서 가장 많은 노력을 필요로 하는 것으로, 가장 깊은 인내와 열정과 지성과 훈육을 요청하는 것으로 받아들이게 될 것이다.

명상의 핵심

명상의 목적은 하늘 같은 마음의 본성을 깨닫는 것이며 참된 자기가 있는 곳, 삶과 죽음 너머 변화하지 않는 순수한 깨달음으로

우리를 이끄는 것이다.

　명상의 고요함과 침묵 속에서 우리는 그러한 깊은 내적 본성을 알아차려 다시 찾게 된다. 우리는 마음의 번잡함과 혼란 때문에 오래전에 그것을 잃어버렸다. 마음이 혼란을 겪은 직후 멍하게 보내는 짧은 순간보다 더 오래 우리의 마음이 조용하게 있을 수 없다는 사실은 놀랍지 아니한가? 우리 마음은 휴식이 없고 무언가에 빠져 있어서, 현대 사회에서 사는 것은 죽은 이후 바르도 상태에서 고통받는 것과 마찬가지라고 나는 자주 생각한다. 그 상태에서 의식은 쉴새없이 괴롭힘을 당한다고 한다. 믿을 만한 조사에 따르면 미국 인구의 13퍼센트 정도가 그러한 마음의 혼란 때문에 고통을 받고 있다고 한다. 우리가 살아가는 방식에 대해 이러한 조사 결과는 무엇을 말해 주는 것일까?

　우리는 수없이 많은 조각들로 나뉘어 있다. 우리가 진정 누구인지, 또 많은 조각들 중에서 어떤 부분을 자기 자신으로 여겨야 하고 어떤 부분을 믿어야 하는지 알지 못한다. 서로 모순되는 목소리들, 명령들, 감정들이 우리의 내면 생활을 통제하기 위해 서로 다투고 있어서, 우리들은 어느 누구도 마음의 고향에 남아 있지 못한 채 사방으로 흩어져 있다.

　명상만이 우리 마음을 고향으로 이끌 수 있다.

　붓다의 가르침에 따르면, 단지 일시적인 평안과 축복만을 야기하는 명상과, 자신과 다른 사람을 깨닫게 하기 위한 유력한 동인(動因)이 되는 명상 간의 차이를 불러일으키는 것이 세 가지라고 한다. 우리는 그것들을 〈처음에 좋은 것〉, 〈중간에 좋은 것〉, 〈나중에 좋은 것〉이라고 일컫는다.

　〈처음에 좋은 것〉은 우리와 모든 중생들이 근본적으로 가장 내적인 정수인 불성을 지니고 있고, 이를 알아차리게 되면 무지로부터 벗어나고 괴로움에 최종적으로 종지부를 찍게 된다는 깨달음으로부터 비롯한다. 따라서 명상 수행을 할 때마다 우리는 이러한 의식에 감동받고 더욱 수행에 헌신하는 계기가 마련될 것이다. 그리고 다음 기도문에 표출된 정신에 입각해, 모든 중생들의 깨달음을 위해 우리 자신을 고취시키게 된다. 과거의 모든 붓다들은 이렇게 기도했다.

이러한 수행의 힘과 진리에 의해,
모든 중생이 행복해지고, 행복의 씨앗을 누리게 하옵소서.
모든 중생이 슬픔으로부터 벗어나고 슬픔의 씨앗에서 벗어나게 하옵소서.
모든 중생이 슬픔 없는 신성한 행복으로부터 분리되지 않게 하옵소서.
모든 중생이 지나치게 집착함이 없이 지나치게 혐오함도 없이 평온하게 살게 하옵소서.

〈중간에 좋은 것〉은 우리가 수행의 핵심에 들어가게 하는 마음의 틀이다. 그것은 마음의 본성을 실현함으로써 일어난다. 이 마음의 틀에서 어떤 개념으로부터도 자유롭고 모든 것이 본래적으로 〈공(空)〉하고 환상이고 꿈 같음을 아는 집착하지 않는 태도가 생겨나게 된다.
〈마지막에 좋은 것〉은 명상에 헌신하고 참으로 열렬하게 기도함으로써 명상을 끝맺음으로 이끄는 것이다. 〈이러한 수행을 통해 얻게 되는 어떤 공훈이든지 모두 중생의 깨달음을 향하도록 하옵소서. 모든 중생의 해탈을 위해 쉬지 않고 헌신하는 붓다께서 펼치는 바다 같은 광활한 활동에 비한다면 물 한 방울에 불과하겠나이다.〉 명상의 진가는 긍정의 힘과 이익, 수행에서 뿜어져 나오는 평화와 행복에 있다. 당신은 모든 중생에게 장기간에 걸쳐 궁극적인 이익을 가져다주기 위해, 그들이 깨달음을 성취하도록 하기 위해 한층 명상에 헌신해야 한다. 좀더 직접적으로 말하면 세상의 평화를 위해서, 모든 사람이 결핍과 질병에서 해방되고 절대적인 안녕과 끊임없는 행복을 경험하도록 하기 위해서 당신은 명상에 헌신해야 한다. 현실이 환각이며 꿈 같음을 알아차릴 때, 수행에 헌신하는 당신 자신, 당신의 명상 수행을 헌납받는 사람들, 심지어 헌신하는 바로 그 행위조차도 가장 깊은 의미에서 본래 〈공〉이며 환각임을 숙고하게 된다. 이것이 바로 명상을 통해서 얻을 수 있는 것으로, 명상의 순수한 힘은 결코 사라지지 않는다. 따라서 당신이 닦은 수행의 공적 또한 영원히 닳아 없어지지 않는다고 불교 가르침은 강조한다.

신성한 세 가지 원리, 그러니까 이치에 맞는 동기, 수행을 확고하게 하는 집착하지 않는 태도, 수행에 깃들인 헌신은 우리의 명상을 진정한 깨달음으로 이끌며 힘있게 한다. 티베트의 위대한 스승 롱첸파는 세 가지 원리를 〈참된 수행자의 가슴, 눈, 생명력〉이라고 지적했다. 또 뇨슐 켄포는 이렇게 말했다. 〈완전한 깨달음에 이르기 위해서 세 가지 이외에 아무것도 필요하지 않다. 하지만 세 가지 가운데 어느 하나라도 부족하다면 완전하지 못하다.〉

마음을 집중하는 수행

명상은 마음을 고향으로 이끈다. 명상은 우선 마음을 집중하는 수행을 통해 성취된다.

옛날에 어떤 노파가 붓다를 찾아와서 명상하는 법을 물었다. 붓다는 이렇게 말했다. 〈우물에서 물을 길을 때, 손의 움직임 하나하나에 집중하라. 그렇게 할 수 있다면 당신은 빈틈없이 깨어 있게 되고 광활하게 평온한 상태, 즉 명상의 상태에 자신이 있는 것을 발견하게 된다.〉

마음을 집중하는 수행, 흩어진 마음을 고향으로 이끄는 수행, 그래서 우리 존재의 갖가지 양상들을 한곳으로 모으는 수행을 〈평화롭게 머물기〉 또는 〈고요한 마음 수행〉이라고 일컫는다. 이는 불교 명상의 첫 번째 수행법으로 산스크리트 어로는 사마타(Shamatha), 티베트 어로는 시네(Shyiné)라고 한다. 〈고요한 마음 수행〉은 첫째, 조각조각 흩어져 서로 싸우는 마음의 온갖 양상을 정착시키고 융화시켜 서로 친구가 되게 한다. 그 정착 과정을 통해 우리는 자기 자신을 좀더 이해하게 되며, 때때로 우리의 근본 성품에서 뿜어져 나오는 광휘를 바라보게 된다.

둘째, 집중하는 수행을 통해 여러 생에 걸쳐 축적해 왔던 마음의 부정적 성향, 공격성, 사나운 감정들을 진정시킬 수 있다. 중요한 것은 이런 감정들을 억누르거나 그것들에 빠지는 대신, 무엇이 일어나든지 가능한 한 개방적이면서도 너그러운 관용으로 수용하는 것이다. 티베트의 스승들이 지닌 지혜로운 관용은 한없는 공간의 풍취를 지니고 있으며 너무나 따사롭고 포근해서 마치 햇빛으로 짠 담요처럼 우리를 감싸고 보호한다고 말해진다.

점차 당신이 마음을 열고 주의를 집중할 때, 그리고 마음을 한곳에 더욱 집중하기 위해 내가 뒤에서 설명할 명상법 중 하나를 이용할 때, 당신의 부정적 성향은 점차 사라질 것이다. 그러면 프랑스 사람들이 말하듯 당신은 마치 자신의 피부처럼 당신의 존재를 지각하게 될 것이다. 이렇게 함으로써 얽매임으로부터 풀려나고 지극히 편안해진다. 나는 이러한 수행이 가장 효과적인 심리 요법이자 자기 치유법이라고 생각한다.

셋째, 이러한 수행을 통해 당신 자신이 본질적으로 선하다는 것이 드러나게 된다. 이러한 수행은 당신 마음속에 있는 불친절함과 해악을 제거하기 때문이다. 우리가 자신에게 있는 악을 제거할 때, 우리는 진정으로 다른 사람들에게 쓸모 있는 존재가 된다. 수행을 통해 불친절함과 해악을 제거함으로써 우리는 진정으로 우리의 참된 본성인 근본적인 선함과 상냥함을 받아들여 우리가 참된 존재로서 꽃 피울 수 있는 따뜻한 기운을 내뿜게 된다.

내가 왜 명상이 평화를 실천하며, 비공격성과 비폭력을 지향하는 참된 수행이고, 가장 현실적이며 위대한 무장 해제라고 일컫는지 이제 알게 되었을 것이다.

자연스럽고 거룩한 평화

나는 명상을 가르칠 때 종종 이런 말로 시작한다. 〈여러분의 마음을 고향으로 이끌어봅시다. 그리고 마음을 내려놓읍시다. 그리고 마음을 쉬게 합시다.〉

명상 수행에는 세 가지가 결정적으로 중요하다. 마음을 고향으로 이끌기, 마음을 내려놓기, 마음을 쉬게 하기. 이 세 가지는 수많은 차원으로 울려퍼져 나가는 의미들을 포함하고 있다.

〈마음을 고향으로 이끌기〉는 수행에 집중함으로써 마음을 평온한 상태로 이끄는 것이다. 가장 깊은 의미에서, 마음을 고향으로 이끄는 것은 당신 마음을 안쪽으로 되돌려 마음의 본성에서 쉬게 하는 것이다. 이것은 그 자체만으로도 아주 수준 높은 명상이다.

〈마음을 내려놓기〉는 마음을 집착이라는 감옥에서 풀어주는 것을 뜻한다. 모든 고통과 공포와 고뇌는 집착하는 마음의 갈망으로부터 비롯하는 것이다. 마음의 본성에 대한 이해가 확대됨에 따라 생겨나는 깨달음과 확신을 통해 심오하고도 자연스럽게 관용의 정신이 고취된다. 당신은 모든 집착에서 풀려나며, 자유로워지고 명상의 감동 속에서 황홀함을 느끼게 된다.

마지막으로 〈마음을 쉬게 하기〉는 마음을 널찍하게 확장하는 것, 마음속 긴장을 푸는 것을 뜻한다. 더 깊은 의미는 마음의 진정한 본성인 리그파 상태에서 쉬는 것이다. 이러한 과정을 일깨우는 티베트어에는 〈리그파에서 마음을 쉰다〉라는 뜻이 함축되어 있다. 그것은 편편한 바닥에 모래 한줌을 쏟아붓는 것과 같다. 그러면 각각의 모래 알갱이들은 자연스럽게 자리잡을 것이다. 이것이 바로 모든 생각과 감정들을 자연스럽게 가라앉혀 마음의 본성에 녹아들어 가게 함으로써 당신의 참된 본성 속에서 마음을 쉬게 하는 방법이다.

명상할 때마다 나는 언제나 뇨슐 켄포의 시에 영감을 받는다.

    자연스럽고 거룩한 평화 속에서 쉬자.
    무한하게 지속되는 윤회의 바다에서
    철썩철썩 출렁이는 파도의 한없는 분노 같은
    카르마와 신경질적인 생각들에 한없이 두드려맞아
    이 지친 마음을.

자연스럽고 거룩한 평화 속에서 쉬자.
무엇보다도 먼저 가능한 한 편안하고 자연스럽고 드넓어져야 한다. 습관적으로 근심에 휩싸이는 자아의 올가미에서 조용히 빠져나와 모든 집착으로부터 벗어나고 자신의 참된 본성 속에서 쉬자. 자신의 일상적이고 감정적이고 생각에 묶인 자아를 태양 앞에 놓인 얼음벽이나 버터 조각처럼 생각해 보자. 당신이 딱딱하고 차갑게 느껴진다면, 이런 공격 성향을 명상의 햇빛으로 녹아 없어지게 하자. 당신 속에 평화가 솟구치게 하고, 흩어진 마음의 조각들을 거두어들여 평온함을 유지하도록 하고, 또한 자신 안에 갖춰진 맑게 바라보는 통찰력을 일깨워보자. 그러면 당신의 온갖 부정적이고 공격적인 성향이 사라지고, 온갖 혼란이 서서히 증발할 것이다. 마치 당신의 절대적 본성이라는 더럽혀지지 않은 광대한 하늘에 빨려들어 가는 안개처럼.[4]

조용히 앉아서 몸을 움직이지 말고, 말하지도 말고, 마음을 평온하게 유지하고, 어떤 것에도 집착하지 말고 어떤 생각이나 감정이 떠오르든지 자연스럽게 오고 가게 하자.

이러한 상태를 무엇이라 해야 할까? 뒤좀 린포체는 이렇게 말하곤 했다. 오랫동안 들판에서 힘써 일하고 집으로 돌아와서, 벽난로 앞에 놓인 그가 좋아하는 의자에 앉은 한 남자를 상상해 보라. 그는 하루 종일 계속해서 일했으며 그가 원하던 것을 얻었다. 그에게는 더 이상 걱정할 것도 없고, 성취하지 못한 것도 없다. 모든 근심으로부터 온전히 벗어난 그는 만족스럽고 순박한 마음속에 있다.

따라서 명상할 때 마음에 올바른 내적 환경을 창조하는 것은 필수적이다. 모든 노력과 투쟁은 마음이 광대하지 못하기 때문에 생겨나는 것이다. 따라서 마음에 올바른 내적 환경을 창조하는 것은 명상이 충실하게 진행되도록 하기 위한 관건이다. 유머 감각과 광대한 마음이 갖춰질 때 명상은 별다른 노력 없이도 시작할 수 있을 것이다.

나는 명상할 때 때때로 어떤 방법도 이용하지 않는다. 내 마음을 푹 쉬게 할 뿐이다. 특히 영감이 솟아오를 때, 나는 내 마음을 고향으로 이끌어 가능한 한 빨리, 아주 조용히 앉아 마음의 고향에서 쉰다. 내가 〈올바른〉 상태에 있는지 그렇지 않은지 묻지도 의심하지도 않는다. 그때는 별로 애쓰지 않아도 오직 풍부한 이해, 깨어 있음, 그리고 흔들리지 않는 확신만이 있을 뿐이다. 내가 마음의 본성 속에 있을 때 일상적인 마음은 더 이상 존재하지 않는다. 내가 존재한다는 것을 떠받치거나 확신할 필요도 없다. 나는 단지 존재할 따름이다. 오직 근본적인 믿음이 있을 뿐이다. 특별히 해야 할 일이란 아무것도 없다.

명상의 방법

　만약 마음이 자연스럽게 저절로 자리잡을 수만 있다면, 또 영감을 받아 그 순수하게 깨어 있음 가운데에서 쉴 수만 있다면, 그땐 어떠한 명상법도 필요하지 않다. 이미 그러한 상태에 있다면 어떤 명상의 방식을 채택하는 것은 미숙한 짓일지도 모른다. 그러나 대다수의 사람들이 그러한 상태에 곧바로 도달하기란 무척 어려운 일이다. 우리는 어떻게 해야 그것을 일깨울 수 있을지 모르고 있다. 마음은 제멋대로이고 여기저기 흩어져 있는 까닭에 마음을 일깨우는 능숙한 방법이 필요하다.
　여기서 〈능숙한〉이라는 말은 마음의 본성에 대한 이해, 변화무쌍한 기분들에 대한 앎, 수행을 통해 계발한 통찰을 순간순간마다 자신의 삶에 응용할 수 있음을 뜻한다. 쉴새없이 흔들리는 마음의 움직임을 변화시키기 위해 이것들을 하나로 합치시킴으로써 특정한 상황이나 문제에 적합한 방법을 응용하는 기법을 배우게 된다.

하지만 기억하자. 방법이란 단지 수단일 뿐 명상 그 자체는 아니다. 존재의 순수하고 완전한 상태, 그러니까 진정한 명상에 이르는 것은 명상 방법에 입각해 능숙하게 수행을 닦음으로써 가능해진다.

다음의 티베트 속담은 의미심장하다. 〈곰파 마 인, 곰파 인.〉 이것의 뜻은 〈'명상'이 아니다, '익숙함'이다〉. 이를테면 명상이란 명상의 수행에 익숙한 것일 뿐임을 뜻한다. 또 〈명상은 애쓰는 것이 아니라 자연스럽게 그것에 닮아가는 것〉이라는 말도 있다. 명상 방법에 따라 계속 수행할 때, 명상은 천천히 솟아오르기 시작한다. 명상이란 우리가 〈행할〉 수 있는 어떤 것이 아니라 오로지 수행을 완벽하게 닦았을 때, 자발적으로 샘솟는 것이다.

그러나 명상이 샘솟게 하기 위해서는 마음에 평온하고 상서로운 상태가 먼저 조성되어야만 한다. 우리는 내적 환경을 평온하게 만든 이후라야 비로소 자기 마음을 지배할 수 있다. 마음은 생각과 감정이 불러일으키는 격렬한 바람에 쉴새없이 흔들리고 깜박거리고 요동치는 촛불과 같다. 촛불은 주변의 공기가 고요할 때에만 흔들리지 않고 타오른다. 따라서 휘몰아치는 생각과 감정을 진정시킬 수 있을 때에만 우리는 마음의 본성을 일별하고 고향에서 쉴 수 있을 것이다. 또 다른 한편, 명상으로 자기 마음을 안정시킬 수 있다면 어떤 종류의 소음이나 장애가 발생하더라도 마음은 훨씬 덜 흔들릴 것이다.

서양 사람들은 〈명상의 기술〉이라고 하는 것에 몰두하는 경향이 있다. 현대 세계는 기계와 메커니즘에 현혹되어 있으며, 그저 실용적이라는 판에 박은 말에 중독되어 있다. 그러나 명상의 가장 중요한 점은 기술이 아니라 영혼이다. 즉, 우리가 수행을 닦을 때 숙련되고, 영감을 불러일으키고, 창조적인 방식으로 하는 것이 중요한 것이다. 그 방식은 또한 〈몸의 자세〉라고 일컬을 수 있다.

몸의 자세

스승들은 말한다. 〈만약 몸과 마음을 상서로운 상태로 이끈다면, 명상과 깨달음은 자연스럽게 뒤따른다.〉 몸의 자세에 관한 이야기는 비밀로 가득 찬 현학(衒學)이 아니다. 올바른 자세에 있어서 가장 중요한 점은 명상을 위해서, 리그파를 깨닫기 위해서 좀더 영감 넘치는 환경을 조성하는 것이다. 몸의 자세와 마음가짐은 서로 연결되어 있다. 마음과 몸은 서로 연관되어 있으며 몸의 자세와 마음가짐이 영감을 불러일으키면, 명상은 자연스럽게 뒤따르게 된다.

앉아 있을 때 마음이 몸과 전체적으로 조화되지 않으면, 예를 들어 마음에 근심이 있거나 무언가에 빠져 있으면 몸이 불편해지고 쉽게 문제점들이 발생한다. 반면에 마음이 평온하고 영감으로 가득 차 있으면, 몸의 자세 전체에 영향을 주어 애쓰지 않아도 훨씬 자연스럽게 앉을 수 있게 된다. 따라서 마음의 본성을 알아차림으로써 솟아나게 되는 확신을 몸의 자세와 하나로 만드는 것은 무척이나 중요하다.

내가 여기서 말하는 몸의 자세란 다른 사람들이 흔히 말하는 것과는 약간 다른 것이다. 그것은 족첸의 옛 가르침에서 전수된 것이며, 스승에게 배운 것이다. 그것은 대단히 큰 힘을 가지고 있다.

족첸 가르침은 당신의 소견(所見)과 몸의 자세를 산처럼 하라고 말한다. 소견은 마음의 본성에 대한 당신의 이해와 통찰 전체를 합친 것으로, 당신을 명상으로 이끌어가는 것이다. 따라서 당신의 소견은 몸의 자세와 통하고, 몸의 자세에 영감을 불어넣는다. 당신이 앉아 있는 방식을 통해서 당신 존재의 핵심이 표출되게 마련이다.

그러니까 산처럼 조금도 움직이지 않고 확고부동한 위엄을 지니고 앉아보자. 산을 강타하는 바람이 거세고 산 정상을 휘감은 먹구름이 두터울지라도, 산은 온전히 자연스럽고 편안하다. 산처럼 앉아 있으면 마음은 떠올라 치솟을 것이다.

몸의 자세에서 가장 중요한 것은 허리를 곧추세우는 것이다. 그러면 〈내면의 에너지〉인 프라나prana가 몸속의 미세한 채널을 따라 쉽게 온몸으로 퍼져나갈 것이고, 마음은 참으로 휴식 상태에 들어가게 될 것이다. 어떤 것도 억지로 해서는 안 된다. 등뼈 아랫부분은 자연스럽게 휘어 있도록 한다. 긴장은 풀어야 하지만 허리는 곧추세워야 한다. 머리는 목 위에서 편안하게 균형을 잡아야 한다. 몸 자세의 힘과 은총을 지탱하는 것은 바로 어깨와 몸통 윗부분으로, 튼실하게 균형 잡으면서도 긴장은 풀어야 한다.

가부좌를 틀고 앉되, 연꽃이 활짝 핀 것 같은 자세로 앉지는 말자. 그러한 자세는 한층 고급의 요가 수행에서 요청된다. 결가부좌 자세는 삶과 죽음, 선과 악, 숙련된 방편과 지혜, 남성 원리와 여성 원리, 윤회와 열반의 일치를 뜻한다. 즉 그것은 둘로 나뉠 수 없음을 의미한다. 또 다리의 긴장을 풀고 의자에 앉을 수도 있지만 등은 항상 곧추세워야 한다.[5]

티베트의 명상 전통에 따르면 눈을 뜨고 있어야 한다. 그것은 무척 중요한 일이다. 그렇지만 바깥에서 일어나는 일에 민감한 사람이라면, 명상에 들어갈 때 잠시 눈을 감는 편이 마음을 조용히 안으로 끌어들이는 데에 도움이 될 것이다.

마음이 평온해졌다고 느끼면, 서서히 눈을 뜬다. 그러면 눈앞에 보이는 것들이 한층 평화롭고 고요해진 것을 느낄 것이다. 이제 눈은 콧등을 따라 약 45도 각도로 내리뜬다. 마음이 거칠어질 때마다 눈을 더 내리뜨고, 마음이 나른해지고 졸릴 때마다 눈을 위로 치켜뜨는 것이 일반적인 수행의 요령이다.

마음이 평온해지고 명석한 통찰력이 떠오르기 시작할 때, 눈을 더욱 크게 뜨고 자기 앞의 공간을 똑바로 바라보면 자신의 시선이 자유로워지는 것을 느낄 것이다. 이것이 족첸 수행법이 권하는 바라봄의 방법이다.

족첸 가르침에 따르면 명상과 시선은 거대한 바다처럼 열려야 한다. 즉 가장 충만하고 넓게 한없이 멀리 뻗어나가야 한다. 당신의 소견과 몸의 자세가 분리될 수 없는 것처럼, 명상은 자신의 시선에 영감을 불어넣어 결국 하나로 결합하게 만든다.

어떤 것에 특별히 초점을 맞추지는 말자. 대신 가볍게 자기 자신으로 되돌아가 시야를 넓히자. 그러면 점점 광대해지고 한층 충만해질 것이다. 그에 따라 자신의 시야 자체가 더 넓어져, 더 평화롭고 자비로우며 평온하고 균형 잡히게 될 것이다.

티베트에서는 자비의 붓다를 〈첸레지 Chenrézig〉라고 부른다. 〈첸 Chen〉은 눈, 〈레 ré〉는 눈의 한구석, 〈지 zig〉는 보는 것을 뜻한다. 〈자비로운 눈을 지닌 붓다가 모든 중생들이 원하는 것을 본다〉의 의미이다. 명상을 통해서 솟구치는 자비는 부드럽고 온화하게 자신의 눈으로 전해지므로, 그 시선은 바다처럼 광대한 자비, 모든 것에 스며드는 자비 그 자체가 된다.

명상할 때에 눈을 뜨고 있어야 하는 이유가 몇 가지 있다. 눈을 뜨고 있으면 쉽게 잠들지 않는다. 명상이란 세상으로부터 달아나거나 도망쳐 황홀경에 빠진 것 같은 의식 상태를 경험하는 수단이 아니다. 오히려 명상은 우리 자신을 진정으로 이해하도록 돕는 직접적인 방법으로, 우리의 삶을 세상과 직접 연결시켜 준다.

따라서 명상할 때 눈은 뜨고 있어야 한다. 우리의 삶을 닫아버리기보다 모든 것에 열려 있어야 하며, 그것들과 평화롭게 공존해야 한다. 청각, 시각, 촉각 등 오감 전부를 감각 대상에 집착하지 말고 자연스럽게 있는 그대로 열어놓아야 한다. 뒤좀 린포체는 말했다. 〈다양한 형태들이 지각되겠지만, 그것들의 본성은 기본적으로 비어 있다. 그렇지만 그 비어 있음 속에서 우리는 다양한 형태들을 지각한다. 다양한 소리가 들리겠지만, 그것들은 텅 비어 있다. 그렇지만 그 비어 있음 속에서 우리는 다양한 소리들을 지각한다. 또한 다양한 생각들이 떠오르겠지만, 그것들은 텅 비어 있다. 그렇지만 그 비어 있음 속에서 우리는 다양한 생각들을 지각한다.〉 당신이 무엇을 보든지, 무엇을 듣든지 그것에 집착하지 말고 있는 그대로 내버려두자. 들리는 것은 들리는 대로, 보이는 것은 보이는 대로, 집착하지 말고 지각된 그대로 놓아두자.

광명과 관련된 족첸 가르침의 특별한 수행법에 따르면, 지혜의 에너지가 발하는 모든 빛은 심장 핵심부에 귀속되어 있으며 〈지혜의 채널〉을 통해 눈과 연결된다. 눈은 광명이 흘러나오는 〈문〉이다. 따라서 이러한 지혜의 채널을 닫아버리지 않기 위해서 우리는 계속 눈을 뜨고 있어야 한다.[6]

또한 명상할 때, 긴장을 풀고 목의 깊은 곳에서 〈아 ― 〉라고 말하는 것처럼 입을 가볍게 벌린다. 그리고 주로 입을 통해 호흡함으로써, 마음과 명상을 가로막는 장애물들과 사변적인 생각들을 만들어내는 〈카르마〔業〕의 바람〉이 훨씬 잔잔해진다고 한다.

그리고 손은 편안하게 무릎에 올려놓는다. 이것이 〈마음을 편안하고 안정되게 이끄는 몸의 자세〉이다.

이러한 몸의 자세에는 희망의 섬광, 쾌활한 유머가 함축되어 있다. 그것에는 우리 모두가 불성을 갖고 있다는 이해가 깊숙하게 깔려 있다. 따라서 당신이 이런 식으로 몸의 자세를 취한다는 것은 즐겁게 붓다를 흉내내는 것이고, 자신의 불성이 현현하게 될 것을 알고 그렇게 되도록 고취하는 것이다. 사실 우리는 자신이 〈붓다가 될 수 있는 존재〉로 존중하기 시작함과 동시에, 여전히 우리를 둘러싼 상대적 조건들에 유념해야 한다. 그렇지만 우리는 이미 자신의 불성을 기쁘게 신뢰하게 되었으므로, 우리의 부정적 양상을 좀 더 쉽게 받아들일 수 있으며, 그것들을 좀 더 상냥하고 유머스럽게 다룰 수 있게 된다. 명상을 통해 우리는 바로 우리 자신이기도 한 붓다의 존귀함, 존엄함과 그리고 철저한 겸손함을 느낄 수 있다. 사람들이 자신의 불성을 기쁘게 신뢰할 수만 있다면, 그것으로 충분하다고 나는 자주 말하곤 한다. 이러한 이해와 확신으로부터 명상은 자연스럽게 진전될 것이다.

명상의 세 가지 방법

붓다는 부정적 감정들을 다스리는 8만 4000가지 방법을 가르쳤다. 또 불교에는 명상 방법이 헤아릴 수 없을 만큼 많다. 수많은 명상법 가운데 현대 사회에 특히 효과적이고 누구나 쉽게 행해서 이익을 얻을 수 있는 세 가지 명상법을 나는 발견했다. 대상 활용하기, 만트라〔眞言〕 암송하기, 숨결 〈지켜보기〉이다.

대상을 활용하기

첫 번째 명상법은 마음을 대상에 가볍게 의존하는 것이다. 많은 사람들이 이 명상법을 유용하게 활용할 수 있을 것이다. 꽃이나 수정같이 당신에게 특별히 영감을 불러일으키는 자연스럽고 아름다운 대상을 이용할 수 있다. 붓다, 예수 그리스도같이 진리를 체현한 인물, 특히 자기 스승의 이미지를 이용하는 것은 좀 더 효과적이다. 스승이란 당신과 진리를 이어주는 살아 있는 연결 고리이다. 스승과 당신은 개인적인 관계를 맺고 있는 까닭에 그의 얼굴을 보는 것만으로도 영감이 떠오르거나 당신 자신의 본성과 연결시켜 줄 수 있다.

〈나처럼 보라〉라고 일컬어지는 파드마삼바바의 조각상을 보고서 많은 사람들이 특별한 느낌을 받았다고 한다. 그 조각상은 8세기 티베트에서 만들어진 것으로 파드마삼바바가 직접 축복을 내렸다. 파드마삼바바는 자신의 거대한 영적인 힘으로 붓다의 가르침을 티베트에 전했다. 그는 〈두 번째 붓다〉로 알려졌으며, 티베트 사람들은 그를 〈존귀한 스승〉을 뜻하는 구루 guru 린포체라고 부른다. 딜고 켄체 린포체는 말했다. 〈인도, 티베트, 그리고 히말라야의 신성한 대지에는 믿을 수 없을 정도로 뛰어난 스승들이 무수하게 많았다. 그렇지만 모든 스승 가운데 이처럼 험난한 시대에 모든 중생에게 가장 자비로운 축복을 내렸던 스승이 바로 파드마삼바바이다. 그는 자비의 화신이며 모든 붓다의 지혜를 체득했던 인물이다. 그의 능력 중 하나는 그에게 기도하는 사람이라면 누구든지, 또 그가 바라는 것이 무엇이든지 바로 축복을 내릴 수 있는 능력을 갖췄다는 점이다. 그는 우리의 바람을 들어주는 권능이 있다.〉

이 이야기에서 무언가 영감을 얻었다면 그의 사진을 당신의 눈앞에 특히 그의 시선이 당신의 눈과 마주치는 곳에 걸어두라. 그 시선에는 깊은 침묵이 직접적으로 느껴진다. 그는 거의 사진으로부터 튀어나온 듯한 느낌을 주면서 집착함이 없는 의식의 상태, 즉 명상에 들 수 있도록 당신을 인도할 것이다. 그때 당신은 자신의 마음을 파드마삼바바와 함께 조용히, 평화롭게 놓도록 하자.

〈나처럼 보라〉, 〈특별한 스승〉, 〈구루 린포체〉로 불리는 파드마삼바바는 티베트 불교의 창시자이며 우리 시대의 붓다이다. 8세기에 티베트의 삼예에서 만들어진 이 조각상을 보고 파드마삼바바는 〈나처럼 보라〉고 말했다. 그는 조각상을 축원하고 나서 〈이제부터 이 조각상은 나 자신이나 다름없다〉라고 선언했다.

만트라 암송하기

두 번째 명상법은 티베트 불교(또한 수피교, 정통 그리스도교, 힌두교)에서 많이 쓰이는 것으로, 마음을 만트라(眞言) 소리와 하나로 결합시키는 것이다. 만트라는 〈마음을 보호하는 것〉을 뜻한다. 마음이 부정적인 성향에 빠지지 않도록 보호하며, 당신을 자신의 마음으로부터 보호하는 것이 바로 만트라이다.

신경이 날카롭고, 마음이 종잡을 수 없고, 감정적으로 나약할 때 만트라를 읊조리거나 외우면, 당신의 에너지와 기운이 변화됨으로써 당신의 마음이 완전히 바뀔 것이다. 어떻게 이것이 가능한가? 만트라는 소리의 정수이며, 소리의 형태로 표출된 진리이기 때문이다. 만트라의 음절 하나하나는 영적인 힘을 내장하고 있으며, 영적인 진리를 함축하고 있고, 붓다의 말씀에 깃들인 축복으로 진동하고 있다. 또한 마음은 몸 안의 채널을 따라 움직이면서 몸을 순수하게 만드는 숨결의 미묘한 에너지, 프라나를 타고 있다고 한다. 따라서 만트라를 암송하게 되면 자신의 숨결과 에너지에 만트라의 에너지가 모여들어 당신의 마음과 몸에 직접적으로 작용하게 된다.

내가 제자들에게 가르치곤 하는 만트라는 〈옴 아 훔 바즈라 구루 파드마 싯디 훔〉(티베트 사람들은 이것을 〈옴 아 훔 벤자 구루 페마 싯디 훔〉이라고 읽는다)이다. 이것은 파드마삼바바의 진언이며, 모든 붓다와 스승, 깨달은 존재들의 진언이기도 하다. 따라서 이 진언에는 오늘날처럼 폭력과 혼란에 찬 세상에서 당신을 평화롭게 치유하며 변화시키고 보호할 수 있는 힘이 갖춰져 있다.[7] 깊이 주의를 기울여 진언을 조용하게 암송해 당신의 숨결, 진언, 그리고 당신의 의식이 서서히 하나가 되게 하자. 또는 영감을 불어넣는 방식으로 진언을 암송해 보자. 그리고 때때로 뒤따라오는 침묵 속에서 편히 휴식을 취하자.

나는 평생 동안 수행을 닦았지만 아직도 진언의 놀라운 힘에 놀라곤 한다. 몇 년 전에 나는 프랑스 리옹에서 워크숍을 지도했던 적이 있다. 300명 정도 모였는데, 대부분 주부들과 심리 치료사들이었다. 하루 종일 가르쳤지만 사람들은 계속 나를 따라다니면서 쉴새없이 이런저런 질문을 퍼부어댔다. 오후 시간이 다 지나갈 즈음 나는 완전히 지쳐버렸고, 모임 전체가 지루하고 무거운 분위기로 가라앉았다. 그래서 나는 지금 가르친 진언을 외우기 시작했고 그 효과에 놀라고 말았다. 얼마 지나지 않아서 나는 완전히 기운을 차렸고, 내 주위의 분위기도 바뀌었으며, 모든 청중들이 다시 밝고 명랑해진 것을 느낄 수 있었다. 나는 이러한 경험들을 그때 한번만이 아니라 계속해서 겪어왔다. 그래서 나는 그것이 단지 우연히 일어난 〈기적〉이 아니라는 것을 잘 알고 있다.

숨결을 〈지켜보기〉

세 번째 방법은 무척 오래된 것이고, 불교의 모든 학파에서 활용하는 것으로 가볍게 그리고 마음을 집중해서 숨결에 주의를 쏟는 것이다.

숨결은 우리의 삶의 가장 기초적이고 근본적인 생명의 표출이다. 히브리 어로 숨결을 〈루아 ruah〉라고 하는데, 피조물에 생명을 불어넣는 신의 영혼을 뜻한다. 기독교에도 성령과 숨결 사이에는 깊은 연결 고리가 있다. 성령 없이는 어떠한 것도 생명을 지닐 수 없다. 붓다는 산스크리트 어로 〈프라나〉라 불리는 숨결을 〈마음을 실어 나르는 수레〉라고 말했다. 우리 마음을 움직이게 하는 것이 바로 프라나이기 때문이다. 따라서 숨결을 능숙하게 조절하여 마음을 평온하게 유지하면, 마음은 자동적으로 길들여 다스릴 수 있게 된다. 힘든 일에 직면했을 때 혼자서 몇 분 동안 숨을 깊고 조용히 들이마셨다가 내쉬기만 해도 마음이 편안해졌던 경험이 있지 않은가? 그렇게 단순하게 호흡을 고르기만 해도 우리는 크게 도움을 받을 수 있다.

따라서 명상을 할 때 늘 해온 것처럼 자연스럽게 호흡한다. 의식을 가볍게 날숨에 초점을 맞춘다. 숨을 내쉴 때 날숨과 함께 흘러가 보자. 숨을 내쉴 때마다 집착을 내려놓아 풀려나게 한다. 당신의 숨결이 모든 곳에 넘쳐흐르는 광대한 진리 속으로 녹아들어 간다고 상상해 보자. 숨을 내쉴 때마다 다시 숨을 들이마시기 전에 모든 집착이 용해된 자연적인 빈틈이 있음을 당신은 발견할 것이다.

이 빈틈, 이 열린 공간에서 휴식을 취하자. 그리고 자연스럽게 숨을 들이쉬며 특별히 집중하지 않도록 하자. 열려 있는 빈틈 속에서 계속 쉬도록 하자.

수행을 닦을 때 정신적인 설명, 분석 또는 내면적인 관심거리에 걸려들지 않는 것이 중요하다. 마음속으로 〈지금 나는 숨을 들이쉬고 있다. 지금 나는 숨을 내쉬고 있다.〉라는 식으로 설명을 붙이는 실수를 하지 말자. 중요한 것은 순수한 현존이다.

호흡에 너무 마음을 쏟아도 안 된다. 스승들이 항상 충고하듯이 가장 중요한 점은 마음 수행에 조용히 집중할 때 어딘가에 고착되지 않아야 한다는 것이다. 바로 이런 이유에서 호흡에 25퍼센트만 집중하라고 하는 것이다. 언젠가는 당신도 알아차리겠지만 마음 수행을 통한 알아차림만으로는 충분하지 않다. 당신이 호흡을 지켜보는 동안, 겨우 1분 혹은 2분만 지나도, 마음속으로 축구 게임을 상상한다든가 다른 상상을 하게 될 것이다. 따라서 다른 25퍼센트는 의식을 계속 지켜보는데 할애해야 할 것이다. 당신이 여전히 호흡을 지켜보고 있는지 단속하고 체크하는데 25퍼센트를 활용한다. 나머지 50퍼센트는 광대한 진리 속에 편안히 유지한다.

숨결을 〈지켜보기〉보다 당신이 숨결과 하나가 되는 것처럼 자신을 서서히 숨쉬기와 일치시켜라. 천천히 숨결과 숨 쉬는 사람, 숨쉬기가 하나가 된다. 그러면 모든 이원적 대립과 분리가 사라진다. 숨쉬기에 집중하는 단순한 과정을 통해 자신의 생각과 감정이 서서히 걸러지는 것을 발견할 것이다. 그러면 마치 허물이라도 벗는 것처럼 무언가가 벗겨져 자유로워질 것이다.

세 가지 명상법, 하나로 결합하다

세 가지 명상법 각각은 그 자체로 완벽한 명상수행법이다. 하지만 오랫동안 명상을 가르친 경험에 비추어 볼 때, 효과를 한층 높이기 위해서는 다음 같은 방식으로 세 가지를 하나의 수행법으로 결합해야 한다는 사실을 발견했다. 첫째 대상에서 마음을 쉬게 하면 우리의 외부 환경을 변화시킬 수 있고, 형상과 육체의 레벨에서 작동할 수 있다. 둘째 진언을 암송하면, 소리, 감정, 그리고 에너지의 내면세계를 정화할 수 있다. 셋 째 호흡을 지켜보면, 마음과 프라나, "마음을 실어 나르는 수레"를 가라앉힐 수 있다. 따라서 세 가지 방법은, 우리 자신을 구성하고 있는 세 가지 측면, 즉 육체, 언어, 그리고 마음에 교대로 작용한다. 당신이 세 가지 명상법을 수행함에 따라, 하나의 방법이 다음으로 이끌어 당신은 한층 평온하고 보다 현존하게 될 것이다.

어떤 대상, 예를 들면 파드마삼바바의 사진에 시선을 맡긴다. 그의 얼굴을 바라본다. 파드마삼바바처럼 성스러운 인물을 보고 있으면 실제로 평온함이 전달된다. 축복내리는 그의 권능은 맑게 빛나고 있어서 단지 사진을 보기만 해도 당신 마음은 평온해질 것이다. 그의 사진은 명상 대상의 역할을 함과 동시에, 당신 주위 환경을 변모시킬 것이다. 더 중요한 점은 그 사진은 명상의 진행에 매우 조용한 방식으로 영감을 불러 넣을 것이다. 당신이 원한다면, 당신이 파드마삼바바의 얼굴을 응시함에 따라 모든 붓다의 축복과 현전을 청원하게 될 것이다.

그 때 진언을 암송해 그 소리가 마음의 에너지로 변모해 당신 감정을 정화시키게 해라. 진언을 소리 내어 암송하라. 가능한 한 영감 넘치게 감정을 불어 넣으면서 암송하면, 신경질적인 긴장을 내려놓게 될 것이다. 그리고 계속 이어지는 특별한 침묵에서 휴식을 취한다. 자연스럽게 당신 마음이 보다 평온해지고, 한층 집중력이 좋아지고, 보다 유연해지고, 한층 평화롭게 될 것이다. 내가 앞서 설명했듯이, 한결같이 당신은 진언을 부드럽게 혹은 침묵 속에서 암송할 수 있다.

때때로 우리 마음은 너무 흥분되고, 또 편안히 쉬지 못해 호흡에 곧바로 집중하지 못한다. 그러나 처음 두 가지 방법으로 잠시 수행해 당신이 호흡에 집중하게 될 경우, 당신 마음은 이미 어느 정도 길들여질 것이다. 이제 당신은 침묵 속에서 호흡을 지켜볼 수 있을 것이다. 이런 식으로 수행을 계속 해라. 시간이 흐르면 당신에게 매우 깊게 어필하는 수행법으로 돌아갈 것이다.

다른 수행법으로 옮아가기 전에, 당신이 원하는 수행법에 원하는 만큼 시간을 사용해라. 어떤 경우에는 앞에서 제시한 순서대로, 수행법을 결합시키는 것이 보다 유용할 것이다. 다른 경우에는 호흡을 지켜보거나 대상을 바라보거나 혹은 진언을 암송하는 식으로 한 가지 방법을 사용하는 것이 자기 마음을 집중하는데 효과적일 수 있다. 예를 들면 어떤 사람은 단지 호흡을 지켜본다고 해서 휴식을 취하게 된다거나 마음이 편해지지는 않는다. 호흡을 지켜보는 일을 거의 폐소공포증처럼 생각하는 사람도 있다. 이런 사람들은 대상 혹은 진언 암송이 보다 적합하다. 당신에게 가장 도움 되는 수행법을 선택하고, 자신에게 적합한 방식을 실천하는 게 중요하다. 새로운 수행법을 시도해보는 것도 좋을 것이다. 그러나 하나의 명상법에서 다른 명상법으로 점프하듯이 넘나들지는 말아라. 특정한 시기에 자신이 특별히 필요로 하는 수행법을 현명하게 선택해라. 이런 식으로 솜씨 있게 수행을 닦아야 한다.

명상중의 마음

그렇다면 명상중에 우리는 마음속으로 〈무엇을 해야 하는가?〉 아무것도 하지 않아야 한다. 단지 있는 그대로 내버려두어야 한다. 어떤 스승은 〈명상하는 마음은 마치 허공에 매달린 것처럼 어디에도 없다〉라고 말했다.

유명한 속담이 있다. 〈마음으로 무언가를 꾀하지 않는다면, 마음은 저절로 축복으로 충만해질 것이다. 마치 물이 흔들리지 않을 때, 본래대로 투명하게 맑은 것처럼.〉 나는 자주 명상하고 있는 마음을 흙탕물로 가득 찬 병에 비유한다. 우리가 그 물을 흔들거나 휘젓지 않고 그냥 내버려두면 둘수록 더러운 입자들이 바닥에 더 많이 가라앉게 되어서 물은 본래대로 맑게 빛날 것이다. 바로 이러한 마음의 본성 때문에, 당신이 마음을 단지 자연 상태 그대로 두기만 하면 축복과 명료함으로 충만한 자신의 참된 본성을 발견하게 될 것이다.

따라서 마음에 어떤 것을 짊어지거나 강요해서는 안 된다. 명상에 들면, 마음을 다스리기 위해 애쓸 필요도 없고 평온해지려고 노심초사할 필요도 없다. 지나치게 엄숙할 것도 없고 어떤 특별한 의식에 참여하고 있다고 느낄 것도 없다. 명상하고 있다는 생각조차 내려놓자. 자신의 몸을 있는 그대로 내버려두고, 숨쉬는 것도 자연스러운 흐름에 맡기자. 자기 자신이 전 우주를 끌어안은 하늘 같다고 생각해 보자.

고요한 마음 수행과 밝게 바라보기

'마음을 고요히 이끄는 수행'(불교의 止觀 수행법에서 지에 해당, 모든 번뇌를 멈추는 것)은 자기 마음을 명상의 대상, 예를 들면 호흡으로 되돌려 보내는 것이다. 만일 마음이 흩어졌을 경우, 당신이 이 사실을 기억하자마자, 마음을 다시 호흡으로 되돌리기만 하면 된다. 그밖에 아무것도 필요 없다. 심지어 "세상에 내 마음이 산만해졌구나." 이런 말도 또 다른 산만함일 따름이다. 끊임없이 마음을 호흡에 되돌리는, 마음 수행의 단순한 과정을 통해 점차 마음은 가라앉게 된다. 점점 마음은 마음 가운데 자리 잡는다.

'마음을 조용히 닦는 수행'이 완벽하게 되고, 당신이 호흡과 하나가 되고, 시간이 지나면, 수행의 초점이 해체되면서 당신 자신이 호흡 그 자체가 된다. 그리고 당신 자신은 지금 현재에서 편안히 쉬게 된다. 바로 이것이 '사마타' 혹은 '고요한 마음 수행'의 결과이자 목표인 '정곡 찌르기'이다. 바로 지금 고요한 마음 수행은 뛰어난 성취이기는 하지만, 아직 부족하다. 유리컵 속의 진흙을 예로 해서 말해보자. 만일 유리컵을 조용히 유지하면, 진흙은 가라앉아 물이 깨끗해질 것이다. 그러나 진흙은 여전히 유리컵 바닥에 깊이 가라앉아 있다. 어느 날 유리컵을 흔들면, 진흙은 다시 일어날 것이다.

마찬가지로 당신이 고요함을 계발하는 한 평온을 즐길 수 있겠지만, 당신 마음이 조금이라도 흔들릴 경우, 미혹이 다시 일어날 것이다.

'고요한 마음 수행'에 머물기만 해서는 깨달음이나 해탈에 도달할 수 없다. 순수한 현존은 아주 미묘한 대상이고, 순수한 현존에 머무는 마음 역시 미묘한 주체이다. 우리가 주관과 객관의 이원적 대립의 영역에 머물고 있는 한, 마음은 여전히 윤회라는 일상의 영역 내에 있는 것이다.

'고요한 마음 수행'을 통해, 마음은 평온하게 자리 잡아 안정감을 얻게 될 것이다. 카메라 초점이 잘 맞춰질수록 사진이 선명하게 나오듯이, '고요한 마음 수행'의 '정곡 찌르기'에 의해 마음은 한층 명료해진다. 미혹이 점점 제거되고 에고와 집착이 해소됨에 따라, '밝게 바라보기' 혹은 '통찰력'이 떠오르게 된다. 바로 이것이 산스크리트어로 '비파사나' (불교의 止觀 수행에서 관에 해당), 티베트어로 '학통'이다. 이 지점에 이르면, 우리는 더 이상 현재에 머물기 위한 닻을 필요로 하지 않는다. 당신 자신의 존재마저 뛰어넘어 무아의 지혜로 이르는 광대함으로 나아가게 된다. 이렇게 해서 미혹을 근절시켜 윤회로부터 벗어나게 된다.

이와 같이 '밝게 바라보기'가 점차 깊어짐에 따라, 실제의 내밀한 본성과 마음의 본성을 체험하게 된다. 왜냐하면 구름 (예를 들면 생각과 감정)이 흩어질 때, 하늘(우리의 참된 본성)이 드러나게 되고, 하늘에서 태양(우리의 불성)이 빛을 발하기 때문이다. 빛과 따사로움은 태양으로부터 발하듯이, 지혜와 자비는 마음의 내밀한 본성에서부터 나온다. 거짓 자기, 혹은 에고에 대한 집착이 소진되고, 자기가 할 수 있는 만큼 우리는 마음의 본성에서 쉬게 된다. 마음의 본성은 아주 자연스러운 상태로, 아무런 레퍼런스 혹은 개념, 희망, 두려움도 없다. 마음의 본성은 고요하지만, 확신으로 가득 차 있다. 이것이야말로 우리가 상상할 수 있는 웰빙의 가장 깊은 종류이다.

미묘한 균형

모든 예술과 마찬가지로 명상에도 휴식과 긴장의 미묘한 균형이 있어야 한다. 예전에 슈로나라고 하는 스님이 붓다의 매우 가까운 제자 하나와 명상을 공부하고 있었다. 그러나 그는 마음의 올바른 얼개를 발견하는 데 어려움을 겪고 있었다. 집중이 잘되지 않아서 그는 머리가 아플 지경이었다. 그래서 마음의 긴장을 풀어버리면 바로 잠에 곯아떨어지곤 했다. 결국 그는 붓다에게 도움을 청했다. 붓다는 슈로나가 스님이 되기 전에 유명한 음악가였음을 알고 그에게 물었다. 〈속인(俗人)이었을 때 그대는 비나 연주자가 아니었습니까!〉

슈로나가 고개를 끄덕였다.

〈언제 비나가 가장 좋은 소리를 낼 수 있습니까? 줄이 팽팽할 때입니까? 줄이 느슨할 때입니까?〉

〈둘 다 아닙니다. 적절하게 죄어 있을 때, 줄은 느슨하지도 않고 팽팽하지도 않습니다.〉

〈그렇습니다. 그대의 마음도 그와 마찬가지입니다.〉

티베트의 가장 위대한 여자 스승 가운데 하나, 마 칙 랍 된은 말했다. 〈긴장하라, 긴장하라. 그러나 긴장을 풀어라, 긴장을 풀어라. 이것이 바로 명상법의 요체이다.〉 긴장할 수 있는 만큼 긴장해야 하지만 동시에 긴장을 풀어야 한다. 마음의 긴장을 풀고서 긴장을 풀었다는 생각에 집착하지 않아야 한다.

생각과 감정

사람들은 명상하기 시작할 때, 갖가지 생각이 끓어올라 명상하기 전보다 더 거칠어졌다고 종종 말하곤 한다. 그러나 나는 그들의 기운을 돋궈주면서 그것은 정말 좋은 징조라고 이야기한다. 그것은 당신의 생각이 거칠어졌다기보다 당신이 이전보다 더 조용해진 것을 뜻하며, 이전에 당신이 품었던 생각들이 얼마나 시끄러운 것이었는지 마침내 의식하게 된 것이다. 낙심하거나 포기할 것은 없다. 무엇이 떠오르든지 그대로 내버려두고 온갖 혼돈의 와중에서조차 숨쉬기에 계속 전념한다.

명상에 관해 가르치는 고대의 방법에 따르면 〈처음에 일어난 생각은 마치 가파른 절벽에서 쉴새없이 떨어지는 폭포수처럼 다른 쪽의 끝에 이르게 된다〉고 한다. 서서히 명상에 숙달됨에 따라 생각은 깊고 좁은 골짜기를 흐르는 물 같다가, 이어서 바다를 향해 길을 열어가면서 굽이쳐 흐르는 거대한 강줄기 같고, 마침내 잔물결과 파도에 의해서만 수시로 흔들리는 잔잔하고 평온한 대양 같게 되리라.

명상중에는 아무 생각이나 감정도 없을 것이라고 사람들은 종종 생각한다. 그래서 생각이나 감정이 떠오르면 괴로워하다가 자기 자신에게 화를 내고 명상에 실패했다고 생각한다. 진리로부터 멀리 떨어진 것은 아무것도 없다. 이런 티베트 속담이 있다. 〈그것은 뼈 없는 고기와 잎사귀 없는 차를 요구하는 것처럼 터무니없는 주문이다.〉 당신에게 마음이 있는 한 생각과 감정도 있게 마련이다.

바다에 파도가 있고 태양에 빛이 있는 것처럼, 생각과 감정은 마음을 빛내는 것이다. 바다에는 파도가 있지만 바다는 파도에 특별히 방해받지 않는다. 파도란 바로 바다의 본성이다. 파도는 언제나 일어날 것이다. 그러나 파도가 어디로 가겠는가? 바다로 되돌아오게 마련이다. 또한 파도가 어디에서 왔겠는가? 바다에서 왔을 뿐이다. 그와 마찬가지로 생각과 감정도 바로 마음의 본성이 표출되고 표현된 것일 따름이다. 생각과 감정은 마음에서 일어난다. 생각과 감정이 어디로 돌아가겠는가? 마음으로 되돌아갈 수밖에 없다. 무엇이 떠오르든지 그것이 특별한 문제라고 생각하지 말자. 만약 당신이 충동적으로 반응하지 않고 꿋꿋이 참아내기만 한다면, 그것은 다시 그 본성으로 되돌아갈 것이다.

당신이 이것을 이해하게 되면, 어떤 생각이 떠오르든지 그것은 단지 당신의 수행 능력을 높이는 역할을 할 따름이다. 그러나 생각이 근본적으로 마음의 본성에서 자연스럽게 일어나는 것임을 이해하지 못한다면 생각은 혼돈의 씨앗이 될 뿐이다. 따라서 열린 태도로, 자신의 생각과 감정을 자비롭게 대하자. 그것들은 당신의 마음의 가족이기 때문이다. 뒤좀 린포체는 이렇게 말하곤 했다. 〈생각이 일어나거든 아이들의 놀이를 지켜보는 지혜로운 노인처럼 대하자.〉

우리는 때때로 우리들의 부정적인 성향과 골치 아픈 감정들을 어떻게 처리해야 할지 고민한다. 명상의 드넓음 속에서 당신은 아무 편견 없이 생각과 감정을 대할 수 있을 것이다. 당신의 태도가 변한다면 마음을 둘러싸고 있는 환경들도 바뀌고, 심지어 당신의 생각과 감정마저도 변할 것이다. 당신이 한층 기분좋게 그것들을 대하면, 생각이나 감정도 당신을 기분좋게 대할 것이다. 당신이 그것들을 힘겹게 여기지 않는다면 그것들도 당신을 힘겹게 여기지 않을 것이다.

 어떤 생각이나 감정이 떠오르든지 그것들이 바다의 파도처럼 자연스럽게 일어났다가 가라앉도록 내버려두자. 무슨 생각이 떠오르든지 아무 불평도 하지 말고 그것이 마음에 일어났다가 가라앉도록 내버려두자. 그것에 집착하지 말고, 그것을 먹여살리지도 말고, 그것에 빠져들지도 말자. 그것을 붙들지도 말고 응결시키지도 말자. 생각을 따라가지도 말고 끌어들이지도 말자. 마치 바다가 일어나자마자 쓰러지는 파도를 바라보는 것처럼, 하늘이 스쳐 지나가는 구름을 바라보는 것처럼 생각을 지켜보자.

 생각이란 바람과 같은 것임을 당신은 금방 깨달을 것이다. 생각이란 그저 왔다가 가는 것이다. 생각을 다스리는 비결은 생각에 대해 〈생각하지 않는 것〉이다. 생각이 마음을 통해서 흘러가도록 그대로 두는 것이다. 그러면 그 다음에 이어지는 생각으로부터 당신 마음은 자유롭게 되리라.

 일상의 마음에서 우리는 생각의 물줄기가 끊임없이 지속되는 것을 알고 있다. 그러나 실제로 결코 그렇지 않다. 당신은 각각의 생각들 사이에 빈틈이 있음을 스스로 발견할 것이다. 과거의 생각이 이미 지나갔을 때, 그리고 미래의 생각이 아직 떠오르지 않았을 때, 당신은 마음의 본성인 리그파가 드러나는 빈틈을 언제나 발견할 수 있을 것이다. 따라서 명상이란 생각을 서서히 밑으로 가라앉혀 그 빈틈을 점점 더 뚜렷하게 만드는 것이다.

 내 스승에게 아파 판트라는 학생이 있었다. 인도 출신의 뛰어난 외교관이자 작가인 그는 전세계 많은 나라의 수도에서 인도 대사로 근무했다. 그는 또 티베트의 라사에서 인도 정부의 대표를 역임했고 시킴에서도 한동안 대표로 일했다. 그는 또한 요가의 수행자였으며, 내 스승을 만날 때마다 늘 〈명상하는 법〉을 묻곤 했다. 그는 학생이 자신의 선생님께 한 가지 핵심적인 질문만 계속 반복해서 묻는 동양의 전통을 따랐다.

아파 판트는 나에게 이런 이야기를 해주었다. 어느 날 스승 잠양 켄체가 시킴의 수도인 강톡에 있는 사원 앞에서 〈라마의 춤〉을 지켜본 일이 있었다. 스승님께서는 춤추는 사이사이 가벼운 웃음거리를 제공하는 광대인 앗사라의 익살을 보고 웃고 있었다. 아파판트는 계속 반복해서 명상하는 방법에 대해 물어 스승을 시달리게 했다. 그래서 스승은 그에게 딱 잘라 말했다. 〈이봐요, 그것은 이렇습니다. 과거의 생각은 이미 지나가 버렸고 미래의 생각은 아직 떠오르지 않았다면, 빈틈이 있습니까?〉

〈있습니다.〉 아파 판트는 말했다.

〈그래요, 그 빈틈을 길게 늘여보세요. 그것이 바로 명상입니다.〉

수행 체험

수행을 계속하면 당신은 좋든 나쁘든 많은 경험을 하게 될 것이다. 많은 문과 창문이 달린 방에는 여러 방향으로부터 바람이 불어오는 것과 마찬가지로, 당신의 마음이 열려 있을 때 수많은 경험들이 몰려들어 오는 것은 자연스러운 일이다. 당신은 지극한 축복과 맑은 마음과 생각의 소멸을 경험할 수 있다. 하나의 측면에서만 보면 이러한 경험들은 좋은 것이고 명상이 나아지고 있다는 표시이기도 하다. 왜냐하면 당신이 지극한 축복을 경험하는 것은 욕망이 잠시 사라졌음을 뜻하고, 맑은 마음을 경험하는 것은 공격 성향이 잠시 멈추었음을 뜻하고, 생각의 소멸을 경험하는 것은 무지에서 잠시 벗어났음을 뜻하기 때문이다. 따라서 그 자체로 그것들은 대단히 유익한 경험이다. 그러나 당신이 그것들에 집착하면 그것들은 곧 장애물로 변할 것이다. 이런 체험은 그 자체로 깨달음이 아니다. 그러나 이런 체험에 집착하지 않는다면, 그것들은 깨달음의 디딤돌이 될 것이다.

부정적 경험들은 우리가 일반적으로 나쁜 징후로 받아들이는 까닭에 크게 오해받고 있다. 하지만 수행중에 나타나는 부정적 경험들은 사실 축복이 위장된 것이다. 평소에 당신이 그러한 것처럼 부정적 경험에 반감을 지니지 않도록 하자. 그것들이 실재한다고 생각지 말고 헛되고 꿈 같다고 생각하자. 경험이 뜻하는 것을 참으로 알아차린다면 당신은 경험 자체에 내포된 해로움이나 위험으로부터 벗어날 것이다. 그러면 부정적 경험들은 결과적으로 거룩한 축복과 성취의 원천이 될 것이다. 부정적 경험들을 이런 식으로 넘어서서 그것들을 깨달음을 위한 촉매로 승화시킨 스승들의 일화는 헤아릴 수 없을 정도로 많다.

진정한 수행자들에게 장애가 되는 것은 부정적 경험이 아니라 좋은 경험이라고 전통적으로 말하고 있다. 모든 것이 잘되어 갈 때 특히 주의하고 조심하라. 자기 만족에 빠지거나 지나치게 자신만만해서는 안 된다. 내가 아주 강렬한 경험을 하고 있을 때 뒤좀 린포체가 이렇게 말한 것이 떠오른다. 〈너무 흥분하지 말게나. 결국, 그것은 좋지도 나쁘지도 않을 걸세.〉 내가 그 경험에 집착하려 한다는 것을 이미 그는 알고 있었던 것이다. 다른 것들과 마찬가지로 그러한 집착조차 끊어버려야 한다. 명상이나 삶에서 우리가 배워야 하는 것은 좋은 경험에 대한 집착으로부터 벗어나는 것이며 나쁜 경험을 혐오하지 않는 것이다.

뒤좀 린포체는 또 다른 유혹에 빠지지 말도록 우리에게 경고한다. 〈다른 한편으로 명상 수행 도중에 마치 머리에 두건을 쓴 것처

마음을 고향으로 이끌기 147

럼 흐리멍텅하고 반쯤 넋이 나가 표류하는 상태에 빠질 수 있다. 꿈꾸는 듯한 멍청한 상태. 그것은 참으로 정신이 몽롱하고 넋이 빠져버린 침체 상태에 갇혀 있는 것이다. 어떻게 해야 그러한 상태에서 빠져나올 수 있을까? 빈틈없이 주의를 쏟고 등을 곧추세우고, 폐 속의 신선하지 못한 공기를 뱉어내고, 마음의 원기를 북돋우기 위해 청명한 공간으로 의식을 이끌어가자. 침체 상태에 머물러 있는 한 명상 수행에 진전은 없을 것이다. 이러한 답보 상태에 빠질 때마다 깨끗하게 몰아내도록 하자. 되도록 깨어 있고 당신이 할 수 있는 한 주의를 게을리하지 말자.〉

어떤 명상법을 이용하든지 당신이 빈틈없이 깨어 있고 광대하고 널리 퍼지는 평온한 상태에 자연스럽게 이르면, 그것을 내려놓거나 저절로 풀어지도록 내버려두자. 그리고 나서 어떤 특별한 방법도 사용하지 말고 마음이 흩어지지 않게 하고 조용히 계속 있어보자. 명상법은 이미 그 목적을 이룬 것이다. 그러나 마음이 흩어지거나 산만해지면 마음을 되찾기 위해 어떤 명상법이든 좀더 적합한 방식을 다시 활용해야 한다.

명상의 진정한 영광은 방법이 아니라 그 축복과 맑음과 평화 속에서, 그리고 무엇보다도 집착이 완전히 사라져버린 상태에서 살아 있는 현존 체험을 지속함에 있는 것이다. 점점 덜 집착하는 것은 당신이 좀더 자유로워졌다는 징표이다. 그리고 당신이 이런 자유를 좀더 체험하면 할수록, 자아와 자아를 계속 살아 있게 하는 희망과 공포가 사라지고 있다는 조짐이 한층 분명하면 할수록, 당신은 무한하게 풍요로운 〈무아(無我)를 깨닫는 지혜〉에 좀더 가까이 다가서고 있는 것이다. 그러한 지혜의 고향에서 살아갈 때, 당신은 더 이상 〈나〉와 〈너〉, 〈이것〉과 〈저것〉, 〈안쪽〉과 〈바깥쪽〉 사이의 벽을 발견할 수 없을 것이다. 당신은 마침내 자기의 진정한 고향, 차

별 없는 상태에 이를 것이다.[8]

잠시 쉬기

사람들은 종종 묻는다. 〈얼마나 오랫동안 명상해야 합니까? 언제 명상해야 합니까? 아침 저녁으로 20분씩 명상 수행을 하는 것이 나을까요, 아니면 틈 나는 대로 한 번씩 하루에 여러 번 수행하는 것이 나을까요?〉 그렇다, 꼭 20분으로 한정 지을 필요는 없지만 20분 정도 명상하는 것이 좋다. 나는 경전 어디에서도 20분 정도 명상하는 것이 좋다는 말을 본 적이 없다. 그것은 아마 서양에서 통용되는 말일 것이다. 나는 그것을 〈서양인의 표준 명상 시간〉이라 부른다. 문제는 얼마나 오랫동안 명상하느냐가 아니다. 수행을 통해 실제로 마음이 충만한 현존의 상태에 도달할 수 있느냐가 핵심이다. 그래야만 당신의 마음이 한층 열려 마음의 정수에 접할 수 있기 때문이다. 깨어 있는 상태로 앉아서 5분 수행하는 것이 졸면서 20분 수행보다 훨씬 더 가치 있다.

뒤좀 린포체는 초보자들은 짧은 시간 수행하라고 말하곤 했다. 4, 5분 정도 수행하고 1분 정도 쉰다. 쉬는 동안 명상법을 내려놓기는 하지만 주의마저 흩어지게 해서는 안 된다. 명상하기 위해 애쓰는 경우, 당신이 잠시 쉬는 그때 마음을 흐트러뜨리지 않고 있다면, 신기하게도 그 순간이 바로 명상을 실제로 시작하는 때가 될 수도 있다. 잠시 휴식을 취하는 것이 앉아서 명상을 닦는 것만큼이나 중요한 것도 바로 이러한 까닭에서다. 나는 수행에 문제가 있는 제자들에게 쉬는 동안 수행하고 명상할 때에 쉬라고 종종 말하곤 한다.

잠깐 동안 앉아서 30초나 1분 정도 아주 짧게 쉰다. 그렇지만 무엇을 하든지 주의를 집중하고, 당신의 현존재와 자연스러운 편안함을 놓쳐서는 안 된다. 그 다음에 정신을 바짝 차리고 다시 앉는다. 만약 당신이 이러한 과정을 수없이 반복한다면, 명상중에 쉬는 것이 명상을 한층 참되게 하고 훨씬 영감에 가득한 것으로 만듦을 알 것이다. 수행을 닦으면서 중간중간 휴식을 취함으로써 서툴고 지루한 엄격함, 엄숙함, 부자연스러움이 제거된다. 그러면 당신은 한층 집중할 수 있고 좀더 편안해질 수 있다. 휴식 취하기와 바른 자세로 앉기를 교대로 반복함으로써 서서히 명상과 일상 생활 사이에 놓인 장벽이 무너져내리고, 대립이 해소된다. 그래서 당신은 마음의 흩어짐 없이 자신의 자연스럽고 순수한 현존을 점점 분명하게 발견할 것이다. 뒤좀 린포체는 늘 이렇게 말하곤 했다. 〈명상 수행자가 명상을 마쳤을지라도, 명상을 떠나서는 안 된다.〉

행동과 명상을 일치시키기

오늘날의 영적인 수행자들은 명상 수행과 일상 생활을 통합하는 방법을 모르고 있다. 그러나 명상을 일상 생활과 일치시키는 것이야말로 명상의 근거, 핵심, 목적 전부이다. 현대적인 삶에 폭력, 스트레스, 적대감, 산만함이 만연되어 있으니까 행동과 명상을 일치시키는 것은 가장 긴급한 일이다.

어떤 사람들은 내게 불평을 늘어놓는다. 〈저는 12년 동안이나 명상을 해왔습니다. 그러나 저는 변하지 않았고 여전히 예전과 다름없습니다. 왜 그렇습니까?〉 그들의 영적 수행과 일상 생활 사이에 깊은 심연이 놓여 있기 때문이다. 그들은 두 개의 분리된 세계에서 살아가는 듯하고, 두 세계는 상호 영향을 주지 못하는 듯싶다. 티베트에서 내가 학교 다닐 때에 만났던 교사 한 사람의 이야기를 예로 들어보자. 그는 티베트어의 문법 규칙을 해설하는 데 뛰어난 재능이 있었다. 그러나 그는 놀랍게도 올바른 문장이라고는 단 한 줄도 쓰지 못했다.

그렇다면 명상의 고요한 즐거움과 드넓은 초연함을 어떻게 해야 일상 생활에 스며들게 할 수 있을까? 규칙적인 수행 이외에 어떤 대안도 없다. 지속적인 올바른 수행을 통해야만 우리 마음의 본성에서 우러나오는 평온함을 온전하게 맛볼 수 있고, 일상 생활에서도 명상 체험을 지속할 수 있기 때문이다.

나는 항상 제자들에게 너무 빨리 명상에서 빠져나오지 말라고 말한다. 명상 수행할 때 느끼는 평화로움을 자신의 삶에 스며들게 하기 위해 몇 분 정도의 시간을 할애해 보자. 뒤좀 린포체는 이렇게 말한다. 〈뛰어오르거나 달려나오지 말아라. 하지만 일상 생활에 유의해야 할 것이다. 머리뼈가 부서진 사람처럼 행동하라. 누군가가 자신을 손으로 만지는 것처럼 항상 조심해야 한다.〉

따라서 명상을 하지 않을 때에도 평소에 사물을 바라보는 방식을 고착화하려는 우리의 습성에 굴복하지 않는 것이 중요하다. 명상을 끝내고 일상 생활로 되돌아갈 때, 명상을 통해 얻은 지혜, 통찰, 자비, 유머, 유연함, 공평 무사함, 그리고 초연함이 나날의 일상 생활에 스며들도록 해야 한다. 명상을 통해서 우리는 모든 것이 덧없고 꿈 같은 것임을 알게 되고, 한없이 치열한 윤회의 바다에서조차도 그러한 의식을 잃지 않게 된다. 그래서 어떤 위대한 스승은 〈명상 수행 이후에는 환상에 빠진 어린아이처럼 되어야 한다〉고 말했다.

뒤좀 린포체는 말한다. 〈어떤 의미에서 모든 것은 꿈 같고 환상일 따름이다. 하지만 그렇다 할지라도 즐겁게 무언가를 계속 해나가라. 예를 들어 만약 당신이 불필요한 엄숙함이라든가 자의식 없이 걸어가고 있다면, 당신은 가벼운 발걸음으로 진리의 광활한 공간을 향해 나아가고 있는 것이다. 그러한 마음으로 앉을 때, 당신은 진리의 성채로 나아가고 있는 것이다. 그리고 당신이 무언가를 먹을 때, 부정적 성향과 망상은 공(空)의 뱃속에 들어가 광활한 공간 속에서 용해될 것이다. 그리고 그러한 마음으로 화장실에 갈 때, 온갖 몽롱함과 장애물은 깨끗하게 사라질 것이다.〉

따라서 정말로 중요한 것은 결가부좌의 자세로 수행하는 것이 아니라 명상 이후에도 그러한 마음 상태를 유지하는 것이다. 평온하고 중심이 잡힌 마음이 당신이 하는 모든 것에 깃들여야 한다. 다음은 내가 좋아하는 선문답이다. 한 제자가 스승에게 물었다.

〈스승님, 어떻게 해서 당신께서는 일상의 행위 속에 깨달음이 깃들이게 하십니까? 일상 생활 속에서 어떻게 수행하십니까?〉

스승이 답했다. 〈먹고 자는 일에 의해서.〉

〈그러나 스승님, 누구나 잠을 자고 누구나 밥을 먹습니다.〉

〈하지만 밥을 먹을 때 모든 사람이 먹는 것이 아니고, 잠을 잘 때 모든 사람이 자는 것은 아니다.〉

이 일화에서 유명한 선어(禪語)가 나왔다. 〈내가 밥을 먹을 때 나는 먹을 뿐이고, 잠을 잘 때 나는 잠만 잘 뿐이다.〉

밥을 먹을 때 먹고, 잠을 잘 때 잔다는 것은 자신의 행동 하나하나에 전적으로 몰입하는 것이며 그것을 막는 자아의 산만함이 전혀 없는 것을 뜻한다. 이것이 바로 명상과 일상 생활의 일치이다. 이러한 상태에 실제로 이르고 싶으면, 수행 닦는 것을 약 먹거나 치료받는 것처럼 어쩌다 한번씩 하지 말고 매일 끼니 때마다 음식을 먹는 것처럼 해야 한다. 이런 까닭에서 도시 생활의 중압감으로부터 멀리 벗어나 한적한 장소에서 수행을 닦는 것은 명상과 일상생활을 통합하는 힘을 기르는 가장 좋은 방법 가운데 하나이다.

영감

　명상이란 깨달음으로 올라가는 길이며 우리가 지금 이 삶에서 가장 힘써야 할 것이라고 나는 말하곤 한다. 제자들에게 명상에 대해 말할 때마다, 나는 언제나 단호한 훈련과 집중적인 헌신으로 수행에 임하는 것이 필수적이라고 강조한다. 이와 동시에 가능한 한 영감에 가득 차고 창조적이면서도 윤택한 방식으로 수행하는 것이 얼마나 중요한지 나는 제자들에게 항상 말한다. 어떤 의미에서 명상이란 예술이다. 그렇다면 우리는 예술가들처럼 창조의 기쁨과 풍부한 상상력을 지켜야 한다.
　당신이 세상에 대해 신경 쓰고 경쟁에 열중하는 만큼 평온한 마음의 상태에 들어가기 위해 자기 자신에 영감을 불러일으키는 다양한 방편을 갖춰야 한다. 기쁨으로 충만하게 명상에 접근하는 방식은 많이 있다. 자신을 아주 감동시키고 당신의 마음과 가슴을 열어주는 음악도 있을 것이다. 오랫동안 감동을 주었던 시나 가르침 가운데 한 구절을 모아 자신의 영혼을 고양시키기 위해 늘 곁에 두고 읽을 수도 있다. 나는 티베트의 탱화들을 사랑해서 그 아름다움을 감상하면서 영감을 받아왔다. 당신도 성스러움을 불러일으키는 복제화들을 찾아 자신의 방에 걸어둘 수 있을 것이다. 위대한 스승의 가르침이 녹음된 테이프나 염불이 녹음된 테이프를 들을 수도 있을 것이다. 또 꽃 한 송이, 향 한 자루, 촛불 하나, 깨달은 스승의 사진이나 신 또는 붓다의 조각상을 찍은 사진으로 장식된 조촐한 당신만의 천국에서 명상할 수 있다. 또 평범한 방 한 칸을 신성한 공간으로 바꾸어 오래된 친구와 더불어 기쁨과 행복 넘치는 인사를 나누는 것처럼, 매일 자신의 진정한 자아와 마주치는 성소(聖所)로 바꿀 수 있다. 만약 도시에 자리잡은 공간에서는 쉽게 명상에 들지 못한다고 느낀다면 궁리를 해서 자연 속으로 들어갈 수도 있을 것이다. 자연은 우리에게 언제나 끊임없는 영감을 불어넣어 준다. 당신의 마음을 평안하게 하려면, 새벽에 공원을 산책하거나 뜰에서 장미꽃 위에 맺힌 이슬 한 방울을 들여다보자. 땅에 누워 하늘을 보면서 마음이 크고 넓은 그 속으로 퍼져나가게 하자. 마음 밖에 있는 하늘이 마음속 하늘을 일깨우게 하자. 개울가에 서서 마음을 그 흐름에 참여시켜 보자. 끝없이 흘러내리는 물소리와 하나가 되어보자. 폭포 옆에 앉아 폭포의 웃음소리로 마음을 정화시켜 보자. 바닷가를 걸으면서 바닷바람이 얼굴 가득 신선하게 부딪치는 것을 느껴보자. 마음을 균형 잡기 위해서 달빛의 아름다움을 찬양해 보자. 호숫가나 뜰에 앉아 조용히 숨쉬면서 마치 달이 구름 한점 없는 하늘을 위엄 있게 천천히 가로질러 가는 것처럼, 침묵 속에 빠져들어 보자.

어떤 것이든 명상으로 이끄는 초대장으로 이용할 수 있다. 지하철에서 본 어떤 사람의 얼굴에 떠오른 미소, 시멘트 포장 도로 틈 사이로 자라는 작은 꽃 한 송이, 상점의 창 위로 드리워진 짙은 색 커튼 한 자락, 창턱에 놓인 화분에 떨어진 햇빛 한줄기……, 아름다움이라든가 우아함이 깃들인 온갖 것에 주의를 기울이자. 일상에서 마주치는 모든 것에 기쁨을 느끼고, 순간순간 깨어 있으면 〈침묵으로부터 늘 솟아나는 새 소식〉[9]이 당신에게 도달할 것이다.

이제 당신의 모든 숨결과 움직임을 고양시키고, 기운을 북돋우고, 밝게 비추고, 영감을 불어넣는 신비의 약을 늘 곁에 둔다면 당신은 서서히 축복의 주인이자 기쁨의 연금술사가 될 것이다. 위대한 영적인 수행자란 무엇인가? 자신의 진정한 자아의 현전을 항상 느끼면서 살아가는 사람, 심오한 영감의 원천을 지속적으로 발견해 활용하는 사람이다. 영국의 현대 작가 루이스 톰슨Lewis Thompson은 이렇게 말했다. 〈최고의 시인인 예수 그리스도는 너무나 열정적으로 진리와 함께 살았다. 그래서 순수한 행동인 동시에 완벽한 상징이기도 했던 그의 몸짓 하나하나는 초월적인 진리를 체현하고 있었다.〉[10]

그렇게 초월적인 진리를 온몸으로 체화하는 것이 바로 우리가 여기에 존재하는 이유이기도 하다.

* * *

1) 틱낫한Thich Nhat Hanh, 『오래된 길, 흰 구름 Old Path, White Clouds』 (Berkeley, CA: Parallax Press, 1991년), 121쪽.
2) 고대 사람들을 위협하던 사나운 야생 동물은 오늘날 다른 위험으로 대체되었다. 예를 들어 우리의 거칠고 제어되지 않은 감정.
3) 매리언 매틱스Marion L. Matics, 『깨달음의 길에 들어가다: 불교 시인 샨티데바의 보디차리아바타라 Entering the Path of Enlightenment: The Bodhicaryavavara of the Buddist Poet Shantideva』(London: George, Allen and Unwin, 1971), 162쪽.
4) 이렇듯 마음의 깊은 본성과의 대면은 마하무드라와 족첸 같은 한층 고급의 명상 수행으로 이어진다. 나는 미래에 명상의 길이 사마타와 위파사나로부터 족첸으로 발전해 나가는 정확한 전개 과정을 한층 깊이 있게 탐구한 책이 간행되기를 희망한다.
5) 미래의 붓다인, 미륵은 사실 의자에 앉아 있는 모습으로 묘사되어 있다.

6) 당신이 지금 이 수행법을 따르지 않을 수도 있지만, 언젠가 당신이 그것을 수행할 적에 상서로운 환경이 조성될 수 있도록 눈을 계속 크게 뜨고 있어야 한다. 10장 「가장 내밀한 정수」 참조.
7) 〈부록4〉에 이 진언에 대한 설명이 있다.
8) 여기서 수행에 대해 최대한도로 설명하기는 했지만 명상은 책을 통해 배울 수 있는 게 아니라 자격 있는 스승의 인도 아래서만 배울 수 있음을 마음 깊이 명심해야 한다.
9) 라이너 마리아 릴케 Reiner Maria Rilke, 『두이노의 비가(悲歌) *Duino Elegies*』.
10) 루이스 톰슨 Lewis Thompson, 『빛에 비추다 *Mirror to the Light*』.

6

진화, 카르마 그리고 환생

　깨달음을 얻은 바로 그날 밤에 붓다는 깨달음의 일곱 단계를 겪었다고 전한다. 처음에 그 마음이 〈가라앉고 정화되고 완전무결하고 미혹되지 않고 부드럽고 뜻대로 움직여지고 확고하고 흔들리지 않았기에〉 붓다는 자신의 전생을 회상하게 되었다. 그때 겪은 경험에 대해 붓다는 이렇게 말한다.

　내가 거쳐온 많고도 많은 전생을 기억한다. 나는 수많은 세계와 수많은 시대에 한 번, 두 번, 세 번, 네 번, 다섯 번…… 오십 번, 백 번……, 십만 번 다시 태어났다. 나는 헤아릴 수 없이 많은 전생을 모두 알고 있다. 내가 어디서 태어났으며, 내 이름은 무엇이었으며, 어떤 가문에 속했으며, 무엇을 행했는지 알고 있다. 나는 각각의 삶 속에서 행운과 불행을 겪었으며, 각각의 삶 속에서 죽음을 겪었고, 그때마다 또다시 태어났다. 이런 식으로 나는 수많은 전생의 모습을 각각의 특징과 생활 환경과 함께 회상할 수 있었다. 그날 밤 내가 첫번째로 얻은 것이 이런 앎이었다.[1]

유사 이래로 환생과 죽음 이후의 삶에 대한 굳은 확신은 거의 모든 세계 종교의 중심에 자리를 잡아왔다. 환생에 대한 믿음은 초기 기독교 신자들 사이에도 존재했으며, 중세에 이르기까지 다양한 형태로 주장되어 왔다.

2세기에 영향력 있었던 기독교 신학자들, 특히 이집트의 알렉산드리아에서 연구하고 가르쳤던 신학자들은 윤회 혹은 '영혼이 태어나기 이전 상태'를 믿었다고 전해진다. 기독교는 이후에 결국 환생에 대한 믿음을 배척하게 되었지만, 그러한 믿음의 흔적은 르네상스 시대의 사유에서, 셸리나 블레이크와 같은 주요 낭만주의 시인들의 시에서, 심지어 그럴 것 같지 않은 발자크 같은 소설가들의 작품에서도 발견된다.

19세기 말 동양 종교에 대한 관심이 급증한 이래 수많은 서양인들이 힌두교나 불교의 환생에 관한 지식을 수용하게 되었다. 그 가운데 한 사람, 미국의 실업가이자 박애주의자 헨리 포드 Henry Ford는 이렇게 말했다.

> 스물여섯 살 때 나는 환생을 받아들였다. 종교를 통해 그렇게 된 것은 아니었다. 기업 경영도 내게 완전한 만족감을 주지 못했다. 우리가 지금의 삶에서 집적한 체험을 다음의 생에서 활용할 수 없다면 어떤 일이든 부질없을 뿐이다. 내가 환생을 발견했을 때……, 시간은 무한히 확장되었다. 나는 더 이상 시계 바늘의 노예가 아니었다. ……나는 삶에 대한 좀더 기나긴 안목이 우리에게 가져다주는 평안함에 대해 다른 사람들과 이야기하고 싶었다.[2]

1982년 한 여론 조사에 따르면 미국인 네 사람 중 한 명은 환생을 믿는다.[3] 유물론과 과학이 일상의 거의 모든 부문을 지배하고 있는 것을 고려할 때, 이러한 조사 결과는 얼마나 놀라운가.

그러나 대부분의 사람들은 아직도 죽음 이후의 삶에 대해 거의 아무런 생각이 없으며 그런 것이 있으리라고는 꿈도 꾸지 못하고 있다. 증거 없는 것은 믿을 수 없다고 사람들은 내게 계속해서 말한다. 그러나 삶 이후의 삶이 존재하지 않는다는 것 또한 증거가 없지 않은가? 볼테르는 이렇게 말했다. 〈결국 내가 두 번 태어났다고 해서 내가 한 번 태어났다는 것보다 놀랄 일은 못 된다.〉

나는 가끔씩 물어본다. 〈우리가 이전에도 살았던 적이 있었다면, 왜 우리는 그것을 기억하지 못하는가?〉 우리가 전생의 삶을 기억할 수 없다는 것이 어째서 우리가 이전에 결코 살았던 적이 없음을 뜻해야 하는가? 어린 시절의 경험, 또는 어제 있었던 일, 심지어 한 시간 전에 생각한 것조차도 그것이 일어나는 순간에는 생생하지만, 그에 대한 기억은 마치 일어난 적이 없었던 것처럼 거의 완전히 사라져버리는 법이다. 만약 우리가 지난 월요일에 무엇을 하고 무엇을 생각했는지도 기억할 수 없다면, 어찌 전생에 있었던 일을 기억하는 것이 쉽고 통상적인 일이겠는가?

때때로 나는 이런 질문으로 사람들을 난처하게 만든다. 〈죽음 이후의 삶이 없다고 확신시켜 주는 것이 도대체 무엇입니까? 당신은 무슨 증거를 가지고 있습니까? 죽음 이후의 삶을 부인하다가 죽은 후에, 지금의 삶 이후에 또 다른 삶이 있다는 것을 알게 된다면 그때 당신은 어떻게 하겠습니까? 저런 확신은 죽음 이후의 삶의 가능성을 더 이해할 수 없는 것으로 만드는 게 아닐까요? 당신이 '구체적 증거'라고 하는 것이 없을 때조차도 최소한 죽음 이후의 삶에 대해 열린 태도를 갖는 것이 바람직하지 않을까요? 죽음 이후의 삶에 대한 구체적 증거란 도대체 어떤 것이어야 합니까?〉

그리고 나서 나는 사람들이 자신에게 이렇게 물어보기를 권한다. 세계의 주요 종교들이 죽음 이후의 삶에 대해 어째서 믿는다고 당신은 생각하는가? 아시아의 가장 위대한 철학자들, 현인들, 창조적인 천재들을 포함해서 수억 명의 사람들이 이러한 믿음을 어째서 삶의 가장 본질적인 부분이라고 여겼다고 생각하는가? 그들은 모두 단지 착각한 것일까?

이 즈음해서 구체적 증거에 다시 초점을 맞춰보자. 예를 들어 당신이 티베트에 대해 전혀 들은 것이 없다고 해서 또는 티베트에 한 번도 가본 적이 없다고 해서, 티베트가 존재하지 않음을 뜻하지는 않는다. 아메리카라는 거대한 대륙이 〈발견되기〉 이전에 유럽의 어느 누가 이 대륙이 있다고 생각했겠는가? 심지어 발견된 후에도 사람들은 발견했다는 그 사실을 놓고 논쟁을 벌이곤 했다. 우리가 환생의 가능성을 받아들이지 못하게 하고, 심지어 진지하게 생각조차 못하게 하는 것은 바로 극도로 편협한 인생관 때문이라고 나는 생각한다.

다행히도 이것이 이야기의 끝은 아니다. 예를 들어 명상과 같은 영적인 수행을 닦는 우리 같은 사람들은 자기 마음속에서 이전에는 전혀 알지 못했던 것들을 수없이 많이 발견하고 있다. 우리가 비상하고 광대하며 예상치 못했던 마음의 본성에 더 많이 열려 있을수록, 완전히 다른 차원을 더 많이 일별할 수 있기 때문이다. 그렇게 일별함으로써 자아와 실재에 대해 우리가 생각하는 모든 가정들이 서서히 해체되기 시작하고, 지금 이 삶과는 다른 삶의 가능성이 있음직한 것으로 드러나게 된다. 그리고 위대한 스승들이 삶과 죽음에 대해, 또 죽음 이후의 삶에 대해 말해 왔던 모든 것이 사실임을 우리는 이해하기 시작한다.

환생을 시사해 주는 몇 가지 증거

지금까지 전생의 삶을 기억할 수 있다고 주장하는 사람들을 다룬 현대 문학 작품이 많이 있다. 만약 당신이 환생에 대해 진지하게 심사숙고하고자 한다면 열린 마음으로, 가능한 한 최대한도의 식별력을 가지고 이 작품들을 탐구했으면 한다.

지금 당장 말해 줄 수 있는 수많은 이야기 중에서 특히 나를 매혹시킨 이야기가 있다. 그것은 아서 플라워듀라고 하는 영국 노폴크 출신의 나이 지긋한 한 남자의 이야기다. 그는 무슨 까닭에서인지 모르지만 열두 살 때부터 사막에 둘러싸인 거대한 도시처럼 보이는 영상을 마음속에 생생하게 떠올리곤 했다. 그에게 자주 떠오르는 이미지 가운데 하나는 절벽을 깎아 만든 사원이었다. 이처럼 낯선 이미지는 그가 특히 집 근처의 해변가에서 분홍색과 오렌지색이 뒤섞인 조약돌을 쥐고 놀고 있을 때 자주 나타났다. 나이를 먹어감에 따라 그의 마음속에 떠오르는 도시의 이미지는 한층 구체화되어 더 많은 건물과 거리의 배치, 병사, 그리고 좁은 협곡을 통해 그 도시로 들어가는 진입로까지 떠올릴 수 있게 되었다.

훨씬 뒤에 아서 플라워듀는 정말로 우연히, 요르단의 고대 도시인 페트라에 대한 텔레비전 다큐멘터리를 보게 되었다. 첫눈에 그는 그곳이 몇 년 동안 자신이 마음속에 떠올리던 도시임을 알아보고 깜짝 놀랐다. 그는 페트라에 대해서는 책 한 권조차 본 적이 없었다. 그러나 그는 마음속 이미지를 통해 페트라를 너무나 잘 알고 있었다. BBC 텔레비전에 출연한 후 그는 요르단 정부의 주목을 받았다. 요르단은 고대 도시, 페트라를 직접 본 그의 반응을 찍기 위해 BBC 텔레비전 프로듀서와 함께 그를 초청했다. 그는 이전에 프랑스의 해변 지방을 짧은 기간 방문한 것말고 외국에 간 적이 없었다.

탐험을 떠나기 전에 아서 플라워듀는 페트라에 대한 책의 저자이자 그곳에 대한 세계적인 권위자를 소개받았다. 그가 아서 플라워듀에게 자세히 질문을 던졌지만, 오히려 페트라에 대한 그의 구체적인 지식에 놀랐다. 왜냐하면 그가 말한 것 중 몇 가지는 그 지역의 고고학 전문가들만이 알고 있는 것이었기 때문이다. BBC는 아서 플라워듀가 페트라를 방문하기 전에 진술한 것을 녹화해서 실제로 요르단에서 본 것과 비교했다. 플라워듀는 마음속에 떠올랐던 페트라에 대한 이미지들 가운데 세 곳을 골랐다. 도시 외곽에 있는 이상하게 생긴 화산 모양의 바위, 기원전 1세기경에 자신이 살해당한 곳이라고 생각되는 작은 사원, 그리고 고고학자들에게 잘 알려져 있기는 했지만 어떤 기능을 하는지 알 수 없었던 도시 안의 이상한 구조물. 페트라 전문가는 그 이상한 바위를 떠올릴 수 없었고, 그것이 거기에 있는지조차 의심했다. 또 그는 아서 플라워듀에게 페트라의 사원이 자리잡은 지역을 찍은 사진 한 장을 보여주었는데, 그가 그 위치를 거의 정확하게 지적해 내어 깜짝 놀랐다. 곧 이어 플라워듀는 나직하게 그 이상한 구조물의 용도에 대해 그가 2000년 전에 병사로 복무했을 때 사용했던 건물이었다고 말했다. 고고학자들은 지금까지 건물의 용도를 전혀 모르고 있었다.

플라워듀의 예견 중 상당히 많은 내용이 정확했던 것으로 판명되었다. 탐험대가 페트라 가까이에 이르렀을 때, 아서 플라워듀는 그 신비한 바위를 가리켰다. 그리고 도시에 도착하자 그는 지도 한 번 쳐다보지 않고 곧바로 친위대 건물로 들어가 친위대들이 사용했던 특별한 출입 신호를 설명했다. 마지막으로 그는 기원전 1세기경에 자신이 적의 창에 찔려죽었다고 말했던 지점으로 갔다. 그는 또한 그 지점에서 아직 발굴되지 않은 다른 구조물들의 위치와 목적에 대해 설명했다.

아서 플라워듀와 동행했던 페트라 전문가이자 고고학자는 지극히 평범한 영국인이 지닌 신비스러운 지식을 이해할 수 없었다. 그는 이렇게 말했다.

그는 페트라를 아주 세부까지 알고 있었다. 그 가운데 대부분은 이미 알려진 고고학적, 역사적 사실들과 일치했다. 그가 기억하는 만큼, 적어도 그가 우리에게 말한 만큼 거짓말을 지어내려면 그의 마음과는 완전히 다른 마음이 요구된다. 나는 그가 사기꾼이라고 생각하지 않는다. 그가 이 정도로 사기칠 수 있을 만큼 능력을 가진 사람이라고 나는 결코 생각하지 않는다.[4]

환생 이외에 어떤 것으로 아서 플라워듀가 그렇게 미리 많은 것을 알고 있었다는 것을 설명할 수 있을까? 그가 페트라에 대한 책을 읽었거나 텔레파시로 알게 되었다고 당신은 말할 수도 있다. 그러나 그가 제공했던 정보 중 어떤 것은 심지어 전문가조차도 알 수 없는 것이었다.

이번에는 자연스럽게 전생의 삶을 세부까지 기억해 내는 놀라운 아이들 얘기를 들어보자. 버지니아 대학의 이안 스티븐슨Ian Stevenson 박사는 이런 사례들을 많이 수집했다.[5] 또한 달라이 라마는 한 아이의 자기 전생에 대한 놀라운 기억에 주목했다. 달라이 라마는 그 여자아이를 만나 이야기를 듣고 확인하기 위해 대리인을 보냈다.[6] 그 아이의 이름은 카마르지트 코우워였다. 그녀는 인도 펀잡 지방의 시크교도 집안에서 학교 선생의 딸로 태어났다. 어느 날 아버지와 함께 시골의 한 장터에 갔을 때, 그녀는 아버지에게 갑자기 거기서 좀 떨어져 있는 다른 마을로 데려다 달라고 말했다. 아버지는 깜짝 놀라 왜 그러느냐고 물었다. 그녀는 말했다. 〈여기는 저와 아무 관계도 없어요. 이곳은 저의 집이 아니에요. 제발 저를 그 마을로 데려다 주세요. 버스가 갑자기 우리를 치었을 때 제 친구와 저는 자전거를 타고 있었어요. 제 친구는 그 자리에서 죽었고, 저는 머리와 귀와 코를 다쳤어요. 저는 사고 지점에서 떨어진 근처 재판소 앞의 벤치에 누워 있었죠. 그리고 바로 마을 병원으로 실려갔어요. 상처에서 피가 너무 많이 흘러나와 부모님과 친척들이 그리로 데려간 거죠. 그러나 시골 병원에서는 저를 제대로 치료할 수 없었기 때문에 그들은 저를 암발라로 데려가기로 했죠. 의사들이 저를 치료할 수 없다고 했을 때, 저는 친척들에게 집으로 데려가 달라고 했어요.〉 그녀의 아버지는 이 말에 충격을 받았다. 그는 어린애의 일시적 충동일 뿐이라고 생각했지만 그녀가 계속해서 고집을 부리자 그 마을로 그녀를 데려갔다.

그들은 함께 약속했던 그 마을에 갔다. 그녀는 마을 근처에 이르자마자 이미 그것을 알아차렸다. 그녀는 버스가 그녀를 치었던 곳을 손가락으로 가리키고 그녀가 운전사에게 이름과 주소를 말했던 건초 더미가 있는 곳으로 데려가 달라고 말했다. 그녀는 자기가 살았다고 주장하는 집 근처에 이르러 그 건초 더미 앞에 멈춰섰다. 여자아이와 당황한 아버지는 그녀가 이전에 살았다고 하는 집으로 갔다. 그녀의 말을 여전히 믿을 수가 없었던 그녀의 아버지는 이웃 사람들에게 카마르지트 코우워가 말한 대로 버스에 치어 딸을 잃어버린 가족이 있는가 물어보았다. 그들은 그 이야기가 사실이라고 말하고, 그 집의 딸 리슈마가 병원에서 집으로 오던 중 차 안에서 죽었을 때 열여섯 살이었다고 말했다.

카마르지트의 아버지는 너무나 놀라서 그녀에게 집에 돌아가자고 말했다. 그러나 그녀는 곧장 그 집으로 들어가 그녀의 학창 시절 모습을 담은 앨범을 달라고 해서 그것을 기쁨에 가득 찬 눈으로 들여다보았다. 리슈마의 할아버지와 삼촌들이 도착했을 때, 그녀는 즉시 그들을 알아보고서 정확히 그들의 이름을 말했다. 카마르지트는 그녀의 아버지에게 자기 방을 가리켜보이고 그 밖에 다른 방들도 보여주었다. 그 다음에 그녀는 자기의 교과서들과 두 개의 은팔찌, 두 개의 머리띠, 그리고 새로 지은 적갈색 정장을 달라고 했다. 리슈마의 작은어머니는 그것들이 모두 리슈마의 것이라고 말했다. 그리고 나서 카마르지트는 리슈마의 작은아버지 집으로 가서 그 집에 있는 물품들을 자세히 설명했다. 그 다음날 그녀는 전생의 친척들을 모두 만났다. 집으로 돌아가는 버스를 탈 시간이 되었을 때, 카마르지트는 집에 가지 않고 거기서 살겠다고 말했다. 그러나 결국 카마르지트의 아버지는 그녀를 설득해 함께 집으로 갔다.

 가족들은 모두 함께 그때까지 있었던 이야기들을 짜맞추기 시작했다. 카마르지트는 리슈마가 죽은 지 열 달 만에 태어났다. 어린 여자아이는 아직 학교에도 들어가기 전이건만 때때로 책을 읽는 흉내를 냈다. 그녀는 리슈마의 학교 사진첩에 있는 친구들 이름을 전부 기억할 수 있었다. 또한 카마르지트는 늘 적갈색 옷을 사달라고 졸랐다. 그녀의 부모들은 리슈마가 정말로 적갈색 정장을 가지고 있었고, 그것을 자랑스러워했지만 결코 입어보지 못했다는 것을 알았다. 카마르지트가 전생에서 마지막으로 기억하는 것은 병원에서 집으로 가던 길을 비추던 자동차 불빛이었다. 그러나 그것은 그녀가 죽은 이후의 일이었음에 틀림없다.

 사람들이 이것을 믿지 못하겠다고 생각할 수도 있다. 아마 무언가 이유가 있어서 이 여자아이의 가족이 그녀에게 리슈마의 화신이라고 말하라고 시켰다고 당신은 말할 수도 있다. 리슈마의 집안은 부유했다. 그러나 카마르지트의 집안도 그렇게 가난하지는 않았고 마을의 다른 사람들보다 좋은 안마당과 정원을 갖춘 집에서 살고 있었다. 이 이야기에서 흥미를 돋구는 것은 카마르지트의 가족이 이런 일이 일어난 것을 불편하게 여겼고 〈이웃 사람들이 어떻게 생각할지〉 걱정했다는 점이다. 그러나 리슈마의 가족은 자신들의 종교인 시크교에 대해 많이 알지 못했고 심지어 환생을 시크교도가 받아들이고 있는지 그렇지 않은지도 잘 몰랐지만, 그들이 카마르지트가 바로 리슈마라는 것을 확신했다는 점을 나는 분명하게 말할 수 있다.

죽음 이후에 삶이 있을 가능성에 대해 진지하게 연구하기를 원하는 사람에게 나는 임사 체험자의 매우 감동적인 증언을 살펴보라고 권하고 싶다. 임사 체험을 겪고도 살아남은 놀랄 만큼 많은 사람들은 죽음 이후에도 삶이 계속된다는 확신을 지니고 있다. 임사 체험자 가운데 대부분의 사람들이 이전에 종교적 믿음이라든가 어떤 영적인 경험이 전혀 없었던 사람들이다.

이제, 나는 죽음 이후의 삶이 있다는 것을 전혀 의심하지 않는다. 나는 이제 죽는 게 두렵지 않다. 나는 결코 두렵지 않다. 내가 아는 많은 사람들은 죽음을 두려워하고 죽을까 봐 겁을 먹는다. 사람들이 죽음 이후의 삶이 있을까 의심하거나 〈죽어버리면 모든 게 끝이야〉라고 말할 때마다 나는 속으로 미소 짓곤 한다. 그리고 마음속으로 생각한다. 〈사람들은 정말 아무것도 모르고 있구나.〉[7]

그 당시 일어났던 것은 전에 내가 전혀 겪어보지 못했던 아주 이상한 경험이었다. 그 체험을 통해 나는 죽음 이후에도 삶이 있다는 사실을 알게 되었다.[8]

나는 죽음 이후에도 삶이 있다는 것을 알았다! 어떤 사람도 나의 이런 확신을 뒤흔들 수 없다. 나는 그것을 전혀 의심하지 않는다. 그곳은 평화로웠고 두렵지 않았다. 내가 경험한 그 세계 너머에 무엇이 있는지 나는 알 수 없다. 그러나 그 세계만 하더라도 내게 너무 많은 것을 보여주었다.(중략)

모든 사람들이 이 세계에 대해 한두 번쯤 곰곰이 생각해 본 적이 있을 것이다. 나는 이 체험을 통해 답을 얻었다. 그렇다, 죽음 이후의 삶은 존재한다! 게다가 그곳은 우리가 상상할 수 있는 것보다 훨씬 아름답다. 당신이 그곳을 알기만 하면 그곳에 비견될 수 있는 곳이 아무 데도 없음을 알게 된다. 당신도 반드시 알아야 한다![9]

또 이 방면으로 연구를 시작하면, 임사 체험자들이 그 후에 환생을 받아들이는 쪽으로 마음을 바꾸는 경향이 있음을 알게 된다.

그렇다면 어린 신동들이 보여주는 음악이나 수학에 대한 놀라운 재능은 전생의 삶에서부터 계발시켜 온 것이라고 할 수는 없을까? 다섯 살에 미뉴에트를 작곡했으며, 여덟 살에는 이미 소나타를 출판한 모차르트를 생각해 보라.[10]

당신은 아마 이렇게 물을지도 모른다. 죽음 이후에 삶이 존재한다면 왜 그것을 기억하기가 그렇게 힘든 것일까? 〈에르의 신화 Myth of Er〉에서 플라톤은 사람들이 기억하지 못하는 까닭에 대해 〈설명〉한다. 에르는 싸움터에서 죽은 것으로 간주된 병사였다. 그는 그때 임사 체험을 겪은 것 같다. 그는 〈죽은〉 동안에 많은 것을 보았다. 그리고 죽음 이후의 상태가 어떤지 다른 사람들에게 말해 주기 위해 삶으로 돌아가려 했다. 삶으로 돌아가기 직전, 그는 숨막힐 정도로 엄청나게 뜨거운 열기를 뿜어내는 〈망각의 들판〉을 지나 다시 태어나기 위해 애쓰고 있는 사람들을 보았다. 그곳은 나무 한 그루, 풀 한 포기 없는 곳이었다. 플라톤은 말한다. 〈그들은 어떤 그릇에도 그 강물을 담을 수 없는 망각의 강가에 캠프를 쳤다. 누구든지 이 물을 일정량 마실 것을 요구받는다. 어떤 사람도 이 강물을 마시지 않고서는 이곳을 지날 수 없다. 일단 이 강물을 마시기만 하면 누구나 모든 것을 잊게 된다.〉[11] 에르는 아직 그 강물을 마시도록 허락받지 못했고, 그래서 그는 화장용 장작 더미 위에서 깨어나 자신이 보고 들었던 모든 것을 떠올릴 수 있었다.

우리가 전생에 어디서 무엇을 했는지 거의 기억하지 못하게 하는 어떤 보편적인 법칙이라도 있는가? 또는 우리 경험의 두께, 범위, 밀도가 우리 전생의 모든 기억을 잃어버리게 하는 것은 아닐까? 그러나 만약 우리가 그것을 기억하게 된다면, 그것이 지금 이 삶에 얼마나 도움이 될 것인지 나는 종종 생각해 본다. 혹시 지금 이 삶을 더욱더 혼란스럽게 만들지는 않을까?

마음의 연속성

불교적 관점에서는 환생을 〈증명하는〉 주요 논거로 마음의 연속성에 대한 심원한 이해를 제시한다. 의식은 어디에서 비롯하는가? 의식은 어디로부터 오는 것이 아니다. 어떤 순간의 의식도 바로 직전에 선행하는 의식과 한순간이라도 단절된다면 성립될 수 없다. 달라이 라마는 이 복잡한 과정을 이렇게 설명한다.

> 불교에서 환생 개념을 받아들이는 근거는 기본적으로 의식의 연속성에 기초해 있다. 물질계를 예로 들어보자. 우리는 우주 안에 있는 모든 요소들을 아주 미시적인 차원에 이르기까지, 그러니까 물질계의 모든 요소가 〈우주 입자〉라고 알려진 것 속에 응축되어 있는 최초의 지

점까지 추적할 수 있다고 믿고 있다. 그런데 이 우주 입자들은 이전의 우주가 붕괴되어 산산이 흩어진 상태라고 한다. 따라서 우주가 진화하고 붕괴하는 순환이 계속 반복되고, 소멸된 모든 것은 다시 존재하게 된다.

마음도 이와 비슷하다. 우리가 〈마음〉 또는 〈의식〉이라고 부르는 어떤 것을 소유하고 있는 것은 일상의 경험을 통해 그 현존이 입증되고 있으므로, 분명하다. 또한 우리의 경험이 증거하고 있듯이, 우리가 〈마음〉 또는 〈의식〉이라고 부르는 어떤 것이 전혀 다른 상태나 환경에 직면하게 될 때 변화한다는 것 역시 분명하다. 이를 통해서 우리는 〈마음〉 또는 〈의식〉이라고 부르는 것의 본성이 순간순간 바뀌며 변화에 민감하다는 것을 알 수 있다.

또 하나의 분명한 사실은 〈마음〉 또는 〈의식〉의 조야한 단계가 몸의 생리학적인 상태와 밀접하게 연관되어 있으며, 사실상 그것에 의존하고 있다는 점이다. 그러나 마음이 물질계와 상호 작용할 때, 마음이 의식을 지닌 살아 있는 존재를 형성할 수 있게 해주는 어떤 토대, 에너지, 또는 근원 같은 것이 있음에 틀림없다.

물질계와 마찬가지로, 마음도 그 과거와 연속성을 가지고 있음에 분명하다. 따라서 여러분이 지금 이 삶에서 전생의 마음 또는 의식을 추적할 수 있다면, 물질계의 기원과 마찬가지로 마음의 연속성의 기원을 무한 차원까지 추적할 수 있음을 알게 된다. 여러분이 잘 알고 있듯이 그것은 시작이 있을 수 없다. 그러므로 마음의 연속성을 계속 유지하게 만드는 환생이 있음은 분명하다.

불교는 모든 것은 변화할 수밖에 없으며 원인과 조건에 따라 바뀐다는 인과론이 일체에 통용된다는 것을 믿는다. 따라서 신적인 창조자가 멋대로 좌지우지할 수 있는 공간은 없으며, 자기 자신을 창조할 수 있는 공간도 없다. 모든 것은 어떤 원인의 결과로서 존재하며, 따라서 마음이라든가 의식 또한 그 이전 순간의 결과로서 존재하게 될 뿐이다.

우리가 원인과 조건에 대해 말할 때 두 가지 주요한 유형이 있다. 어떤 것을 생성시키는 실체적 원인, 그러한 인과 관계에 작용하는 협동 요소 두 가지가 있다. 마음과 몸의 경우, 서로 상호 작용하지만 하나가 다른 것의 실체가 될 수는 없다. ……마음과 물질도 서로 의존하고 있지만 하나가 다른 하나의 실체적인 원인이 될 수는 없다.

바로 이것이 불교가 환생을 받아들이는 근거이다.[12]

대부분의 사람들은 〈환생〉이란 다시 태어난 〈어떤 것〉을 함축하는 것으로, 하나의 삶에서 또 다른 삶으로 여행하는 것으로 받아들인다. 그러나 불교에서는 몸이 죽은 후에도 여전히 살아 있는 영혼이나 자아 같은 독립적이고 변하지 않는 실재를 인정하지 않는다. 하나의 삶과 다른 삶의 연속성을 제공하는 것은 실재가 아니라 의식의 가장 미묘한 차원이다. 달라이 라마는 말한다.

불교에 따르면, 궁극적인 창조 원리는 바로 의식이다. 의식에는 여러 차원들이 있다. 우리가 가장 깊숙한 곳에 있는 미묘한 의식이라고 부르는 것은 언제나 거기에 존재한다. 그 미묘한 의식의 연속성은 우주 입자처럼 거의 영원한 것으로 보인다. 의식에서 물질 영역의 우주입자에 해당되는 것은 밝은 빛이다. ……특별한 에너지를 지닌 밝은 빛은 의식과 연관되어 있다.[13]

환생이 일어나는 방식은 이러한 예에서 잘 드러난다.

재탄생의 과정에서 뒤를 이어 나타나는 존재들은, 진주 목걸이의 진주알처럼 〈영혼〉이라는 줄이 진주알을 꿰고 있는 것이 아니다. 오히려 그것은 한 개 한 개 겹쳐 쌓은 주사위 같다. 주사위 하나하나는 떨어져 있지만, 각각의 주사위는 그 위에 있는 주사위를 받치고 있고, 서로 기능적으로 연결되어 있다. 주사위들간에 동일성은 없지만 주사위들은 서로가 서로를 제약하고 있다.[14]

우리는 불교 경전에서 이러한 조건화 과정에 대한 아주 분명한 설명을 발견할 수 있다. 불교의 고승 나가제나는 희랍의 밀린다 왕이 제기한 질문에 대한 유명한 답변을 통해 이렇게 설명했다.

왕이 나가제나에게 물었다. 〈어떤 사람이 다시 태어났을 때, 그는 이전에 죽은 그와 같은 사람입니까, 아니면 다른 사람입니까?〉

나가제나가 답했다. 〈그는 같은 사람도 아니고 다른 사람도 아닙니다······. 만약 어떤 사람이 등잔에 불을 붙이면, 등잔불은 밤새도록 빛을 뿜어내겠지요?〉

〈그렇습니다.〉

〈그렇다면 그날 밤 첫번째로 타오른 불꽃은 두번째 불꽃······, 또는 마지막 불꽃과 같은 것일까요?〉

〈아닙니다.〉

〈그것은 그날 밤 첫번째 불꽃이 하나의 등잔 위에서 타올랐고, 두번째 불꽃은 다른 등잔 위에서, 세번째 불꽃은 또 다른 등잔 위에서 타올랐다는 것을 의미할까요?〉

〈아닙니다. 밤새도록 빛을 발한 것은 하나의 등잔이기 때문입니다.〉

〈환생이란 그와 같은 것입니다. 하나의 현상이 일어나면, 그와 동시에 다른 현상은 멈추게 됩니다. 따라서 새로운 존재에게 떠오른 첫번째 의식은 그 이전의 존재에서 일어났던 마지막 의식과 같지 않습니다. 그러나 서로 다르다고 할 수도 없습니다.〉

왕이 이러한 상호 관계를 설명해 주는 다른 예를 들어달라고 요청하자, 나가제나는 그것을 우유에 비유했다. 우유로 만들어진 응유(凝乳), 버터, 버터 기름은 결코 우유와 같은 것이 아니다. 하지만 그것들은 전적으로 우유에 의존해야 생성될 수 있다.

그러자 왕이 물었다. 〈만약에 하나의 몸에서 다른 몸으로 이어지지 않는다면, 어떻게 우리가 전생에서 행한 악업으로부터 벗어날 수 있겠습니까?〉

그랬더니 나가제나는 이렇게 예를 들었다. 〈어떤 사람이 다른 사람의 망고를 훔쳤습니다. 그가 훔친 망고는 이미 다른 사람이 심었거나 가지고 있던 망고와 똑같지는 않습니다. 그렇다면 어떻게 그를 처벌할 수 있을까요? 그를 처벌할 수 있는 이유는 그가 훔친 망고는 이전의 소유자가 먼저 심었던 망고이기 때문입니다. 그와 마찬가지로 우리가 다른 삶과 연결되는 것은 그것이 순수하든 순수하지 못하든 하나의 삶에서 행한 우리의 행동 때문입니다. 또한 우리는 결코 그 과보로부터 자유로울 수 없습니다.〉

카르마

깨달음을 성취한 그날 밤 붓다는 두번째로 환생에 대한 그의 지식을 보충해 주는 다른 종류의 앎을 얻었다. 그것은 카르마 Karma(業), 즉 인과 법칙이었다.

〈천안(天眼)으로, 인간의 눈을 넘어선 순수한 눈으로, 나는 중생들이 사라졌다가 또다시 나타나는 것을 보았다. 나는 고귀한 것이든 비천한 것이든, 빛나는 것이든 하찮은 것이든 모든 존재가 자신의 카르마에 따라 행복하게 또는 고통스럽게 다시 태어나는 것을

보았다.〉¹⁵⁾

환생 뒤에 깔려 있는 진리와 그 추동력이 바로 카르마이다. 카르마는 서양에서 흔히 숙명이나 운명 예정설로 완전히 잘못 이해되었다. 카르마는 우주를 지배하는 원인과 결과 사이에 전혀 어긋남이 없다는 법칙으로 이해해야 한다. 카르마란 어원상으로 〈행위〉를 뜻한다. 따라서 카르마란 행위 속에 잠재되어 있는 힘이자 우리의 행위가 불러일으키는 인과응보이다.

많은 카르마가 있다. 국제적인 카르마, 한 국가의 카르마, 한 도시의 카르마, 그리고 개인의 카르마. 모든 카르마는 복잡하게 얽혀 있으며, 단지 깨달은 존재만이 그 복잡한 상호 작용을 꿰뚫어볼 수 있다.

단순한 의미에서 카르마란 무엇을 뜻하는가? 그것은 우리가 몸이나 말이나 마음으로 무엇을 하든지 그에 상응하는 인과응보가 있으리라는 것을 뜻한다. 아무리 하찮은 것일지라도 모든 행위는 그 인과응보를 함축한다. 한 방울의 독으로도 죽음에 이르게 할 수 있으며, 작은 씨앗 하나로도 큰 나무를 이룰 수 있다고 스승들은 말한다. 붓다는 이렇게 말했다. 〈아무리 하찮은 악업이라도 소홀히 보지 말아라. 불꽃이 아무리 작다 하더라도 산만큼이나 되는 건초 더미를 태울 수 있다.〉 이렇게 말한 적도 있다. 〈작은 선행이더라도 아무 이익이 없다고 생각해서 소홀히 보지 말아라. 작은 물방울이라 할지라도 결국 커다란 그릇을 가득 채우게 된다.〉 카르마는 비본질적인 것들처럼 쇠퇴하지 않는다. 언젠가는 반드시 작용한다. 카르마는 〈시간으로도, 불로도, 또는 물로도〉 파괴할 수 없다. 카르마는 그 힘이 무르익을 때까지 결코 사라지지 않는다.

우리 행위의 인과응보가 아직 성숙하지 않았다 하더라도, 적합한 조건만 충족되면 필연적으로 무르익을 것이다. 일반적으로 우리는 무엇을 행했는지 기억하지 못한다. 그 인과응보가 우리를 따라잡는 것은 먼 훗날이다. 그때 우리는 인과응보를 그것의 원인과 연관 지을 수 없을 것이다. 직메 링파가 말한 대로 하늘 높이 나는 독수리를 상상해 보자. 독수리 한 마리가 날고 있을 때 어떤 그늘도 생기지 않는다. 따라서 독수리가 거기에 날고 있다는 조짐은 아무것도 없다. 그런데 갑자기 독수리가 먹이를 보고 곤두박질치듯 땅으로 하강한다. 독수리가 땅 가까이 내려올 때에야 비로소 먹이를 위협하는 그림자가 나타난다.

우리 행위의 인과응보는 때때로 늦춰져 심지어 죽음 이후의 삶에야 비로소 나타날 수도 있다. 그러니까 우리는 한 가지 원인을 꼬집어 말할 수 없게 된다. 왜냐하면 어떤 일이든지 함께 익어 터지는 수많은 카르마들이 극도로 복잡하게 뒤엉켜 있기 때문이다. 그래서인지 우리는 어떤 일이 〈우연히〉 일어났다고 간주하는 경향이 있다. 또 모든 것이 다 잘될 때는 그것을 단지 〈행운〉이라고 부른다.

그러나 카르마 이외에 어떤 것으로 우리들이 서로 지극히 다른 존재라는 것을 설명할 수 있겠는가! 우리는 한 가족, 같은 국가, 또는 비슷한 환경에서 태어났을 때조차 서로 완전히 다른 성격을 가지고 있으며, 서로 전혀 다른 일을 겪고 각기 상이한 재능과 취향과 운명을 갖고 살아가게 된다.

붓다가 말했다. 〈지금 이 자리의 당신은 지난날 당신이 행했던 것이며, 미래의 당신은 지금 그대가 행하는 것이다.〉 파드마삼바바는 한걸음 더 나아갔다. 〈그대가 자신의 전생을 알고자 한다면 그대의 현재 상태를 면밀하게 관찰하라. 그대가 내세의 삶을 알고자 한다면, 그대가 현재에 하는 행위를 면밀하게 관찰하라.〉

선한 마음

우리가 다음의 생에서 가질 수 있는 삶의 형태는 지금 이 삶에의 행위에 따라 결정될 것이다. 또한 우리 행위의 인과응보는 그 규모보다 그 뒤에 숨어 있는 의도나 동기에 달려 있다는 것을 명심해야 한다.

붓다가 세상에 머물던 당시에 〈환희에 몰입한다〉라고 불리는 나이 많은 거지 노파가 살았다. 그녀는 붓다와 제자들에게 공물을 바치는 왕, 왕족, 그리고 사람들을 지켜보곤 했다. 그녀도 똑같이 하고 싶었지만 바칠 것이 없었다. 그래서 그녀는 구걸을 나갔으나, 온종일 그녀가 받은 것은 작은 동전 한 닢뿐이었다. 그녀는 그것을 가지고 기름 가게에 가서 약간의 기름을 사려고 했다. 가게 주인은 그 돈으로는 기름을 조금도 살 수 없다고 말했다. 그러나 그녀가 기름을 붓다에게 바치려고 한다는 말을 들었을 때, 그는 그녀를 불쌍히 여겨 원하는 만큼 기름을 주었다. 그녀는 기름을 사원으로 가지고 가서 등에 불을 붙였다. 그녀는 붓다 앞에 등불을 놓고 이렇게 기원했다. 〈저는 이 작은 등밖에 드릴 것이 없습니다. 하지만 이것을 보시함으로써 미래에 지혜의 등불로 축복받게 하옵소서. 모든 중생들이 무명의 어둠으로부터 벗어날 수 있도록 하옵소서. 중생들의 미혹을 깨끗하게 정화해 깨달음으로 이끌어주옵소서.〉

그날 밤 다른 등에 있는 기름은 다 타버렸다. 붓다의 제자 목련존자가 등을 치우는 새벽에도 여전히 거지 노파의 등불은 타고 있었다. 목련존자는 단 하나의 등불만 아직도 켜져 있는 데다가 기름이 여전히 가득하고 새 심지가 꽂혀 있는 것을 보고 이렇게 생각했다. 〈날이 밝았으니까, 등불을 계속 켜둘 필요는 없겠지.〉 그래서 그는 입김을 불어 끄려고 했다. 그러나 등불은 꺼지지 않았다. 그는 손가락으로 등불을 끄려고 했으나 등불은 계속 빛을 냈다. 그가 옷자락으로 그것을 문질렀지만 등불은 여전히 타올랐다. 붓다가 그 광경을 지켜보고 있다가 말했다. 〈목련이여! 그 등불을 끄고 싶으냐? 그대는 그렇게 할 수 없다. 등불을 움직일 수도 없을 것이다. 다 타도록 그냥 내버려두어라. 강과 호수의 모든 물로도 그것을 끌 수 없을 것이다. 만일 그대가 바닷물 전부를 이 등불에 쏟아붓는다 해도, 그것은 여전히 타고 있을 것이다. 왜 그런지 아느냐? 이 등불은 헌신과 청정한 가슴, 그리고 청정한 마음으로 봉헌되었기 때문이다. 이러한 마음의 동기가 등불에 엄청난 힘을 불어넣은 것이다.〉 붓다가 말을 마쳤을 때, 거지 노파가 붓다에게 다가왔다. 그러자 붓다는 그녀가 내세에 〈연등의 빛〉이라 불리는 완전한 붓다가 될 것이라고 예언했다.

우리 행위의 결실을 결정하는 것은 좋은 동기든 나쁜 동기든 우리의 행동 동기이다. 샨티데바는 말했다.

   이 세상의 어떤 기쁨이든지
   모두 다른 사람을 행복하게 하려는 의도에서 비롯한다.
   이 세상의 어떤 고통이든지
   모두 자기 자신만 행복하려는 욕망으로부터 시작된다.[16]

카르마의 법칙은 피할 수도 없고 틀릴 수도 없다. 그러므로 우리가 다른 사람들을 해롭게 할 때마다, 그것은 결국 우리 자신에게 해로운 행동을 하는 것이다. 또 우리가 다른 사람들을 행복하게 할 때마다 그것은 우리에게 언젠가 행복을 가져올 것이다. 달라이 라마는 이렇게 말했다.

자신의 이기적인 동기(분노 등)를 당신이 다스리기 위해 애쓰고 다른 사람들에 대한 친절함과 자비심을 한층 계발한다면, 궁극적으로 다른 누구보다도 당신 자신에게 이로울 것이다. 그러므로 자신의 이익을 제대로 도모하는 현명한 사람이라면 이런 식으로 수행해야 한다고 나는 수시로 말한다. 어리석게 자신의 이익을 꾀하는 사람들은 항상 자신만을 생각하기에, 결과적으로 자신을 망친다. 자신의 이익을 제대로 도모하는 현명한 사람이라면 다른 사람들을 배려하고, 가능한 한 많이 다른 사람들을 도우며, 결과적으로 자기 자신 역시 이롭게 한다.[17]

환생을 믿음으로써 우주에 궁극적인 정의 또는 궁극적인 선함이 존재한다는 것이 우리에게 제시된다. 우리가 미혹으로부터 벗어나기 위해 애써서 자유로워져야 하는 것은 바로 이러한 선 때문이다. 우리가 긍정적으로 행동할 때마다 우리는 선을 향해 나아가는 것이며, 우리가 부정적으로 행동할 때마다 우리는 선을 방해하고 억제하는 것이다. 그리고 우리의 삶과 행위 속에서 그것을 표현할 수 없을 때마다 우리는 비참함과 좌절감을 느끼게 된다.

따라서 환생으로부터 본질적인 메시지 하나를 끌어낸다면 그것은 이러할 것이다. 선한 마음을 계발해서 다른 사람의 행복이 지속되기를 갈망하고 그들의 행복이 계속되도록 행동하는 것, 마음에 따뜻함을 자꾸 일으켜 삶에서 실천하는 것. 달라이 라마는 이렇게 말했다. 〈사원도 필요 없다. 복잡한 철학도 필요 없다. 우리 자신의 머리, 우리 자신의 가슴이 바로 우리의 사원이다. 나의 철학은 바로 따뜻함이다.〉

창조

그러나 카르마는 운명처럼 미리 결정되어 있는 것이 결코 아니다. 카르마는 창조하고 변화하는 우리의 능력을 뜻한다. 어떻게 행동하고 왜 그렇게 행해야 하는가를 우리 자신이 결정할 수 있으므로, 카르마는 창조적이다. 우리는 변화할 수 있다. 미래는 우리 손에, 그러니까 우리 마음의 손에 달려 있다. 붓다는 말했다.

> 카르마는 모든 것을 창조한다, 마치 예술가처럼.
> 카르마는 모든 것을 만들어낸다, 마치 춤꾼처럼.[18]

모든 것이 덧없고 유동적이고 서로 얽혀 있으므로, 우리가 어떻게 행하고 어떻게 생각하는가에 따라 필연적으로 우리의 미래는 변하게 마련이다. 불치병처럼 아무 희망도 없고 끔찍한 것으로 보일지라도, 우리가 개선할 수 없는 상황은 없다. 거짓 없는 참회와 진실한 영적 수행을 통해 어떤 범죄나 잔인함도 정화할 수 있다.

밀라레파는 티베트의 가장 위대한 요가 수행자, 시인, 그리고 성인이라고 한다. 내가 어렸을 때 그의 일대기를 읽고서 손으로 그린 밀라레파 그림을 자세히 살펴보았을 때 느꼈던 전율이 기억난다. 젊었을 때 마법사 훈련을 받았던 밀라레파는 복수심에 취해 수많은 사람들을 사악한 마법으로 죽이고 파멸시켰다. 그러나 참회와 그의 위대한 스승 마르파와 함께 겪은 시련과 고난을 통해, 그는 온갖 사악한 행위들을 정화시킬 수 있었다. 깨달음을 성취한 그는 수세기에 걸쳐 수백만 명의 사람들에게 영감을 불어넣었다.

티베트에서는 이렇게 말한다. 〈부정적인 행위에도 한 가지 좋은 점은 있다. 그것을 정화시킬 수 있기 때문이다.〉 따라서 언제나 희망은 존재하는 법이다. 심지어 살인자나 가장 잔인한 범죄자라 할지라도 그들로 하여금 죄를 짓도록 유인한 삶의 조건을 변화시킬 수 있으며 또 극복할 수 있다. 자신이 처한 현재 삶의 조건을 능숙하고 지혜롭게 이용하기만 한다면, 그것들은 고통의 사슬로부터 자기 자신을 풀려나게 하는 영감으로 활용할 수 있다.

지금 우리에게 일어나는 것은 무엇이든지 지난날의 카르마를 비춰준다. 우리가 이를 제대로 알기만 한다면, 고통과 어려움이 우리에게 일어날 때마다, 우리는 그것을 실패나 재난으로 보지 않을 것이고, 고통을 형벌로 간주하지도 않을 것이다. 자기 자신을 자책하지도 않고 스스로를 증오하지도 않을 것이다. 지금 겪고 있는 고통을 과거 카르마의 결과, 결실로 우리는 생각하게 될 것이다. 티베트 사람들은 고통을 〈온갖 부정적인 카르마를 쓸어내는 빗자루〉라고 말한다. 하나의 카르마가 종결되는 것은 오히려 감사해야 할 일이다. 따라서 좋은 카르마의 결실인 〈행복〉은 우리가 잘 이용하지 못하면 곧 지나가 버릴 것이고, 나쁜 카르마의 인과응보인 〈불행〉은 오히려 자기 자신을 진전시키는 놀라운 기회를 우리에게 제공할 수 있다.

카르마는 티베트 사람들의 일상 생활에서 정말 생생하고도 실제적인 의미를 지닌다. 그들은 카르마의 원리에 따라 그 진리를 의식하면서 살아간다. 카르마는 불교 윤리학의 토대이다. 그들은 카르마를 자연스러운 것으로, 하나의 과정으로 이해한다. 따라서 카르마는 그들이 지금 이 삶에서 행하고 있는 것에 대한 책임감을 환기시킨다. 내가 어렸을 때, 우리 집에는 나를 매우 사랑하던 아페 돌제라는 충직한 하인이 있었다. 그는 정말로 성스러운 사람이었고 일생 동안 단 한 사람도 해롭게 한 적이 없었다. 어린 내가 다른 사람들에게 해를 끼치는 말을 하거나 그런 식의 일을 할 때마다 그는 바로 이렇게 부드럽게 말하곤 했다. 〈이런, 그건 옳지 않아요.〉 그의 말은 카르마의 편재성(遍在性)에 깃들인 깊은 의미가 내게 스며들도록 했고, 내 마음을 변화시켜 남을 해롭게 하려는 어떤 생각도 거의 자동적으로 떠오르지 않게 하는 습관이 몸에 배도록 했다.

카르마가 작동하는 것을 보는 것이 그렇게 어려운 일일까? 단지 우리 자신의 삶을 되돌아보기만 해도 우리 행위가 어떤 결과를 낳는지 분명하게 볼 수 있지 않은가? 다른 사람들을 괴롭히거나 해쳤을 때, 그것이 자신에게 되돌아오지 않았는가? 아직까지 남아 있는 비참하고 어두운 기억이나 자기 기만의 어두운 그림자가 있지 않는가? 그러한 기억이나 그림자가 바로 카르마이다. 우리의 습관이나 공포 또한 카르마에서 비롯한다. 그것은 과거에 우리가 행했던 말과 행위, 생각의 결과이다. 만약 우리의 행위를 면밀히 살펴보고 그것에 초점을 맞춘다면, 우리의 행위 가운데 계속 반복되는 것이 있음을 알게 될 것이다. 우리가 부정적으로 행할 때마다 고통과 고난이 야기되고, 우리가 긍정적으로 행할 때마다 그것은 결국 행복을 불러들인다.

책임

나는 임사 체험자의 보고서가 놀라울 정도로 정확하게 카르마의 진리를 확신시켜 준다는 것에 크게 감동을 받았다. 임사 체험의 공통적인 요소 가운데 하나이며 수많은 생각들을 불러일으키는 요소는 〈파노라마처럼 자신의 삶을 되돌아보는 것〉이다. 그것을 경험한 사람들은 자신의 생애를 아주 작은 부분까지도 생생하게 보았을 뿐만 아니라 그들의 행위가 내포하는 의미도 충분히 목격할 수 있었다고 한다. 그들은 다른 사람들에게 행했던 행위의 인과응보를 스스로 완벽하게 경험했고, 다른 사람에게 야기시켰던 아주 충격적인 감정도 스스로 모두 그대로 겪었다고 한다.[19]

내 삶에서 일어났던 모든 일이 한순간에 되살아났다. 나는 전혀 다른 앎을 지니게 된 것처럼 보였고 내가 행한 수많은 일들이 부끄럽게 생각되었다……. 내가 행한 것뿐만 아니라, 내가 다른 사람들에게 준 영향마저도 전혀 다른 의미를 지니고 있었다……. 심지어 나는 당신이 생각했던 것조차도 놓치지 않고 볼 수 있었다.[20]

내 눈앞에 나의 삶이 펼쳐졌다……. 내가 살면서 느꼈던 모든 감정 하나하나가 다시 느껴졌다. 그러한 감정들이 내 삶에 어떤 영향을 미쳤는지 나는 내 눈으로 직접 보았다. 또 내가 행했던 것들이 다른 사람들의 삶에 어떤 영향을 미쳤는가를 직접 보았다…….[21]

내가 해를 입힌 그 사람이 바로 나였고, 내가 착한 마음으로 도와준 그 사람이 바로 나였다.[22]

내가 생각하고 말한 모든 것들, 나의 모든 행위들이 전부 되살아났다. 거기에 덧붙여 각각의 생각, 말, 행동이 내가 알든 모르든 내 주위에 있었거나 영향권 안에 있었던 모두에게 끼쳤던 과보 역시 전부 되살아났다.……또 그것들이 날씨, 식물, 동물, 토양, 나무, 물, 그리고 공기에 미쳤던 인과응보들도 전부 되살아났다.[23]

나는 임사 체험자의 이러한 증언을 아주 진지하게 받아들여야 한다고 생각한다. 그들은 우리 모두가 자신의 행위와 말과 생각에 깃들인 의미를 깨닫도록 도울 것이며, 우리가 좀더 책임 있게 자신의 삶을 살도록 이끌 것이다. 많은 사람들이 카르마라는 자연 법칙으로부터 피할 수 없음을 이해하기 시작했기 때문에, 카르마에 위협을 느끼고 있음을 나는 주목하게 되었다. 카르마를 크게 경멸한다고 공언하면서도 마음 깊은 곳에서 그것을 부정할 수 있을까 회의하는 사람들이 있다. 낮 동안 그들은 모든 도덕을 대담하게 경멸하고, 어색하고 경솔한 확신에 따라 행한다. 그러나 밤에 홀로 있게 되면 그들의 마음은 어둡고 걱정에 휩싸인다.

카르마를 이해하는 것으로부터 비롯하는 책임을 모면하기 위해 동양과 서양은 특유의 해법을 지니고 있는 듯하다. 동양 사람들은 누군가가 고통받을 때면 그것은 〈그의 카르마〉라고 말하면서, 카르마를 다른 사람에게 도움의 손길을 주지 않는 데 대한 변명거리로 이용한다. 〈자유로운 사유 방식〉이 널리 확산된 서양은 그 반대다. 카르마를 믿는 서양 사람들은 극단적으로 민감하고 조심스러워져서 다른 사람을 돕는 것은 그들이 〈스스로 해야 하는〉 어떤 것을 방해하는 것이라고 말한다. 이 얼마나 우리 인간을 피하고 배신하는 일인가! 아마도 다른 사람들을 돕는 방식을 발견하는 것이 바로 우리의 카르마일 듯싶다. 나는 몇몇 부유한 사람들을 알고 있다. 그들의 부유함은 그들에게 게으름과 이기심을 길러주어 그들을 파멸시킬 수도 있다. 또는 그들이 자신의 돈으로 다른 사람들을 도움으로써 스스로를 도울 기회를 잡을 수도 있으리라.

우리는 우리의 행위와 말과 생각을 통해서 선택한다는 것을 잊지 말아야 한다. 그 선택을 통해 우리는 고통과 고통의 원인으로부터 벗어날 수도 있고, 자기 자신 안에 있는 진정한 잠재력, 우리의 불성을 일깨울 수도 있다. 불성이 완전히 일깨워져 우리가 무지로부터 자유로워지고 죽음으로부터 벗어나 깨달은 마음과 하나가 될 때까지, 삶과 죽음의 순환은 끝없이 계속될 것이다. 따라서 우리가 지금 이 삶에 대해 완전히 책임지지 않는다면 우리의 고통은 한없이 계속될 것이라고 불교 경전은 가르치고 있다.

우리를 기다리는 더 많은 삶이 예비되어 있기 때문에, 불교도들은 바로 이렇게 냉철한 앎을 통해서 미래의 삶을 지금 이 삶보다 훨씬 더 중요하게 생각한다. 이러한 장기적인 비전에 의해 그들은 어떻게 살아가야 하는지 방향을 설정한다. 만약 우리가 지금 이 삶을 위해서 영원함 전체를 희생시켜 버린다면, 그것은 술 한 모금을 위해 우리의 삶 전체를 탕진하는 것처럼 그 결과를 무시하는 미친 짓임을 불교도들은 잘 알고 있다.

그러나 우리가 카르마의 법칙을 준수하고 사랑과 자비로 가득한 선한 마음을 일깨운다면, 우리가 마음의 흐름을 정화하고 서서히 마음의 본성에 충만한 지혜를 깨닫는다면, 그때 우리는 참된 인간, 궁극적으로 깨달은 존재가 될 것이다.

앨버트 아인슈타인은 말했다.

> 인간은 우리가 〈우주〉라고 부르는 전체의 한 부분이며, 시간과 공간에 의해 제한된 존재이다. 인간은 자신의 사유와 감정이 주변의 다른 것들로부터 분리되어 있기라도 한 것처럼 생각하며 일종의 의식이 빚어낸 착시 현상에 사로잡혀 있다. 이런 미혹이 바로 우리를 가두고, 우리를 개인적인 욕망과 가까운 몇몇 사람에 대한 애정에 집착하게 만든다. 우리의 임무는 모든 살아 있는 생물들과 자연 전체를 포용하기 위해 자비심의 테두리를 좀더 넓힘으로써 우리 자신을 이러한 감옥으로부터 해방시키는 것이다.[24]

티베트에서 환생이 뜻하는 것

카르마의 법칙을 완전히 습득하고 깨달음을 성취한 인물은 다른 사람들을 돕기 위해 삶 이후의 삶으로부터 되돌아올 수 있다. 티베트에서는 13세기부터 그러한 화신(化身)을 의미하는 〈툴쿠 tulkus〉를 인지하는 전통이 형성되기 시작했으며, 그 전통은 오늘날까지도 계속되고 있다. 깨달은 스승이 죽었을 때, 그는 자신이 다시 태어날 곳을 정확하게 암시할 수 있다. 그가 다시 태어날 때가 가까워지면, 그의 가장 가까운 제자나 영적인 친구들 가운데 한 사람이 그의 환생을 예견하는 비전을 보거나 꿈을 꾸게 된다. 어떤 경우에는 그의 제자가 툴쿠를 인지할 수 있는 능력을 지닌 존경받는 스승을 찾아가기도 한다. 그러면 그 스승은 그가 환생한 사람을 찾아갈 수 있도록 꿈을 꾸거나 비전을 보게 된다. 마침내 어린아이가 발견되었을 때, 어린아이를 다시 태어난 스승의 화신으로 승인하는 것도 바로 이 스승의 몫이다.

이 전통의 진정한 목적은 깨달은 스승들의 지혜를 잃어버리지 않기 위함이다. 화신으로 태어난 사람의 삶에서 가장 중요한 것은 그가 훈련을 받으면서 자신의 근원적인 본성, 화신이 물려받은 지혜를 일깨우는 것이다. 그리고 이것이야말로 그 환생이 믿을 만하다는 참된 징표인 것이다. 예를 들면, 지금의 달라이 라마는 어린 시절에 이미 별다른 어려움 없이 파악하기 힘든 불교 철학과 가르침의 여러 내용을 이해할 수 있었다. 그것은 대개의 경우 스승으로부터 여러 해에 걸쳐 교육받아야 하는 난해한 사상이었다.

티베트에서는 다시 태어난 스승의 화신을 양육할 때 무척 조심한다. 교육이 시작되기 전일지라도, 부모는 화신을 조심스럽게 키우도록 지도를 받는다. 화신의 교육 과정은 일반적인 승려들보다 훨씬 엄격하고 강도가 높다. 왜냐하면 그들에게 더 많은 것이 기대되기 때문이다.

때때로 그들은 전생을 기억하거나 특별한 능력들을 보여주기도 한다. 달라이 라마는 이렇게 말한다. 〈환생한 어린아이가 자신이 전생에 사용했던 사물이나 알고 지냈던 사람을 기억하는 것은 흔한 일이다. 어떤 아이는 전혀 배운 적이 없는데도 경전을 암송하기도 한다.〉[25] 환생한 화신들 가운데 몇몇은 다른 사람보다 조금 공부하거나 조금 수행했을 뿐이다. 내 스승 잠양 켄체가 바로 그런 경우이다.

어렸을 때 스승은 많은 것을 요구하는 가정 교사 한 명과 함께 산속에 있는 은둔지에서 살았다. 어느 날 아침 가정 교사는 죽은 사람의 장례식을 치르기 위해 이웃 마을을 향해 떠나게 되었다. 떠나기 직전 그는 내 스승에게 『문수보살의 명호를 염송한다 Chanting the Names of Manjushri』라는 책 한 권을 주었다. 50쪽 정도 되는 지극히 어려운 책이어서 보통 외우는 데 몇 달씩 걸렸다. 그러나 가정 교사는 떠나면서 〈오늘 저녁까지 이 책을 외워라!〉라고 말했다.

어린 켄체는 다른 아이들과 마찬가지였다. 일단 가정 교사가 떠나자마자 그는 놀기 시작했다. 이웃 사람들이 서서히 걱정하게 될 때까지 그는 놀고 또 놀았다. 이웃 사람들이 켄체에게 말했다. 〈이제 공부를 시작하는 게 좋을 거야. 그렇지 않으면 종아리를 맞을 걸.〉 그들은 가정 교사가 얼마나 엄격하며, 얼마나 화를 자주 내는지 잘 알고 있었다. 그래도 어린 켄체는 신경 쓰지 않고 계속 놀았다. 마침내 해가 지기 직전 가정 교사가 돌아올 때가 되자 켄체는 책 전체를 한번 훑어보았다. 가정 교사가 돌아와 그를 시험했을 때, 그는 단어 하나 틀리지 않고 그것을 완전히 외어서 읊었다.

대개의 경우 어떤 가정 교사도 어린아이에게 그런 숙제를 내지 않을 것이다. 그러나 가정 교사는 켄체가 지혜를 상징하는 문수보살의 화신이라는 것을 마음 깊이 알고 있었다. 따라서 그는 어려운 숙제를 부과함으로써 켄체가 스스로를 증명하도록 한 것이다. 또 별다른 저항 없이 그 어려운 숙제를 받아들임으로써 어린애 자신도 암묵적으로 자신이 누구인지를 알고 있었다. 나중에 켄체는 자서전에서 그의 가정 교사가 그것을 인정하지 않았을지라도, 자신은 이미 분명하게 알고 있었다고 적었다.

툴쿠에게 있어서 지속되는 것은 무엇인가? 툴쿠는 환생하기 전의 그 사람과 같은 사람인가? 두 사람은 같기도 하고 다르기도 하다. 모든 중생을 도우려는 그의 동기와 중생에 대한 헌신은 똑같지만 둘은 실제로 같은 사람은 아니다. 하나의 삶으로부터 다른 삶으로 이어지는 것은 기독교에서 흔히 〈은총〉이라고 부르는 축복이다. 이러한 축복과 은총의 전수는 이어지는 시대에 따라 알맞게 조율되며, 스승의 화신은 그 시대의 사람들이 가지고 있는 카르마에 가장 적합한 방식으로, 그 시대의 사람들을 가장 효율적으로 도울 수 있는 방식으로 출현하게 된다.

아마도 이러한 시스템의 가장 풍요롭고, 효과적이며, 불가사의하고도 지극히 감동적인 전범이 바로 달라이 라마일 것이다. 불교 신도들은 그를 무한한 자비심으로 충만한 붓다, 관세음불(觀世音佛)의 화신으로 숭앙한다.

티베트에서 신왕(神王)으로 교육받는 과정에서 달라이 라마는 전통적인 모든 훈련을 받았고, 모든 전수 계열의 주요 가르침을 배웠다. 그리하여 그는 티베트 불교 전통을 통틀어 살아 있는 가장 위대한 스승 가운데 하나가 되었다. 그러나 세상 사람들은 그가 솔직한 단순함을 지녔고 매우 실천적인 인생관을 지닌 것으로만 알고 있다. 달라이 라마는 동시대의 물리학, 신경 생리학, 심리학, 정치학의 모든 방면에 관심을 가지고 있으며, 우주적인 책임감에 대한 그의 견해와 메시지가 불교도뿐만 아니라 전세계의 모든 사람들에게 전파되도록 매우 노력하고 있다. 중국에서 독립하려는 티베트 사람들의 투쟁을 이끌면서 오랫동안 비폭력 운동에 헌신한 까닭에, 그는 1989년 노벨 평화상을 받았다. 이토록 폭력이 난무하는 시대에 그의 비폭력 운동은 자유를 갈망하는 세계의 모든 나라 사람들에게 영감을 불어넣었다. 달라이 라마는 그를 따르는 사람들에게 이기적이고 물질주의적인 철학의 위험성을 일깨우기 위해 끊임없이 설득함으로써, 세계 환경 보존에 관한 가장 영향력 있는 지도자 가운데 한 사람이 되었다. 그는 어디서든지 지식인들과 지도자들의 존경을 받았다. 또한 달라이 라마의 성스러운 현존이 뿜어내는 아름다움, 유머 감각, 그리고 환희에 의해 자신의 삶을 변화시킨 다양한 나라 출신의 아주 평범한 사람들을 나는 많이 알고 있다. 달라이 라마는 위기에 빠진 인간성을 향해 자비의 손길을 뻗는 붓다이다. 티베트 인과 불교도뿐만 아니라, 상처를 치유해 주는 자비와 전적으로 평화에 헌신하는 모범을 그 어느 때보다도 필요로 하는 전세계의 모든 사람들에게 그는 관세음불의 화신이나 다름없다고 나는 믿는다.

티베트에 얼마나 많은 화신들이 있었는지, 그리고 불교를 가르치고 사회를 계도하는 것에 두드러지게 헌신한 위대한 스승, 학자, 저술가, 신비가, 성인이 얼마나 많았는지 알게 되면 사람들은 깜짝 놀랄 것이다. 그들은 티베트의 역사에서 아주 중요한 역할을 했다. 나는 이러한 육화 과정이 티베트에서만 일어나는 게 아니라 모든 시대, 모든 국가에서 일어난다고 믿는다. 역사를 통해서 인류가 미래를 향해 나아가도록 도와주었던 천재적 예술 재능을 지닌 사람, 영적으로 강건한 사람, 인도주의적 비전을 가진 사람들이 많이 있었다. 나는 간디, 아인슈타인, 링컨, 테레사 수녀, 셰익스피어, 성 프란체스코, 베토벤, 미켈란젤로가 생각난다. 티베트 사람들은 이런 사람들을 모두 보살이라고 부른다. 그들의 이름과 그들이 만든 작품 그리고 그들이 제시한 비전이 떠오를 때마다, 중생들을 해방시켜 세상을 좀더 개선하기 위해 붓다와 스승들이 끊임없이 스스로를 혁신해 나아가는 장엄한 과정에 나는 크게 감동받곤 한다.

* * *

1) 슈만 H.W. Schumann이 『역사적 인물로서의 붓다 The Historical Buddha』(London: Arkana, 1989), 54-55쪽에서 인용한 「중도(中道) 가르침 Middle Length Sayings」을 각색했음.
2) 한스 텐담 Hans TenDam, 『환생을 탐구한다 Exploring Reincarnation』(London: Arkana, 1990), 377쪽에서 인용됨. 서양 근대에서 환생을 분명히 믿었던 다른 인물들은 다음과 같다. 괴테, 실러, 스웨덴보리, 톨스토이, 고갱, 말러, 아서 코난 도일, 데이비드 로이드 조지, 키플링, 시벨리우스, 그리고 패튼 장군.
3) 몇몇 불교 학자들은 〈환생 reincarnation〉보다 〈재생 rebirth〉이라는 용어를 더 선호한다. 그들이 생각하기에 〈환생〉에는 실체를 갖게 되는 〈영혼〉의 의미가 포함되어 있어서 불교에 부적합하다고 느껴지기 때문이다. 미국에서 〈환생〉에 관한 통계 조사 결과가 다음의 책에 제시되어 있다. 조지 갤럽 주니어 George Gallup Jr.와 윌리엄 프록터 William Proctor, 『불멸에 대한 모험: 죽음의 문턱을 넘어서 바라보기 Adventures in Immortality: A Look Beyond the Threshold of Death』(London: Souvenir, 1983년). 런던의 《선데이 텔레그래프 Sunday Telegraph》가 1979년 4월 15일 여론 조사한 바에 따르면 영국인 가운데 28%가 환생을 믿는다고 한다.

4) 조안 포먼Joan Forman, 『황금빛 해안 The Golden Shore』(London: Futura, 1989), 159-163쪽.
5) 이안 스티븐슨Ian Stevenson, 『윤회를 암시하는 스무 가지 사례 Twenty Cases Suggestive of Reincarnation』(Charlottesville: Univ. of Virginia Press, 1974); 『윤회의 유형을 보여주는 여러 가지 실화 Cases of the Reincarnation Type』; 전 4권(Charlottesville: Univ. of Virginia Press, 1974년-1983년); 『전생을 기억하는 아이들 Children Who Remember Previous Lives』(Charlottesville: Univ. of Virginia Press, 1987년).
6) 칼상 예시Kalsang Yeshi, 「카마르지트 코우위: 지난 생을 회상한다Kamaljit Kour: Remembering a Past Life」, 《드레로마 Dreloma》 12호(New Delhi, 1984년 6월), 25-31쪽에 수록됨.
7) 레이먼드 무디, 『삶 이후의 삶 Life after Life』(New York: Bantam, 1986), 94쪽.
8) 마고트 그레이Margot Grey, 『죽음으로부터의 귀환: 임사 체험의 의미를 찾아서 Return from Death: An Exploration of the Near-Death Experience』(Boston and London: Arkana, 1985), 105쪽.
9) 케네스 링Kenneth Ring, 『오메가를 향하여: 임사 체험의 의미를 찾아서 Heading Towards Omega: In Search of the Meaning of the Near-Death Experience』(New York: Quill, 1985), 156쪽.
10) 흥미롭게도 모차르트는 자신의 아버지에게 보낸 편지 속에서 죽음이 〈인간의 참된 그리고 최상의 친구…… 우리의 참된 행복으로 통하는 문을 열어주는 열쇠〉라고 언급했다. 그는 이렇게 쓰기도 했다. 〈밤에 침대에 누울 때마다 아마도(내가 비록 젊기는 해도) 다음날 내가 죽는다면 내 친지 가운데 어느 누구도 나를 사귀면서 내가 완고하고 고집이 셌다고 말하지는 않으리라는 생각이 든다. 이런 행복감으로 나는 창조주에게 매일 감사를 드리고 온 마음을 다해 내 동반자인 피조물들에게도 같은 것을 염원한다.〉 에밀리 앤더슨Emily Anderson 옮김, 『모차르트의 편지 Mozart's Letters』(London: Barrie and Jenkins, 1990년) 해설판.
11) 콘퍼드F. M. Cornford 옮김, 『플라톤의 국가 Plato's Repblic』(Oxford: Oxford University Press, 1966), 350쪽.
12) 달라이 라마가 1991년 뉴욕에서 공개 강연할 때 제시한 설명.
13) 달라이 라마와 데이비드 봄David Bohm과의 대화, 르네 웨베르Renée Weber 편, 『과학자와 성인의 대화: 전일성(全一性)의 추구 Dialogues with Scientists

and Sage: The Search for Unity』(London: Routledge and Kegan Paul, 1986년), 237쪽.
14) H.W. 슈만, 앞의 책, 139쪽.
15) 같은 책, 55쪽.
16) 샨티데바Shantideva, 스티븐 배첼러Stephen Batchelor 옮김, 『보살이 사는 방식(보디차리아바타라) *A Guide to the Bodhisattra's Way of Life(Bodhi-caryavatara)*』(Dharamsala: Library of Tibetan Works and Archives, 1979년), 120쪽.
17) 달라이 라마, 『상냥함의 정책: 달라이 라마 선집 *A Policy of Kindness: An Anthology of Writing by and about the Dalai Lama*』(Ithaca, NY: Snow Lion, 1990년), 58쪽.
18) 「삿드다르마푼다리카 수트라〔妙法蓮華經〕」, 튈쿠 된둡, 『붓다의 마음 *Buddha Mind*』(Ithaca, NY: Snow Lion 1989년), 215쪽에 인용됨.
19) 데이비드 로리머 David Lorimer는 『전체가 하나로 된다: 임사 체험과 상호 관계의 윤리 *Whole in One: The Near-Death Experience and the Ethic of Interconnectedness*』(London: Arkana, 1990년)에서 이 주제를 깊이 있게 다루었다.
20) 레이먼드 무디, 『삶 이후의 삶에 대한 성찰 *Reflections on Life After Life*』(London: Corgi, 1978), 35쪽.
21) 케네스 링, 앞의 책, 71쪽.
22) 레이먼드 무디, 『저 위에 있는 빛 *The Light Beyond*』(London: Pan, 1989년), 38쪽.
23) 애트워터 P. M. H. Atwater, 『삶으로 되돌아오면서 *Coming Back to Life*』(New York: Dodd, Mead, 1988), 36쪽.
24) 앨버트 아인슈타인, 소냐 바르그만Sonja Bargman 옮김, 『사상과 견해 *Ideas and Opinions*』(NY: Crown Publisher, 1954년)으로부터. 웨베르 편, 『과학자와 성인의 대화』, 203쪽에 인용됨.
25) 달라이 라마, 『나의 조국과 나의 민족: 달라이 라마 자서전 *My Land and My People: The Autobiography of the Dalai Lama*』(London: Panther, 1964), 24쪽.

7

네 가지 바르도와 다른 실재들

바르도bardo는 한 상황의 완성과 다른 상황의 시작 사이에 걸쳐 있는 〈과도기〉 또는 틈을 뜻하는 티베트어이다. 〈바르bar〉는 〈사이〉를 뜻하며 〈도do〉는 〈매달린〉 또는 〈던져진〉을 뜻한다. 바르도라는 용어는 「티베트 사자(死者)의 서(書) *Tibetan Book of the Dead*」를 통해 널리 알려지게 되었다. 1927년 영어로 처음 번역된 이래 이 책은 서양의 심리학자, 작가, 철학자들의 엄청난 관심을 불러일으켰으며 수백만 부가 팔려나갔다.

「티베트 사자의 서」라는 제목은 미국인 학자이며 해석자, 편집자인 W. Y. 에번스 웬츠가 유명한 「이집트 사자의 서 *Egyptian Book of the Dead*」[1]의 제목(둘 다 똑같이 책 제목이 잘못 붙여졌다)을 본따서 붙인 것이다. 이 책의 본래 이름은 「바르도 퇴돌 첸모Bardo Törol Chenmo」이며, 그것은 〈바르도 상태에서 가르침을 들음으로써 위대한 해탈을 얻는다〉라는 뜻이다. 바르도 가르침은 아주 오래전부터 있었으며, 족첸 탄트라[2]에서도 발견된다. 바르도 가르침은 스승들을 넘어 최초의 붓다에게까지 소급된다. 최초의 붓다는 (산스크리트 어로 사만타바드라, 티베트어로 퀸두상포라 불린다) 완전무결하고 가리운 것이 없고 하늘 같은 근원적인 순수함을 지닌 우리 마음의 본성을 상징한다. 그러나 「바르도 퇴돌 첸모」는 위대한 스승 파드마삼바바에 의해 전수되고, 14세기 티베트의 카르마 링파가 제시한 방대한 가르침 가운데 일부분이다.

「바르도 상태에서 가르침을 들음으로써 위대한 해탈을 얻는다 *Great Liberation through Hearing in the Bardo*」, 「티베트 사자의 서」는 독특한 내용을 담고 있는 책이다. 이 책은 죽음 이후의 상태에 대한 안내서 또는 여행 가이드이며, 어떤 사람이 죽어갈 때 또한 죽은 이후에 스승이나 영적인 친구가 그를 위해 읽어주는 책이다. 티베트에는 〈명상하지 않고도 깨달음에 도달하는 다섯 가지 방법〉이 있다고 말해진다. 위대한 스승이나 신성한 대상을 보는 것, 성스러운 만트라와 함께 특별히 축복받은 만다라를 지니는 것, 스승들이 집중적으로 특별 수행을 닦음으로써 성화(聖化)시킨 감로수를 마시는 것, 죽는 순간에 의식의 전이(轉移), 즉 포와 Pohwa 를 기억하는 것, 「바르도 상태에서 가르침을 들음으로써 위대한 해탈을 얻는다」 같은 심오한 가르침을 듣는 것.

「티베트 사자의 서」는 그 가르침에 친숙한 사람들 또는 수행자들을 위한 책이다. 따라서 현대의 독자들이 그 가르침을 이해하기란 정말로 어려운 일이며, 그 책의 모태가 되는 전통과 충분하게 접촉하지 않았다면, 결코 풀리지 않는 수많은 의혹에 사로잡히고 만다. 「티베트 사자의 서」는 특별히 그런 경우에 해당된다. 왜냐하면 스승에게서 제자에게 입으로만 전해지는, 수행의 핵심이 되는 문서화되지 않은 가르침을 알지 못한다면, 이 책은 충분히 이해될 수도 없고 활용될 수도 없기 때문이다.

그러므로 나는 이 책에서 사람들이 「티베트 사자의 서」를 통해 친숙해진 그 가르침을 좀더 알기 쉽고 한층 포괄적인 맥락에서 설명하려고 한다.

네 가지 바르도

「티베트 사자의 서」가 널리 보급되었기 때문에, 사람들은 일반적으로 바르도라는 말을 죽음과 연관 짓는다. 티베트 사람들이 〈바르도〉를 일상적으로 죽음과 다시 태어남 사이의 중간 상태를 가리키는 말로 쓰고 있는 것은 사실이다. 그러나 바르도라는 용어에는 훨씬 넓고 깊은 의미가 담겨 있다. 붓다의 생사관이 얼마나 심오하고 넓은 것인지, 깨달은 자의 관점에서 투명하게 바라본다면 〈삶〉이라 불리는 것과 〈죽음〉이라 불리는 것이 결코 분리될 수 없음을, 다른 무엇보다 바르도 가르침을 통해 알 수 있을 것이다.

우리의 존재 전체를 이렇게 네 가지로 나누어볼 수 있다. 삶, 죽어가는 과정과 죽음, 죽음 이후, 그리고 환생. 이것이 바로 네 가지 바르도이다.

— 바로 지금의 삶이라는 〈일상적인〉 바르도
— 죽어가는 〈고통스러운〉 바르도
— 다르마타 Dharmata라는 〈밝게 빛나는〉 바르도
— 〈카르마에 따라〉 다시 생성되는 바르도

첫째, 바로 지금의 삶이라는 일상적인 바르도는 태어남과 죽음 사이의 모든 기간에 해당된다. 현재 우리가 알고 있는 것에 의거해 지금 이 삶을 단지 하나의 바르도, 하나의 과도기 이상의 무엇으로 보는 사람도 있을 것이다. 그러나 카르마의 수레바퀴가 굴러가

는 엄청난 시간에 비교하면, 지금 이 삶에서 보내는 시간이란 상대적으로 짧다고 할 수 있다. 지금 이 삶의 바르도는 죽음을 준비하기 위해 유일한, 따라서 최선의 시간이라고 한다. 예컨대 바르도 가르침에 익숙해지고 수행을 통해 확고하게 하기만 한다면.

둘째, 죽어가는 고통스러운 바르도는 죽어감의 과정이 시작된 직후부터 〈내적인 호흡〉으로 알려진 것이 끝날 때까지 지속된다. 이것은 죽음의 순간에 〈근원적 광명〉이라 불리는 마음의 본성이 떠오르면서 절정에 달하게 된다.

셋째, 다르마타라는 밝게 빛나는 바르도는 마음의 본성이 밝게 빛을 내기 시작하는 죽음 이후의 모든 경험을 포함한다. 이 광명 또는 〈밝은 빛〉은 소리와 색채와 빛깔을 지닌다.

넷째, 카르마에 따라 생성되는 바르도는 일반적으로 바르도 또는 중간 상태라 부르는 것으로, 우리가 새로 환생하는 순간에 이르기까지 지속된다.

네 가지 각각의 바르도들은 깨달음의 가능성이 두드러지게 현시되는 틈새 또는 기간이라 할 수 있다. 해탈의 기회는 삶과 죽음에 걸쳐 지속적으로 끊임없이 제시된다. 따라서 바르도에 대한 가르침은 그런 기회를 발견해 알아차리게 하고 또 충분히 활용하게 하는 열쇠 또는 공구(工具)라고 할 수 있다.

불확실함과 기회

바르도의 주요한 특질 가운데 하나는 그 기간들이 매우 불확실하다는 점이다. 지금 이 삶을 먼저 예로 들어보자. 우리 주변 세계가 점점 더 혼란스러워짐에 따라 우리의 삶은 더욱 산산이 흩어지고 있다. 자기 자신과 접촉하지 못하도록 단절되니까, 우리는 불안해지고 편안히 쉬지 못하며 편집증(偏執症)에 사로잡히기까지 한다. 하찮은 위기라 할지라도 우리가 뒤에 숨기고 있는 계획들을 풍선을 터뜨리는 것처럼 산산조각 내고 만다. 우리가 자주 겪게 되는 일순간의 당황함을 보더라도, 모든 것이 얼마나 불확실하고 불안정한지를 말해 준다. 현대 사회에서 산다는 것은 분명히 바르도 영역에서 살아가는 것이다. 따라서 바르도를 경험하기 위해 죽어야 할 필요는 없다.

이미 모든 것에 퍼져 있는 이러한 불확실함은 점점 강렬해지고 우리가 죽은 이후에 한층 강화되어, 스승이 말하듯이 그 명료함이든 혼란함이든 〈일곱 배로 커질 것〉이다.

삶을 정직하게 응시한다면 누구나 우리가 허공에 붕 뜬 상태로 애매모호하게 삶을 영위하고 있음을 알 수 있을 것이다. 우리 마음은 쉴새없이 혼란함과 명료함 사이를 오락가락한다. 만약 우리가 언제나 혼란에 빠져 있다면, 아주 약간의 명료함만 지니게 될 것이다. 늘 혼란에 빠져 있는데도 우리가 가끔은 지혜로울 수도 있다니 삶이란 정말 불가사의하지 않은가! 이를 통해서 우리는 바르도가 무엇인지 시사받을 수 있다. 즉 우리는 바르도 상태에서 명료함과 혼란, 미혹과 통찰, 확실함과 불확실함, 온전한 마음과 온전하지 못한 마음 사이를 끊임없이 무기력하게 오락가락하는 것이다. 바로 지금도 우리 마음에는 지혜와 미혹이 동시에 생겨나고 있다. 또는 〈함께 나타난다〉고 말할 수 있다. 우리는 양자 사이에서 끊임없이 선택해야 할 상황에 직면하게 된다. 그것은 모든 것이 우리의 선택에 달려 있음을 뜻한다.

이러한 불확실함이 지속됨으로서 모든 것이 암담하고 거의 희망 없는 것처럼 보일 수도 있다. 그러나 좀더 깊이 바라본다면, 바로 그 불확실함 때문에 어떤 틈새가 만들어지는 것을 볼 수 있으리라. 만일 제대로 파악해 포착하기만 한다면, 변화를 위한 뜻깊은 기회가 지속적으로 샘솟는 공간이 만들어질 수 있다.

삶이란 태어남과 죽음 사이에서 끊임없이 출렁거리는 파도일 뿐이다. 그러므로 바르도 상태에서 끊임없이 우리가 겪게 되는 것은 자기 마음의 형상을 만드는 기초가 된다. 그러나 우리는 일상 속에서 네 가지 바르도와 그 틈새를 항상 잊어버린다. 왜냐하면 우리는 항상 일어나고 있는 변화를 의식적으로 무시하면서, 자기의 마음이 하나의 〈견고한〉 상태에서 다음의 견고한 상태로 옮겨간다고 여기기 때문이다. 가르침을 통해 우리 낱낱의 생각과 감정이 마음의 본성에서 일어나 다시 그곳으로 돌아가듯이, 매 순간마다 겪는 경험이 전부 바르도이다. 바르도 가르침이 우리에게 시사하는 것처럼 저 하늘 같은 근본적인 마음의 본성이 현현할 기회를 잡는 것은 바로 변화가 강렬하게 일어나는 전이의 순간에 있다.

이제 한 가지 예를 들어보자. 어느 날 일을 마친 후 집에 돌아왔을 때, 강도가 들어 문이 부서져 경첩에 매달려 있는 것을 발견했다고 하자. 안으로 들어가서 보니 집안의 모든 것이 사라졌다. 잠시 당신은 충격 때문에 얼얼할 것이다. 그러고 나서 당신은 절망 속에서 잃어버린 것을 어떻게 하면 다시 찾을 수 있을까 몹시도 고민하며 모든 것을 잃어버렸다는 생각에 사로잡힐 것이다. 쉴새없이 동요하던 마음이 돌연 얼어붙고, 모든 생각이 가라앉을 것이다. 그러고 나서 거의 은총에 가까울 정도의 깊은 고요함에 갑자기 휩싸일 것이다. 더 이상 어떠한 투쟁도 어떠한 노력도 하지 않을 것이다. 왜냐하면 아무 희망이 없기 때문이다. 이제 정말로 포기해야만 한다. 더 이상 선택의 여지도 없다.

처음에는 귀중한 어떤 것을 잃었다는 생각에 시달리겠지만, 곧

이어 마음은 깊은 평온함 속에서 안식을 취하게 될 것이다. 이러한 종류의 경험을 겪을 때 당장 해결책을 찾으려고 달려들어서는 안 된다. 잠시 그렇게 평온한 상태에 자신을 맡기도록 하자. 그러면 어떤 틈새가 생길 것이다. 그 빈틈에 자신을 내려놓고 자기 마음을 들여다보고 있노라면, 죽음을 넘어선 깨달은 마음의 본성을 일별할 수 있을 것이다.

삶 속에서 일어나는 이러한 틈새와, 변화로 인해 제시되는 근본적 통찰을 위한 놀라운 기회에 한층 예민해지고 깨어 있으면 있을 수록, 훨씬 더 강력하고 제어할 수 없는 방식으로 죽음이 찾아오더라도 내면적으로 좀더 준비할 수 있게 된다.

이것은 아주 중요한 일이다. 바르도 가르침에 따르면 우리 마음이 평소보다 훨씬 더 자유로워지는 순간이 있다. 그 순간 카르마적인 암시와 책무가 훨씬 더 강렬하게 일어난다. 그런 계기 가운데 최고로 고조된 순간이 바로 죽음의 순간이다. 죽음의 순간 몸은 뒤에 남고 우리에게는 해탈을 위한 최대의 가능성이 제시된다.

영적으로 완전히 성숙했을지라도 우리는 몸과 카르마에 제약당한다. 그러나 죽음과 함께 그 제한으로부터 풀려남으로써 우리가 삶과 수행을 통해 그토록 갈망했던 모든 것이 충족되는 놀라운 기회가 도래하게 된다. 심지어 최고의 깨달음을 성취한 지고의 스승 경우에도 파리니르바나(圓寂)라 불리는 궁극적인 해탈은 오직 죽음의 순간에서야 싹 트게 된다. 이런 까닭으로 티베트에서는 스승이 태어난 날을 기념하지 않고 그가 죽은 날, 그가 최후의 깨달음을 얻은 순간을 기념한다.

티베트에서 보낸 어린 시절과 그 후에 나는 위대한 수행자들의 삶에 따라붙는 수많은 일화를 들었다. 겉으로는 평범해 보이는 요가 수행자나 보통 사람이었으나, 죽을 때 그들은 놀라운 방식으로 죽음을 맞이했다. 그 최후의 순간에 이르러 비로소 그들은 그들이 체현한 가르침의 힘과 깨달음의 깊이를 펼쳐보였던 것이다.[3]

바르도 가르침의 시작인 고대의 족첸 탄트라는 이미 완전히 자란 모습으로 태어나는 가루다라고 하는 신비로운 새에 대해 이야기한다. 이 새의 이미지는 이미 완전무결한 상태인 우리의 원초적인 본성을 상징한다. 가루다의 새끼는 알 속에 있을 때 이미 완전한 날개를 가지고 있다. 그렇지만 껍질을 깨고 나오기 전에는 결코 날 수 없다. 단지 껍질이 부서져 활짝 열려야만 가루다는 하늘 높이 치솟아 오를 수 있다. 이와 마찬가지로, 불성의 참모습은 우리 몸으로 가려져 있으며 우리가 이 몸을 버리는 순간 밝게 현현한다고 스승들은 우리에게 말한다.

죽음의 순간이 그렇게 엄청난 기회인 이유는 바로 그때 마음의 근원적인 본성, 근원적인 광명 또는 밝은 빛이 자연스럽게, 방대하고 눈부시게 현현하기 때문이다. 이처럼 결정적인 순간에 우리가 근원적 광명을 알아차릴 수만 있다면, 해탈에 이를 수 있다고 말해진다.

그러나 당신이 살아가는 동안 영적 수행을 통해 마음의 본성에 정통해지고 진정으로 친숙해지지 않는다면, 그렇게 되는 것은 불가능할 것이다. 다소 놀랍게도, 티베트에서 죽음의 순간에 깨달은 사람은 지금 이 삶에서 깨달은 사람이지 죽은 이후 바르도 상태에서 그렇게 된 게 아니라고 말하는 것도 바로 이 때문이다. 〈밝은 빛〉에 대한 본질적인 인식이 형성되어 확립되는 것은 바로 지금 이 삶에서이기 때문이다. 이것이야말로 우리가 정말로 알아야 하는 결정적인 부분이다.

다른 실재

지금까지 나는 바르도란 바로 기회라고 말해 왔다. 그렇다면 바르도가 제공하는 기회를 우리가 붙잡을 수 있도록 하는 것은 무엇인가? 대답은 간단하다. 그것들은 바로 마음의 다른 상태, 다른 실재이다.

불교 수행법, 명상을 통해 우리는 서로 얽혀 있는 수많은 마음의 양태들을 발견하고 능숙하게 의식의 다른 차원으로 들어갈 수 있도록 준비해야 한다. 삶과 죽음의 순환을 통해 우리가 경험하는 의식의 차원과 바르도의 상태는 서로 구별되면서도 상호 밀접한 관련을 맺는다. 따라서 삶과 죽음 모두에 있어서 하나의 바르도에서 다른 바르도로 옮겨갈 때, 우리가 영적인 수행을 통해 자기 자신에게 친숙해지고 완전히 이해하게 됨에 따라 의식에도 그에 상응하는 변화가 일어나게 된다.

죽음의 바르도에서 전개되는 과정은 바로 우리 마음 깊은 곳에 내재되어 있으므로, 삶에서도 수없이 다양한 방식으로 나타난다. 예를 들면 잠과 꿈을 통해 전개되는 의식의 미묘함의 정도와 죽음에 관련된 세 가지 바르도 사이에는 생생한 상응 관계가 있다.

— 잠에 빠져드는 것은 죽어감의 바르도와 유사하다. 죽어가는 바르도 안에서 오대(五大)와 생각의 과정이 흩어져 〈근원적인 광명〉을 경험할 수 있도록 열린다.

— 꿈꾸는 것은 생성의 바르도와 비슷하다. 중간 단계인 생성의 바르도 상태에서 우리는 통찰력 있고 매우 활동적인 〈영혼의 몸〉으로 온갖 경험을 겪게 된다. 꿈에서도 우리는 마찬가지로, 〈꿈의 몸〉으로 온갖 것을 겪는다.

─죽어감의 바르도와 생성의 바르도 사이에는 내가 앞서 말한 〈다르마타 바르도〉라 불리는 광명 또는 밝은 빛의 순간이라는 아주 특별한 상태가 있다. 이것은 모든 사람에게 일어나지만, 고도로 훈련된 수행자 극소수만 알아차릴 수 있다. 다르마타 바르도는 잠에 빠져든 후부터 꿈이 시작되기 전 사이에 해당된다.

물론 죽음과 관련된 바르도는 잠과 꿈의 상태보다 훨씬 더 깊은 의식 상태이며, 훨씬 더 강렬한 순간이다. 그러나 죽음과 관련된 바르도 각각의 미묘한 차원들은 의식의 다양한 층차에 존재하는 유사점 각각에 상응하고 있다. 스승들은 바르도 상태에서 계속해서 깨어 있기가 얼마나 힘든지 보여주기 위해 때때로 특별한 비유를 사용한다. 이를테면 사람들 가운데 얼마나 많은 사람이 잠에 빠질 때 의식에서 일어나는 변화를 의식할 수 있을까? 또 어느 누가 잠에 떨어진 후 꿈꾸기 전까지 일어나는 변화를 의식할 수 있을까? 우리 중에서 얼마나 많은 사람이 꿈꾸고 있을 때 그것을 의식할 수 있을까? 그렇다면 죽음과 관련된 바르도가 일으키는 혼란의 와중에서 깨어 있기가 얼마나 어려운 일인지 상상해 볼 수 있을 것이다.

마음이 잠과 꿈의 상태에서 존재하는 방식은 곧 그에 상응하는 바르도 상태에서 마음이 존재하게 될 방식을 암시한다. 즉 꿈이나 악몽이나 난관에 대응하는 방식은 죽음 이후 당신이 어떻게 반응할 것인지 시사해 준다.

잠을 자거나 꿈을 꿀 때 닦는 요가 수행법이 죽음을 준비하는 데 그토록 중요한 역할을 하는 것도 바로 이 때문이다. 진정한 수행자가 하려고 애쓰는 것이 바로 이것이다. 그는 낮이나 밤이나 종일토록 마음의 본성에 대한 자각을 한순간도 끊어짐 없이 유지하려고 하며, 그래서 죽는 과정과 죽음 이후의 바르도 상태에서 일어날 것을 미리 알아차려 사전에 친숙해지기 위해 잠과 꿈의 다양한 국면들을 직접 활용하고자 한다.

따라서 바로 지금의 삶, 일상적인 바르도 안에 두 가지 다른 바르도가 포함되어 있다. 잠과 꿈의 바르도, 그리고 명상의 바르도. 명상이란 낮 시간에 행하는 수행이며, 잠이나 꿈에 관련된 요가는 밤에 닦는 수행이다. 「티베트 사자의 서」가 속해 있는 전통에서는 네 가지 바르도에 두 가지 바르도를 합해서 모두 여섯 개의 바르도를 말한다.

손바닥 안에 놓여 있는 삶과 죽음

바르도 각각은 독특한 가르침과 명상 수행법을 지니는데, 바르도의 실재들과 마음의 특별한 상태와 정확하게 관련을 맺고 있다. 바르도 상태 각각에 맞게 고안된 영적 수행법을 직접 실수(實修)함으로써 우리는 바르도와 그 안에 내재되어 있는 해탈의 가능성을 충분히 활용할 수 있다. 바르도와 관련해 이해해야 하는 가장 본질적인 것이 바로 여기에 있다. 각각의 바르도에 따른 수행법들을 훈련받으면, 살아 있는 동안에도 그러한 마음 상태를 깨닫는 것이 실제로 가능해진다. 우리는 지금 여기에 있는 동안 그것들을 실제로 체험할 수 있다는 것이다. 마음의 서로 다른 차원을 이렇게 완전히 지배한다는 것을 이해하기는 매우 힘들겠지만, 결코 불가능한 것만은 아니다.

쿠누 라마 텐진 겔첸은 인도 북부의 히말라야 지방에서 온 깨달은 스승이었다. 젊었을 때 그는 시킴 출신의 라마를 만나 티베트에 가서 불교에 정진하라는 충고를 받았다. 그래서 그는 티베트 동부 지방의 캄으로 와서 잠양 켄체를 포함하여 몇몇 위대한 라마로부터 가르침을 받았다. 산스크리트 어에 해박한 쿠누 라마는 존경을 받았고 많은 사람들이 그에게 여러 가지 다양한 기회를 주었다. 쿠누 라마가 그들의 가르침을 가지고 인도로 돌아가 전파하리라는 희망 속에서 티베트의 스승들은 그를 정성껏 가르쳤다. 왜냐하면 스승들은 이미 인도에 그러한 가르침들이 거의 사라져버렸다는 것을 잘 알고 있었기 때문이다. 티베트에 있는 동안 쿠누 라마는 특별히 다양한 가르침을 받았고 많은 것을 깨달았다.

결국 그는 인도로 돌아가서 은둔 수행자로서 살았다. 스승과 내가 티베트를 떠나 인도를 순례할 때였다. 우리는 베나레스에 이르자마자 곳곳에서 그의 행방을 수소문했다. 마침내 우리는 그가 힌두 사원에 있는 것을 알았다. 그가 깨달은 스승인 것은 젖혀놓고라도 아무도 그가 누구인지, 그가 불교도인지조차 몰랐다. 사람들은 그를 온화하고 덕이 높은 요가 수행자로 알고 있었고 그에게 먹을 것을 공양했다. 그를 생각할 때마다 나는 항상 이렇게 중얼거린다. 〈아시시의 성 프란체스코가 바로 이랬을 거야.〉

중국이 티베트의 스님들과 라마들을 추방했을 때, 쿠누 라마는 달라이 라마가 망명지 다람살라에 세운 학교에서 산스크리트 어를 가르치게 되었다. 박식한 많은 라마들이 그의 수업에 참석해서 산스크리트 어를 배웠고, 그들은 모두 쿠누 라마를 뛰어난 어학 선생으로만 생각했다. 그러나 어느 날 우연히 누군가가 그에게 붓다의 가르침에 관해서 물었다. 그의 대답은 정말로 심오한 것이었다. 그래서 그들은 그에게 계속해서 질문을 퍼부어댔다. 그들이 묻는 것마다 쿠누 라마는 이미 답을 알고 있었다. 그는 사실 무엇을 물어보더라도 답할 수 있었다. 그 후 그의 명성은 널리 퍼졌고, 그의 수

업에는 독자적인 전통을 가지고 있는 수많은 학파의 사람들이 몰려들어 배우게 되었다.

달라이 라마는 쿠누 라마를 자신의 영적 인도자로서 간주했다. 그는 쿠누 라마가 자비의 가르침과 수행에 영감을 불어넣는 존재라는 것을 인정했다. 사실 그는 살아 있는 자비의 화신이었다. 그는 아주 유명해졌으나 조금도 변하지 않았다. 그는 여전히 예전과 똑같이 낡고 수수한 옷을 입었으며, 아주 작은 방 한 칸에서 살았다. 어떤 사람이 그를 찾아와 그에게 선물을 주면, 그것을 다음에 찾아온 사람에게 주어버렸다. 어떤 사람이 그를 위해 음식을 만들면, 그는 그것을 먹었다. 그렇게 하는 사람이 없으면 그는 먹지 않고 지냈다.

어느 날 내가 잘 알고 있는 스승이 쿠누 라마를 찾아와 바르도에 대해 물었다. 이 스승은 교수였으며 「티베트 사자의 서」가 비롯한 그 전통에 지극히 정통했으며, 이것과 관련된 수행을 닦은 인물이었다. 그는 바르도에 대해 물었을 때, 쿠누 라마의 대답을 듣고 깊이 매혹되었다고 나에게 말했다. 그는 이전에 그런 말을 들어본 적이 없었다. 바르도에 대한 쿠누 라마의 묘사는 마치 캔싱턴 거리 또는 센트럴 파크나 엘리제 궁으로 가는 길을 가르쳐주는 것처럼 아주 생생하고 정확했다. 그는 정말로 그 안에 있는 것처럼 보였다.

쿠누 라마는 자기 자신의 경험으로부터 직접 바르도 가르침을 끌어냈다. 능력 있는 수행자는 이미 실재의 모든 다른 차원들을 여행하게 된다. 그것은 모든 상태의 바르도가 이미 우리 안에 있기 때문이며, 바르도 수행을 통해 그것들이 드러나고 자유로워지기 때문이다.

이러한 가르침은 붓다의 지혜로 충만한 마음에서 비롯한다. 붓다는 손바닥을 들여다보듯이 삶과 죽음을 보았다. 우리 또한 모두 붓다이다. 따라서 우리가 지금 이 삶의 바르도에서 수행할 수 있고 우리 마음의 본성 속으로 점점 더 깊이 내려갈 수 있다면, 바르도에 대한 이러한 앎을 발견하게 되고, 또 바르도 가르침이 품고 있는 진리가 이미 저절로 우리 마음에 펼쳐져 있음을 발견하게 될 것이다. 지금 이 삶의 일상적인 바르도가 가장 중요한 것도 바로 이런 까닭에서이다. 모든 바르도에 대한 준비를 온전하게 할 수 있는 것은 바로 지금 이 순간, 이곳에서이다. 그래서 이렇게 말해진다. 〈바르도를 준비하는 최상의 방식은 바로 지금, 이 삶에서 깨달은 존재가 되는 것이다.〉

* * *

1) 「이집트 사자의 서 The Egyptian Book of the Dead」는 번역자인 E. A. 월리스 버지 Wallis Budge가 「아랍 사자의 서 The Arab Book of the Deceased」의 원래 제목 〈세상에 나오다 Coming Forth into the Day〉와는 아무 관련 없이 인위적으로 바꾼 것이다.
2) 족첸의 가르침을 다룬 10장 「가장 내밀한 정수」를 참조. 족첸 탄트라는 인간으로서 첫번째 족첸 스승, 가랍 돌제 Garab Dorje가 편찬한 족첸의 원래 가르침이다.
3) 티베트에서 스승들은 자신의 깨달음을 결코 보여주지 않는다. 거대한 영적인 힘을 지닐 수도 있지만, 그들은 항상 그것을 자신 안에 지킬 따름이다. 이는 티베트 전통이 권장하는 것이기도 한다. 참된 스승은 어떤 경우일지라도 자기 자신을 드러내보이기 위해 그들의 능력을 사용하지 않는다. 다른 사람에게 진정으로 이익을 줄 때만 활용한다. 또는 특별한 환경과 상황 아래서 매우 가까운 제자 몇몇에게만 볼 수 있도록 허용하기도 한다.

8

지금 이 삶의 일상적인 바르도

이제 네 가지 바르도 가운데 첫번째, 〈지금 이 삶의 일상적인 바르도〉와 그 다양한 함의를 탐구해 보자. 나중에 적절한 순서에 따라 우리는 나머지 세 가지 바르도도 탐구하게 될 것이다. 〈지금 이 삶의 일상적인 바르도〉는 태어나서 죽을 때까지 우리의 인생 전체에 걸쳐 있다. 스승들의 바르도 가르침은 바르도가 왜 그토록 소중한 기회인지, 인간이 된다는 것이 도대체 무엇을 뜻하는지, 그리고 우리에게 부여된 재능으로 우리가 해야 할 가장 중요하고 참으로 본질적인 단 하나의 것이 무엇인지 우리에게 명확하게 보여준다.

스승들은 우리 마음의 근본 토대이자 흔히 〈일상적인 마음의 근저〉라고 불리는 마음의 상태가 있다고 말한다. 14세기 티베트의 위대한 스승 롱첸파는 그것을 이렇게 묘사한다. 〈그것은 깨달음이 아닌 중간적인 상태로 마음과 정신의 범주에 속한다. 또한 그것은 모든 카르마의 토대이자 윤회와 열반의 '흔적'이 된다.〉[1] 그것은 창고와 같은 기능을 한다. 그곳에는 부정적 감정들이 불러일으킨 우리의 과거 행적이 씨앗처럼 차곡차곡 쌓인다. 조건만 적절하게 맞으면 싹이 터서 우리 삶에 나타나게 된다.

이러한 일상적인 마음의 근저란 마치 카르마가 흔적이나 습관적인 성향의 형태로 적립되는 은행 같은 곳이라고 상상해 볼 수 있다. 우리가 부정적이든 긍정적이든 특정한 방식으로 생각하는 습관을 지니고 있다면, 이러한 습관은 쉽게 유발되고 한층 증진되고 계속 반복해서 나타나게 된다. 우리의 습관적 경향은 지속적으로 반복됨으로써 서서히 점점 더 견고하게 우리 안에 자리잡을 것이고, 심지어 잠을 잘 때에도 계속해서 그 힘을 키울 것이다. 그렇게 해서 그것들은 우리의 삶과 죽음, 그리고 환생을 결정한다.

우리는 때때로 〈죽으면 어떻게 될까?〉 궁금해한다. 그에 대한 대답은, 죽은 후에도 지금 우리의 마음 상태 그대로이며, 현재 우리의 모습과 똑같다는 것이다. 그러니까 우리가 변하지 않는다면 죽음의 순간에 바뀌는 것은 하나도 없을 것이다. 이러한 까닭으로 지금 이 삶에서 우리가 할 수 있는 한 마음의 흐름을 정화하고, 우리 자신과 그 성격을 근본적으로 뜯어고치는 것이 절대적으로 중요한 것이다.

카르마의 비전

우리가 인간으로 살아간다는 것은 무엇을 뜻하는가? 비슷한 카르마를 지닌 존재는 그 주변 세계에 대해 공통된 비전을 가질 것이다. 그들이 공유하는 일련의 지각 방식을 〈카르마의 비전〉이라고 일컫는다. 우리의 카르마와 우리 자신이 처한 영역의 밀접한 상응 관계를 통해서, 우리는 다양한 존재들이 어떻게 형성되는지 시사받을 수 있다. 예를 들면, 당신과 나는 기본적으로 공통된 카르마를 공유하기 때문에 인간이라고 불리는 것이다.

그렇지만 인간 존재의 영역이라 할지라도, 우리 모두는 각자의 고유한 카르마를 지닌다. 우리는 서로 다른 국가, 도시, 집안에서 태어난다. 또 우리는 서로 다르게 양육되고 교육받으며, 서로 다른 영향을 받고 서로 다른 종교를 지니게 된다. 이 모든 조건들이 바로 우리의 카르마를 구성한다. 우리 각자는 지난날의 습관들과 행위들의 복합체이다. 따라서 우리들은 각각 고유하고 독특한 방식으로 사물을 바라볼 수밖에 없다. 같은 사물을 볼 때에도, 사람들은 완전히 다르게 사물을 지각한다. 따라서 우리들은 각각 고유하고 분리된 개별적인 세계에서 살아가고 있는 것이다. 칼루 린포체는 말한다.

> 백 명의 사람들이 자면서 꿈을 꾼다고 할지라도, 그들은 꿈속에서 서로 다른 세계를 경험할 것이다. 이때 모든 사람의 꿈이 각자에게는 참되다라고 말할 수 있으리라. 단 한 사람의 꿈만이 진짜이고 다른 사람의 꿈은 다 환상이라고 주장하는 것은 무의미할 것이다. 그 지각을 조건 짓는 카르마의 양식에 따르면, 모든 사람의 지각은 각자에게 진짜인 것이다.[2]

여섯 가지 세계

카르마의 비전은 인간 존재에게만 해당되는 것은 아니다. 불교의 가르침은 존재에 여섯 가지 존재 영역이 있다고 한다. 천상(天上), 수라(修羅), 인간, 축생(畜生), 아귀(餓鬼), 지옥이 바로 그것이다. 그것은 각각 여섯 가지 부정적 감정, 그러니까 자만, 질투, 욕망, 무지, 탐욕, 그리고 분노의 인과응보이다.

여섯 가지 세계는 실제로 외부에 존재하는가? 사실 여섯 가지 세계는 우리 카르마의 비전이 지각할 수 있는 범위 너머에 존재할지도 모른다. 하지만 우리가 보는 것은 카르마의 비전이 우리에게 보여주는 것일 뿐, 그 이상은 아니라는 사실을 결코 잊어서는 안 된다. 벌레 한 마리가 우리 손가락 하나를 세상 전체라고 볼 수 있는 것처럼, 지금 현재 정화되지 못하고 눈앞의 것만을 보는 지각을 지닌 우리는 이 우주만을 의식할 수 있을 뿐이다. 그럼에도 우리는 너무나도 교만하게 〈눈으로 볼 수 있는 것만 믿는다〉라고 말하고 있다. 그렇지만 불교의 위대한 가르침은 서로 다른 차원에 수없이 많은 세계가 존재한다고 말한다. 심지어 우리 세계와 거의 비슷한, 아니 똑같은 세계가 많이 있을 수도 있다. 현대의 몇몇 천체 물리학자들은 평행 우주의 존재에 대한 이론을 발전시켜 왔다. 어떻게 우리가 감히 카르마로 제한된 우리의 비전 너머에 무엇이 있느니 없느니 단정적으로 말할 수 있겠는가?

우리 주변의 세계와 우리 마음속을 살펴보면, 여섯 가지 세계가 분명히 존재하고 있음을 알 수 있다. 그것들은 우리가 무의식적으로 우리의 부정적인 감정을 우리를 둘러싼 영역들에 투사하고 결정(結晶)화하고, 그 영역들 속에서 살아가는 우리 삶의 상황과 스타일, 형식, 분위기를 결정하도록 허락함으로써 존재하게 된다. 또 여섯 가지 세계는 내적으로 우리 심리 체계 안에서 다양한 부정적 감정의 서로 다른 씨앗과 성향으로서 존재한다. 이러한 씨앗과 성향이 무엇의 영향을 받는가 또한 우리가 어떤 것을 선택할 것인가에 따라 언제나 싹을 틔우고 자랄 준비가 되어 있다.

어떻게 여섯 가지 세계가 우리 주변에 투사되어 굳어버리는가를 살펴보자. 예를 들어 천상계의 주요 특질은 고통을 회피하고, 변하지 않는 아름다움과 황홀경을 추구하는 것이다. 신들을 상상해 보

자. 반짝이는 햇살이 넘쳐흐르는 정원이나 해변을 어슬렁대면서 자신이 고른 음악을 듣고, 명상이나 요가나 보디빌딩 등 육체를 단련시키는 수많은 방식들과 자극에 몰두해 파도를 타는, 큰 키의 금발머리 서퍼. 그러나 그는 결코 머리를 써서 고심하지 않으며, 복잡하고 고통스러운 어떠한 상황에도 부딪치려고 하지 않고, 자신의 참된 본성을 의식하지 않고, 그래서 지금 자신들이 놓여 있는 상황이 무엇을 뜻하는지 깨닫지 못한다.

만약 캘리포니아나 오스트레일리아의 어느 곳이 천상계라고 생각된다면, 매일매일 음모와 경쟁이 판을 치는 월 스트리트, 사건과 사건이 소용돌이 치는 워싱턴과 백악관 복도에서 당신은 아마도 수라의 세계를 볼 수 있을 것이다. 그렇다면 아귀의 세계는 어디에 있는가? 엄청나게 부유하지만 결코 만족하지 못하고 계속해서 이 회사 저 회사를 사들이거나 끝없이 법정 소송을 벌여 욕심을 채우려고 하는 사람들이 있는 곳이면 어디서나 아귀의 모습을 볼 수 있다. 텔레비전을 켜면 당신은 곧 수라와 아귀의 세계를 보게 될 것이다.

천상계에서 삶의 질은 인간계보다 나은 것처럼 보인다. 그러나 스승들은 인간의 삶이 훨씬 더 가치 있다고 말한다. 왜 그럴까? 우리에게는 깨달음을 성취할 수 있는 의식과 지성이 있기 때문이며, 인간계에 널리 퍼져 있는 고통이 그 자체로 영적 변화를 위한 자극이 되기 때문이다. 우리가 수시로 겪게 되는 고통, 비탄, 상실, 쉴새 없이 마주치게 되는 좌절은 참으로 극적인 목적을 위해 마련된 것이다. 그것은 우리를 일깨워 윤회의 순환 고리를 끊게 함으로써 갇혀 있는 우리의 내적인 빛을 발하게 한다.

모든 영적 전통들은 인간계의 삶이 독특하며 우리가 상상할 수 없을 정도의 잠재력을 지녔다고 강조해 왔다. 지금 이 삶이 우리에게 제공하는 변화를 위한 기회를 잃어버린다면, 우리에게 또 다른 기회가 올 때까지 당연히 엄청나게 오랜 시간이 걸릴 것이다. 우주만큼이나 큰 바다의 깊은 곳을 떠돌아다니는 눈먼 거북을 상상해 보자. 그 바다의 표면에 나무로 만든 목걸이 하나가 떠다니면서 파도에 떠밀려 이리저리 흔들리고 있다. 백 년에 한 번씩 거북이 바다 표면 위에 머리를 내민다. 불교에서는 사람으로 태어나는 것이 백 년마다 한 번씩 바닷물 위로 나온 거북이 우연히 그 나무 목걸이를 목에 거는 것보다 더 어렵다고 말한다. 게다가 인간으로 태어난 사람 가운데 불교 가르침과 인연을 맺는 거룩한 행운이 있는 사람은 드물다. 더욱이 그 가르침을 마음속에 새겨 자신의 행위 가운데 육화할 수 있는 사람은 사실 〈대낮에 밝게 빛나는 별〉만큼이나 또는 그 이상 드물다.

깨달음의 문

내가 이미 말한 것처럼 우리가 세계를 어떻게 지각하는가는 전적으로 우리 카르마의 비전에 달려 있다. 이를 설명하기 위해 스승들은 관례적으로 이런 예를 든다. 존재의 여섯 가지 서로 다른 부류가 강둑에서 만났다고 하자. 여섯 가지 부류 가운데 인간은 강을 물로 보고서, 몸을 씻거나 목을 축일 수 있는 그 무엇으로 간주한다. 그러나 물고기 같은 축생들에게 강물은 집이고, 신들에게는 은총을 가져오는 감로수이고, 아수라들에게는 무기이며, 아귀들에게는 고름이나 썩은 피이며, 지옥에서 온 존재들에게는 끓어오르는 용암이다. 동일한 강물임에도 전혀 다른 방식으로, 심지어 모순되는 방식으로 지각하는 것이다.

이처럼 하나의 대상을 다양하게 지각하고 있으므로, 모든 카르마의 비전들이 환상에 지나지 않음을 우리는 엿볼 수 있다. 하나의 물질이 그렇게 천차만별로 지각된다면, 어떻게 그 가운데 어느 하나만이 참되고 본질적인 실재라고 할 수 있겠는가? 이를 통해서 우리는 이 세계를 왜 어떤 사람은 천국으로, 어떤 사람은 지옥으로 느끼는 것인지 시사받을 수 있다.

불교 가르침은 본질적으로 세 가지 종류의 비전이 있다고 말한다. 평범한 존재들의 〈순수하지 못한 카르마의 비전〉. 명상 수행자들에게 열리는 초월의 길이자 매개체인 〈체험의 비전〉. 그리고 깨달은 존재들의 〈순수한 비전〉. 깨달은 존재, 그러니까 붓다는 이 세계를 자연스럽고 완전하고 눈부시게 순수한 세계로 지각할 것이다. 붓다는 카르마의 비전을 야기하는 모든 인과들을 정화시켰으므로, 모든 것을 있는 그대로 근원적인 성스러움으로 바라볼 수 있다.

우리가 주변에서 보는 모든 것은 여러 삶에 걸쳐 반복해서 똑같은 방식으로 내적, 외적인 우리의 경험을 응고시켜 왔기 때문에 그렇게 보이는 것일 따름이다. 이로 말미암아 우리는 자신이 보는 것이 객관적으로 실재한다고 잘못된 가정에 빠지는 것이다. 사실, 영적인 길을 따라 더 나아가게 되면 우리의 고정된 지각들이 실제로 어떻게 작용하는지 알 수 있다. 세계, 사물, 심지어 우리 자신에 대한 온갖 낡은 관념들이 정화되어 해소되면, 전적으로 새로운 차원, 비전과 지각에 있어서 〈천상〉의 영역이라 불리는 신천지가 열릴 것이다. 블레이크는 이렇게 말했다.

지각의 문이 깨끗이 정화되면,
모든 것은…… 있는 그대로, 무한한 것으로 나타나게 되리라.[3]

나는 뒤좀 린포체가 친밀감을 표시하기 위해 나를 향해 몸을 기울이면서 부드럽고, 쉰 듯하고, 약간 높은 톤으로 말하던 것을 결코 잊을 수 없다. 〈너도 알 거야, 그렇지 않니. 지금 우리 주변에 있는 이 모든 것이 사라지는 것을. 이제 막 사라지는구나…….〉

그러나 우리들 대부분은 카르마와 부정적인 감정 때문에 우리 자신과 실재의 고유한 본성을 바라볼 능력을 잃어버리고 있다. 그 결과 우리는 행복과 고통이 실재하는 것으로 여기고 꽉 붙들어 미숙하고 무지한 행위를 일삼아 다음 생의 씨앗을 계속 뿌린다. 우리는 이런 행위를 통해 세상의 한없는 순환에, 삶과 죽음의 끝없는 반복에 얽매이게 된다. 따라서 모든 것은 지금, 바로 이 순간 우리가 어떻게 살고 있는가에 달려 있다. 지금 어떻게 살아가는가에 따라 우리는 미래에 그 대가를 치르게 된다.

우리가 죽음과 지혜롭게 만날 수 있도록, 우리 카르마를 변화시킬 수 있도록, 또다시 미망에 떨어져 탄생과 죽음이 고통스럽게 반복되는 비극을 피하도록 정말로 시급하게 지금 미리 준비해야 하는 것도 바로 이 때문이다. 지금 이 삶이 우리가 준비할 수 있는 유일한 시간과 공간이다. 또한 우리는 영적 수행을 통해서만 제대로 준비할 수 있다. 바로 이것이 지금 이 삶의 일상적인 바르도가 제시하는 메시지로 이를 회피해서는 결코 안 된다. 파드마삼바바는 이렇게 말했다.

> 바로 지금 이 삶의 바르도가 내게 시작되는 순간,
> 시간이 조금도 없으므로 나는 게으름을 피우지 않겠노라.
> 한점 흩어짐 없이 귀기울여 듣고 깊이 생각하면서 정관(靜觀)하고 명상하는 수행의 길로 들어서리라.
> 그 길을 지각하고 마음에 새기면서 〈세 가지 카야〉, 마음의 깨달음[4]

을 실현해야지.
이제 한번 인간의 몸을 받았으니,
이리저리 배회할 시간이 없노라.

무아(無我)를 깨닫는 지혜

나는 때때로 티베트의 작은 마을에서 태어난 어떤 사람을 갑자기 고도로 세련된 기술 문명으로 이루어진 현대 도시로 데려가면 어떤 기분을 느낄까 곰곰 생각해 본다. 그는 아마도 자신이 이미 죽었거나 바르도 상태에 있다고 생각할 것이다. 그가 머리 위 하늘을 날고 있는 비행기를 보거나 어떤 사람이 전화로 지구 반대편에 있는 사람과 이야기하는 것을 보면 놀라서 입을 크게 벌릴 것이다. 기적을 목격했다고 생각할지도 모른다. 그렇지만 이 모든 것이 서양식 교육을 받고 현대 사회에서 살아가고 있는 사람에게는 지극히 정상적인 것으로 보일 것이다. 그는 교육을 통해 이미 그 과학적 배경을 단계적으로 설명받았기 때문이다.

이와 아주 똑같은 방식으로 티베트 불교에는 기초적이고, 정상적이고, 초보적인 영적 교육, 즉 지금 이 삶의 일상적인 바르도를 위한 완벽한 영적 훈련 과정이 있다. 이런 교육을 통해서 마음에 대한 핵심적인 이해, 마음의 기초를 배우게 된다. 이러한 훈련 과정의 기본은 〈세 가지 지혜의 도구〉라 불린다. 귀기울여 듣는 지혜, 깊이 성찰하는 지혜, 명상의 지혜가 바로 그것이다. 세 가지 지혜의 도구를 통해 우리는 자기 자신의 참된 본성을 다시 일깨울 수 있으며, 그것들을 통해 참으로 우리 자신인 이른바 〈무아를 깨닫는 지혜〉가 불러일으키는 환희와 자유를 드러내 그것을 육화할 수 있다.

길에서 사고를 당한 후 기억 상실에 걸린 채 병원에서 깨어난 사람을 생각해 보자. 겉으로는 하나도 변한 것이 없다. 그녀는 똑같은 얼굴과 모습, 똑같은 감각과 마음을 가지고 있다. 그러나 그녀에게는 실제로 자신이 누구인지 알 수 있는 어떠한 기억의 실마리도 없다. 이와 마찬가지로 우리는 진정한 정체성, 자신의 근원적인 본성을 기억할 수 없다. 그래서 우리는 미친 듯이, 크게 두려워하며 임시 변통으로 또 다른 정체성을 만들어낸다. 자꾸자꾸 심연 속으로 떨어지는 절망감에도 불구하고, 우리는 새로 만들어낸 정체성에 매달린다. 이러한 잘못과 어리석음 때문에 우리의 정체성으로 착각하는 것이 바로 〈자아〉라고 하는 것이다.

따라서 자아란 우리가 참으로 누구인지에 대한 진정한 앎의 결핍이자 그 결과이기도 하다. 자기 자신에 대해 임시변통으로 짜맞춘 이미지인 거짓된 존재를 계속해서 유지하기 위해 우리는 어떤 희생을 치르고서라도 어쩔 수 없이 계속해서 카멜레온처럼 모습을 바꾸게 된다. 그것은 변화해야만 하는 야바위꾼 같은 자기에 대한 어리석은 집착이다. 티베트에서는 자아를 〈닥 진 dak dzin〉이라고 하는데, 그것은 〈자아에 집착함〉을 뜻한다. 그러므로 자아는 〈나〉와 〈마음〉, 자기 자신과 타인, 모든 개념과 사상, 욕망 같은 헛된 생각들과 잘못된 구조를 떠받드는 행동에 끝없이 집착하는 것으로 정의할 수 있다. 그러한 집착은 처음부터 헛수고에 지나지 않고 결국 좌절하게 마련이다. 그것에는 어떠한 토대도 어떠한 진리도 없으며, 우리가 집착하고 있는 그 무엇은 본래 집착할 수 없는 것이기 때문이다. 우리가 무언가에 집착할 필요를 느끼고 계속해서 집착한다는 사실에 비추어보건대, 바로 존재의 깊은 곳에서 자아란 본래 존재하지 않는다는 것을 우리가 알고 있는지도 모른다. 이처럼 우리의 원기를 잃게 하는 비밀을 알게 되니까 온갖 불안과 공포가 야기되는 것이다.

　우리가 자아를 벗어던지지 않는 한, 저속한 정치인이 끊임없이 거짓 공약을 늘어놓는 것처럼, 변호사들이 쉴새없이 교묘한 거짓말과 변론을 만들어내는 것처럼, 또는 토크쇼 진행자가 실제로는 아무 말도 하지 않지만 계속해서 부드럽고 내용 없는 수다를 늘어놓는 것처럼 자아는 우리를 속일 것이다.

　무지로 가득 찬 우리는 자신의 존재 전체를 자아와 동일시한다. 자아의 가장 큰 관심이 우리 자신의 가장 큰 관심이라고 믿도록 우리를 농락하는 것, 심지어 자아의 생존이 바로 우리 자신의 생존과 같다고 우리를 속이는 것이 바로 자아의 가장 큰 승리이다. 자아와 그 집착이 바로 우리가 겪고 있는 모든 고통의 뿌리라는 것을 생각해 보면 이것은 잔인한 아이러니이다. 그렇지만 자아는 매우 그럴듯해서 우리는 그것에 아주 오랫동안 속아왔고, 자아 없이 산다는 생각만으로도 끔찍한 느낌이 들 정도가 되었다. 자아가 없다면, 인간적인 모든 꿈을 잃어버리는 것이고 특색 없는 로봇이나 뇌사 상태에 빠진 식물이 되는 것이라고 자아는 우리에게 속삭인다.

　자아는 통제력 상실과 알 수 없는 것에 대한 우리의 근본적인 공포를 교묘하게 활용한다. 우리는 스스로에게 이렇게 말할지도 모른다. 〈나는 참으로 자아로부터 해방되어야 한다. 나는 그 고통 속에 빠져 있다. 그러나 만약 그렇게 된다면, 내게 무슨 일이 일어날까?〉

　그때 자아가 끼여들어 달콤하게 말할 것이다. 〈물론 내가 때때로 성가신 놈이라는 것을 나도 알고 있어. 하지만 나를 믿어줘. 네가 나를 떠나고 싶다는 것은 나도 이해하고 있어. 그러나 그게 정말로 네가 원하는 거니? 생각해 보렴. 내가 떠나면 너한테 무슨 일이 일어날까? 누가 널 돌봐주지? 내가 오랫동안 했던 것처럼 누가 너를

보살펴주겠니?〉

이러한 자아의 거짓말을 꿰뚫어보더라도 우리는 너무나 겁이 많아 자아를 버리지 못한다. 왜냐하면 우리 마음의 본성, 진정한 정체성에 관한 참된 앎이 없다면, 자아의 대안을 찾기란 아예 불가능하기 때문이다. 마치 알코올 중독자가 자신을 망쳐버리는 것을 뻔히 알면서도 술에 손을 내밀듯이, 마약 중독자가 짧은 환희 뒤에 결국 절망하게 되리라는 것을 알면서도 마약을 구걸하듯이, 우리는 계속 반복해서 자기 파괴적인 자아의 슬픈 요구를 들어줄 수밖에 없는 것이다.

영적인 길 위의 자아

자아의 기괴한 독재를 끝내기 위해서는 지속적으로 영적인 길을 걸어가야 한다. 그러나 자아의 계략은 거의 무한정해서 모든 단계마다 방해를 일삼고 그로부터 벗어나려는 우리의 의지를 악용한다. 진리는 단순하고 가르침은 정말로 명백하다. 그러나 정말 슬프게도 진리와 가르침이 우리를 감동시키자마자, 자아가 진리와 가르침을 복잡 미묘하게 만들려고 애쓰는 것을 나는 계속해서 보아왔다. 진리와 가르침은 자아를 위협하기 때문이다.

처음에 우리가 영적인 길과 그 가능성에 매혹되었을 때, 자아는 용기를 북돋우면서 이렇게 말한다. 〈이것은 정말 놀라운걸. 바로 너를 위한 거야! 이 가르침은 정말 커다란 의미가 있어!〉

그러고 나서 우리가 명상 수행을 하고 싶다고 하거나 출가하고 싶다고 할 때, 자아는 낮은 목소리로 이렇게 말한다. 〈그것 참 훌륭한 생각이야! 왜 내가 너를 따르지 않겠나. 우리 함께 무언가 배워보자.〉 영성(靈性)의 계발을 위한 밀월 기간 내내 자아는 계속해서 우리에게 말한다. 〈이것 참 대단한데! 정말 놀랍고, 영감넘치고…….〉

그러나 영적인 길을 걷는 중 내가 〈부엌의 수챗구멍〉이라고 일컫는 시기에 이르자마자, 가르침이 좀더 깊게 우리를 건드리기 시작하자마자, 우리는 자기 자신의 진실과 마주칠 수밖에 없다. 그렇게 자아가 드러나면 곪은 부위가 만져져서 온갖 문제가 떠오르게 된다. 그때 자아는 마치 우리가 그로부터 벗어날 수 없는 거울이기라도 되는 양 우리 앞에 놓인다. 거울은 전체적으로 투명하겠지만 그 안에는 추하고 찌그러진 얼굴로 자신을 빤히 쳐다보는 우리의 모습이 비칠 것이다. 그 모습이 너무나 혐오스럽기 때문에 우리는 그것에 반항하기 시작한다. 화가 나서 거울을 주먹으로 때리고, 그것을 깨뜨려버릴 수도 있다. 그러나 그것은 단지 하나의 추악한 얼굴이 수백 조각으로 부서져 나뉜 것일 뿐으로, 모든 조각들은 여전히 우리 자신을 비출 것이다.

이제 우리는 몹시 분노하게 된다. 우리의 자아는 어디에 있는가? 자아는 우리 곁에 믿음직하게 서서 우리를 부추길 것이다. 〈네가 옳았어. 그건 너무나 화나고 참을 수 없는 거야. 그걸 편들지 말아.〉 우리가 그 말에 사로잡혀 귀기울일 때, 자아는 계속해서 마치 불꽃에 기름을 붓듯이 갖가지 의심과 미칠 것 같은 감정들을 불러 일으킨다. 〈이제 이 가르침이 너한테 옳지 않다는 것을 볼 수 있지 않나? 내가 계속 너한테 말한 거지. 이제 그가 네 선생이 아니라는 것을 알겠지. 너는 지적이고 현대적이고 세련된 사람이야. 선, 수피즘, 명상, 티베트 불교 따위는 동양의 낡은 전통 문화로 자네에게는 낯선 거지. 수천 년 전 히말라야에서 만들어진 철학이 그대에게 대체 무슨 쓸모가 있겠나?〉

자아는 우리가 그 함정에 걸려드는 것을 무척이나 즐겁게 바라보며, 가르침과 스승에 의해 우리가 자신을 알게 됨에 따라 겪는 고통, 외로움, 어려움을 더욱더 비난할 것이다. 〈스승은 네가 무엇을 겪고 있는지 전혀 신경 쓰지 않고 있어. 그는 단지 너를 이용하고 있을 뿐이야. 너를 자신의 영향권 아래 두기 위해 '자비'니 '헌신'이니 하는 말을 사용할 뿐이야…….〉

자아는 무척이나 영리해서 자신의 목적에 맞춰 가르침을 곡해할 수 있다. 〈악마도 자신의 목적에 따라 경전을 인용할 수 있다.〉 자아의 궁극적인 무기는 위선적으로 스승과 그 제자들을 가리키면서 이렇게 말하는 것이다. 〈여기 모인 어느 누구도 가르침의 진리에 따라 살아가는 것 같지는 않아.〉 이제 자아는 자기가 모든 행동을 올바르게 결정하는 중재자임을 자임한다. 그것은 당신의 신념을 파괴하고, 영적으로 당신을 변화시키기 위한 어떤 헌신과 몰입도 힘을 잃어버리게 하기 위해 가장 빈틈없는 자세를 취한다.

그러나 자아가 아무리 영적인 길을 굳게 가로막는다고 할지라도 당신이 참으로 그 길을 계속해서 가려 하고 명상 수행에 깊이 전념한다면, 자아가 얼마나 당신을 속여왔는지 서서히 깨닫게 되리라. 이를테면 그것은 거짓된 희망과 거짓된 두려움 같은 것이다. 희망과 두려움이란 우리 마음의 평화를 깨뜨리는 적임을 당신은 서서히 이해하게 될 것이다. 희망은 당신을 속이고 공허하게 만들고 좌절시킨다. 두려움은 거짓된 정체성이라는 좁은 감옥 속에 당신을 가두어버린다. 또한 당신은 자아의 지배력이 얼마나 마음 전체를 억눌러왔는지 보게 될 것이다. 그리고 명상에 의해 열린 자유의 공간 속에서 잠시 집착에서 벗어날 때, 자신의 참된 본성이 얼마나 광대무변한지 일별하게 되리라. 다년간의 수행을 통해 당신의 자아가 얼마나 오랫동안 미친 사기꾼처럼 결코 실재하지도 않고 당신을 내적으로 파산시킬 뿐인 구도, 계획, 약속으로 괴롭혀왔는지 알게 된다. 명상의 평안함 속에서 당신이 이것을 발견할 때, 자신이 발견한 것을 감추지 않는다면 모든 계획과 구도는 저절로 허울뿐인 것으로 드러나 산산이 무너져버리게 된다.

이것이 전적으로 파괴적인 과정만은 아니다. 당신의 자아와 모든 사람의 자아가 저지르는 기만과 나쁜 짓을 매우 정확하게, 때때로 고통스럽게 알아차림과 더불어 내적 확장감, 〈무아〉와 모든 것의 상즉상입성(相卽相入性)에 대한 직접적인 앎, 그리고 자유의 이정표인 생생하고 관대한 유머 감각이 자라게 된다.

당신이 훈련을 통해 자신의 삶을 단순하게 이끄는 법을 배우면 그에 따라 자아가 당신을 유혹할 수 있는 기회가 축소된다. 또 명상을 통해 마음 쓰는 법을 수행함으로써 당신의 전 존재를 지배하고 있는 공격성, 집착, 부정적 성향이 약화되어, 서서히 통찰력이 떠오르게 된다. 햇빛이 비추면 모든 것이 명료해지는 것처럼, 이 통찰력에 의해 당신 마음의 가장 오묘한 움직임과 실재의 본성이 분명하게 직접적으로 드러날 것이다.

지혜로운 안내자

두 사람이 당신의 일생 내내 당신 안에 살고 있다. 하나는 수다스럽고 많은 것을 요구하고 신경질적이고 계산하기 좋아하는 자아이고, 다른 하나는 귀기울이고 주의를 집중해야 간신히 그 잔잔한 지혜의 목소리를 들을 수 있는 숨어 있는 영적 존재이다. 당신이 가르침에 한층 귀기울이고 심사숙고해 당신의 삶과 일치시키려 할수록 당신의 내적 목소리, 본래적으로 타고난 분별의 지혜, 불교에서 〈분별력 있는 의식〉이라 부르는 것이 훨씬 강화될 것이다. 당신은 그 지혜로운 안내자와 떠들썩하고 겉만 매혹적인 자아의 목소리를 구분하기 시작할 것이다. 참된 본성에 대한 기억이 그 확신과 광휘와 더불어 당신에게 되돌아온 것이다.

사실 당신은 자신의 지혜로운 안내자를 당신 안에서 발견할 수 있다. 지혜로운 안내자가 바로 당신이기 때문에 그는 당신을 샅샅이 잘 알고 있다. 따라서 안내자는 한층 분명하고 기분좋게 당신을 도울 수 있고 생각과 감정의 모든 어려움을 뚫고 나갈 수 있다. 안내자는 또한 계속해서 나타나는 즐겁고 부드러운 존재이기는 하지만, 때때로 당신을 들볶는 존재가 될 수도 있다. 그는 언제나 당신에게 가장 적합한 것을 알고 있으며, 습관적 반응과 혼란에 사로잡힌 감정으로부터 당신이 벗어나기 위한 방법을 좀더 많이 발견하도록 도울 것이다. 분별력 있는 의식의 목소리가 점점 강해지고 분명해짐에 따라, 당신은 그 진리와 자아의 온갖 거짓말을 구분할 수 있게 되고, 진리의 목소리에 귀기울이게 될 것이다.

지혜로운 안내자에게 좀더 자주 귀기울일수록 당신은 쉽게 자신의 부정적 기분을 변화시킬 수 있고, 그것들을 꿰뚫어볼 수 있다. 심지어 그것들이 얼마나 부조리한 드라마이고 우스꽝스러운 환상인지 비웃게 될 수도 있으리라. 당신은 서서히 당신의 삶을 지배해 왔던 어두운 감정으로부터 벗어나게 되고, 그렇게 할 수 있는 능력이야말로 그 무엇보다도 가장 위대한 기적일 것이다. 티베트의 신비주의자 테르퇸 소걀은 말했다. 〈나는 마루를 천장으로, 불을 물로 바꿀 수 있는 사람에게 한번도 감동한 적이 없다. 진정한 기적이란 바로 부정적 감정에서 해방되는 것이다.〉

그 순간 당신은 자아가 평생 동안 당신에게 속삭여 온 거칠고 단편적인 험담 대신, 도처에서 당신에게 영감을 불어넣고 타이르고 인도하고 방향을 설정해 주는 가르침에 담긴 지혜를 마음 깊은 곳에서 들을 수 있게 된다. 당신이 그 목소리에 귀기울일수록 더 많은 안내를 받게 될 것이다. 당신의 지혜로운 안내자인 분별력 있는 의식이 내는 목소리를 따르고 자아를 침묵하게 한다면, 자신이 참으로 지혜와 환희와 은총 속에 있음을 경험하게 될 것이다. 자아의 가면을 쓰고 살아가던 때와 전혀 다른 새로운 삶이 전개될 것이다. 그리고 죽음이 찾아올 때 당신은 죽음의 상태, 즉 바르도 상태에서 그렇게 하지 않았더라면 당신을 압도했을 감정과 생각을 어떻게 다루어야 하는지 이미 배운 후일 것이다.

자신의 정체성에 대한 기억 상실이 치유되기 시작할 때, 당신은 자기 자신에 집착하는 것이 모든 고통의 뿌리라는 것을 알게 된다. 당신은 마침내 자아가 당신과 다른 사람에게 얼마나 해를 끼쳐왔는지 이해하게 되고, 당신이 할 수 있는 가장 고상하고 가장 지혜로운 일이 바로 당신보다 다른 사람을 소중히하는 것임을 알게 된다. 이렇게 함으로써 당신의 가슴과 마음도 치유되고 당신의 영혼도 치유될 것이다.

무아(無我)란 처음에 자아가 있었고, 불자들이 나중에 자아를 없앴음을 뜻하는 것이 결코 아니라는 사실을 항상 기억해야 한다. 그와 반대로 무아라 함은 애초부터 자아가 존재한 적이 없음을 뜻한다. 그것을 깨닫는 것이 바로 〈무아〉이다.

세 가지 지혜의 도구

스승들은 귀기울여 듣고, 깊이 심사숙고하여 성찰하고, 명상하는 과정을 통해 무아의 지혜와 자유를 발견할 수 있다고 가르친다.

먼저 영적인 가르침을 반복해서 귀기울여 듣는 것으로부터 시작하라고 스승들은 조언한다. 우리가 귀기울여 들으면 영적인 가르침이 우리의 숨겨져 있는 지혜의 본성을 계속해서 일깨울 것이다. 그것은 마치 기억 상실증에 걸려 병원 침대에 누워 있는 어떤 사람에게, 그를 사랑하고 보살피는 누군가가 그의 본명을 귀에 대고 속삭이고 가족이나 옛 친구들과 함께 찍은 사진을 보여주기도 하면서, 잃어버린 그의 정체성을 찾아주려고 애쓰는 것과 마찬가지이다. 우리가 영적인 가르침에 귀기울이면, 점차로 어떤 구절이나 통찰이 묘하게 우리 심금을 울릴 것이고, 우리의 참된 본성에 대한 기억이 서서히 되살아날 것이고, 편안하고 신비스럽게도 친숙한 어떤 것에 대한 느낌이 마음 깊은 곳에서 천천히 깨어날 것이다.

귀기울이는 것은 대부분의 사람들이 상상하는 것보다 훨씬 더 어려운 과정이다. 스승들의 가르침이 뜻하는 방식으로 귀기울이는 것은 우리 자신으로부터 완전히 벗어나는 것이고, 우리 머릿속을 가득 채우고 있는 온갖 정보들, 온갖 개념들, 온갖 생각들, 온갖 편견들로부터 완전히 풀려나는 것이다. 정말로 영적인 가르침에 귀기울이게 되면, 우리와 우리의 진정한 본성 사이에서 우리를 방해하는 그러한 개념들은 서서히 씻겨나가게 된다.

진정으로 귀기울이려고 애쓸 때, 나는 종종 일본의 스즈키 로시 선사의 말에서 영감을 얻곤 한다. 〈당신의 마음이 텅 비어 있다면 그것은 언제나 어떤 것이든 할 수 있음을 의미한다. 예컨대 모든 것에 열려 있음을 뜻한다. 초보자의 마음에는 많은 가능성들이 있지만 전문가의 마음에는 그런 가능성이 거의 존재하지 않는다.〉[5] 초보자의 마음은 열린 마음이며 텅 빈 마음이고 준비된 마음이다. 만일 우리가 초보자의 마음으로 귀기울인다면 진정으로 듣기 시작할 수 있다. 우리가 선입견의 시끄러움으로부터 벗어나 고요한 마음으로 귀기울이면, 가르침의 진리가 우리에게 깊이 새겨지고, 삶과 죽음의 의미가 점점 놀라울 정도로 분명해질 가능성이 생겨나기 때문이다. 내 스승 딜고 켄체 린포체는 말한다. 〈당신이 귀기울일수록 더 많이 듣게 되고, 그럴수록 당신의 이해는 훨씬 깊어지리라.〉

이해가 깊어짐에 따라 지혜의 두번째 도구, 깊은 성찰을 성취할 수 있게 된다. 우리가 들은 것을 깊이 심사숙고함에 따라, 그것은 서서히 우리 마음의 흐름에 스며들어 삶에 대한 우리의 내적 경험을 흠뻑 적시게 된다. 깊이 성찰함으로써 우리가 지적으로 이해한 것이 천천히 펼쳐져 삶을 한층 풍요롭게 하고, 저렇게 이해한 것이 머리로부터 가슴으로 옮겨지게 되므로, 매일매일 우리가 겪는 일이 가르침의 진리를 드러내기 시작해 점점 미묘하게 또 직접적으로 영적인 가르침을 확신시켜 줄 것이다.

지혜의 세번째 도구는 명상이다. 가르침에 귀기울여 깊이 성찰한 이후에 우리는 명상의 과정을 통해 얻은 통찰들을 행동으로 옮기고 우리의 일상 생활에 직접 적용하려고 노력하게 된다.

삶의 과정에서 떠오르는 의심

한 스승이 예외적으로 한 제자에게 하나의 가르침을 주어 깨달음을 얻게 할 때가 있다. 뒤좀 린포체는 인도의 잔인한 산적 이야기를 자주하곤 했다. 그 산적은 한없이 많은 강도질을 저지른 끝에 갑자기 그가 일으킨 끔찍한 피해를 알게 되었다. 그는 자신이 저지른 죄악을 보상할 수 있는 방법을 찾다가 결국 유명한 스승을 찾아갔다. 그는 그 스승에게 물었다. 〈저는 죄인입니다. 저는 지금 고

통받고 있습니다. 이 고통에서 벗어날 길은 없을까요? 제가 어떻게 해야 하겠습니까?〉

스승은 그를 아래위로 훑어보고는 그가 무엇에 능숙한지를 물었다. 〈아무것도 없습니다.〉 산적은 대답했다.

〈정말 아무것도 없느냐?〉 스승은 큰소리로 말했다. 〈네가 잘할 수 있는 무언가가 있을 것이다.〉 산적은 잠시 동안 아무 말도 하지 않다가 마침내 고개를 끄덕였다. 〈사실 제가 잘하는 것이 한 가지 있습니다. 그것은 훔치는 것입니다.〉

스승은 껄껄 웃으면서 말했다. 〈좋다! 그것이 바로 지금 네게 필요한 기술이다. 조용한 장소에 가서 네가 알고 있는 모든 것을 버려라. 그리고 나서 하늘에 있는 모든 별을 훔쳐서 텅 비어 있는 뱃속, 모든 것을 포용하는 마음의 본성이란 공간에 집어넣어라.〉 그렇게 했더니 산적은 21일도 지나지 않아서 마음의 본성을 깨달아 마침내 인도에서 가장 위대한 성인 가운데 한 사람이 되었다.

예전에는 이 산적처럼 모든 것을 받아들일 준비가 되어 있는 마음으로 전념하는 제자들이 있었다. 그들은 확고부동한 신념으로 단 한 가지 가르침에 따라 수행함으로써 해탈에 도달할 수 있었다. 지금도 온 마음으로, 지혜로 충만한 효과적인 수행법을 제대로 받아들여 올곧게 정진한다면, 깨달음을 얻을 수 있는 진정한 가능성이 있다.

그러나 우리 마음은 의심의 수수께끼로 가득 차 혼란에 빠져 있다. 사람들이 자기를 개선하고자 할 때 의심이 욕망이나 집착보다 훨씬 더 큰 장애물이라고 때때로 나는 생각한다. 현대 사회는 지혜 대신 약삭빠름을 조장하고, 우리의 지적 능력 가운데 가장 피상적이고 조악하고 거의 쓸모가 없는 측면들만 높이 평가해 왔다. 우리는 거짓되게 세련되고 신경질적이어서 의심 자체를 진리로 받아들이는 경향이 있고, 진리로부터 자신을 보존하려는 자아의 절망적인 시도에 불과한 의심을 참된 앎의 목적이자 결실로 신성하게 간주하기까지 한다. 이러한 천박한 형태의 의심은 우리를 윤회에 떨어지게 한다. 그것은 붓다가 가르침의 가치를 시험하고 증명하기 위해 필수적이라고 보장한 열린 영혼의 관대한 의심이 아니라 우리를 교육시키는 〈전문가〉들이 제시한 것으로, 우리가 아무것도 믿지 못하게 하고 아무것도 바라지 못하게 하고 어떤 일도 못하게 하는 파괴적인 형태의 의심이다.

우리 시대의 교육은 우리가 의심을 신성화하도록 주입시켜 왔으며, 거의 의심의 종교 또는 신학이라고 불러도 좋을 만한 것을 만들어냈다. 그에 따라 우리는 지성적으로 보이기 위해서 모든 것을 의심하고 항상 잘못된 것만 지적하며, 올바른 것과 좋은 것은 거의 묻지 않고 우리가 물려받은 모든 영적인 이념과 철학 또는 선 의지나 순수한 가슴으로 행한 것들을 냉소적으로 모욕해야 한다.

붓다는 다른 종류의 의심, 그러니까 〈금의 순도를 알아내기 위해 그것을 분석하고 태우고 자르고 문질러보는 것과 같은〉 의심을 권한다. 우리가 진리를 진정으로 볼 수 있게 해주는 그러한 의심을 끝까지 좇을 수 있다면, 우리에게 따로 통찰이나 용기, 훈련도 필요 없을 것이다. 지금까지 우리는 방대하고 고귀한 진리에 대한 열린 태도를 우리에게서 계속해서 빼앗아 가는 모순에 쓸데없이 집착하도록 교육받아 왔다.

따라서 나는 우리 시대의 허무주의적인 의심 대신 〈고귀한 의심〉, 깨달음을 향한 역정에 반드시 필요한 의심을 당신에게 권하고 싶다. 위기에 빠진 세계는 우리에게 전해 내려온 신비스러운 가르침에 담긴 광대한 진리를 결코 없앨 수 없다. 왜 자기 자신을 의심하지 않고 광대한 진리를 의심하려고 하는가? 우리의 무지, 우리가 이미 모든 것을 이해하고 있다는 어리석은 가정, 집착과 회피, 실재의 메신저인 스승들이 말한 장엄하고 모든 것을 포괄하는 지혜는 하나도 포함하고 있지 않은 겉모양만 그럴듯한 이념에 대한 우리의 열광을 왜 의심하지 않는가?

고귀한 의심은 우리를 계속 격려하고, 영감을 불어넣고, 정련(精鍊)하고, 진실되게 하고, 힘을 주고, 우리를 진리의 강렬한 에너지장으로 더욱 끌어들인다. 스승들과 함께 있을 때, 나는 답을 얻기 위해 계속해서 질문했다. 때때로 만족할 만한 답을 얻지 못하기도 했지만 나는 스승들과 가르침의 진리를 결코 의심하지 않았다. 나는 충분히 이해할 수 있을 정도로 내 자신이 영적으로 성숙했는지 또는 진리를 제대로 들을 수 있는 영적인 능력을 갖추었는지 의심하곤 했다. 여러 번 반복해서 내 자신에게 묻고 또 물음으로써 비로소 명확한 답을 얻게 되었다. 그리고 일단 대답이 떠오르자 그 대답은 내 마음속에 강렬하고 순수한 반향을 일으켰다. 내 가슴에서부터 감사의 마음이 일어나 온몸으로 퍼져나갔으며 확고부동한 믿음이 생겨 의심에 빠진 세상 사람들이 아무리 비웃어도 흔들리지 않게 되었다.

내가 제자 한 사람과 함께 파리에서 이탈리아로 차를 몰고 내려갔던 어느 겨울 달빛이 환한 청명한 밤이 생각난다. 그녀는 심리치료사로 일하면서 많은 훈련을 받았다. 그녀는 더 많은 지식을 얻을수록 의심도 많아지고, 또한 진리가 깊이 자신을 건드릴 때마다 의심에 대한 해명 역시 훨씬 오묘해진다는 것을 알게 되었다고 말했다. 그래서 가르침으로부터 도망치려고 여러 번 시도했지만, 결국 도망칠 수 없다는 것을 알았다고 말했다. 왜냐하면 그녀가 실제로 도망치려고 애쓴 것은 바로 그녀 자신이었기 때문이다.

나는 그녀에게 의심이란 병이 아니라, 단지 마음의 본성과 실재의 본성에 대한 깨달음인 〈정견(正見)〉이 결핍된 것일 뿐이라고 말했다. 정견을 갖추면 의심의 자그마한 흔적조차 사라져버린다. 왜냐하면 그때 우리는 지혜의 눈으로 실재를 바라볼 수 있기 때문이다. 그러나 우리가 깨달음에 이를 때까지 의심은 피할 수 없을 것이라고 나는 그녀에게 말했다. 의심은 깨닫지 못한 마음이 일으키는 활동의 근본이기 때문이다. 따라서 의심을 다루기 위해서 그것을 억압하거나 그것에 몰입해서는 안 된다.

우리는 능란하게 의심을 다룰 수 있어야 한다. 어떻게 의심해야 하는지 의심을 적절하게 활용할 줄 아는 사람은 거의 없다. 현대 문명 사회는 역설적이게도 의심과 좌절의 힘을 너무나 경배하여, 의심의 요구를 꺾을 용기를 가진 사람이나 〈의심의 개들이 의심 그 자체를 공격하게 하라〉라고 말한 힌두교 스승의 말처럼 행할 사람, 냉소주의의 정체를 발가벗기고 의심의 바탕이 되는 공포, 절망, 희망 없음을 폭로할 용기를 가진 사람이 거의 없다. 의심은 사실 방해물이 아니라 깨달음으로 들어가는 문이다. 따라서 의심이 마음 속에 떠오를 때마다, 진리를 찾는 구도자라면 그것을 좀더 깊이 진리 속으로 들어가는 방법으로 여기고 환영해야 할 것이다.

내가 좋아하는 한 선사(禪師)의 이야기가 있다. 그 선사 밑에는 그를 생불로 믿고 따르는 성실하지만 고지식한 제자가 하나 있었다. 그러던 어느 날 선사가 우연히 바늘 위에 앉았다. 그는 〈아야!〉 하고 비명을 지르며 펄쩍 뛰어올랐다. 그 순간 그 제자는 선사에 대한 모든 믿음을 잃고 스승이 완전히 깨달은 사람이 아니었다는 것을 알게 된 것에 실망해 그를 떠나버렸다. 스승이 어떻게 그만한 일에 펄쩍 뛰면서 그렇게 큰소리를 지를 수 있는가 하고 그는 생각했다. 선사는 그가 떠난 것을 알고 슬퍼하면서 이렇게 말했다. 〈아, 불쌍하구나! 사실 나도 없고, 바늘도 없고, '아야' 하는 소리도 없

었다는 것을 그가 알기만 했더라면.〉

　우리도 충동적으로 선사의 제자 같은 실수를 저지르지 않도록 하자. 의심을 지나치게 과장해서 받아들이거나 정도에 맞지 않게 수십 배로 키워 공상하거나 흑백 논리 같은 것을 내세워 지나치게 광적으로 다루지 말자. 우리가 배워야 하는 것은 현대 문명에 개입되어 있는 의심을 자유롭고 익살스럽고 자비로운 의심으로 서서히 변화시키는 방법이다. 이것은 의문에 시간적 여유를 부여하는 것을 뜻하고, 우리 질문에 대해 지성적이고 〈철학적일〉 뿐만 아니라 살아 있고 실제적이고 진실하고 실행될 수 있는 해답을 찾기 위해서 우리 자신에게 좀더 시간적 여유를 주는 것을 뜻한다. 의심한다고 해서 즉각 문제를 해결할 수 없다. 그러나 우리가 조금만 인내한다면, 우리 마음 안에 공간이 생겨 의심은 조심스럽게 객관적으로 검토되고 해명되어 마침내 해결될 것이다. 특히 이 시대에 부족한 것은 흩어짐 없이 올바르고 풍요로운 널찍한 마음의 공간이다. 마음의 이런 공간은 지속적인 명상 수행을 통해서만 창조될 수 있으며, 내적 통찰이 서서히 성숙하고 무르익을 수 있는 기회는 이처럼 넓디넓은 마음의 공간에서 가능하다.

　자기 자신의 온갖 의심과 문제를 해결하기 위해 너무 서둘러서는 안 된다. 스승들이 말하듯 〈천천히 서두르자〉. 나는 언제나 제자들에게 가당치 않은 기대를 하지 말라고 말한다. 영적으로 성장하기 위해서는 시간이 걸리기 때문이다. 일본어를 유창하게 하거나 의사가 되려면 몇 년은 걸리는 법이다. 단 몇 주 수행을 닦았다고 해서 깨닫기는커녕 대답조차 제대로 할 수 있겠는가? 영적인 여행은 지속적인 배움과 정화의 과정이다. 당신이 이를 알게 된다면 좀더 겸손해지리라. 〈이해를 깨달음이라고 생각하지 말고, 깨달음을 해탈이라고 생각하지 말라〉는 티베트의 유명한 속담이 있다. 또 밀라레파는 이렇게 말했다. 〈깨달음에 대한 기대를 마음에 품지 말고 일생 동안 수행에 정진하라.〉 내가 티베트의 전통에서 높이 평가하는 것 가운데 하나는 철두철미하고 진지한 수행의 정진과 위대한 깨달음에는 가장 끈질긴 인내심과 장구한 시간이 필요하다는 날카로운 분별력이다.

* * *

1) 툴쿠 된둡 Tulku Thondup, 『붓다의 마음 Buddha Mind』(Ithaca, NY: Snow Lion, 1989), 211쪽.
2) 칼루 린포체 Kalu Rinpoche, 『다르마의 정수 Essence of the Dharma』(Delhi, India: Tibet House), 206쪽.
3) 「천국과 지옥의 결혼 The Marriage of Heaven and Hell」, 『블레이크 전작집 Blake: Complete Writings』(Oxford and New York: OUP, 1972년), 154쪽.
4) 세 가지 카야 Kaya는 4장에서 제시된 마음의 참된 본성의 세 가지 양상이다. 즉 텅 빈 정수, 빛나는 본성, 그리고 모든 것에 스며드는 에너지이다. 또한 21장 「보편적인 과정」을 참조하라.
5) 스즈키 순류, 『선심초심(禪心初心) Zen Mind, Beginner's Mind』(New York: Weatherhill, 1973년), 21쪽.

9

영적인 길

수피즘의 스승 루미의 「식탁에서 환담 나누기 Table Talk」에는 날카롭게 핵심을 찌르는 구절이 있다.

이 세상에 결코 잊어서는 안 되는 것이 하나 있다고 스승이 말했다. 만약 당신이 다른 모든 것을 잊더라도 이것만 잊지 않으면 걱정할 필요가 없다. 반대로 다른 모든 것을 기억해 행하고 주의를 기울이더라도 이 하나를 잊으면 당신은 사실상 아무것도 한 게 없다. 그것은 마치 왕이 아주 특별하고 특수한 임무를 당신에게 맡겨 다른 나라에 파견한 것과 마찬가지이다. 당신이 그 나라에 가서 수백 가지 다른 일을 처리했더라도 왕이 내린 그 임무를 수행하지 못했다면, 당신은 사실 아무 일도 하지 않은 것이나 다름없다. 사람은 어떤 특별한 임무를 수행하기 위해 이 세상에 태어났다. 그것이 바로 그가 살아가는 목적이기도 하다. 만약 그가 그 임무를 이루지 못하면 그는 아무것도 하지 않은 것이다.

인류의 모든 영적 스승들은 우리가 이 세상에 태어난 목적은 자기 자신의 본성, 즉 깨달음과 하나가 되는 것이라고 가르쳐왔다. 〈왕〉이 우리를 이 어둡고 낯선 나라로 보내면서 부여한 〈임무〉는 우리의 참된 존재를 깨달아 체현하라는 것이다. 이 임무를 수행하는 유일한 방법이 있다. 그것은 열정과 지성, 용기와 확고부동한 결의를 지니고서 변화를 위한 영적인 여행을 떠나는 것이다. 「카타 우파니샤드 Katha Upanishad」에서 죽음은 나치케타에게 이렇게 말한다.

> 지혜의 길과 무지의 길이 있다. 두 가지 길은 서로 멀리 떨어져 있고 서로 다른 목적을 가지고 있다. ……스스로를 현명하고 배웠다고 생각하면서 무지의 길에 머물면, 장님이 장님을 인도하는 것처럼 이리저리 아무 목적 없이 헤매게 된다. 유치하고 부주의하고 재물에 눈이 먼 사람에게는 삶 너머에 있는 것이 보이지 않는다.

영적인 길을 어떻게 발견할 것인가

다른 시대나 다른 문명에서 영적인 변화를 위한 길은 상대적으로 한정된 사람들에게만 제한되었다. 그러나 지금 이 시대에 내적, 외적 위협으로부터 세상을 보호하려면 많은 사람들이 지혜의 길을 추구해야 한다. 이 폭력과 분열의 시대에 영적인 비전은 엘리트를 위한 사치품이 아니라 생존을 위한 필수품이다.

지혜의 길을 따르는 것이 지금 이 시대보다 더 시급하거나 어려웠던 적은 없다. 성공과 권력은 서글픈 환상에 지나지 않건만 이 시대는 거의 전적으로 자아를 찬양하기 위해 헌신하고 있다. 그러나 그것은 지구를 파괴하는 탐욕과 무지의 힘만을 찬양하는 것일 뿐이다. 따라서 진리의 참된 목소리를 듣는 것이 지금보다 어려웠던 때는 없으며, 진리의 목소리를 들었다 해도 그에 따라 사는 것이 지금처럼 힘들었던 때도 없다. 우리 주변에 우리의 선택을 지원해 주는 것은 아무것도 없으며, 우리가 살아가고 있는 사회 전체가 신성함이라든가 영원히 의미 있는 것에 대한 일말의 생각조차 부정하는 듯하다. 그리하여 미래를 전혀 예측할 수 없을 정도로 극히 위험한 이 시대를 맞아, 우리는 인간 존재로서 매우 당혹해하고 있으며 우리 자신이 만들어낸 악몽에 사로잡혀 있다.

그러나 이처럼 비극적인 상황에서도 한 가지 의미 있는 희망의 원천이 있다. 우리는 위대한 전통의 영적인 가르침을 아직까지 손에 넣을 수 있기 때문이다. 그러나 불행하게도 그러한 가르침을 체현하고 있는 스승들은 이제 거의 없으며, 진리를 추구하는 사람조차도 진리를 식별할 수 있는 지혜가 거의 결여되어 있다. 오늘날 서양은 영혼을 팔아먹는 돌팔이들의 천국으로 변해 버렸다. 과학자의 경우 우리는 그가 제대로 하고 있는지 검증할 수 있다. 왜냐하면 다른 동료 과학자들이 그의 학문 역정을 검증하고 그가 발견한 것을 재차 시험해 볼 수 있기 때문이다. 그러나 서양에는 잘 뿌리내려 번성한 영적인 지혜의 문화에 대한 지침이나 기준이 없기 때문에, 이른바 〈스승〉이라고 자임하는 사람들이 믿을 만한지 검증해 보기란 거의 불가능하다. 그러니 어떤 사람이라도 스승의 대열에 스스로 끼여들어 추종자를 끌어모을 수 있는 것이다.

그러나 티베트에서는 결코 이런 일이 있을 수 없다. 티베트에서 따를 만한 가르침이나 스승을 훨씬 더 안전하게 선별할 수 있다. 처음 티베트 불교를 접한 사람은 스승에서 스승으로 전해 오는 전승을 그토록 중요시하는 이유를 자주 궁금해한다. 가르침의 전승이란 결정적인 보호 장치이다. 그것은 가르침의 신뢰성과 순수성을 유지시켜 준다. 티베트 사람들은 어떤 스승이 누구의 제자인지 알고 있다. 그것은 시대에 뒤떨어지고 의식화한 앎을 보존하는 문제가 아니라 가슴에서 가슴으로, 마음에서 마음으로 본질적이고 살아 있는 지혜와 숙련되고 유력한 방법을 전수하는 문제인 것이다.

누가 참된 스승이고 누가 그렇지 않은지 아는 것은 미묘하고 커다란 노력이 요구되는 일이다. 말초적인 쾌락과 손쉬운 대답에 익숙한 오늘 같은 시대에, 진솔하고 아무런 꾸밈 없는 영적인 자기 완성이 주목받지 못하는 것은 당연하다. 우리는 성스러움이라는 것이 경건하고 온화하고 유순한 것이라고 생각하기 때문에, 깨달은 마음이 역동적이면서도 때때로 풍부하고 기운차게 현현하는 것을 감지할 수 없게 된다.

파툴 린포체는 말한다. 〈위대한 인물은 자기 자신을 숨기는 뛰어난 능력으로 인해 우리처럼 평범한 사람의 눈길을 피해 간다. 그와 반대로 영혼을 팔아먹는 돌팔이는 성자처럼 행동함으로써 다른 사람들을 능숙하게 속여넘긴다〉 파툴 린포체가 티베트에서 이런 말을 한 것은 지난 세기의 일이지만, 우리 시대처럼 영혼을 사고 파는 슈퍼마켓이 범람하는 혼돈의 시대에도 잘 어울리는 말이 아닐까?

따라서 오늘날처럼 극단적인 불신의 시대에 영적인 길을 따르기 위해 필수적인 믿음을 어떻게 해야 발견할 수 있을까? 어떤 스승이 믿을 만한지 알려면 어떤 기준을 사용해야 할까?

사람들에게 자신을 찾아온 까닭과 자신을 신뢰하는 이유를 물어보았던 스승의 모습이 생생하게 떠오른다. 한 여성이 말했다. 〈다른 무엇보다도 가르침들을 이해하고 실천하기 위해, 선생님께서는 어떻게 하기를 바라는지, 그리고 우리가 그렇게 할 수 있도록 돕기 위해 어떤 가르침을 펼칠 것인지 배우고자 찾아왔습니다.〉 오십대의 한 남자는 말했다. 〈저를 감동시킨 것은 선생님의 지식이 아니라 이타적이고 선한 마음으로 하는 선생님의 행동입니다.〉 삼십대

후반의 여성은 이렇게 고백했다. 〈저는 선생님을 때로는 어머니, 때로는 아버지, 때로는 치료사, 때로는 남편, 때로는 연인으로 생각하려고 애썼습니다. 그러나 제가 이렇게 투사하면서 드라마를 만들어나갈 때, 선생님은 저를 결코 외면하지 않고 조용히 앉아 지켜보셨습니다.〉 이십대의 한 엔지니어는 말했다. 〈저는 선생님께서 정말로 겸손한 사람이라는 것을 알았습니다. 선생님은 늘 우리 모두를 위해 최상의 것을 원하셨고, 우리를 가르치는 선생님이심에도 평생을 자신을 가르쳤던 위대한 스승들의 제자로서 살아오셨습니다.〉 한 젊은 변호사는 말했다. 〈선생님께 가장 중요한 것은 바로 가르침이었습니다. 때때로 저는 선생님께서 바라는 전부는 자신이 전적으로 쓸모 없는 사람이 되는 것, 가능한 한 헌신적으로 가르침을 제자에게 건네주는 것이 아닌가 하는 생각을 하기조차 합니다.〉 또 다른 제자가 수줍어하면서 말했다. 〈처음에 저는 선생님 앞에 저를 열어놓기가 두려웠습니다. 저는 자주 그런 일로 상처받아 왔거든요. 그러나 선생님 앞에 저를 열어놓자마자 제 안에서 진정한 변화가 일어나기 시작했고, 저는 점점 더 선생님께 감사를 드리게 되었습니다. 왜냐하면 선생님께서 저를 얼마나 돕고 있는지 알게 되었기 때문입니다. 그랬더니 제가 여태껏 상상할 수 있었던 것보다 훨씬 더 깊은 곳에서 선생님에 대한 믿음이 생겨났습니다.〉 중년의 한 컴퓨터 오퍼레이터는 이렇게 말했다. 〈선생님께서는 저를 비추는 놀라운 거울입니다. 선생님께서는 저에게 두 가지를 보여주었습니다. 저라는 존재의 상대적인 측면과 절대적인 측면. 저는 선생님을 바라보면서, 선생님께서 어떤 분이라서가 아니라 언제나 저를 비춰주기 때문에, 제가 겪고 있는 상대적인 혼란 전체를 분명하게 볼 수 있었습니다. 그러나 저는 또한 선생님을 바라보면서 선생님께 비춰진 마음의 본성, 모든 것이 비롯되는 마음의 본성을 매 순

간마다 볼 수 있었습니다.〉

　이러한 대답을 통해 우리는 참된 스승이란 부드럽고 자비로운 사람으로 자신이 물려받은 어떤 지혜든지 함께 공유하려는 바람에서 피곤한 줄 모르는 사람이라는 사실을 알 수 있다. 참 스승은 어떤 상황에서도 직권을 남용하거나 농간 부리지 않으며, 어떤 상황에서도 제자를 포기하지 않고, 자기 자신의 목적을 위해서가 아니라 가르침의 위대함을 전파하기 위해서 헌신하며, 언제나 겸허하게 스스로를 낮춘다. 어떤 사람이 이러한 자질을 지속적으로 체현하고 있을 때에만 그에 대한 참된 믿음이 자랄 수 있다. 그리고 이러한 믿음이야말로 당신 삶의 근거로, 삶과 죽음의 어떤 난관에 처하더라도 당신을 돕는다는 것을 알게 되리라.

　불교에서는 그가 제시하는 것이 붓다의 가르침과 일치하는지 여부에 따라 스승이 진짜인지 아닌지 판별할 수 있다. 가장 중요한 것은 불교 가르침에 담긴 진리이지 스승이란 한 개인이 아니다. 붓다가 우리에게 〈네 가지 의지처〉를 환기시킨 것도 바로 그 때문이다.

　　스승이 아니라 스승이 제시하는 가르침에 의지하라.
　　말이 아니라 그 의미에 의지하라.
　　일시적인 뜻이 아니라 참된 의미에 의지하라.
　　판단하는 일상적인 마음이 아니라 지혜의 마음에 의지하라.

　참된 스승이란 진리를 대변하는 인물, 자비로 충만한 〈지혜의 현현〉임을 기억하는 것이 중요하다. 사실 붓다, 스승, 예언자는 모두 그 가르침을 통해 우리를 참된 본성으로 이끌기 위해 수없이 자비로운 화신으로 나타나 이 진리를 강화시켰다. 그렇다면 우선, 스승을 찾는 것보다 훨씬 더 중요한 것은 가르침의 진리를 찾아 그에 따라 사는 것이다. 스승과 살아 있는 관계를 발견하는 것은 바로 가르침의 진리에 관계를 맺음으로써 가능하기 때문이다.

영적인 길을 어떻게 따를 것인가

우리 모두는 어떤 형태이든지 영적인 길을 만나게 되는 카르마를 지니고 있다. 나는 당신의 가슴 저 밑바닥으로부터 자신에게 풍요로운 영감을 불어넣는 길을 온 마음을 다해 따르라고 권하고 싶다.

위대한 영적 전통에서 전하는 책을 읽고, 스승들이 해탈이나 깨달음이라는 말로 뜻했던 바를 이해해 보고, 당신을 진정으로 끌어당기고 당신에게 적합한 절대적 실재에 이르는 길을 찾아보자. 최대한의 분별력으로 당신의 탐구를 계속하라. 영적인 길을 찾기 위해서는 다른 무엇보다도 지성과 냉정한 이해력과 섬세한 분별력이 요구된다. 왜냐하면 그 길이 최상의 진리와 관련되어 있기 때문이다. 매 순간마다 자신의 건전한 상식을 이용하라. 당신이 지고 가야 할 행낭, 이를테면 자신의 결점, 환상, 실패, 편견을 의식하면서 밝은 마음으로 그 길에 접어들도록 하라. 자신의 참된 본성이 무엇인지에 대한 높이 솟구치는 깨달음과 진실하고 분별력 있는 겸양이 조화되도록 하라. 그리고 영적인 여행에서 자신이 지금 어디에 놓여 있으며 앞으로 성취해야 할 것이 무엇인지 분명히 숙지하도록 하자.

가장 중요한 것은 내가 서양의 도처에서 목격한, 〈지성을 쇼핑하기 위해 이곳저곳 다니는 행위〉에 빠지지 않는 것이다. 예를 들어 이 스승에서 저 스승으로, 이 가르침에서 저 가르침으로 아무 연속성 없이, 어떤 한 가지 수행법에 헌신하지도 않은 채 이리저리 쇼핑만 하러 다니는 일이 자주 있다. 본질적인 것은 영적 여행의 종착점까지 몸과 마음을 다해 하나의 전통을 따름으로써 진리에 오르는 하나의 방법이나 한 가지 길을 완전히 숙달하는 것이며, 이러한 주장에 모든 전통의 위대한 스승들은 동의한다. 그렇지만 그들은 다른 사람들의 통찰에도 마음을 열어놓고 있으며 존중한다. 티베트에서는 이렇게 말하곤 한다. 〈하나를 알면, 모든 것을 이루게 된다.〉 언제나 선택의 자유를 열어놓아야 하며 어떤 것에도 자신을 묶어둘 필요가 없다는 변덕스러운 오늘날의 이념은 현대 문화의 가장 위험한 자기 기만 가운데 하나이며, 우리의 영적인 탐구를 가로막는 자아의 가장 효과적인 방식 가운데 하나이다.

당신이 모든 시간을 이런 식으로 영적 탐구에 할애할 때, 영적 탐구 그 자체가 당신을 사로잡아 접수해 버릴 것이다. 당신은 부산을 떨지만 어디에도 가지 못하는 여행자가 될 것이다. 그래서 파툴 린포체가 〈당신은 집에 코끼리를 남겨두고 와서는 숲에서 그의 발자국을 찾고 있다〉고 말했다. 하나의 가르침을 따르는 것은 그것에 구속되거나 다른 종교를 배척하면서 이 가르침에 독점당하는 것이 결코 아니다. 그것은 당신과 세계가 마주칠 수밖에 없는 수많은 장애물에도 불구하고, 당신을 중심에 바로놓고 항상 영적 탐구의 길을 지속하게 하는 자비롭고 숙련된 방식이다.

따라서 당신이 신비스러운 전통을 탐구할 때는 반드시 한 스승을 선택해 그의 가르침을 따라야 한다. 이렇게 함으로써 영적인 길에 들어서게 되고 그 길을 끝까지 따르는 인내, 지혜, 용기, 겸양을 발견하게 된다. 당신은 이미 스승을 찾을 수 있는 카르마를 가지고 있는지도 모른다. 그러나 스승을 따르는 카르마는 당신이 창조해야 한다. 왜냐하면 우리 가운데 극히 적은 사람만이 스승을 참으로 따를 수 있기 때문이다. 스승을 따르는 것은 그 자체로 예술이라고 할 수 있다. 가르침 또는 스승이 아무리 위대하다 할지라도, 본질적인 것은 자기 자신 안에서 통찰력을 발견하고 그 가르침과 스승을 존중하고 따르는 방법을 배우는 일이다.

그것은 그렇게 쉬운 일이 아니다. 상황이 그리 간단하지 않다. 어떻게 그것을 가능하게 할 수 있을까? 우리는 아직 윤회 속에 있다. 심지어 훌륭한 스승을 만나 그 가르침을 성실하게 따르려고 할지라도, 자주 온갖 어려움과 좌절, 모순과 결함에 직면하게 될 것이다. 장애물이라든가 자그마한 곤란에 굴복해서는 안 된다. 그것들은 자아의 유치한 감정에 지나지 않는다. 또한 그것들로 인해서 당신이 선택한 본질적이고 견뎌내야 하는 것을 잊어서는 안 된다. 조급하게 굴어 진리로부터 멀어져도 안 된다. 많은 사람들이 스승이나 가르침을 열광적으로 받아들였다가도, 아주 자그마한 장애물에 부딪쳐 넋을 잃고 다시 윤회와 낡은 습관에 빠져 몇 년 또는 전 생애를 허비하는 것을 반복해서 볼 때마다 나는 침울해지곤 했다.

붓다가 맨 먼저 가르친 것처럼, 우리가 윤회 속에서 겪는 모든 고통의 뿌리는 바로 무명(無明)이다. 우리가 무명으로부터 완전히 벗어나기 전까지 그것은 끝이 없는 것처럼 보인다. 영적인 길에 들어섰을 때조차도 무명은 우리의 영적 탐구를 가로막는다. 그러나 당신이 이를 명심하고 마음 깊이 스승의 가르침을 담아둔다면 무명이 야기하는 수많은 혼란을 알아차릴 수 있는 분별력이 서서히 생겨나 진리에 대한 헌신이 위태로워지거나 영적인 균형이 흔들리는 일이 사라질 것이다.

붓다가 우리에게 말한 것처럼 인생이란 번갯불이 번쩍 하는 찰나에 지나지 않는다. 그러나 시인 워즈워스의 말처럼 〈세상에는 우리가 얻을 수 있고 이용할 수 있는 것이 너무 많아서 쓸데없는 일에 힘을 낭비하게 된다〉. 우리의 기운을 쓸데없이 낭비하는 것, 우리 존재의 정수(精髓)를 배신하는 것, 지금 이 삶의 일상적인 바르도가 우리에게 제공하는 놀라운 깨달음의 기회를 포기하는 것, 그것은 아마도 인간의 삶에서 가장 비통한 일이리라. 스승들이 우리에게 말한 전부는 본질적으로 자기 자신을 바보로 만드는 짓을 멈추라는 것이다. 만약 죽음의 순간에 아직도 우리가 진정 누구인지 알지 못한다면, 이 삶에서 배운 것이 도대체 무엇이란 말인가? 「티베트 사자의 서」는 이렇게 말한다.

> 죽음이 다가오는 것도 모르는 채 격하게 날뛰는 마음으로
> 이처럼 의미 없는 일을 반복하다가
> 이제 빈손으로 되돌아가면 커다란 혼란에 빠지리라.
> 그대에게 필요한 것은 깨달음과 영적인 가르침이니
> 바로 지금 이 순간, 어째서 지혜의 길에 들어서지 않는가?
> 성인의 입에서는 이러한 말이 흘러나오나니,
> 스승의 가르침을 마음에 새기지 않는다면
> 스스로를 속이는 자가 아니겠는가?

스승

어느 탄트라[1]에서 붓다는 이렇게 말했다. 〈수많은 붓다 가운데 스승의 도움 없이 깨달음에 이른 사람은 하나도 없다. 이 겁(劫)에 나타날 수많은 붓다 가운데 어느 누구도 스승의 도움 없이 깨달음을 얻을 수 없을 것이다.〉

1987년 존경하는 스승, 뒤좀 린포체가 프랑스에서 천화한 후 내가 프랑스 남부 지방에 있는 그의 거처에서 파리로 돌아가는 기차

를 타고 있을 때였다. 내 마음을 스쳐 지나갔던 관대하고 따스하고 자비로운 그의 무수한 행위가 떠올랐다. 그 순간, 나는 계속해서 스스로에게 이렇게 말하며 울고 있는 내 자신을 발견했다. 〈스승께서 내게 그것을 베풀지 않았다면, 내가 어떻게 그것을 이해할 수 있었겠는가?〉

이런 회상을 통해 이전에는 결코 느낄 수 없었던 친밀감과 감동을 느끼면서, 나는 티베트 전통에서 스승과 제자의 관계를 왜 그렇게 성스러울 정도로 강조하는지, 마음에서 마음으로, 가슴에서 가슴으로 진리를 생생하게 전수함에 있어서 이러한 사제 관계가 얼마나 중요한지 그제서야 알게 되었다. 스승들이 아니었다면, 나는 가르침에 담긴 진리들을 단 하나도 깨달을 수 없었을 것이다. 심지어 내가 도달한 진리 이해의 보잘것없는 단계에라도 이를 수 있었을지조차 상상할 수 없다.

오늘날 서양의 많은 사람들은 스승에 대해, 종종 불운하게도 근거 있는 이유로 의심한다. 1950년대와 1960년대 동양의 지혜가 널리 알려지기 시작한 이래, 어리석음과 탐욕과 허풍으로 세상에 일어났던 끔찍하고 실망스러운 수많은 일에 대해서 일일이 언급하지는 않겠다. 그러나 기독교, 수피교, 불교, 힌두교 등 모든 위대한 지혜의 전통은 스승과 제자의 관계를 강조한다. 따라서 지금 세상 사람들이 시급히 필요로 하는 것은 참된 스승이 누구이며, 참된 학생이나 제자란 어떤 사람이며, 〈제자를 놀랍게 변화시키는 마력〉이라고 일컫듯이 스승에 전적으로 헌신함으로써 일어나는 변화의 진정한 의미가 무엇인지, 분명하게 제시하는 것이다.

내가 들었던 스승의 참모습에 대한 가장 감동적이면서도 정확한 실례는 스승 잠양 켄체의 경우이다. 그는 우리의 진정한 본성은 붓다이지만 시작을 알 수 없는 과거[無始]부터 무지와 혼돈의 먹구름에 가려져 왔다고 말했다. 그러나 우리의 참된 본성인 불성(佛性)은 결코 무지의 지배에 완전히 굴복당한 것이 아니며, 언제든지 우리는 무지의 지배에 대항할 수 있다고 했다.

우리의 불성은 능동적인 측면을 가지고 있으며, 그것은 우리의 〈내적인 스승〉이다. 영적인 길에서 미혹에 빠지려는 그 순간, 우리의 내적인 스승은 자기 자신의 참된 존재의 광휘와 광대함으로 우리를 되돌리기 위해 끊임없이 애쓴다. 잠양 켄체가 말했듯, 내적인 스승은 단 한순간도 우리를 포기하는 일이 없다. 모든 붓다와 깨달은 존재가 지닌 무한한 자비심과 하나가 된 내적인 스승은, 끊임없이 우리의 영적인 진전을 위해 지금의 삶뿐만 아니라 지나간 모든 생을 통해서, 어떤 상황에서도 온갖 방법으로 우리를 가르쳐 일깨우고 진리로 되돌리기 위해 애쓰고 있다.

우리가 오랫동안, 헤아릴 수 없이 많은 삶을 통해서 진리를 염원하고 열망하고 목말라 했을 때, 우리의 카르마가 충분히 정화되었을 때, 기적이 우리의 삶에서 일어나게 된다. 그리고 우리가 그것을 이해하고 활용할 수 있다면, 기적은 영원히 무지에서 벗어나도록 우리를 이끌 수 있다. 우리와 언제나 함께 있었던 내적 스승은 마치 마법에 홀리기라도 한 것처럼 〈외적 스승〉의 형태로 우리 앞에 나타난다. 이런 만남은 우리 삶의 어떤 순간보다 중요하다.

그렇다면 우리의 외적 스승은 누구인가? 다름 아니라 우리의 내적인 스승이 몸과 목소리를 얻어 밖으로 그 형체를 드러낸 것이다. 우리가 삶에서 마주치는 그 어떤 사람보다 사랑하는 스승, 인간의 형상과 목소리와 지혜를 지닌 우리의 외적 스승은 바로 우리 자신의 내적 진리의 신비가 밖으로 표출된 것이다. 우리가 그에게 느끼게 되는 한없이 강렬한 흡인력을 어떻게 설명할 수 있을까?

가장 깊고 높은 단계에서, 스승과 제자는 한순간도 따로 떨어진

적이 없고, 또 어떤 경우에도 그렇게 될 수 없다. 스승의 임무는 우리가 아주 확실하게 우리 자신의 내적인 스승이 전하는 맑은 메시지를 받아들여 우리 안에 지속적이고 궁극적인 스승의 현존을 깨닫도록 이끄는 것이기 때문이다. 나는 이처럼 완벽한 친교(親交)의 환희를 누구든지 체험할 수 있기를 염원한다.

스승이란 우리 자신의 내적인 스승의 목소리를 직접 전하는 사람일 뿐만 아니라, 모든 깨달은 존재가 전하는 축복의 담지자이고 그 축복을 전하는 통로이기도 하다. 그렇기 때문에 스승은 우리의 마음과 영혼을 깨닫게 하기 위해 엄청난 힘을 불어넣어 준다. 스승은 인간의 얼굴을 한 절대자이며, 당신이 원한다면 모든 붓다와 깨달은 존재와 대화하도록 만들어주는 전화이기도 하다. 스승은 모든 붓다가 지니고 있는 지혜의 결정체이며, 언제나 당신을 향하고 있는 붓다의 자비가 구체적인 형상으로 현현한 것이다. 그는 당신이 고통으로부터 풀려나도록 하기 위해 당신의 마음과 영혼을 바라보고 있는 진리의 햇살이다.

티베트의 전통에서 스승은 붓다보다 한층 친근한 존재로 존경받는다. 붓다의 자비와 힘은 언제나 우리와 함께 있지만, 미혹 때문에 우리는 붓다와 직접 만나지 못한다. 그러나 우리는 스승을 직접 만날 수 있다. 그는 우리에게 가능한 모든 방법으로 붓다의 길을 보여주기 위해 우리와 함께 살고, 숨쉬고, 말하고, 행동한다. 내게 스승은 살아 있는 진리의 화신이었다. 스승은 육체를 지니고서 지금 이 삶, 이 세상에서, 심지어 바로 지금 여기에서 깨달음이 가능하다는 것을 보여주는 부인할 수 없는 실증이었다. 스승은 내 수행을 통해서, 내 작업을 통해서, 내 삶을 통해서, 해탈을 향한 나의 역정을 통해서 나에게 엄청난 영감을 불러일으킨 존재였다. 내가 깨달음을 실제로 성취할 때까지, 지속적으로 깨달음의 추구에 성스럽게 몰입하도록 만든 화신이 바로 내 스승이었다. 진정 깨달음에 이른 뒤에야 비로소 나는 스승이 실제로 누구이며 얼마나 무한한 관용과 사랑, 지혜를 가진 존재였는지 깨닫게 되었다.

티베트 사람들이 우리 영혼 속에 있는 스승의 존재를 깨닫게 해 준다고 말하는 직메 링파의 아름다운 기도를 당신과 함께 공유하고 싶다.

> 내 마음 깊은 곳에서 헌신의 연꽃이 피어나면서부터,
> 불쑥 솟아오르는 자비로 충만하신 스승, 나의 유일한 피난처여!
> 지난날 거친 행동과 감정으로 시달릴 때에
> 나를 불행한 일로부터 보호해 주시고,
> 내 정수리에 보석 장식으로 남아 있는, 위대한 은총의 만다라여,
> 내 마음을 일으켜 깨어 있게 하시옵소서, 이렇게 손 모아 기도하나이다.

헌신의 연금술

깨달음을 얻은 모든 붓다 가운데 스승에 의존하지 않고 그것을 이룬 사람은 없다고 말한 붓다는 이렇게도 이야기했다. 〈당신이 절대적 진리에 도달하는 것은 오직 헌신을 통해서만, 오직 헌신에 의해서만 가능하다.〉 일상적인 마음의 영역 안에서는 결코 절대적인 진리를 깨달을 수 없다. 그리고 모든 위대한 지혜의 전통이 우리에게 전하듯이, 일상적인 마음을 넘어서는 길은 그 마음을 통해야 한다. 마음 안에 있는 그 길은 바로 헌신을 뜻한다.

딜고 켄체 린포체는 이렇게 말했다.

해탈을 얻고 깨달음의 지혜를 획득하는 방법은 오직 한 가지 길밖에 없다. 즉 신뢰할 만한 영적 스승을 따르는 것. 그는 당신이 윤회의 바다를 건너도록 돕는 안내자이다.

〈그의 뒤를 따르면〉 해와 달이 앞길을 훤히 비출 것이고, 물결은 즉시 잔잔해질 것이다. 이와 마찬가지로 모든 붓다의 축복은 언제나 마음의 확신이 완전하게 서 있는 사람에게 내린다. 햇빛은 모든 곳에 똑같이 쏟아진다. 그러나 돋보기를 통해 모인 햇빛만이 마른풀을 태울 수 있다. 모든 곳에 똑같이 퍼져 있는 붓다의 자비도 믿음과 헌신의 돋보기를 통해 모일 때, 당신 존재 속에서 축복의 불꽃으로 타오르게 된다.

그렇다면 중요한 것은 진정한 헌신이 무엇인지 아는 것이다. 그것은 지각 없이 숭배하는 것도 아니고, 자기 스스로에 대한 책임을 포기하는 것도 아니며, 다른 사람의 변덕을 무조건 추종하는 것도 아니다. 참된 헌신이란 끊임없이 진리를 받아들이는 것이다. 진정한 헌신은 경건한 감사의 마음에 뿌리를 두고 있으며 명쾌하면서도 근거 있고 지성적인 것이다.

스승이 당신의 마음 아주 깊은 곳을 열어 당신이 자기 마음의 본성을 분명하게 일별하도록 했을 때, 터질 듯한 감사의 물결이 당신 안에서 파도처럼 일어나 당신을 도와준 사람을 향해 흘러가게 되고, 스승이 자신의 존재 안에 가르침과 지혜의 마음을 체현하고 있는 존재라는 사실을 깨닫게 될 것이다. 그렇게 자연스럽고 순수한 감정은 의문의 여지 없이 명백한 내적 체험의 반복에 뿌리를 두고 있다. 그것은 직접적인 앎의 명료함을 지속적으로 체험하는 것이다. 이것이, 그리고 이것만이 우리가 헌신이라고 일컫는 것으로, 티베트어로 〈모귀 Mö Gü〉라고 한다. 이 말은 〈갈망과 존경〉을 뜻한다. 그가 실제로 누구인지 더 알게 될수록 스승에 대한 존경심은 더 깊어가며 스승이 당신에게 제시해 주는 가르침을 더욱 갈망하게 된다. 스승이란 절대적 진리와 당신의 마음을 연결해 주는 매개체이며, 당신 마음의 참된 본성을 체현한 존재임을 알게 되기 때문에, 그런 감정이 자연스럽게 일어나는 것이다.

딜고 켄체 린포체는 이렇게 말했다.

> 처음에 이러한 헌신은 자연스럽거나 자발적이지 않을 수도 있다. 그래서 우리는 진정한 헌신에 이를 수 있도록 사람들을 돕는 다양한 방식을 활용해야만 한다. 우리는 언제나 스승의 뛰어난 점, 특히 그의 친절함을 기억해야 한다. 믿음, 스승에 대한 존중, 그리고 그를 향한 헌신을 반복함으로써 그의 이름이 단지 언급되거나 그에 대한 상념이 일어나기만 해도 우리의 모든 일상적 행위가 멈춰질 때가 올 것이다. 그렇게 되면 우리는 그를 붓다 자체로 보게 될 것이다.[2]

스승을 인간이 아니라 붓다 그 자체로 보는 것은 가장 높은 은총의 원천이 될 것이다. 파드마삼바바도 이렇게 말했다. 〈완벽한 헌신은 완벽한 축복에 이르는 길이다. 의심하지 않는 것이 바로 완전한 성공의 길잡이다.〉 티베트 사람들은 스승을 붓다로 대하면 붓다의 축복을 받게 될 것이고, 스승을 인간으로 대하면 인간의 축복을 받게 된다는 사실을 알고 있다. 따라서 스승의 가르침에 깃들인 축복이 가져다줄 엄청난 변화의 힘, 그 영광(靈光)의 전개를 온전히 받아들이기 위해서 우리는 스승에게 최상의 헌신을 바쳐야 한다. 스승을 붓다로서 대하기만 하면, 붓다의 가르침이 지혜로 충만한 스승의 마음으로부터 당신에게 흘러갈 것이다. 스승을 붓다로 대하지 않고 인간으로 대하면 완전한 축복은 있을 수 없게 되고, 당신은 가장 위대한 가르침일지라도 받아들일 수 없게 된다.

내가 헌신에 대해, 그리고 가르침의 비전 전체에서 헌신이 차지하는 위치와 역할에 대해 생각하면 할수록, 헌신이야말로 스승의 가르침에 깃들인 진리를 좀더 쉽게 받아들일 수 있게 하는 강력하고 효과적인 수단이라는 것을 깊이 깨닫게 된다. 스승들은 우리의 숭배를 필요로 하지 않는다. 그러나 그들을 살아 있는 붓다로 섬김으로써 우리는 그들의 가르침을 귀기울여 듣고 그들이 제시하는 길을 가장 충실하게 따를 수 있게 된다. 따라서 헌신은 어떤 의미에서 스승에 의해 체현되고 그를 통해 전수되는 가르침을 완벽하게 존중하고, 그것에 마음을 열도록 유도하는 가장 실제적인 수단일 수 있다. 스승에게 헌신하면 할수록 더욱더 가르침을 향한 당신의 마음이 열리게 된다. 당신의 마음이 열리면 열릴수록 가르침이 당신의 마음과 정신을 꿰뚫어 완벽한 영적인 변화를 일으키기 쉬워질 것이다.

따라서 스스로를 살아 있는 붓다로 변화시키는 과정이 진정으로 시작되고 성취되는 것은 오직 스승을 살아 있는 붓다로 섬김에 의해서만 가능하다. 스승이 바로 깨달음의 살아 있는 표출이라는 신비스러운 사실에 대해 당신의 마음과 영혼이 환희와 경이, 감사로 충만하게 열릴 때, 스승의 지혜와 영혼이 천천히 몇 해에 걸쳐 당신에게 전수되어 당신 자신의 불성을 찬란하게 빛낼 것이며, 이와 함께 우주 자체가 완벽한 빛을 발하게 되리라.

제자와 스승 사이의 이렇게 친밀한 관계는 제자와 삶, 또는 제자와 세계의 관계를 비춰주는 살아 있는 거울이다. 스승은 지속적으로 〈순수한 비전〉을 수행하는 중심 인물이며, 제자가 스승을 직접적으로 어떤 의심 없이 바라보게 될 때 그 비전은 절정에 달한다. 이를테면 스승을 살아 있는 붓다로, 그의 모든 말을 붓다의 말로, 그의 마음을 지혜로 충만한 붓다의 마음으로, 그의 모든 행동을 붓다의 일거수일투족으로, 그가 사는 곳을 붓다의 영토로, 나아가 스승 주변에 있는 모든 것을 그 지혜가 빛을 발하는 현현으로 바라볼 때이다.

이렇게 바라보는 것이 한층 안정되고 실제적이게 될 때, 수많은 삶을 통해 제자들이 그토록 갈망했던 내적인 기적이 서서히 일어날 수 있다. 그렇게 되면 자기 자신과 우주, 그리고 모든 존재를 예외 없이 자연스럽게 순수하고 완전한 것으로 보게 된다. 그는 마침내 실재를 그 자체의 눈으로 보고 있는 것이다. 그렇다면 스승이란 바로 제자의 모든 지각을 전적으로 변화시키는 불가사의한 시금석이다.

헌신은 우리 마음과 사물의 본성을 실현시켜 주는 가장 순수하고 빠르고 단순한 길이다. 우리가 스승에게 헌신하는 마음을 지니고 수행할 때, 그 과정은 놀랍게도 상호 의존적인 효과를 낳을 것이다. 우리가 계속해서 헌신하려고 애쓰면 애쓸수록, 자기 자신 안에서 솟아나는 헌신으로 마음의 본성을 일별하게 되고, 이렇게 일별함으로써 우리에게 영감을 불어넣고 있는 스승들에 대한 우리의 헌신은 더 높고 깊어질 것이다. 그래서 결국 헌신은 지혜를 솟아나게 한다. 헌신과 마음의 본성에 대한 살아 있는 체험은 서로 분리될 수 없고, 상호 영감을 불어넣는다.

파툴 린포체의 스승은 직메 곌웨 뉴구이다. 그는 산속에 있는 오두막에서 오랫동안 홀로 은둔 생활을 했다. 어느 날 그가 오두막 밖으로 나왔더니 햇빛이 쏟아지고 있었다. 고개를 들어 하늘을 바라보자 그의 스승 직메 링파가 살았던 방향으로 구름 한점이 흘러갔다. 그때 그의 마음에 이런 생각이 떠올랐다. 〈저 너머에 내 스승이 살고 계신다.〉 그렇게 생각하자마자 갈망과 헌신의 느낌이 엄청나게 그의 마음을 휩쓸었다. 그 느낌이 너무 강렬하고 충격적이어서 그는 거의 기절할 지경이었다. 직메 곌웨 뉴구가 스승을 찾아가자 스승은 지혜로 충만한 마음으로 완벽한 축복을 내렸고, 그는 〈현상계의 소멸〉이라고 불리는 가장 높은 단계의 깨달음에 이르게 되었다.

축복의 흐름

헌신의 힘과 스승의 축복에 관한 이런 예화는 결코 지난날의 이야기만은 아니다. 티베트의 가장 위대한 여자 스승이자 내 스승 잠양 켄체의 아내였던 칸도 체링 최뙨 같은 사람에게서 우리는 수년 동안에 걸친 가장 깊은 헌신과 수행으로 인간 영혼이 어떻게 될 수 있는지 분명히 볼 수 있었다. 그녀 자신은 가능한 한 뒷자리에 남아 있고자 애썼고 결코 밖으로 드러내지 않았다. 그녀는 옛날부터 내려오는 관조적인 삶의 소박함을 즐겼지만, 모든 티베트 사람들은 그녀의 겸손함과 영혼의 아름다움, 빛나는 단순함과 공손함, 그리고 명료하고 부드러운 지혜를 존경했다.

잠양 켄체는 칸도의 삶 전체에 끊임없이 영감을 불어넣었다. 스승과 영적인 결혼을 함으로써 그녀는 매우 아름답고 다소 반항적인 젊은 여성에서 빛을 발하는 다키니 dakini[3]로 변모했다. 다른 위대한 스승들은 다키니를 가장 높이 평가했다. 딜고 켄체 린포체는 그녀를 〈영혼의 어머니〉로 여겼고, 모든 라마들 중에서도 특별히 자신을 깊이 사랑하고 존중해 주니 얼마나 좋은가라고 항상 말하곤 했다. 칸도를 볼 때마다 그는 그녀의 손을 쥐고 부드럽게 어루만지고 나서 천천히 그녀의 손을 자기 머리 위에 얹었다. 그것이 그녀가 자신을 축복하게 할 수 있는 유일한 방법이라는 것을 그는 알았다.

잠양 켄체는 칸도에게 모든 가르침을 전해 주면서 그녀를 교육시켰고 그녀가 수행하도록 영감을 불어넣었다. 그녀가 그에게 묻는 것은 노래 형식을 띠었고, 그러면 그가 그녀에게 다시 노래를 적어 주었으니 거의 장난과 같았다. 칸도는 그가 죽은 이후 그가 인생의 마지막을 보내고 죽음을 맞이한 곳이며, 그의 유품이 보존된 스투파[塔][4]가 있는 시킴을 떠나지 않음으로써 스승에 대한 변함없는 헌신을 보여주었다. 그녀는 그의 곁에서 지속적으로 기도에 전념하면서 맑은 삶, 남의 도움을 필요로 하지 않는 생을 영위했다. 그녀는 붓다의 말씀 전체와 수백 권이나 되는 주석서를 천천히, 단어 하나하나 읽었다. 딜고 켄체 린포체는 잠양 켄체의 스투파를 참배할 때마다 고향에 돌아온 듯한 느낌이었다고 말하곤 했다. 왜냐하면 칸도가 주변 분위기를 아주 풍요롭고 따뜻하게 이끌었기 때문이다. 마치 내 스승 잠양 켄체가 그녀의 존재와 헌신으로 인해서 여전히 살아 있는 듯했다는 것이다.

그녀가 내 스승과 자신의 관계가 전적으로 순수하게 지속되었기 때문에 자신의 삶에서 모든 일이 순조롭게 풀려나갔다고 말하는 것을 나는 여러 번에 걸쳐 들었다. 그녀 자신의 삶이 바로 이처럼 헌신적인 삶의 가장 감동적이고 더없이 훌륭한 전범이었다. 헌신을 통해 그녀는 가르침의 핵심을 체득할 수 있었으며, 다른 사람을 향해 가르침의 따스함 역시 발산할 수 있었다. 칸도는 결코 형식적으로 가르친 적이 없다. 사실, 그녀는 많은 말을 하지 않았다. 그러나 그녀의 말은 흔히 정곡을 찌르는 예언이기도 했다. 그녀의 열렬하고 축복 넘치는 염불을 듣기만 해도, 그녀와 함께 수행하기만 해도 누구나 존재 깊숙한 곳에 영감을 받게 되었다. 심지어 그녀와 함께 걷기만 해도, 또는 함께 물건을 사거나 곁에 앉기만 해도 그녀의 현존으로 인해서 엄청나게 크고 잔잔한 행복감이 온몸을 흠뻑 적시게 되었다.

칸도는 조용히 은둔해 있었고 그녀의 위대함은 평범함 속에 가려져 있었기 때문에, 깊은 통찰력을 지닌 사람만이 그녀가 누구인지 알 수 있었다. 우리는 흔히 자신을 앞세우는 사람이 가장 존경받는 시대에 살고 있다. 그러나 칸도의 삶이 그러하듯, 진리가 참으로 살아 숨쉬는 곳은 보잘것없는 곳이다. 만약 칸도가 서양에서 가르침을 펼쳤다면 그녀는 위대한 스승이 되었을 것이다. 가장 위대한 여성 스승, 불가사의한 완벽함과 함께 자비로 충만한 여성 형상의 깨달은 존재, 즉 다라[多羅]의 사랑과 고통을 치유해 주는 지혜를 체현한 인물. 나는 종종 생각했다. 만약 내가 죽어갈 때에 칸도가 곁에 있다면, 다른 어떤 스승이 옆에 있을 때보다 더 큰 확신과 평온함을 느낄 수 있을 것 같다고.

내가 알게 된 모든 것은 스승에게 헌신함으로써 얻은 것이다. 다른 사람들을 가르칠수록 점점 나는 스승들의 축복이 나를 통해 어떻게 작용하고 있는지 경외감을 느끼며 의식하게 된다. 그의 축복이 없었다면 나는 아무것도 할 수 없었을 것이다. 내가 할 수 있는 것이 있다면 그것은 스승들과 당신들 사이의 징검다리 역할을 하는 것이다. 내가 가르치는 도중에 스승들을 언급할 때, 스승에 대한 나의 헌신으로 인해 사람들이 헌신의 중요성을 실감하게 되는 것을 계속해서 본다. 그리고 그렇듯 놀라운 순간이면 나는 스승들이 그 자리에 임석해 내 제자들의 마음을 축복하며 진리를 향해 열도록 돕는 것을 느낀다.

1960년대에 내 스승 잠양 켄체가 돌아가신 지 얼마 후 시킴에서 딜고 켄체 린포체는 파드마삼바바의 가르침을 전수하는 일단의 긴 입문식을 거행하고 있었다. 그것은 몇 달씩 걸리는 의식이었다. 많은 스승들이 수도 강톡 뒤쪽의 언덕에 있는 한 사원에 모여 있었다. 나는 칸도 체링과 스승의 행자이자 의식 전문가인 라마 촉덴과 함께 앉아 있었다. 스승의 지혜로 충만한 마음의 축복이 어떻게 제자들에게 전수되는가를 가장 생생한 방식으로 내가 체험한 것이 바로 그때였다. 어느 날 딜고 켄체 린포체가 헌신과 내 스승 잠양 켄체에 대해 가르쳤다. 그것은 아주 감동적인 순간이었다. 때로 유창한 웅변으로, 때로 가장 순수한 영적인 시의 형태로 그에게서 이야기들이 흘러나왔다. 딜고 켄체 린포체의 말에 귀기울이고 그를 쳐다볼 때마다, 나는 가장 신비스러운 방식으로 잠양 켄체가 회상되었다. 그는 끊임없이 샘솟는 가르침의 근원을 숨겨놓기라도 한 듯 숭고한 가르침들을 쏟아냈다. 그때 나는 서서히 경이로운 일이 일어나고 있는 것을 알아차렸다. 지혜로 충만한 잠양 켄체의 마음이 내리는 축복이 영적인 아들 딜고 켄체 린포체에게 완전히 전수되었던 것이다. 그 축복이 이제 우리 모두의 눈앞에서 그를 통해 거침없이 쏟아져 나왔다.

가르침이 끝날 무렵, 나는 칸도와 촉덴의 얼굴에 눈물이 흘러내리는 것을 보았다. 그들은 그렇게 말했다. 〈우리는 딜고 켄체가 위대한 스승임을 알고 있었다. 그리고 어떻게 한 스승이 그의 지혜로 충만한 마음의 축복을 영적인 아들에게 전수하는지도 알고 있었다. 그러나 그것이 정말로 무엇을 뜻하는지 알게 된 것은 바로 지금, 바로 오늘, 이 자리에서이다.〉

놀라운 일이 벌어졌던 그날을 다시 생각할 때마다, 그리고 내가 알고 있던 위대한 스승들을 생각할 때마다, 늘 내게 영감을 불어넣어 주던 한 티베트 성자의 말이 떠오른다. 〈열렬한 헌신의 햇살이 스승의 눈 덮인 산 위에서 빛날 때, 축복의 물줄기가 쏟아져 내리리라.〉 또한 딜고 켄체 린포체의 말도 떠오른다. 그의 말은 아마도 내가 알고 있는 다른 어떤 구절보다도 스승의 고결함과 웅장함을 감명 깊게 전하고 있다.

잠양 켄체는 위험으로 가득한 윤회의 바다를 건너는 중생들을 위한 거대한 배와 같다. 그는 정확한 판단으로 중생을 해탈의 땅으로 이끄는 선장, 온갖 정욕의 불꽃이 소진된 한 그루 소나기, 무명의 어둠을 쫓아내는 빛나는 해와 달, 선과 악 모두의 무게를 견딜 수 있는 굳건한 대지, 일시적인 행복과 영원한 축복을 가져다주는 소망을 충족시켜 주는 나무, 드넓고 깊은 가르침의 보고, 깨달음이란 소망을 실현시켜 주는 보석, 모든 중생에게 공평하게 사랑을 나누어주는 부모, 거대한 자비의 강, 모든 세속적인 이해 위에 우뚝 솟아 감정의 바람에 흔들리지 않는 산, 그리고 정욕의 고통을 누그러뜨리는 비를 가득 품은 구름 같았다. 한 마디로 말해 그는 붓다나 다름없는 인물이었다. 그를 직접 보든지, 그의 목소리를 듣든지, 마음속으로 그를 떠올리든지, 그의 손을 잡든지 일단 그와 인연을 맺기만 하면 그는 우리를 해탈을 향해 이끌어갔다. 그를 전적으로 신뢰하는 것이 바로 깨달음을 향해 나아가는 가장 확실한 길이다. 그러면 그의 자비와 지혜의 따스함이 우리 존재의 원석(原石)을 녹여 그 속에 갇혀 있던 불성의 순금을 드러낼 것이다.[5]

지금까지 거의 느낄 수 없을 정도로 나를 향해 흘러내려 내 마음에 영감을 불어넣은 스승들의 축복을 이제 나는 의식하고 있다. 딜고 켄체 린포체가 죽은 후, 나의 가르침이 더 유창하고 더 명료해졌다고 내 제자들은 말한다. 딜고 켄체 린포체의 놀라운 가르침을 들은 후 얼마 지나지 않아서 나는 그에게 깊은 존경심을 표하면서 말했다. 〈전혀 힘들이지 않고 자연스럽게 당신의 지혜로 충만한 마음에서 가르침이 솟아나는 것을 보니 매우 놀랍습니다.〉 그러자 그는 짓궂은 눈빛으로 나를 향해 부드럽게 몸을 숙이면서 말했다. 〈언젠가 똑같은 방식으로 자네도 유창한 영어로 가르침을 펴게 될 거야.〉 그날 이후 나는 별다른 노력을 하지 않았지만 그 가르침이 내 안에서 한층 자라나고 좀더 자연스럽게 표출되는 것을 느낄 수 있었다. 이 책은 궁극적인 스승이자 최고의 안내자 파드마삼바바의 지혜로 충만한 마음으로부터 전수된 스승들의 축복이 표출된 것이라고 나는 생각한다. 그렇다면 이 책은 그들이 당신에게 주는 선물이리라.

진리를 배우도록 마음을 열고 받아들이게 하는 가르침의 힘, 그리고 계속해서 배울 수 있도록 북돋워주는 힘은 바로 스승들에 대한 나의 헌신이다. 딜고 켄체 린포체는 멈추지 않고 다른 스승들의 가르침을 겸허하게 받아들였다. 그는 때때로 자신의 제자였던 이들의 가르침도 받아들이곤 했다. 그러니까 가르치도록 영감을 주는 헌신은 계속해서 배우고자 하는 겸허함을 고취시키기도 한다. 밀라레파의 가장 위대한 제자 감포파가 스승과 헤어질 때 물었다. 〈제가 언제부터 제자들을 이끌 수 있을까요?〉 밀라레파가 말했다. 〈그대가 지금 같지 않을 때, 그대의 인식 전체가 바뀔 때, 지금 그대 앞에 있는 늙은 노인을 진정 붓다와 다르지 않은 사람으로 보게 될 때이다. 그대가 헌신함으로써 그러한 깨달음의 순간이 도래하게 되면, 그때 비로소 그대는 가르침을 펴게 되리라.〉

이 가르침은 파드마삼바바의 깨달은 마음으로부터 천여 년의 세월을 넘어, 결코 끊어지지 않고 스승들의 전수를 통해 당신에게까지 전해 내려왔다. 스승들은 겸허하게 제자들에게 배우고, 가장 깊은 의미에서 일생 동안 자기 스승의 제자로 남아 있었기 때문에 비로소 스승이 될 수 있었다. 여든둘의 나이였건만, 딜고 켄체 린포체는 자신의 스승 잠양 켄체에 대해 말할 때 감사와 헌신의 눈물을 흘렸다. 그가 죽기 전 내게 보낸 마지막 편지에서, 그는 〈가장 못난 제자〉라는 서명을 했다. 나는 이를 통해 참된 헌신이란 얼마나 끝없는 것인지, 가장 위대한 헌신과 가장 완벽한 헌신이 어떻게 해서 가장 위대한 깨달음을 불러일으키는지 목도하게 되었다. 그것은 가장 겸손하고 감사하는 마음에서 비롯하는 것이다.

스승의 마음과 하나가 되기

모든 붓다, 보살, 깨달은 존재는 언제나 우리를 돕기 위해 나타난다. 그리고 그들의 온갖 축복은 스승의 존재를 매개로 해서 우리에게 직접 쏟아져 내려온다. 파드마삼바바를 아는 사람들은 천여 년 전에 그가 했던 약속이 아직도 생생하게 살아 있음을 알고 있다. 〈비록 나를 보지 못할지라도, 나를 믿는 사람들 곁을 나는 결코 떠나지 않을 것이며, 심지어 믿음이 없을지라도 그의 곁을 떠나지 않을 것이다. 나의 제자들은 언제나, 언제까지나 내 자비로 보호받을 것이다.〉

우리가 단지 구하기만 해도 직접 도움을 접할 수 있다. 예수 또한 이렇게 말하지 않았던가. 〈구하라, 그러면 얻을 것이다. 찾아라, 그러면 찾을 것이다. 두드려라, 그러면 열릴 것이다. 구하는 자마다 받을 것이요, 찾는 자마다 찾을 것이다.〉[6] 그렇지만 구하는 것이야말로 찾아내기가 아주 힘든 것이다. 사람들 대부분은 어떻게 구해야 할지 모른다고 나는 느끼고 있다. 때로는 우리가 오만하기 때문이기도 하고, 때로는 기꺼이 도움을 구하지 않기 때문이기도 하며, 때로는 게으르기 때문이기도 하고, 구한다는 생각이 우리 안에서 일어나지 못하도록 온갖 의심, 산만함, 혼란이 우리 마음을 괴롭히고 있기 때문이기도 하다. 알코올이나 마약 중독을 치료할 때 전환점이 되는 것은 당사자가 자신의 병적인 중독 증세를 인정하고 도움을 구하는 순간이라고 한다. 어떤 이유에서든지 우리는 윤회에 중독되어 있다. 우리가 도움을 받을 수 있는 순간은 바로 우리가 자신의 중독 증세를 깨닫고 단순하게 도움을 구할 때이다.

대부분의 사람들이 가장 필요로 하는 것은 무엇보다도 마음 깊은 곳에서부터 진실로 도움을 구하는 용기와 겸손함이다. 즉, 그것은 우리를 정화하고 치유하기 위해서 깨달은 존재들의 자비를 구하는 것이며 우리 고통의 의미를 깨닫고 그것을 변화시킬 수 있는 힘을 구하는 것이다. 다시 말해 상대적인 차원에서 보면 우리 삶에서 명료함과 분별력을 키우는 힘을 구하는 것이고, 사멸하지 않는 스승의 지혜로 충만한 마음과 하나가 됨으로써 마음의 절대적인 본성을 깨달을 수 있는 힘을 구하는 것이다.

깨달은 존재의 도움을 청하고, 헌신의 마음을 용솟음치게 하며, 마음의 본성을 깨닫도록 이끌어주는 수행 가운데 구루 요가의 수행보다 즉각적이고 감동적이면서도 힘있는 것은 없다. 딜고 켄체 린포체는 이렇게 말했다. 〈구루 요가라는 말은 '구루의 본성과 하나가 되는 것'을 뜻한다. 구루 수행법을 통해서 우리는 스승의 깨달은 마음과 자기 마음을 융합하는 방법을 얻게 된다.〉[7] 스승, 즉 〈구루guru〉란 모든 붓다, 스승, 깨달은 존재의 축복을 체현한 존재임을 기억하라. 따라서 그를 염원하는 것은 그들 모두에게 간절히 바라는 것이다. 당신의 마음이 지혜로 충만한 스승의 마음과 하나가 되는 것은 바로 당신의 마음이 진리와 깨달음의 화신과 합일하는 것이다.

다시 말해 바깥의 스승이 당신에게 직접 내면의 스승을 소개하는 것이다. 스승의 가르침과 영감을 통해 더 많이 알게 될수록, 바

곁에 있는 스승과 내면의 스승이 결코 분리되지 않는다는 것을 깨닫게 되리라. 구루 요가를 닦으면서 스승을 계속 염원함으로써 당신은 점차 이러한 진리를 발견하게 될 것이다. 그에 따라 확신, 감사, 환희, 헌신이 한층 심화되어 자기 자신에게서 솟아날 것이고, 이를 통해서 당신 마음과 스승의 마음이 실제로 분리될 수 없음을 알게 될 것이다. 내 요청에 따라 구루 요가를 수행하면서 딜고 켄체 린포체는 이렇게 썼다.

> 순수한 지각의 거룩함을 성취하는 것은
> 바로 헌신에 달려 있나니,
> 헌신은 리그파의 찬란한 빛이노라…….
> 자신의 리그파가 자기 스승임을 깨달아 잊지 않는 것,
> 이를 통해, 당신의 마음과 내 마음은 하나가 되리라.

이런 까닭으로 티베트의 모든 지혜 전통에서는 구루 요가 수행의 중요성을 강조하고 티베트의 으뜸 가는 스승들도 이 수행법을 가장 깊은 수행으로 여긴다. 뒤좀 린포체는 이렇게 말했다.

구루 요가에 당신의 모든 에너지를 쏟아붓는 것은 정말 중요하니, 그것을 수행의 핵심으로 삼아 정진하라. 그렇지 않으면 명상은 한없이 지루할 것이고, 작은 진전이 있을지라도 끝없이 장애물에 부딪쳐 진실하고 순수한 깨달음이 싹트기 어려울 것이다. 따라서 마음에서 우러나오는 헌신으로 열렬히 기도하라. 그러면 잠시 후 스승의 마음이 내리는 축복이 직접 당신에게 전해져 언어를 넘어 마음 깊숙한 곳에서 깨달음을 얻게 되리라.

내가 지금 당신에게 제시하려는 것은 종교나 영적인 믿음과 상관 없이 누구나 할 수 있는 구루 요가의 간단한 수행법이다.

이 놀라운 수행법이 바로 내가 주로 닦는 수행으로, 내 삶 전체에 영혼과 영감을 불어넣은 수행이다. 구루 요가를 수행할 때마다 나는 파드마삼바바에 초점을 맞춘다. 붓다는 열반할 때, 자신의 죽음 이후 오래 지나지 않아 파드마삼바바가 태어나 탄트라의 가르침을 널리 전하리라고 예언했다. 내가 이미 말했지만, 8세기에 티베트 불교를 창건한 인물이 바로 파드마삼바바이다. 티베트 사람들의 구루 린포체인 파드마삼바바는 시간을 초월한 우주의 원리를 체현한 화신이다. 즉 그는 모든 중생의 스승이다. 그는 티베트의 스승들에게 수없이 나타났으며, 그 만남과 비전은 정확하게 기록되어 있다. 파드마삼바바가 남긴 가르침과 예언뿐만 아니라 그 만남이 이루어진 날짜와 시간, 장소 그리고 만남의 방식까지. 그는 또한 미래에 대한 수많은 가르침을 남겼는데 그에게 감화받은 수많은 스승들에 의해 계속해서 제시되었다. 그가 남긴 살아 있는 가르침의 보고(寶庫) 가운데 하나가 바로 「티베트 사자의 서」이다.

어려움과 위기를 맞을 때마다 나는 언제나 파드마삼바바를 찾는다. 그의 축복과 권능은 결코 나를 실망시킨 적이 없다. 그를 생각할 때마다, 내 모든 스승들이 그와 함께 있음을 느낀다. 그가 순간순간마다 온전히 살아 있으며, 우주 어디에서나 매 순간마다 아름다움과 힘으로 충만하여 빛을 뿜어내고 있음을 나는 느낀다.

    오 구루 린포체, 존귀한 분이시여!
    모든 붓다의 자비와 축복을
    당신께서 체현하셨으니,
    중생들의 유일한 보호자이나이다.

내 몸, 내 소유, 내 마음과 영혼을
아낌없이 당신께 바치나이다!
지금부터 제가 깨달음에 이를 때까지
기쁘든지 슬프든지, 상황이 좋든지 나쁘든지
일이 잘 풀리든지 안 풀리든지
전적으로 당신께 의지하옵나니,
오, 파드마삼바바이시여!
저를 알고 계시는 분이여!
저를 생각해 주시고, 제게 영감을 넣어주시고,
저를 이끌어주시고, 당신과 하나 되게 하시옵소서![8]

나는 파드마삼바바가 내 모든 스승들의 형상으로 현현했다고 생각한다. 그래서 내가 파드마삼바바와 함께 구루 요가를 수행할 때, 스승들은 파드마삼바바 안에 함께 임하게 된다. 파드마삼바바가 아닐지라도 당신은 어떤 깨달은 존재, 성자, 또는 어떤 종교든 어떤 신비적 전통이든 그가 살아 있든지 죽었든지 관계 없이 헌신하고자 느끼는 스승과 함께 수행을 닦을 수 있다.

구루 요가의 수행에는 네 가지 주요 단계가 있다. 첫째 염원, 둘째 영혼의 정수인 만트라 mantra〔眞言〕를 통해서 자신의 마음을 스승과 합일하는 것, 셋째 스승의 축복 또는 권능을 받아들이는 것, 넷째 자기 자신의 마음이 스승과 하나가 되어 마음의 본성인 리그파 rigpa 안에서 편안히 쉬는 것.

염원

조용히 앉는다. 마음 깊은 곳으로부터, 당신 앞에 있는 하늘을 향해 당신의 스승, 성인, 깨달은 존재가 체현한 진리를 간절히 구한다.

스승이나 붓다를 당신 눈앞에서 생생하게, 무지개처럼 빛나고 투명한 존재로 그려본다. 붓다와 깨달은 존재가 체득하고 있는 지혜, 자비, 권능의 고귀함과 그 축복을 전적으로 믿는다.

만약 스승을 생생하게 그려내기 어렵다면, 진리란 빛과 같은 존재라고 상상하거나 당신 눈앞의 하늘에 그가 완벽하게 현존해 있는 것을 느끼려고 노력한다. 모든 붓다와 스승의 현현. 그러면 당신이 영상화한 그곳에 온갖 영감과 환희와 경외감이 생생하게 떠오르는 것을 느낄 수 있을 것이다. 단지 당신이 염원하고 있는 인물이 실제로 거기에 임하고 있음을 믿기만 하면 된다. 붓다는 이렇게 말했다. 〈어느 누가 나를 생각하든지 나는 바로 그 앞에 있겠노라.〉 내 스승 뒤좀 린포체는 이렇게 말하곤 했다. 〈처음에 그대가 아무것도 떠올릴 수 없을지라도 그것은 그다지 중요하지 않다. 좀더 중요한 것은 자기 마음에 임해 있는 존재를 느끼고, 그 존재가 모든 붓다의 축복, 자비, 힘, 지혜임을 아는 것이다.〉

그러고 나서 긴장을 풀고 마음을 스승의 존재로 가득 채우면서 있는 힘을 다해 그를 강렬하게 염원한다. 완전한 믿음을 갖추고서 그를 마음속으로 불러본다. 〈저를 도와주소서. 저의 모든 카르마와 부정적인 감정을 씻어낼 수 있도록 영감을 넣어주소서. 제 마음의 참된 본성을 깨닫게 하옵소서!〉

그 다음, 깊은 헌신 속에서 당신 마음이 스승과 하나 되게 한다. 그리고 그의 지혜로 충만한 마음속에서 당신 마음을 편안하게 쉬도록 한다. 그러면, 당신은 스승에게 완전히 심복하게 되어 마음속으로 이렇게 말하게 되리라. 〈지금 저를 도와주소서. 저를 보살펴 주소서. 당신의 환희와 힘, 지혜와 자비로 저를 채워주소서. 지혜와 사랑으로 충만한 당신의 마음으로 저를 이끌어주소서. 내 마음을 축복하소서. 내게 영감을 불어넣어 주소서.〉 그러면 딜고 켄체

린포체는 이렇게 말할 것이다. 〈틀림없이 축복이 당신 마음을 가득 채우게 되리라.〉

이 수행법이야말로 우리가 일상의 마음을 뛰어넘어 마음의 본성인 리그파의 순수한 지혜의 영토 속으로 들어가게 하는 직접적이고도 강력한 방법이다. 이것을 통해 우리는 모든 붓다가 지금 이 자리에 현현해 있음을 발견할 것이다.

붓다, 파드마삼바바, 당신의 스승이 생생하게 현전해 있음을 느끼고, 진리의 현현에 대해 자기 자신의 마음과 영혼을 열어두기만 하면, 당신 마음에 축복이 쏟아져 내리고 변화하게 될 것이다. 당신이 마음으로 붓다를 염원함에 따라, 따사로운 햇빛에 꽃이 자연스럽게 활짝 피는 것처럼 당신의 불성이 영감을 받아 활짝 개화할 것이다.

축복의 완숙과 심화

수행이 이 단계에 접어들 때, 나는 만트라를 염송함으로써 마음을 스승과 합일시킨다. 〈옴 아 훔 바즈라 구루 파드마 싯디 훔. (티베트어 발음으로는 옴 아 훔 벤자 구루 페마 싯디 훔.)〉 나는 이 만트라가 음성의 형태로 표출된 파드마삼바바의 존재이자 모든 스승들의 축복이라고 생각한다. 나는 파드마삼바바라는 존재를 의미하는 이 만트라를 암송할 때 파드마삼바바가 내 존재 전체를 가득 채운다고 상상하고, 또한 진언이 진동하면서 마치 소리 형태로 현현한 듯한 무수히 많은 자그마한 파드마삼바바가 내 존재 안에서 순환하면서 내 존재 전체를 변화시키는 것을 느낀다.

만트라를 암송할 때에는 자신의 마음과 영혼을 열정적으로 하나로 모아 헌신해야 한다. 그러면 당신 마음은 파드마삼바바나 당신의 스승과 하나가 되어 빛을 발하게 될 것이다. 이제 당신은 서서히 파드마삼바바와 밀착되어, 당신과 지혜로 충만한 그의 마음 사이의 간격이 없어지고 있음을 느끼게 된다. 이 수행의 축복과 권능을 통해 당신 마음이 서서히 파드마삼바바나 스승의 지혜로 충만한 마음으로 탈바꿈하는 것을 체험하게 되리라. 즉 양자가 서로 떼어낼 수 없는 것임을 당신은 알게 된다. 마치 손가락을 물에 넣으면 젖는 것처럼, 또 불에 넣으면 타는 것처럼, 마음을 지혜로 충만한 붓다의 마음에 넣으면, 그 지혜로 충만한 본성을 발휘되게 되리라. 마음의 가장 깊은 본성은 바로 붓다의 지혜로 충만한 본성과 같은 것이므로, 당신 마음은 서서히 리그파의 상태에 접어들 것이다. 그것은 일상적인 마음이 소멸함에 따라, 당신의 순수한 깨달음과 불성, 그러니까 당신 내면의 스승이 드러나는 것과 마찬가지이다. 이것이 바로 〈축복〉의 참뜻이다. 예컨대 우리의 마음이 절대적인 상태로 초출(超出)하는 것.

이러한 〈축복의 완성〉은 수행의 핵심이자 중심 내용으로, 우리가 구루 요가를 수행할 때 가장 오랫동안 전념해야 한다.

스승의 권능을 받아들이는 것

이제 스승에게서 흘러나온 수천 가지 빛줄기가 당신을 향해 쏟아져 당신을 정화하고 치유하며 축복하고 권능을 부여하고, 또한 깨달음의 씨앗을 당신에게 심는다고 상상한다. 수행을 가능한 한 풍요롭고 영감 넘치게 하기 위해, 수행 과정을 세 단계로 나누어 생각할 수 있다.

첫째, 수정같이 하얀 눈부신 빛이 스승의 이마에서 흘러나와 당신 이마의 에너지 센터로 들어와 온몸을 가득 채운다. 하얀 빛은 붓다의 몸에 깃들인 축복을 상징하며 부정적인 행위를 통해 당신이 쌓아온 부정적인 카르마(業)를 소멸시킨다. 즉 하얀 빛은 심신

(心身) 체계의 미묘한 채널들을 정화시켜 우리에게 불신(佛身)의 축복을 전해 준다. 하얀 빛은 스승을 마음으로 생생하게 그려낼 수 있도록 힘을 주며, 모든 것에 깃들여 있는 마음의 본성, 즉 리그파의 자비로운 에너지를 실현할 수 있도록 우리 마음을 열어준다.

둘째, 스승의 목에서 나와 당신 목에 있는 에너지 센터로 들어오는 루비처럼 붉은 빛. 붉은 빛은 모든 붓다의 말 속에 깃들인 축복을 상징한다. 붉은 빛은 나쁜 말을 통해 당신이 쌓아온 온갖 부정적인 카르마를 소멸시킨다. 붉은 빛은 심신 체계 안의 기(氣)를 정화시킨다. 붉은 빛은 심신 체계 안의 말에 담긴 축복을 우리에게 전해 준다. 붉은 빛은 만트라 수행을 할 수 있도록 힘을 주며, 리그파의 본성이 뿜어내는 광휘를 실현할 수 있도록 우리 마음을 열어줄 것이다.

셋째, 스승의 마음에서 흘러나와 당신 마음의 에너지 센터로 들어오는 청금석(靑金石)처럼 아른아른 빛나는 파란 빛이 당신의 존재 전체를 가득 채운다. 파란 빛은 붓다의 마음에 깃들인 축복을 상징한다. 파란 빛은 부정적인 마음을 통해 당신이 쌓아온 부정적인 카르마를 소멸시킨다. 파란 빛은 심신 체계 안의 창조적인 본성 또는 힘을 정화시키며 붓다 마음에 깃들인 축복을 우리에게 전해 준다. 파란 빛은 좀더 차원 높은 요가 수행을 할 수 있도록 힘을 주며, 리그파의 원초적 순수함을 실현할 수 있도록 우리 마음을 열어줄 것이다.

이제 축복을 통해서 결코 소멸되지 않는 파드마삼바바와 모든 붓다의 몸, 말, 마음이 우리에게 부여되었음을 알고 그렇게 느껴보자.

리그파 안에서 쉬는 것

이제 스승이 빛으로 녹아들어 마음의 본성에서 당신과 하나가 되게 하자. 하늘 같은 마음의 본성이 바로 절대적인 스승인 것은 의심할 나위도 없다. 리그파, 즉 당신 마음의 본성이 아니라면 모든 깨달은 존재들이 어디에 있을 수 있겠는가?

이를 바르게 알고, 드넓고 아무 근심 없는 편안함 속에 머물도록 하자. 마음의 절대적 본성의 따뜻함, 영광, 축복 속에서 편안히 쉰다. 이제 당신은 근원적인 토대, 그러니까 자연적인 단순함에 담긴 원초적 순수함에 도달한 것이다. 이러한 리그파 상태에서 쉴 때, 당신은 파드마삼바바의 말 속에 깃들인 진리를 알게 될 것이다. 〈마음 그 자체가 바로 파드마삼바바이다. 마음과 떨어져서는 어떠한 수행이나 명상도 불가능하다.〉

나는 이 수행을 바로 〈지금 삶의 일상적인 바르도〉의 한 부분으로 여기고 있다. 왜냐하면 이 수행은 살아 있을 때 해야 할 가장 중요한 수행이면서 동시에 죽음의 순간에 해야 할 가장 중요한 수행이기 때문이다. 나중에 13장 「죽어가는 사람을 영적으로 보살피기」에서 다루게 되겠지만, 구루 요가는 죽음의 순간에 일어나는 의식의 전이를 뜻하는 포와 수행의 기초를 이룬다. 왜냐하면 죽음의 순간에 당신 마음이 스승의 마음과 확고하게 하나가 되어 그 상태에서 평온하게 죽을 수 있다면, 모든 일이 순조롭게 진행될 것이기 때문이다.

따라서 지금 이 자리의 삶에서 우리의 임무는 스승의 마음과 하나가 되는 수행을 반복하는 것이다. 스승의 마음과 아주 자연스럽게 하나가 되어 우리가 행하는 모든 움직임(앉기, 걷기, 먹기, 마시기, 잠자기, 꿈꾸기, 일어나기 등)에 스승이 생생하게 임석(臨席)하도록 하는 것이다. 몇 년 동안 집중적으로 헌신하면 모든 현상이 스승의 지혜가 현현한 것임을 알게 될 것이다. 삶의 모든 상황이 제 아무리 비극적이고 무의미하고 끔찍하더라도 그럴수록 한층 분명하게 스승과 내적인 스승의 직접적인 가르침과 축복이 드러나게 된다. 딜고 켄체 린포체는 이렇게 말했다.

> 헌신이야말로 도(道)의 정수이다. 만일 우리가 오직 구루만을 마음에 두고 열정적으로 헌신한다면, 무슨 일이 일어나든 그것을 스승의 축복으로 받아들이게 된다. 이렇게 계속해서 헌신하는 마음으로 수행하기만 하면 그것이 바로 기도이다.
>
> 구루에 대한 헌신이 모든 생각에 스며들면, 무슨 일이 일어나든지 그가 보살피고 있으리라 믿게 된다. 자기 자신의 일거수일투족이 구루를 지향하게 되고, 자기가 하는 모든 말이 기도가 되고, 상스럽고 음흉한 온갖 생각이 헌신으로 가득하게 된다. 그때 모든 것은 마치 하늘에서 매듭이 풀려나듯 저절로 그 절대적인 본성 가운데에서 풀려나게 되리라.[9]

* * *

1) 탄트라는 티베트에 널리 퍼진 불교의 일파, 바즈라야나〔金剛乘〕 불교의 수행에서 연원하는 가르침이다. 탄트라 가르침은 몸, 에너지, 마음을 통해서 순수하지 못한 비전을 순수한 비전으로 변화시키는 원리에 근거를 둔다. 탄트라 텍스트는 일반적으로 깨달은 어떤 특별한 존재나 신과 관련된 만다라와 명상 수행을 말하고 있다. 똑같이 탄트라라고 일컫지만, 족첸 탄트라는 변화가 아니라 자기 해방에 근거를 둔 족첸 가르침 특유의 범주에 속한다(10장 「가장 내밀한

정수」 참조).
2) 딜고 켄체 Dilgo Khyentse, 『소망을 실현시켜 주는 자비의 보석: 롱첸 닝틱 전통에 따른 구루 요가의 수행 *The Wish-Fulfilling Jewel: The Practice of Guru Yoga According to the Longchen Nyingthig Tradition*』(London and Boston: Shambhala, 1988), 51쪽.
3) 다키니는 깨달은 에너지가 여성형으로 구체화된 것이다.
4) 스투파는 붓다의 마음을 상징하는 3차원적 구조물이다. 그것은 종종 위대한 스승의 유물을 포함하기도 한다.
5) 딜고 켄체, 앞의 책, 11쪽. 이 인용문은 많은 전통적인 내용을 포함하고 있다. 또한 스승에 대한 이와 비슷한 찬양이 파툴 린포체의 저서에서 발견된다.
6) 「마태 복음」 7장 7절.
7) 딜고 켄체, 앞의 책, 3쪽.
8) 일단의 족첸 가르침에 앞서서 먼저 닦는 직메 링파의 유명한 예비 수행법 중 구루 요가로부터: 롱첸 닝틱.
9) 딜고 켄체, 앞의 책, 83쪽.

10

가장 내밀한 정수

우리가 마음의 본성을 참으로 깨닫기 전에는 어느 누구도 두려움 없이, 또 전적으로 안전하게 죽음을 맞이할 수 없다. 왜냐하면 여러 해에 걸쳐 지속적으로 수행을 닦아야만 죽어가는 과정에 겪는 혼돈의 소용돌이에서도 마음을 안정시킬 수 있기 때문이다. 불교의 가르침 가운데 사람들이 마음의 본성을 깨달을 수 있도록 돕는 수많은 방법들 중에서도 가장 오래되었을 뿐만 아니라 매우 직접적인 지혜를 계승한 족첸 수행법과 바르도 가르침은 오늘날의 생활 환경과 그 필요에 비추어보건대 가장 분명하고 가장 효과적이고 제일 적절한 수행법이다.

족첸 수행법의 기원은 최초의 붓다인 사만타바드라까지 거슬러 올라가는데, 그로부터 오늘날까지 위대한 스승들의 계보는 단절되지 않고 전수되고 있다. 인도, 히말라야, 티베트의 수많은 사람들이 이 수행법을 통해 깨달음을 얻었다. 〈이처럼 어두운 시대에도 사만타바드라의 정수(精髓)는 불처럼 타오를 것이다〉라는 놀라운 예언이 있다. 나의 삶과 나의 가르침, 그리고 이 책 또한 그 불꽃이 세상 사람들의 마음속에서 타오르게 하기 위한 것이다.

이런 과정에서 나를 끊임없이 돕고 영감을 불러일으키며 나를 이끄는 것은 가장 위대한 스승 파드마삼바바이다. 그는 족첸 수행법에 없어서는 안 되는 영혼이며, 가장 위대한 대표자이자 인간의 형상을 한 화신이다. 그는 드넓은 관용과 기적을 일으키는 힘, 예언가적인 비전과 깨달음의 에너지, 끝없는 자비를 지닌 인물이다.

〈족첸은 티베트에서도 널리 퍼지지 않았으며, 현대에 많은 위대한 스승들은 한동안 그것을 가르치지 않았다. 그런데 왜 나는 지금 족첸 수행법을 가르치려고 하는가? 내 스승 가운데 몇몇은 예언이 시사한 대로 이제 족첸 수행법을 널리 보급할 때가 되었다고 내게 말한 적이 있다. 나도 또한 그 특별한 지혜를 다른 사람과 함께 나누지 않는 것은 자비롭지 못하다고 생각한다. 현재 인류는 진화의 도정에서 커다란 위기를 맞고 있다. 이처럼 극단적으로 혼란한 시대는 상대적으로 극단적인 힘과 명료함을 갖춘 가르침을 요구한다. 또한 나는 현대인들이 도그마, 근본주의, 배타성, 복잡한 형이상학, 문화적으로 이국풍의 장식들을 벗겨낸 수행법을 필요로 하고, 단순하면서도 동시에 심오하며, 수행자들의 은둔지나 수도원에서 수행할 필요가 없고 일상 생활에 통합되어 어디서나 수행할 수 있는 수행법을 원하는 것을 알게 되었다.

〈족첸 Dzogchen〉이란 도대체 무엇인가? 그것은 단순히 가르침도 아니고, 철학도 아니고, 정교한 사유 체계도 아니고, 매혹적인 기술도 아니다. 족첸은 어떤 근원적인 상태를 말한다. 그것은 완전한 깨달음의 상태이며, 모든 붓다와 영적인 길의 정수이며, 개인의 영적인 진화의 극점이기도 하다. 족첸은 때때로 〈위대한 완벽함〉이라고 번역되기도 한다. 그렇지만 나는 그것을 번역하지 않은 채 티베트어 발음 그대로 쓰고 싶다. 왜냐하면 위대한 완벽함이라고 옮기고 나면 획득하려고 애써야 하는 완벽함, 또는 길고 힘든 역정

끝에 도달된다는 의미가 포함되기 때문이다. 그것은 족첸의 참된 의미와는 너무 거리가 멀다. 족첸이란 이미 저절로 완벽한 우리의 원초적인 본성으로, 더 이상 〈완벽해질〉 필요가 없다. 그것은 마치 저 하늘처럼 그 시원부터 항상 완벽한 것이기 때문이다.

모든 불교 가르침에서는 〈근원, 길, 결실〉의 관점에서 족첸을 설명하고 있다. 족첸이란 근원은 이미 완벽하고 항상 현현해 있는 근본적이고 원초적인 상태, 즉 우리의 절대적인 본성을 뜻한다. 파툴 린포체는 말한다. 〈그것은 바깥에서 찾을 수 있는 것이 아니며 당신이 이전에 갖고 있지 않았거나, 이제 당신 마음속에서 새롭게 생겨난 것도 아니다.〉 따라서 근원(절대적인 것)이라는 관점에서 볼 때 우리의 본성은 붓다와 똑같고, 이런 의미에서 스승이 제시한 가르침이라든가 닦아야 할 수행에 대해 한 터럭만큼이라도 의심할 것이 없다.

그렇지만 붓다가 갔던 길과는 다른 길을 우리가 걸어가고 있음을 이해해야 한다. 붓다는 자신의 근원적인 본성을 알아차려 깨달음을 얻었지만 우리는 그러한 본성을 알아차리지 못한 채 여전히 혼란에 빠져 있다. 가르침에서는 이를 〈하나의 근원, 두 가지 길〉이라고 일컫는다. 우리가 처한 상대적인 조건은 다음과 같다. 우리의 본성은 어둡게 가려져 있으며, 진리로 되돌아가기 위해 우리는 가르침과 수행을 필요로 한다. 바로 이것이 족첸의 길이다. 마지막으로 우리의 근원적인 본성을 실현하는 것은 완전한 자유를 얻어 붓다가 되는 것을 의미한다. 바로 이것이 족첸 수행을 통해 얻게 되는 결실로, 만일 수행자가 자신의 마음을 일생 동안 족첸에 두기만 한다면 실제로 가능하리라.

족첸의 스승들은 절대적인 것과 상대적인 것을 혼동하는 위험을 민감하게 의식하고 있었다. 둘 사이의 관계를 잘못 이해한 사람들은 영적 수행의 상대적인 측면, 즉 원인과 결과라는 카르마 법칙을 간과하거나 심지어 경멸할 수도 있다. 그러나 족첸의 참된 의미를 제대로 포착한 사람들은 정화와 영적 수행의 필요성을 한층 날카롭고 시급하게 느낄 뿐 아니라 카르마의 좀더 깊은 측면에 주목하게 될 것이다. 이런 까닭에 그들은 어둡게 가려져 있는 본성의 광대함을 이해하게 되어 훨씬 열정적으로 노력하게 되고, 또한 항상 새롭고 자연스럽게 수행을 닦아 그들과 마음의 본성 사이에 놓인 것이라면 그 무엇이든 제거할 것이다.

족첸 가르침은 솟구치는 순수함과 해방감을 지닌 우리의 본성을 티끌 한점 없이 해맑게 비추는 거울과 같다. 족첸 가르침은 아무리 미묘하고 그럴듯하고 유혹적이라 하더라도 조작된 거짓 이해일 뿐인 것들에 갇히지 않도록 우리를 보호한다.

그렇다면 족첸의 경이로움은 무엇인가? 모든 가르침은 깨달음으로 우리를 이끈다. 그러나 가르침의 상대적인 차원에서조차 결코 개념으로 절대적인 것을 훼손하지 않는다는 점이 바로 족첸의 독특함이다. 족첸의 언어는 절대적인 것을 훼손시키지 않으며 언제나 역동적이고 위엄 있는 단순함 그대로 남겨둔다. 그리고 열린 마음을 가진 사람들에게는 언제나 생생하게 감동적으로 전해 주므로, 우리가 깨달음을 얻기 전에조차도 깨달음이 뿜어내는 광휘를 강력한 형태로 경험할 수 있다.

정견(正見)

족첸의 수행 방법은 전통적으로 또한 매우 단순하게 정견, 명상 그리고 행위 셋으로 나누어서 제시된다. 정견이란 존재의 근원인 절대적인 상태를 똑바로 쳐다보는 것이다. 명상이란 정견을 확고하게 다져 끊이지 않는 체험으로 만드는 것이다. 또 행위란 그러한 정견을 우리의 실재 전체, 우리의 삶 전체와 더불어 합일시키는 것을 뜻한다.

그렇다면 정견이란 무엇을 뜻하는가? 그것은 사물을 현재 있는 상태 그대로 바라보는 것이다. 그것은 우리 마음의 본성이 모든 것의 참된 본성임을 아는 것이다. 또한 그것은 우리 마음의 본성이 바로 절대적인 진리임을 깨닫는 것이다. 뒤좀 린포체는 말한다. 〈정견이란 모든 것, 예컨대 감각적 지각과 현상적 존재, 윤회와 열반 모두가 그 안에 포함되어 있는, 있는 그대로의 깨달음을 이해하는 것이다. 이 깨달음은 두 가지 측면을 지닌다. 그것은 절대적인 것으로서의 '공(空)'과 상대적인 것으로서의 현상 또는 지각이다.〉

이것이 의미하는 바는 다음과 같다. 윤회든 열반이든 서로 다른 모든 실재 속에서 모든 가능한 상황과 모든 가능한 현상들, 이 모두가 예외 없이 본성의 광대함과 끝없는 공간 속에서 항상 완전했고 앞으로도 그러할 것이라는 것이다. 그리고 모든 것의 정수가 텅 비어 있음과 〈태초부터 순수했음〉이라 할지라도, 그것의 본성은 너무나 고결하며, 모든 가능성을 함축하고 있으며 무한하고 쉴새없이 역동적이며 항상 자연스럽게 완벽한 창조의 장으로 충만하다.

당신은 이렇게 물을지도 모른다. 〈만약 정견을 깨닫는 것이 본성을 깨닫는 것이라면, 그때 본성이란 무엇과 같습니까?〉 태초부터 하늘 같고 텅 비어 있으며 광활하고 순수한 것을 상상해 보라. 마음의 정수는 그와 같다. 태양처럼 빛나며 맑고 막힌 것이 전혀 없으며 저절로 현현하는 것을 상상해 보라. 마음의 본성은 그와 같다. 공평무사하게 우리와 모든 것을 비추며 모든 방향으로 관통하는 햇빛을 떠올려 보라. 자비를 드러내는 마음의 힘이 그와 같다.

어떤 것도 그것을 막을 수 없으며, 그것은 모든 곳에 충만하다.

또한 당신은 마음의 본성을 다섯 가지 서로 다른 힘 또는 지혜를 가진 거울 같은 것으로 생각할 수 있다. 그것의 무사(無私)함과 광대함은 〈모든 것을 에워싸는 공간과 같은 지혜〉, 즉 자비가 생겨나는 근원이다. 그 앞에 있는 무엇이든 아주 세세한 부분까지 비출 수 있는 능력은 〈거울 같은 지혜〉이다. 어떠한 느낌에도 치우침이 없는 것은 〈평등하게 하는 지혜〉이다. 서로 다르게 나타나는 모든 현상을 혼동하지 않고 분명하게 구분할 수 있는 능력은 〈분별의 지혜〉이다. 그리고 모든 것을 이미 이루었으며 완벽한 잠재력과 자발적으로 현현하는 능력은 〈모든 것을 성취하는 지혜〉이다.

족첸 수행에서 스승은 제자에게 직접 정견을 제시한다. 바로 이것이 족첸 가르침을 독특하게 규정하는 것이다.

제자가 입문할 때에 스승은, 그 완벽한 깨달음을 체현한 스승의 축복을 통해 지혜로 충만한 붓다의 마음을 제자가 직접 체험하도록 한다. 가르침에 제대로 입문하기 위해 제자는 지난날에 받은 영감과 정화된 카르마의 인과응보로써 족첸의 참된 의미를 수용할 수 있는 열린 마음과 헌신적인 태도를 지녀야 한다.

어떤 태도를 갖춰야 지혜로 충만한 붓다의 마음에 입문할 수 있을까? 마음의 본성이 자신의 얼굴이라고 상상해 보자. 그것은 언제나 당신과 함께 있지만, 무언가의 도움 없이는 그것을 볼 수 없다. 스승에 의해 당신이 가르침에 입문하는 것은 처음으로 자신의 얼굴을 비출 수 있는 거울을 손에 쥐는 것과 같다. 마치 당신 자신의 얼굴과 마찬가지로, 리그파에 대한 이처럼 순수한 깨달음은 스승이 이전에 당신에게 없었던 〈새로운〉 어떤 것을 주는 것도 아니고, 당신의 바깥에서 발견할 수 있는 어떤 것도 아니다. 그것은 항상 당신의 것이었고 언제나 당신과 함께 있었지만, 저처럼 놀라운 순간에 이르기 전까지는 결코 볼 수 없었던 것이다.

파툴 린포체는 그것을 이렇게 설명한다. 〈대대로 전승되는 위대한 스승들의 특별한 전통에 따르면, 마음의 본성, 즉 리그파의 얼굴은 개념을 사용하는 마음이 녹아 없어지는 바로 그 순간 맞아들일 수 있다.〉 입문하는 순간 스승은 리그파를 펼쳐보이며 있는 그대로 그것의 참된 본성을 분명히 드러냄으로써 모든 개념적인 마음을 없앤다.

그 놀라운 순간에 마음과 영혼이 하나로 융합되어 제자들은 마음의 본성을 부인할 수 없을 정도로 확실하게 체험하거나 일별하게 된다. 스승이 전하고 제자가 인지하는 것은 한순간에 이루어진다. 스승이 자기 자신의 리그파의 지혜로부터 제자의 리그파에 직접 축복 내릴 때, 스승은 본성의 본래 모습을 제자에게 직접 보여주는 것이다.

그러나 스승이 전하는 것이 충분한 효과를 발휘하기 위해서는 올바른 조건과 환경이 조성되어야 한다. 역사상 아주 특별한 몇 사람만이 순수한 카르마 덕분에 리그파를 알아차려 순식간에 깨달음에 이를 수 있었다. 그러니까 스승이 전수하기 전에 다음과 같은 예비 과정이 항상 선행되어야 한다. 그것은 일상적인 마음을 순화해 벗어던져 리그파가 나타날 수 있는 상태에 이르는 과정이다.

우선, 미혹에 빠진 마음을 정화하는 최고의 해독제, 즉 명상을 통해 마음을 고향으로 이끌어 자연스러운 상태에 자리잡게 한다.

둘째, 지혜와 덕을 축적함으로써 긍정적인 카르마를 강화하고 깊은 정화 수행을 통해 마음의 본성을 가리는 감정적이고 지성적인 허울들을 벗겨낸다. 내 스승 잠양 켄체 린포체는 이렇게 썼다. 〈마음을 이처럼 뒤덮어 어둡게 하는 장애물이 제거되고 나면, 리그파의 지혜는 저절로 빛나게 된다.〉 티베트 말로 〈뇐도 Ngöndro〉라고 불리는 이러한 정화 수행은 포괄적으로 내적 변화를 일으키도록 기술적으로 구성되어 있다. 그것은 존재 전체, 즉 몸과 말과 마음(身, 口, 意: 三業)을 포괄하는데, 다음과 같은 일련의 깊은 성찰과 함께 시작한다.

　　　― 인간의 삶이란 유일무이하다는 것
　　　― 덧없음과 죽음은 항상 존재한다는 것
　　　― 우리의 행위에는 반드시 인과가 뒤따른다는 것
　　　― 좌절과 고통의 악순환, 윤회가 있다는 것

　이러한 성찰들은 강력한 〈극기〉의 감정, 즉 윤회로부터 벗어나 해탈의 길을 따르려는 절박한 뜻을 고취하여 다음과 같은 특별 수행을 위한 토대를 형성한다.

　　　― 붓다, 그 가르침, 그리고 수행자의 전범에 귀의해 우리 자신의 내면에 있는 불성에 대한 확신과 믿음을 일깨우는 것
　　　― 자비(보디치타[菩提心]: 깨달은 마음의 핵심, 이에 대해서는 12장에서 상세히 논의한다)를 불러일으켜 자기 자신과 다른 사람, 그리고 삶의 난관을 상대로 마음을 닦는 것
　　　― 정화와 치유를 위해 심상(心像) 이미지를 활용하고 만트라 수행을 통해 미혹과 〈더러움〉을 제거하는 것
　　　― 일체를 포괄하는 관용을 베풀고 상서로운 환경을 조성함으로써 덕과 지혜를 쌓는 것[1]

　이 수행들은 구루 요가의 중심에 자리잡고 있는데, 다른 것보다

매우 중요하고 감동적이면서 효과적인 수행이며 족첸의 상태를 깨닫기 위해 마음을 열어젖히는 데 반드시 필요하다.[2]

셋째, 마음의 본성과 그 현상에 대해 특별한 명상 수행으로 탐구함으로써 끝없이 사유하고, 궁리하고, 쉴새없이 개념화, 분석, 참조하려는 마음의 갈증이 해소되고, 공(空)의 이치를 실현하도록 일깨워지게 된다.

이런 예비 과정은 매우 중요하다. 제자가 마음의 본성을 깨닫도록 영감을 넣어주기 위해, 또한 스승이 리그파의 참얼굴을 보여줄 시기를 선택할 때 제자가 미리 준비하도록 하기 위해 이런 예비 과정은 차례차례 체계적으로 진행되어야 한다.

훗날 우리 시대의 가장 위대한 족첸 수행자 가운데 한 사람이 되었던 뇨슐 늉톡은 약 18년 동안 그의 스승 파툴 린포체를 따랐다. 그 기간 동안 그들은 서로 떨어진 적이 거의 없었다. 뇨슐 늉톡은 정말 부지런히 연구하고 수행을 닦았으며, 정화, 덕, 그리고 수행을 풍부하게 쌓아나갔다. 그는 이미 리그파를 알아차릴 준비가 되어 있었지만, 아직 스승으로부터 마지막 전수를 받지 못했다. 그러던 어느 날 그 유명한 저녁 무렵에 파툴 린포체가 그에게 가르침을 전수했다. 그들이 함께 족첸 사원 뒤에 있는 산의 높은 은둔지에 머물고 있을 때였다.[3] 무척이나 아름다운 밤이었다. 검푸른 하늘은 맑게 개어 있었고 별은 눈부시게 빛나고 있었다. 멀리 저 아래 사원에서 들리는 개 짖는 소리가 때때로 그들의 침묵을 깨뜨렸다.

파툴 린포체는 땅위에 누워 특별한 족첸 수행을 하고 있었다. 그는 뇨슐 늉톡을 불러 이렇게 말했다. 〈그대는 마음의 본성을 알지 못한다고 했지?〉

뇨슐 늉톡은 린포체의 목소리가 여느 때와 다른 것을 알고 특별한 순간이 도래했음을 알아차리고 무언가 기대한다는 듯 고개를 끄덕였다.

파툴 린포체는 뜻밖에도 이렇게 말했다. 〈정말 아무것도 없다.〉 그리고 덧붙였다. 〈아들아, 이리 와서 늙은 애비 곁에 누워라.〉 뇨슐 늉톡은 그의 곁에 누웠다.

그러자 파툴 린포체는 그에게 물었다.

〈하늘에서 별이 반짝이는 것이 보이느냐?〉

〈예.〉

〈저 아래 족첸 사원에서 개 짖는 소리가 들리느냐?〉

〈예.〉

〈내가 말하는 소리가 들리느냐?〉

〈예〉

〈그래, 족첸의 가르침이란 바로 그런 거야. 단지 그뿐이지.〉

뇨슐 늉톡은 그때에 일어났던 것을 이렇게 말했다. 〈그 순간, 나는 어떤 깨달음에 도달했다. 나는 '있음'과 '없음'의 울타리로부터 해방되었다. 나는 근원적인 지혜, 공(空)과 본래 갖춰진 깨달음의 온전한 결합을 깨달았다. 나는 인도의 위대한 스승 사라하의 말을 소개함으로써 내 깨달음을 알리고자 한다.〉

마음속에 스승의 말씀이 들어간 사람은
손안의 보물처럼 진리를 보리라.[4]

그 순간 모든 것이 제자리에 놓여졌고, 여러 해 동안 쌓여온 뇨슐 늉톡의 배움, 정화, 수행이 결실을 맺었다. 그는 마음의 본성을 깨달았다. 파툴 린포체가 사용한 말 가운데 특별하거나 이상야릇하거나 신비한 것은 하나도 없었다. 사실 그것들은 극도로 평범한 것이었다. 그러나 그 말들 너머 다른 그 무엇이 전달되었던 것이다.

그가 보여준 것은 모든 것의 내적인 본성이며, 족첸의 참된 의미였다. 그 순간 그는 깨달음의 권능과 축복을 통해 뇨슐 늉톡을 직접 족첸의 상태로 이끌었다.

그러나 스승들은 모두 다르고, 제자의 의식을 바꾸기 위해 온갖 종류의 방편을 활용할 수 있다. 파툴 린포체 자신은 도 켄체라는 괴짜 스승에 의해 아주 색다른 방식으로 마음의 본성에 입문했다. 전해 내려오는 얘기를 통해서 나는 이 일화를 접했다.

파툴 린포체는 오랫동안 높은 수준의 요가와 심상(心像) 수행을 했지만, 어려움에 봉착하게 되었다. 신의 만다라 가운데 어떤 것도 그의 마음속에 분명하게 떠오르지 않았다.[5] 그러던 어느 날 그가 도 켄체를 찾아갔더니, 스승은 노천에 불을 피워놓고서 그 앞에서 차를 마시고 있었다. 티베트에서는 전통적으로 마음 깊이 헌신하는 스승을 보면, 존경의 표시로 땅에 엎드려 오체투지(五體投地)를 한다. 파툴 린포체가 멀리서 오체투지하기 시작하자 도 켄체는 그를 알아보고 위협적으로 빈정댔다. 〈이 늙은 개야, 용기가 있다면 이리로 와봐.〉 도 켄체는 무척 인상적인 스승이었다. 긴 머리에 더러운 옷, 아름다운 말을 타고 다니기 좋아하는 그의 정열 때문에 무사처럼 보였다. 파툴 린포체가 계속 오체투지하면서 자신에게 다가오자 도 켄체는 온갖 험담을 퍼부으면서 그에게 돌을 던지기 시작했다. 파툴 린포체가 가까이 다가갈수록 그는 더 큰 돌을 던졌다. 마침내 근처까지 오자, 그는 때리고 발로 차기 시작했다.

파툴 린포체가 정신을 차렸을 때, 그는 전혀 다른 의식 상태에 놓여 있었다. 그가 그렇게 심상화하려고 애썼던 만다라들이 자연스럽게 눈앞에 떠올랐다. 도 켄체의 저주와 모욕 하나하나는 파툴 린포체의 마음에 마지막까지 남아 있던 개념의 찌꺼기들을 말끔히 걷어내 버렸다. 그리고 그가 던진 돌 하나하나는 그의 몸에 있는 에너지 센터와 미세한 채널들을 열어젖혔다. 그 후 2주일 동안이나 만다라의 비전이 그를 떠나지 않았다고 한다.

사실 어떤 말이나 어떤 개념으로도 그것을 묘사할 수는 없겠지만, 나는 이제 정견이란 무엇을 뜻하는지, 리그파가 직접 현현할 때 어떻게 느껴지는지 설명하고자 한다.

뒤좀 린포체는 말한다. 〈그 순간은 마치 머리에서 두건을 벗겨 내는 것과 같다. 얼마나 광대무변하고 후련한지! 그것은 최고의 광경이다.〉 당신이 〈이제까지 결코 볼 수 없었던 광경〉을 보게 될 때, 모든 것이 열려 확장되고 활발하고 맑고 생기 넘치는 경이와 신선함이 흘러넘치게 된다. 마치 마음의 지붕이 날아가버리는 것 같고, 한떼의 새들이 갑자기 어두운 둥지로부터 날아오르는 것 같다. 봉인이 풀리듯, 마음의 갖가지 한계가 모조리 녹아 없어진다고 티베트 사람들은 말한다.

세상에서 가장 높은 산의 꼭대기에 있는 집에 산다고 상상해 보자. 갑자기 당신의 시야를 가리던 집의 모든 구조물들이 날아가 버려 집안이든 바깥이든 주변의 모든 것이 한눈에 들어온다고 상상해 보라. 그러나 〈보이는 것은 아무것도 없다〉. 이런 일은 일상에서 겪는 어떤 것에도 견줄 수 없다. 그것은 총체적이고 완벽하며 유례가 없는 일로 어디든지 훤하게 볼 수 있다.

뒤좀 린포체는 말한다. 〈시작을 알 길 없는 시원으로부터 오늘날에 이르기까지 무수한 생을 통해 반복해서 당신을 윤회에 옭아매는 악착 같은 적은 바로 집착하는 행위와 집착되는 그 무엇이다.〉 당신이 스승의 전수를 받아 알아차릴 때 〈둘 다 불꽃 앞의 깃털처럼 사라져 아무 흔적도 남지 않을 것이다〉. 집착하는 사람과 집착되는 것이 그 근본 토대로부터 철저하게 무너지게 된다. 무지와 고통의 뿌리는 철저하게 끊어져버린다. 모든 것이 거울에 비춘 것 같고, 아지랑이처럼 어렴풋하고 환영 같고 꿈 같은 것으로 보이게 된다.

정견에 힘입어 자연스럽게 이러한 명상 상태에 이르면, 당신은 특별한 노력 없이도 오랫동안 그 상태에 머무를 수 있다. 그때 지키거나 유지해야 할 〈명상〉도 없게 된다. 왜냐하면 당신은 이미 리그파 지혜의 자연스러운 흐름 속에 있기 때문이다. 당신이 그 흐름 속에 있을 때, 리그파의 지혜가 언제나 당신과 함께 존재했고 지금도 존재하고 있음을 알아차리게 된다. 리그파의 지혜가 빛날 때, 의심의 그림자는 모두 사라지고, 심원하고 완벽한 이해가 아무 노력 없이도 직접 떠오르게 된다.

지금까지 내가 제시한 모든 이미지와 비유에, 일체를 포괄하는 하나의 진리 체험이 용해되어 있음을 당신은 발견할 것이다. 헌신도 바로 이 상태 속에 있으며, 자비도 이 상태 속에 있다. 또한 모든 지혜와 축복과 무념(無念)도 서로 분리됨이 없이 통합되고 상호 긴밀하게 연결되어 하나가 된다. 이 순간이 바로 깨달음의 순간이다. 심원한 유머 감각이 내면으로부터 솟아오르고, 당신은 마음의 본성에 대해 가지고 있었던 온갖 개념과 사념이 얼마나 부적절한 것이었는지 알게 되고 슬그머니 미소 짓게 된다.

그 순간 떠오르는 것은 〈바로 이것〉이라는 중대하고도 흔들리지 않는 확신과 신념이다. 더 이상 찾을 그 무엇도 없으며, 더 이상 바랄 것도 없다. 그렇지만 바른 관점에 대한 이러한 확신은 마음의 본성을 계속해서 감지함으로써 한층 심화되어야 하며, 지속적인 명상 훈련을 통해 좀더 확고하게 뿌리 내려야 한다.

명상

그렇다면 족첸 수행법에서 명상이란 무엇을 뜻하는가? 그것은 정견에 한번 입문하자마자, 바로 그 안에서 흐트러짐 없이 편안히 쉬는 것이다. 뒤좀 린포체는 이렇게 말한다. 〈명상이란 마음이 지어낸 모든 환영으로부터 벗어나 충분히 긴장을 풀고 어떠한 미혹이나 집착도 없이 리그파의 상태에 주의를 쏟는 것이다. 왜냐하면 '명상이란 억지로 구하는 것이 아니라 자연스럽게 동화되는 것'이라고 말해지기 때문이다.〉

족첸 명상 수행의 핵심은 리그파를 강화시켜 확고하게 정위시키며 완전하게 성숙시키는 것이다. 투사를 일삼는 것이 습관화된 일상적인 마음은 매우 강력하다. 우리가 부주의하거나 마음이 흩어지면 그 마음은 끊임없이 되돌아와서, 쉽게 우리를 휘어잡는다. 뒤좀 린포체는 이렇게 말하곤 했다. 〈지금 우리의 리그파는 강력하게 떠오르는 생각들의 전쟁터에서 꼼짝 못하는 어린아이 같다.〉 이제 우리는 리그파라는 어린아이를 명상이라는 안전한 환경 속에서 돌보기 시작해야 한다고 나는 말하고 싶다.

명상이 단지 정견에 입문한 후에 리그파의 흐름을 지속시키는 것이라면, 우리는 어떻게 그것이 리그파의 흐름인지 아닌지 알 수 있겠는가? 나는 이 문제를 들고 켄체 린포체에게 물어보았고, 그는 특유의 단순함으로 이렇게 대답했다. 〈만약 당신이 부동(不動)의 상태에 있다면, 그것이 바로 리그파이다.〉 만약 우리가 마음으로 무언가를 꾀하거나 조작하지 않고 순수하고 원초적인 깨달음에서 부동의 상태로 쉬고 있다면, 그것이 바로 리그파이다. 만약 우리가 조금이라도 마음으로 무언가를 꾀하거나 조작하거나 무언가에 집착한다면, 그것은 리그파가 아니다. 리그파는 더 이상 아무 의심도 없는 상태이다. 그것은 진정으로 의심을 일으키지 않는 마음이다. 이제 당신은 직접 볼 수 있다. 만약 당신이 그 상태에 있다면, 완전하고 자연스러운 확신과 믿음이 리그파 그 자체와 함께 파도처럼 밀려올 것이며, 이러한 방식으로 당신은 리그파를 깨달을 것이다.[6]

족첸 수행의 전통은 지극히 정확한 수행이다. 당신의 수행이 깊어질수록, 떠오르는 미혹도 더 복잡미묘해진다. 따라서 관건이 되는 것은 절대적인 실재에 대한 앎이다. 정견에 입문한 후일지라도 스승은 족첸 명상이 아닌 상태들을 세밀하게 가려주고, 당신이 그것을 혼동하지 않게 한다. 족첸 명상이 아닌 상태 중의 하나는 비인간적인 마음의 영토로 떠내려가는 것이다. 그곳에는 어떠한 사유도 아무 기억도 없다. 그것은 어둡고 둔감하고 무관심한 상태로, 당신은 일상적인 마음의 나락에 빠지게 된다. 족첸 명상이 아닌 두 번째 상태는 어느 정도 조용하고 약간 명료하긴 하지만 침체된 상태로, 여전히 일상적인 마음에 묻혀 있는 상태이다. 세번째는 생각의 부재로, 놀라서 멍청하게 붕 떠 있는 것이다. 네번째, 당신의 마음이 이리저리 흩어져 생각과 투사가 만들어낸 환영을 갈망하는 것이다. 네 가지 상태는 모두 진정한 명상 상태가 아니다. 수행자는 이러한 상태에 빠져들지 않도록 극도로 조심해야 한다.

족첸 수행의 정수는 이렇게 네 가지로 요약할 수 있다.

　　—과거의 생각은 이미 지나가고 미래의 생각은 아직 떠오르지 않은 그 짧은 틈에 현재 순간의 의식이 있지 않겠는가? 신선하고, 숫처녀 같고, 한 터럭만큼의 개념도 찾아볼 수 없고, 빛나고, 있는 그대로의 의식.

　　그렇다, 바로 그것이 리그파이다!

　　—하지만 그 상태에 영원히 머물러서는 안 된다. 다른 생각이 갑자

기 떠오를 수도 있기 때문이다. 그렇지 않은가?

그것이 바로 리그파의 찬란한 빛이다.

─그러나 만약 당신이 이러한 생각을 참으로 있는 그대로, 그것이 떠오르는 바로 그 순간에 인식할 수 없다면, 그때 그것은 이전에 그러했듯이 또 하나의 일상적인 생각으로 바뀔 것이다.

그것이 바로 〈미혹의 사슬〉이자 윤회의 뿌리이다.

─만약 생각이 떠오르자마자 그것의 참된 본성을 인식할 수 있고, 그 생각을 좇아가지 않고 그대로 내버려둘 수 있다면, 어떤 생각이든지 자동적으로 리그파의 광대한 공간 속으로 되돌아가게 되리라.

분명한 점은 이렇게 심오하면서도 단순한 네 가지 핵심에 내포된 풍요로움과 위대함을 이해해서 실현하려면, 일생 동안 계속해서 수행을 닦아야 한다는 사실이다. 여기서 나는 단지 족첸 수행의 맛만을 보여주었을 뿐이다.

아마 가장 중요한 것은 족첸 명상을 통해 결코 끊이지 않고 밤낮으로 흐르는 강물처럼 리그파의 흐름이 지속되어야 한다는 점이다. 물론 이것은 이상적인 상태이다. 왜냐하면 정견에 한번 입문해 알아차린 이후 마음이 편히 쉴 수 있는 것은, 다년간에 걸쳐 지속적으로 수행을 닦은 결과이기 때문이다.

족첸 수행은 마음에 일어나는 온갖 미혹을 다룰 때 특히 효과적이며 독특하다. 족첸 수행은 마음에 떠오르는 모든 것들을 리그파에서 떨어지지 않은 것으로, 리그파에 적대적이지 않은 것으로, 그 진정한 본성을 꿰뚫는 리그파의 〈빛나는 광휘〉이며 바로 그 에너지의 현현(이 점은 매우 중요하다)으로 간주한다.

깊은 고요함 속에서 자기 자신을 발견했다고 하자. 그 발견은 흔히 그렇게 오래 지속되지 않으며 생각이나 움직임이 파도처럼 계속해서 떠오를 것이다. 그 움직임을 거역하거나 고요함만 끌어안으려 하지 말고, 순수한 현존의 흐름이 지속되게 하자. 당신의 명상이 충만하고 평온하게 유지되는 상태가 리그파 그 자체이고 마음에 떠오르는 모든 것은 바로 리그파의 빛나는 광휘이다. 이것이 바로 족첸 수행의 핵심이자 토대이다. 족첸 명상은 햇빛을 타고 태양으로 되돌아가는 것과 마찬가지이다. 그러면 당신은 마음에 떠오른 것들을 되돌려 당장에 그 뿌리까지, 리그파라는 근원까지 추적하게 된다. 정견이 굳건하게 자리잡으면, 무엇이 떠오르더라도 더 이상 속임수에 넘어가 마음이 흩어지지 않게 되고, 미혹에 빠지지도 않게 된다.

물론 바다에는 잔잔한 파도만이 아니라 거친 파도도 있다. 분노나 욕망이나 질투 같은 강렬한 감정이 떠오를 수도 있다. 진정한 수행자는 그러한 감정을 장애물로 여기기보다 좋은 기회라고 생각한다. 애착이나 혐오 같은 습관적인 성향처럼 마음에 떠오르는 것에 당신이 반발한다는 것은 당신이 미혹에 빠져 있다는 신호임과 동시에, 당신이 리그파를 아직 제대로 알아차리지 못했으며 또 리그파라는 근원을 상실했다는 신호이기도 하다. 그러한 감정에 이런 식으로 반응한다는 것은 그것들을 한층 북돋우는 짓이고 자신을 미혹의 쇠사슬에 더욱 단단히 옭아매는 짓이다. 족첸 수행의 가장 위대한 점은 그러한 감정이 떠오르자마자 그것이 실제로 무엇인지 바라볼 수 있게 한다는 것이다. 즉 우리는 생생하고 감동적으로 현현하는 리그파 자체의 에너지를 볼 수 있게 된다. 당신이 서서히 족첸 수행을 익혀갈수록 거친 파도가 일어나 으르렁거리다가 바다의 고요함 속으로 되돌아가는 것처럼, 가장 난폭한 감정일지라도 당신을 사로잡지 못하고 저절로 소멸할 것이다.

수행자는 격렬한 감정이 자신을 반드시 기진맥진하게 하거나 신경 쇠약으로 이끄는 것은 아니며, 리그파를 심화시키고 활성화하고 강화하는 데 활용할 수도 있음을 발견하게 된다. 이것은 혁명적인 통찰이며, 그 불가사의함과 권능은 아무리 높게 평가해도 지나치지 않다. 그 광폭한 에너지는 리그파의 깨달은 힘으로 승화되기 위한 가공되지 않은 원료인 것이다. 감정이 강렬하고 이글이글 타오를수록, 리그파는 더욱더 강화된다. 족첸의 이처럼 독특한 수행법에는 가장 만성적이고 깊이 뿌리 박혀 있는 감정적, 심리적 문제로부터 벗어나게 하는 특별한 힘이 함축되어 있음을 나는 느낀다.

이제 나는 되도록 간략하게 이러한 과정이 정확히 어떻게 작동되는지를 소개하고자 한다. 우리가 훗날 죽음에 직면할 때, 내가 지금 제시하는 것은 무한한 가치를 지닐 것이다.

족첸 수행에서는 모든 것의 가장 근본이 되는 타고난 본성을 〈근원적 광명〉 또는 〈어머니 광명〉이라고 한다. 이것은 우리의 모든 경험에 스며들어 있으며, 우리가 그것을 인지하지 못하더라도 우리 마음에 떠오르는 생각과 감정의 타고난 본성이다. 스승이 우리를 마음의 참된 본성, 즉 리그파에 입문시킬 때, 그것은 마치 마스터 열쇠를 건네주는 것이나 다름없다. 족첸 수행에서는 전체적인 앎에 이르는 문을 열어주는 이 열쇠를 〈통로 광명〉 또는 〈어린아이 광명〉이라고 부른다. 물론 근원적 광명과 통로 광명은 근본적으로 같은 것이지만, 이런 식으로 둘로 나눈 것은 오직 설명의 편의를 위해서 구별한 것일 뿐이다. 스승의 인도로 일단 통로 광명의 열쇠를 얻게 되면, 우리는 실재의 본래적인 본성에 이르는 문을 열기 위해 그 열쇠를 자유자재로 사용할 수 있다. 족첸 수행에서는 이렇게 문을 여는 것을 〈근원적 광명과 통로 광명의 만남〉 또는 〈어머니 광명과 어린아이 광명의 만남〉이라고 부른다. 이를 좀더 구체적으로 설명하면 다음과 같다. 생각이나 감정이 마음속에 떠오르자마자 통로 광명(리그파)은 생각이나 감정을 있는 그대로, 그것의 타고난 성품인 근원적 광명으로 인식하게 된다는 것이다. 그렇게 인지하는 순간 두 개의 광명은 서로 융합되며, 생각과 감정은 그 근본에서부터 자유로워진다.

두 개의 광명을 융합시켜 삶에서 떠오르는 생각이나 감정을 자유롭게 풀어주는 이 수행을 완벽하게 행하는 것은 아주 중요하다. 죽음의 순간 모든 사람에게 이런 일이 일어나기 때문이다. 근원적 광명이 엄청난 광휘와 함께 떠오르고 완전한 해탈의 기회가 제공된다. 만일 우리가 그것을 알아차리는 법을 배우기만 한다면 말이다.

이제는 두 개의 광명을 융합하여 생각과 감정을 해방시키는 것이 가장 깊은 차원의 명상임이 분명해지지 않았을까. 사실 〈명상〉이란 용어는 족첸 수행을 설명하기에 적절한 말이 아니다. 왜냐하면 족첸 수행에서는 오직 그리고 영원히 리그파만 존재하는 반면, 명상이란 기본적으로 〈어떤 것에 대해서〉 명상하는 것이기 때문이다. 따라서 리그파의 순수한 현존을 유지시키는 것과 명상이 다르다는 것은 분명하다.

이를 설명해 줄 수 있는 유일한 말은 아마도 〈비(非)명상〉일 것이다. 스승들은 이 상태에서 〈만일 당신이 미혹을 찾는다 할지라도 남아 있는 것은 아무것도 없다〉라고 말한다. 이를테면 금은보화로 이루어진 섬이라면 평범한 조약돌을 아무리 찾아봐도 발견할 수 없을 것이다. 정견이 계속해서 유지되고 리그파의 흐름이 끊어지지 않고 두 개의 광명이 계속해서 자연스럽게 서로 융합하게 될 때, 온갖 미혹은 그 뿌리에서부터 소진될 것이고, 우리의 지각 전체가 한순간의 끊어짐도 없이 리그파 그 자체로 나타날 것이다.

명상 수행을 통해 정견을 확고하게 하기 위해서는 첫째, 좋은 조건을 모두 갖춘 특별한 환경의 은둔지에서 수행하는 것이 무엇보다도 중요하다고 스승들은 강조한다. 번잡한 세속에서는 아무리 열심히 명상할지라도, 마음으로 제대로 체험하기가 어려울 것이다. 둘째, 족첸 수행에서는 명상과 일상 생활 사이의 거리를 인정하지 않는다. 적절한 과정을 거쳐 수행함으로써 흔들리지 않는 안정감을 얻지 못한다면 명상의 지혜를 일상 생활의 경험과 통합할 수 없을 것이다. 셋째, 심지어 수행하고 있을 때조차도, 정견에 대한 확신과 리그파의 지속적인 흐름을 유지할 수 있어야 한다. 그러나 명상 수행과 일상 생활을 결합시키면서 언제든지 또 어떤 상황에서든지 리그파의 흐름을 유지할 수 없다면, 불리한 상황에 마주칠 때 치유법으로 활용할 수 없고, 생각과 감정이 만들어내는 미혹에 사로잡혀 망상에 빠져들게 될 것이다.

가식 없이 살았으며 많은 제자가 따랐던 한 족첸 수행자의 애교 넘치는 일화가 있다. 자신의 지식과 학문을 자랑하기 좋아하는 한 사문이 그 수행자가 읽은 것이 별로 없음을 알고 그를 시샘했다. 그는 이렇게 생각했다. 〈저 평범한 녀석이 어찌 감히 남을 가르칠 수 있단 말인가? 어찌 감히 스승을 자처할 수 있단 말인가? 내가 그를 만나서 그의 지식을 시험해 봐야지. 그가 야바위꾼에 지나지 않음을 보여줌으로써 그의 제자들 앞에서 놀려줘야겠다. 그러면 제자들은 그를 떠나 나를 따르게 되겠지.〉

어느 날 그는 족첸 수행자를 찾아가 경멸하는 목소리로 이렇게 물었다. 〈이 족첸 패거리들아, 하는 짓이 고작 명상밖에 없느냐?〉

수행자의 대답은 그를 완전히 놀라게 했다. 〈명상해야 할 것이 도대체 있기나 한가?〉

〈그렇다면 너희들은 명상조차 하지 않는단 말인가?〉 그 사문은 의기양양하게 고함쳤다.

〈내가 언제 마음이 흩어진 적이 있단 말인가?〉라고 그 수행자는 대답했다.

행위

리그파의 흐름이 지속적으로 유지되어 하나의 실재가 될 때, 그것은 수행자의 일상 생활과 행위에 스며들어 안정성과 확신을 키워 나가기 시작한다. 뒤좀 린포체는 이렇게 말했다.

행위란 선하거나 악한 당신의 생각을 잘 지켜보는 것이며, 모든 생각들을 불러일으키는 진정한 본성을 바라보는 것이며, 과거를 좇거나 미래를 바라지도 않으며, 기쁜 일에 집착하거나 비통한 상황에 잠기려고도 하지 않는 것이다. 그렇게 함으로써, 당신은 위대한 평정의 상태에 도달해 그곳에 머물 수 있다. 그 상태에서는 모든 선함과 악함, 평화와 분란이 소멸하게 된다.

정견을 실감한다면, 모든 것에 대한 자신의 비전이 미묘하게 그러나 전적으로 변화하게 된다. 생각과 개념이 절대적인 것으로부터 우리를 얼마나 손쉽게 갈라놓는지 나는 갈수록 더 깊이 알게 된다. 이제 나는 스승들이 왜 자주 이렇게 말하는지 분명히 알게 되었다. 〈너무 지나치게 희망이라든가 공포심을 갖지 않기 위해 애써라.〉 그렇게 되면 정신적인 소란만을 일으킬 뿐이기 때문이다. 정견이 자리잡으면 지나친 희망이나 공포를 있는 그대로 꿰뚫어볼 수 있다. 그것들은 덧없고, 빤히 들여다보이고 상대적일 뿐이다. 마치 X레이의 눈을 가진 것처럼 당신은 모든 것을 직접 꿰뚫어볼 수 있다. 이제 당신은 생각이나 감정에 집착하거나 거부하지도 않게 되며, 그것들을 리그파의 엄청난 포용력으로 받아들이게 된다. 이전에 당신이 진지하게 받아들였던 것, 야망, 계획, 기대, 의심, 정열은 더 이상 당신에게 깊고 중대한 의미를 지니지 못한다. 왜냐하면 정견에 힘입어 그것들이 쓸데없고 무의미함을 알게 됨으로써 그것들에 더 이상 연연하지 않게 되기 때문이다.

리그파의 투명함과 확고함을 실감하면, 당신의 생각과 감정은 마치 물에 쓰는 글이나 하늘에 그리는 그림처럼 광대한 드넓음 속에서 자연스럽게 풀려날 것이다. 당신이 이러한 수행을 완전히 성취하면, 카르마는 이제 더 이상 축적되지 않으리라. 뒤좀 린포체가 〈아무것도 억제함이 없이 있는 그대로의 편안함〉이라고 부른, 아무 목적도 근심도 없는 이처럼 자유로운 상태에서 인과응보라는 카르마의 법칙은 더 이상 당신을 옭아맬 수 없을 것이다.

당신이 무엇을 하든지 이것은 쉽다, 또는 가능하다라고 섣불리 추측해서는 안 된다. 단 하나의 생각이나 감정을 떠오르는 대로 소진시키기는커녕 단 한순간이라도 미혹되지 않고 마음의 본성에서 쉬는 것은 정말 어려운 일이다. 어떤 것을 지적으로 이해했다는 이유만으로, 또는 무엇을 했다고 생각한다는 이유만으로, 우리는 그것을 정말로 깨달았다고 종종 착각한다. 이것은 대단한 착각이다. 깨달음은 수년 간 귀기울여 듣고, 깊이 생각하고, 자기 자신을 돌이켜보고, 명상하고, 지속적으로 수행함을 통해 무르익은 성숙을 요구한다. 또한 족첸 수행은 언제나 훌륭한 스승의 보호와 지도를 요청한다는 것은 아무리 자주 말해도 지나칠 수 없을 것이다.

그 밖에 전통적으로 〈정견 가운데에서 바른 행위를 잃어버리는 것〉이라 불리는 커다란 위험이 존재한다. 족첸 가르침처럼 고도로 효과적인 가르침에는 그만큼 커다란 위험이 따르게 마련이다. 실제로는 그 근처에 가지도 못했건만, 자신의 생각과 감정으로부터 해방되었다고 자기 자신을 기만하며, 진정한 족첸 수행자라도 되는 양 자연스럽게 행하고 있다고 생각할 때, 당신의 모든 행위는 부정적인 카르마만을 엄청나게 축적할 따름이다. 파드마삼바바는 우리가 이런 태도를 지녀야만 한다고 말한다.

설령 내 견해가 하늘처럼 드넓을지라도
내가 행동할 때에 아주 공들여 인과를 존중하노라.

족첸 전통의 스승들은 〈해탈의 정수와 방법〉을 철저하고 깊이 있게 알지 못한 채 명상만 오랫동안 닦는다면, 단지 〈미혹만 연장될 뿐〉이라고 반복해서 강조한다. 이것은 가혹하게 들릴지도 모르지만 결코 그렇지 않다. 왜냐하면 생각에 묶여 있는 것을 끊임없이 풀어주어야만 미혹의 지배로부터 벗어나게 되고, 고통과 노이로제에 빠져드는 것을 방지하기 때문이다. 미혹에 얽매인 것으로부터 벗어나는 방법을 알지 못하면, 안 좋은 상황에 빠졌을 때 우리는 견뎌내지 못할 것이다. 심지어 명상하고 있을 때조차 우리는 분노나 욕망 같은 감정이 여전히 사납게 날뛰고 있음을 발견한다. 무언가에 묶여 있는 자기 자신을 풀어주는 방법을 모르는 명상의 또 다른 위험으로, 호사스런 자아 도취나 활기 없는 열중 또는 여러 가지 공허감을 들 수 있다. 그러나 어떤 명상도 미혹을 뿌리째 뽑아버리지는 못한다.

족첸 전통의 위대한 스승 비말라미트라는 이러한 자기 해방에서 자연스러움을 증진시키는 가장 정확한 방법을 제시했다. 우리가 이 수행법에 정통해지면, 많은 사람들 가운데에서 옛 친구를 알아보는 것처럼 자연스럽게 성숙함과 동시에 자기 해방이 일어나게 된다. 수행이 깊어지고 좀더 완숙해지면, 마치 뱀이 또아리를 풀었다 감았다 하는 것처럼 생각과 감정이 떠오르더라도 그와 동시에 자기 해방을 이룰 것이다. 그리고 수행의 마지막 단계에 접어들면, 자기 해방은 마치 빈집을 드나드는 도둑처럼 자연스럽게 성취될 것이다. 무엇이 떠오르더라도 참된 족첸 수행자에게는 해롭지도 않고 이롭지도 않다.

심지어 가장 위대한 족첸 수행자에게도 슬픔과 기쁨은 예전과 다름없이 항상 마음에 떠오른다. 보통 사람과 수행자의 차이는 그런 감정을 어떻게 바라보고 어떻게 반응하는가에 달려 있다. 사람들은 대개 본능적으로 그것을 받아들이거나 거부함으로써 부정적인 카르마를 쌓게 하는 애착이나 혐오감을 일으킨다. 그러나 족첸 수행자는 그것들을 자연스럽고 원초적인 상태로 받아들여 어떤 것에 마주치든지 어떠한 집착도 개입하지 못하게 한다.

딜고 켼체 린포체는 어떤 수행자가 정원을 산책하는 광경을 이렇게 묘사한 적이 있다. 그는 정원에 있는 꽃의 아름다움과 풍취를 완벽하게 알아보고서 그것의 색깔, 모양, 향기를 즐긴다. 그러나 그의 마음속에는 아무런 흔적도 없고 아무런 잔상(殘想)도 없다. 뒤좀 린포체는 말한다.

지각이 떠오를 때마다 아름답게 장식된 사원으로 뛰어드는 어린아이처럼 되어야만 한다. 어린아이는 아름답게 장식된 사원을 바라보기는 하지만, 그의 지각에는 어떠한 집착도 끼여들지 않는다. 그렇게 할 수 있다면 당신에게 모든 것은 신선하고 자연스럽고 생생하고 훼손되지 않은 채 남아 있을 것이다. 당신이 모든 것을 본래 그대로 남겨둘 때, 그 모양은 변하지 않을 것이고 그 색깔은 퇴색하지 않을 것이며 그 빛깔은 사라지지 않을 것이다. 집착에 의해 흠집 나지 않는다면, 당신이 지각하는 모든 것은 리그파의 순수한 지혜로서 떠오르게 된다. 리그파는 광명과 공(空)이 나뉠 수 없음을 뜻하기 때문이다.

리그파의 지혜를 직접 깨달을 때 얻는 확신, 만족감, 드넓은 고요함, 힘, 심오한 재치, 확실성은 가장 커다란 삶의 보물이자 궁극적인 행복으로, 일단 얻기만 하면 죽음조차도 그것을 파괴할 수 없다. 딜고 켄체 린포체는 이렇게 말한다.

일단 정견을 얻으면, 마음을 윤회로 이끄는 온갖 미혹이 떠오를지라도 당신은 하늘처럼 요지부동할 것이다. 하늘은 무지개가 나타난다고 특별히 우쭐거리지도 않으며, 구름이 나타난다고 특별히 실망하지도 않는다. 깊은 충족감으로 가득할 뿐이다. 윤회와 열반의 허울을 보게 될지라도 당신은 그저 속으로 빙그레 웃을 뿐이다. 정견이 정립되면 당신은 항상 흥겹고 내면의 작은 미소가 끊이지 않게 된다.

뒤좀 린포체는 말한다. 〈커다란 미혹, 즉 마음의 어둠〔無明〕을 정화하려면, 구름에 조금도 가려지지 않은 태양이 저 높이 떠서 계속 빛을 비춰야 한다.〉

족첸 수행과 죽어감에 대한 메시지를 전하는 이 책의 가르침을 마음에 담은 사람은, 먼저 믿을 만한 스승을 찾아 그의 가르침에 따라 훈육받아야 할 것이다. 족첸 가르침은 〈텍초 trekchö〉와 〈토갈 tögal〉의 두 가지 수행법을 핵심으로 하고 있다. 두 가지 수행법은 바르도 상태에서 일어나는 것을 깊이 이해하기 위해 반드시 필요하다. 여기서 나는 그것들을 아주 간략하게만 소개하고자 한다. 그에 대한 완벽한 설명은 제자가 스승의 가르침에 완전히 헌신해 어느 정도의 단계에 이르렀을 때 스승이 제자에게 직접 제시 할 수 있을 뿐이다. 이 장 「가장 내밀한 정수」에서 지금까지 내가 설명해 온 것은 덱초 수행의 핵심이다.

덱초란 미혹의 뿌리를 사납게, 철저하게 잘라버리는 것을 뜻한다. 버터를 자르는 칼이나 쌓아놓은 벽돌을 부수는 태권도 고수처럼, 리그파의 솟아나오는 저항할 수 없는 힘으로 미혹을 남김없이 잘라버리는 것이다. 마치 쐐기돌을 날려버린 것처럼, 미혹으로 쌓아올린 사상누각은 폭싹 붕괴된다. 미혹을 잘라내면 본성의 원초적인 순수함과 자연스러운 단순함이 드러나게 된다.

덱초 수행을 통해 기초가 닦여졌다고 판단될 때 스승은 토갈이라는 고급 수행법으로 이끌 것이다. 토갈 수행자는 자기 자신 안에 갖춰진 밝은 빛을 드러내기 위해 독특하고 특별히 효과적인 수행법을 사용하면서, 모든 현상 내부에 〈자연스럽게 현전하는〉 밝은 빛과 함께 힘써서 나아가게 된다.

토갈은 즉각적이고 직접적인 깨달음이다. 저 멀리 떨어져 있는 정상에 이르기 위해 산의 이곳저곳을 거치는 대신 토갈은 한번의 도약으로 곧장 도달한다. 토갈 수행을 통해서 일생 동안 한 사람이 자신 안에서 겪을 수 있는 깨달음의 수많은 양상이 실현될 수 있다.[7] 그러므로 그것은 족첸 수행법의 독특한 방법이라 할 수 있다. 덱초 수행이 족첸의 지혜라면, 토갈 수행은 족첸의 독특한 방법이다. 그것은 엄청난 수행을 요구하기에 일반적으로 조용한 은거지에서 이루어진다.

그렇지만 족첸 수행을 닦으려면 반드시 자격 있는 스승의 직접적인 지도를 받아야 한다. 달라이 라마는 이렇게 말했다. 〈당신이 명심해야 하는 한 가지 사실은 덱초나 토갈 같은 족첸 수행은 경험이 많은 스승의 인도를 받아야 하며, 깨달음을 실현한 살아 있는 인간의 축복과 영감을 받아들여야 성취할 수 있다는 점이다.〉

칠채화신(七彩化身)

족첸의 고급 수행을 통해 성취한 수행자들은 그들의 삶을 특별한 성취로 충만하게 종결지을 수 있다. 죽을 때, 그들은 자신의 육체를 만들어낸 오대(五大) 가운데 빛의 정수 속으로 몸을 재흡수시킬 수 있으며, 결과적으로 그들의 육신은 빛 속에 녹아들어가 완전히 사라지고 만다. 이 과정은 〈칠채화신〉 또는 〈빛의 몸〉으로 알려져 있다. 왜냐하면 이러한 용해 과정은 때때로 빛과 무지개의 자발적인 현출이 뒤따르기도 하기 때문이다. 고대의 족첸 탄트라와 위대한 스승의 저술은 이처럼 놀랍고 신비한 현상을 상이한 범주로 구분해서 설명하고 있다. 지난날, 적어도 일반적인 현상은 아니었을지라도, 그것은 어느 정도 빈번하게 일어났다.

자신이 칠채화신을 성취한 것을 알아차린 사람은 일반적으로 자신이 죽은 후 방이나 텐트 속에서 일주일 동안 어느 누구도 방해하지 말고 혼자 내버려둘 것을 요청한다. 여드레째 되는 날 시신은 찾을 길 없고 몸의 가장 불순한 부분인 손톱, 발톱, 터럭만 남아 있을 뿐이다.

오늘날 우리는 이런 현상을 아마 믿기 어려울지 모른다. 그렇지만 족첸의 계보를 살펴보면 칠채화신에 도달한 수많은 수행자로 가득 차 있다. 뒤좀 린포체가 종종 지적했듯이, 이것은 고대에만 일어난 일은 아니다. 수많은 실례 가운데 나는 가장 최근에 일어났고, 나와 개인적으로 관계가 있는 경우를 거론하고자 한다. 1952년 티베트의 동부에서, 수많은 사람들이 목격하는 가운데 칠채화신 현상이 일어난 유명한 실례가 있다. 칠채화신을 이룬 사람, 쇠남 남걀은 내 가정 교사의 아버지이자 라마 체텐의 형이었다. 나는 이미 1장에서 라마 체텐의 죽음을 이야기했다.

그는 매우 단순하고 겸손한 사람이었는데 만트라와 불경을 조각하는 석공으로 성지를 순례하면서 생계를 꾸려나갔다. 어떤 사람들은 그가 젊은 시절에는 사냥꾼이었고 위대한 스승으로부터 가르침을 받았다고 말하기도 한다. 그렇지만 아무도 그가 수행자인 줄은 몰랐다. 그는 진정한 의미에서 〈숨은 요가 수행자〉였던 것이다. 죽기 전에 얼마 동안 그는 산속에 들어가 지평선을 배경으로 허공을 응시하며 앉아 있었다. 그는 전통적으로 전해 오는 영창(詠唱) 대신 자신의 노래를 직접 만들어 염송했다. 그렇지만 아무도 그의 행동에 별다른 생각을 품지 않았다. 그러던 그가 돌연 병이 들었다. 그러나 기이하게도 그는 점점 행복해지는 것처럼 보였다. 병색이 점점 짙어지자 그의 가족이 스승과 의사를 불러왔다. 그의 아들이 그에게 모든 가르침을 기억해야 한다고 말했다. 그러자 그가 미소 지으며 말했다. 〈나는 그것을 모조리 잊었다. 어쨌든, 기억할 것은 아무것도 없다. 모든 것은 환각이다. 그러나 나는 모든 일이 잘되어 간다고 확신한다.〉

일흔아홉 살의 나이로 죽기 직전 그는 말했다. 〈내가 바라는 건 죽고 나서 내 시신을 일주일 동안 옮기지 말라는 것뿐이다.〉 그가 죽자, 그의 가족은 그의 시신을 천으로 싸고 라마와 사문을 초대해 그를 위해 수행해 줄 것을 청했다. 그들은 집안의 작은방에 시신을 안치했다. 그는 키가 큰 사람이었지만 마치 줄어들기라도 한 듯 방안에 들이는 데 아무 문제가 없었고 사람들은 그것에 주목할 수밖에 없었다. 그와 동시에 그의 집 주위에 일곱 색깔 무지개가 특이하게 감돌기 시작했다. 엿새째 되는 날 방안을 들여다보았을 때, 그들은 시체가 점점 작아지는 것을 보았다. 그가 죽은 지 여드레째 되는 날 아침에 장의사가 그의 시신을 수습하기 위해 도착했다. 천을 풀어헤치자, 그들은 손톱, 발톱, 터럭말고는 아무것도 없음을 발견했다.

그에게 무슨 일이 일어났느냐고 사람들이 내 스승 잠양 켄체에게 묻자, 스승은 칠채화신 현상이 일어났다고 말했다.

* * *

1) 뵌도는 전통적으로 두 부분으로 나뉜다. 라마의 기도와 더불어 시작되는 외적 준비 행위는 인간 삶의 일회성(一回性), 무상함, 업, 그리고 윤회의 고통으로 이루어진다. 내적 준비 행위는 보호처 찾기, 보디시타(깨달은 마음) 일으키기, 바즈라사트바 순화 의식, 만다라 헌납, 그리고 마지막으로 포와 수행(의식의 전이)과 봉헌으로 이어지는 구루 요가이다.
2) 여기서 이와 같은 예비 수행을 자세히 언급하는 것은 적합하지 않다. 이를 행하는 데 관심 있는 사람들을 위해서 충분하게 설명한 책자를 가까운 미래에 출판할 수 있기를 희망한다.
3) 족첸 사원은 티베트의 동쪽 캄에 17세기에 건립된 수도원 대학으로, 1959년 중공의 침공으로 파괴될 때까지 파드마삼바바와 족첸 가르침의 전통을 계승한 가장 크고 영향력 있는 센터 가운데 하나였다. 그곳은 연구 중심의 대학으로 유명했고, 파툴 린포체(1808-887)와 미팜(1846-912)같이 최고 수준의 학자와 선생을 배출했다. 달라이 라마의 축복을 받아 망명 정부 아래 족첸 사원은 제7대 족첸 린포체에 의해 인도 남부 마이소어에 재건되었다.
4) 퇼쿠 된둡 린포체, 『붓다의 마음 Buddha Mind』, 128쪽에서 인용.
5) 만다라는 일반적으로 성스러운 환경 그리고 붓다, 보살, 또는 신의 거주지를 의미하는데 탄트라 수행을 하는 수행자에 의해 그려지게 된다.
6) 자신이 리그파의 상태에 있는지 식별하는 방법 가운데 가장 확실한 것은 258쪽 이하에서 서술한 것처럼 그것의 하늘 같은 정수, 그것의 빛나는 본성, 또한 아무 방해받음 없이 분출하는 자비의 에너지, 다섯 가지 지혜, 그리고 개방성, 정확성, 일체를 포용하는 평등, 분별력, 자발적인 성취의 현전 여부이다.
7) 토갈 수행을 통해 성취한 수행자라면 하나의 삶에서 세 가지 카야를 실현할 수 있다(21장 「보편적인 과정」 참조). 이것은 족첸 수행을 행한 결과이다.

죽어감

11

죽어가는 사람을 돕는 마음의 충고

내가 아는 호스피스 병동에서 60대 후반의 여성, 에밀리가 유방암으로 죽어가고 있었다. 그녀의 딸은 매일 그녀를 방문했고 둘 사이는 행복해 보였다. 그러나 딸이 떠나면, 에밀리는 거의 혼자 앉아서 울기만 했다. 딸이 그녀의 죽음이 불가피함을 정면으로 거부한다는 것이 그 이유였다. 딸은 그녀가 암에서 회복될 수 있으리라고 기대하면서, 병실에 있는 시간 대부분을 어머니에게 〈긍정적으로 생각하세요〉라고 기운을 북돋워주는 데 보냈다. 그래서 결국 이런 일이 벌어졌다. 에밀리가 그녀의 생각과 깊은 두려움, 공포를 다른 사람에게 알리지 않았기 때문에 그녀와 그것들을 공유하는 사람이 없었고, 그것들에 관심을 갖고서 돕는 사람이나 그녀가 자신의 삶을 이해하도록 돕는 사람도 없었고, 결국 죽음의 목전에서 그 아픔을 치유하도록 그녀를 돕는 사람이 한 사람도 없게 되었다.

삶에서 가장 중요한 것은 다른 사람과 더불어 허심탄회하게 성심 성의껏 얘기를 나누는 것이다. 에밀리의 예가 우리에게 보여주듯, 그것은 특히 죽어가는 사람의 경우 가장 중요하다.

죽어가는 사람은 종종 내성적으로 변하고 불안정해져서 당신이 처음 방문하면, 당신이 병실을 찾은 의도에 대해 불안해한다. 이를테면 자연스럽고, 긴장을 풀고, 편안하게 지낸다는 것은 전혀 예상할 수 없다. 죽어가는 사람은 종종 그들이 무엇을 원하는지 또는 무엇을 뜻하는지 말하지 않고, 그들과 가까운 사람도 무슨 말을 해야 하는지 무엇을 해야 하는지 알지 못한다. 그들이 말하고자 애쓸지도 모르는 것, 또는 심지어 그들이 감추고 있을지도 모르는 것을 발견하기란 어렵다. 때로는 죽어가는 당사자도 알지 못한다. 따라서 되도록 편안하고 자연스러운 분위기 속에서 긴장을 푸는 것이 무엇보다 중요하다.

일단 믿음과 확신이 서면 긴장이 풀어지고, 이런 분위기가 조성되면 죽어가는 사람이 실제로 이야기하고 싶은 것을 끄집어내게 될 것이다. 그가 죽어감과 죽음에 대한 자신의 생각, 두려움, 감정을 자유롭게 드러내도록 기운을 북돋워주어야 한다. 자기 감정을 거리낌없이 정직하게 드러내는 것이 어떤 변화(예컨대 삶 또는 죽음을 잘 맞이하는 일)를 유도함에 있어서 가장 중요하다. 또 그를 완벽할 정도로 자유롭게 하여 그가 원하는 것이라면 무엇이든지 말할 수 있게 해야 한다.

죽어가는 사람이 드디어 자신의 아주 개인적인 느낌을 토로할 때에, 그가 하는 말을 방해하거나 부인하거나 축소하지 말아야 한다. 시한부 질병을 앓거나 죽어가는 사람은 자신의 삶에서 가장 상처받기 쉬운 상황에 있으므로, 스스로를 드러내도록 하기 위해 능숙함, 민감함, 따뜻함, 자비심이 요구된다. 그의 말에 귀기울여 듣기를 배우고 또 말없이 수용하는 것도 배워야 한다. 열린 마음으로 조용히 침묵하면 상대방은 자신이 받아들여지는 느낌을 갖게 된다. 그러니까 우리가 할 수 있는 한 최대한도로 긴장을 풀고 편안히 있어야 한다. 우리가 그들의 얘기를 듣는 것보다 중요하거나 즐거운 일이 없다는 듯이 우리의 죽어가는 친구나 가족과 함께 병실에 있어야 한다.

삶의 심각한 상황에 처할 경우 두 가지가 매우 유용하다는 사실을 나는 알게 되었다. 그것은 상식적인 접근과 유머 감각이다. 유머 감각은 분위기를 밝혀주는 놀라운 기능을 하는데, 죽어가는 과정을 참되고 보편적인 관점에서 바라볼 수 있도록 도움을 주고 지나친 엄숙함과 상황의 격렬함을 누그러뜨린다. 그럴 때에는 되도록 능숙하게 또 부드럽게 유머를 활용할 필요가 있다.

또 내 경험에 비추어보건대, 죽어가는 당사자에게 너무 개인적으로 접근하지 않는 편이 좋다. 전혀 예상치 못하게 죽어가는 사람은 당신을 온갖 분노와 질책의 과녁으로 삼을 수 있다. 엘리자베스 퀴블러로스가 말하는 것처럼, 분노와 질책의 대상은 어떤 방향으로든지 옮겨질 수 있고 또한 주변에 거의 제멋대로 투사(投射)될 수 있다.[1] 이런 분노가 실제로 당신을 겨냥한다고 생각할 것은 없다. 어떤 두려움과 비탄을 드러내더라도, 그와 당신의 인간 관계가 상처받을 수도 있는 그런 방식으로 반응하지 않는 편이 현명하다.

우리는 종종 죽어가는 사람에게 설교하거나 신앙 고백을 하려는 충동을 느낄 수도 있다. 죽어가는 사람이 그것을 원하는 게 아니라고 생각될 때, 이런 충동에서 반드시 벗어나야 한다. 어느 누구도 다른 사람의 신앙에 힘입어 〈구원〉받기를 원하지 않는다. 우리의 임무는 그를 개종시키는 것이 아니라, 우리 앞에 있는 사람이 자기 자신의 힘, 확신, 신념, 영성(靈性)에 가까이 접할 수 있도록 돕는 일이다. 물론 그가 영적인 문제에 대해 진정으로 마음이 열려 있고, 우리가 그 점에 대해서 어떻게 생각하는지 참으로 알고자 한다면 굳이 피할 필요는 없다.

당신 자신에게 지나친 기대를 하지 말아라. 우리의 도움에 힘입어 죽어가는 사람에게 놀라운 일이나 〈구원〉이 일어나리라 기대하는 것은 금물이다. 그런 기대를 한다면, 결국 실망하고 말 것이다. 누구나 그 자신이 살아왔던 방식대로 죽게 마련이다. 진솔한 의사소통의 길을 마련하기 위해서, 그의 삶, 성격, 생활 환경, 삶의 이력(履歷)이라는 관점에서 죽어가는 사람을 바라보고 그를 아무런 거리낌없이 받아들이기 위해 최선을 다해야 한다. 또 우리가 도움을 주고자 노력해도 거의 아무 효과가 없는 듯하고 죽어가는 사람이 아무 반응이 없다고 해서 괘념할 것은 없다. 우리의 보살핌이 심층적 단계에서 어떤 효과를 나타낼지 우리는 알 수 없다.

조건 없이 사랑을 베풀기

죽어가는 사람에게는 어떤 기대도 접어놓고 무조건적인 사랑으로 감싸줄 필요가 있다. 그 방면의 전문가가 되어야 한다고 생각할 것은 없다. 아주 자연스럽게, 편안하게, 그의 진정한 친구가 되기만 하면 충분하다. 우리가 그와 함께 바라보면서, 서로 꾸밈없이 또 인간과 인간으로서 대등하게 대화를 주고받는다면, 죽어가는 사람의 기운이 돋구어질 것이다.

〈아무런 조건 없는 사랑으로 죽어가는 사람을 감싸주어라〉라고 나는 말한다. 하지만 어떤 상황에서는 이렇게 하기가 어렵다. 그것은 그 사람이 고통을 당한 긴 역정을 우리가 알고 있기 때문에, 지난날 우리가 그에게 했던 행동에 대해 죄책감을 느끼기 때문에 또는 그가 우리에게 했던 행동에 대해 우리가 분노하거나 원망하기 때문일 수도 있다.

그래서 죽어가는 사람을 사랑으로 감싸기 위해 나는 두 가지 매우 간단한 방법을 제시하고자 한다. 죽어가는 사람을 함께 보살핀 나와 내 제자들은 이 방법이 효과적임을 알게 되었다. 첫째, 우리 앞에 있는 사람을 바라보면서 우리와 똑같은 생리적 욕구, 즉 행복을 추구하고 괴로움을 피하려는 똑같은 기본적인 욕망, 알지 못하는 것에 대한 똑같은 두려움, 슬픔이라는 똑같이 비밀스러운 영역, 무력감이라는 감정을 지닌 그를 생각해 보자. 만일 우리가 실제로 이렇게 할 수 있다면, 그를 향해 우리의 마음이 열려 사랑의 감정이 솟아나는 것을 발견할 것이다.

둘째, 우리 자신을 곧장 죽어가는 사람의 자리에 놓는 것으로써, 나는 이 방법이 한층 효과적임을 발견했다. 우리가 앞에 있는 저 침대에 누워서 죽음에 직면해 있다고 상상한다. 침상 위에서 자기가 고통과 외로움에 휩싸여 있다고 생각한다. 그때 자기 자신에게 물어보자. 당신이 참으로 필요한 것이 무엇인가? 당신이 지금 가장 바라는 것은 무엇인가? 당신 앞에 있는 친구에게 진정으로 바라는 것이 무엇인가?

만일 두 가지를 제대로 실행한다면, 죽어가는 사람이 원하는 것이 바로 당신이 원하는 그것임을 발견하게 될 것이다. 예컨대 참으로 사랑받고 인정받는 것.

심하게 앓고 있는 사람들은 손으로 만져주기를 갈망하고, 환자가 아니라 건강한 사람들처럼 대해 주기를 갈망하는 것을 나는 종종 목격했다. 단지 손으로 어루만져주고 눈을 들여다보고 부드럽게 메시지를 전하고 팔로 받혀주고 같은 리듬으로 천천히 호흡하기만 해도 커다란 위안이 된다. 몸은 그 자신의 사랑의 언어를 지니고 있다. 두려워하지 말고 그것을 사용하라. 그러면 죽어가는 사람은 편안함을 느껴 위안을 얻게 된다.

우리는 죽어가는 사람이 그의 세상 전부를 잃어가고 있음을 자주 잊어버린다. 예컨대 그의 집, 인간 관계, 몸, 마음. 그는 모든 것을 잃고 있다. 우리가 삶에서 겪을 수 있는 온갖 상실들은 우리가 죽을 때 압도적인 하나의 상실 속에서 뭉쳐진다. 그러니 죽어가는 사람이라면 누구라도 서글프고 당황스럽고 화나지 않겠는가? 엘리자베스 퀴블러로스는 죽음에 대면하는 과정을 5단계로 제시한다. 즉, 부정, 분노, 타협, 의기 소침, 그리고 수용. 물론 모든 사람이 5단계 과정을 겪는 것은 아니고 반드시 이런 순서대로 진행되는 것도 아니다. 어떤 사람이 죽음을 수용하기까지는 정말 기나긴 가시밭길을 걸을 수 있다. 우리는 생각, 감정, 경험에 대한 올바른 관점을 제시하지 않는 그런 사회에 살고 있다. 죽음과 그 마지막 도전에 직면한 많은 사람들은 자기 자신의 무지에 기만당했다는 느낌이 들 때, 크게 좌절하고 격노하게 된다. 어느 누구도 자기 자신과 마음 깊이 느끼는 것을 이해하려고 하지 않는 듯하기 때문이다. 영국에서 호스피스 운동을 일으킨 훌륭한 개척자, 시실리 선더스Cicely Saunders는 이렇게 말한다. 〈자신이 죽어가고 있는 줄 알고 있는 어떤 남자에게, 자신을 보살펴주는 사람으로부터 제일 원하는 것이 무엇인지 나는 한번 물어보았다. 그는 이렇게 답했다. '그가 나를 이해하기 위해 애쓰고 있는지 자기 자신을 자세히 살펴보는 것이다.' 정말, 어느 누구를 충분히 이해한다는 것은 불가능하다. 그러나 죽어가는 사람을 성공적으로 이해하기를 바랄 것이 아니라, 단지 그렇게 하기 위해서 최선을 다하면서 죽어가는 사람을 보살펴야 한다는 점을 나는 잊지 않고 있다.〉[2]

우리가 죽어가는 사람을 이해하기 위해 충분할 정도로 유의하면서 보살피는 것이 핵심이다. 그가 어떤 느낌을 지니든지, 이를테면 좌절이나 분노를 느끼더라도 그것이 정상적인 과정임을 당사자에게 이해시키는 것이 중요하다. 죽어가는 과정을 겪을 때에 억압된 많은 감정이 나타나게 될 것이다. 이를테면 슬픔, 죄책감, 여전히 잘 살고 있는 사람에 대한 질투까지. 그가 이런 감정을 분출할 때 억누르지 않도록 도와주어야 한다. 고통과 비탄의 파도가 칠 때 우리는 그와 함께 있어야 한다. 그가 죽음을 수용하려면 시간이 걸린다. 우리가 인내심을 지니고 그를 이해해 준다면, 서서히 감정이 가라앉아 죽어가는 사람은 침착하고 고요하며 매우 깊은 본래의 온전한 정신으로 되돌아오게 된다.

지나치게 현명하게 처신하기 위해 애쓸 것은 없다. 언제나 심오한 말을 건네려고 노력할 필요도 없다. 상황을 좀더 진전시키기 위해 우리가 무언가를 하거나 말해야 하는 것은 아니다. 우리가 할 수 있는 만큼 최선을 다하면 된다. 만일 우리에게 근심과 걱정만 쌓이고 무엇을 해야 할지 모른다면, 죽어가는 당사자에게 솔직하게 털어놓고 그가 원하는 것을 직접 물어보자. 이렇게 솔직하게 마음을 내비치면, 우리와 죽어가는 사람이 한결 가까워지고 좀더 자유롭게 의사 소통할 수 있게 된다. 때때로 죽어가는 사람은 자신이 어떤 도움을 필요로 하는지 우리보다 더 잘 안다. 우리는 그들이 아는 바를 끌어내는 법을 배울 필요가 있고, 그들이 알고 있는 것을 우리에게 전할 수 있게끔 분위기를 이끌어야 한다. 시실리 선더스는 죽어가는 사람과 함께 있을 때에 우리가 일방적으로 베푸는 위치에 있지 않다고 일깨운다. 〈조만간 죽어야 하는 사람과 함께 지낸 사람이라면 누구나, 그들이 인내, 용기, 유머를 활용해야 할 상황에 부딪쳤을 때, 베푼다기보다 죽어가는 당사자로부터 배우고 있음을 알게 된다.〉[3] 죽어가는 사람의 용기를 우리가 인정하면 죽어가는 사람의 기운을 북돋울 수 있다.

나 역시 다음 사실을 유념함으로써 도움을 받는다는 것을 발견한다. 즉, 바로 내 앞에서 죽어가는 사람이 항상 대부분 본래 착한 사람이라는 점. 어떤 분노나 감정이 일어날지라도, 아무리 일시적으로 충격받거나 두려울지라도, 저렇게 내적인 선(善)에 초점을 맞춘다면 그 상황에 요구되는 절제와 균형을 유지할 수 있다. 우리가 품성이 좋은 친구와 싸울 때, 그 친구의 좋은 점을 잊지 말아야 하듯이 죽어가는 사람의 경우도 마찬가지다. 일시적으로 일어나는 감정에 따라 죽어가는 사람을 판단해서는 결코 안 된다. 이렇게 상대방을 받아들임으로써 당사자는 긴장을 풀고 자신이 원하는 것을 거리낌없이 토로하게 된다. 우리는 마음을 열고 사랑할 수 있으며 관용을 베풀 수 있는 존재로 죽어가는 사람을 대해야 한다.

한층 깊은 영적인 단계에서, 죽어가는 사람이 그것을 실현했든지 못했든지 불성(佛性)을 지녔고 완벽한 깨달음을 성취할 수 있는 존재임을 항상 유념함으로써 나는 크게 도움을 받았다. 죽어가는 사람이 점점 죽음에 다가감에 따라, 그러한 가능성들은 훨씬 커진다. 그래서 그들이 훨씬 더 많은 보살핌과 존중받을 가치를 지니고 있는 것이다.

죽어가고 있다고 당사자에게 말하는 것

사람들은 종종 내게 묻는다. 〈그들이 죽어가고 있음을 당사자에게 말해 줘야 하는가?〉 나는 항상 이렇게 답한다. 〈그렇다. 되도록 조용하게, 상냥하게, 신중하게, 솜씨 있게 가르쳐줘야 한다.〉 여러 해 동안 병들어서 죽어가는 환자를 방문한 경험에 비추어볼 때, 나는 엘리자베스 퀴블러로스의 이런 말에 동의한다. 〈어쨌든, 내가 알고 있는 환자 전부는 아니지만 대부분이 그랬다. 그들은 정중하게 바뀐 주변 환경, 그들에 대한 사람들의 새롭고도 평소와 다른 접근 방식, 기가 죽은 목소리 또는 피하는 듯한 느낌, 일가 친척의 서글픈 표정이라든가 진실된 감정을 숨길 수 없는 가족의 상서롭지 않고 웃지 않는 태도에 의해서 죽음이 임박했음을 느끼게 된다.)[4]

사람들은 본능적으로 자신이 죽어가고 있다는 것을 알지만, 이를 확인하기 위해 의사라든가 사랑하는 가족들에게 묻는 것을 나는 종종 목격했다. 그들이 그렇게 묻지 않으면, 가족들이 그러한 상황에 대처할 수 없다고 생각하기 때문일 수도 있다. 상황의 전개를 있는 그대로 밝히지 않을 경우 죽어가는 당사자는 그 주제를 더 이상 꺼내려 하지 않을 것이다. 그렇게 상황을 은폐한다면 당사자는 한층 고립감에 빠지고 훨씬 두려움에 휩싸이고 말 뿐이다. 죽어가는 사람에게 진실을 말해 주는 것은 매우 중요하다고 나는 생각한다. 죽어가는 당사자는 적어도 그렇게 존중받을 가치가 있다. 만일 죽어가는 당사자에게 진실이 말해지지 않는다면, 그가 어떻게 죽음을 준비할 수 있겠는가? 그가 인간 관계를 어떻게 제대로 맺을 수 있겠는가? 그가 풀어야 하는 여러 가지 현실적인 문제를 어떻게 처리할 수 있겠는가? 그가 죽은 후 남아 있는 사람들을 어떻게 도울 수 있겠는가?

영적인 수행자의 관점에서 살펴보건대, 죽어감이란 사람들이 그들의 삶 전체와 더불어 화해할 수 있는 소중한 기회이다. 많은 사람들이 이 기회를 매우 바람직한 방식으로 활용해 스스로를 변화시켜 자기 자신의 아주 깊은 진리 속으로 한층 가까이 접근하는 것을 나는 보아왔다. 따라서 상냥하게 또 신중하게, 되도록 일찍, 그가 죽어가고 있음을 말해 줌으로써, 우리는 그에게 죽음을 미리 준비하고 자기 자신이 지닌 힘과 삶의 의미를 발견할 수 있는 기회를 주는 것이 바람직하다.

아일랜드에서 호스피스 간호 활동을 하는 카톨릭 신자, 브리지드 자매로부터 전해 들은 이야기가 있다. 머피는 60대의 남자였는데, 그와 그의 아내는 의사로부터 그가 얼마 살지 못한다는 선고를 받았다. 그 다음날 머피 부인은 호스피스 병동으로 남편을 방문했다. 그들은 이야기를 나누면서 온종일 울었다. 브리지드 자매는 노부부가 이야기를 하면서 자주 눈물 흘리는 모습을 보았다. 이렇게 사흘간 계속되자 그들은 자신이 중간에 끼여든 것이 아닌가 하는 생각이 들었다. 하지만 다음날 머피 부부는 갑자기 긴장이 풀린 듯했고, 함께 손을 잡고 상대방에게 사랑을 표하는 등 평온해 보였다.

브리지드 자매는 복도에서 머피 부인을 만났고, 어떤 일이 있었기에 둘의 행동이 그렇게 많이 바뀌었는지 물었다. 머피 부인은 그녀의 남편이 죽어가고 있음을 알았을 때, 둘이 함께 보낸 지난 세월을 회상했더니 많은 추억이 되살아났다고 말했다. 그들은 거의 40년간 함께 살았고, 자연히 다시 함께할 수 없는 많은 일에 대해 생각하고 이야기하면서 커다란 슬픔을 느꼈다. 그래서 머피는 결심을 하고 성장한 자녀들에게 마지막 메시지를 적었다. 이 모든 일은 매우 슬펐다. 그렇게 떠나기엔 너무 힘들었기 때문이다. 하지만 머피는 자신의 삶을 잘 끝내기를 원했으므로 그들은 계속 진행했다.

그 후 머피는 3주일을 살았는데, 부부는 평온함을 유지했고 단순하고 놀라운 사랑의 느낌으로 빛났다고 브리지드 자매는 내게 말했다. 심지어 남편이 죽은 이후에도, 머피 부인은 계속해서 호스피스 병동의 환자들을 방문해 누구에게나 영감을 불어넣었다.

이 일화는 당사자에게 죽어간다고 일찍 말하는 것의 중요성, 또한 손실의 고통에 정면으로 대응함으로써 얻는 커다란 이익을 우리에게 시사한다. 머피 부부는 많은 것을 잃어가고 있음을 알았지만, 그러한 손실에 직접 대면해 함께 비통을 절감함으로써 그들이 잃을 수 없는 것, 머피의 죽음 이후에도 남아 있을 부부 사이의 깊은 사랑을 발견한 것이다.

죽어가는 과정에 대한 두려움

머피 부인이 남편을 도울 수 있게 했던 한 가지는, 그녀가 죽어감에 대한 그녀 자신의 두려움에 대면한 것이라고 나는 확신한다. 죽어가는 것에 대한 그들의 두려움이 얼마나 당신을 혼란스럽게 하고 불유쾌한 공포를 불러일으키는지 당신이 인정할 때에야 비로소 죽어가는 사람들을 도울 수 있다. 죽어가는 사람과 함께 있다는 것은 비위에 거슬릴 정도로 잘 닦인 거울에 우리 자신의 모습을 비춰보는 것과 같다. 그 거울 속에서 우리는 공포와 고통에 질려 빳빳해진 자신의 얼굴을 보게 된다. 만일 우리가 공포와 두려움에 질린 자신의 얼굴을 바라보고서 자기의 실상으로 받아들이지 않는다면, 어떻게 우리 앞에서 죽어가는 사람을 견뎌낼 수 있겠는가? 우리가 죽어가는 사람에게 접근해 돕고자 할 경우, 우리의 반응 하나하나를 점검할 필요가 있을 것이다. 우리의 반응은 죽어가는 사람의 그것을 반영할 것이고, 그를 돕는 데 커다란 어려움을 일으킬 수 있기 때문이다.

우리의 두려움을 정직하게 바라보는 것은 또한 우리가 성숙해지도록 도울 것이다. 죽어가는 사람과 함께 있는 것보다 우리의 영적인 성장을 촉진하는 효과적인 방법은 없다고 나는 종종 생각한다. 죽어가는 사람을 보살피는 것은 그 자체만으로도 우리 자신의 죽음을 깊이 심사숙고하게 한다. 죽어가는 사람을 보살핌으로써 우리는 자신의 죽음과 직접 대면해 죽음을 연구하게 된다. 우리가 죽어가는 사람과 함께 있게 될 때, 일종의 결의를 하게 된다. 즉, 삶에서 가장 중요한 것에 초점을 맞추겠다는 분명한 인식. 우리가 죽어가는 사람을 돕는 것을 진정 배우고자 한다면, 우리 자신의 죽음에 대해 아무 두려움이 없어야 하고 책임감을 느껴야 하고, 결코 의심할 수 없는 무한한 자비심의 근원을 자기 자신 안에서 발견해야 한다.

죽어가는 과정에 대한 자신의 두려움을 의식하게 되면, 죽어가는 사람의 두려움을 의식함에 있어서 헤아릴 수 없을 만큼 큰 도움을 받게 된다. 이제 그 두려움의 실체가 무엇인지 깊이 생각해 보자. 예컨대 제어할 수 없는 통증에 대한 두려움, 괴로움에 대한 두려움, 냉대받을까 봐 노심초사함, 우리의 지나간 삶의 무의미함에 대한 염려, 사랑하는 모두와 헤어지는 두려움, 자기 자신을 다스리지 못하리라는 걱정, 인간 관계를 잃는 두려움. 아마도 우리의 가장 큰 두려움은 두려움 자체에 대한 두려움으로, 그것을 피하려 하면 할수록 한층 커지게 된다.

일반적으로 두려움을 느낄 때, 우리는 고립되고 혼자이고 친구가 없다는 것을 느낀다. 그러나 누군가가 우리와 친구가 되어 자신의 두려움을 말하면, 두려움이란 보편적인 현상이고 그 가장자리에 해당되는 개인적인 고통은 내려놓게 됨을 느낀다. 우리의 두려움은 인간적이고 보편적인 문맥으로 돌려진다. 그때 우리는 자신의 두려움을 이해할 수 있고, 한층 자비로울 수 있고, 한층 긍정적이고 영감을 불어넣는 방식으로 자신의 두려움을 다룰 수 있다.

자신의 두려움에 대면해 점차 수용할 수 있게 됨에 따라, 우리 앞에서 죽음을 두려워하는 그에게 훨씬 신중해질 것이다. 그리고 그를 돕기 위해 지성과 통찰력을 계발함으로써, 그가 두려움에서 벗어나 열린 마음으로 죽음을 대면하게 하고 능숙하게 두려움을 쫓아버리도록 할 것이다. 죽음에 대면함으로써 우리는 훨씬 자비로워지며, 한층 용감해지고, 훨씬 명석해진다는 것을 발견하기 때문이다. 그렇게 함으로써 우리는 방법들을 활용하는 것에 능숙해질 것이고, 그에 따라 죽어가는 사람이 자기 자신과 대면하게 하는 온갖 종류의 방법에 눈이 열릴 것이다. 우리가 아주 쉽게 쫓아낼 수 있는 두려움 가운데 하나는 죽어 가는 과정에서 완화되지 않는 통증에 대한 걱정이다. 누구라도 이러한 걱정이 이제 필요하지 않음을 알고 있다고 나는 생각한다. 신체적 통증은 최소화되어야 한다. 어쨌든 죽음의 과정에는 충분할 정도의 고통이 뒤따른다. 내가 잘 알고 있고 내 제자가 죽은 런던의 성 크리스토퍼 호스피스 병원의 연구 결과에 따르면, 올바른 보살핌만 받는다면 환자 가운데 98퍼센트는 평온하게 죽음을 맞이할 수 있다고 한다. 호스피스 운동을 통해 마취약이 아니라 다양하게 결합시킨 약을 복용함으로써 통증을 다루는 다양한 방법이 개발되었다. 불교의 스승은 되도록 몽롱함에 빠지지 않고, 침착하게 명료한 의식 상태를 유지하면서 죽는 것이 중요하다고 말한다. 이를 위해서는 정신을 잃지 않고 통증을 제어하는 것이 첫번째 필요 조건이다. 이제 이런 정도는 행해질 수 있다. 많은 것이 요구되는 죽음의 순간에 누구나 저렇게 단순한 도움을 받을 자격이 있다.

끝맺지 못한 일

죽어가는 사람은 흔히 아직 마무리하지 못한 일들을 걱정한다. 스승은 평화롭게, 어떤 집착과 갈망도 없이, 모든 애착을 내려놓고 죽음을 맞이해야 한다고 우리에게 강조한다. 그러나 만약 살아 있는 동안 끝맺지 못한 일을 최대한으로 깨끗하게 정리하지 못한다면, 그렇게 죽음을 맞이할 수 없을 것이다.

삶에 대한 집착 때문에 사람들이 죽기를 꺼려하는 것을 우리는 종종 발견한다. 그것은 그들이 자신이 처한 위치에서 행했던 것과 화해하지 못했기 때문이다. 또한 다른 사람을 향한 죄의식이나 나쁜 감정을 품고 죽는다면, 그의 죽음 후에 남겨진 사람은 더욱 괴로워하게 된다.

사람들은 때때로 내게 묻는다. 〈지난날의 고통을 치유하기에는 너무 늦지 않았는가? 죽어가는 내 친구와 가족, 또는 죽어가는 친구와 나 사이에 치유가 가능하기에는 괴로움이 너무나 심하지 않을까?〉 결코 늦지 않았다는 것이 내 신념이다. 그것은 또한 내가 직접 겪은 체험이기도 하다. 커다란 고통과 괴로움들을 당한 이후에야 사람들은 상대를 용서하는 방법을 찾으려 한다. 죽음의 순간은 위엄과 엄숙함, 자신의 모든 태도들을 재검토하게 하는 궁극적인 성격을 지니고 있어서, 이전에는 참을 수 없었던 것들에 좀더 개방적이고 너그러워질 수 있다.

완전히 마무리하지 못한 일을 끝맺도록 하기 위해서, 죽어가는 사람과 함께 있었던 나와 내 제자는 매우 유용한 한 가지 방안을 발견했다. 그것은 자신과 다른 사람을 평등하게 놓는 불교 수행법에 의해, 또 게슈탈트 심리학 연구자 크리스틴 롱가커 Christine Longaker에 의해 명확하게 설명된 방법이다. 크리스틴 롱가커는 나의 초기 제자 가운데 하나로 백혈병으로 남편을 잃은 이후, 죽음과 죽어가는 과정의 영역에 뛰어들었다.[5] 일반적으로 의사 소통이 막히면 아직 끝맺지 못한 일이 계속 남아 있게 된다. 우리는 상처를 입으면 흔히 아주 방어적으로 변해 자신의 주장만 옳다고 생각하고 다른 사람의 입장에서 보기를 한사코 거절한다. 이것은 도움이 되지 못할 뿐만 아니라 실질적인 의사 소통을 불가능하게 한다. 따라서 우리가 이런 검사를 행할 때에는, 강한 동기를 지니고 임해 자신의 온갖 것들을 끄집어내 이해하기 위해 노력하고, 그것들을 연구 대상으로 삼아 해소시키고, 마침내 그런 응어리가 풀어지게 해야 한다.

그리고 나서 당신과 감정이 얽힌 그 사람을 자기 앞에 떠올린다. 그가 당신을 보았던 것과 똑같은 방식으로, 마음의 눈으로 그를 바라본다. 이제 실제로 변화가 일어난다고 생각하라. 그러면 그가 더욱 마음을 열어 당신이 말하는 것에 귀기울여 받아들이고, 이전보다도 한층 솔직담백하게 어려움을 공유함으로써 그와 당신 사이의 문제가 해결됨을 볼 수 있다. 생생하게 열린 새로운 마음 상태로 그 사람을 떠올려보자. 이렇게 함으로써 당신도 그에 대해서 훨씬 마음을 열게 될 것이다. 그때 당신이 그에게 정말 하고 싶은 말이 마음 깊숙이 느껴질 것이다. 그에게 무엇이 문제인지 말하라. 당신이 느끼는 감정, 당신이 느끼는 어려움, 당신이 받은 상처, 당신이 겪은 유감스러운 감정들을 그에게 말한다. 당신이 편안하지 못했음을 그에게 말한다. 죽음으로 헤어지기 전에 말해야 한다.

이제 종이 한 장을 집어들고 당신이 하고 싶은 말을 모두 적는다. 쓰기를 마치면, 바로 그 답변으로 그가 말하게 될 것을 적어보라. 그가 흔히 말하던 것에 대해 끊임없이 생각해야 한다. 이제 당신이 형상화한 것처럼 그가 진정으로 당신의 말에 귀기울이고 있고 이전보다 훨씬 마음의 문을 열어놓았다고 생각하자. 단지 쓰는 것을 통해 자동적으로 무엇이 떠오르는지 보라. 마음속에서, 그 또한 완전히 자신의 문제들을 드러내도록 한다.

자기 자신을 되돌아보고 그 밖에 그에게 말할 것이 있는지 살펴본다. 자신이 숨겨왔거나 결코 내색한 적이 없는 지난날 상처입은 감정 같은 것들. 다시, 자신의 감정을 드러낼 때마다 상대방의 반응을 쓰는데, 마음에 떠오르는 것이면 무엇이든지 그대로 적어 내려간다. 더 이상 자신이 숨기고 있는 것, 또는 말할 필요가 있는 것이 없다고 느껴질 때까지 이런 식으로 계속 대화하라.

자신이 진실로 이 대화를 맺을 준비가 되어 있는지 살펴보고 이런 식의 대화를 통해 얻는 통찰과 치유로 인해 이제 지난 일을 진심으로 풀어버릴 수 있는지, 그를 용서할 수 있는지, 또는 상대방도 자신을 용서하리라고 느껴지는지 자기 자신에게 철저히 물어보자. 이를 성취했다고 느껴질 때, 자기가 숨기고 있을지도 모르는 마지막 감정, 사랑이라든가 감사하는 마음을 드러내는 것을 잊지 말고 작별 인사를 하도록 하자. 그가 이제 몸을 돌려 떠나는 것을 영상화한다. 당신이 그를 내려놓았음에 틀림없을지라도, 그에 대한 사랑, 좋았던 시절에 대한 따뜻한 추억은 언제나 자신의 마음에 있음을 상기하자.

지난 과거와 좀더 분명히 화해하기 위해서 자기가 글로 쓴 대화를 친구에게 읽어주거나 혼자 집에서 큰소리로 읽어보자. 이 대화를 큰소리로 읽고 나면, 그 사람과 실제로 의사 소통한 것처럼, 또 자기가 지니고 있었던 온갖 문제가 실제로 해소되기라도 한 것처럼, 자기 자신에게 일어나는 변화에 놀랄 것이다. 그 다음부터는 아직 끝맺지 못한 일을 내려놓는 것, 자기의 어려움을 다른 사람에게 직접 털어놓는 것이 한층 쉬워질 것이다. 또한 당신이 정말 내려놓으면, 자신과 그 사람 사이에 화학적으로 미묘한 변화가 일어날 것이고 그렇게 오랫동안 지속되었던 긴장이 큰 어려움 없이 해소될 것이다. 때로는 놀랍게도, 당신이 그의 가장 좋은 친구가 될 수도 있다. 티베트의 유명한 스승 총카파가 말했듯 이것을 결코 잊지 말자. 〈친구도 적이 될 수 있고, 적도 친구가 될 수 있다.〉

작별 인사 나누기

우리가 내려놓아야 하는 것은 긴장 관계만이 아니라 죽어가는 사람에 대한 애착도 포함한다. 만일 우리가 죽어가는 사람에게 집착하고 애착한다면, 그가 불필요한 고통을 많이 겪게 될 수 있고, 미련을 내려놓고 평온하게 죽는 것이 어려워질 수도 있다.

죽어가는 사람은 의사가 예상한 것보다 몇 달 또는 몇 주씩 더 오래 살며 크게 육신의 고통을 겪을 수 있다. 크리스틴 롱가커는 아무 미련 없이 평화롭게 죽음을 맞이하려면 죽어가는 당사자가 사랑하는 사람으로부터 두 가지를 보증하는 언질을 분명하게 들어야 한다는 사실을 발견했다. 첫째, 그가 죽어도 된다는 허락을 받아야 한다. 둘째, 그가 죽은 이후에 남아 있는 사람들이 잘 지낼 수 있으며 아무것도 걱정할 필요가 없음을 장담받아야 한다.

죽어도 된다는 허락을 어떤 식으로 하는 것이 최상인지 내게 묻는다면, 그가 사랑하는 사람 곁에 함께 서 있다고 상정하고 마음 깊이 또 성심성의껏 부드럽게 이렇게 말하라고 나는 답하겠다.

내가 여기에 당신과 함께 있습니다. 나는 당신을 사랑합니다. 당신은 죽어가고 있지만, 그것은 아주 자연스런 일입니다. 누구에게나 죽음이 찾아옵니다. 당신이 나와 함께 이 세상에 계속 머물기를 바라지만 이제 더 이상 당신을 괴롭히지 않겠습니다. 우리가 함께 보냈던 시간은 충분합니다. 나는 그 시간을 언제까지나 소중히 마음에 담아두렵니다. 이제 삶에 더 이상 애착을 두지 맙시다. 이제 떠날 시간이 다가옵니다. 내 마음 깊은 곳에서 당신이 떠나도 된다고 허락하겠습니다. 지금 그리고 언제까지나 당신은 혼자가 아닙니다. 당신은 내 사랑의 전부입니다.

호스피스 병동에서 일하는 내 제자가 스코틀랜드 출신으로 나이 지긋한 여성, 메기에 대해 말한 일이 있다. 메기의 남편이 이미 혼수 상태에 빠져 죽음에 다가섰을 때 그녀는 메기를 방문하게 되었다. 메기는 무어라 위로도 해줄 수 없을 정도로 슬퍼했다. 왜냐하면 그녀는 남편에게 사랑한다는 말도 안녕이라는 작별 인사도 못했고 이젠 너무 늦었다고 느꼈기 때문이다. 호스피스 병동에서 일하는 사람들은, 죽어가는 사람이 아무런 반응도 없는 듯하지만 그녀의 말을 여전히 들을 수 있을 것이라고 말하면서, 그녀를 위로했다. 그녀는 의식을 잃은 많은 사람들이 실제로 무슨 일이 벌어지는지 감지할 수 있다는 이야기를 읽은 적이 있었다. 내 제자는 하고 싶은 말을 전부 전하기 위해 남편과 오랜 시간을 함께하라고 메기에게 말했다. 메기는 원래 이렇게 할 생각이 없었지만 남편에게 함께 지냈던 좋았던 시절에 대해, 그녀가 그를 떠나보내면 얼마나 쓸쓸할지, 그녀가 그를 얼마나 사랑하는지 말을 건넸다. 마지막으로 작별 인사를 하고 나서 그에게 말했다. 〈당신이 없으면 나는 무척 힘이 듭니다. 하지만 당신이 신음하는 것을 더 이상 볼 수가 없습니다. 그러기에 당신을 떠나보내는 편이 옳다는 생각이 듭니다.〉 그녀가 말을 마치자마자 그녀의 남편은 긴 숨을 내쉬고 평온하게 죽어갔다.

죽어가는 사람만이 아니라 그의 가족 모두 그를 떠나보내는 법을 배워야 한다. 가족 구성원 모두는 서로 다르게 그의 죽음을 수용할 수 있으므로 그 점을 감안해야 한다. 호스피스 운동의 위대한 성취 가운데 하나로, 가족 구성원 모두가 자신의 슬픔과 미래의 불확실함에 직면하도록 돕는 것이 얼마나 중요한지 인식한 사실을 들 수 있다. 어떤 가족은 사랑하는 사람을 떠나보내는 것은 배신이고 그를 충분히 사랑하지 않는다는 증거라고 생각해서 그를 떠나보내는 것에 한사코 저항한다. 이런 가족에게 스스로를 죽어가고 있는 사람의 자리에 놓아보라고 크리스틴 롱가커는 말한다. 〈바다를 오가는 정기 여객선의 갑판에 서 있고 배가 출항하려 한다고 상상해 보자. 해안을 둘러보니 우리의 온 가족과 친구가 손을 흔드는 모습이 눈에 들어온다. 떠나는 것말고 다른 선택의 여지가 없다. 배는 이미 출발하고 있다. 우리를 향해 안녕이라고 말하고 있는 우리가 사랑했던 사람에게 무엇을 바랄 수 있을까? 지금 헤어지게 되는 이 여행에서 남아 있는 가족과 친구가 어떻게 하는 것이 우리를 가장 돕는 일이겠는가?〉

이처럼 단순한 연습조차도 가족 구성원 각각이 그 자신의 방식으로 마지막 작별 인사를 하는 데 많은 도움을 줄 수 있다.

어떤 사람은 때때로 내게 묻는다. 〈친척의 죽음에 대해 내 아이에게 어떻게 말해야 하는가?〉 나는 그에게 신중히, 그러나 사실 그대로 전하라고 말한다. 죽음이 이상하거나 무시무시한 것이라고 어린아이가 생각하게 해서는 안 된다. 가능한 한 죽어가는 사람의 삶에 어린아이가 참여하게 하자. 어린아이가 제기하는 어떤 질문이든지 솔직하게 답해 주자. 어린아이의 직접성과 순진함에 의해 죽어가는 사람의 고통 속에 신선함, 명랑함, 심지어 유머까지 불어넣을 수도 있다. 죽어가는 사람을 위해 어린아이가 기도하면, 그가 정말 무언가 도움이 되는 일을 하는 것이라고 느끼게 하자. 또 그가 죽은 후, 우리가 어린아이에게 특별히 관심과 애정을 쏟았는지 확인하도록 하자.

평온한 죽음을 위해

내가 티베트와 그곳에서 직접 목격한 죽음을 회상해 볼 때, 그곳의 얼마나 많은 사람들이 조용하고 조화로운 삶을 영위하고 있는지 감탄하게 된다. 이런 종류의 생활 환경을 슬프게도 서양 사회에서는 찾아보기 어렵다. 하지만 지난 50여 년 간 서양에서의 내 경험에 비추어보건대, 상상력을 발휘하기만 한다면 그런 생활 환경을 얼마든지 조성할 수 있다. 나는 어떠한 경우든지 되도록 집에서 임종을 맞이해야 한다고 생각한다. 대부분의 사람들이 가장 편안함을 느끼는 것이 바로 집이기 때문이다. 또한 친숙한 주변 환경이라야 불교의 스승이 권하듯이 평온하게 죽음을 맞이하기가 쉽다. 그러나 만일 병원에서 죽어야 한다면, 그의 죽음을 편안하고 영감 넘치는 것으로 조성하기에 큰 어려움이 뒤따른다. 화분, 꽃, 그림, 사랑하는 사람의 사진, 어린애와 손자가 그린 그림, 음악을 들을 수 있는 카세트 라디오, 또는 가능하다면 집에서 만든 음식을 병실에 가져와야 한다. 어린애가 방문하거나 사랑하는 사람이 밤새 머물도록 허락받을 수 있을지는 의심스럽다.

만약 죽어가는 사람이 불교 신자 또는 다른 종교의 신자라면, 친구가 그의 방에 영감을 불어넣는 사진이나 초상화를 갖춘 자그마한 성소(聖所)를 만들어줄 수 있으리라. 내 제자, 라이너가 뮌헨히에 있는 병원의 병실을 자기 뜻에 맞게 꾸미고서 편안하게 죽어가던 것이 떠오른다. 그를 위해 스승의 사진이 갖춰진 성소가 마련되었다. 나는 그 분위기에 크게 감동받았는데, 라이너가 그렇게 조성된 분위기에 얼마나 많은 도움을 받았는지 나는 알게 되었다. 불교 가르침에 따르면 누군가 죽어가고 있을 때에, 제물이 갖춰진 성소를 만들라고 한다. 라이너의 헌신과 평온한 마음을 접하고 이것이 얼마나 효과적인지, 또 이것이 죽어가는 과정을 성스럽게 승화하기 위해서 당사자에게 얼마나 영감을 불어넣는지 나는 이해할 수 있었다.

어느 누가 죽음에 아주 가까이 다가갔다면, 병원 관계자가 당사자를 너무 자주 방해하거나 검사하는 것을 중단하라고 요구하자. 임종이 임박한 환자를 의사와 간호사가 집중적으로 검사하는 것에 대해 어떻게 생각하는지 나는 종종 질문을 받는다. 그런 식으로 집중적으로 검사하는 것은 평온한 죽음맞이를 매우 어렵게 만들고, 죽는 순간에 영적인 수행을 닦지 못하게 방해하는 것이라고 나는 말하고 싶다. 보통 어느 누가 죽어갈 때 개인적인 프라이버시란 있을 수 없다. 호흡이 멈추거나 심장 박동이 멎기만 하면 의료 장비의 모니터가 짜맞춰지고, 그를 소생시키기 위한 온갖 시도가 행해진다. 스승이 조언하는 것처럼, 당사자가 죽은 이후 일정 기간 동안 시신을 방해하지 않고 그대로 놓아두는 기회란 있을 수 없다.

만일 할 수 있다면, 의사와 미리 얘기해서 환자가 소생 가능성이 없을 때를 의사가 말하도록 해야 한다. 그때 당사자가 원할 경우, 개인적인 프라이버시가 보장된 방으로 옮기고 의료 장비 모니터를 제거하도록 요청한다. 특히 죽어가는 당사자가 소생시키려는 시도를 원하지 않는다면, 병원 관계자가 죽어가는 사람의 바람을 알고서 존중하는지 미리 확인하고, 그가 죽은 이후 가능한 한 오랫동안 시신을 혼란시키지 않고 그대로 두어야 하는 것을 병원 관계자 역시 알고 있는지 미리 확인한다. 시신을 사흘 동안 홀로 두는 것이 티베트에서는 일반적인 관행이지만, 현대 병원에서는 물론 가능하지 않을 것이다. 그가 죽음 이후의 여행을 떠나는 것을 돕기 위해, 남아 있는 사람들은 침묵과 평온함을 중심으로 모든 후원을 뒷받침해야 한다.

그가 실제로 죽어감의 마지막 국면에 처할 때 온갖 주사라든가 온갖 종류의 응급 처지가 중단되는 것 또한 확인하자. 그렇게 하지 않으면, 죽어가는 사람이 짜증을 내거나 고통받을 수 있다. 내가 뒤에서 이야기하겠지만, 죽기 직전에 죽어가는 사람의 마음을 고요하게 유지시켜 주는 것은 절대적으로 중요하다.

대부분의 사람들은 의식 불명의 상태에서 죽음을 맞이한다. 임사 체험자를 통해서 우리가 배운 한 가지 사실은, 혼수 상태에 빠지거나 죽어가는 환자는 우리가 아는 것보다 주변 상황에 대해 더 많이 의식하고 있다는 점이다. 많은 임사 체험자는 육신에서 벗어났던 경험을 보고하는데, 그들은 그 경험을 통해서 주변 상황에 대해 놀라울 정도로 정확하고 자세하게 설명할 수 있고, 심지어 몇몇 경우에는 같은 병원에 있는 다른 병실의 상황까지도 설명할 수 있다. 따라서 죽어가는 사람이라든가 혼수 상태에 빠진 환자에게 긍정적으로 자주 말을 붙이는 것이 중요하다. 죽어가는 사람의 마지막 순간까지 지각 있게, 빈틈 없이, 적극적으로 다정하게 그를 보살펴야 하며 앞으로 내가 제시하겠지만 죽음 후에도 그렇게 해야 한다.

내가 이 책을 통해 바라는 것 가운데 하나는, 죽어가는 사람이 침묵과 엄숙함 속에서 죽어갈 수 있도록 전세계의 의사들이 진지하게 유념하라는 것이다. 나는 의료업 종사자의 선의에 호소하고자 한다. 또한 죽음이라는 매우 어려운 전이(轉移) 과정이 편안하게, 고통 없이, 그리고 평화롭게 이끌어지는 길이 발견되기를 희망한다. 평온한 죽음은 실제로 본질적인 인간의 권리로서, 투표권이라든가 사회 정의보다도 훨씬 중요하다. 모든 종교의 전통이 우리에게 말하는 것처럼, 죽어가는 사람의 복지와 영적인 미래를 위한 많은 것들이 그것에 의해 좌우된다.

우리가 베풀 수 있는 사랑 가운데, 죽음을 잘 맞이하도록 돕는 것보다 더 거룩한 재능은 있을 수 없다.

* * *

1) 엘리자베스 퀴블러로스 Elisabeth Kübler-Ross, 『죽음과 죽어감에 대하여 On Death and Dying』(New York: Collier, 1970년), 50쪽.
2) 데임 시실리 선더스 Dame Cicely Saunders, 「나는 아팠고 당신은 나를 방문했다 I Was sick and You Visited Me」, 《크리스천 너스 인터내셔널 Christian Nurse International》 3, no. 4(1987년)
3) 데임 시실리 선더스, 「영혼의 고통 Spiritual Pain」, 1987년 런던에서 개최된 제4회 성 크리스토퍼 호스피스 운동 국제 회의에서 발표한 논문, 《호스피틀 채플린 Hospital Chaplain》(1988년 3월)에 실림.
4) 엘리자베스 퀴블러로스, 앞의 책, 36쪽.
5) 나는 죽어가는 사람을 어떻게 돌볼 것인지에 대한 그녀의 자세히 준비된 책, 『죽음에 직면해서 희망을 발견한다 Facing Death and Finding Hope』를 강력하게 추천한다.

12

소망을 실현시켜 주는 자비의 보석

　죽어가는 사람을 보살피게 되면, 그의 도덕성뿐만 아니라 우리 자신의 도덕성도 날카롭게 의식하게 된다. 많은 환상과 휘장 때문에 우리는 죽어가고 있음을 분명히 인식하지 못한다. 자신과 다른 모든 중생이 함께 죽어가고 있음을 마침내 깨달을 때, 우리가 얼마나 부서지기 쉬운 존재이며 순간순간이 얼마나 소중한지, 강렬하고 거의 마음이 터질 듯한 느낌이 들 것이다. 이를 계기로 모든 존재에 대한 깊고 맑고 한량없는 자비심이 자라날 수 있다. 토머스 모어 경은 참수형을 당하기 직전에 이런 말을 적었다고 한다. 〈우리 모두 사형 집행장에 끌려가기 위해 함께 사륜마차를 타고 있다. 그러니 내가 어찌 어느 누구를 미워하거나 어떤 사람이 잘못되기를 바랄 수 있겠는가?〉 도덕이 지닌 힘을 충분히 느끼고 그것을 향해 자기 마음을 완전히 열어두면, 진정으로 다른 사람을 돕기 위해 모든 사람들의 삶에 윤활유를 공급하는 자비, 일체를 포용하고 아무 두려움이 없는 자비가 우리 마음에서 자라나게 된다.

　따라서 죽어가는 사람을 돌보는 일에 대해 지금까지 내가 제시한 모든 것은 사랑과 자비로 요약할 수 있을 것이다. 자비란 무엇인가? 그것은 단지 고통받는 사람에 대한 동정심이나 보살핌만을 뜻하지 않으며, 단지 우리 앞에 있는 사람을 따뜻한 마음으로 대하거나 그의 고통, 또는 그가 필요로 하는 것을 분명하게 인지함만을 의미하지 않는다. 그것은 그의 고통을 덜어주기 위해서 필요하고 가능한 것이라면 무엇이든지 하겠다는 지속적이고도 실제적인 결의이기도 하다.

자비심을 구체적으로 활발하게 표출할 수 없다면, 참된 자비가 아니다. 티베트의 불상들 중 아와로키테슈와라라고 불리는 자비의 붓다는 우주 곳곳에서 고통 당하는 중생을 보살필 수 있는 천 개의 눈과 중생을 돕기 위해 우주의 도처로 뻗을 수 있는 천 개의 손을 지니고 있다.

자비의 논리

우리는 모두 자비의 이로움이 어떤 것인가 알고 있다. 그러나 불교 가르침의 독특한 힘은 당신에게 자비의 〈논리〉를 분명하게 보여준다. 일단 그것을 터득하면, 이 논리는 자비의 실행을 한층 더 빠르게 하고 일체의 것을 포용하게 하며 좀더 안정된 토대가 마련되게 한다. 그것은 분명히 합리적인 이유에서 비롯하며, 당신이 자비를 추구하고 실행함에 따라 그러한 합리적인 이유들의 진리가 점점 더 분명해지기 때문이다.

우리는 이렇게 말하거나 심지어 반쯤 믿기까지 할 수 있다. 자비란 놀라운 것이지만 우리의 행위가 자비롭지 못하여 우리 자신과 다른 사람들을 좌절과 고뇌로 이끌며, 따라서 우리 모두가 추구하는 행복을 얻지 못한다고 말이다.

그러니 우리가 그렇게 행복을 갈망하면서도 우리의 거의 모든 행동과 감정은 행복으로부터 우리를 그렇게 멀리 떨어뜨리고 있다니 불합리하지 않은가? 진정한 행복이란 무엇인지, 그리고 어떻게 그것을 성취할 것인지에 대한 우리의 모든 견해가 근본적으로 틀렸다는 것을 암시하는 이보다 큰 증거가 어디 있겠는가?

우리는 우리를 행복하게 하는 것이 무엇이라고 생각하는 것일까? 교활함, 자기 일신을 도모함, 꾀 많은 이기심, 자아의 이기적인 방어는 우리 모두가 알고 있듯이 때때로 우리를 지극히 사납게 몰아갈 수 있다. 자신에 대한 집착과 애착을 우리가 제대로 살펴보기만 하면, 그것들이 다른 사람을 해치는 근원이자 자기 자신마저 해치는 근원임을 알게 된다.[1]

우리가 한번이라도 생각했거나 행했던 부정적인 일 모두는 궁극적으로 거짓된 자아에 대한 집착과 애착으로부터 야기된다. 이렇게 일어난 부정적인 생각이나 행동은 거짓된 자아를 우리 삶에서 가장 귀중하고 중요한 것으로 만들어나간다. 우리의 부정적인 카르마의 원인이 되는 온갖 부정적인 생각, 감정, 욕망, 행위는 자아에 대한 집착과 애착으로부터 일어난다. 그것들은 우리를 삶 이후의 삶, 온갖 장애, 모든 불행과 분노, 모든 재앙으로 이끄는 어둡고 강력한 자석이다. 따라서 그것들은 윤회의 고통을 일으키는 근본 원인이기도 하다.

진정으로 수없이 많은 삶을 거듭하며 카르마의 모든 준엄한 힘과 복잡한 반향 속에서 카르마의 법칙을 깨달을 때, 삶 이후의 삶에서 자아에 대한 집착과 애착이 얼마나 우리를 점점 더 함정 속에 옭아맬 뿐인 무지의 그물 속으로 엮어넣는지를 볼 때, 우리가 자아에 집착하는 마음의 위험한 발상을 참으로 깨달을 때, 우리가 아주 미묘하게 감추어진 채 작동하는 마음을 추적할 때, 우리의 모든 평범한 생각과 행위들이 그것에 의해 얼마나 편협하고 어두워지는지, 무조건적인 사랑을 발견하기가 얼마나 불가능해지는지, 우리 안에서 참된 사랑과 자비가 자라나기가 얼마나 어려워지는지 깨달을 것이다. 그때 샨티데바의 다음과 같은 말을 마음으로부터 강렬하게 이해하는 순간이 올 것이다.

> 만일 온갖 해악
> 세상의 두려움과 고통이
> 자기에 대한 집착으로부터 일어난다면,
> 그렇게 사악한 영혼이 내게 무슨 소용 있으랴!

그리고 저렇게 사악한 영혼, 우리의 가장 커다란 적을 파괴하겠다는 결의가 우리 내면에서 솟구칠 것이다. 사악한 영혼의 사멸과 함께 온갖 고통의 원인이 사라질 것이고, 광대함과 활기 찬 관대함 속에서 우리의 참된 본성이 빛나게 되리라.

우리의 커다란 적인 자신에 대한 집착과 애착과의 싸움에서 자비의 실천보다 뛰어난 동맹군은 없다. 윤회라는 고해(苦海)에서 끝없는 유랑의 원인이 되는 거짓된 자아에 대한 오래된 집착을, 무아(無我)의 지혜와 더불어 효과적으로 완벽하게 파괴하는 것이 바로 다른 사람에게 우리 자신을 헌신하고 자기 자신을 소중히 여기는 대신 그들의 고통을 떠맡는 자비이다. 이런 까닭에 티베트 전통에서는 자비를 깨달음의 근원이자 정수, 깨달은 인물의 핵심적인 활동으로 간주하는 것이다. 샨티데바는 이렇게 말한다.

> 더 말해야 무슨 소용 있으랴!
> 자기 자신의 이익을 위한 유치한 짓거리,

다른 사람의 이익을 위한 붓다의 헌신.
둘 사이의 차이를 있는 그대로 바라보자.

만일 나의 행복을
다른 사람의 고통과 바꾸지 않을진대,
결코 불성에 도달하지 못하리니
심지어 윤회에서도 참된 기쁨 못 얻으리라.[2]

    자비의 지혜를 실현하기 위해서는, 그와 상반되는 행위가 우리에게 끼치는 손해와 자비가 가져오는 이익을 분명하게 보아야 한다. 자기 자신에만 초점을 맞추는 자아와 우리의 궁극적인 관심을 아주 분명하게 구별할 필요가 있다. 우리가 온갖 고통을 받는 것은 하나와 다른 하나를 혼동하기 때문이다. 자기 자신을 애지중지하는 것이 자기 삶을 최대한 보호하는 것이라고 우리는 굳게 믿고 있지만, 실제로는 정반대이다. 자아에 대한 집착은 자아에 대한 애착을 낳고 이것이 반복되어 해침이나 고통받는 것에 대한 뿌리 깊은 반감이 생겨난다. 그러나 해침이나 고통은 전혀 객관적인 것이 아니다. 그것들에게 실체와 힘을 부여하는 것은 그것들에 대한 당신의 반감 때문이다. 이것을 이해하게 될 때, 당신은 해됨이나 고통이 객관적인 존재 형태를 띄게 되는 것이 우리들의 반감임을 이해할 것이다. 사실 이러한 반감으로 인해 우리에게 모든 부정적 성향과 장애가 모여들고, 우리의 삶이 신경질적인 근심, 기대, 두려움으로 가득 차게 된다. 자아에 집착하는 마음과 존재하지도 않는 자아에 대한 애착을 사라지게 함으로써 저 반감을 극복하게 되면, 어떤 장애라든가 부정적 성향도 사라지게 될 것이다. 우리가 거기에 있지 않은 누군가를, 또는 존재하지도 않는 그 무엇을 어떻게 공격할 수 있겠는가?

그때 최상의 보호 장치가 바로 자비심이다. 또한 지난날의 위대한 스승들이 항상 알고 있었던 것처럼, 자비는 모든 치유의 근원이기도 하다. 우리가 암이라든가 에이즈 같은 질병에 걸렸다고 상정해 보자. 우리가 저런 질병을 떠맡음으로써 우리 자신의 고통을 감당하고 덧붙여 자비로 충만한 마음을 갖춘다면, 지금과 미래에 우리 고통을 지속되게 하는 원인, 지난날의 부정적인 카르마는 의심할 나위 없이 정화될 것이다.

티베트에서 나는 자신이 시한부 인생으로 죽어가고 있음을 전해 들은 사람들이 자기의 소유물 전부를 나눠주고서 스스로 공동 묘지를 향해 걸어갔던 비범한 이야기를 많이 들었다. 공동 묘지에서 그들은 다른 사람의 고통을 떠맡는 수행을 닦았다고 한다. 더욱 놀라운 점은, 그들이 죽기는커녕 완전히 치유돼서 집으로 돌아오곤 했다는 사실이다.

나는 죽어가는 사람들과 함께하면서, 어느 누구보다도 보살핌이 절실한 상황에 처한 죽어가는 사람에게 그렇게 헌신하는 사람이라면 누구라도 자비를 행동으로 실천할 직접적인 기회를 제공받게 됨을 계속해서 경험했다.

자비는 죽어가는 사람들을 위한 세 가지 근본적인 이로움을 지니고 있다. 첫째, 그것은 우리 마음을 열어주기 때문에, 내가 지금까지 말한 것처럼 죽어가는 사람이 크게 필요로 하는 무조건적인 사랑을 한층 쉽게 그에게 보여준다. 좀더 깊은 영적인 단계에서, 만일 우리가 자비를 체현해 충만한 자비심으로 행동하려고 애쓴다면, 다른 사람이 영적인 차원에 관심을 쏟거나 심지어 영적인 수행에 착수하도록 영감을 불어넣는 환경이 조성될 수 있음을 나는 계속해서 보아왔다. 가장 깊은 단계에서, 우리가 죽어가는 사람을 위해 계속적으로 자비를 베풀고 그가 똑같이 행하도록 고취한다면,

그가 영적으로 심지어 육체적으로 치유될 수도 있다. 그러면 모든 영적인 스승이 알고 있던, 자비의 힘은 아무 한계가 없다는 것을 당신 스스로 놀라움 속에서 깨달을 것이다.

아상가〔無著〕는 인도 불교의 유명한 성자 가운데 한 인물로 4세기에 활동했던 인물이다. 혼자서 은둔하기 위해 그는 산으로 가서 미륵불을 향한 명상 수행에 전념했다. 그는 미륵불의 축복을 받아 가르침을 전수받기를 강렬하게 염원했다.

아상가는 6년 동안 매우 집중해서 명상을 닦았지만, 단 한 가지 상서로운 꿈조차 꾸지 못했다. 그는 실의에 빠져 미륵불을 만나려는 자신의 염원이 성공하지 못하리라 생각했다. 그래서 그는 은둔 생활을 포기하고 그곳을 떠났다. 얼마 가지 않아서 그는 커다란 철근 막대기를 비단천으로 닦고 있는 사람을 만났다. 아상가는 그에게 다가가 무엇을 하고 있는지 물었다. 그 남자가 대답했다. 〈나는 바늘이 없어서 이 철근 막대기로 바늘 하나를 만들려고 합니다.〉 이 말을 들은 아상가는 놀랐다. 〈백 년 걸려서 그것을 만들어내더라도, 그게 무슨 소용 있을까?〉라고 그는 생각했다. 그리고 속으로 이렇게 생각했다. 〈저토록 어리석은 일에 매달려 수고하는 사람들을 봐라. 너는 무엇인가 정말 가치 있고, 영적인 수행을 하고 있는 거야. 그리고 너는 아직 열심히 수행을 닦지 않았어.〉 그는 곧 몸을 되돌려 은둔지로 돌아갔다.

다시 3년이 지났건만 여전히 미륵불로부터 아무 신호도 없었다. 그는 이렇게 생각했다. 〈이제 확실히 알았다. 나는 결코 성공할 수 없다는 것을.〉 그가 다시 은둔지를 떠나자마자, 하늘에 닿을 만큼 커다란 바위를 길가에서 보게 되었다. 바위 끝에서 한 남자가 물에 흠뻑 적신 깃털로 바위를 부지런히 닦고 있었다. 아상가가 그에게 물었다. 〈당신은 무엇을 하고 있습니까?〉 〈이 바위가 너무 커서 내 집에 햇빛이 들지 않습니다. 그래서 나는 바위를 없애려 하고 있습니다.〉 아상가는 그의 지칠 줄 모르는 에너지에 크게 놀라서 자기 자신의 부족한 헌신을 부끄럽게 생각했다. 그는 다시 은둔지로 돌아왔다.

3년이 더 지났음에도 그는 여전히 상서로운 꿈 한번 꾸지도 못했다. 이번에도 아무 희망이 없다고 그는 결정을 내렸고 은둔지를 영원히 떠나기로 했다. 날이 저물 무렵 그는 길가에 누워 있는 개와 마주쳤다. 개는 앞다리만 있었고 몸의 아랫부분은 썩어문드러져 구더기로 뒤덮여 있었다. 이처럼 처참한 상황임에도, 개는 지나가는 행인에게 달려들려 했고, 성한 두 다리로 땅을 딛고 몸을 질질 끌면서 애처롭게 물려고 했다.

이런 광경을 접한 아상가는 견딜 수 없을 정도로 자비심이 솟구쳤다. 그는 자기 몸의 일부를 잘라내서 개에게 먹으라고 주었다. 그리고 개의 몸을 파먹는 구더기를 떼어내기 위해 몸을 굽혔다. 그러나 그가 구더기를 손으로 떼어내면, 구더기가 다칠지도 모른다는 생각이 갑자기 들었다. 구더기를 입으로 떼어내는 것만이 유일한 방법인 것 같았다. 아상가는 무릎을 꿇고 끔찍하게 괴로운 광경에 크게 몸부림치면서 눈을 감았다. 그는 몸을 점점 기울여 혓바닥을 내밀었다……. 그가 안 다음 일은 그의 혓바닥이 땅에 닿아 있다는 것이었다. 눈을 뜨고 쳐다보았더니 개는 사라지고 없었다. 바로 그곳에 빛나는 오로라에 둘러싸인 미륵불이 현현해 있었다.

〈드디어 나타나셨군요.〉 아상가가 말했다. 〈왜 전에는 제게 현현하지 않으셨습니까?〉

미륵불이 부드럽게 말했다. 〈내가 이전에 나타나지 않은 것이 아니다. 나는 언제나 그대와 함께 있었지만, 그대의 부정적인 업과 미혹으로 인해서 나를 보지 못했을 뿐이다. 그대가 12년에 걸쳐 수행을 닦아 그것들이 어느 정도 소진되었기에, 마침내 개를 볼 수 있게 된 것이다. 그때 그대가 마음 깊숙이 자비심을 일으켰기에 온갖 미혹이 완전히 사라지게 되었고, 그대 자신의 눈으로 그대 앞에 언제나 있었던 나를 볼 수 있게 된 것이다. 만일 그대가 무슨 일이 일어났는지 믿지 못하겠거든, 그대의 어깨를 내 몸에 대고, 그대말고 어느 누가 나를 볼 수 있는지 알아보라.〉

아상가는 자기의 오른쪽 어깨를 미륵불에게 대고, 시장으로 가서 모든 사람에게 물었다. 〈내 어깨에 무엇이 닿아 있습니까?〉 대부분의 사람들은 〈아무것도 없습니다〉라고 답하고 갈 길을 서둘렀다. 업이 어느 정도 정화된 오직 단 한 명 늙은 여인만이 이렇게 답했다. 〈당신 어깨에 썩어문드러진 늙은 개의 시체가 닿아 있습니다.〉 아상가는 자신의 업을 정화해 변화시킨 자비의 끝없는 힘을 그제야 이해하게 되었고, 마침내 미륵불의 비전과 가르침을 수용하기에 적합한 그릇이 된 것이다. 〈다정한 보살핌〉을 뜻하는 그 미륵불은 아상가를 하늘 세계로 데려가 불교 전체에서 가장 중요한 숭고한 가르침들을 전수했다.

통렌 이야기와 자비의 힘

내 제자들은 종종 나를 찾아와 묻는다. 〈내 친구 또는 가족들이 고통을 당해 무척이나 혼란스럽습니다. 나는 진정으로 돕고 싶습니다. 그러나 실제로 도울 수 있을 만큼 충분한 사랑을 느낄 수 없습니다. 나는 자비를 베풀고 싶지만 무언가에 막혀 있습니다. 내가 어떻게 해야 하겠습니까?〉 확실히 대부분의 현대인들은 주변에서 괴로움에 신음하는 사람을 위한 충분한 사랑과 자비를 발견하지 못해 서글프게도 좌절하며, 그들을 도울 수 있을 만큼 충분한 힘도 없다.

불교 전통의 위대함 가운데 하나는 이런 현대적 상황에 직면한 우리를 실제적으로 돕기 위해 일단의 수행법을 계발했다는 점에 있다. 이런 수행법을 실수(實修)함으로써 우리의 마음에 자양분을 공급하고 우리 마음을 정화시켜 마음의 빗장을 열어줄 힘과 즐거운 방편들과 열정으로 채울 수 있다. 그리하여 지혜와 자비의 치유력이 우리가 처한 상황에 영향력을 발휘해 변화시킬 수 있다.

내가 아는 온갖 수행법 가운데, 티베트어로 〈주고받기〉를 뜻하는 통렌 수행은 가장 유용하고 효과적인 수행법 중 하나이다. 자기 자신에 갇힌 느낌이 들 때, 통렌 수행을 통해 다른 사람의 고통에 우리 마음을 열 수 있다. 우리 마음이 막혔을 때, 통렌 수행은 마음을 가로막는 것을 무너뜨린다. 고통에 신음하거나 삶의 쓰라림을 맛보거나 절망에 빠진 사람으로부터 우리가 소원해진 느낌이 들 때, 통렌 수행은 우리 안에서 사랑으로 충만한 우리 자신의 참된 본성이 광대하게 빛남을 발견해 현현하도록 돕는다. 우리의 모든 괴로움과 온갖 냉혹함의 뿌리가 되는 자아에 대한 집착과 애착, 몰입을 파괴하는 데 있어서, 내가 알고 있는 어떤 수행법도 통렌 수행보다 효과적이지 못하다.

티베트에서 통렌의 가장 위대한 스승 가운데 한 인물인 게셰 체가와는 12세기에 활동했다. 그는 다양한 형태의 명상법을 배워 크게 성취했다. 어느 날 그가 선생 방에 있었을 때, 책장을 넘기던 중 이런 구절과 마주쳤다.

모든 이익과 이득을 다른 사람에게 주어라,
모든 손실과 좌절은 자기 자신이 취하자.

이 구절이 함축한, 거의 상상하기 힘든 광대한 자비심이 그를 놀라게 했다. 그래서 그는 이 구절을 쓴 스승을 만나기 위해 길을 떠났다. 여행중 어느 날 그가 만난 나병 환자가 스승은 이미 죽었다고 그에게 말했다. 그러나 게셰 체가와는 인내심을 발휘해 죽은 스승의 중요한 제자를 만났고 그의 오랜 노력은 보상을 받았다. 게셰 체가와는 그 제자에게 물었다. 〈두 줄에 포함된 가르침이 도대체 얼마나 중요하다고 생각하십니까?〉 제자가 답했다. 〈그대가 그 말을 좋아하든 좋아하지 않든, 만일 그대가 진정 불성에 이르기를 바라거든 그 가르침대로 수행을 닦아야 합니다.〉

게셰 체가와는 두 줄을 처음 읽었을 때만큼이나 이 답변에 놀랐다. 그는 이 제자와 함께 12년 동안 그곳에 머물면서 그 가르침을 배웠고 통렌 수행을 마음으로 익힘으로써 두 구절에 담긴 뜻을 실제에 응용하고자 했다. 그 기간 동안 게셰 체가와는 다양한 종류의 시련에 직면해야 했다. 온갖 종류의 어려움, 비난, 궁핍, 그리고 학대. 가르침은 아주 효과적이었고 수행에 정진하는 그의 인내도 매우 열띠었기 때문에, 6년 뒤 그는 자기에 대한 집착과 애착을 완전히 뿌리뽑았다. 통렌 수행에 의해 그는 자비의 스승으로 바뀌었다.

게셰 체가와는 처음에 큰 믿음을 지닌 사람만이 가능하다고 생각해서 아주 가까운 제자와 몇 명의 나병 환자에게만 그것을 가르쳤다. 그 당시 문둥병은 티베트에서 흔히 볼 수 있는 병이었지만 평범한 의사는 그것을 다루거나 치료할 수 없었다. 그러나 통렌 수행을 닦은 많은 나병 환자가 치유되었다. 이 소식은 빠르게 퍼져나갔고 다른 나병 환자들도 모여들어 그의 집은 마치 병원인 듯싶었다.

게셰 체가와는 여전히 통렌 수행을 널리 가르치지 않았다. 그가 좀더 널리 가르치게 된 것은 그의 형에게 끼친 효과를 보게 되었을 때부터였다. 게셰 체가와의 형은 뿌리 깊은 회의주의자로 모든 형태의 영적인 수행을 비웃었다. 하지만 통렌 수행을 닦은 나병 환자에게 일어난 일을 보았을 때, 그의 형은 강한 인상을 받고 그것에 매혹당했다. 어느 날 그는 문 뒤에 숨어서 게셰 체가와가 통렌 수행을 가르치는 것을 엿들었고, 은밀하게 통렌 수행을 닦기 시작했다. 성격이 험악한 그의 형이 부드러워지기 시작한 것을 게셰 체가와가 알아차렸을 때, 그는 무슨 일이 일어났는지 상상할 수 있었다.

만일 이 수행법이 형에게 효과가 있어서 그를 변모시킬 수 있다면, 다른 어떤 인간에게도 효과가 있을 것이고 누구든지 바꿀 수 있으리라 그는 생각했다. 이에 게셰 체가와는 통렌 수행을 더 공개적으로 가르쳐도 되겠다고 확신하게 되었다. 그 자신도 통렌 수행을 결코 멈추지 않았다. 생의 종착점에 이르자, 게셰 체가와는 지옥에 태어나 그곳에서 고통받는 모든 중생을 돕기 위해 오랫동안 열정적으로 기도했다고 제자들에게 말했다. 그러나 자신이 어느 붓다 영역에 태어날 것을 암시하는 생생한 꿈을 최근에 여러 차례 꾸었다고 그는 덧붙였다. 크게 실망한 그는 눈물을 글썽이면서, 이런 일이 일어나지 않고 지옥 중생을 도우려는 자신의 열렬한 소망이 충족되기를 붓다에게 염원해 달라고 제자들에게 간청했다.

사랑과 자비를 일깨우는 법

우리가 통렌 수행을 진정으로 닦을 수 있기 위해서는, 먼저 우리 안의 자비를 일깨울 수 있어야만 한다. 그것은 우리가 흔히 상상할 수 있는 것보다 훨씬 어렵다. 왜냐하면 사랑과 자비의 근원이 종종 우리에게 감추어져 있고 우리는 거기에 접근하기 위한 아무 준비도 갖추고 있지 않기 때문이다. 운좋게도 우리의 감춰진 사랑을 일깨우는 것을 돕기 위해 불교에서 〈자비심을 훈련하는 특별한 기법〉서너 개를 개발했다. 유용한 방법들이 많이 있지만, 나는 다음의 기법들을 선별했고, 그것들을 특별한 방식으로 배열시켜 현대인이 가능한 한 최대한도로 활용할 수 있게 했다.

다정한 보살핌: 근원을 드러내기

자신에게 충분한 사랑이 없다고 생각할 때, 그것을 발견하고 염원하는 방법이 있다. 마음속으로 거슬러 올라가 어떤 사람이 우리에게 주었던 사랑, 아마도 우리의 어린 시절에 받았을 사랑을 떠올려 형상화한다. 일반적으로 우리는 어머니와 우리들에 대한 그녀의 오랜 헌신을 생각하도록 배웠다. 만일 그렇게 하기가 껄끄럽다면, 할머니나 할아버지 또는 자신에게 크게 친절했던 누군가를 생각할 수 있다. 그들이 우리에게 진정한 사랑을 베풀었던 특별한 경우들을 돌이켜보고 그 사랑을 생생하게 느껴보자.

이제 그 감정이 우리 마음에 다시 떠오르게 하고, 감사의 념에 젖어들자. 그렇게 함에 따라 우리의 사랑이 그것을 일으켰던 사람을 향해서 자연스럽게 드러날 것이다. 우리가 비록 항상 충만한 사랑을 받은 것이 아니었더라도 단 한번만이라도 진정한 사랑을 받았다면 그것을 기억할 것이다. 이를 안다면, 그 사람이 그때 당신으로 하여금 그렇게 느끼게 했듯이, 우리가 사랑받을 만하고 참으로 사랑스럽다는 것을 다시 느낄 수 있을 것이다.

이제 마음을 활짝 열고 사랑으로 흘러넘치게 하자. 그리고 우리의 사랑이 모든 존재에게 미치게 하자. 자신과 아주 가까운 사람으로부터 시작해, 우리의 사랑을 친구, 친지, 이웃 사람, 모르는 사람에게까지 확대한다. 우리가 좋아하지 않거나 우리를 어려운 처지에 빠뜨렸던 사람에게까지, 심지어 〈적〉으로 간주하기도 했던 사람에게까지, 그리고 마지막으로 우주 전체에까지 우리의 사랑을 넓힌다. 이 사랑을 끝없이 뻗어나가게 한다. 평온함은 다정한 보살핌, 자비, 환희와 더불어 네 가지 기본적인 요소 가운데 하나로, 이 네 가지 기본적인 요소를 갖춰야 자비심이 널리 충만해진다고 불교 가르침은 강조한다. 일체를 포용하고 어디에도 쏠리지 않는 평온함이야말로 자비심의 출발점이자 자비심이 흘러나오는 토대이다.

이 수행을 통해 사랑의 근원이 열리는 것을 발견하고, 우리 안에서 자신의 사랑스러운 다정함이 드러남으로써 그것이 자비를 표출하는 것을 발견하게 되리라. 왜냐하면 미륵불이 아상가에게 제시한 어느 가르침에서 이렇게 말했기 때문이다. 〈자비의 물줄기는 다정한 보살핌이라는 운하를 통해서 흘러간다.〉

자비: 자기 자신을 다른 사람과 똑같이 생각하기

내가 앞 장에서 제시한 것처럼 자비심을 일으키는 한 가지 효과적인 방법은 자기 자신과 다른 사람을 똑같은 존재로 생각하는 것이다. 달라이 라마는 이렇게 풀이한다. 〈모든 인간 존재는 똑같이 살과 뼈, 피로 만들어졌다. 우리는 모두 행복을 원하고 괴로움을 피하려 한다. 더욱이, 우리는 똑같이 행복을 추구할 권리를 지닌다. 다시 말해, 인간으로서 우리의 평등함을 실현하는 것은 중요하다.〉[3]

예를 들어 어머니나 아버지, 남편이나 아내, 연인이나 친구같이 사랑하는 사람과 문제가 있다고 상정해 보자. 그가 어머니나 아버지 또는 남편의 〈위치〉에 있는 게 아니라, 자신과 똑같은 감정과 행복에 대한 갈망, 괴로움에 대한 두려움을 지닌 〈또 다른 자기〉, 즉 자기 자신과 똑같은 존재로 간주하기만 한다면, 아주 큰 도움이 될 것이다. 그렇게 생각하게 되면, 그에게 우리 마음이 열릴 것이고 어떻게 도와주어야 할지 통찰력이 생겨날 것이다.

만일 다른 사람을 자기 자신과 똑같다고 여기면 인간 관계가 좀 더 원활해지고 여기에 새롭고 좀더 풍부한 의미가 부여될 것이다. 만일 사회와 국가가 이와 똑같은 방식으로 상대방을 바라본다고 상상해 보자. 지상에 평화로운 분위기가 조성되어 모든 사람의 행복한 공존을 위한 굳건한 토대가 구축되리라.

자비: 자기 자신을 다른 사람의 처지에 세워보기

누군가 고통에 신음하고 그를 어떻게 도와야 할지 당황스러울 때, 과감하게 자기 자신을 그의 자리에 놓아보자. 만일 똑같은 고통을 받는다면, 우리가 무엇을 겪게 될지 가능한 한 생생하게 상상해 본다. 스스로에게 이렇게 물어본다. 〈내 기분이 어떻지? 나는 내 친구들이 어떻게 대해 주기를 바랄까? 내가 친구들로부터 가장 기대하는 것은 뭘까?〉

자기 자신을 이런 식으로 다른 사람의 자리에 놓을 때, 자신의 애착이 자기 자신으로부터 다른 존재로 곧바로 옮겨갈 수 있다. 따라서 자기 자신을 다른 사람의 자리에 놓는 것은 자아에 대한 애착과 집착에서 자유로워져 우리의 자비심이 유출되게 하는 매우 좋은 방법이다.

자비심을 끌어내기 위해 친구를 활용하기

고통에 신음하는 사람을 위해 자비심이 일어나게 하는 또 다른 감동적인 기법은 아주 가까운 친구 또는 진정 사랑하는 친구를 바로 그 사람의 처지에 놓는 것이다.

자신의 형이나 딸 또는 부모, 가장 좋은 친구가 이렇게 고통스러운 상황에 처해 있다고 상상해 보자. 아주 자연스럽게 우리 마음이 열릴 것이고 자비심이 자신 안에서 일깨워질 것이다. 이런 고통으로부터 벗어나는 것말고 그가 다른 무엇을 바라겠는가? 이제 우리 마음에서 자비심이 흘러나와 우리의 도움을 필요로 하는 사람에게 전해지도록 하라. 그렇게 함으로써 당신의 도움이 좀더 자연스럽게 우러나오고 좀더 쉽게 그것의 방향을 가리킬 수 있게 된다.

사람들이 때때로 내게 묻는다. 〈만일 우리가 이렇게 하면, 고통받고 있다고 우리가 상상하는 친구나 가족이 어떤 해를 입게 되지는 않을까?〉 그와 달리, 사랑과 자비의 마음으로 그를 생각하게 되면 그가 도움을 받을 수 있고 심지어 그가 지난날 겪었고, 지금 겪고 있고, 앞으로 겪어야 할 어떤 괴로움이나 고통이 치유될 수도 있다.

단지 한순간에 불과하지만, 그를 도구로 활용하여 자비심을 일으킴으로써 우리는 그에게 커다란 이익을 주고 공덕을 쌓게 하는 것이다. 그들은 당신이 마음을 열고 죽어가는 사람이나 병든 이들을 자비로 돌보는 데 부분적으로 도움을 준 것이므로 그러한 행동으로 비롯하는 공덕은 자연스럽게 그들에게 돌아갈 것이다.

우리는 또한 마음을 열도록 도와준 친구나 가족에게 그 행위의 공덕을 마음속으로 헌정할 수 있다. 그리고 우리는 그가 잘 지내기를 바랄 수 있고, 그가 앞으로 고통에서 벗어나도록 기도할 수 있다. 친구에게 감사를 표하게 될 것이고, 만일 우리가 그 친구에게 자비심을 일으키도록 당신이 도왔다고 말한다면 그들 또한 기운이 북돋워지고 고맙게 생각할 것이다.

따라서 〈내 친구나 가족이 아픈 사람이나 죽어가는 사람의 처지에 놓여 있다고 상상하면 그가 어떤 해를 입지는 않을까?〉라고 묻는 것은 자비심의 활동이 얼마나 강력하고 놀라운지 제대로 이해하지 못하고 있음을 보여주는 것이다. 자비심은 관련되어 있는 모두에게 축복을 내리고 치유한다. 예컨대 자비심을 일으킨 사람, 자비심이 일어나도록 이끈 사람, 그리고 저 자비심이 그를 향해 일어나도록 한 사람. 셰익스피어의 작품 「베니스의 상인」에서 포티아는 이렇게 말한다.

 자비는 곡해될 수 없다.
 그것은 하늘에서 감로수가 내리는 것처럼 흘러내린다.
 저 아래에까지 — 두 배로 축복을 내린다.
 그것은 베푸는 사람, 또 입는 사람에게 축복을 내린다……

 자비는 소망을 실현시켜 주는 보석으로, 치유의 그 빛은 모든 방향으로 퍼져나간다.
 내가 좋아하는 매우 아름다운 이야기가 이를 예증한다. 붓다는 깨닫기 전인, 자신의 전생 이야기 하나를 자세히 밝힌 적 있다. 어느 위대한 황제에게 아들 셋이 있었는데, 그중 붓다가 가장 어린 왕자로 마하사트바라 불렸다. 마하사트바는 천성적으로 다정하고 자비심이 충만한 어린 소년으로 살아 있는 모든 생명을 자기의 형제라 생각했다.
 어느 날 황제가 황실 관리와 함께 숲으로 소풍을 갔다. 왕자들은 나무 사이에서 놀고 있었는데 잠시 후 아기 호랑이를 낳은 어미 호랑이를 만났다. 그때, 어미 호랑이는 배고픔에 시달려 자신의 귀여운 새끼 호랑이를 먹으려는 찰나였다. 마하사트바가 형들에게 말했다. 〈어미 호랑이가 기운을 차리려면 무엇이 필요하나요?〉 형들이 답했다. 〈신선한 고기나 피겠지.〉
 그가 물었다. 〈어미 호랑이가 영양을 공급받아 자신과 아기 호랑이를 구할 수 있도록 누군가가 자기의 살점과 피를 줄 수 있을까요?〉
 〈정말 누가 할 수 있을까?〉 그들이 말했다.
 마하사트바는 어미와 새끼 호랑이의 곤경에 커다란 충격을 받아

이렇게 생각했다. 〈오랫동안 윤회를 통해서 나는 쓸데없이 이리저리 휩쓸려 다녔다. 나의 욕망, 성냄, 무지 때문에 다른 중생을 거의 돕지 못했다. 지금에야 드디어 좋은 기회가 찾아왔다.〉

마하사트바가 〈형들은 먼저 돌아가세요. 곧 뒤따라 갈게요〉라고 말하자, 두 왕자는 가족이 있는 곳을 향해 걸어갔다. 그는 자기 자신을 양식으로 제공하기 위해 조용히 어미 호랑이를 향해 걸어가서 땅에 드러누웠다. 어미 호랑이가 그를 바라보았지만, 너무 기진맥진해서 입조차 벌릴 수 없었다. 그래서 왕자는 날카로운 막대기를 찾아내어 몸에 깊숙이 찔렀다. 피가 흘러나오자 어미 호랑이가 핥았다. 어미 호랑이는 점점 기운을 차리고서 입을 벌려 그를 잡아먹었다.

마하사트바는 새끼 호랑이를 구하기 위해 어미 호랑이에게 이처럼 자기 몸을 던졌다. 자비의 크나큰 공덕으로 인해서 그는 좀더 차원 높은 세상에 다시 태어나게 되었고, 깨달음을 성취하는 붓다로 다시 태어나기 위해 계속 나아갔다. 하지만 그의 행동을 통해서 도움받은 것은 그 자신만이 아니었다. 그의 자비에 힘입어 어미와 새끼 호랑이의 업 또한 정화되었고, 심지어 그로 인해 그들의 삶이 구원받는 과정에서 그에게 지었을지도 모르는 빚마저도 정화되었다. 그의 자비심으로 충만한 행위로 말미암아 그들 사이의 카르마적인 관계가 저 미래에까지 미쳤기 때문이다. 마하사트바의 육신을 받은 어미와 새끼 호랑이는 붓다의 처음 다섯 제자로 다시 태어났다고 한다. 다섯 제자는 붓다가 깨달음을 성취한 후 제일 처음 가르침을 받았다. 이 일화가 자비의 힘이 얼마나 광대하고 신비스러운지 말해 주고 있지 않은가!

자비에 대해 명상하는 법

하지만 내가 말했듯, 우리에게서 이런 자비의 힘을 일깨우기가 항상 쉽지만은 않다. 가장 단순한 길이 최상이고 제일 직접적이라는 것을 나는 발견했다. 삶은 매일매일 우리 마음을 열 수 있게 하는 기회를 무수히 제공한다. 만일 우리가 그 기회를 잡을 수만 있다면 얼마나 좋을까. 이를테면 어떤 늙은 여인이 외롭고 슬픈 얼굴로 부어오른 다리를 이끌며 쇼핑한 물건으로 꽉 차 거의 들 수 없는 두 개의 무거운 플라스틱 가방과 함께 우리 옆을 지나간다. 우체국에서 남루한 옷차림을 한 늙은 남자가 발을 질질 끌며 우리 앞을 지나간다. 목발을 짚은 소년이 어느 날 오후 길을 건너가기 위해 걱정스러운 표정을 짓는다. 노상에서 피를 흘리며 죽어가는 개. 지하철에서 신경질적으로 훌쩍이며 혼자 앉아 있는 젊은 처녀. 텔레비전의 뉴스 시간에 베이루트에서 살해된 아들의 시신 위에 무릎을 꿇고 있는 한 어머니. 그것이 내일 식사인 줄도 모르고 오늘 자기의 식사가 수프라고 가리키고 있는 모스크바의 늙은 할머니. 우리를 향해 무언가를 간절하게 바라고 있는 에이즈에 걸린 루마니아 한 어린아이의 시선.

이런 광경 가운데 어느 하나만 보더라도 세계의 사람들이 크게 고통받는 사실에 대해 우리 마음의 눈을 열 수 있다. 한번 그렇게 해보자. 이런 장면이 일으키는 사랑과 비탄을 소모시키지 말자. 그 순간 자기 자신 안에 샘솟는 자비심을 느껴보자. 그런 감정을 털어버리지도 뿌리치지도 말고 〈평상(平常)〉으로 재빨리 돌아가지도 말자. 자신의 감정에 대해 걱정하지도 당황하지도 말자. 또는 그것을 외면하거나 냉담하게 대하지도 말자. 그런 장면에 직면해 자기 감정을 그대로 표출해 자비심이 순식간에 활기 차게 샘솟게 하라. 그것에 초점을 맞춰, 마음 깊이 침잠해 그에 대해 명상하고 제고(提高)하고 한층 심화시켜라. 이렇게 함으로써 세상의 고통에 대해 우리가 얼마나 눈멀었는지, 우리가 겪고 있거나 지금 보고 있는 고통이란 세상의 고통에 비해 볼 때 얼마나 작은 단편에 불과한지 알게 되리라. 모든 중생은 도처에서 고통에 신음한다. 모든 중생을 향한 자비심이 쉴새없이 샘솟게 해서 모든 붓다의 축복과 함께 그것으로 중생의 신음 소리가 약해지게 하자.

자비는 동정보다 훨씬 위대하고 고귀하다. 동정은 두려움에 근거를 두고 있으며, 건방지고 은혜를 베푸는 듯한 태도, 때때로 〈그 일이 내게 일어나지 않아서 기쁘다〉는 잘난 체하는 느낌이 배어 있기도 하다. 스티븐 레바인 Stephen Levine은 이렇게 말한다. 〈우리의 두려움이 어떤 사람의 고통에 닿으면, 그것은 동정이 된다. 우리의 사랑이 다른 사람의 고통에 닿으면, 그것은 자비가 된다.〉[4] 자비심을 기르면, 모든 중생이 똑같고 모두 비슷한 방식으로 고통받는다는 것을 알게 되고, 고통에 신음하는 모든 중생을 섬기게 되고, 또한 우리가 다른 사람으로부터 벗어날 수 없고, 어느 누구보다 우월하지 않음도 알게 된다.

따라서 고통에 신음하는 사람을 보고서 일으키는 처음 반응은 단순한 동정이기보다 깊은 자비심이어야 한다. 그를 존중해야 하며 감사의 마음까지도 느낄 수 있어야 한다. 왜냐하면 지금 우리가 알고 있듯이 그 고통으로 말미암아 우리의 자비심이 솟아나게 한 사람은 누구나 사실상 우리에게 가장 거룩한 선물을 준 것이며, 깨달음을 향한 우리의 영적인 진화를 위해 가장 필요한 바로 그 자질이 계발되도록 우리를 도운 것이기 때문이다. 이런 까닭으로 티베트에서는 돈 달라고 구걸하는 거지라든가 우리 마음을 울리는 병든 늙은 여인은 우리의 자비심을 샘솟게 해서 불성을 지향하도록 돕기 위해 붓다가 모습을 바꿔 우리 앞에 나타난 것이라고 말한다.

우리의 자비심을 다스리는 법

우리가 자비에 대해 깊이 있게 충분히 명상할 때, 모든 중생의 고통을 덜어주겠다는 강한 결의와 저처럼 고귀한 목표를 향한 책임 의식이 강하게 자신의 내부에서 샘솟을 것이다. 그때 이런 자비심을 정신적으로 다스려 활성화시키는 두 가지 방법이 있다.

첫번째 방법은 우리가 행하는 모든 것, 즉 우리의 생각, 말, 행위가 오직 모든 중생을 이롭게 하고 행복하게 해달라고 모든 붓다와 깨달은 존재를 향해 마음 깊은 곳으로부터 염원하는 것이다. 다음과 같은 기도는 훌륭한 기도이다. 〈저에게 축복을 내려 유용한 도구로 활용하시옵소서.〉 우리와 접촉하는 모두가 이롭게 되어 그의 고통과 삶이 바뀔 수 있도록 기도하자.

두번째는 좀더 일반적인 방법이다. 중생의 행복, 특히 중생의 깨달음을 위해 우리의 온갖 긍정적인 행위와 영적인 수행을 바침으로써 어떤 자비심이든지 모든 중생을 향하게 하는 것이다. 우리가 자비에 대해 깊이 명상하면 할수록, 다른 중생을 완벽하게 돕는 유일한 방법은 그가 깨달음을 얻게 하는 것임을 우리는 알아차리게 되기 때문이다. 그로부터 단호한 결의와 절대적인 책임감이 샘솟게 되고, 그와 동시에 모든 중생을 깨우치겠다는 염원을 하게 된다.

이렇게 자비심으로 충만한 바람을 산스크리트 어로 〈보디치타Bodhictiia〔菩提心〕〉라고 하는데, 〈보디 bodhi〉는 깨달음, 〈치타 citta〉는 마음을 뜻한다. 그러므로 보디치타는 깨달은 마음이라고 옮길 수 있다. 깨달은 마음을 일깨우고 계발하기 위해 우리는 불성의 씨앗을 서서히 성숙시켜야 한다. 자비심을 실천하는 우리의 수행이 완벽해져서 모든 중생을 껴안게 될 때, 저 불성의 종자(種子)는 마침내 장엄하게 불성을 꽃 피울 것이다. 따라서 보디치타는 영적인 길 전체의 근원이자 뿌리이다. 이런 까닭에서 샨티데바도 기뻠에 충만해서 보리심을 찬양했다.

> 보리심은 최고의 만병통치약
> 죽음의 통치마저 극복하노라.
> 그것은 결코 고갈되지 않는 보물
> 세상의 궁핍을 소진시키노라.
> 그것은 최고의 특효약
> 세상의 병을 다스리는구나.
> 신고(辛苦)가 많은 삶의 여정에 지친
> 모든 중생을 덮어주는 나무이어라.
> 그것은 누구든지 건너게 하는 다리
> 행복하지 못한 삶으로부터 벗어나게 하노라.
> 그것은 마음에 떠오르는 진리의 달
> 어리석은 생각의 유희를 쫓아내노라.
> 그것은 세상의 몽롱한 무지를
> 남김없이 쫓아내는 위대한 태양이어라.[5]

그리고 바로 이것이 우리 티베트 전통에서 그렇게 절박하게 기도하는 까닭이다.

> 보리심을 아직 일으키지 못한 자,
> 그는 계속 태어나게 되고
> 보리심을 일으킨 자,
> 그 보리심은 줄어들지 않고
> 더욱더 자라날 것이다.

미륵보살이 말했듯이, 빠툴 린포체는 보리심 수행법 전체를 다음 같이 요약하곤 했다. "모든 중생들로 하여금 완벽한 깨달음에 도달하게 하려는 서원." 이 수행법을 간략하게 제시해보기로 하자. 그것은 당신 마음 내에서 지금 살아있는 무수히 많은 중생을 향한 연민, 자비, 기쁨, 그리고 평정심을 계발하는 것으로 시작된다.[6] 깊은 성찰 수행을 통해, 이와 같은 4가지 품성이 더 이상 측정할 수 없을 만큼 무한하게 될 정도로 보리심을 계발한다. 그래서 보리심이 "한 번도 일어난 적이 없는 곳에서" 일어나게 되는 것이다. 왜냐하면 이를 통해, 당신이 거의 심장이 터질 정도의 충동으로 중생에 대한 책임감을 느끼게 되고 '보리심 발원'과 '보리심 행동'이라 불리는 수행에 의해 깨달음을 일으키겠다는 맹세를 하게 되기 때문이다.[7] '보리심 발원'은 다른 중생을 자기 자신과 똑같이 간주하고, 나아가 자기 자신을 다른 중생과 바꿔 생각하는데, 통렌 수행도 포함된다. 그리고 마지막으로 자기 자신 보다 다른 중생을 한층 중요하게 여기는 것이다. '보리심 행동'은 관대함, 절제, 인내, 부지런함, 집중과 지혜를 계발한다. 이러한 품성 모두는 깊이 꿰뚫는 통찰에 의해 실재의 본성 자체에로 진입하게 된다. 따라서 보리심은 "이미 발생한 곳에서 결코 소멸하는 일이 없게 된다." 그리고 "더욱 더 자라게 될 것이다." 바로 이것이 보리심이 가는 길, 깨달은 존재의 자비 넘치는 수행법이다. 모든 중생을 이롭게 하는 까닭에 곧바로 불성으로 직결된다.

통렌의 수행 단계

지금까지 나는 자비심을 일으키는 다양한 방법, 그리고 자비심 자체의 중요성과 힘을 독자에게 소개했다. 이제 통렌의 고급 수행을 한층 실효성 있게 제시하고자 한다. 지금쯤 독자 여러분은 왜 자기 자신과 다른 사람의 좀더 큰 이익을 위해 자비심을 일으켜야 하는가에 대한 동기를 부여받았을 것이며, 그렇게 하기 위한 방법을 지니게 되었을 것이다. 통렌은 불교의 수행법이지만, 어느 누구든지 어떤 믿음을 지녔든지 이 수행을 닦을 수 있다고 나는 굳게 믿는다. 심지어 아무런 신앙을 지니지 않았더라도, 이 수행법을 활용하라고 권한다. 나는 통렌 수행이 가장 크게 도움을 준다는 사실을 발견했다.

아주 간단하게 말한다면, 통렌 수행을 통해 다른 사람의 괴로움과 고통을 떠맡고, 그에게 우리의 행복, 복리, 마음의 평화를 주도록 하자. 내가 앞에서 제시한 명상 수행 방법 가운데 하나와 같이, 통렌 수행은 호흡을 그 매개물로 한다. 게셰 체가와는 이렇게 말했다. 〈주는 것과 받는 것을 교대로 바꾸면서 수행해야 한다. 호흡을 매개로 하여 교대해야 한다.〉

내 자신의 경험에 비추어보건대 자기 자신의 자비의 힘과 그에 대한 확신을 갖추지 못한 채, 다른 사람의 고통, 특히 환자와 죽어가는 사람의 고통을 떠맡는다고 상정하는 것이 얼마나 어려운지 잘 안다. 그 고통을 바꿀 수 있는 힘을 우리의 수행에 부여하는 것이 바로 이러한 힘과 확신이다.

이런 까닭에서 우리 자신이 먼저 통렌 수행을 닦음으로써, 다른 사람을 돕기 위한 수행을 시작하자고 내가 항상 권하는 것이다. 우리가 다른 사람에게 사랑과 자비를 보내기 전에, 자기 자신 안에서 그것을 드러나게 하여 심화시키고 강화시키고, 통렌 수행을 전심전력해서 닦을 때에 방해가 될지도 모르는 억압, 스트레스, 성냄, 두려움을 먼저 치유하자.

나는 다년간에 걸쳐 통렌 수행을 가르치는 법을 개발했고 많은 제자들이 그것이 아주 효과적이고 치료에 도움이 된다고 했다.

통렌 수행의 예비 단계

통렌의 어떤 수행이든 가장 좋은 방법은 마음의 본성을 일깨워 편히 쉬는 것으로부터 시작하는 것이다. 우리가 마음의 본성에서 휴식을 취하고 모든 것이 곧 〈공(空)〉하고 환상일 뿐이며 꿈과 같음을 보게 될 때, 그것은 궁극적이며 절대적인 보리심, 즉 깨달은 마음의 핵심으로 알려진 그 상태에서 쉬는 것이다. 불교 가르침은 절대적인 보리심을 관용이라는 고갈되지 않는 보물에 비유하고 있다. 가장 심원한 의미에서 자비심은 본성의 자연스러운 광휘이며 지혜로 충만한 마음에서 일어나는 노련한 방법들이다.

조용히 앉아서 마음을 고향으로 보내보자. 생각을 끌어들이거나 쫓아가지 말고 가라앉힌다. 만일 원한다면 눈을 감아도 좋다. 정말 고요하고 중심이 잡혔다고 느껴질 때, 가볍게 주의를 쏟으면서 수행을 시작한다.

주변 분위기 정돈

우리 마음의 기분과 분위기가 자기 자신에게 얼마나 커다란 위력을 지니는지 우리 모두 잘 안다. 우리 마음과 함께 앉아서 그 것을 느껴보자. 만일 우리 기분이 불편하거나 분위기가 어둡다고 느껴진다면, 숨을 들이마시면서 불건전한 모든 것을 정신적으로 들이켜고, 숨을 내뱉으면서 고요함, 맑음, 환희를 정신적으로 뿜어내어 우리 마음의 기운과 주변 환경을 정화하고 치유한다. 이런 까닭에서 수행의 이러한 첫번째 단계를 〈주변 분위기 정돈〉이라고 부른다.

자기 자신을 위한 통렌 수행

훈련의 편의를 위해 자기 자신을 A와 B 둘로 나눈다. 전체와 관련된 A는 자비심 넘치고, 따뜻하고, 다정하고, 참된 친구 같고, 진정으로 우리를 위해 그곳에 있고자 하고, 우리에게 민감하면서 열려 있고, 우리의 어떤 실수나 약점이든지 판단하지 않는 측면이다.

B는 상처받고, 오해받거나 좌절당하거나 비참하고, 예를 들어 어린이로서 부당하게 취급받거나 학대받고, 또는 인간 관계로 고통을 받거나 사회적으로 잘못 대우받은 면이다.

이제 숨을 들이쉼에 따라, A가 마음을 활짝 열고 B의 모든 괴로움, 부정적 성향, 고통, 상처를 따뜻하게 받아들여 껴안는다고 상상한다. 이에 감동받은 B는 마음을 활짝 열고 온갖 고통과 괴로움을 자비로운 포옹 속에 녹여버린다.

숨을 내쉼에 따라, A가 치유의 사랑, 따사로움, 신뢰, 위안, 확신, 행복, 기쁨을 B에게 보낸다고 상상한다.

실제 상황에서 활용하는 통렌 수행

우리가 서투르게 행동했던 상황, 책임감을 느끼고 생각하기조차 주춤거려지는 그런 상황을 생생하게 그려보라.

숨을 들이쉼에 따라, 그러한 상황에서 우리가 취한 행동에 대해 전적으로 책임을 통감하고 어떤 식으로든 자기 행동을 정당화하려고 하지 않는다. 자신이 잘못 행동했던 것을 정확하게 인정하고 진심으로 용서를 청한다. 이제 숨을 내쉼에 따라, 화해, 용서, 치유, 이해를 내뿜는다. 그리하여 당신은 비난을 들이마시고 해악의 소멸을 내뱉는다. 책임감을 들이마시고 치유와 용서, 화해를 내뱉는다.

이런 수행은 특히 효과이어서, 우리가 나쁜 짓을 행한 그 사람을 찾아가는 용기, 그와 더불어 직접 이야기하는 의지와 힘을 넣어

줄 수 있고 우리 마음 깊숙한 곳에서 용서를 청할 수 있게 된다.

다른 사람을 위한 통렌 수행

우리와 아주 가까운 사람이 괴로움에 빠져 신음한다고 상상하라. 숨을 들이쉼에 따라 그의 온갖 괴로움과 고통을 자비심으로 받아들인다고 상상한다. 숨을 내쉼에 따라 그를 향해 우리가 따뜻함, 치유, 사랑, 기쁨을 뿜어낸다고 상정한다.

이제 다정한 보살핌의 수행과 마찬가지로, 우리가 아주 가깝다고 느끼는 사람에서 무관심한 사람까지, 우리가 좋아하지 않거나 곤란한 문제가 있는 사람까지, 심지어 극악무도하고 잔인한 사람까지 포용할 정도로 우리의 자비심을 넓힌다. 우리의 자비가 한층 보편화되어 모든 중생, 모든 존재를 어떠한 예외 없이 껴안게 하라.

우주 전체와 같이 무수한 중생들

누구든지 힘들이지 않고 마음의 본성을 실현하게 하소서.
하나의 삶 또는 다른 삶에서 내 어머니 또는 아버지이기도 했던 여섯 세계의 중생들
모두가 근원적인 완벽함에 이르게 하옵소서.

내가 여기에서 제시한 것은 본격적인 통렌 수행을 위한 예비 단계이다. 앞으로 보게 되겠지만, 통렌의 중심부에는 훨씬 풍부한 심상화(心像化) 과정이 포함되어 있다. 우리 마음의 태도와 관련된 이러한 예비적 수행은 우리를 준비시켜 마음을 열도록 고쳐시킨다. 예비적 수행은 우리가 마음의 주변 환경과 괴로움, 지난날의 고통을 치유하게 하고, 우리의 자비심을 통해서 모든 중생을 도울 뿐 아니라 통렌의 중심 수행에서 완벽하게 표출될 주고받음의 과정에

친숙해지도록 한다.

통렌의 중심 수행

우리는 자비심에 힘입어 통렌의 주고받는 수행중에, 모든 중생이 겪는 다양한 형태의 온갖 정신적, 물질적 괴로움을 떠맡는다. 중생의 두려움, 좌절, 고통, 성냄, 죄책감, 쓴맛, 의심, 분노. 우리는 그들에게 사랑을 통해서 우리의 모든 행복, 복리, 마음의 평화, 치유, 성취를 준다.

첫째, 이 수행을 시작하기 전에, 조용히 앉아서 자기 마음을 고향으로 보내라. 그러고 나서 내가 제시한 것 가운데 자신에게 영감을 불어넣고 효과적인 방법을 활용해서, 자비에 대해 깊이 숙고하라. 모든 붓다, 보살, 깨달은 존재의 현현을 염원해 그들의 영감과 축복을 통해서 자비심이 당신의 마음에서 샘솟게 하라.

둘째, 당신 앞에 고통으로 신음하는 사람이 있고 그를 우리가 보살피고 있는 광경을 생생하게 또 강렬하게 상상하라. 그가 겪는 고통과 스트레스의 모든 측면을 빠짐없이 생각하려고 애쓴다. 그를 향해 자비스러운 마음이 열리는 것이 느껴짐에 따라 그의 온갖 고통이 함께 나타나 뜨겁고 검고 더러운 연기 덩어리로 응집된다고 상상하라.

셋째, 이제 숨을 들이켬에 따라 검은 연기 덩어리가 들숨과 함께 당신 마음의 자아에 대한 애착이란 핵심으로 녹아들어 가는 것을 상상하라. 거기에서 그것은 우리의 온갖 부정적인 카르마를 정화하면서 자아 애착의 모든 흔적을 완벽하게 무너뜨린다.

넷째, 당신의 자아에 대한 애착이 무너졌고 당신의 깨달은 마음과 보리심이 충분히 나타난다고 상상하라. 숨을 내쉼에 따라 평화, 환희, 행복, 궁극적인 안녕을 뜻하는 찬란하고 시원한 빛을 고통에 빠진 친구에게 보내서 그 빛으로 그의 온갖 부정적인 카르마를 정화하고 있다고 상상하라.

샨티데바가 시사하듯 이렇게 상상하는 것은 한층 효과적이다. 이를테면 당신의 보리심이 당신의 마음, 또는 당신의 육신 전체와 존재 자체를 소망을 실현시켜 주는 눈부신 보석으로 바꾼다고 상상하라. 그것은 누구의 욕망과 바람이든 성취시켜 주고, 그가 갈망하고 필요로 하는 것을 정확하게 공급해 주는 보석이다. 참된 자비란 소망을 실현시켜 주는 보석이다. 왜냐하면 자비는 각각의 존재가 가장 필요로 하는 것이면 무엇이든지 정확하게 줄 수 있으며 그에 따라 그의 고통을 덜어주고 그가 참으로 깨달을 수 있게 하는 타고난 힘을 지녔기 때문이다.

다섯째, 당신의 보리심의 빛이 고통에 빠져 있는 친구를 향해 계속 흘러가는 순간, 그의 부정적인 카르마가 정화되었으며 고통과 괴로움으로부터 완전히 벗어나 그에게 깊은 환희심이 지속된다고 굳건하게 확신하는 것이 중요하다.

일상적으로 숨을 들이마시고 내쉴 때, 이런 식으로 꾸준히 이 수행을 지속하라.

고통 속에서 신음하는 한 친구를 위해 통렌 수행을 닦는다면, 모든 존재의 괴로움을 떠맡고, 모든 중생의 카르마를 정화하고, 그들에게 우리의 온갖 행복, 복리, 환희, 마음의 평화를 줌으로써 자비의 울타리가 점차 확장되기 시작할 것이다. 바로 이것이 통렌 수행이며 좀더 넓은 의미에서 자비의 길 전체가 지향하는 놀라운 목표이다.

죽어가는 사람을 위한 통렌 수행

죽어가는 사람을 돕기 위해 통렌 수행을 어떻게 특별히 활용할 수 있는지, 우리가 그들을 도울 때 통렌 수행이 우리에게 얼마나 힘이 되고 얼마만큼이나 확신을 심어주는지, 그리고 이 수행이 그들로 하여금 얼마나 실제적으로 변화하게 하는지 살펴보기로 하자.

이미 나는 통렌 수행의 핵심을 제시했다. 이제 고통에 빠져 신음하는 친구의 위치에 죽어가는 사람을 놓도록 하자. 이것은 통렌의 중심 수행과 아주 똑같은 단계를 거친다.

세번째 심상화에 있어서, 죽어가는 사람의 고통과 두려움의 모든 측면이 뜨겁고 검고 더러운 연기 덩어리로 응집되는 것을 상상하면서 숨을 들이켠다. 그렇게 함으로써, 앞에서처럼 우리의 자아에 대한 집착과 애착이 무너지고 있으며, 우리의 온갖 부정적인 카르마가 정화되고 있다고 생각하라.

이제, 앞에서처럼 숨을 내쉼에 따라 우리의 깨달은 마음의 빛이 죽어가는 사람에게 평화와 안녕을 가득 채워주고, 그의 온갖 부정적인 카르마를 정화시킨다고 상상한다.

우리 삶에 있어서 매 순간마다 자비를 필요로 하지만 죽어가고 있을 때보다 다급한 순간이 어디 있겠는가? 죽어가는 사람이 우리가 그를 위해 기도하고 있고, 그의 고통을 떠맡고 있으며, 그를 위한 우리의 수행을 통해 그의 부정적인 카르마가 정화되고 있음을 아는 것보다 그를 위로하고 놀라게 할 수 있는 것이 어디 있으랴!

우리가 그를 위해 수행하는 줄 모른다 해도, 우리는 그를 돕고 있으며 그 역시 우리를 돕고 있는 것이다. 죽어가는 사람은 우리가 자비심을 계발하도록 활발하게 돕고 있으며, 따라서 우리를 정화시켜 치유하고 있는 셈이다. 죽어가는 사람은 누구나 나의 스승이다. 그들은 자기 자신을 돕는 모든 사람에게 자비심을 계발하도록 동기를 부여해 스스로를 변화시킬 수 있는 기회를 제공한다.[8]

성스러운 비법

우리는 자신에게 이렇게 질문을 던질 수도 있다. 〈만일 내가 다른 사람의 괴로움과 고통을 떠맡는다면, 내 자신을 해치게 되지는 않을까?〉 만약 머뭇거려지고 통렌 수행을 전적으로 닦을 용기나 자비심이 느껴지지 않는다면, 아무 걱정할 것이 없다. 단지 자신이 그렇게 하고 있다고 상상하면서 마음속으로 이렇게 말해 보자. 〈내가 숨을 들이켜면 내 친구나 다른 사람의 괴로움을 떠맡는 것이고, 숨을 내쉬면 그에게 행복과 평화를 주는 것이다.〉 간단하게 이렇게 하기만 해도, 통렌 수행을 바로 시작하도록 원기를 불어넣는 분위기가 우리 마음에 조성될 수도 있다.

만일 이 수행이 머뭇거려지거나 감행할 수 없을 경우, 다른 사람을 돕도록 고취하는 간단한 기도 형식으로 통렌 수행을 닦을 수도 있다. 예를 들면 〈다른 사람의 고통을 떠맡을 수 있게 하옵소서. 나의 행복과 복리를 그에게 줄 수 있게 하옵소서.〉 이 기도를 통해 언젠가 통렌 수행을 닦을 수 있는 상서로운 분위기가 조성될 것이다.

우리가 분명히 알아야 할 것이 하나 있다. 통렌 수행이 손상을 입히는 유일한 것은 우리를 가장 해치는 것들일 뿐이다. 이를테면 괴로움의 뿌리가 되는 우리의 자아, 우리의 집착, 애착하는 마음. 우리가 자주 통렌 수행을 닦는다면, 이처럼 자아에 집착하는 마음은 약화되고 우리의 참된 본성, 즉 자비가 한층 강하게 솟아날 수 있는 기회가 주어진다. 우리의 자비가 한층 강화되고 광대해지면,

우리의 대담함과 확신도 강화되고 광대해진다. 따라서 자비는 또다시 우리의 아주 숭고한 근원이자 우리의 멋진 보호 장치로 나타난다. 샨티데바는 이렇게 말한다.

> 자기 자신과 다른 사람을 위해
> 급히 보호 장치를 마련하기를 원할진대
> 저 성스러운 비법을 닦아야 하리니
> 그것은 자신과 다른 사람의 위치를 바꾸는 일!⁹⁾

모든 전통의 신비스러운 스승과 성자는 통렌 수행이라는 이렇게 성스러운 비법을 알고 있다. 그들은 통렌 수행과 더불어 살면서 그것을 체현해 아무 거침 없이 참된 지혜와 자비의 열정으로 환희로 가득 찬 삶을 살아간다. 테레사 수녀는 현대 사회에서 병자와 죽어가는 사람을 위해 자신의 삶을 바치고, 주고받는 기쁨을 발산했던 인물이다. 그녀의 다음 말보다 통렌 수행의 영적인 정수를 한층 영감 넘치게 제시한 것은 없다.

우리 모두는 신이 있는 하늘을 갈망한다. 하지만 바로 이 순간 그분과 함께할 수 있는 힘을 우리는 지니고 있다. 그분과 함께하는 행복을 누리는 것은 이것을 뜻한다.

> 그분이 사랑하는 것처럼 사랑하고
> 그분이 도움을 주는 것처럼 돕고
> 그분이 나누어주는 것처럼 나누어주고
> 그분이 섬기는 것처럼 섬기고
> 그분이 구원하는 것처럼 구원하고

그분과 24시간 함께하기 위해

궁핍한 사람의 모습으로 나타난 그분을 접하는 것.

이처럼 광대한 사랑으로 게셰 체가와는 문둥병을 치료했다. 그렇게 행함으로써 우리는 또한 한층 위험한 우리의 질병, 즉 무지라는 미혹을 치유할 수 있다. 이러한 무지로 인해서 우리는 삶과 삶 이후 계속해서 마음의 본성을 실현하지 못했고, 해탈을 성취하지 못했던 것이다.

* * *

1) 종종 사람들은 내게 이렇게 물었다. 〈자신을 돌보고 자기의 필요에 유의하는 것이 어째서 잘못이라는 말인가?〉 자비에 의해 파괴되는 것은 우리가 8장에서 보았듯 거짓된 자기에 대한 집착과 돌보기이다. 자아 집착이 모든 해악의 근원이라고 말한다고 해서 자신에게 친절한 것이 이기적이라든가 잘못이라든가, 다른 사람을 배려함에 의해 우리의 문제가 저절로 해소될 것이라고 오해해서는 결코 안 된다. 내가 5장에서 설명한 것처럼, 우리 자신에게 관대하게 대하여 자기 자신과 친구가 되고 우리의 친절함과 확신을 발견하는 것이 가르침의 핵심이며 그 안에 암시되어 있는 것이다. 우리는 가르침을 통해 자신의 선량한 마음, 자신의 근본적인 선함을 드러내게 되며, 이것이야말로 우리가 고취하고자 하는 우리 자신의 모습이기도 하다. 우리는 이 장의 뒷부분에 제시되는 통렌 수행을 통해 다른 사람을 돕기 전에 자기 자신과 작업해서 자신의 사랑과 자비를 강화하는 것이 얼마나 중요한지 보게 될 것이다. 그렇지 않다면 우리의 〈도움〉은 궁극적으로 미묘한 이기심에서 비롯한 것일 뿐이며 다른 사람에게 부담이 될 수 있다. 심지어 그들을 우리에게 의존하도록 만들어 스스로 책임지는 기회를 빼앗고 자기 발전을 방해할 수 있다. 심리 치료사들에 따

르면 상담자들에 대한 가장 중요한 임무 가운데 하나는, 결핍감과 내적인 황폐함을 치료하고 인간으로서 성장하는 데 핵심적인 행복감을 경험하도록 하기 위해 자기 존중과 〈긍정적인 자아관〉을 확립하는 것이다.
2) 샨티데바Shantideva, 스티븐 배첼러Stephen Batchelor 옮김, 『보살이 사는 방식(보디차리아바타라)*A Guide to the Bodhisattra's Way of Life(Bodhicaryavatara)*』(Dharamsala: Library of Tibetan Works and Archives, 1979년), 120-121쪽.
3) 달라이 라마The Dalai Lama, 『상냥함의 정책: 달라이 라마 선집*A Policy of kindness: An Anthology of Writings by and about the Daliai Lama*』(Ithaca, NY: Snow Lion, 1990년), 53쪽.
4) 알레그라 테일러Allegra Taylor, 『어둠과 함께 지냈다: 죽음의 경계선에서 1년*Acquainted with the Night: A Year on the Frontiers of Death*』(London: Ithaca, 1989년), 145쪽에서 인용.
5) 샨티데바, 앞의 책, 34쪽.
6) 가르침은 이 4가지 〈측정할 수 없는 품성〉을 매우 정확하게 정의한다. 자비는 행복이 부족한 이들에게 행복을 가져다주려는 소망이다. 연민은 고통을 겪는 이들을 해방시키려는 열망이며, 기쁨은 누군가가 찾은 행복이 결코 그들을 버리지 않을 것이라 바라는 것이다. 평정심은 편견이나 애착, 혐오 없이 모든 것을 바라보고 아끼면서도, 무한한 사랑과 연민을 가지는 것이다.
7) 보리심은 여러 방법으로 분류된다. 샨티데바는 '보리심 발원'과 '보리심 행동'의 차이를 어딘가로 떠나기로 결정하는 것과 실제로 항해를 떠나는 것에 빗대어 설명한다. 또한 보리심은 상대적인(혹은 관습적인) 보리심과 궁극적인 보리심으로 구분할 수 있다. 상대적인 보리심은 모든 생명체의 이익을 위해 깨달음을 얻으려는 자비로운 소망이 수반되며, 훈련도 여기에 강조점이 있다. 한편 궁극적인 보리심은 사물의 궁극적인 본성에 대한 직관적인 통찰을 의미한다.
8) 13장 「죽어가는 사람을 영적으로 보살피기」에서 죽어가는 사람이 어떻게 통렌 수행을 할 수 있는지 설명할 것이다.
9) 샨티데바, 앞의 책, 119쪽.

13

죽어가는 사람을 영적으로 보살피기

나는 1970년대 초 처음으로 서양에 도착했다. 나를 매우 혼란스럽게 하고 끊임없이 방해한 것은 도처에서 죽어가는 사람을 영적으로 보살피는 의식이 현대 사회에 거의 완벽할 정도로 결여되어 있다는 사실이었다. 티베트에서는 내가 이미 얘기한 것처럼, 누구나 불교의 차원 높은 진리를 어느 정도 인지하고 있으며 자기 스승과 어떤 식으로든 관계를 유지하고 있다. 어느 누구도 피상적이든 심원한 방식이든 보살핌을 받지 못하고 죽는 일이 없다. 서양 사회에서 외로움에 지치고 아무런 영적인 도움 없이 커다란 압박감과 미몽 속에서 죽어가는 사람들 이야기를 나는 많이 접했다. 이 책을 저술하게 된 주요 동기 가운데 하나는 나를 양육시킨 티베트의 치유의 지혜를 모든 사람들에게 전하는 것이다. 우리가 죽어갈 때에, 우리 모두의 육신은 존중받으면서 치료받을 권리가 있다. 그뿐 아니라 우리 영혼은 그보다 더욱 존중받으면서 치유받을 권리가 있다. 어떤 문명 사회의 누구든지 중요한 권리 가운데 하나는 최상의 영적인 보살핌을 받으면서 죽을 권리가 아닐까? 이것이 일반화된 규범으로 수용되지 않는다면, 우리 사회를 어떻게 〈문명 사회〉

라 부를 수 있겠는가? 같은 동포가 존엄하게 희망 속에서 죽음을 맞도록 보살피는 방법을 우리가 모른다면 달에 사람을 보내는 기술 문명이 도대체 무슨 의미가 있겠는가?

영적인 보살핌은 극소수를 위한 사치품이 아니다. 정치적 자유, 의술의 도움, 그리고 기회의 평등과 마찬가지로 영적인 보살핌은 본질적인 권리이다. 민주주의의 참된 이상은 영적인 보살핌을 가장 기본적인 권리 가운데 하나로 포함해야 할 것이다.

서양의 어느 나라를 방문하든지, 죽음의 두려움을 인정하든 그러지 않은 사람들이 그 두려움으로 인한 정신적인 괴로움에 크게 시달리는 것을 보며 나는 충격을 받는다. 누구든 죽음에 직면할 때, 다정함과 통찰력을 지닌 사람의 보살핌을 받아야 한다는 것을 안다면 얼마나 위안이 되겠는가! 하지만 실제는 그 반대이다. 현대 사회는 냉혹하게 편의주의에 빠져 어떤 영적 가치도 부인하기 때문에, 시한부 인생 선고를 받은 사람은 자신이 아무 쓸모도 없는 물건처럼 내팽개쳐진 듯한 느낌에 몸서리치게 된다. 티베트에서는 죽어가는 사람을 위해 기도하고 그를 영적으로 돌보는 일이 아주 자연스럽게 이루어진다. 서양에서 죽어가는 사람에게 대다수가 표하는 유일한 영적인 관심이란 그의 장례식에 참석하는 것뿐이다.

가장 상처받기 쉬운 바로 그 순간 세상 사람들은 거의 아무런 보살핌이라든가 통찰력도 제시받지 못하고 내팽개쳐진다. 이는 비극적이고 치욕적인 상황이며 반드시 바뀌어야 한다. 누구든지 어느 정도 마음의 평화를 느끼면서 죽음을 맞이할 수 없다면, 적어도 이것을 가능하게 하려는 어떠한 노력도 진행되지 않는다면, 권력과 성공만을 지향하는 현대 사회의 허세는 공허해질 뿐이다.

죽어가는 사람의 침상 옆에서

　유명한 의과 대학을 막 졸업한 내 친구가 런던의 어느 큰 병원에서 진료를 시작했다. 그녀가 병원에 출근한 바로 그 첫날에, 네다섯 사람이 죽었다. 그것은 그녀에게 무시무시한 충격을 주었다. 그녀가 의과 대학에서 받은 어떤 교육도 이에 대처할 방안을 제시한 적이 없었다. 의사가 되기 위해 그녀가 오랫동안 교육받은 것을 생각해 보면 이는 놀랍지 않은가?
　어느 연로한 남자가 병원 침대에 누워서 벽을 응시하고 있었다. 그는 항상 혼자였다. 그를 방문하는 가족이나 친구도 없었다. 그는 함께 얘기할 사람을 필사적으로 갈망했다. 그녀가 그를 진찰했다. 그의 눈은 눈물로 가득 찼고, 떨리는 목소리로 그녀가 듣게 되리라고 기대했던 마지막 질문을 던졌다. 〈신이 내 죄를 용서하리라 생각합니까?〉 내 친구는 어떻게 답해야 할지 몰랐다. 의사가 되기 위해 교육을 받았건만, 어떤 영적인 질문에 대해서 그녀는 아무 준비도 되어 있지 못했다. 그녀는 할말이 없었다. 의사라는 자신의 직업을 그녀는 감추고 싶었다. 병원 내에 목사도 없었다. 그녀는 영적인 도움과 이 삶의 의미에 대한 해답을 필사적으로 갈구하는 자신의 환자에게 아무 대답도 하지 못한 채, 얼어붙은 듯이 서 있었다.
　고통과 당혹감에 빠진 그녀가 내게 물었다. 〈당신이라면 어떻게 하시겠습니까?〉 나는 그녀에게 이렇게 답했다. 그의 곁에 앉아 그의 손을 잡고 이야기를 나누겠다. 만일 우리가 충분한 관심과 자비를 보이면서 그와 더불어 이야기를 나눈다면, 심지어 죽어가는 사람이 아무런 영적인 믿음이 없을지라도 깜짝 놀라울 정도의 영적인 깊이를 보여주는 것에 대해 나는 몇 번이나 깜짝 놀라곤 했다. 누구나 삶의 지혜를 지니고 있다. 그와 함께 이야기를 나눌 때,

그 삶의 지혜가 나타나게 된다. 그가 자신의 진리, 즉 그가 이전엔 결코 알아차리지 못했던 진리의 풍요로움, 부드러움, 심원함을 발견하도록 도움으로써, 우리가 죽어가는 사람이 자기 자신을 돕게 할 수 있다는 것에 나는 크게 감동을 받곤 했다. 치유와 자각의 근원은 우리 각자 내부 깊은 곳에 있다. 우리가 할 일은 어떤 상황에서도 우리의 믿음을 그에게 강요하지 않는 것이고 그가 자기 자신 안에서 스스로 그것을 발견하도록 돕는 것이다.

우리가 죽어가는 사람 옆에 앉아 있을 때에, 언젠가 붓다가 될 수 있는 가능성이 있는 사람 옆에 앉아 있다고 굳게 믿자. 그의 불성을 순결하게 빛나는 거울로 간주하고, 그의 온갖 고통과 근심을 거울에 얇게 낀 회색빛 안개로 여기자. 거울에 낀 회색빛 안개는 순식간에 씻어낼 수 있다. 이렇게 생각한다면, 우리는 그를 사랑받을 수 있고 용서받을 수 있는 존재로 보게 되어 무조건적으로 사랑할 수 있게 되리라. 우리가 이런 태도를 취함으로써, 죽어가는 사람은 우리를 향해 눈에 띨 정도로 마음을 열어놓게 될 것이다.

죽어가는 사람을 돕는 일은 마치 쓰러진 사람을 향해 손을 뻗어 일으켜세우는 것과 같다고 뒤좀 린포체는 말하곤 했다. 우리의 힘, 평화, 자비로 그에게 큰 관심을 표함으로써, 그는 자신의 힘을 일깨울 수 있는 도움을 입을 것이다. 그처럼 상처받기 쉽고 극단적인 순간에 우리가 어떤 자세로 죽어가는 당사자에게 임하느냐 하는 것은 매우 중요하다. 시실리 선더스는 이렇게 말했다. 〈이로 인해서 죽어가는 사람은 일상적인 삶의 가면과 피상성을 벗어버리고 한층 더 열려 있고 민감하게 된다. 그는 실재하지 않는 온갖 것을 꿰뚫어본다. 나는 죽어가는 어떤 남자가 이렇게 말한 것을 기억한다. '아닙니다. 책을 읽지 마세요. 나는 당신의 마음속에 있는 것만을 원합니다.'〉[1]

먼저 수행을 닦지 않아 마음의 본성의 성스러운 분위기가 내게 함빡 스며들지 않았다면, 나는 죽어가는 사람의 침대 곁에 결코 가지 않는다. 그때 나는 억지로 자비심과 신뢰감을 내보이려고 하지 않는다. 미리 준비할 경우 자비심과 신뢰감은 그 자리에 이미 함께 있을 것이고 자연스럽게 빛날 것이다.

만일 우리가 스스로 영감 넘치게 할 수 없다면, 자기 앞에 있는 그 사람에게 영감을 불어넣을 수 없다는 것을 명심하자. 따라서 무엇을 해야 할지 모를 때, 무엇을 도와주어야 할지 아무것도 느낄 수 없을 때, 붓다라든가 성스러운 힘을 지녔다고 자신이 신봉하는 다른 인물을 향해 염원하자. 무시무시한 고통을 겪고 있는 어떤 사람과 대면할 때, 나는 내 앞에서 죽어가는 사람을 향해 마음을 활짝 열고 내 존재를 가득 채우는 그의 고통의 소멸을 위해 모든 붓다와 깨달은 존재의 도움을 열정적으로 청한다. 또한 그들 존재의 현현을 강렬하게 염원한다. 나의 헌신과 믿음을 다 바쳐 그들을 끌어들여, 죽어가는 사람 위에서 광배(光背)를 두르고 현현한 그들을 보게 되고, 사랑으로 가득 찬 그들이 죽어가는 사람을 사랑의 눈으로 응시하면서 그에게 빛과 축복을 내려 지난날의 온갖 카르마와 현재의 고통을 정화시키는 것을 보게 된다. 그러면서 나는 내 앞에 있는 그 사람이 더 이상 고통받지 않고 평화와 해탈을 발견할 수 있도록 계속 기도한다.

나는 아주 깊이 집중하고 가장 진지하게 이를 행한다. 그리고 나서 나는 마음의 본성에서 쉬면서 병실 분위기가 그 평화와 빛으로 충만하게 한다. 그때 아주 자연스럽게 자리잡은 성스러운 존재의 현현, 그리고 죽어가는 사람에게 영감을 불어넣는 그 느낌에 나는 여러 번 경외감을 느꼈다.

이제 나는 독자에게 놀라운 진실을 얘기하겠다. 〈죽음이란 매우 영감 넘치는 것일 수 있다. 죽어가는 사람과 함께한 경험을 통해, 내 기도와 염원이 분위기를 바꾸는 것을 보며 나 자신도 크게 놀랐다. 이런 염원과 기도 그리고 붓다의 현현이 얼마나 효과적이었는지 보게 됨으로써 내 믿음도 한층 심화되었다. 죽어가는 사람의 침상 곁에 함께 있음으로써 내 자신의 수행이 한층 힘을 얻게 되는 것을 발견했다.〉

죽어가는 사람 역시 영감 넘치는 이런 분위기를 느끼고, 나와의 접촉을 통해 실제로 변화가 일어나는 환희의 기회가 주어진 것에 감사하는 것을 나는 수시로 목격했다.

희망을 주고 용서를 발견하기

죽어가는 사람을 영적으로 돕는 두 가지 방법을 선별해 말하고자 한다. 그것은 그에게 희망을 주는 일과 용서를 발견하게 하는 일이다.

우리가 죽어가는 사람과 함께 있을 때에는, 언제나 그가 성취했으며 잘한 것들을 상기하게 하자. 자신의 삶이 건설적이었고 행복했다고 느끼도록 돕자. 그의 좋은 품성에 초점을 맞추어야 하며 그가 잘못한 것에 집중해서는 안 된다. 죽어가는 사람은 흔히 죄책감, 유감, 의기 소침 등으로 상처받기 쉽다. 이런 감정을 그가 자유롭게 드러내도록 하고 그에게 귀기울여 그가 하는 말을 받아들이도록 하자. 그와 동시에 적당한 시기에 그에게 자신의 불성을 반드시 상기시키고, 명상 수행을 통해 마음의 본성에서 쉬도록 고취하자. 특히 괴로움과 고통은 그가 본래 지닌 것이 아님을 그에게 분명히 밝혀둔다. 그에게 영감을 불어넣어 희망을 발견하게 할 수 있는 가장 효과적이고 민감한 방식을 발견해야 한다. 그가 자신이 저지른 잘못에 머물지 않아야 한층 평온한 마음으로 죽음을 맞이할 수 있다.

〈신이 내 죄를 용서하리라고 생각하느냐?〉고 어느 누가 묻는다면 나는 이렇게 답하겠다. 용서는 신의 기본 성품에 속한다. 그것은 이미 거기에 있었다. 신은 이미 당신을 용서했다. 왜냐하면 신은 용서 그 자체이기 때문이다. '실수는 인간의 몫이고 용서는 신의 몫이다.' 그러나 당신은 자기 자신을 진정으로 용서할 수 있을까? 이것이야말로 당신이 해결해야 할 의문이다.

용서받을 수 없고 용서할 수 없다는 느낌이 당신을 괴롭게 만든다. 하지만 당신의 마음만 그럴 뿐이다. 임사 체험자 가운데 몇몇이 일체를 용서하는 거룩한 금빛의 현현에 접했음을 들어본 일이 없는가? 또한 자기 자신을 판단하는 것은 바로 자신이라는 말도 아주 자주 인구에 회자된다.

자신의 죄의식을 분명하게 몰아내기 위해서 자기 마음 깊은 곳을 향해 정화를 청해 보자. 만일 당신이 진정으로 청하여 정화를 겪고 나면 용서할 수 있게 된다. 그리스도가 전한 아름다운 우화에서 아버지가 방탕한 아들을 용서한 것과 마찬가지로 신은 당신을 용서할 것이다. 자기 자신을 용서하기 위해, 우리가 우리의 삶에서 행했던 좋은 일을 기억하고 모든 사람을 용서하고, 그리고 우리가 해를 끼쳤을 수 있는 사람들에게 용서를 청하도록 하자. 모든 사람이 종교를 정식으로 믿지는 않지만, 거의 대부분 용서의 위력을 믿는다고 나는 생각한다. 죽어가는 당사자가 죽음의 접근을 화해와 청산의 시기로 볼 수 있게 한다면, 커다란 도움을 받을 수 있다.

친구나 가족에게 화해하도록 유도하고, 미움이라든가 조그만 원한이라도 흔적조차 남김 없이 정화하도록 마음을 이끈다. 만일 그가 소원해진 사람과 직접 만날 수 없다면, 전화를 걸거나 메시지를 남기거나 편지를 써서 용서를 청하게 하라. 만일 그가 상대방을 용서하고자 하지만 상대가 그렇게 할 수 있을지 의심한다면, 상대와 직접 대면하도록 권면하는 것은 현명하지 못하다. 직접 대면했다가 부정적 반응을 접하면 커다란 스트레스만 보탤 뿐이기 때문이다. 사람들은 때때로 용서하기 위해서 시간을 필요로 하는 법이다. 그에게 용서를 원한다는 메시지를 남기도록 하라. 그러면 최소한 자신이 최선을 다했다는 것을 알면서 죽어갈 것이다. 그의 마음속에 난처함이라든가 분노는 깨끗이 처리되었을 것이다. 나는 계속해서 증오심과 죄의식으로 마음이 굳어진 사람들이 용서를 바란다는 단순한 말 한 마디를 통해 전혀 예상치 못한 힘과 평화를 얻게 되는 것을 목격해 왔다.

모든 종교는 용서 안에 내재된 힘을 강조한다. 누군가 죽어갈 때보다 이 힘이 필요하거나 훨씬 깊게 느껴지는 때가 없다. 용서하고 용서받음으로써 우리가 행한 악한 일들을 정화해, 죽음으로의 여행을 완벽하게 준비할 수 있다.

영적인 수행을 발견하기

만일 죽어가고 있는 친구나 가족이 어떤 종류의 명상 수행이라도 친숙한 것이 있다면, 가능한 한 오랫동안 명상 상태에서 휴식을 취하도록 권면하고, 죽음이 다가옴에 따라 함께 명상을 하도록 한다. 죽어가는 사람이 영적 수행에 마음이 열려 있다면, 그에게 적합하고 단순한 수행법을 발견하도록 돕고 그와 함께 수행을 닦으면서 죽음이 접근할 때에 그가 그 수행법에 유념하도록 부드럽게 상기시켜 주자.

이처럼 결정적인 순간에 그를 도울 수 있는 방법을 다양하게 고안해 보자. 왜냐하면 많은 것이 그 순간에 좌우되기 때문이다. 만일 당사자가 죽어갈 때에 온 마음으로 닦을 수 있는 수행법을 발견하기만 한다면, 죽어감의 분위기 전체가 바뀔 수 있을 것이다. 영적인 수행에는 수많은 측면이 있다. 죽어가는 사람이 쉽게 인연을 맺을 수 있는 것을 발견하기 위해 당신의 통찰력과 민감함을 활용하라. 그것은 용서, 정화, 헌신, 빛의 현현이나 사랑의 느낌일 수 있다. 그를 도울 때 그 수행의 성공을 마음으로 기도하라. 그가 선택한 길을 따를 수 있도록 모든 에너지와 확신이 주어지게 기도하라. 심지어 죽어감의 최후의 국면에 접어든 사람이었는데도, 마음으로 인연을 맺은 하나의 기도나 만트라 또는 단순한 심상(心像)을 활용함으로써 놀라운 영적 진보를 성취한 사람들을 나는 알고 있다.

스티븐 레바인이 암으로 죽어가고 있던 어느 여성을 상담한 적이 있다.[2] 그녀는 예수 그리스도에 대한 타고난 신앙심을 지녔지만 교회를 떠나 길을 잃고 헤맸다. 스티븐 레바인은 저러한 믿음과 헌신을 강화시켜 줄 수 있는 것이 무엇인지 그녀와 함께 심사숙고했다. 그리고 그녀는 자신을 돕는 길이 그리스도와 연계를 다시 되살리는 것임을 알게 되었다. 죽어가면서 어느 정도 신뢰와 확신을 발견한 그녀는 〈예수 그리스도이시여, 제게 자비를 베풀어주시옵소서!〉라는 기도를 계속 반복하였다. 이렇게 기도함으로써 그녀의 마음이 열렸고, 그녀는 그리스도가 항상 자신과 함께 현존함을 느끼기 시작했다.

본질적인 포와 수행

 죽어가는 사람을 보살핌에 있어서 내가 발견한 모든 수행법 가운데 가장 가치 있고 효과적인 수행은, 티베트 불교 전통에서 의식의 전이(轉移)를 뜻하는 〈포와〉라고 불리는 수행이다. 나는 놀라울 정도로 많은 사람들이 포와 수행에 전념하는 것을 보았다.
 죽어가는 사람을 위한 포와 수행은 아주 간단하고 자연스러워서 전세계에서 행해지고 있다. 이 수행에 힘입어 수많은 사람들이 죽음을 엄숙하게 맞이할 수 있는 기회를 맞았다. 나는 이제 이 수행을 활용하기를 원하는 누구든지 쉽게 접할 수 있도록 포와 수행의 핵심을 제시하는 것을 큰 기쁨으로 생각한다.
 이것은 누구든지 할 수 있는 수행임을 나는 강조한다. 이 수행은 간단하다. 하지만 그것은 우리 자신의 죽음까지도 준비할 수 있는 가장 본질적인 수행이고, 내가 죽어가는 친구나 가족 그리고 이미 죽은 사랑했던 사람을 위해 제자들에게 가르치는 주된 수행이기도 하다.

수행 하나
 우선 자신이 편안하다는 것을 확신하고, 명상 자세를 취한다. 당신이 죽음에 다가가고 있을 때에 이 수행을 닦고 있다면, 할 수 있는 한 편안하게 앉거나 누운 자세로 수행을 한다.
 그리고 나서 자기 자신의 마음을 본래의 고향으로 보내어 내려놓고서 완벽하게 긴장을 푼다.

 ─자기 앞에 있는 하늘을 향해, 자신이 어떤 종교를 믿든지 그 진리를 체현한 존재를 환한 빛의 형태로 염원하라. 또는 자신이 가

깝게 느끼는 성스러운 존재나 성인을 택하라. 불자인 경우, 친밀한 인연이 느껴지는 붓다를 염원한다. 만일 기독교인이라면, 하느님, 성령, 예수, 성모 마리아의 생생하고 즉각적인 강림을 온 마음으로 느껴보자. 어떤 특별한 영적인 인물과의 인연이 느껴지지 않는다면, 자기 앞에 있는 하늘에 순수한 금빛 형상을 상상해 본다. 중요한 점은 우리가 심상화하고 있는 존재 또는 현현했다고 느껴지는 존재가 모든 붓다, 성인, 스승, 깨달은 존재의 진리, 지혜, 자비의 화신이라는 것이다. 심상이 아주 생생하게 그려지지 않는다고 해서 걱정할 것은 없다. 다만 온 마음을 그의 현현으로 가득 채우고 그가 함께 있음을 확신하면 된다.

— 그리고 나서 자기의 마음과 가슴, 영혼으로 우리가 염원한 존재의 현현에 초점을 맞추고 기도한다.

당신의 축복, 은총, 인도, 당신으로부터 흘러나오는 빛의 힘으로 말미암아
저의 온갖 부정적인 카르마, 파괴적인 감정, 그리고 장애가 정화되어 사라지게 하옵소서.
제가 생각했거나 행했던 온갖 해침에 대해
스스로를 용서하게 하옵소서,
제가 심원한 포와 수행을 성취하게 하옵시고,
의미 있고 평온한 죽음을 맞게 하옵소서,
또한 영광된 저의 죽음을 통해서 살아 있거나 죽었거나 모든 다른 중생이 이로움을 얻게 하옵소서.

— 이제 우리가 염원한 빛의 존재가 우리의 성실하고 정성 어린 기도에 감동해 다정한 미소로 반응하고 그 마음으로부터 사랑과

자비의 빛줄기를 뿜어낸다고 상상하라. 이 빛줄기가 우리에 닿아 스며들 때, 고통의 원인이 되는 우리의 온갖 부정적인 카르마, 파괴적인 감정, 미혹이 깨끗이 정화된다. 전적으로 빛에 휩싸여 있는 자신을 느껴보라.

― 우리는 이제 그 존재로부터 흘러나오는 빛줄기에 의해 완벽하게 정화되었고 치유되었다. 우리의 육체가 비록 업으로 이루어지기는 했지만, 이제 완전히 용해되어 빛 속으로 들어간다고 생각하라.

― 빛으로 이루어진 우리의 몸은 하늘로 솟아올라 축복을 내리는 빛의 존재와 하나가 되어 나뉠 수 없게 된다.

― 가능한 한 오랫동안 빛의 존재와 합일한 상태를 유지하라.

수행 둘

― 이 수행을 좀더 간단하게 하기 위해, 앞에서와 마찬가지로 조용히 휴식을 취하고, 이어서 진리를 체현한 화신의 현현을 염원하라.

― 마음속으로 우리 의식이 빛의 영역에 있고, 빛나는 별처럼 자기 자신으로부터 빛이 번쩍여 우리 앞에 현현한 존재의 마음속으로 날아오른다고 상상하라.

― 그것이 용해되어 빛의 존재와 하나가 된다.

이 수행을 통해서 지혜로 충만한 붓다나 깨달은 존재의 마음으로 둘러싸이게 되는데, 그것은 우리의 영혼을 신에게 넘겨주는 것이나 다름없다. 이것은 호수에 조약돌을 던지는 격이라고 딜고 켄체 린포체는 말한다. 수직으로 깊게 호수에 떨어지는 조약돌을 생각해 보라. 그 축복에 힘입어 우리 마음이 지혜로 충만한 깨달은 존재의 마음으로 바뀌는 것을 상상해 보라.

수행 셋

수행을 닦는 가장 본질적인 방법은 이렇다. 자신의 마음을 지혜로 충만한 순수한 존재에 단순하게 합일시키는 것. 〈내 마음과 붓다의 마음이 하나〉라고 생각한다.

지금까지 제시한 세 가지 포와 수행법 가운데 당신에게 좀더 편안하게 느껴지거나, 어떤 특별한 순간에 좀더 흥미를 끄는 것을 택한다. 가장 효과적인 수행은 흔히 가장 단순한 것일 수 있다. 하지만 어느 것을 선택하든지 이 수행법과 친숙해지기 위해서는 시간이 걸린다는 것을 명심하자. 죽음의 순간에 자기 자신이나 다른 사람이 어떻게 해야 이 수행에 대한 확신을 지닐 수 있겠는가? 내 스승 잠양 켄체는 이렇게 말했다. 〈만일 우리가 이런 식으로 언제나 명상하고 수행에 정진한다면, 죽음의 순간을 한층 쉽게 맞이할 수 있을 것이다.〉[3]

사실 우리는 포와 수행에 친숙해져 그것이 자연스러운 반사 작용, 즉 제2의 천성이 되도록 해야 한다. 만일 영화 「간디 Gandhi」를 보았다면 그가 총에 맞았을 때 즉각적으로 〈람……람!〉 하고 크게 외치는 것을 보았을 것이다. 람은 힌두 전통에서 성스러운 신의 이름이다. 우리가 어떻게 죽게 될지, 어떤 수행법을 상기할 여유가 있을지 결코 알 수 없다. 예를 들어 고속 도로에서 시속 100마일로 우리 차와 트럭이 충돌한다면, 도대체 무슨 시간적 여유가 있겠는가? 그때 포와 수행을 닦는 법을 생각한다든가 이 책에서 제시한 가르침을 떠올릴 순간조차 없을 것이다. 우리는 포와 수행법에 친숙할 수도 있고 그렇지 않을 수도 있다. 이를 측정할 수 있는 간단한 방법이 있다. 예를 들어 지진이라든가 가위눌림처럼 치명적인 상황이나 위기의 순간에 처할 때 우리의 반응을 살펴보기만 하면 된다. 그

즉시 포와 수행을 할 수 있는가, 그렇지 못한가? 만일 포와 수행을 행한다면, 우리의 수행이 정말로 안정되고 확고하다는 것이다.

어느 날 자전거를 타고 외출했던 나의 미국인 제자가 기억난다. 말이 그녀를 들이받아서 그녀의 발이 승마용 등자(鐙子)쇠에 끼여 꼼짝못하게 되었다. 그녀는 땅에 질질 끌려갔다. 그녀의 마음은 얼이 빠져갔다. 결사적으로 어떤 수행을 상기하고자 애썼건만, 그녀는 아무것도 떠오르지 않았다. 그녀는 점점 무서워졌다. 이런 공포를 겪고 나서 그녀는 자신의 수행이 제2의 천성이 되도록 해야 한다는 것을 깨달았다. 이것이 바로 그녀가 배워야 하는 교훈이었다. 그것은 사실 우리 모두가 배워야 하는 교훈이다. 어떤 예상치 못한 사태에 접해도 우리가 자연스럽게 포와 수행으로 반응할 수 있을 때까지, 집중적으로 포와 수행을 닦자. 이것은 언제 죽음이 찾아오든지, 당신이 가능한 한 준비된 상태가 되어 있도록 만들어줄 것이다.

본질적인 포와 수행으로 죽어가는 사람을 돕기

죽어가는 누군가를 돕기 위해서 이 수행법을 어떻게 활용할 수 있을까? 수행의 원리와 순서는 정확하게 똑같다. 죽어가는 사람의 머리 위에 붓다나 영적인 존재의 현현을 눈앞에 뚜렷이 떠오르게 하는 점만이 다르다. 죽어가는 사람에게 빛줄기가 쏟아져 그의 존재 전체를 정화하고, 이어서 그가 빛 속으로 용해되어 현현한 영적인 존재와 하나가 된다고 상상하라.

우리가 사랑하는 사람의 투병 기간 내내, 그리고 특히(이 순간이 매우 중요하다) 그가 마지막 숨을 몰아쉴 때, 또는 그가 호흡을 멈추고 시신에 손을 대거나 흐트러뜨리기 전에 이 수행을 행한다. 만일 죽어가는 사람을 위해 우리가 이 수행을 닦으려 하는 것을 그가 알고 그것이 무엇을 의미하는지 안다면, 커다란 위안과 감동을 받을 것이다.

죽어가는 사람 곁에 조용히 앉아 붓다나 예수 또는 성모 마리아의 사진 앞에 촛불이나 빛을 밝히자. 그러고 나서 그를 위해 수행을 닦는다. 우리는 조용히 이 수행을 닦을 수 있고, 그가 이 수행에 대해 몰라도 된다. 반면에 죽어가는 사람이 종종 그러하듯 그의 마음이 열려 있다면, 수행을 함께하고 포와 수행 닦는 법을 그에게 설명해 주어라.

사람들은 종종 내게 묻는다. 〈죽어가는 가족이나 친구가 기독교 신자이고 내가 불자라면, 어떤 다툼이 생기지 않을까?〉 무슨 다툼이 있을 수 있겠는가? 나는 이렇게 말하겠다. 그대는 진리를 염원하고 있는 것이며 그리스도와 붓다는 모두 자비심으로 충만한 진리의 화신으로, 서로 다른 방식으로 존재를 돕기 위해 이 세상에 현현한 것이라고.

의사와 간호사 역시 죽어가는 환자를 위해 포와 수행을 닦을 수 있음을 나는 강력하게 제안한다. 죽어가는 환자를 치료하고 있는 의사와 간호사가 이 수행을 닦고 있다면, 병원의 분위기가 얼마나 바뀔지 상상해 보자. 내가 어렸을 때에 삼텐이 죽어가자, 내 스승과 사문들이 모두 그를 위해 수행을 닦던 광경이 떠오른다. 모두 함께 수행을 닦으니까 얼마나 효과적이고 얼마나 고양되던지! 누구나 똑같은 은총과 평화 속에서 죽음을 맞이하는 것이 나의 깊은 바람이다.

나는 특별히 죽어가는 사람을 위해 행하는 전통적인 티베트의 수행법으로부터 이처럼 본질적인 포와 수행을 명확하게 공식화했고, 그 안에 가장 중요한 원리를 모두 포함시켰다. 따라서 그것은 죽어가는 사람을 위한 수행뿐만 아니라 정화와 치유를 위해서도 활용될 수 있다. 그것은 살아 있는 사람과 환자에게도 중요하다. 만일 어떤 사람이 치유받고자 한다면 도울 것이다. 어떤 사람이 죽어가고 있다면 죽어가는 영혼이 치유받도록 도울 것이다. 어느 누가 죽었다면 그를 계속해서 정화시킬 것이다.

만일 심각한 질병을 앓고 있는 사람이 살 수 있을지 죽게 될지 확신할 수 없다면, 우리가 할 수 있는 것은 그를 방문할 때마다 그를 위해 포와 수행을 닦는 것이다. 집으로 돌아갈 때, 그것을 또다시 행하라. 우리가 그것을 많이 행할수록 죽어가는 우리의 친구는 더욱 정화될 것이다. 우리가 친구를 다시 보게 될지, 그가 죽는 순간 우리와 함께 있을지 결코 알 수 없다. 그러니까 그를 방문할 때마다 그의 죽음을 준비하는 것처럼 이 수행을 확실하게 행하고, 시간이 날 때마다 언제든지 이 수행을 행하도록 하라.[4]

우리의 죽음을 바치기

「티베트 사자의 서」에서는 이렇게 말한다.

오, 고귀한 집안에 태어난 아무개여![5] 〈죽음〉이라 불리는 것에 이제 이르렀으니, 이런 태도를 취하도록 하자. 〈나는 죽음의 순간에 이르렀다. 그러니 이제 죽음을 통해서, 깨달은 마음의 상태, 다정한 사랑과 자비 넘치는 태도만을 취할 것이고, 끝없는 공간처럼 무수한 모든 중생을 위해 완벽한 깨달음에 도달하겠다.〉

최근에 내 제자 가운데 한 사람이 찾아와 말했다. 〈제 친구는 겨우 스물다섯 살입니다. 그는 고통받으면서 백혈병으로 죽어가고 있습니다. 그는 이미 몹시 겁에 질려 있습니다. 그가 비통함에 빠져 죽을까 봐 두렵습니다. 그는 내게 계속 묻습니다. '이처럼 아무짝에도 쓸모 없고 소름 끼치는 고통을 어떻게 견뎌내지?'〉

내 마음은 그녀와 그녀의 친구를 향해 달려갔다. 아마도 자신이 겪고 있는 고통이 아무짝에도 쓸모 없다고 믿는 것처럼 괴로운 일은 없으리라. 비록 그녀의 친구가 커다란 고통을 겪고 있지만 지금이라도 자신의 죽음을 바꿀 수 있는 방법이 있노라고 나는 제자에게 말했다. 그것은 그가 온 마음으로 죽어감의 고통과 자기의 죽음 자체를 다른 사람의 이익과 궁극적인 행복을 위해 바치는 것이다.

나는 이렇게 전하라고 그녀에게 말했다. 〈그대가 얼마나 고통스러운지 나는 알고 있다. 이제 세상에서 당신과 똑같이 또는 더욱 심하게 고통을 겪고 있는 다른 사람들을 상상해 보라. 그들을 위해 마음을 자비심으로 가득 채워라. 그리고 그대가 믿는 누구에게든지 기도하고 그대의 고통으로 인해 그들의 고통이 경감되도록 청하라. 계속해서 그들이 겪는 고통의 경감을 위해 자신의 고통을 헌정하라. 그러면 그대는 자기 자신 안에서 지금까지 거의 발견할 수 없었던 새로운 힘의 근원, 자비를 발견하게 될 것이고, 자신의 고통이 소모적이지 않을 뿐더러 놀라운 의미를 함축한다는 확신도 발견하게 되리라.〉

내가 제자에게 전한 것은 사실 통렌 수행이었는데, 나는 이것에 대해 이미 독자에게 얘기한 적 있다. 통렌 수행은 어떤 사람이 시한부 생명이거나 죽어가고 있을 때에 아주 특별한 의미를 지닌다.

만일 자신이 암이나 에이즈 같은 질병에 걸렸다면, 세상에서 똑같은 질병에 걸린 다른 모든 사람을 상상해 보라. 깊은 자비심을 일으켜 자신에게 이렇게 말한다. 〈이러한 시한부 질병을 앓는 모든 사람의 고통을 제가 떠맡게 하옵소서. 그들이 이 재앙으로부터, 이 고통으로부터 벗어나게 하옵소서.〉

그러고 나서 그들의 병과 악성 종양이 그들의 몸으로부터 연기의 형태로 떠나서 당신의 병과 악성 종양으로 녹아들어 간다고 상상하라. 당신이 숨을 들이켤 때 그들의 온갖 고통을 들이마시고, 숨을 내쉴 때 그들의 완전한 치유와 건강을 내쉰다. 이렇게 수행을 닦을 때마다 그들이 치유되고 있다고 확신하라.

당신이 죽음에 가까이 다가갈 때, 계속해서 이렇게 생각하라. 〈죽어가고 있거나 죽게 될 모든 존재의 고통, 두려움, 외로움을 저에게 맡겨주시옵소서. 그들 모두가 고통과 혼란으로부터 벗어나게 하시옵소서. 그들 모두가 위안과 마음의 평화를 발견하게 하시옵소서. 제가 지금 견디고 있고 앞으로 견디게 될 모든 고통으로 인해서 그들이 좀더 좋은 곳에 다시 태어나 궁극적인 깨달음을 지향하게끔 하시옵소서.〉

나는 에이즈로 죽어가고 있는 뉴욕의 한 예술가를 알고 있었다. 냉소적인 성격을 지닌 그는 제도 종교를 혐오했다. 하지만 몇몇 사람들은 그가 스스로 인정하는 것보다 훨씬 영적인 호기심을 지니지 않았을까 생각하기도 했다. 친구들이 그를 설득해 티베트의 스승을 만나라고 권했다. 그의 좌절과 고통의 가장 큰 근원은 자신의 고통이 자기 자신이나 어느 누구에게도 도움이 되지 않는다고 생각하는 사실에 있음을 티베트의 스승은 바로 알아차렸다. 따라서 티베트의 스승은 그에게 단 한 가지 통렌 수행만을 가르쳤다. 처음엔 회의적인 생각이 들었으나 그는 그것을 수행했다. 그리고 그의 모든 친구들은 그가 특별한 변모를 겪는 것을 목격했다. 통렌 수행을 통해, 이전에 무의미하고 무섭기만 했던 고통이 이젠 거의 영광스러운 목적을 띠게 되었다고 그는 많은 친구에게 말했다. 그를 알고 있었던 사람들은 이러한 새로운 의미의 차원이 그의 죽음을 어떻게 바꾸었는지 직접 경험하게 되었다. 그는 평온하게, 자기 자신과 자신의 고통과 화해하면서 죽었다.

만일 다른 사람의 고통을 떠맡는 수행에 의해 이전에 거의 수행을 닦은 적이 없는 사람마저도 바뀔 수 있다면, 위대한 스승의 경우 어떤 권능을 지니게 될지 한번 상상해 보자. 걀왕 카르마파가 1981년 시카고에서 죽었을 때, 그의 티베트 인 제자 한 사람은 이렇게 말했다.

내가 그를 보았을 즈음에, 그는 이미 여러 번 수술을 받아 육신의 일부가 제거되고 새로운 장기가 주입되고 피를 수혈받고 등등의 상황 속에 있었다. 세상의 모든 병이 그의 육신 안에 자리잡기라도 하는 양 날마다 의사는 새로운 병의 징후를 발견했다. 그 다음날이면 그 징후가 사라지고 또 다른 병의 조짐이 나타났다. 두 달 동안 그는 딱딱한 음식을 섭취하지 못했고, 마침내 의사는 희망을 포기하기에 이르렀다. 그가 산다는 것은 불가능했고 의사는 생명 유지 장치를 제거해야 한다고 생각했다.

그러나 카르마파는 말했다. 〈아니에요. 나는 계속 살렵니다. 생명 유지 장치를 그대로 두세요.〉 그는 의사를 놀라게 하면서, 자신이 처한 상황에서도 사람들이 보기에 편안히 머물면서 계속 삶을 영위했다. 자신의 몸이 겪는 모든 것을 즐기기라도 하듯 그는 유머스럽고, 명랑했고, 미소를 지었다. 그때 나는 아주 분명하게 확신했다. 카르마파는 모든 것의 중단을 받아들이며 온갖 병이 깃들인 자신의 육신을 있는 그대로 수용했고, 매우 의도적이면서도 자발적으로 영양분 공급의 차단도 받아들였다. 그는 다가오고 있는 전쟁, 질병, 기근의 고통이 최소화되도록 돕기 위해 모든 질병을 침착하게 겪고 있었던 것이다. 또 이런 방식으로 이처럼 어두운 시대의 무서운 고통을 막기 위해 그는 사려 깊게 작업하고 있었다. 그 자리에 임석했던 우리 모두에게 그의 죽음은 잊을 수 없는 감화였다. 그는 죽음을 통해 다르마 dharma의[6] 효험과 깨달음이 실제로 성취될 수 있다는 사실을 다른 사람들에게 의미심장한 방식으로 제시했다.[7]

이 지구의 어느 누구도 증오와 쓰라림 속에서 죽을 필요가 없다고 나는 생각한다. 어떤 지독한 괴로움도 그것이 만일 다른 중생의 고통이 경감되도록 헌정되기만 한다면, 의미 있는 것이며 그럴 수밖에 없다.

우리들에게는 통렌 수행으로 삶과 죽음을 일관했던 위대한 자비의 스승들이 있다. 그들은 일생 동안 일관되게, 자신의 마지막 호흡에 이르기까지 숨을 들이켤 때마다 모든 중생의 고통을 떠맡고, 숨을 내쉴 때마다 전세계의 중생을 위한 치유력을 뿜어냈다. 그들의 자비심은 너무나 끝없고 강력해서, 그들은 죽음의 순간에 곧장 붓다의 세계에서 다시 태어나게 된다고 가르침은 전한다.

우리가 살아 있을 때 그리고 우리가 죽어갈 때에 우리 각자가 샨티데바와 모든 자비의 화신과 함께 이렇게 기도할 수만 있다면, 세상과 우리의 삶이 얼마나 변하겠는가!

> 보호받지 못하는 중생을 위해
> 여행을 하거나, 배를 타거나, 다리를 건너거나,
> 항해를 떠나는 저 해안으로 나아가려는 중생을 위해 저로 하여금 보호자, 안내자가 되게 하소서.

모든 살아 있는 중생의 고통이
남김 없이 걷히게 하옵소서.
세상의 병든 중생을 위해
제가 의사, 약이 되게 하시옵고
또 저로 하여금 간호사가 되게 하소서.
모든 중생이 치유될 그날까지.

우주 공간처럼
위대한 대지처럼
한량없이 무수한 중생의 삶을
제가 언제나 뒷받침할 수 있게 하옵소서.

중생들이 고통으로부터 벗어날 때까지
제가 또한 삶의 근원이 되게 하옵소서.
우주 공간 저 끝까지 가득 채우고 있는
다양한 중생들의 온갖 세계를 위하여.[8]

* * *

1) 데임 시실리 선더스 Dame Cicely Saunders, 「영혼의 고통 Spiritual Pain」, 1987년 런던에서 개최된 제4회 성 크리스토퍼 호스피스 운동 국제 회의에서 발표된 보고서. 《호스피틀 채플린 *Hospital Chaplain*》(1988년 3월)에 실림.
2) 스티븐 레바인 Stephen Levine, 페기 로겐벅 Peggy Roggenbuck 인터뷰, 《뉴에이지 매거진 *New Age Magazine*》(1979년 7월), 50호.
3) 잠양 켄체 최기 로되 Jamyang Khyentse Chökyi Lodrö는 나의 훌륭한 아주머

니 아니 페루를 위한 그의 『마음에서 우러나오는 충고 Heart Advice』(London: Rigpa Publications, 1981년)에서 이렇게 썼다.
4) 「삶과 죽음을 바라보는 티베트의 지혜」를 읽어주는 카세트는 죽어가고 있는 사람을 돕는 데 유용할 것이다.
5) 〈고귀한 집안에 태어난 아무개여!〉 모든 중생들은 그들의 타고난 불성을 순화해서 드러내는 이런저런 과정에 있으므로, 모두 통틀어 〈고귀한 집안〉이라 일컬은 것이다.
6) 산스크리트 어로 다르마는 여러 가지 의미를 함축한다. 여기서는 붓다의 가르침 전체를 뜻한다. 딜고 켄체 린포체는 이렇게 말한다. 〈모든 중생을 위한 붓다 지혜의 표현.〉 다르마는 진리 또는 궁극적인 실재를 의미할 수 있다. 다르마는 또한 어떤 현상이나 정신적 대상을 의미하기도 한다.
7) 칼루 린포체 Kalu Rinpoche, 『다르마 The Dharma』(Albany: State Univ. of New York Press, 1986년), 155쪽, 라마 놀하 Lama Norlha의 말 인용.
8) 매리언 매틱스 Marion L. Matics, 『깨달음의 길에 들어간다: 불교 시인 샨티데바의 보디차리아바타라 Entering the Path of Enlightenment: The Bodhicaryaratara of the Buddhist Poet Shantideva』(London: George, Allen and Unwin, 1971년), 154쪽; 샨티데바, 스티븐 배첼러 Stephen Batchelor 옮김, 『보살이 사는 방식(보디차리아바타라) A Guide to the Bodhisattva's Way of Life』(Dharamsala: Library of Tibetan Works and Archives, 1979년), 30-32쪽.

14

죽음을 대비하기 위한 수행

나는 사람들이 얼마나 자주, 죽음의 순간에 대한 가르침을 구하기 위해 내 스승 잠양 켄체를 찾아오곤 했는지 기억하고 있다. 그는 티베트 사람으로부터, 특히 캄의 동부 지역에서 존경받았다. 죽기 전에 한번만이라도 그를 만나 축복을 받기 위해서 여러 달 동안 여행하여 찾아왔던 사람들도 있다. 나의 모든 스승들은 이렇게 충고했다. 이것이야말로 우리가 죽음에 이를 때에 필요로 하는 핵심이기 때문이다. 〈집착과 혐오로부터 벗어나라. 자기 자신의 마음을 순수하게 유지하라. 자기 마음을 붓다와 합일시켜라.〉

죽음의 순간에 불교도가 취하는 태도 전체는 파드마삼바바의 「티베트 사자의 서」에 나오는 다음 구절로 요약할 수 있다.

> 이제 죽어감의 바르도가 내게 다가옴에 따라
> 온갖 집착, 갈망, 그리고 애착을 버리겠노라.
> 조금도 흩어짐 없이 명료하게 가르침을 알아차리고
> 불생(不生)하는 리그파의 영역으로 내 의식을 분출하리니,
> 살과 피의 복합체, 이 육신을 떠나게 되니까

그것이 덧없는 환상인 줄 알겠노라.

죽음의 순간과 관련해서 중요한 것이 두 가지가 있다. 자기의 삶에서 무슨 일을 했는가, 죽는 순간 마음의 상태가 어떠한가. 심지어 우리가 부정적인 카르마(業)를 많이 축적했을지라도, 죽는 순간 우리가 마음을 진정 바꿀 수 있다면, 그것은 우리의 미래에 결정적으로 영향을 미칠 수 있고 우리의 카르마도 바꿀 수 있다. 왜냐하면 죽는 순간에 카르마를 정화하기 위한 예외적으로 강력한 기회가 주어지기 때문이다.

죽음의 순간

우리의 일상적 마음의 바탕에 저장되어 있는 온갖 습관들과 성향은 어떤 자극에 의해서 활성화될 수 있다는 사실에 유념하자. 심지어 바로 지금도 단지 자그마한 자극만으로도 자신의 본능적이고 습관적인 반응이 일어나게 된다는 것을 우리는 너무도 잘 안다. 죽는 순간에는 더욱 그러하다. 달라이 라마는 이렇게 설명한다.

죽음의 시점에 있어서 오랫동안 자신의 몸에 배인 태도가 일반적으로 우선권을 지니고 환생의 방향을 정한다. 이와 똑같은 이유로 자기 자신에 대한 집착이 강하게 일어나게 된다. 누구나 자기 자신이 사라지는 것을 두려워하기 때문이다. 이러한 애착은 삶과 삶 사이의 중간적인 상태를 매개하는 고리 역할을 한다. 몸에 대한 갈망은 다시 중간적인(바르도) 존재의 몸을 자리잡게 하는 동인(動因)이 된다.[1]

그러므로 죽는 순간 우리 마음의 상태는 매우 중요하다. 우리가 긍정적인 마음으로 죽는다면, 자신의 부정적인 카르마에도 불구하고 우리의 다음 생을 좀더 향상시킬 수 있다. 그리고 만약 우리의 심정이 어지럽고 고민에 빠져 있다면, 우리의 삶을 잘 영위했다 할지라도 해로운 영향을 미칠 수 있다. 다시 말해 우리가 죽기 직전 지닌 마지막 생각과 감정은 곧바로 이어지는 미래에 극단적으로 강력하고 결정적인 영향을 끼친다. 미친 사람의 마음이 흔히 하나의 강박관념에 사로잡혀 그것을 계속 반복하는 것과 마찬가지로, 죽는 순간에 우리 마음은 아주 상처받기 쉽고 그때 우리를 사로잡은 생각에 그대로 노출되어 버린다. 우리가 사로잡힌 마지막 생각이나 감정은 어울리지 않을 정도로 확대될 수 있고 자신의 지각 전체에 스며들게 된다. 이런 연유에서 우리가 죽을 때 주변 분위기가 결정적으로 중요하다고 스승들이 강조하는 것이다. 우리의 친구와 가족과 함께, 사랑, 자비, 헌신 같은 긍정적인 감정과 성스러운 느낌을 불어넣기 위해 최선을 다해야 하고, 죽는 사람이 집착, 갈망, 애착을 내려놓게 하기 위해서 우리가 할 수 있는 모든 것을 다해야 하리라.

애착을 내려놓게 하는 것

사람이 죽음을 맞이하는 이상적인 방식은 내적으로나 외적으로 일체를 내려놓는 것이다. 그렇게 함으로써 저처럼 중요한 순간에 갈망이나 집착, 애착같이 마음으로 달라붙는 것이 거의 없도록 해야 한다. 따라서 죽기 전에, 자신의 온갖 소유, 친구, 사랑하는 사람들에 대한 애착으로부터 벗어나야 한다. 우리는 어떤 것도 가지고 떠날 수 없으므로, 자신의 갖가지 소유물을 미리 선물로 주거나 자선 단체에 기부하는 계획을 마련하는 것도 바람직하다.

티베트의 스승들은 자신의 육신을 떠나기 전에, 다른 사람에게 보시(布施)하고자 하는 것을 미리 정한다. 앞으로 환생하기를 바라는 어떤 스승은 자신의 환생을 위해 분명한 의사 표시와 함께 일단의 특별한 물건들을 남겨두기도 한다. 어느 누가 자신의 소유물이나 재화를 받을지 그것 또한 정확하게 의사 표시를 해야 한다. 이런 바람은 되도록 분명하게 밝혀야 하는데, 그렇게 못하고 죽은 후 우리가 생성의 바르도 상태에 있을 때, 우리의 소유를 놓고 가족이 싸우는 광경이나 우리의 재화가 잘못 사용되는 것을 보면 이것 때문에 우리 마음이 흐트러지게 되리라. 그러니까 우리의 재화 가운데 자선 단체나 다양한 영적인 목적을 위해 또는 가족들을 위해 각각 얼마나 사용할 것인지 명확하게 의견을 표명해야 한다. 모든 것을 세세한 항목에 이르기까지 명쾌하게 처리해야 안심이 될 것이고, 그래야 마음 편하게 길을 떠날 수 있을 것이다.

내가 이미 지적한 것처럼, 우리가 죽어갈 때에 주변 분위기를 평화롭게 유지하는 것이 가장 중요하다. 따라서 비탄에 빠진 친구나 가족이 죽음의 순간에 감정의 혼란을 일으킬 경우에는, 죽어가는 사람 곁에 나타나지 말게 하라고 티베트의 스승은 충고한다. 호스피스 자원 봉사자에 따르면, 죽어가는 사람은 종종 자신이 죽어가는 바로 그 순간 가까운 가족이 방문하면 고통스러운 감정과 강한 집착을 일으킬까 두려워서 그들이 찾아오지 말게 해달라고 요청한다는 것이다. 이런 요청은 때때로 가족의 입장에서 이해하기가 극히 어려울 수도 있다. 죽어가는 당사자가 자신을 더 이상 사랑하지 않는다고 느낄 수도 있으리라. 하지만 사랑하는 사람이 단지 눈앞에 나타나기만 해도 죽어가는 사람에게 강한 집착을 일으킬 수도 있고, 그렇게 되면 그가 삶에 대한 애착을 내려놓기가 더욱 어려워진다는 것을 명심해야 한다.

사랑하는 사람이 죽어가고 있을 때에, 그의 침대 옆에서 울음을 참기란 극히 어려운 일이다. 나는 죽어가는 사람이 죽음에 이르기 전에 집착과 비탄을 내려놓게 하려면 우리 모두 최선을 다해야 한다고 강조한다. 함께 울고, 우리의 사랑을 전하고, 작별 인사도 나누자. 하지만 죽음의 순간에 실제로 도달하기 전에 이런 과정을 끝내는 것이 바람직하다. 가능한 한 죽음의 순간에 친구와 가족들은 슬픔을 지나치게 드러내지 않는 것이 좋다. 왜냐하면 그 순간 죽어가는 당사자의 의식은 예외적일 정도로 상처받기 쉽기 때문이다. 그의 침상 옆에서 남아 있는 사람이 울부짖거나 눈물을 흘린다면, 그것은 마치 벼락이나 우박처럼 느껴진다고 「티베트 사자의 서」는 강조한다. 그러나 그 침상 옆에서 훌쩍거리는 것에 대해서는 걱정할 필요 없다. 그것은 어쩔 수 없으니까. 당황하거나 죄의식을 느낄 이유도 없다.

나의 위대한 숙모, 아니 페루는 영적으로 뛰어난 수행자였다. 그녀는 살아 있을 때 특히 잠양 켄체를 비롯하여 몇몇 신화적인 스승과 함께 수행을 닦았다. 그는 그녀를 위해 특별히 〈핵심을 찌르는 충고〉를 직접 써서 축복하기도 했다. 그녀는 건장했고 살이 쪘으며, 우리 집안 일에 보스 기질을 발휘했고, 아름답고 고귀한 얼굴에다가 요가 수행자 특유의 억제하지 않는, 심지어 변덕스럽기까지 한 성격을 지녔다. 그녀는 매우 실용적인 여성이었으며 집안일을 도맡아 처리했다. 하지만 죽기 한 달 전에 그녀는 완전히, 매우 감동적으로 바뀌었다. 이제까지 이런저런 일로 몹시 바빴던 그녀는 조용히 또 주의 깊게 일체를 내려놓았던 것이다. 그녀는 계속해서 명상의 상태에 있는 듯했고, 족첸 계열의 성인 롱첸파의 저작 중에서 그녀가 좋아하는 구절을 계속 염송했다. 그녀는 고기를 즐겨 먹었지만 죽기 얼마 전부터 고기에 손도 대지 않았다. 그녀는 자신의 세계에서 여왕으로 군림했지만 그녀를 요가 수행자라고 생각한 사람은 거의 없었다. 죽음에 직면해서 그녀는 비로소 자기가 누구인지 보여주었다. 죽음에 임해서 그녀가 뿜어내던 심원한 평온을 나는 결코 잊을 수 없을 것이다.

아니 페루는 여러 방식으로 나의 수호 천사였다. 그녀는 나를 특별히 사랑했다. 그녀 자신의 아이가 없었기 때문이다. 내 아버지는 언제나 잠양 켄체를 위한 일로 몹시 바빴고, 내 어머니 또한 집안일로 분주했다. 그래서 어머니가 생각조차 못한 일들을 아니 페루는 결코 잊은 적이 없었다. 아니 페루는 내 스승에게 종종 묻곤 했다. 〈이 애가 자라면, 무슨 일이 일어나겠습니까? 이 애가 훌륭하게 자랄까요? 어떤 장애를 만나지 않겠습니까?〉 그는 때때로 그녀에게 답변을 했고, 또 만약 그녀가 계속해서 묻지 않았다면 결코 말하지 않았을 내 미래에 대해 말하기도 했다.

삶의 마지막 순간에 아니 페루는 매우 태연자약했으며 영적 수행도 확고했다. 하지만 그녀 역시 죽음의 순간에 다다르자, 나에 대한 그녀의 사랑이 순간적으로 집착을 일으킬까 염려하며 나에게 나타나지 말 것을 청하기도 했다. 이를 통해서 그녀가 사랑했던 스승 잠양 켄체의 충고를 그녀가 얼마나 진지하게 받아들였는지 알 수 있다. 〈죽음의 순간에, 집착이든 혐오든 모든 생각을 내려놓아라.〉

명료하게 가르침을 알아차리기

그녀의 자매 아니 리루 또한 자신의 전생애에 걸쳐 수행에 전념했고 위대한 스승들을 만났다. 그녀는 두툼한 기도집을 만들어 염송했고 하루 종일 수행을 닦곤 했다. 그녀는 가끔 꾸벅꾸벅 졸기도 했는데, 다시 깨어나면 자신이 멈춘 부분으로부터 계속 수행을 닦았다. 밤낮으로 그녀는 똑같이 반복해 밤중에도 거의 잠을 자지 않았다. 그녀는 종종 아침에 시작했던 수행을 저녁에 마쳤고, 저녁에 시작했던 수행을 아침에 마쳤다. 그녀의 언니 아니 페루는 단호하고 규칙적인 사람이어서, 그녀의 삶 마지막에 이르러 동생이 이처럼 일상적인 생활 양식을 계속해서 깨뜨리는 것을 견딜 수 없었다. 그녀는 이렇게 말했다. 〈아침에 아침 수행을 하고, 저녁에는 저녁 수행을 해서 다른 모든 사람과 똑같이 불을 끄고 잠을 자는 것이 어떻겠니?〉 그러면 아니 리루는 나직하게 〈그래, 알았어〉라고 말했다. 그러나 그녀는 그러한 수행을 계속했다.

그 당시 나는 아니 페루를 편들었지만 이제는 아니 리루가 행한 지혜가 무엇인지 알고 있다. 그녀는 영적 수행의 흐름에 몰두해 있었고, 그녀의 존재와 삶 전체가 기도와 함께 하나의 지속적인 흐름을 이루었다. 사실 그녀의 수행은 매우 강력해서 꿈속에서조차 그녀는 계속 기도했고, 이렇게 할 수 있는 사람이면 누구나 바르도 상태에서 해탈을 위한 아주 좋은 기회를 맞게 된다고 나는 생각한다.

아니 리루의 죽음은 그녀의 삶과 마찬가지로 평온하고 수동적이었다. 그녀는 한동안 앓았다. 내 스승의 부인이 그녀에게 죽음이 빠르게 다가오고 있음을 안 때는 어느 겨울날 아침 아홉시였다. 그 무렵 아니 리루는 말을 할 수 없었지만, 정신은 여전히 깨어 있었다. 인근에 사는 뛰어난 스승 도둡첸 린포체에게 즉각 사람을 보내 그녀가 마지막으로 가는 길을 인도하고, 죽음의 순간 의식의 전이를 이끄는 포와 수행을 해달라고 청했다.

우리 가족 가운데 아페 돌제라 불리는 연로한 남자가 있었다. 그는 1989년 여든다섯 살로 죽었다. 내 가족과 5세대나 함께 지낸 그는 할아버지 같은 지혜와 상식, 특별한 도덕 의식과 선한 마음, 다툼을 조정하는 능력을 지녔다. 그는 내가 보기에 티베트의 모든 좋은 점을 체현한 인물이었다. 자발적으로 영적인 가르침에 따라 살아가는 엄격하고 현세적이고 평범한 사람이었다.[2] 그는 내가 그의 어린애라도 되는 양, 다른 사람에게 상냥하게 대하는 것이 얼마나 중요한지, 그리고 누군가가 자신을 해칠지라도 부정적인 생각을 결코 품어서는 안 된다고 매우 특별하게 가르쳤다. 그는 영적인 가치를 가장 단순한 방식으로 자연스럽게 나누어주는 재능을 지녔다. 그는 언제나 사람들을 가장 바람직한 모습으로 이끈다. 아페 돌제는 타고난 이야기꾼으로, 동화라든가 게살의 영웅담 또는 중국이 1950년대 초 티베트를 침공했을 때 동부 지역에서 일어난 용맹스런 투쟁 이야기로 어린 나를 계속 사로잡았다. 그가 가는 곳마다 활기 찬 웃음과 기쁨, 그리고 어떤 곤란한 상황이라도 한결 쉽게 만드는 유머로 넘쳐흘렀다. 여든 살에 가까워서도 그는 기운 차게 활동했고, 거의 죽음에 이를 때까지 매일마다 쇼핑을 다녔다.

아페 돌제가 쇼핑을 나가는 시간은 아침 아홉시쯤이었다. 그는 아니 리루가 죽음의 언저리에 이르렀다는 말을 전해 듣고 그녀의 방을 찾았다. 그는 거의 고함치듯이 크게 말하는 습관이 있었다. 〈아니 리루!〉 그는 큰소리로 외쳤다. 그녀가 눈을 떴다. 〈내 사랑하는 소녀여!〉 그는 그녀를 향해 깊은 애정을 담아 매력적인 미소를 보냈다. 〈이제 그대가 참된 기개를 보여줄 순간이란다. 멈칫거리지 말아라. 동요하지도 말아라. 그대는 그렇게 많은 놀라운 스승들을 만났고 그들 모두에게서 가르침을 받았으니 커다란 축복을 받은 것이다. 그뿐만 아니라, 수행 역시 제대로 닦는 값진 기회도 만났지. 그대에게 그 이상 무엇이 필요하겠느냐? 이제, 그대가 해야 할 단 한 가지 일은 가르침의 정수, 특히 그대의 스승이 죽음의 순간을 위해 제시한 지침을 지속적으로 마음에 유지하는 것뿐이란다. 그대 마음에 저것을 두고 조금도 흩어짐이 없게 하라. 우리를 걱정하지는 말아라, 우리는 잘 지낼 거야. 나는 이제 쇼핑하러 가련다. 아마 나는 그대를 다시 볼 수 없겠지. 그러니, 잘 가거라!〉 그는 싱글싱글 웃으면서 말했다. 아니 리루의 의식은 여전히 명료했고, 그가 이런 식으로 말하자 알았다는 듯이 미소를 짓고 가볍게 고개를 끄덕였다.

우리가 죽음에 다가설 때, 우리의 온갖 영적인 수행을 응집시켜 모든 것을 함축한 하나의 〈마음 수행〉에 초점을 맞추는 것이 매우 중요하다는 사실을 아페 돌제는 알고 있었다. 그가 아니 리루에게 말한 것은 파드마삼바바의 시의 세번째 줄에 요약되어 있다. 파드마삼바바는 죽음의 순간 우리에게 이렇게 말한다. 〈조금도 흩어짐 없이 가르침을 명료하게 알아차린다.〉

마음의 본성을 알아차려 수행을 통해 그것을 확고하게 안정시킨 사람에게 있어서 이것은 리그파의 상태에서 쉬는 것을 뜻한다. 만일 그렇게 확고할 수 없다면, 마음 깊은 곳에서 자기 스승이 가르친 정수, 특히 죽음의 순간을 위한 가장 핵심적인 지침을 유념하도록 하자. 죽어갈 때 마음과 영혼에 그 지침을 유지하자. 그리고 자기 스승을 생각하고 마음이 그와 더불어 하나 되게 하자.

죽어가는 과정을 위한 가르침

죽어감의 바르도를 규정하는 것으로 종종 제시되는 이미지는 아름다운 여배우가 거울 앞에 앉아 있는 그런 광경이다. 그녀는 마지막 공연을 이제 막 시작하려 한다. 그녀는 분장을 하고, 무대에 나가기 전 마지막으로 외모를 점검하고 있다. 이와 마찬가지로, 죽음의 순간 스승은 마음의 본성이라는 거울 앞에서 가르침에 담긴 핵심적인 진리를 우리에게 다시 한번 제시하고 곧바로 우리 수행의 핵심을 가리킨다. 만일 자기의 스승이 직접 가르칠 수 없다면, 자신과 선한 업으로 인연을 맺은 영적인 친구가 그 핵심에 유념하도록 도와주어야 한다.

이 가르침을 제시하기에 가장 적합한 시기는, 비록 감각이 완전히 정지하기 전인 해체 과정이 시작되는 동안이긴 하지만, 안전하게 하기 위해서 외적인 호흡이 멈춰진 이후 〈내적인 호흡〉이 종결되기 이전이라고 한다. 만일 죽기 바로 직전에 자기 스승을 만날 기회를 갖지 못할 경우, 자기 자신이 이런 지침을 미리 받아들여 숙지해야 할 것이다.

죽음을 맞이하는 침대 곁에서 스승을 맞을 수 있는 경우, 티베트의 전통에 따라 다음 순서로 의식을 진행하게 한다. 스승은 먼저 이렇게 말한다. 〈오, 고귀한 집안에 태어난 아무개여, 귀를 기울여 들을지니…….〉 그러면서 스승은 해체 과정의 단계를 하나하나 설명한다. 그 다음에 스승은 힘있고 명료하게 가르침의 정수를 모을 것이며, 그것은 우리의 마음에 강력한 영향을 미쳐 우리가 마음의 본성에서 쉬도록 요청할 것이다. 이것이 우리의 능력을 넘어선 경우, 만일 우리가 포와 수행에 익숙하다면, 스승은 우리가 그것을 떠올리도록 할 것이다. 만일 그렇지 않다면 그는 우리를 위해 포와 수행을 행할 것이다. 그때 한발 더 나아가 예방 조처로서 스승은 죽음 이후 바르도 상태에서 겪게 되는 체험의 내용과 그것들이 모두 자기 마음의 투사임을 설명할 수도 있고, 확신을 지니고 순간순간마다 이를 알아차리도록 영감을 고취할 수도 있다. 〈오, 아무개여, 그대가 무엇을 보든지, 그것이 얼마나 무시무시하든지, 그것은 그대가 자신의 마음으로 투사한 것임을 알아차려라. 하지만 그것의 근본은 광명, 자기 마음의 자연스러운 광휘임을 알아야 한다.〉[3]

스승은 마지막으로 우리에게 붓다의 순수한 영역을 제시해 헌신하는 마음을 일으킬 것이고, 또 그곳에 다시 태어나도록 기도하게 할 것이다. 스승은 이런 지침을 세 번 반복할 것이고, 그리고 리그파의 상태에서 죽어가는 제자를 향해 그의 축복을 내릴 것이다.

죽음의 과정을 대비하기 위한 수행

죽음의 과정을 대비하기 위한 세 가지 핵심적인 수행이 있다.

―최상은 마음의 본성에서 쉬거나 우리 수행의 정수를 일깨우는 것
―그 다음은 포와 수행, 의식의 전이
―마지막으로 기도, 헌신, 영감의 힘, 그리고 깨달은 존재의 축복에 의지하는 것

족첸 가르침에 있어서 〈지고(至高)의 수행자〉는 내가 앞서 말한 것처럼 자신의 생애 동안 마음의 본성을 완벽하게 실현한다. 따라서 그들이 죽을 때에 변화가 일어나더라도, 그들은 리그파의 상태

에서 쉬는 것을 지속하기만 하면 된다. 그들은 의식을 어떤 붓다의 영토라든가 깨달은 존재의 영역으로 옮겨갈 필요가 없다. 그들은 이미 자기 자신 안에 지혜로 충만한 붓다의 마음을 실현했기 때문이다. 죽음이란 그들에게 있어서 궁극적인 해탈의 계기이자 깨달음의 최후를 장식하는 순간이고 수행의 완성을 뜻한다. 「티베트 사자의 서」는 그런 수행자를 위해 단지 몇 마디만 던진다. 〈오, 님이시여! 이제 근원적 광명이 떠오릅니다. 그것을 알아차려 수행을 닦아 편히 쉬십시오.〉

족첸 수행을 완전히 성취한 인물은 죽음에 대한 온갖 근심과 걱정에서 벗어나 〈새로 태어난 아이처럼〉 죽는다고 한다. 그들은 언제 어디에서 죽을지 아무 염려도 하지 않으며, 유념해야 할 어떤 가르침이나 지침조차 없다.

〈최상의 능력을 지닌 중간 단계의 수행자〉는 〈길가에 앉아 있는 거지처럼〉 죽는다. 아무도 그들을 주목하지 않고 그 무엇도 그들을 혼란에 빠뜨릴 수 없다. 확고한 수행으로 그들은 전혀 주변 환경의 영향을 입지 않는다. 그들은 분주한 병원이나 잔소리를 늘어놓고 말다툼을 일삼는 집에서도 똑같이 편안하게 죽을 수 있다.

티베트에서 내가 알고 지내던 연로한 요가 수행자를 결코 잊을 수 없다. 그는 얼룩덜룩한 옷을 입은 피리 부는 사람 같았다. 모든 어린애가 그 주위를 쫓아다니곤 했다. 그는 가는 곳마다 염송과 노래를 불러 마을 전체를 자기 주변으로 끌어모았다. 그는 마을 사람들을 향해 수행 닦기를 권하고 자비의 붓다를 상징하는 만트라 〈옴 마니 파드메 훔〉을 염송하라고 말했다.[4] 그는 커다란 회전 예배기인 마니차를 가지고 다녔다. 사람이 그에게 무언가를 줄 때마다 그는 그것을 옷에 꿰매어 달았다. 그가 빙그르르 돌면 마치 그 자신이 회전 예배기처럼 보였다. 또한 그가 가는 곳마다 좇아다니던 개를 나는 기억한다. 그는 개를 인간과 똑같이 대해서 똑같은 그릇으로 함께 음식을 먹고, 함께 잠을 잤다. 그는 그 개를 자신의 가장 좋은 친구로 여겼다. 심지어 규칙적으로 말을 걸기도 했다.

그를 진지하게 대하지 않는 사람도 있었고 어떤 사람들은 그를 〈미친 요가 수행자〉라고 부르기도 했다. 하지만 많은 라마들은 그를 높이 평가했고 그를 경시해서는 안 된다고 말했다. 내 할아버지와 가족은 그를 존경했고, 그를 집안에 꾸며진 성소로 초청해 차와 빵을 대접했다. 티베트에서는 다른 사람의 집을 빈손으로 방문하지 않는 관행이 있다. 어느 날 그는 차를 마시다가 돌연 멈추었다. 〈오! 미안합니다. 잊을 뻔했습니다……. 이것이 당신을 위한 선물입니다.〉 내 할아버지가 방금 그에게 주었던 바로 그 빵과 흰색 스카프를 집어들고서, 마치 선물인 양 되돌려주는 것이었다.

그는 흔히 길바닥에서 잠을 잤다. 어느 날, 그는 족첸 사원의 부근에서 천화했다. 그의 시신은 길의 오른편에서, 쓰레기 더미 속에 누워 있었으며 곁에는 그의 개가 있었다. 많은 사람들이 목격한 그 다음에 일어난 일은 어느 누구도 예상치 못한 일이었다. 그의 시신은 영롱한 무지개 빛에 감싸여 있었다.

〈중간 정도의 능력을 지닌 중간 단계의 수행자〉는 〈야생 동물이나 사자처럼 눈 덮인 산에서, 산속 동굴이나 빈 골짜기에서 죽는다〉고 한다. 그들은 자신을 완벽하게 돌볼 수 있으므로 황폐한 곳을 찾아가서 조용히 죽음을 맞이하고 친구나 가족에 의해 흐트러지는 일이 없다.

이처럼 성취한 수행자는 그들이 죽어감에 따라 활용한 성숙한 수행에 의해 사람들의 기억에 남는다. 족첸 전통에서 비롯하는 두 가지 예가 있다. 우선 수행자는 〈잠자는 사자 자세〉로 누우라고 충고를 받는다. 그러면 의식은 눈에 초점이 맞춰지고 시선은 눈앞의 하늘에 고정된다고 한다. 마음을 변하지 않게 놓아두고 그 상태에서 쉬면서, 그들의 리그파가 진실의 원초적 영역과 합일하게 한다. 죽는 순간 근원적 광명이 떠오름에 따라, 그들은 아주 자연스럽게 그곳으로 흘러들어가 깨달음에 도달하게 된다.

그러나 이것은 수행을 통해 마음의 본성을 확고하게 실현한 사람에게만 가능하다. 이런 단계에 아직 이르지 못해 초점을 맞추기 위한 또 하나의 형식적인 방법이 필요한 사람을 위해서, 또 다른 수행이 있다. 그 의식을 깨끗한 〈아〉 발음처럼 형상화해, 중심 채널을 통해 분출해서 머리의 정수리를 거쳐 붓다의 영역에 도달하게 한다. 이것이 의식의 전이를 위한 포와 수행으로, 라마 체텐이 죽을 때에 내 스승이 그를 도왔던 방식이기도 하다.

두 가지 가운데 어느 하나를 성공적으로 성취한 사람도 여전히 죽어감의 물리적 과정을 겪을 것이다. 하지만 그 뒤에 이어지는 바르도 상태는 겪지 않는다고 한다.

의식의 전이를 이끄는 포와 수행

　이제 죽어감의 바르도가 내게 다가옴에 따라
　나는 온갖 집착, 갈망, 애착을 버리겠노라.
　조금도 흩어짐 없이 명료하게 가르침을 알아차리고
　불생(不生)하는 리그파 영역으로 내 의식을 분출하리니,
　살과 피의 복합체, 이 육신을 떠나게 되니까
　그것이 덧없는 환상인 줄 알겠노라.

〈불생하는 리그파 영역으로 의식을 분출함〉이란 의식의 전이를

이끄는 포와 phowa 수행을 뜻한다. 이는 죽어가는 동안 가장 흔히 사용되는 수행법으로, 죽어감의 바르도와 관련된 특별한 가르침이기도 하다. 포와는 여러 세기에 걸쳐서 죽어감을 돕고 죽음을 준비하기 위해 사용된 요가 수행과 명상법이다. 그 원리는 죽음의 순간 수행자가 자기 의식을 분출해 파드마삼바바가 〈불생의 리그파 영역〉이라고 일컬은, 지혜로 충만한 붓다의 마음과 합일시키는 것이다. 이 수행은 개인이 닦을 수도 있고 믿을 만한 스승이나 능숙한 수행자가 특정한 사람을 위해 이것을 행해서 그 효과를 높일 수도 있다.

개인의 상이한 능력, 체험, 수행 정도에 따라 포와 수행은 다양한 종류가 있다. 하지만 널리 활용되는 포와 수행은 〈세 가지를 인식하는 포와〉로 알려져 있다. 그것은 우리의 중심 채널[5]을 길로 인식함, 우리의 의식을 여행자로 인식함, 붓다 영역을 우리의 목적지로 인식함이다.

일과 가정에 책임이 있는 평범한 티베트 사람들은 그들의 삶 전부를 진리 탐구와 수행에 바칠 수 없다. 하지만 그들은 불교 가르침에 대해 커다란 믿음과 확신을 지니고 있다. 그들의 어린 자녀가 자라 삶의 종착지에 접근할 때(서양에서는 이를 〈은퇴〉라고 일컫는다), 티베트 인들은 종종 순례라든가 스승을 만나기 위해 여행을 떠나고 영적 수행에 몰입한다. 그들은 흔히 죽음을 준비하기 위해 포와 수행에 착수한다. 불교 가르침에 따르면 일생 동안 명상 수행을 체험한 적이 없더라도, 포와는 깨달음에 도달하도록 돕는 방법이라고 한다.

포와 수행에서 염원하는 가장 중심적인 존재는 무한한 광명을 지닌 아미타불이다. 아미타불은 티베트나 히말라야뿐만 아니라 중국, 한국, 일본에서도 일반 사람들 사이에 폭넓게 알려져 있다. 아미타불은 연꽃 또는 파드마 가족의 근본 붓다로서, 다시 말하자면 인간 존재가 속한 붓다 가족 가운데 근본이 되는 붓다이다. 아미타불은 우리의 순수한 본성을 표상하고 인간계의 압도적인 감정, 즉 욕망의 변화를 상징한다. 좀더 본질적으로, 아미타불은 무한히 빛나는 우리 마음의 본성이다. 죽을 때 마음의 참된 본성은 근원적 광명이 떠오르는 순간 현현할 것이다. 그러나 우리 모두가 그것을 알아차릴 수 있을 만큼 그것에 친근하지는 못하다. 아미타불의 빛나는 현현 가운데 광명의 구체화를 염원하는 방법을 우리에게 전해 주었으니, 붓다는 얼마나 솜씨가 좋으며 자비로운가!

이 지면을 통해서 전통적인 포와 수행을 설명하는 것은 적합하지 않다. 언제나 또 어떤 경우에도 믿을 만한 스승의 인도 아래 수행되어야만 한다. 적합한 인도 없이 자의적으로 이 수행을 행해서는 결코 안 된다.

가르침에 따르면, 죽을 때에 〈바람〉에 걸터앉은 우리의 의식은 육신으로부터 벗어나기 위해 틈을 필요로 하는데, 육신의 아홉 개 구멍 가운데 어느 하나를 통해 빠져나갈 수 있다고 한다. 의식이 택하는 육신의 통로에 따라 우리가 다시 태어나게 되는 존재의 영역이 정확하게 결정된다. 의식이 정수리에 있는 천문(泉門)을 통해 빠져나가면, 우리가 점차적으로 깨달음에 나아갈 수 있는 순수한 영토에 다시 태어나게 된다고 말해진다.[6]

이 수행은 오직 믿을 만한 스승, 적절한 때에 가르침의 전수라는 축복을 내릴 수 있는 스승의 지도 아래에서만 실행될 수 있다. 포와 수행을 성공적으로 성취하기 위해서는 폭넓은 지식이나 깊은 깨달음이 아니라 헌신, 자비, 한 가지 심상에의 집중, 그리고 아미타불의 현현을 마음 깊이 염원함이 요구된다. 제자는 가르침을 전수받고 이어서 성취했다는 조짐이 나타날 때까지 수행을 계속 닦는다. 성취의 조짐으로 정수리가 가렵거나 두통이 일거나 맑은 액체가 흘러나오거나 천문 주변이 융기되거나 부드러워지거나, 심지어 거기에 작은 구멍이 뚫리기도 한다. 그 수행이 얼마나 성공적인지 여부를 측정하기 위해서 관례적으로 풀잎의 끄트머리를 천문 주변에 끼워넣어 보기도 한다.

스위스에 정착한, 나이 지긋한 몇몇의 평범한 티베트 인들이 얼마 전 유명한 스승의 지도 아래 포와 수행의 가르침을 받았다. 스위스에서 자란 그들의 자녀들은 이 수행의 효력에 대해 회의적이었다. 그러나 부모가 열흘간 집중적으로 포와 수행을 닦은 후 위에서 언급한 몇 가지 성취의 조짐을 실제로 나타내자 그들은 크게 놀랐다.

일본의 과학자 히로시 모토야마 박사는 포와 수행의 정신 생리학적 효과에 대해 연구를 진행한 바 있다. 그는 포와 수행을 하는 동안 신경 계통, 대사 작용, 그리고 경선(經線) 침요법 체계상에 어떤 생리적인 변화가 일어나는지 정확하게 조사했다.[7]

모토야마 박사가 발견한 것 가운데 하나는 그가 조사한 포와 수행자 육신의 경선을 통해 흐르는 에너지 패턴이 초감각적인 능력이 뛰어난 사람의 정신 상태에서 측정되는 그것과 매우 흡사하다는 사실이다. 그는 또한 뇌전도(腦電圖) 측정을 통해 포와 수행자의 뇌파가 다른 명상을 행하는 요가 수행자의 그것과 크게 다르다는 것도 발견했다. 그는 포와 수행이 깊은 명상을 체험하기 위해서 일상적인 의식 활동의 중단은 물론이고 뇌의 특정 부위 시상 하부를 자극한다는 것도 제시했다.

때때로 포와의 축복에 힘입어 평범한 사람도 강한 비전을 체험하는 경우가 있다. 붓다 세계의 평온함과 빛, 그리고 아미타불의 현현을 일별하는 것도 임사 체험자의 어떤 증언들을 떠올린다. 또 임사 체험과 마찬가지로 포와 수행을 성취하게 되면 죽음의 순간에 직면하더라도 확고한 신념 속에 어떤 두려움도 일어나지 않게 된다.

내가 앞에서 설명한 본질적인 포와 수행의 핵심은 죽음의 순간을 대비하는 수행일 뿐만 아니라 살아 있는 사람을 치유하는 수행이기도 하므로, 어느 때든지 아무 위험 없이 행해질 수 있다. 그러나 전통적인 포와 수행이 실시되는 적절한 순간을 아는 것은 매우 중요하다. 예를 들어, 자연스럽게 다가오는 죽음의 순간 이전에 어느 누가 자기의 의식을 성공적으로 옮긴다고 하면, 그것은 자살이나 다름없기 때문이다. 포와 수행이 행해지는 시점은 외적인 호흡이 멈추고 내적인 호흡은 여전히 지속되는 때이다. 하지만 해체 과정이 진행되는 동안(다음 장에서 자세히 제시할 것이다) 포와 수행을 시작해서 서너 차례 반복하는 것이 좀더 안전할 것이다.

따라서 전통적인 포와 수행을 완벽하게 성취한 스승이 죽어가는 사람을 위해 그의 의식을 심상으로 그려서 그의 천문으로부터 끄집어내는 순간은 정확해야 한다. 너무 일찍 행해져서는 곤란하다. 죽음의 실제 진행 과정을 아는 고급 수행자라면 포와 수행이 언제 행해져야 할지 살펴보기 위해 바람의 움직임, 몸의 채널들과 열(熱) 등 세세한 것들을 점검한다. 만일 어떤 스승이 죽어가는 누군가를 위해 그 의식의 전이를 행해 달라는 요청을 받으면, 그는 가능한 한 빨리 당사자와 접촉해야 한다. 멀리 떨어져 있을지라도 포와 수행은 여전히 효과적이지만 포와의 성공적인 진행을 가로막는 일단의 장애물이 나타날 수 있다. 죽음의 시점에 이를 때 마음의 건전하지 못한 구조, 또는 어떤 소유에 대한 아주 자그마한 갈망마저도 걸림돌이 될 수 있으므로 그것에 지배당하지 않도록 주의한다. 죽어가는 사람의 방에 동물의 가죽이나 털로 만든 물품이 있다면, 포와가 성공적으로 진행되기가 매우 어렵다고 티베트 사람들은 믿는다. 또한 담배나 어떤 종류의 약들은 중심 채널을 막으므로, 포와를 한층 어렵게 할 수 있다.

〈심지어 큰 죄인조차도〉 깨달음을 성취한 능력 있는 스승에 의해 그의 의식이 붓다 영역으로 옮겨진다면, 죽음의 순간 해탈할 수 있다고 한다. 그리고 죽어가는 사람이 덕과 수행력이 부족하고 스승이 포와를 효과적으로 행하지 못할지라도, 스승은 여전히 죽어가는 사람의 미래에 영향을 미칠 수 있고, 이 수행에 힘입어 그는 좀더 나은 세상에서 다시 태어날 수 있다. 하지만 포와가 성공적으로 진행되기 위해서는 주변 여건이 완벽해야 한다. 그가 포와를 행하는 스승과 가깝고 순수한 인연을 지닐 때, 그가 불교 가르침에 대한 확신을 지닐 때, 또 그가 마음 깊은 곳에서부터 진정 정화를 염원할 때, 이때만이 부정적인 카르마가 두꺼울지라도 포와 수행에 의해 도움을 받을 수 있다.

티베트에서 이상적으로 간주하는 주변 환경은 가족이 관습에 따라 많은 라마를 초청해 성취의 조짐이 나타날 때까지 계속 반복해서 포와를 행하는 것이다. 라마들은 여러 시간 동안 계속해서 수백 번, 온종일 내내 행할 수도 있다. 죽어가는 사람 가운데 몇몇은 한두 번의 포와만으로도 그 징후가 나타나기도 하는 반면, 어떤 사람은 하루 종일 반복해도 충분하지 않다. 이것이 죽어가는 당사자의 카르마에 크게 좌우된다는 것은 두 말할 나위조차 없다.

그 수행력으로 유명하지 않았을지라도, 포와를 효과적으로 행하는 특별한 능력을 지닌 수행자들은 그 조짐을 쉽게 나타내게 된다. 죽어가는 사람에게서 수행자가 행한 포와가 성공했다는 다양한 징후가 있다. 종종 한 움큼의 머리가 천문 주위에 빠져 있거나 온기나 수증기가 정수리로부터 느껴지거나 보이기도 한다. 어떤 예외적인 경우, 스승이나 수행자의 힘이 강력해서, 그들이 의식의 전이를 일으키는 음절을 말할 때, 방안에 있는 모든 사람이 혼절하기도 하고 그의 의식이 거대한 힘에 내몰림에 따라 뼛조각이 죽은 사람의 두개골로부터 날아가는 수도 있다.[8]

죽음의 순간에 행하는 기도의 은총

모든 종교 전통에 따르면 기도를 하면서 죽음을 맞는 것은 커다란 효험이 있다고 한다. 따라서 죽을 때에 우리가 할 수 있는 것은 온 마음을 다해 모든 붓다와 자신의 스승을 염원하는 것이다. 이 삶과 다른 삶에서 행한 자신의 온갖 부정적인 행위를 뉘우침으로써 정화되기를 기원하고, 의식을 유지하면서 평온하게 죽음을 맞아 좀더 좋은 곳에 다시 태어나 궁극적으로 해탈을 성취할 수 있기를 염원하라.

다른 중생을 보호하고 돕기 위해 순수한 영토이든지 인간 세계이든지 어느 하나에 초점을 맞춰 발원을 세운다. 마지막 숨을 쉴 때까지 이러한 사랑과 부드러운 자비심을 마음속에 지니고 죽는 것은 다른 형태의 포와라고 티베트 전통은 말하고 있다. 이렇게 죽음을 맞이한다면 적어도 또 다른 고귀한 인간의 몸을 받게 되는 것은 확실할 것이다.

죽기 전에 가능한 한 가장 긍정적인 각인을 마음에 새기는 것이 중요하다. 이를 성취하는 가장 효과적인 수행은 구루 요가의 간단한 수행법이며, 죽어가는 사람은 이를 통해서 지혜로 충만한 스승, 붓다, 깨달은 존재의 마음과 자기 마음을 합할 수 있다. 그 순간 자신의 스승을 심상으로 그려낼 수 없다면, 최소한 그를 회상하려 애쓰고 마음속으로 그를 생각하기 위해 노력하고 그에게 헌신하는 마음으로 죽음을 맞고자 애써야 한다. 죽은 이후 의식이 다시 깨어날 때에, 이렇게 각인된 스승의 존재는 자신을 일깨워 자유롭게 이끌 것이다. 스승을 회상하면서 죽는다면 그의 은총은 한이 없을 것이다. 심지어 다르마타 바르도 상태에서 소리, 빛, 색은 스승의 축복과 그 지혜의 빛나는 성품으로 나타날 수도 있다.

스승이 죽어가는 침상 곁에 함께 있을 수 있다면 죽어가는 당사자의 의식 흐름에 자신의 존재를 확실하게 새길 것이다. 스승은 마음의 혼란을 방지하기 위해 어떤 놀랍고도 의미 있는 발언을 할 수도 있다. 그는 큰 목소리로 이렇게 말할지도 모른다. 〈나를 기억하라!〉 스승은 어떤 방식을 써서든지 죽어가는 사람의 관심을 끌어, 바르도 상태에서 스승에 대한 기억이 되살아나도록 지울 수 없는 인상을 심을 것이다. 어느 유명한 선생의 어머니가 죽어가던 중 혼수 상태에 빠지자, 딜고 켄체 린포체가 그녀의 침대 곁에서 매우 예외적인 일을 행했다. 그는 그녀의 다리를 찰싹 때렸다. 만약 그녀가 죽음에 들어갈 때에 딜고 켄체 린포체를 잊지 않았다면, 그녀는 정말로 축복받았을 것이다.

티베트 전통에서는 평범한 수행자 역시 자신이 헌신하고자 하고 업력상으로 인연이 느껴지는 붓다를 향해 기도한다. 그것이 파드마삼바바라면 그의 영광스러운 순수 영역, 즉 구릿빛 산의 연꽃처럼 빛나는 성채에 다시 태어나도록 기도할 것이다. 만약 그들이 존중하고 흠모하는 것이 아미타불이라면 〈축복〉 넘치는 그의 하늘, 즉 데와첸〔大樂〕이라는 놀라운 정토(淨土)에 태어나도록 기원할 것이다.[9]

죽어가는 사람을 위한 바람직한 분위기

그렇다면 죽어가는 평범한 영적인 수행자를 우리가 어떻게 도울 수 있을까? 우리 모두는 감정적이고 실제적인 뒷받침에서 비롯하는 사랑과 보살핌을 필요로 한다. 하지만 영적인 수행자의 경우 영적인 보살핌의 분위기와 강도, 차원은 특별한 의미를 지닌다. 만약 스승이 함께 있을 수 있다면 이상적이고 그에게 커다란 축복일 것이다. 그러나 이것이 불가능하다면, 죽어가는 사람이 일생 동안 마음으로 닦았던 수행을 회상하게 하는 데 영적인 친구가 커다란 도움이 될 수 있다. 죽어가는 수행자의 경우 영감과 이로부터 자연스럽게 일어나는 확신과 믿음, 헌신의 분위기가 중요하다. 스승이나 영적인 친구의 다정하면서도 흔들림 없는 모습, 가르침의 고취, 자기 자신의 수행력, 이 모두가 결합해서 마지막 몇 주 또는 며칠 동안 얼마 남지 않은 호흡만큼이나 이런 영감을 소중히 여기며 창출해 유지하도록 한다.

내가 아끼는 제자 한 명이 암으로 죽어가고 있었다. 죽음이 점점 다가옴에 따라, 특히 그녀가 더 이상 어떤 형식적인 수행에 집중할 힘이 없을 때에 어떤 식으로 수행을 닦는 것이 최상인지 내게 물었다.

내가 그녀에게 말했다. 〈그렇게 많은 스승을 만나서 그렇게 많은 가르침을 받았고 수행할 시간과 기회가 많았으니, 그대가 얼마나 운이 좋았는지 기억해야 한다. 나는 그대로부터 결코 떠나지 않을 이로움 모두를 그대에게 약속하겠다. 그로 인해 그대가 행한 선한 카르마가 그대와 함께 머물러 그대를 도울 것이다. 가르침을 한번 듣기만 해도, 또는 그대처럼 딜고 켄체 린포체 같은 위대한 스승을 만나 강한 인연을 맺은 것만으로도, 그 자체가 해탈을 향해 나아가는 것이다. 이를 결코 잊지 말아라. 또한 그대처럼 놀라운 기회를 맞지 못한 사람이 얼마나 많은지도 잊지 말아라.

만일 그대가 더 이상 능동적으로 수행할 수 없는 시기가 도래하면, 그대가 할 수 있는 유일하고 정말로 중요한 것은 바른 믿음을 확고하게 지니고 깊이 휴식을 취하고 마음의 본성에서 쉬는 일이다. 그대의 몸이나 머리가 여전히 작동하고 있는지 여부는 중요하지 않다. 그대 마음의 본성은 항상 그 자리에, 마치 하늘처럼 빛나고 축복이 넘치고, 아무 한계가 없으며 변함이 없다. ······이를 알아차려 조금도 의심하지 말고 이런 앎에 힘입어 고통이 아무리 클지라도 자신의 온갖 고통을 향해 태평하게 작별 인사를 할 수 있는 힘을 얻도록 하라. '이제, 잘 가게. 나를 혼자 내버려두게나!' 그대를 괴롭히거나 불편함을 느끼게 하는 것이 있더라도, 그것을 바꾸기 위해 자신의 시간을 허비하지 말아라. 정견으로 계속 되돌아가기만 하면 충분하다.

그대 마음의 본성을 믿어라. 그것을 깊게 믿어라. 그리고 완전한 휴식을 취하라. 그대가 배우거나 획득하거나 이해해야 할 필요가 있는 새로운 것은 없다. 단지 그대에게 이미 주어져 있는 것을 자신 안에서 꽃 피우고 한층 더 깊게 열리게 하면 된다.

모든 수행 가운데 그대에게 가장 영감을 불어넣는 것에 의지하라. 만일 그대가 심상화하거나 어떤 수행을 따르는 것이 어렵다면, 뒤좀 린포체가 항상 즐겨 하던 말을 기억하라. 예컨대 그 현현을 느끼는 것이 심상을 분명하게 그리는 것보다 훨씬 중요하다. 이제 그대가 그 현현을 느낄 시점이다. 그대가 할 수 있는 한 강렬하게 그대의 스승 파드마삼바바, 붓다의 현현을 느껴보라. 자신의 몸에 무슨 일이 일어나든지, 그대의 영혼은 결코 아프거나 절름거리지 않는다는 것을 명심하라.

그대가 딜고 켄체 린포체를 흠모했다면 그의 현존을 느껴라. 그에게 진정으로 보살핌과 정화를 간구하라. 그대의 존재 전체를 전적으로 그의 손에 맡겨보자. 그대의 가슴과 마음, 그대의 몸과 영혼 모두. 온전한 믿음의 단순함은 세상에서 가장 강력한 힘 가운데 하나이다.

내가 그대에게 콩포의 벤에 대한 아름다운 이야기를 말한 적이 있지 않은가? 큰 믿음을 지닌 그는 매우 단순한 사람으로 티베트의 남동 지역 콩포 출신이다. 그는 라사의 조캉 사원에 있는 붓다의 열두 살 왕자 때 모습을 묘사한 아름다운 불상에 대해 많이 들었다. 그 불상은 〈존귀한 왕〉, 조오 린포체라 불렸다. 붓다가 살아 있을 당시에 조성된 작품이라고 전해지는데, 티베트 전역을 통틀어 가장 신성한 조각품이다. 벤은 그것이 붓다인지 인간인지 도무지 갈피를 잡을 수 없었다. 그는 조오 린포체를 찾아가 모든 의문을 직접 이야기하기로 결정했다. 그래서 그는 장화를 신고 몇 주일 동안 걸어서 티베트의 중부 지방에 위치한 라사에 도착했다.

라사에 도착했을 때 그는 배가 고팠다. 중앙 사원에 들어가자 그는 위대한 불상을 보았다. 그 앞에는 한 줄로 늘어선 버터 램프와 특별히 준비된 케이크가 봉헌되어 있었다. 그는 그 순간 이 케이크가 조오 린포체가 먹었던 것이라고 생각했다. 그는 속으로 중얼거렸다. '케이크는 램프 속의 버터에 살짝 담그기 위한 것임에 틀림없다. 버터를 굳게 하지 않으려고 램프를 계속 켜두는 것이 분명하다. 조오 린포체가 하는 것을 나도 따라해야겠다.' 그는 케이크 한 조각을 버터에 적셔서 먹었다. 조각품을 올려다보니 그를 인자하게 내려다보면서 미소 짓는 듯했다.

그가 말했다. '그대는 얼마나 멋있는 라마인가! 개가 들어와서 사람들이 그대에게 바친 제물을 훔쳐도 미소만 지을 뿐이다. 바람이 램프의 불을 끈다 해도 그대는 여전히 웃고만 있으니……. 어쨌든 나는 경의를 표하기 위해 사원 곳곳을 기도하면서 걸어다녀야지. 내가 돌아올 때까지 내 장화를 지켜주겠지?' 자신의 더러워진 낡은 장화를 벗어서 그는 조각품 앞 제단에 올려놓고 나갔다.

벤이 거대한 사원 주위를 걸어다니는 동안, 관리인이 돌아와 누군가 제물을 먹어치우고 제단에 불결한 장화를 남겨놓은 것을 보고 기겁했다. 화가 난 그가 장화를 잡아채서 밖으로 던졌을 때, 불상으로부터 이런 말이 흘러나왔다. '멈춰! 장화를 제자리에 놓아두게나. 나는 콩포의 벤을 위해 장화를 지키고 있다네.'

곧 이어 벤이 장화를 찾기 위해 되돌아와서 불상의 얼굴을 올려다보았더니 불상은 여전히 조용히 미소 짓고 있었다. '그대는 참으로 훌륭한 라마로군. 다음 해에 우리가 사는 곳으로 내려오지 않겠나? 그러면 내가 돼지고기도 굽고 술도 빚겠네…….' 조오 린포체는 두번째로 입을 열어 벤의 집을 방문하기로 약속했다.

벤이 콩포의 자기 집으로 돌아와, 아내에게 일어난 모든 일을 말했고, 조오 린포체를 위해 눈을 크게 뜨고 있으라고 당부했다. 그가 언제 찾아올지 정확히 모르기 때문이다. 그 해가 지나고, 어느 날 그의 아내가 집으로 황급히 달려와 강의 표면 아래에 태양처럼 빛나는 무언가를 보았노라고 그에게 말했다. 벤은 그녀에게 차를 끓일 준비를 하라고 말하고 강으로 달려갔다. 그는 조오 린포체가 물 속에서 반짝반짝 빛나는 것을 보았고, 그가 물에 빠져죽을 거라는 생각이 들었다. 그는 강물에 뛰어들어 린포체를 끌어안고서 밖으로 나왔다.

벤의 집으로 가면서 함께 이야기를 나누던 중 그들은 커다란 바위 얼굴 앞에 이르렀다. 조오 린포체가 말했다. '정말, 나는 집에 들어갈 수 없으리라 걱정했지.' 이런 말과 함께 그는 그 바위 속으로 들어가버렸다. 오늘날까지 콩포에는 순례지로 유명한 성지가 두 군데 있다. 하나는 조오 바위로, 그 바위의 얼굴은 붓다의 형상을 하고 있다. 다른 하나는 조오 강으로, 그 강물에도 붓다의 형체가 보인다. 두 성지의 축복과 치유 능력은 라사에 있는 조오 린포체와 똑같다고 사람들은 말한다. 그리고 이것은 벤의 흔들림없는 믿음과 단순한 확신 때문이다.

나는 벤과 같은 순수한 확신을 그대에게 기대한다. 파드마삼바바와 딜고 켄체 린포체를 향한 헌신으로 그대 마음을 가득 채우고, 그대가 그와 함께 있음을 느껴보자. 그러고 나서 그를 염원하고 그와 함께 보낸 모든 순간을 마음속으로 반추해 보자. 그대의 마음을 그와 합일시키고 마음 깊은 곳에서 자신의 입으로 말해보자. '제가 얼마나 무력한 존재인지, 이제 더 이상 집중해서 수행할 수 없음을 당신께서는 아십니다. 이제 저는 당신께 전적으로 의지합니다. 당신을 전적으로 신뢰합니다. 저를 보살펴주소서. 제가 당신과 하나 되게 하옵소서.' 구루 요가 수행을 닦으면서 자기 스승으로부터 흘러나오는 빛줄기가 자신을 정화하고 자기의 온갖 불결함과 병을 태워버려 자기 자신을 치유하는 것을 생생하게 상상한다. 예컨대 자신의 몸이 빛 속에 용해되고 완전한 확신 아래 자신의 마음이 마침내 지혜로 충만한 스승의 마음과 합일하는 것을 상상한다.

그대가 수행을 닦을 때, 쉽게 되지 않는다고 해서 걱정할 것은 없다. 단지 자기 마음으로 확신하고 느껴보라. 모든 것은 이제 영감에 달려 있다. 그것만이 그대의 근심을 풀어줄 것이고, 그대의 약한 마음을 용해시키기 때문이다. 그러니 자신 앞에 딜고 켄체 린포체나 파드마삼바바의 멋진 사진을 놓아두라. 수행을 시작할 적에 그 사진에 초점을 맞추고 광휘 속에서 편안히 쉬어보자. 햇볕이 내리쬐는 바깥에서 그대가 모든 옷을 벗고 따듯한 햇볕을 쬐고 있다고 상상하라. 진실로 그것이 느껴질 때, 자신의 온갖 억압에서 벗어나 축복의 햇살 속에서 휴식을 취하도록 하라. 그리고 깊게, 매우 깊게 모든 것을 내려놓자.

그 무엇도 걱정할 게 없다. 자신의 관심이 이리저리 떠다닐지라도, 그대가 꽉 잡아야 하는 '특별한 것'은 없다. 그대로 내려놓고서 축복 넘치는 의식 속에 휩싸이도록 하자. 이것이 리그파일까? 아닐까? 이렇게 하찮고 옹졸한 질문을 스스로에게 던지지 말자. 자기 자신을 더욱 자연스럽게 놓아두자. 그대의 리그파는 항상 거기에, 그대 마음의 본성 가운데 있음을 기억하라. 딜고 켄체 린포체의 말을 잊지 말자. '그대의 마음이 바뀌지만 않는다면, 그대는 리그파의 상태에 있으리라.' 그러니까 그대가 가르침을 받아들인 것처럼 마음의 본성에 대한 지침도 수용해 리그파에서 의심 없이 쉬도록 하라.

영적인 좋은 친구들과 함께 있을 수 있다니 그대는 운이 아주 좋은 편이다. 그들을 고취시켜 그대 주변에 수행을 닦는 분위기를 조성해, 죽을 때까지 그리고 죽음 이후에도 그대 주위에서 수행을 닦게 하자. 그대가 사랑하는 시라든가 스승의 가르침, 영감 넘치는 구절을 그들이 읽게 하자. 딜고 켄체 린포체의 말씀이 담긴 테이프, 수행 닦는 염송, 감동적인 음악 테이프를 들려달라고 하라. 내가 염원하는 것은 그대가 깨어 있는 순간순간마다 생생하게 살아 있고 영감으로 빛나는 분위기 속에서 수행을 닦아 축복이 흘러넘치는 것이다.

음악이나 가르침이 담긴 테이프가 돌아갈 때에, 그 소리와 함께 잠들기도 하고 깨어나기도 하고 꾸벅꾸벅 졸기도 하고 음식을 먹기도 하고……. 내 아주머니 아니 리루가 했던 것과 똑같이, 자기 삶의 마지막 기간이 이런 수행의 분위기로 흠뻑 젖어들게 하라. 오로지 수행에만 전념하라. 심지어 꿈속에서도 수행을 계속하자. 그녀가 했던 것과 똑같이, 이런 수행을 그대의 마음에 강하게 각인시켜 마지막까지 기억나게 함으로써 자신이 일생 동안 반복했던 일상적인 습관을 대신하도록 만들라.

그리고 그대가 종착점에 다가가고 있음이 느껴지면, 숨을 쉴 때마다 심장이 고동칠 때마다 오직 딜고 켄체 린포체만 생각하라. 어떤 생각이든지 그대가 죽는 순간 품는 생각이야말로 죽음 이후 그대가 바르도 상태에서 다시 깨어날 때에 가장 크게 영향력을 행사한다는 사실을 결코 잊지 말라.〉

육신을 떠나면서

이제 죽어감의 바르도가 내게 다가옴에 따라
나는 온갖 집착, 갈망, 애착을 버리겠노라.
조금도 흩어짐 없이 명료하게 가르침을 알아차리고
불생(不生)하는 리그파 영역에 내 의식을 분출하리니
살과 피의 복합체, 이 육신을 떠나게 되니까
그것이 덧없는 환상인 줄 알겠노라.

현재 우리의 몸은 분명히 우주 전체의 중심이다. 우리는 아무 생각 없이 자기의 몸을 자기 자신, 우리의 자아라고 간주한다. 그리고 이처럼 잘못된 연상은 그것이 사멸될 수 없는 것이며 확실한 존재라는 환상을 계속해서 강화시킨다. 우리의 몸은 너무나 확실하게 존재하는 듯해서 〈나〉도 존재하는 것 같고, 〈너〉라는 존재도 있는 것 같다. 그리고 우리가 우리 자신을 투사하기를 결코 멈추지 않는, 전적으로 환상에 불과한 이 이원론적인 세계는 확실하게 실재하는 것으로 보인다. 그러나 우리가 죽을 때, 〈나〉라고 일컬어지는 복합적인 구조물은 산산조각 나고 만다.

죽을 때 일어나는 것을 지극히 간략하게 말한다면, 매우 미묘한 단계의 의식은 육신이 없어지더라도 여전히 지속되어 〈바르도〉라 불리는 일련의 상태를 겪게 된다. 바르도 가르침에 따르면, 죽음 이후 우리에게 일어나는 것이 아무리 무섭더라도 두려워할 까닭이 없다. 그것은 우리가 바르도 상태에서 더 이상 몸을 지니지 않기 때문이다. 〈몸〉이 없거늘 도대체 어떤 해침을 입을 수 있으랴! 그러나 문제는 바르도 상태에서 대부분의 사람들이 물리적인 견고함에 어리석게도 집착함으로써, 자아에 대해 그릇된 집착을 계속하고 있다는 것이다. 삶의 모든 고통의 근원이 되는 이러한 환상이 지속됨으로 인해 죽음을 맞이할 때, 특히 〈생성 바르도의 상태〉에서 더욱 고통스럽게 된다.

중요한 것은, 아직 우리가 육체를 지니고 있는 지금 이 삶에서, 그렇게 견고해 보이는 것이 단순한 환상이라는 것을 깨달아야 한다는 것이다. 이것을 깨닫는 가장 효과적인 방법은 명상 후에 〈환상에 빠진 어린아이가 되기〉를 배우는 것이다. 그것은 우리가 항상 되풀이하는 우리 자신과 세계에 관한 지각을 견고하게 하는 것을 그만두는 것이다. 그리고 우리가 명상 속에서 하듯이, 모든 환상적이고 꿈 같은 현상들을 똑바로 보기를 계속하는 것이다. 환상에 지나지 않는 육체의 덧없음을 깊이 지각하는 것은, 우리가 집착을 내려놓도록 돕는 가장 심오하고 영감 넘치는 깨달음 중의 하나이다.

이런 앎에 의해 고취되고 준비하고서, 죽음과 대면할 때, 우리는 아무 두려움 없이 육신의 덧없음을 알아차릴 수 있고, 육신에 대한 온갖 집착으로부터 조용히 벗어날 수 있고, 육신이 아무리 고맙고 좋더라도 이제 헤어질 때인 줄 알아 기꺼이 뒤에 남겨놓을 수 있으리라. 사실, 우리가 죽음을 맞이할 때 우리는 참으로 완벽하게 죽을 수 있으며, 그렇게 해서 궁극적인 자유를 성취하는 것이 가능하다.

또 죽음의 순간이 아무도 살지 않는 마을의 낯선 경계선이라고 생각해 보자. 만일 우리가 육신의 덧없음을 이해하지 못하면, 육신을 잃을 경우 우리는 감정적으로 큰 상처를 입을지도 모른다. 그러나 다른 한편으로 무한한 자유의 가능성, 바로 저 육신의 부재에서 비롯하는 자유의 가능성이 우리에게 주어지게 된다.

그렇게 오랫동안 자기 자신에 대한 이해를 좌우하고 지배했던 육신으로부터 우리가 마침내 벗어날 때, 한 생의 카르마는 완전히 소진되지만 미래에 만들어질 수 있는 카르마도 아직 구체화되지 않은 상태이다. 따라서 죽음의 순간 생기는 것은 풍부한 가능성의 〈틈〉 또는 공간이다. 그것은 거대하고 풍요로운 힘을 함축한 순간이다. 문제가 되는, 또 문제가 될 수 있는 유일한 것은 우리 마음의 상태이다. 물질적인 육체에서 벗어난 마음은 놀랍게도 항상 있어왔던 모습 그대로 나타난다. 즉 우리의 있는 그대로의 모습으로 말이다.

따라서 죽음의 순간에 우리가 마음의 본성을 확고하게 실현했다면, 우리는 한순간에 자신의 모든 카르마를 정화할 수 있다. 또 우리가 계속해서 확고하게 알아차릴 수 있다면 마음 본성의 근원적 순수함의 공간에 들어감으로써, 해탈에 도달함으로써 자신의 카르마를 종결시킬 수 있을 것이다. 파드마삼바바는 이를 이렇게 설명한다.

바르도 상태에 머무는 동안 마음의 본성을 한순간에 알아차린다고 해서 우리가 어떻게 안정될 수 있을까. 그대는 그렇게 이상하게 생각할 수도 있다. 대답은 이렇다. 현재 우리 마음은 그물, 〈카르마의 바람〉이라는 그물에 갇혀 있다. 또 〈카르마의 바람〉 역시 그물, 우리의 물질적 육체라는 그물에 갇혀 있다. 그 결과 우리에게 자립이나 자유가 있을 수 없다.

그러나 우리의 육신이 마음과 물질로 나뉘자마자, 마음이 미래의 몸이란 그물에 다시 한번 갇히기 전까지, 그 틈새에서 불가사의한 능력을 지닌 마음은[10] 아직 아무런 구체적이고 물질적인 토대가 없다. 마음이 그와 같은 물질적 토대를 결여하는 한, 우리는 그 무엇에도 의지하지 않고 자립할 수 있다. 그러므로 우리는 곧바로 그것을 알아차릴 수 있다.

마음의 본성을 곧바로 알아차림에 의해 안정을 성취하게 되는 이런 힘은 영겁의 어둠을 한순간에 몰아낼 수 있는 횃불 같은 것이다. 따라서 스승이 가르침을 전수할 때에 우리가 수용하는 것과 똑같은 방식으로, 바르도 상태에서도 마음의 본성을 알아차릴 수 있다면 우리가 깨달음을 성취하리라는 것은 분명하다. 이런 까닭에 우리는 지금 바로 이 순간부터 수행을 통해 마음의 본성에 친숙해져야 한다.[11]

＊　＊　＊

1) 라티 린보체이 Lati Rinbochay와 제프리 홉킨스Jeffrey Hopkins, 『티베트 불교에서 죽음, 중간 상태 그리고 환생 Death, Intermediate State and Rebirth in Tibetan Buddhism』(Ithaca, NY: Snow Lion, 1985년), 9쪽.
2) 이 책에서 언급된 인물과 장소에 대한 사진 모음집이 가까운 시일 안에 간행될 것이다.
3) 프란체스카 Francesca와 초기얌 퉁파 Chögyam Trungpa, 「티베트 사자의 서 Tibetan Book of the Dead』(Boston: Shambhala, 1975년), 68쪽.
4) 이 만트라를 설명하는 〈부록4〉 참조.
5) 15장 「죽어가는 과정의 전개」 참조.
6) 어느 텍스트는 이렇게 설명한다. 〈의식이 탈출하는 길이 미래의 환생을 결정한다. 만일 의식이 항문을 통해 벗어나면 지옥에 환생할 것이다. 생식기를 통한다면 동물의 세계, 입을 거친다면 아귀의 영역, 코를 통한다면 인간과 정령의 세계, 배꼽을 거친다면 '욕망의 신'의 세계, 귀를 통한다면 반신(半神), 눈을 통한다면 '형상의 신'의 영역, 그리고 머리 꼭대기(앞이마의 머리가 난 금에서부터 뒤로 넷째 손가락 길이)를 통한다면 '형상 없는 신'의 영역. 만일 의식이 정수리로부터 빠져나간다면, 아미타불의 서방정토에 환생할 것이다.〉 라마 로되 Lama Lodö, 『바르도 가르침 Bardo Teachings』(Ithaca, NY: Snow Lion, 1987년), 11쪽에서.
7) 연구 결과는 「포와 의식 수행에 의한 심리 생리적 변화 Psychophysiological Changes Due to the Performance of the Phowa Ritual」,《종교와 의사(擬似)심리학을 위한 탐구 Research for Religion and Parapsychology》 17호(1987년 12월)에 보고되었다. 일본 동경에서 개최된, 종교와 의사 심리학을 위한 국제 학회에 발표되었음.
8) 딜고 켄체 린포체는 내게 그러한 몇 가지 사례를 전해 주었다. 족첸 수행법의 유명한 스승 켄포 낙충이 소년이었을 때, 겨울 막바지에 굶주림으로 인해 죽은 송아지의 시체를 한번 본 일이 있다. 자비심으로 충만한 그는 송아지의 의식이 아미타불의 천국을 여행하는 것을 그리면서 동물을 위해 강렬하게 기도했다. 그 순간 송아지의 해골 정수리에 구멍이 생기면서 피와 액체가 쏟아져 내렸다.
9) 죽음의 순간에 그 명호를 부르기만 하면 누구든지 돕겠다고 서원한 붓다 또한

있다. 죽어가는 사람의 귀에 그 명호를 암송하기만 해도 이익을 얻을 수 있다. 동물이 죽을 때 동물을 위해서도 이렇게 한다.
10) 글자 그대로는 〈프라나 Prana — 마음 mind〉. 어떤 스승은 〈프라나〉는 마음의 활동적 측면을 말하고 〈마음〉은 그것의 의식적 측면을 표현한다고 한다. 그러나 이 둘은 본질적으로 동일한 것이다.
11) 파드마삼바바의 설명은 네 가지 바르도의 순환에 대한 체레 나촉 랑돌의 유명한 설명에 인용되었다. 그는 영어본 『깨어 있는 마음의 거울 Mirror of Mindfulness』(Boston: Shambhala, 1989년)을 간행했다.

15

죽어가는 과정의 전개

파드마삼바바는 이렇게 말한다.

 인간은 두 가지 종류의 죽음에 직면한다. 일찍 찾아오는 죽음과 삶의 자연스러운 수명으로 인한 죽음. 일찍 찾아오는 죽음은 삶을 연장시키기 위한 조치를 취함으로써 피할 수 있다. 하지만 삶의 자연스러운 수명이 다해서 죽게 될 때, 우리는 마치 기름이 다 떨어진 램프나 다름 없다. 그럴 경우 죽음을 피할 도리가 없다. 우리는 그 죽음을 맞는 준비를 해야 한다.

 이제 두 가지 죽음의 원인을 살펴보기로 하자. 우리의 자연스러운 수명의 소진, 그리고 일찍 삶을 끝내는 장애나 사고.

삶의 수명이 소진될 경우

우리의 카르마 때문에 우리 모두는 수명이 정해져 있다. 그 수명이 고갈되면 삶을 연장하기란 지극히 어렵다. 하지만 요가의 고급 수행을 완벽하게 성취한 인물이라면, 이런 수명의 한계마저도 극복할 수 있고 실제로 자신의 삶을 연장할 수 있다. 스승들은 때때로 그들의 스승에 의해 수명의 길이가 말해지는 전통이 있다. 하지만 자신의 수행과 자기 제자와의 순수한 인연, 제자의 수행에 의해 그리고 그 작업의 원만한 진행을 위해, 스승들은 좀더 오래 살 수도 있다. 내 스승은 딜고 켄체 린포체에게 80살까지 살 거라고 말했지만, 자신의 수행력에 힘입어 그는 82살까지 살았다. 뒤좀 린포체는 73살의 수명을 지녔다고 했지만 82살이 될 때까지 살았다.

일찍 찾아오는 죽음

다른 한편 일찍 죽도록 우리를 위협하는 것이 단지 어떤 장애일 경우, 우리가 사전에 대비할 수만 있다면 한층 쉽게 피할 수 있다고 한다. 바르도 가르침과 티베트의 의학 관련 문헌에서는 죽음의 임박함을 경고하는 신호를 제시하고 있는데, 어떤 조짐은 몇 년 또는 몇 달, 어떤 조짐은 몇 주일 또는 며칠 안에 죽음이 도래한다고 예언한다. 육체에 나타나는 증상, 어떤 특이한 종류의 꿈, 투영된 이미지를 활용한 특별한 조사가 있을 수 있다.[1]

불운하게도 전문적인 지식을 갖춘 사람만이 이런 신호를 해석할 수 있을 것이다. 그는 삶이 위험에 처해 있음을 경고하고 이런 장애가 닥치기 전에 삶을 연장할 수 있는 수행을 활용하도록 당사자의 주의를 환기시킨다.

우리가 행하는 어떤 수행이 그 〈공덕〉을 축적하면, 그에 힘입어 우리의 삶은 연장되고 건강이 좀더 좋아질 것이다. 충실한 수행자는 영감과 자신의 수행력으로 말미암아 심리적으로, 감정적으로, 그리고 영적으로 건전해지고, 이는 또한 치유를 위한 거룩한 근원이자 질병에 대한 강력한 방어막이 되기도 하다.

또한 〈삶의 수명을 연장하는 특별한 수행〉도 있는데, 명상과 심상의 힘을 통해서 오대(五大)와 우주로부터 삶의 에너지를 끌어들이는 것이다. 우리의 힘이 약해지고 균형을 잃을 때, 이렇게 수명을 연장하는 수행으로 강화시켜 균형을 잡아 우리의 수명을 연장시킬 수 있다. 삶의 질을 향상시키는 다른 수행들도 많다. 도살이 예정된 짐승을 구입해 자유롭게 풀어줌으로써 그 생명을 구해 주는 것도 하나의 방법이다. 이것은 티베트와 히말라야에 일반화된 방법으로, 사람들은 종종 생선 가게에 가서 생선을 구해 물에 풀어 준다. 이런 행위는, 다른 생명을 취하거나 해치면 수명이 단축되고, 다른 생명을 구해 주면 자신의 수명이 연장된다는 당연한 카르마의 논리에 근거를 두고 있다.

죽어감이라는 〈고통스러운〉 바르도

죽어감의 바르도는 우리가 시한부 질병에 걸렸거나 죽음으로 종결되는 상황에서부터 〈내적인 호흡〉이 중지되기까지 해당된다. 만일 죽을 때 일어나는 일에 우리가 준비하지 않는다면, 커다란 고통을 겪을 것이다. 그래서 이것을 〈고통스러운〉 죽어감의 바르도라 일컫는다.

심지어 수행자에게도 육신과 이 삶을 잃어버리는 것이 매우 어려울 수 있으므로, 죽어감의 과정 전체는 여전히 고통스러울 수 있다. 그러나 우리가 죽음의 의미에 대한 가르침을 명심한다면 근원적 광명이 죽음의 순간에 떠오를 때에 얼마나 큰 희망이 있는지 알게 될 것이다. 하지만 우리가 근원적 광명을 알아차릴 수 있을지는 여전히 불확실하다. 이런 까닭에 우리가 아직 살아 있을 때에 마음의 본성을 확고하게 인지하는 것이 매우 중요하다.

하지만 대부분의 사람들은 바르도 가르침과 조우할 만큼 운이 좋지 못하고, 또 우리는 죽음이 정말 무엇인지 모른다. 우리의 삶과 존재 전체가 사라지고 있음을 돌연 알아차릴 때, 우리는 깜짝 놀란다. 자신에게 무슨 일이 일어나는지, 우리가 어디로 가고 있는지 우리는 아무것도 모른다. 우리가 지금까지 경험한 어떤 것도 우리가 죽음을 준비하는 데 아무 도움이 되지 못한다. 죽어가는 사람을 보살핀 적이 있는 사람이라면 알 수 있는 것처럼, 우리의 근심으로 말미암아 물리적 고통은 한층 심화될 것이다. 만일 우리가 자신의 삶을 돌보지 않았거나, 우리의 행동이 남을 해치는 부정적인 방향으로 흘렀다면, 우리는 후회, 죄책감, 두려움을 느끼게 된다. 따라서 우리가 수행을 닦아 실현하지 못했을지라도, 바르도 가르침과 친숙해진다면 그것만으로도 어떤 확신이나 영감이 일어날 수 있다.

무엇이 일어나는지 정확하게 알고 있는 충실한 수행자의 경우, 죽음은 덜 고통스럽고 덜 두려울 뿐만 아니라 그가 기다려왔던 바로 그 순간이기도 하다. 그는 죽음을 평온하게 맞게 되며 심지어 기쁨 속에서 죽을 수도 있다. 뒤좀 린포체가 깨달음을 성취한 어떤 요가 수행자의 죽음에 대해 말하던 것을 나는 기억한다. 그는 며칠 동안 앓았다. 의사가 찾아와서 그의 맥박을 진찰했다. 의사는 그가 죽어가고 있음을 알았지만, 당사자에게 말해야 하는지 확신하지 못했다. 의사는 생기를 잃었고 침대 곁에 엄숙하고 딱딱한 표정으로 서 있었다. 그러나 요가 수행자는 거의 어린애처럼, 자신의 나쁜 상태에 대해 말하라고 졸랐다. 마침내 의사는 손을 들었고 그에게 위로의 말을 건네기 위해 애썼다. 의사는 엄숙하게 말했다. 〈조심하세요. 때가 왔습니다.〉 의사의 엄숙한 표정을 보자, 요가 수행자는 크리스마스 선물 포장을 여는 꼬마처럼 즐거워하며 흥분을 느끼는 듯했다. 〈정말이에요?〉 그가 물었다. 〈이 얼마나 달콤한 말인가, 이 얼마나 기쁜 소식인가!〉 그는 하늘을 응시한 채 깊은 명상의 상태에서 죽었다.

　티베트에서는 모든 사람들이, 만약 살아 있을 때 그렇지 못했다면, 죽을 때 극적인 죽음을 맞이하는 것이 이름을 높이는 것이라고 생각한다. 내가 전해 들은 이야기 속의 어떤 남자가 불가사의하게, 또 장엄하게 죽음을 맞기로 결심했다고 한다. 그는 스승들이 때때로 자신이 죽을 시점을 예측하고 제자들을 자신의 침대 주변에 불러모으는 것을 알고 있었다. 그래서 이 특이한 남자는 자기의 침대 주위에서 커다란 축제를 열기 위해 모든 친구를 모았다. 그는 죽음을 기다리는 명상의 자세로 침대에 앉았지만, 아무것도 일어나지 않았다. 몇 시간이 지나자 손님들은 기다림에 지쳐 서로 얘기했다. 〈식사나 하자.〉 그들은 각자의 그릇에 음식을 채우고 죽음을 예고한 시신을 올려다보면서 말했다. 〈그는 죽어가고 있으니 먹을 필요가 없을 거야.〉 시간이 자꾸자꾸 흘러가도 여전히 죽음의 조짐은 나타나지 않았다. 〈죽어가고 있는〉 그 사람은 배가 고팠고, 먹을 것이 아무것도 없을 것이라고 걱정했다. 그는 죽음을 기다리는 침대에서 내려와 축제에 끼여들었다. 그가 연출하고자 했던 위대한 죽음의 장면은 굴욕적인 실수가 되고 말았다.

　충실한 수행자는 죽을 때에 자기 자신을 돌볼 수 있다. 하지만 평범한 사람일 경우 가능하다면 침대 주변에 자신의 스승, 또는 가르침의 정수를 회상시켜 주고 바른 견해를 고쳐시켜 줄 영적인 친구를 필요로 한다.

우리가 어떤 사람이든지, 죽어감의 과정에 익숙해지는 것은 큰 도움이 될 것이다. 만일 우리가 죽어감의 단계를 이해한다면, 우리가 겪게 되는 갖가지 처음 보는 생소한 체험이 죽어감이라는 자연스러운 전개 과정의 일부임을 알게 되리라. 이 과정이 시작되면, 그러한 체험들은 죽음의 임박을 알리는 신호로 우리에게 주의를 환기시켜 준다. 또 수행자에게 죽어감의 각 단계는 도로 표지판 같은 것으로, 우리에게 무슨 일이 일어나고 있으며 각각의 국면에서 해야 할 수행을 알려준다.

죽어가는 과정의 전개

죽어감의 과정은 티베트 불교의 다양한 가르침에 상당히 자세하게 제시되어 있다. 그것은 기본적으로 두 가지 해체 과정으로 구성된다. 오감(五感)과 오대(五大)가 분해되는 외적인 해체, 그리고 거칠거나 미묘한 생각과 감정의 내적인 해체. 우리는 죽을 때 붕괴되는 우리 몸과 마음의 구성 요소를 먼저 이해할 필요가 있다.

우리의 존재 전체는 이렇게 다섯 가지로 구성된다. 즉 땅(地), 물(水), 불(火), 바람(風), 그리고 허공(空). 오대에 의해 우리의 몸은 형성되어 유지되고, 이것이 해체될 때에 우리는 죽는다. 우리들은 우리의 삶을 조건 짓는 외적 요소들에 친숙하다. 그러나 이러한 외적 요소들이 우리 육체 안에 있는 내적 요소들과 상호 작용하는 것을 보면 매우 흥미롭다. 이런 오대의 잠재력과 특질은 또한 우리 마음 안에도 존재한다. 마음의 능력 가운데 모든 경험을 위한 토대 역할을 하는 것이 바로 땅의 성질이다. 그것의 지속성과 적응력은 물, 명료하게 지각하는 능력은 불, 그것의 계속적인 움직임은 바람, 아무 한계 없이 텅 비어 있음은 허공의 성질과 관계된다.

우리의 육신이 어떻게 형성되는지, 의학과 관련된 티베트 고대의 문헌은 이렇게 설명한다.

감각 의식은 사람의 마음으로부터 일어난다. 살, 뼈, 냄새 맡는 기관은 땅의 인자〔地大〕로부터 형성된다. 피, 미각 기관, 몸의 맛과 체액은 물의 인자〔水大〕로부터 발생한다. 온기, 색, 시각과 형상은 불의 인자〔火大〕로부터 형성된다. 호흡, 촉감, 그리고 몸의 느낌은 바람의 인자〔風大〕로부터 형성된다. 몸에서 빈 곳, 청각과 소리는 허공의 인자〔空大〕로부터 형성된다.[2]

칼루 린포체는 말한다. 〈간단히 말하면, 육신이 형성되는 것은 오대의 특성을 함축하고 있는 마음에 의해서이다. 몸 자체에 이런 특성이 스며들어 있다. 우리가 바깥 세계를 인지할 수 있는 것은 우리 존재가 이러한 심신 복합체이기 때문이다. 바깥 세계 역시 땅, 물, 불, 바람, 허공이라는 오대로 구성되어 있다.〉[3]

티베트의 탄트라 불교는 우리들 대부분이 익숙한 그것과는 아주 다르게 육신에 대해 설명한다. 탄트라 불교에 따르면 육신은 미세한 채널의 역동적인 네트워크인 〈바람〉, 즉 내부의 공기와 정수로 이루어진 정신 물리학적 체계이다. 이것들은 산스크리트 어로 〈나디 nadi, 프라나 prana, 빈두 bindu〉, 티베트어로 〈차 tsa, 룽 lung, 틱레 tiklé〉라고 일컫는다. 티베트 사람들은 경선(經線), 즉 중국 한의학과 침술의 기(氣) 에너지에 유사한 그 무엇에 익숙하다.

스승들은 인간의 몸을 도시에, 그 채널을 길에, 바람을 말 같은 교통 수단에, 그리고 마음을 말 탄 마부 같은 것에 비유한다. 몸에는 7만 2천 개의 미묘한 채널이 있지만 중요한 채널은 세 가지이다. 척추를 따라 흐르는 중심 채널, 그리고 그 오른쪽과 왼쪽 채널. 오른쪽과 왼쪽 채널은 일련의 매듭을 형성하기 위해 몇 개의 포인트에서 중심 채널을 둘둘 만다. 중심 채널을 따라 일단의 〈채널 바퀴〉인 차크라chakras 또는 에너지 센터가 자리잡게 되는데, 그로부터 우산의 살처럼 채널이 나뉘게 된다.

이런 채널을 따라 바람, 즉 육신 내의 공기가 흐른다. 다섯 가지 근원적인 바람과 다섯 가지 지맥(支脈) 바람이 있다. 근원적인 바람 각각은 오대를 뒷받침하고 인간 몸의 작동을 책임진다. 지맥 바람은 오감을 작동하게 한다. 중심 채널 이외에 다른 채널을 흐르는 모든 바람은 순수하지 않아서 부정적이고 이원적인 사유 양식을 촉진시킨다고 말해진다. 중심 채널을 흐르는 바람은 〈지혜의 바람〉이라고 일컫는다.[4]

〈정수(精髓)〉는 채널 안에 포함되어 있다. 빨간색과 흰색 정수가 있다. 흰색 정수의 주요 위치는 머리의 정수리이고, 빨간색의 위치는 배꼽이다.

고급 요가 수행자들은 이 시스템을 아주 정확하게 심상화한다. 명상의 힘으로 말미암아 바람을 중심 채널에 들어가게 해서 소멸시킴으로써, 수행자는 마음 본성의 광명이나 〈밝은 빛〉을 직접적으로 실현할 수 있게 된다. 이는 의식이 바람에 해당된다는 사실에 의해서도 재확인된다. 따라서 자신의 마음을 몸의 특정 부위로 향하게 함으로써 수행자는 바람을 그곳으로 보낼 수 있다. 이런 방식으로 요가 수행자는 죽을 때에 일어나는 일을 따라하는 것이다. 채널의 매듭이 풀려날 때, 바람은 중심 채널에 모이고 순간적으로 깨달음도 체험할 수 있다.

딜고 켄체 린포체는 캄의 수도원에 머문 은퇴한 수행자에 대해 말한 바 있다. 그는 린포체의 형과 가까운 사이였다. 이 수행자는 채널, 바람, 정수를 중심으로 한 요가 수행을 완벽하게 익혔다. 어느 날 그가 자신의 행자(行者)에게 말했다. 〈나는 지금 죽어가고 있으니까, 달력에서 길일(吉日)을 알아보거라.〉 행자는 깜짝 놀랐지만 자기 스승에게 감히 말을 붙일 수 없었다. 달력을 살펴본 행자는 다음 월요일에 모든 별이 길하게 배열된다고 말했다. 그러자 스승이 말했다. 〈월요일이라면 사흘 남았군. 그럼, 그날 일을 치를 수 있겠군.〉 행자가 잠시 방을 떠났다가 다시 돌아왔을 때에, 스승은 요가 명상의 자세로 똑바르게 앉아 있었다. 고요한 정적만 감돌아 마치 그가 그 자세로 천화하려는 듯이 보였다. 아무 숨소리도 없고 맥박만 희미하게 감지될 뿐이었다. 행자는 아무것도 하지 않고 기다리기로 마음을 정했다. 그는 정오에 갑자기 숨을 깊이 내쉬는 소리를 들었다. 스승은 평상시의 모습으로 되돌아와서 행자와 함께 기분좋게 이야기를 나누었고, 점심 식사를 청해 맛있게 먹었다. 명상하는 오전 내내 그는 호흡을 멈추고 있었던 것이다. 우리의 수명이 호흡의 한정된 숫자로 정해지기 때문에 그는 이렇게 숨을 멈추었던 것이다. 자기의 호흡 숫자가 다해 가는 것을 알고 있는 그는 자신의 호흡을 멈춰 마지막 호흡이 성스러운 그날까지 이르도록 했다. 점심 식사 후에 그는 또다시 깊게 숨을 들이켜고 저녁 때까지 호흡을 멈추었다. 그는 그 다음날, 다시 그 다음날도 똑같이 했다. 월요일이 되자 그가 말했다. 〈오늘이 바로 그 성스러운 날이지?〉 〈네.〉 행자가 답했다. 〈좋아, 나는 오늘 떠날 것이네.〉 스승은 결론을 내렸다. 바로 그날, 아무 병이나 어려움 없이 스승은 명상을 닦으면서 천화했다.

우리는 물리적인 몸을 지녔으므로, 우리의 정신적이고 물질적인 존재 전체를 구성하는 집합체인 다섯 가지 스칸다스〔五蘊〕 또한 지닌다. 그것들은 우리 경험의 구성 성분이고, 자아의 집착을 뒷받침하고 윤회의 고통을 받는 바탕이기도 하다. 다섯 가지 스칸다스는 형상(色), 느낌(受), 지각(想), 지성(行), 의식(識)이다. 또한 형상, 감각, 인지, 구성, 의식이라고 옮겨질 수도 있다. 〈다섯 가지 스칸다스는 인간 심리의 진화 유형과 세계 진화의 유형뿐만 아니라 인간 심리의 지속적인 구조를 뜻한다. 스칸다스는 또한 서로 다른 유형의 장애, 정신적이고 물질적이며 감정적인 장애와 관계된다.[5] 이것들은 불교 심리학에서 매우 깊이 검토된 것들이다.

우리가 죽을 때에 모든 구성 요소는 해체된다. 죽어가는 과정은 복합적이고 상호 의존적이어서, 우리의 몸과 마음에 관계된 일련의 양상들이 동시에 분해된다. 바람이 사라지면 육신의 기능과 오감은 정지한다. 에너지 센터가 쇠약해지고, 그것의 뒷받침이 없으면 바람의 인자는 가장 조야한 것에서부터 제일 미묘한 것에 이르기까지 차례대로 소진되어 간다. 그 결과 해체의 각 단계는 죽어가는 당사자에게 육체적이고 심리적인 영향을 미치게 되고, 내적인 경험과 마찬가지로 외적인 육체상의 조짐이 일어나게 된다.

친구들은 종종 내게 묻는다. 우리 같은 사람이 죽어가고 있는 친구나 가족에게서 이런 외적인 조짐을 읽을 수 있을까? 죽어가는 사람을 돌보고 있는 내 제자들에 따르면 다음에서 제시될 신체상의 조짐이 호스피스 활동중이라든가 병원에서 관찰된다고 한다. 하지만 외적인 해체의 과정은 지극히 빠르게, 뚜렷하지 않게 일어나므로 일반적으로 현대 사회에서 죽어가는 환자를 보살피는 사람들은 그런 징후를 관찰하지 못한다. 병원의 바쁜 간호사들은 흔히 그들의 직관과 다른 많은 요소, 즉 의사나 환자 가족의 행동이라든가 죽어가는 당사자의 심리 상태에 의존해서 환자가 죽는 시기를 예측하려고 한다. 간호사들은 또한 결코 체계적이지 못한 방식으로 어떤 신체상의 조짐, 예컨대 때때로 검사되는 피부색의 변화, 어떤 악취, 그리고 호흡의 두드러진 변화를 관찰한다. 그러나 현대의 의학품들은 티베트 불교의 가르침이 지적하는 죽음과 관련된 다양한 징후들을 은폐하기 때문에, 서양에서는 이처럼 중요한 주제에 관해 놀랍게도 아직 거의 아무런 연구가 없다. 이를 통해 우리는 죽어감의 과정이 얼마나 제대로 이해되지 못하고 있으며, 죽어가는 당사자가 얼마나 존중받지 못하고 있는지 시사받을 수 있지 않을까?

죽어가는 과정에 임해서 취하는 자세

전통적으로 죽어가는 사람에게 널리 추천된 자세는 붓다가 죽을 때에 취했던 〈잠자는 사자〉의 자세를 하고 오른쪽으로 눕는 것이다. 왼손은 왼쪽 허벅다리에 얹고 오른손은 오른쪽 콧구멍을 막으면서 턱 아래에 놓는다. 발은 쭉 뻗어 아주 살짝 구부린다. 몸의 오른쪽 부분에 미혹의 〈카르마 바람〉을 고취하는 미묘한 채널이 자리하는데, 잠자는 사자의 자세를 취해 오른쪽 콧구멍을 막으면서 오른쪽으로 누우면, 이 채널이 막히므로 죽음의 순간 광명이 떠오를 때에 그것을 알아차리기가 훨씬 쉬워진다. 또한 이런 자세를 취함으로써 의식이 빠져나갈 수 있는 몸의 모든 다른 구멍을 막게 되니까, 의식이 머리 정수리의 틈을 통해 육신에서 빠져나갈 수 있도록 도움을 받는다.

외적인 해체 과정

오감과 오대가 분해되는 것이 외적인 해체 과정이다. 우리가 죽을 때에 얼마나 정확하게 이를 경험할까?

우리가 의식할 수 있는 첫번째 것은 자신의 오감이 작동하기를 멈추는 것이다. 침대 주위에서 사람들이 이야기를 나눌 때, 우리가 그들의 목소리는 들을 수 있지만 그들의 말을 이해할 수 없는 시점이 있다. 이는 귀의 의식이 작동하기를 멈추었음을 뜻한다. 또 자신 앞에 놓인 대상을 볼 때, 그 윤곽은 볼 수 있지만 세세한 생김새는 볼 수 없는 시점이 있다. 이것은 눈의 의식이 탈락했음을 의미한다. 냄새, 맛, 감촉의 기능에도 똑같은 일이 일어난다. 오감이 더 이상 충분할 정도로 지각하지 못할 때, 이것이 바로 해체 과정의 첫번째 국면이다.

다음 네 가지 국면에서는 오대의 해체가 이어진다.

땅

우리의 육신이 모든 힘을 잃기 시작한다. 우리는 온갖 에너지를 빼앗긴다. 우리는 일어설 수도 없고 똑바로 서 있을 수도 없고 무언가 잡을 수도 없다. 우리는 더 이상 머리를 지탱할 수도 없다. 자신이 떨어지거나 땅속으로 가라앉거나 커다란 무게에 눌려 찌그러진 듯한 느낌이 든다. 어떤 텍스트에 따르면 마치 거대한 산이 우리를 압박해 짓누르는 듯하다고 한다. 어떤 자세를 취해도 무겁고 불편한 느낌이 든다. 우리는 잡아빼 달라든가, 베개를 좀더 높이 해달라든가, 침대 커버를 치워달라고 요청하기도 한다. 우리의 안색은 빛을 잃어 창백해진다. 볼은 푹 꺼지고 이빨은 검게 착색된다. 눈을 뜨고 있기가 점점 힘들어져 감고 있게 된다. 형상의 집합〔色蘊〕

이 분해되니까, 우리는 점점 쇠약해진다. 우리 마음은 초조해져 헛소리를 하게 되지만, 곧 졸음에 빠져들게 된다.

이것은 땅의 인자가 물의 인자로 움츠러들고 있다는 조짐이다. 이는 땅의 인자와 관련되는 바람이 의식의 토대가 되는 능력을 상실해 가고 물 인자의 능력이 좀더 뚜렷해진다는 뜻이다. 따라서 마음에 나타나는 〈은밀한 신호〉는 희미하게 반짝이는 신기루 이미지이다.

물

우리는 몸 안의 체액에 대한 통제력을 잃기 시작한다. 콧물이 새기 시작한다. 눈에 눈곱이 끼거나 오줌을 자제하지 못하게 될 수도 있다. 혀를 움직일 수 없다. 눈이 메마르기 시작한다. 입술이 갈라져 창백해지고, 입과 목은 끈적끈적해져 막힌다. 콧구멍은 움푹 들어가고 우리는 아주 목마름을 느끼게 된다. 우리의 몸은 부들부들 떨리고 경련이 인다. 죽음의 냄새가 우리를 뒤덮기 시작한다. 느낌의 집합[受蘊]이 흩어짐에 따라 육신의 감각은 고통과 기쁨, 더위와 추위를 왔다갔다 하면서 떨어지게 된다. 우리 마음은 몽롱해지고 좌절을 느끼고 조바심 내고 신경질적으로 바뀐다. 어떤 자료에 따르면 바닷물에 빠지거나 거대한 강물에 휩싸이는 듯한 느낌이 든다고 한다.

이것은 물의 인자가 불로 용해되고 있다는 것이며, 의식을 뒷받침하는 물의 능력은 불이 떠맡게 된다. 따라서 〈은밀한 신호〉는 일단의 안개가 돌돌 감아 올라가는 아지랑이 이미지이다.

불

우리의 입과 코는 완전히 메말라붙는다. 육신의 모든 온기가 대부분의 경우 발과 손에서부터 심장을 향해 새어나간다. 증기가 자욱한 열이 머리의 정수리로부터 일어난다. 숨결은 입과 코를 거치니까 차갑다. 우리는 더 이상 아무것도 마실 수 없고 소화시킬 수도 없다. 지각의 집합(想蘊)이 해체되고 있으며, 우리 마음은 명료함과 미혹 사이에서 흔들거린다. 가족이나 친구의 이름을 기억할 수 없고, 심지어 그가 누구인지 알아보지도 못한다. 소리와 시각이 혼동되니까, 자기 자신 밖에 있는 어떤 것도 지각하기가 어려워진다.

칼루 린포체는 이렇게 말한다. 〈죽어가는 사람에게 내적인 경험은 솟구치는 화염 한가운데에서 불꽃으로 타오르는 듯하거나 온 세계가 화염 속에 휩싸인 것처럼 느껴진다.〉

불의 인자는 바람으로 용해되고 있으며, 의식의 토대로서 작동하는 불의 능력은 점점 약화된다. 반면 바람의 능력은 한층 뚜렷해진다. 따라서 〈은밀한 조짐〉은 활활 타오르는 불 위에서 춤을 추는 개똥벌레처럼 아른아른 빛나는 빨간 광채 이미지이다.

바람

숨쉬기가 훨씬 더 어려워진다. 바람이 우리의 목을 통해서 빠져나가는 듯하다. 짜증 나고 헐떡거리기 시작한다. 들숨이 짧아지고 힘이 든다. 날숨은 좀더 길어진다. 눈은 위를 향해 치켜뜨고 거의 움직이지 않게 된다. 지성의 집합(行蘊)이 해체되므로, 마음이 갈피를 못잡아 외부 세계를 의식하지 못한다. 모든 것이 흐릿해진다. 물리적 환경과의 접촉에 대한 마지막 느낌이 어느덧 지나가게 된다.

우리는 환각에 빠지고 환상을 보기 시작한다. 만일 우리의 삶에서 부정적인 성향이 많았다면 무시무시한 형상을 볼 수도 있다. 자신의 삶에서 잊혀지지 않는 무서운 순간이 다시 반복되고, 공포에 질려 비명을 지르기까지 한다. 자비와 상냥함으로 충만한 삶을 살

앉다면, 천상의 축복받은 비전을 보면서 사랑하는 친구나 깨달은 존재를 만날 수 있다. 왜냐하면 삶을 충실하게 영위한 사람에게는 죽는 순간 두려움 대신 평화가 깃들이기 때문이다.

칼루 린포체는 이렇게 말한다. 〈죽어가는 사람의 내적인 경험은 커다란 바람이 죽어가는 사람을 포함해서 세계 전체를 휩쓰는 듯하고 엄청난 소용돌이가 우주 전체를 먹어치우는 듯하다.〉[6]

바람의 인자는 의식으로 용해된다. 바람은 심장에 있는 〈삶을 뒷받침하는 바람〉과 더불어 결합한다. 따라서 〈은밀한 조짐〉은 새빨갛게 타오르는 횃불이나 램프 이미지이다.

들숨은 좀더 얕아지고 날숨은 좀더 길어진다. 이 즈음에 피가 모여 심장 중앙의 〈삶의 채널〉로 들어간다. 세 가지 핏방울이 교대로 마지막 날숨을 길게 세 번 몰아쉬기 위해 모인다. 그때 돌연 숨이 멎는다.

심장에 약간의 따뜻함만 남아 있다. 생명 유지와 관련되는 모든 기능이 정지되고, 이때가 현대 임상 의학에 있어서 〈사망〉이 선언되는 시점이다. 그러나 티베트의 스승들은 내적인 과정이 여전히 진행중이라고 말한다. 호흡의 종결과 〈내적인 호흡〉의 중지 사이의 시간은 대략적으로 〈한 끼 식사를 하는 시간〉, 약 20분 정도라고 한다. 그러나 확실한 것은 아무것도 없고 이런 과정 전체는 아주 빨리 일어날 수도 있다.

내적인 해체 과정

조야하고 미묘한 의식 상태와 감정이 해체되는 내적인 해체 과정에서, 점점 더 미묘해 지는 의식의 네 가지 단계들과 마주치게 된다.

　여기서 죽음의 전개 과정은 임신의 과정을 역으로 반영한다. 부모의 정자와 난자가 결합할 때, 우리의 의식은 그 카르마에 이끌려 함께 빨려들어 간다. 태아가 성장하는 동안, 우리 아버지의 정수, 즉 〈하얗고 행복에 넘친〉 세포핵은 중심 채널의 꼭대기에 자리한 정수리의 차크라에 자리한다. 어머니의 정수, 즉 〈빨갛고 뜨거운〉 세포핵은 탯줄 아래 네번째 손가락만큼 떨어진 곳에 위치한 차크라에 자리한다. 해체의 다음 국면이 전개되는 것이 바로 이러한 두 가지 정수로부터이다.

　그것을 거기에서 유지하는 바람이 소멸함에 따라 아버지로부터 이어받은 하얀 정수가 중심 채널로부터 내려와 가슴으로 향한다. 외적인 조짐으로 〈달빛이 비치는 맑은 하늘〉처럼 〈순백〉을 체험하게 된다. 내적인 징후로서, 우리 의식은 지극히 맑아지고 성냄으로부터 야기되는 온갖 생각의 상태 32가지가 종결된다. 이 단계는 〈출현〉으로 알려져 있다.

　그때 어머니의 정수를 거기에 유지시키는 바람이 소멸함에 따라, 어머니의 정수는 중심 채널을 통해 떠오르기 시작한다. 외적인 조짐으로, 맑은 하늘에 빛나는 태양처럼 〈붉음〉을 체험하게 된다. 내적인 징후로, 욕망으로부터 야기되는 생각의 상태 40가지가 기능하기를 멈춤에 따라 축복의 거룩한 체험이 생기게 된다. 이 단계는 〈증가〉라고 알려져 있다.[7]

　붉은 정수와 하얀 정수가 심장에서 만날 때, 의식은 둘 사이에 둘러싸인다. 네팔에 살았던 뛰어난 인물 튈쿠 웨겐 린포체는 이렇게 말했다. 〈그 체험은 마치 하늘과 땅의 만남과 같다.〉 외적인 징후로서 하늘 전체가 캄캄한 어둠에 뒤덮이는 것 같은 암흑을 우리는 경험한다. 내적인 징후로서 생각에서 벗어난 마음의 상태를 겪는다. 무지와 미혹으로부터 야기되는 7가지 생각의 상태는 종결된다. 이는 〈완전한 성취〉라고 알려져 있다.[8]

의식이 아직 약간 남아 있는 그때, 구름이나 안개가 전혀 없는 순결한 하늘처럼 근원적 광명이 떠오른다. 그것은 종종 〈죽음의 순간 밝은 빛으로 충만한 마음〉이라고 일컬어진다. 달라이 라마는 이렇게 말한다. 〈이런 의식은 깊이 간직된 미묘한 마음이다. 우리는 그것을 불성(佛性), 즉 모든 의식의 실재적인 근원이라 일컫는다. 이런 마음의 지속은 성불한 후에야 비로소 가능하다.〉[9]

세 가지 독약의 소멸

우리가 죽는 그때, 무슨 일이 일어나는가? 그때 우리는 본래 상태로 되돌아오는 듯하다. 몸과 마음이 풀려남에 따라 모든 것이 분해된다. 성냄, 욕망, 무지, 이 〈세 가지 독약〉이 소멸된다. 이는 온갖 부정적인 감정, 윤회의 뿌리가 실제로 소진됨을 뜻한다. 그때 틈이 생겨난다.

이 과정은 우리 몸의 어디에서 일어나는가? 있는 그대로의 순수함과 자연적 단순함 그대로 마음 본성의 원초적 토대에서 일어난다. 이제 그것을 가리웠던 모든 것은 제거되고 우리의 참된 본성이 나타난다.

내가 5장 「마음을 고향으로 이끌기」에서 설명한 것처럼 우리가 명상을 닦고 축복, 명료함, 무념(無念)을 경험할 때 유사한 과정이 전개될 수 있다. 그것은 역으로 성냄, 욕망, 무지가 일시적으로 소멸되었음을 뜻한다.

성냄, 욕망, 무지가 소멸함에 따라 우리는 점점 더 순수해진다.

몇몇 스승들은, 족첸 수행자들에게 있어서 출현, 증가, 성취의 국면들은 점진적으로 리그파가 현현하고 있는 징후라고 설명한다. 마음의 본성을 가리웠던 모든 것이 소멸되므로, 리그파가 점점 명료하게 나타나 커지기 시작한다. 모든 과정은 수행자가 리그파를 명료하게 인지하는 것과 관련되어 점점 더 광명이 커지는 과정이다.

해체 과정 동안 닦는 수행에 대해 탄트라는 다르게 접근한다. 몸의 채널, 바람, 정수에 관련된 요가 수행에 있어서, 해체 과정을 겪을 때에 광명이나 〈밝은 빛〉의 체험에서 극에 달하는 의식의 변화를 흉내냄으로써, 탄트라 수행자는 살아 있을 때 죽어감의 과정을 미리 준비한다. 수행자는 또한 그가 잠이 들 때에 이런 변화에 대한 의식을 유지하려고 애쓴다. 의식이 점차 심화되는 일단의 과정이 우리가 죽을 때에만 일어나지 않는다는 사실에 반드시 유념해야 한다. 대개의 경우 알아차리지 못하지만, 우리가 잠에 빠지거나 의식의 조야한 층에서부터 가장 미묘한 단계로 여행을 할 때에도 그것은 일어난다. 심지어 우리가 일상적으로 깨어 있는 상태에서 겪는 바로 그 심리 과정에서도 일어난다는 것을 몇몇 스승은 제시했다.[10]

해체 과정에 대한 상세한 설명은 복잡한 것으로 보일 수 있다. 하지만 이 과정과 참으로 친숙해진다면, 그것은 자신에게 커다란 이익이 될 수 있다. 해체의 각 단계에서 수행자가 행하는 일단의 특별한 수행이 있다. 예컨대 죽어감의 과정을 구루 요가의 수행으로 바꿀 수 있다. 외적인 해체의 각 단계와 더불어, 우리는 스승을 다양한 에너지 센터에 놓고 마음속으로 뚜렷하게 떠오르게 하면서 그를 향해 헌신과 염원을 일으키는 것이다. 땅의 인자가 해체되고 신기루 이미지가 나타날 때, 스승을 심장의 에너지 센터에서 심상으로 영상화한다. 물의 인자가 해체되고 연기 이미지가 나타날 때, 스승을 배꼽의 에너지 센터에 놓고 뚜렷하게 심상화한다. 불의 인자가 분해되고 개똥벌레의 이미지가 나타나면, 이마의 에너지 센터에 스승을 놓고 심상이 떠오르게 한다. 바람의 인자가 소진되고 햇불의 이미지가 나타나면, 우리의 의식을 스승의 지혜로 충만한 마음으로 옮기는 데 전적으로 초점을 맞춘다.

좀더 자세한 부분들과 그 전개 순서에 차이가 있기는 하지만, 죽어감의 단계에 대한 다양한 자료가 있다. 내가 여기서 제시하는 것은 일반적인 유형을 묘사한 것이며, 개인에 따라 다르게 전개될 수 있다. 내 스승의 행자인 삼텐이 죽어가고 있을 때 그 전개 순서가 우리들에게 대부분 공언되었던 것을 나는 기억한다. 그러나 죽어가는 사람의 특별한 병의 영향과 몸의 채널, 바람, 정수 때문에 다양한 변화가 일어날 수 있다. 아무리 미세한 곤충일지라도 살아 있는 존재는 모두 이 과정을 겪는다고 스승들은 말한다. 돌발적인 죽음이나 사고의 경우에도 여전히 일어날 것이다. 하지만 지극히 빨리 진행된다.

죽어감의 과정이 그 외적, 내적 해체를 포함해 일어나는지 이해하기 위해서, 의식을 점진적으로 계발해 좀더 미묘한 의식의 단계를 떠오르게 하는 것이 가장 쉬운 방법임을 나는 발견했다. 죽어감의 과정이 점차 가장 미묘한 의식, 즉 근원적 광명 또는 밝은 빛을 향해 전개되므로, 각각의 단계는 몸과 마음의 구성 요소의 연속적인 해체와 함께 나타나게 된다.

* * *

1) 이것은 어떤 특정한 시기 그리고 어느 달의 어떤 특정한 날 하늘에서 당신의 그림자를 관찰하는 방법이다.
2) 예시 돈덴 Yeshi Dhondhen 박사와 잠파 켈상 Jhampa Kelsang이 주석을 달고 옮김, 『암브로시아 하트 탄트라 Ambrosia Heart Tantra』(Dharamsala: Library of Tibetan Works and Archives), 33쪽.
3) 칼루 린포체, 『다르마 The Dharma』(Albany: State Univ. of New York Press, 1986년), 59쪽.
4) 딜고 켄체 린포체의 설명에 따르면 순수한 지혜의 바람은 순수하지 못한 업의 바람과 함께 나타나지만, 업의 바람은 지혜의 바람을 방해한다. 업의 바람이 요가 수행에 의해 중심 채널로 모일 때, 업의 바람은 사라지고, 오직 지혜의 바람만 채널들을 통해 순환하게 된다.
5) 초기얌 퉁파 린포체 C. Trungpa Rinpoche, 『아비다르마의 섬광 Glimpses of Abhidharma』(Boulder: Prajna, 1975년), 3쪽.
6) 칼루 린포체의 1982년 가르침으로부터, 《마음을 탐구한다 Inquiring Mind》 6, No.2(1990년 겨울/봄).
7) 증가와 출현이 나타나는 순서는 바뀔 수 있다. 딜고 켄체 린포체에 따르면 한 개인의 욕망과 성냄 가운데 어느 감정이 강하냐에 달려 있다고 한다.
8) 내적인 해체의 이러한 과정에 대해 다양한 설명이 제시된다. 여기서 나는 파툴 린포체의 좀더 단순한 소견을 택했다. 종종 어둠 체험은 〈성취〉라 일컬어지고 숙련된 수행자에 의해 인지되는 근원적 광명의 떠오름은 〈완전한 성취〉라 불린다.
9) 달라이 라마 Dalai Lama, 『하버드의 달라이 라마 The Dalai Lama at Harvard』(Ithaca, NY: Snow Lion, 1988년), 45쪽.
10) 21장 「보편적인 과정」 참조, 또한 프란체스카 프레맨틀 Francesca Fremantle 과 초기얌 퉁파, 『티베트 사자의 서 The Tibetan Book of the Dead』(London: Shambhala, 1975년), 1-29쪽에 있는 초기얌 퉁파 린포체의 주석 참조.

죽음과 환생

16

근원

 우리는 종종 이런 말을 듣는다. 〈죽음은 진리가 제시되는 순간이다.〉〈죽음이란 우리가 마지막으로 자신과 정면으로 마주치는 시점이다.〉 그리고 죽음을 체험한 사람들은 저마다의 삶이 눈앞에서 다시 재현되었다고 증언하면서 〈당신은 자신의 삶에서 무엇을 했는가? 다른 사람을 위해 어떤 일을 했는가?〉라는 질문에 맞닥뜨렸다고 한다. 이 모든 것은 다음의 한 가지 사실을 시사한다. 죽음에 직면해서 우리는 자신이 실제로 누구이고 어떤 사람인가라는 것으로부터 결코 벗어날 수 없다는 것이다. 좋든 싫든 죽는 그 순간 우리의 진정한 모습이 드러난다. 죽음의 순간 드러나는 우리의 두 가지 모습을 아는 것은 중요하다. 그 두 가지란 절대적 본성과 상대적 본성, 즉 우리가 어떤 사람이고 이 삶에서 어떻게 살았는지 하는 것이다.

 앞서 설명한 것처럼 죽음의 순간 몸과 마음의 모든 구성 요소는 떨어져 나가 분해된다. 몸이 죽을 때 오감(五感)과 미묘한 오대(五大)가 해체되며, 이어서 성냄, 욕망, 무지처럼 부정적 감정으로 가득 찬 마음의 일상적 측면이 소멸된다. 삶 속에서 밝은 마음을 가렸던 모든 것이 떨어져 나가므로 우리의 참된 본성을 어둡게 하는 것은 마침내 아무것도 없게 된다. 남겨진 것은 구름 한점 없이 맑은 하늘과도 같은 원초적 근원, 곧 우리의 절대적 본성뿐이다.

이를 〈근원적 광명〉 또는 〈밝은 빛〉의 서광이라 일컫는데, 의식 자체는 일체를 포용하는 진리의 공간 속으로 용해되게 된다. 「티베트 사자의 서」는 이 순간을 이렇게 말한다.

모든 것의 본성은 저 하늘처럼 열려 있고 텅 비어 있고 숨김없이 드러난다.
밝게 빛나는 텅 비어 있는 공(空), 한곳에 쏠리거나 밖으로 퍼짐 없이 순수한 리그파가 있는 그대로 떠오른다.

파드마삼바바는 그 광명을 이렇게 묘사했다.

자기 자신으로부터 비롯하는 밝은 빛, 그것은 결코 태초에 태어난 것이 아니다.
밝은 빛은 리그파의 소산으로, 어떤 부모도 없이 그 자체일 뿐 — 얼마나 놀라운가!
자신으로부터 유래되는 이 지혜는 누구에 의해 창조된 것도 아니니 — 얼마나 놀라운가!
그것은 태어나지도 않았고 죽어야 할 아무런 이유도 없나니 — 얼마나 놀라운가!
그것은 뚜렷하게 볼 수 있건만, 어느 누구도 보지 못하는구나 — 얼마나 놀라운가!
그것은 윤회 속에서 이리저리 떠다니지만, 어떤 것도 그것을 해치지 못하는구나 — 얼마나 놀라운가!

불성(佛性)을 본다 해도〔見性〕, 아무런 이로움도 없으니 — 얼마나 놀라운가!

누구에게나 어디든지 존재하건만, 아무도 알아보지 못하니 — 얼마나 놀라운가!

그러나 사람들은 그것이 아닌 다른 과실을 얻고자 애쓰니 — 얼마나 놀라운가!

그것은 본래 당신 자신에게 갖추어져 있는 것인데도, 그대는 다른 곳에서 찾아 헤매는구나 — 얼마나 놀라운가!

이 상태를 〈광명〉 또는 〈밝은 빛〉이라 일컫는 이유는 무엇일까? 스승들은 이를 다양한 방식으로 설명한다. 그것은 마음 본성의 빛나는 명석함, 어둠이나 모호함으로부터 전적으로 벗어남을 뜻한다고 한다. 〈무지의 어둠에서 벗어나 인지할 수 있는 능력을 부여받음〉, 〈광명 또는 밝은 마음이 거의 흩어지지 않은 상태〉라 묘사하기도 한다. 왜냐하면 모든 오대(五大), 오감(五感), 그리고 감각 대상이 해체되기 때문이다. 단, 혼동해서는 안 된다. 그것은 우리가 알고 있는 물리적인 햇빛과 다르고, 다음의 바르도 상태에서 즉시 나타나는 빛의 존재와도 다르다. 죽을 때 떠오르는 광명은 우리 자신의 리그파의 지혜가 자연스럽게 내는 빛으로 〈인위적으로 만들어지지 않은 본성이 윤회나 열반에 관계 없이 지속적으로 현전하는 것이다〉.

죽는 순간 근원적 광명, 또는 밝은 빛이 떠오르는 것은 굉장한 해탈의 계기이다. 그러나 이 기회가 어떤 맥락에서 주어진 것인지 제대로 파악하는 것이 매우 중요하다. 현대의 몇몇 죽음에 관한 연구가들은 이 계기에 담긴 심원한 의미를 과소 평가하기도 했다. 그들은 「티베트 사자의 서」에 담긴 성스러운 의미를 온전하게 설명하는 구전의 가르침에 접하지 않고 직접 수행하지도 않은 채 이 책을 읽고 해석했으므로, 이 책을 지나치게 단순화하여 섣부르게 결론으로 비약했다. 그때 그들이 만든 하나의 가정은 근원적 광명의 서광이 깨달음이라는 것이다. 우리는 죽음을 하늘 또는 깨달음과 동일시할 수도 있다. 하지만 소망이 담긴 단순한 생각보다 중요한 것이 있다. 우리 마음의 본성, 즉 리그파를 우리가 실제로 맞아들이기만 하면, 또한 명상을 통해 그것을 확고하게 뿌리내려 우리의 삶 속에 합치시키기만 하면, 죽는 순간에 해탈할 수 있는 참된 계기를 접할 수 있다는 사실이다.

근원적 광명은 우리 모두에게 자연스럽게 현현하는 데도 대다수의 사람들은 그 광대 무변함, 그 순수한 단순함에 담긴 굉장하고도 미묘한 깊이 앞에 아무런 준비가 되어 있지 못하다. 대부분의 사람들은 그것을 알아차릴 수단을 전혀 갖고 있지 않다. 왜냐하면 그것을 삶 속에서 인지할 수 있는 방법에 우리가 익숙하지 못하기 때문이다. 우리는 본능적으로 지난날의 공포, 습관, 조건들과 이에 대한 오래된 반응에 따라 자신이 처한 상황의 변화에 반응할 따름이다. 부정적 감정들은 광명이 나타나자마자 사라지겠지만, 일생 동안 익힌 습관들은 우리의 일상적인 마음의 그늘에 숨겨진 채 여전히 남아 있다. 우리의 온갖 혼란은 죽음과 더불어 쓰러지겠지만, 우리는 저 광명의 현현에 일체를 내맡기고 마음의 문을 열지 못한 채 공포와 무지로 인해 움츠러들어 버려 본능적인 탐욕만 더해 갈 뿐이다.

바로 이러한 까닭으로 우리는 죽음을 해탈을 위한 기회로 삼을 수 있는데도 죽음의 강력한 순간을 활용하지 못하고 만다. 파드마삼바바는 말한다. 〈모든 생명은 살다가 죽고 다시 태어나기를 무수하게 반복한다. 그들은 무어라 묘사할 수 없는 밝은 빛을 계속해서

경험해 왔다. 그러나 그들은 무지몽매하여 미혹을 당하며 끝없는 윤회의 사슬에 매여 방황하게 된다.〉

일상적 마음의 근저

무지의 어둠으로부터 비롯하는 모든 이러한 습관적 경향, 우리의 부정적인 업보는 일상적 마음의 근저에 저장된다. 일상적 마음의 근저를 설명하는 데 좋은 예가 무엇일지 나는 자주 숙고했다. 마음 전체를 어둡게 하는 투명한 거품, 매우 얇은 탄력 있는 필름, 거의 보이지 않는 울타리 또는 휘장에 그것을 비유할 수 있다. 하지만 내가 생각하기에 가장 유용한 비유는 유리문인 것 같다. 당신이 정원으로 통하는 유리문 앞에 앉아 밖을 내다보고 있다고 상상해 보자. 당신과 하늘 사이에는 아무것도 없는 듯하다. 왜냐하면 유리문을 볼 수 없기 때문이다. 그렇지만 만약 당신이 일어나 아무것도 없다고 생각해서 바깥으로 걸어나가려 한다면 유리문에 코를 쾅 부딪치고 말 것이다. 당신이 손을 뻗어본다면, 손끝에 닿는 어떤 것, 당신과 바깥 공간 사이를 가로막는 어떤 것을 즉시 느낄 수 있을 것이다.

이와 마찬가지로, 설령 우리가 마음의 본성을 일별할 수 있을지라도, 우리 마음의 하늘과 같은 본성으로 다가서는 것을 일상적 마음이 가로막는다. 이미 언급했던 대로, 명상 수행자는 일상적인 마음을 마음 자체의 실제적 본성으로 간주하는 실수를 범하곤 한다고 스승들은 지적했다. 명상 수행자가 매우 조용하고 평온한 상태에서 휴식을 취할 때, 그들은 사실상 단지 일상적 마음의 언저리에서 쉬는 것일 따름이다. 유리로 된 둥근 천장 속에서 바깥 하늘을 올려보는 것과 열린 하늘 아래 서 있는 것 사이에는 커다란 차이가 있다. 우리는 일상적 마음을 그 근저에서부터 타파하고 리그파를 발견해 신선한 공기를 호흡해야 한다.

따라서 모든 영적 수행의 목적, 그리고 죽음의 순간을 위한 진지한 대비는 이처럼 미묘한 장벽을 정화시키고 점차 그것을 약화시켜 무너뜨리는 데 있다. 당신이 장벽을 완벽하게 무너뜨렸을 때, 당신과 전지(全知)의 상태 사이에 아무것도 끼여들지 않는다. 개념을 사용하는 일상적인 마음을 이렇게 해체함으로써 밝은 마음이 명료하게 현현할 수 있으므로, 스승들이 마음의 본성을 제시하는 것은 일상적인 마음을 그 근저에서부터 타파하기 위함이다. 그래서 우리가 마음의 본성에서 쉴 때마다 일상적인 마음은 점점 약화된다. 하지만 우리가 마음의 본성에 얼마나 오랫동안 머물 수 있느냐 하는 것은 전적으로 우리 수행력이 얼마나 확고한가에 달려있다. 불운하게도 〈오래된 습관들은 좀처럼 버릴 수 없다〉. 또한 일상적 마음은 시도 때도 없이 되살아나곤 한다. 우리 마음은 알코올 중독자와도 같아서 잠시 옛 습관을 걷어찼다가도 유혹당하거나 기분이 가라앉을 때마다 예전의 버릇대로 되돌아가고 마는 것이다.

유리문에 손이 닿을 때마다 손자국이 남고 먼지가 끼는 것처럼, 일상적인 마음도 우리의 업과 습관을 주워담아 저장한다. 유리를 계속해서 닦아야 하는 것처럼 일상적인 마음 역시 꾸준히 순화시켜야 한다. 유리가 서서히 얇아져서 닳게 되고 작은 구멍이 나타나 분해되기 시작하듯 일상적인 마음도 마찬가지다.

수행을 통해 점차 마음의 본성이 확고하게 되면 될수록, 그것은 단순히 우리의 절대적 본성으로 남아 있는 것이 아니라 나날이 일상에서 접하게끔 된다. 마음의 본성이 이처럼 일상에 자리잡게 되므로, 우리의 습관은 더 한층 해체되어 가고 명상과 일상 생활 사이의 간격은 줄어든다. 차츰차츰 아무 장애 없이 유리문을 뚫고 정원으로 곧바로 걸어나갈 수 있게 되는 것이다. 일상적 마음이 약화된 결과, 우리는 아무 노력 없이도 한층 수월하게 마음의 본성에서 휴식을 취할 수 있게 된다.

근원적 광명이 밝게 떠오를 때, 중요한 초점은 다음에 있다. 우리는 마음의 본성에서 얼마나 안식을 취할 수 있는가? 우리는 절대적 본성과 일상 생활을 얼마나 합일시킬 수 있는가? 그리고 근원적 순수함을 가지고 우리의 일상적 조건을 얼마나 순화시킬 수 있는가?

어머니와 어린애의 만남

근원적 밝음이 떠오르는 죽음의 순간에 완벽하게 대비할 수 있는 방법이 있다. 앞의 10장 「가장 내밀한 정수」에서 설명한 것처럼 제일 높은 수준의 명상, 족첸 수행법을 최종적으로 성취했을 때 가능하다. 그것은 〈두 가지 광명의 결합〉으로 일컬어지고 또한 〈어머니 광명과 어린애 광명의 합일〉로 알려져 있다.

어머니 광명은 우리가 근원적 광명에 부여한 명칭이다. 이것은 모든 것의 기본이 되는 타고난 본성으로, 우리의 모든 경험의 토대를 형성하고 있는데, 죽음의 순간에 그 충만한 영광이 드러나게 된다.

또한 통로 광명이라고도 일컬어지는 어린애 광명을 스승으로부터 소개받고 자기 자신이 포착하기만 한다면, 명상을 통해 그것을 점차 확고하게 할 수 있고 한층 더 완벽하게 삶 속에서 우리의 행위를 통합할 수 있으리라. 어린애 광명이 점차 완벽하게 삶과 통합되어 갈 때, 앎 역시 완벽해지고 깨달음도 떠오르게 된다.

근원적 광명은 우리의 타고난 성품이자 모든 것의 본성이지만 우리가 그것을 인지하지 못하는 한 그것은 숨겨진 채로 남아 있을 따름이다. 기회가 주어질 때마다 근원적 밝음을 인지하는 문을 열 수 있도록 우리를 도와주기 위해 스승이 우리에게 주는 열쇠가 바로 어린애 광명이라고 나는 생각한다.

당신이 비행기를 타고 공항에 도착할 어떤 여성을 만나러 간다고 가정해 보자. 만일 그녀가 어떻게 생겼는지 아무 사전 지식도 갖고 있지 못하다면, 당신이 공항에 가서 그녀 옆을 스쳐 지나가면서도 그녀를 알아볼 수 없을 것이다. 하지만 만약 아주 닮은 사진을 가지고 있어서 당신 마음속에 그녀의 모습을 그리고 있다면, 가까워지자마자 그녀를 알아볼 수 있을 것이다.

일단 마음의 본성이 어떤 것인지 가르침을 받아 그것을 인지할 수 있게 된다면, 그것은 곧 나중에 그 본성을 알아볼 수 있는 열쇠를 확보한 셈이다. 하지만 사진을 잃어버리지 말고 몇 번이고 반복해 들여다보아 공항에서 상대방을 알아볼 수 있다는 확신이 서야 하듯, 규칙적으로 수행함으로써 마음의 본성에 대한 인지도를 한층 깊고 확고하게 유지해야 한다. 마음의 본성에 대한 인지를 마음속에 각인시켜 자신의 한 부분으로 만들어야만 더 이상 사진을 필요로 하지 않게 된다. 그래야만 상대방을 만나게 되더라도 금방 저절로 알아차리게 된다. 마음의 본성을 알아차리게 하는 수행을 지속적으로 실행한다면 이후 죽음의 순간 근원적 밝음이 떠오를 때, 옛 스승의 말과 같이 작은 어린애가 엄마의 무릎 속으로 파고드는 것처럼, 죽마고우를 만나는 것처럼, 또는 강물이 바다로 흘러드는 것처럼, 당신은 본능적으로 그것을 알아차려 그것과 하나가 될 수 있을 것이다.

그러나 이것은 지극히 어렵다. 이러한 인지를 확고하게 하는 길은 하나뿐이다. 곧 우리가 아직 살아 있는 바로 지금, 두 가지 광명을 하나로 합치시키는 수행을 완벽하게 유지하는 것이다. 이것은 오직 일생 동안의 수행과 지속적인 정진을 통해서만 가능하다. 내 스승 뒤좀 린포체가 말한 것처럼, 만일 우리가 바로 지금 이 순간부터 두 가지 밝음을 합치시키는 수행을 하지 않는다면 죽을 때 그 광명을 알아볼 수 없을 것이다.

어떻게 두 광명을 정확하게 합치시킬 수 있을까? 이렇게 하기 위해서는 고도의 매우 심원한 수행이 요구되는데, 이 책에서 그런 수행법을 상세히 논할 수는 없다. 그러나 우리가 이렇게 말할 수는 있다. 이를테면 스승이 우리에게 마음의 본성을 소개할 때 모든 것 속에 담긴 근원적 광명에 대해 장님이었던 우리의 시각이 새롭게 회복되는 것과 마찬가지다. 스승의 가르침에 의해 지혜의 눈이 일깨워지게 되고, 그 지혜의 눈으로 무엇이 나타나든지 그것의 참된 본성을, 우리의 모든 생각과 감정의 본성을, 광명을, 밝은 빛을 분명히 보게 될 것이다. 수행을 확고하게 하여 완벽하게 한 이후, 우리가 마음의 본성을 인지하는 것이 서서히 빛을 발하는 태양과 같다고 상상해 보자. 생각과 감정은 계속해서 일어난다. 이를테면 그것들은 어둠의 물결과 같다. 그러나 빛을 만나면 즉각적으로 사라지게 마련이다.

이처럼 마음의 본성을 인지하는 능력을 차츰 더 계발함에 따라 그것은 우리가 일상에서 접하는 생활의 일부가 된다. 우리가 절대적 본성을 일상 생활 속에서 실현할 수 있을 때, 죽음의 순간 근원적 밝음을 실제로 알아볼 수 있는 기회는 좀더 늘어가게 된다.

우리가 이러한 열쇠를 가지고 있느냐의 여부는 생각과 감정이 일어날 때 우리가 그것들을 어떻게 바라보느냐에 달려 있다. 즉 우리가 그것들을 바른 견해로 꿰뚫어 거기에 본래 내재한 광명을 읽어 내느냐, 아니면 본능적으로 습관적인 반응을 따라 어둡게 되느냐?

만약 우리의 일상적인 마음의 바탕이 완벽하게 정화되었다면 그것은 우리의 카르마가 저장된 창고를 산산이 깨뜨린 것이며, 미래에 다시 태어남을 위한 업을 더 이상 쌓지 않게 된 것이다. 하지만 우리의 마음을 완벽할 정도로 순화할 수 없다면 지난날의 습관과 업력의 성향이 업의 저장고에 여전히 남아 있을 것이다. 적합한 조건이 구체화될 때마다, 그것들은 우리가 다시 태어나도록 어떤 식으로든 의사 표시를 할 것이다.

근원적 광명의 지속

근원적 광명이 떠오를 때, 수행자가 마음의 본성 가운데에서 흩어짐이 없이 쉴 수 있는 한 그 광명은 유지된다. 하지만 대부분의 경우 그것은 손가락을 퉁길 정도의 짧은 동안만 지속될 뿐이다. 어떤 사람에게는 〈한 끼 식사를 먹을 만한〉 시간 동안 유지된다고 한다. 대부분의 사람들은 근원적인 광명을 전혀 모른다. 대신 그들은 무의식의 상태로 가라앉아 사흘 반 동안 그 상태로 있을 수 있다. 그러고 나서 최종적으로 의식이 몸을 떠난다.

이런 이유로 티베트에서는 관례적으로 죽은 후 사흘 동안 시신을 건드리거나 흐트러뜨리지 않는다. 근원적 광명에 몰입해 마음의 본성 한가운데에서 안식을 취하는 수행자의 경우 그것은 특별히 중요하다. 티베트에서 특히 뛰어난 스승이나 수행자가 죽었을 때 조금이라도 방해하지 않기 위해 그의 육신 주위에 조용하고 화평스런 분위기를 유지하는 데 모든 사람들이 얼마나 신경을 썼는지 나는 기억하고 있다.

그러나 일반 사람의 시신일지라도 종종 사흘이 지나기 전에는 옮기지 않는다. 왜냐하면 그가 깨달은 사람인지 아닌지 알 수 없고, 그의 의식이 몸으로부터 언제 떠날지 불확실하기 때문이다. 만일 시신의 어떤 부위를 건드린다면, 예를 들어 주사를 놓는다든가 하면 의식이 바로 그 지점으로 끌려갈 수도 있다. 그래서 죽은 사람의 의식이 천문(泉門)을 통하는 대신 가장 가까운 구멍을 통해 떠나게 되고, 불행하게 다시 태어날 수도 있다.

몇몇 스승들은 육신을 떠나는 데 사흘 이상 걸린다고 주장한다. 인도와 네팔에서 살고 있는 선종(禪宗)과 유사한 티베트 불교의 스승, 차달 린포체는 날씨가 더울 경우 시신이 썩는 냄새를 풍길 수도 있다고 불만을 늘어놓는 사람들에게 이렇게 말한다. 〈시신을 먹을 것도 아니고 팔아버릴 것도 아니잖은가!〉

엄밀하게 말한다면 시신 검사나 화장은 사흘이 지난 후 행하는 것이 가장 바람직하다. 하지만 사흘 동안이나 시신을 움직이지 않고 가만히 놔둔다는 것이 실용적이지도 못하고 현실적으로 불가능할 수도 있기 때문에, 어떤 방식으로든 시신을 만지거나 옮기기 전에 포와 수행을 해야 한다.

스승의 죽음

깨달은 수행자는 죽음의 순간에도 마음의 본성을 계속해서 인지하고, 근원적 광명이 현현할 때 그것을 바로 알아차린다. 그는 며칠 동안 그러한 상태를 유지할 수도 있다. 몇몇 수행자와 스승들은 명상 자세로 똑바르게 앉은 채 죽기도 하고 〈잠자는 사자의 자세〉

로 죽기도 한다. 이런 완벽한 자세말고도 그들이 근원적 광명의 상태에서 쉬고 있다는 조짐들이 있다. 이를테면 얼굴에 안색과 붉은 홍조가 여전히 남아 있고, 코가 아직 속으로 가라앉지 않고, 피부가 여전히 보들보들하고 유연하고, 시신이 뻣뻣하지 않고, 두 눈이 부드럽고 자비심이 가득한 빛을 유지하고 있으며, 그리고 가슴엔 여전히 온기가 남아 있는 등이다. 그가 이러한 명상의 상태에서 깨어날 때까지 수행자의 몸에 아무도 손대지 못하도록 하고, 주변에 침묵이 유지되도록 크게 주의를 기울여야 한다.

티베트 불교의 네 가지 주요 학파 가운데 하나의 우두머리로 위대한 스승인 갈왕 카르마파는 1981년 미국의 어느 병원에서 죽었다. 그는 항상 싱글벙글 웃는 모습과 주위의 모든 사람에게 베푸는 자비심으로 커다란 영적 감흥을 불러일으켰던 인물이다. 담당 의사 산체스 박사는 이렇게 말한다.

고결한 사람이었다. 개인적으로, 나는 그가 보통 사람이 아니라는 것을 느꼈다. 그가 쳐다볼 때에는 마치 사람의 본래 모습을 간파하고 내면을 꿰뚫어보는 듯했다. 나는 그와 눈길이 마주쳤을 때 강한 인상을 받았다. 그는 무슨 일이 진행되는지 알고 있는 듯했다. 그의 고결한 모습은 그를 만나기 위해 병원을 찾아오는 모든 사람에게 감동을 주었다. 몇 번이나 그가 죽음에 다다랐다고 생각되었지만, 그때마다 그는 빙그레 미소를 지어 보이면서 당신들이 틀렸다고 말했고, 곧 이어 상태가 호전되곤 했다…….

그는 고통을 경감시키는 약물 치료를 전혀 받지 않았다. 우리 의사들이 진찰을 통해 그가 얼마나 고통을 받는지 알아차리고서 묻곤 했다. 〈오늘은 고통이 심하시죠?〉 그러면 그는 대답했다. 〈아닙니다.〉 임종의 순간이 다가오자 그는 우리의 걱정을 눈치 채고 쉴새없이 우스갯

소리를 했다. 우리가 그에게 〈고통스럽습니까?〉라고 물었더니, 그는 지극히 부드러운 미소를 지으면서 〈아닙니다.〉라고 말했다.

어느 날 그의 신체 지수가 모두 매우 낮아졌다. 나는 그에게 충격 요법을 가했다. 그래서 그는 마지막 몇 분 동안 대화를 할 수 있었다. 그가 그날 죽지 않겠노라고 확신시켜 주면서 툴쿠와 이야기를 나눌 때, 나는 몇 분 동안 그의 병실을 떠나 있었다. 5분 뒤 다시 돌아왔을 때, 그는 두 눈을 크게 뜨고 꼿꼿하게 앉은 채 분명한 어조로 〈여보세요, 안녕하세요?〉라고 말했다. 그의 신체 지수는 다시 역전되어 있었고 그는 30분 정도 침대에 앉아서 이야기하고 웃고 있었다. 나는 의학적으로 이런 경우를 들어본 적이 없었다. 간호사들은 백지장처럼 창백해졌다. 간호사 가운데 한 명은 소맷자락을 들어올려 팔에 돋은 소름을 보여주기도 했다.

간호사들의 증언에 따르면 카르마파의 육신은 부패하는 일반적인 쇠락의 과정을 따르지 않았고, 숨이 끊어진 후에도 그의 몸은 여전히 살아 있는 듯했다고 했다. 시간이 지난 뒤에도 그의 심장 주변에 여전히 온기가 남아 있음을 그들은 확인했다. 산체스 박사는 이렇게 증언한다.

그가 죽은 지 36시간 정도 지난 뒤 그들은 나를 그의 병실로 데려갔다. 그의 심장에 손을 대었더니 주위보다 한결 따스했다. 이런 현상은 결코 의학적으로 설명할 수 없는 사건이다.[1]

몇몇 스승들은 육신을 지탱하면서 앉은 자세로 명상하는 가운데 죽어갔다. 칼루 린포체는 1989년 히말라야에 있는 그의 사원에서 수행자들과 의사, 그리고 간호사가 지켜보는 앞에서 죽었다. 그의 가까운 제자는 이렇게 기록을 남겼다.

린포체는 일어나 앉으려고 했지만 잘 되지 않았다. 라마 겔첸은 때가 되었다고 느낀 듯, 린포체가 앉지 못하면 그에게 어려움이 있으리라고 생각해 등을 받쳐 몸을 일으키도록 도와주었다. 린포체가 손을 내게도 내밀어 나 역시 도왔다. 린포체는 아주 곧게 앉겠다는 손짓을 했다. 의사와 간호사는 그의 요구에 당황했고, 그래서 린포체는 자세를 조금 느슨하게 했다. 그렇지만 그는 명상의 자세를 취했다……. 린포체는 손으로 명상 자세를 취했고 눈으로는 앞을 응시했으며 입술을 가볍게 움직였다. 심원한 평온함과 안락함이 우리 모두를 가라앉히고 우리의 마음속으로 퍼져나갔다. 우리 마음을 가득 채운, 뭐라 설명할 길 없는 안락함은 린포체의 마음에 충만한 것이 지극히 희미하게나마 우리 마음에 반영된 결과라고 느껴졌다……. 린포체의 시선과 눈꺼풀이 서서히 가라앉았고 호흡이 멈추었다.[2]

1959년 여름 내가 가장 존경하는 스승, 잠양 켄체 최기 로되의 죽음을 나는 언제까지나 기억할 것이다. 말년에 그는 가능한 한 수도원에서 벗어나지 않으려고 했다. 모든 전통의 대가들이 가르침을 받기 위해 그에게 몰려들었고, 마치 그가 전수의 근원이라도 되는 양 모든 전승의 보유자들도 훈령을 받기 위해 그를 찾아왔다. 그가 살고 있는 종살 수도원은 모든 뛰어난 라마들이 왔다가 돌아가는 곳으로, 티베트에서 가장 활기 찬 영적 활동의 중심지 가운데 하나가 되었다. 그곳에서 그의 말 한 마디는 법이나 다름없었다. 그는 그토록 위대한 스승이었고 거의 모두가 그의 제자였던 것이다. 시민 전쟁이 일어났을 때 그가 양쪽 진영을 향하여 영적인 보호를 거두어들이겠다고 위협함으로써 다툼을 종식시킬 수 있었을 정도였다.

　불행하게도 중국이 점점 더 압박을 가해오자 캄의 상황은 급속도로 황폐해졌고, 어린 소년이었던 나조차도 무슨 일이 일어나리라는 절박한 위협을 감지할 수 있었다. 1955년 내 스승은 티베트를 떠나야 한다는 어떤 조짐을 감지하고 있었다. 그는 먼저 티베트의 중부와 남부에 있는 성스러운 유적들로 순례 여행을 갔다. 그러고 나서 그는 자신의 스승의 간절한 소망을 받들기 위해 인도의 신성한 유적지로 순례 여행을 떠났고 나도 그를 따라갔다. 그가 떠나 있는 동안 동쪽에서의 상황이 개선되기를 우리 모두는 희망했다. 나는 나중에야 알아차렸지만, 티베트를 떠난다는 내 스승의 결정은 다른 많은 라마들과 일반인들에게 티베트가 무너진다는 신호로 여겨졌으며, 그들도 적당한 시점에 탈출하라는 메시지였던 것이다.

　내 스승은 여러 해에 걸쳐 히말라야에 있는 작은 왕국, 파드마삼바바의 성스러운 유적지가 있는 시킴을 방문해 달라는 초청을 받아왔다. 잠양 켄체는 시킴의 지극히 신성한 성자의 환생이었고, 시킴의 왕은 자기 나라를 방문해 가르침을 베풀고 축복을 내려달라고 요청했던 것이다. 그가 그곳에 갔다는 이야기를 듣자마자, 많은 스승들이 그의 가르침을 받기 위해 티베트로부터 찾아왔다. 그리고 그들은 그렇게 하지 않았더라면 보전되지 못했을 진귀한 문헌과 경전을 함께 지니고 왔다. 잠양 켄체는 스승들의 스승이었고 그가 머무는 신성한 사원은 곧바로 훌륭한 영적 중심지가 되었다. 티베트의 상황이 갈수록 악화되자 그의 주위에 더욱더 많은 사문들이 모여들었다.

　가르칠 것이 많은 위대한 수행자는 그렇게 오래 살지 못한다고들 한다. 그들은 영적인 가르침을 가로막는 장애를 끌어들이는 것처럼 보인다. 내 스승이 가르침을 제쳐두고 아무도 모르는 후미진

곳으로 은둔한다면 더 오래 살 수도 있으리라는 예언도 있었다. 사실 그는 그렇게 하려고 했다. 우리가 캄으로 마지막 여행을 떠났을 때, 그는 모든 소유물을 남겨두고 가르침도 베풀지 않고 순례 여행만 하기 위해 아무도 모르게 길을 떠났다. 하지만 도처에서 사람들은 그가 누구인지 알게 되자마자 가르침과 입문식을 내려달라고 요청했다. 그는 자비심으로 인해 자신이 직면할 위험을 알고 있었지만 자신의 삶을 희생하면서까지 가르치는 일을 계속했다.

잠양 켄체가 아프기 시작한 것이 바로 시킴에서였다. 그와 동시에 티베트가 마침내 무너졌다는 안타까운 소식이 전해졌다. 티베트 불교의 다양한 계통의 지도자들과 모든 상급의 라마들이 그를 방문하기 위해 꼬리에 꼬리를 물고 찾아왔다. 그의 삶을 좀더 연장하기 위한 기도와 의식이 밤낮으로 이어졌다. 모든 사람들이 참여했다. 우리 모두는 그에게 삶의 시간을 늘여달라고 간청했다. 왜냐하면 위대한 스승은 자신이 몸을 떠나는 시점을 스스로 정할 수 있는 힘을 지녔기 때문이다. 그는 침대에 누워 온갖 선물을 받았고 재미있어 하면서 친숙한 미소를 지었다. 〈좋아, 길조로구먼, 더 살아보려네.〉

내 스승이 죽으리라는 첫번째 징후는 갈왕 카르마파를 통해서 나왔다. 스승은 카르마파에게 자신이 이 생에서 해야 할 일을 다했노라고 말했다. 카르마파가 켄체의 가까운 시자에게 이를 밝히자 그는 울음을 터뜨렸고 우리도 알게 되었다. 그의 죽음은 티베트의 세 군데 훌륭한 수도원, 세라, 드레풍, 칸덴이 중국인에게 점령당했다는 소식을 전해 듣자마자 도래하게 되었다. 티베트가 무너지자 이처럼 위대한 인물, 티베트 불교의 화신이 쓰러졌다는 것은 비극을 상징하는 듯했다.

잠양 켄체 최기 로되는 티베트 달력으로 5월 6일 새벽 세시에 죽었다. 죽기 열흘 전 그의 생명 연장을 위해 우리가 밤새도록 수행을 하고 있었을 때, 갑자기 커다란 지진이 대지를 뒤흔들었다. 불교 경전에 따르면 이는 깨달은 인물의 죽음이 임박했음을 알리는 신호였다.[3]

그가 죽은 후 사흘 동안 완벽한 보안이 유지되어 어느 누구도 켄체가 죽었는지 알지 못했다. 나는 단지 그의 건강이 악화되어 간다고만 들었을 뿐이다. 나는 늘 하던 대로 그의 방에서 함께 자는 대신 다른 방에서 자게 되었다. 내 스승의 아주 가까운 시자이자 의식 전문가인 라마 촉덴은 다른 누구보다도 오래 내 스승과 함께 있었다. 그는 조용하고 진지하고 금욕적인 인물로 통찰력 있는 눈과 움푹한 뺨, 그리고 위엄과 품위가 있으면서도 겸손한 태도를 지녔다. 촉덴은 그의 지극한 성실성, 깊이 있으면서도 인간적인 품격, 그 예의 바름, 그리고 뛰어난 기억력으로 유명했다. 그는 스승의 말과 이야기를 전부 기억하는 듯했고 지극히 복잡한 의식과 그 의미에 관해 매우 세세한 부분까지 알고 있었다. 그는 또한 타고난 수행자였고 훌륭한 스승이었다. 그때 라마 촉덴이 스승의 방으로 음식을 계속 나르는 것을 우리는 보았지만 그의 얼굴 표정은 침울했다. 켄체의 용태가 어떤지 우리는 계속 물었고 촉덴은 단지 이렇게 말할 뿐이었다. 〈그분은 여전하셔.〉 티베트의 어떤 전승 계열에서는 스승이 죽은 뒤 그가 죽음 이후에도 명상 상태 속에 있을 때, 비밀을 유지하는 것이 중요하다. 내가 앞서 말했듯 내 스승이 죽었다는 소식을 우리가 마침내 들은 것은 죽은 지 사흘이 지나서였다.

그때 인도 정부는 북경에 전보를 쳤다. 그곳으로부터 메시지가 티베트에 있는 내 스승의 사원 종살에까지 퍼졌는데, 티베트의 많은 승려들은 벌써 눈물을 흘리고 있었다. 어쨌든 그들은 그가 죽어가고 있음을 이미 알고 있었기 때문이다. 우리가 티베트를 떠나기 직전에, 켄체는 자신이 죽기 전에 한번 되돌아오겠다는 불가사의한 맹세를 했다. 그리고 그 말을 지켰다. 그의 육신이 죽은 해의 첫날, 그러니까 그가 실제로 죽기 약 6개월 전 종교 의식에 따른 춤이 추어질 때 연로한 스님들은 마치 그가 실제로 나타난 것처럼 하늘에 그려진 그의 환영을 보았다. 내 스승은 최근에 가장 뛰어난 몇몇 학자를 배출한 것으로 널리 알려진 대학을 수도원에 세우기도 했다. 그 대학의 중심 사원에는 미래의 부처인 미륵을 형상화한 거대한 조각품이 조성되어 있었다. 하늘에 그의 환영이 나타난 새해 첫날에서 오래지 않은 어느 날 이른 아침, 사원 관리인이 문을 열었더니 켄체가 미륵 부처의 무릎에 앉아 있었다고 한다.

내 스승은 〈잠자는 사자의 자세〉로 죽음을 맞이했다. 남겨진 모든 징후를 살펴본 결과 그는 여전히 명상의 상태에 있었고, 어느 누구도 사흘 내내 그의 몸에 손을 대지 않았다. 그가 명상에서 깨어났던 그 순간은 내 일생 동안 기억 속에 머물 것이다. 그의 코가 갑자기 수축되었고 얼굴색은 서서히 쇠잔해졌고 이어서 그의 머리가 한쪽으로 약간 떨구어졌다. 그 직전까지 그의 몸에는 어떤 균형과 힘, 그리고 생기가 있었다. 우리가 그의 시신을 닦아 옷을 입혀 침실로부터 성의 중심 사원으로 옮긴 때는 저녁이었다. 많은 군중들은 존경심을 나타내기 위해 사원 주위에 늘어서서 기다리고 있었다. 바로 그때 놀라운 일이 벌어졌다. 엷게 빛나는 안개처럼 보이는 찬란한 우윳빛이 나타나 점차 모든 곳으로 퍼져나갔다. 성의 중심 사원 바깥에는 커다란 전기 등불이 네 개 있었다. 일곱시면 이미 어두워졌지만, 대개 저녁의 그 무렵 즈음에 환하게 밝혀진다. 그러나 그날은 이처럼 신비한 빛으로 인해 등불이 희미해 보였다. 그 당시 시킴의 정치 담당 관리였던 아파 판트는 지구상에 어떻게 이런 일이 있을 수 있는지 전화를 걸어 문의했던 첫번째 인물이었다. 이어서 다른 많은 사람들이 전화를 걸어왔다. 수많은 사람들이 이처럼 기이하고 이 세상 것 같지 않은 빛을 목격했다. 어떤 스승의 말에 따르면 저런 빛의 현현은 탄트라 불교에서 그가 부처가 되었다는 신호로 간주된다는 것이다.

잠양 켄체의 시신은 원래 성의 중심 사원에 일주일 동안 안치할 계획이었지만, 우리는 일주일이 다 되기도 전에 스승의 제자들로부터 전보를 받게 되었다. 그때는 1959년이었다. 딜고 켄체 린포체를 포함한 많은 제자들이 티베트로부터 기나긴, 그리고 위험한 탈출을 감행하여 방금 망명지에 도착했다. 그들은 시신을 그대로 두어 스승을 볼 수 있는 기회를 달라고 간청했다. 그래서 2주일 더 안치해 두게 되었다. 온갖 학파의 라마가 인솔한 수백 명의 스님들이 날마다 네 번씩 서로 다른 기도 모임을 가졌는데, 종종 전승 보유자에 의해 주재되었고 무수한 버터 램프가 헌정되었다. 시신은 냄새가 나지도 않았고 부패가 시작되지도 않았다. 그래서 시신을 일주일 더 안치하기로 했다. 인도는 여름철이면 사나운 폭염이 맹위를 떨치지만, 일주일이 지나고 또 일주일이 지나도 시신은 조금도 부패의 조짐을 보이지 않았다. 우리는 잠양 켄체의 시신을 6개월 동안 안치하고서 끝을 맺었다. 온전한 가르침과 수행이 스승이라는 성스런 존재를 중심으로 전개되었다. 그가 죽었을 때 잠양 켄체가 제시한 가르침은 완성되지 못했지만, 그의 연로한 제자들에 의해 마무리되었고, 수많은 스님들에 의해 제정되었다.

마침내 우리는 그가 바라던 대로 시신을 화장하기 위해 화장터로 옮겼다. 언덕의 꼭대기에 자리잡은 타슈딩은 시킴에서 가장 성스러운 장소 가운데 하나이다. 스승의 모든 제자들이 그곳으로 함께 갔다. 인도에서는 육체적인 노동은 대개 고용된 노동자의 몫이었지만, 우리는 스승의 성해(聖骸)를 모시기 위해 직접 스투파[塔]

를 세웠다. 젊은이나 늙은이, 심지어 딜고 켄체 린포체 같은 인물에서부터 지극히 평범한 사람에 이르기까지 모두 언덕으로 돌을 날랐고 이렇게 맨손으로 스투파가 만들어졌다. 그것은 그가 고취한 가르침에 대한 가능한 한 최상의 거룩한 천명이었던 것이다.

잠양 켄체의 죽음이 뜻하는 상실은 어떤 말로도 옮겨질 수 없으리라. 티베트를 떠날 때 나와 내 가족은 우리의 땅과 소유물을 잃기는 했지만, 그 당시 나는 너무 어려서 그것들에 아무런 애착도 없었다. 그러나 잠양 켄체의 죽음은 너무나도 큰 상실이어서 그렇게 많은 해가 지났어도 나는 여전히 그의 죽음을 애통하게 여긴다. 나는 소년 시절 내내 스승의 햇빛 아래서 살아왔다. 그의 침대 끝에 놓인 작은 침대에서 잠을 잤고, 아침마다 기도를 하는 그의 낮은 목소리와 염주를 굴리는 소리에 잠에서 깨어났다. 그의 말, 그의 가르침, 그의 존재가 뿜어내는 평온한 광휘, 그의 미소, 모두가 내게 결코 지워지지 않을 정도로 각인되었다. 그는 내 인생의 영적 감흥 그 자체로, 내가 난관에 봉착하거나 가르칠 때, 항상 염원하는 인물이 바로 파드마삼바바와 스승이다. 그의 죽음은 이 세상과 티베트에 계산할 수 없을 정도로 막대한 손실이었다. 나는 또한 딜고 켄체 린포체에 대해 생각하듯 그를 생각하곤 한다. 만일 불교가 파괴되고 오직 그만이 남았다고 해도 불교는 여전히 살아남을 수 있었을 것이다. 왜냐하면 그는 불교가 의미하는 것을 완벽하게 구현한 인물이었기 때문이다. 잠양 켄체의 서거와 더불어 한 시대, 어떤 의미에서 영적인 능력과 앎의 모든 차원을 의미하는 듯하는 그 시대가 함께 지나가 버렸다.

그는 겨우 67세에 죽었다. 만일 잠양 켄체가 오래 살아 그가 티베트에서 그토록 사랑받게 만든 모든 전통과 전수 계열에 동일한 권위와 무한한 관심을 지니고 망명지와 서방에서 티베트 불교가 성장하도록 이끌었다면 티베트 불교의 미래가 크게 달라지지 않을까 나는 종종 생각하게 된다. 왜냐하면 그는 스승들의 스승이었기 때문이다. 모든 전통의 전수 보유자들은 그에 의해 입문식을 치렀고 그로부터 가르침을 받았기에 그를 가르침의 근원으로 존경했다. 그랬으니 헌신적인 조화와 협동의 정신에 입각해 자연스럽게 그들을 결집시킬 수 있었을 것이다.

하지만 위대한 스승은 결코 죽지 않는다. 잠양 켄체는 내가 이 책을 쓰는 동안 나에게 영감을 넣어주고 있다. 그는 이 책과 내가 가르치는 것마다 그 이면에 자리잡고 있다. 그는 내가 하는 모든 것의 영적인 근거와 토대 그 자체다. 내가 내면의 방향을 계속해서 바로잡게 하는 인물이 바로 그다. 어떤 방식으로든 그가 그토록 숭고하게 대표했던 전승을 설명해야 하는 온갖 어려움이 있지만, 그가 내린 축복과 믿음은 항상 나와 함께하면서 나를 이끌어왔다. 지금 이 순간 나에게 그의 고귀한 얼굴은 살아 있는 어느 누구의 그것보다도 한층 생생하다. 그의 눈빛에서 항상 나는 지상이나 천상의 어느 누구도 발휘할 수 없는 탁월한 지혜와 따사로운 자비의 광채를 보게 된다.

이 책을 읽는 사람이라면 누구든지 내가 그를 아는 것처럼 조금이라도 그를 알게 되기를 바라고, 내가 그의 헌신적 생애나 죽어가는 모습의 광채에 의해 고취된 것처럼 모든 사람이 그렇게 되기를 기원하고, 모든 중생들의 안녕을 위해 온몸으로 헌신하는 그의 모범을 본받아 어느 누구든지 이 시대에 진리의 전파를 위해 필요한 용기와 지혜를 갖추기를 기원한다.

* * *

1) 「일리노이의 시온에서 카르마파 성하 His Holiness in Zion, Illinois」, 《바즈라 다투 선 *Vajradhatu Sun*》, vol. 4, no. 2(Boulder, CO, 1981년 12월-1982년 1월), 3쪽. (지금은 《샴발라 선 *Shambhala Sun*》이라 불린다.)
2) 보칼 튈쿠 린포체 Bokar Tulku Rinpoche, 「칼루 린포체가 제자와 친구에게 보내는 편지에서 An Open Letter to Disciples and Friends of Kalu Rinpoche」, 1989년 5월 15일.
3) 불교 경전은 붓다의 가르침이 담긴 성전이다. 경전은 흔히 특정한 주제를 중심으로 한 붓다와 제자 사이의 대화 형식을 띠고 있다.

17

본래 갖추어진 광휘

죽는 순간 근원적 광명이 떠오를 때, 숙련된 수행자는 의식을 온전하게 유지해 근원적 광명과 합일함으로써 해탈에 이를 것이다. 그러나 만일 우리가 근원적 광명을 알아차리지 못한다면 우리는 다음의 바르도, 다르마타의 빛나는 바르도를 만나게 된다.

다르마타 바르도에 대한 가르침은 매우 특별한 가르침이며, 족첸 수행의 독특함이며, 수세기에 걸쳐 족첸 가르침의 핵심에 소중히 간직되어 온 것이다. 이렇게 매우 성스러운 가르침을 공개함에 있어서 나는 약간 머뭇거리기도 했다. 사실 앞선 작업이 전혀 없었더라면 이것을 출판할 수 없었을지도 모른다. 하지만 이미 출간된 다르마타 바르도를 언급하는 「티베트 사자의 서」와 다른 일련의 책들은 독자를 약간 소박한 결론으로 이끌고 있다. 이 바르도들을 간단하게 분류해 신빙성 있는 내용과 함께 제시하는 것은 지극히 중요하고 시의적절하다고 느껴진다. 그러나 내가 이와 관련된 고급 수행법에 대해 여기에서 상세하게 취급할 의사는 없음을 분명하게 밝힌다. 자격 있는 인물의 가르침과 인도가 아니라면, 그리고 스승의 헌신과 상호 관계가 전적으로 순수하게 유지되지 않는다면, 이 수행법은 어떤 상황 속에서도 효과적으로 행해질 수 없다.

나는 이 책에서 가장 중요한 장 가운데 하나인 이 장을 가능한 한 명쾌하게 서술하기 위해 여러 다양한 자료를 여러 모로 검토했다. 이 책을 계기로 독자 가운데 몇몇은 특별히 비상한 이 가르침과 연계를 맺어 지속적으로 연구하게 되고 직접 수행하게 되기를 나는 염원한다.

다르마타의 네 가지 국면

산스크리트 어 〈다르마타〉는 티베트어로 〈최니 Chö nyi〉라 불리며 모든 것에 본래 갖추어진 성품, 일체의 정수(精髓)를 뜻한다. 다르마타는 있는 그대로의 절대적인 진리, 실재의 본성, 또는 현상의 참된 성품을 의미한다. 우리가 여기서 논하는 것은 마음의 본성과 모든 것의 본성을 온전하게 이해하려고 할 때 관건이 되는 내용이다.

해체 과정의 종결과 근원적 광명의 떠오름은 전적으로 새로운 차원을 열어주는데, 나는 지금부터 그것을 제시하고자 한다. 내가 그것을 설명하기 위해 발견한 하나의 유용한 방법은 그것을 밤이 아침으로 바뀌는 과정에 견주는 것이다. 죽어가는 해체 과정의 마지막 국면은 〈완전한 성취〉라는 단계의 어둠의 체험이다. 그것은 〈어둠으로 뒤덮인 깜깜한 하늘 같다〉고 말할 수 있다. 근원적 광명의 발생은 동트기 바로 직전 텅 빈 하늘의 투명함과 마찬가지다. 이제 점차적으로 다르마타라는 태양이 모든 방향으로 윤곽을 드러내면서 그 광채를 나타내기 시작한다. 리그파의 자연스런 광휘가 자발적으로 현현하여 에너지와 빛으로 확 타오른다.

태양이 저처럼 맑고 텅 빈 하늘에 떠오르듯, 다르마타 바르도의 빛나는 출현은 근원적 광명이 충만한 공간으로부터 일어나게 된다. 소리, 빛, 색의 이런 현시를 우리는 〈자발적인 현전〉이라 일컫는다. 왜냐하면 그것은 항상 그리고 본래적으로 그 근거인 〈근본적인 순수〉의 공간 안에서 나타나기 때문이다.

실제로 바로 여기에서 일어나는 것은 마음과 그 근원적 본성이 점차 명백하게 드러나는 전개 과정이다. 다르마타 바르도는 그 전개 과정 가운데 한 단계에 해당된다. 마음이 가장 순수한 상태, 근원적 광명으로부터 다음의 바르도, 즉 생성 바르도의 상태에서 형태를 나타내기 위해 전개되는 것은 바로 빛과 에너지의 이 차원을 통해서이기 때문이다.

물질을 탐구하면 그것이 결국 빛과 에너지의 바다임이 드러나게 된다고 현대 물리학이 밝힌 것은 지극히 시사적이다. 데이비드 봄 David Bohm은 이렇게 말한다. 〈물질은 말하자면 응축된 또는 얼어붙은 빛이다……. 모든 물질은 빛의 속도보다 낮은 평균 속도로 이리저리 움직이는 양식 속에 빛이 응결된 것이다.〉 현대 물리학은 또한 빛을 여러 가지 방식으로 이해한다. 〈물질은 에너지이고 또한 정보 — 내용, 형식, 구조를 지닌다. 그것은 무엇이든 될 수 있는 잠재력이 있다.〉[1]

다르마타 바르도는 네 가지 단계로 나뉘는데, 각 단계마다 해탈을 위해 서로 다른 계기를 제공한다. 이 바르도에 대해 내가 여기서 제시하려는 설명은 족첸 탄트라에 근거를 두고 있다. 족첸 탄트라에 따르면 오직 광명을 성취하기 위한 특별한 고급 수행, 〈토갈 수행〉을 통해야 다르마타 바르도의 참뜻이 실제적인 의미에서 이해될 수 있다고 한다. 이런 연유에서 다르마타 바르도는 티베트 전통에서 죽음에 대한 다른 일련의 가르침에 비해 덜 두드러지게 되었다. 또한 족첸 가르침에 속하는 「티베트 사자의 서」조차도 이러한 네 가지 단계의 연속을 약간 숨기듯 암시하기만 할 뿐이고, 분명하게 정돈된 형태로 제시하지는 않았다.

하지만 말로서 할 수 있는 것이란 몇 가지 개념을 활용해 다르마타 바르도에서 일어날 수 있는 것에 대해 묘사할 뿐임을 나는 강조하고자 한다. 수행자가, 각 단계에 대해 내가 제시하는 상세한 세목이 확고하게 개인적 체험이 될 정도로 완벽하게 토갈 수행을 하지 않는다면, 이 바르도의 출현은 단지 개념상의 이미지에 불과할 뿐이다. 내가 여기서 독자에게 제시하고자 애쓰는 것은 그토록 기묘하고 놀라운 차원이 존재한다는 자각이고, 바르도 전체에 대한 내 서술을 완료하는 것이다. 또한 독자가 죽음의 과정을 실제로 겪게 될 때, 이런 완결된 묘사가 되살아날 수 있기를 나는 마음 깊이 염원한다.

광명──빛의 풍광

다르마타 바르도의 상태에서 우리는 빛으로 된 몸을 지닌다. 이 바르도 상태의 첫번째 단계는 〈공간이 광명 속으로 해체되는 때〉이다.

갑자기 당신은 소리, 빛, 그리고 색이 흐르면서 진동하는 세계를 의식하게 된다. 우리에게 친숙한 환경의 일상적인 모든 특징은 일체에 스며드는 빛의 풍광 속으로 용해된다. 이것은 찬란하게 밝은 빛을 발하고, 투명하고 여러 색채를 띠고, 아른아른하게 빛나면서 끊임없이 움직이는데 어떤 종류의 차원이나 방향에도 제약받지 않는다. 「티베트 사자의 서」에서는 그것을 〈여름 땡볕이 평지에 내리쪼일 때 생기는 신기루 같다〉고 했다. 그것의 색깔은 마음에 본래 갖춰진 기본 성질이 자연스럽게 표출된 것이다. 공간은 파란 빛, 물은 하얀 빛, 땅은 노란 빛, 불은 빨간 빛, 그리고 바람은 녹색 빛으로 감지된다.

다르마타 바르도에 있어서 이처럼 눈부신 빛의 현현이 얼마나 안정되게 일어나는가 여부는 전적으로 당신의 토갈 수행이 얼마나 견실한가에 달려 있다. 실제로 이 수행법에 능숙해지면 당신의 수행 체험은 안정될 수 있고 이를 활용해 해탈을 얻을 수 있다. 그렇지 않으면 다르마타 바르도는 단지 번갯불처럼 번쩍거리는 곳에 지나지 않을 것이다. 어쩌면 그것이 일어났는지조차 모를 수 있다. 오직 토갈 수행자만이 그것을 알아차릴 수 있으며, 이처럼 찬란한 빛의 현현은 마음의 본성으로부터 결코 분리되지 않음을 다시 한번 강조하고자 한다.

결합──신

만일 이것이 리그파의 자발적인 현현임을 깨닫지 못한다면 그 다음으로 단순한 빛과 색깔들이 틱레 tikle라 불리는 서로 다른 크기의 빛의 공이나 점으로 통합되어 합쳐지기 시작한다. 빛이 거대한 둥근 모형으로 집중되어 마치 공간 전체를 점유하기라도 하듯 그들 안에 〈평화의 신과 분노의 신의 만다라〉가 나타난다.

이것이 〈광명이 분해되어 결합하는 것〉으로 알려진 두번째 단계인데, 광명은 붓다라든가 상이한 속성을 지닌 다양한 크기, 색, 형상을 띤 신의 형태로 현현하게 된다. 그들이 방출하는 밝은 빛은 눈을 멀게 할 정도로 현란하고, 소리는 천여 개의 천둥 소리가 포효하는 것처럼 어마어마하고, 그리고 빛의 광선과 광속은 모든 것을 꿰뚫는 레이저 같다.

「티베트 사자의 서」에서는 이를 〈42가지 평화의 신과 58가지 분노의 신〉이라고 묘사했다. 그것들은 그들 자신의 독특한 다섯 겹의 만다라 양식을 띠면서 〈며칠〉에 걸쳐 전개된다. 이것은 당신의 지각 전체를 강하게 채워오는 비전이므로, 만일 그것이 무엇인지 인지하지 못하면 놀라게 하고 위협하는 것처럼 보이게 된다. 더없는 두려움과 맹목적인 공포가 당신을 소진시켜 마침내 정신을 혼미하게 만든다.

당신 자신과 신으로부터 매우 미세한 한 줄기 광선이 흘러나와 당신의 마음과 그의 마음을 연결시킨다. 그들의 광선들 속에서 빛나는 공간들이 셀 수 없이 나타나고 점점 증가되어, 모든 신이 당신 속으로 녹아들어 가듯 〈모여들게〉 된다.

지혜

만일 당신이 그것들을 다시 인지해 안정성을 확보하는 데 실패한다면 〈결합이 지혜 속으로 용해된다〉고 불리는 다음 단계가 전개된다.

미세한 한 줄기 광선이 당신 마음으로부터 흘러나와 그로부터 거대한 비전이 펼쳐진다. 하지만 모든 세목(細目)은 독특하고 분명하게 남아 있다. 이것은 지혜의 다양한 측면이 현현한 것인데, 빛으로 펄럭이는 카펫과 눈부시게 둥근 틱레가 마치 전시회를 열기라도 하는 양 함께 나타난다.

첫째, 짙은 파란색 빛의 카펫에 청옥(青玉)색으로 아른아른 빛나는 틱레가 다섯 가지 유형으로 나타난다. 그 위에 하얀 빛의 카펫에 크리스탈같이 하얗게 빛나는 틱레가 나타난다. 그 위에 노란 빛 카펫에 금빛의 틱레가 나타나고, 그 위에 붉은 빛 카펫이 홍옥 빛 틱레를 뒷받침한다. 그것들은 크게 펼쳐진 공작새 털 덮개처럼 밝고 둥근 천체로 둘러싸여 있다.

이러한 빛의 빛나는 표출은 다섯 가지 지혜의 현현을 뜻한다. 첫째 일체를 포괄하는 공간의 지혜[法性眞性智], 둘째 거울같이 맑은 지혜[大圓鏡智], 셋째 평등의 지혜[平等性智], 넷째 분별의 지혜[妙觀察智], 그리고 모든 것을 성취하는 지혜[成所作智]. 그러나 모든 것을 성취하게 하는 지혜는 단지 깨달음의 순간에만 완벽해지므로 그것은 아직 현현하지 않는다. 따라서 녹색 빛의 카펫과 틱레는 없는 것이지만, 그것은 다른 모든 색 안에 내재한다. 여기에 제시한 것은 깨달음에 대한 우리의 잠재적 가능성이고, 모든 것을 성취하게 하는 지혜는 단지 우리가 붓다가 될 때만 나타날 것이다.

만일 당신이 여기서 마음의 본성에서 조금도 흐트러짐 없이 휴식을 취함으로써 해탈에 도달하지 못한다면, 빛의 카펫과 틱레가 당신의 리그파와 함께 모두 공작새의 털로 만든 덮개 같은 빛의 현란함 속으로 사라지고 만다.

자발적인 현전

이것은 다르마타 바르도의 마지막 국면 〈지혜가 자발적인 현전으로 용해되는 단계〉이다. 이제 실재 전체가 그 자체로 광대하게 현현하게 된다. 먼저 원초적 순수함의 상태가 구름 한점 없이 트인 하늘처럼 떠오르게 된다. 이어서 평화의 신과 분노의 신이 나타나고 붓다의 순수한 영토가 뒤따르게 되고 그 아래에 윤회하는 여섯 세계[六道輪廻]가 뒤따르게 된다.

이 비전은 아무 한계가 없어서 우리의 일상적인 상상을 넘어선다. 이를테면 지혜와 해탈에서부터 혼란과 재탄생에 이르기까지 모든 가능성이 제시된다. 이 즈음에 당신은 자신에게 통찰력과 회상 능력이 부여된 것을 발견하게 된다. 예를 들면 아무 장애도 없는 순전한 통찰력과 감각 능력으로 당신의 과거와 미래의 삶을 알게 되고 다른 사람의 마음을 꿰뚫게 되고, 여섯 세계의 모든 존재를 알게 된다. 한순간에 당신은 이미 들었던 어떤 가르침이라도 생생하게 떠올릴 수 있고, 결코 들은 적이 없던 가르침이라도 마음에서 자각할 수 있을 것이다.

그래서 밧줄이 끊기면 텐트가 단숨에 무너지는 것처럼, 비전 전체가 그 근본 정수로 돌아가 용해되어 버린다.

만일 이렇게 현현한 것이 〈당신 자신의 리그파의 광휘〉임을 확실하게 안다면, 당신은 해탈하게 될 것이다. 그러나 토갈 수행 체험이 없다면 〈태양처럼 빛나는〉 신들의 비전을 바라볼 수 없으리라. 대신 이전의 삶의 익숙한 습관적 성향으로 인해 당신의 눈길은 여섯 가지 윤회의 세계로 떨어질 것이다. 당신이 인지하게 되는 것이 바로 여섯 가지 윤회의 세계이고, 당신을 다시 한번 미혹으로 이끄는 것도 바로 여섯 가지 윤회의 세계이다.

「티베트 사자의 서」에 따르면 이 단계가 진행되는 기간은 다르마타 바르도의 체험으로 정해진다. 그때 시간의 기준은 지금과 같지 않다. 다르마타의 영역은 시간과 공간 같은 모든 한계를 완전히 벗어나기 때문이다. 그런 날들은 예컨대 〈명상의 날〉, 우리가 마음의 본성에서 산란하게 흩어짐 없이 쉴 수 있는 시간의 길이, 또는 마음의 단 한 가지 상태에 달려 있다. 명상 수행에 있어 안정감이 없다면 이런 날들은 지극히 짧아지고 평화의 신과 분노의 신의 현현은 순식간에 지나가서 그들이 언제 나타났는지 우리는 기억조차 할 수 없게 된다.

다르마타를 올바르게 이해하기

> 지금 다르마타 바르도가 내게 떠오를 때
> 나는 온갖 공포와 두려움을 내려놓고
> 내 자신의 리그파가 어떻게 나타나든지 알아차려
> 그것이 이 바르도의 자연스런 현현인 줄 알겠노라.
> 지금 결정적인 순간에 도달하게 되니
> 바로 나 자신의 마음의 본성에서 일어나는
> 평화의 신과 분노의 신을 나는 두려워하지 않으리라.

다르마타 바르도를 이해하는 열쇠는 그것에서 일어나는 모든 경험이 우리 마음 본성의 자연스런 광휘라는 점에 달려 있다. 그때 일어나는 것은 깨달은 에너지의 다양한 양상이 방출되는 것이다. 수정에 의해 흩어져 춤추는 무지개 빛이 자연스러운 현상인 것처럼, 그토록 눈부신 다르마타의 출현은 마음의 본성으로부터 결코 분리될 수 없다. 그것들은 자발적으로 표출한 것이다. 따라서 다르마타의 출현이 아무리 놀랍다 하더라도 「티베트 사자의 서」에서 박제된 사자는 아무도 두려워하지 않는다고 말하는 것과 마찬가지로 무서워할 게 하나도 없다.

하지만 엄격하게 말해서 다르마타의 출현을 〈비전〉 또는 심지어 〈체험〉이라 일컫는 것은 잘못이다. 왜냐하면 비전과 체험이란 지각하는 자와 지각되는 것 사이의 이원적 관계에 의존하기 때문이다. 만일 다르마타 바르도의 출현을 바로 우리 마음의 지력(智力)인 줄로 알아차린다면, 지각하는 자와 지각되는 것 사이에 아무런 간격이 없게 되므로 이는 둘로 나뉠 수 없는 체험이다. 저 체험으로 온전하게 들어가게 되면 해탈에 이르게 된다. 왜냐하면 칼루 린포체가 말한 대로 〈죽은 이후 의식이 겪게 되는 그 체험이 마음 그 자체에서 일어나는 것임을 인지하는 순간에 해탈이 일어나기 때문이다〉.[2]

하지만 이제 우리가 더 이상 물리적인 육체와 세계에 근거하거나 자리잡지 않게 되면, 바르도 상태에서 풀려난 마음 본성의 에너지는 거의 있는 그대로 볼 수 있고 객관적인 존재의 모습을 띠게 된다. 그것들은 우리 존재의 바깥 세계에 거주하는 듯하다. 수행이 확고하지 못하다면, 둘로 나뉘지 않는 그 무엇, 우리 자신의 지각에 의존하지 않는 어떤 것을 우리는 결코 알 수 없으리라. 다르마타 바르도의 표출이 〈외적인 비전〉이기라도 한 듯 자신으로부터 분리된 것으로 간주하자마자, 우리는 두려움 또는 희망을 지니고 반응하게 되며 결국에는 미혹으로 떨어지게 된다.

근원적 광명이 떠오를 때에 즉각 알아차리는 것이 해탈의 열쇠이듯, 다르마타 바르도에서도 또한 마찬가지이다. 오직 이 경우엔 리그파에서 저절로 발하는 광휘, 다시 말해 마음의 본성에서 나타나는 에너지를 알아차리느냐 여부에 달려 있는데, 그에 따라 해탈하느냐 또는 제어할 수 없는 재탄생의 순환을 끊임없이 지속하느냐의 차이가 생기게 된다. 예를 들면 다르마타 바르도의 두번째 단계에서 나타나는 수많은 평화의 신과 분노의 신의 현현을 살펴보자. 다섯 붓다 가족의 붓다, 그들의 여성 배우자, 남성과 여성 보살, 여섯 세계에 머무는 붓다, 그리고 수많은 분노의 신과 평화의 신들로 구성되어 있다. 그들은 다섯 가지 지혜의 찬란한 빛 가운데에서 떠오른다.

우리는 이러한 붓다들 또는 신들을 어떻게 이해할 수 있을까? 〈이와 같은 순수한 형상 각각은 우리의 순수하지 못한 체험의 일부를 이루는 깨달음의 원경(遠景)이 표출된 것이다.〉[3]

다섯 명의 남성 붓다는 자아를 구성하는 다섯 가지 집합〔五蘊〕의 순수한 모습을 뜻한다. 그들의 다섯 가지 지혜는 다섯 가지 부정적 감정의 순수한 모양을 의미한다. 다섯 명의 여성 붓다는 마음의 순수한 기본 성질을 뜻하는데, 우리는 자신의 물리적 육체와 환경을 구성하는 순수하지 못한 요소로서 그것들을 경험하게 된다. 여덟 명의 보살은 다양한 형태의 의식〔八識〕의 순수한 모습을 뜻하고, 보살의 여성 배우자는 의식의 대상을 의미한다.

붓다 가족과 그 지혜의 순수한 비전이 나타나든지, 또는 자아의 다섯 가지 집합과 부정적 감정이란 순수하지 못한 비전이 일어나든지 그들의 기본 품성은 본래 같은 것이다. 차이는 우리가 그것들을 알아차릴 수 있느냐, 그리고 마음의 본성의 근저로부터 깨달음의 에너지가 떠오르는 것을 우리가 알아차릴 수 있는지 여부에 달려 있다.

우리의 일상적 마음 가운데 욕망에 사로잡힌 생각을 예로 들어 보자. 만일 우리가 욕망의 참된 성질을 알아차리기만 한다면, 그에 대한 집착에서 벗어나 〈분별의 지혜〉가 떠오를 것이다. 증오와 분노의 참된 성질을 알아차리면 집착에서 벗어나 다이아몬드 같은 명석함이 떠오를 것이다. 이것은 〈거울같이 맑은 지혜〉이다. 무지의 참된 성질을 알아차리면, 어떤 개념들도 지니지 않은 광대하고 자연스러운 명쾌함이 떠오를 것이다. 이것은 〈일체를 포괄하는 공간의 지혜〉이다. 자만심의 참된 성질을 알아차리면 이중적인 사고에서 벗어나고 평등해질 것이다. 이것은 〈평등의 지혜〉이다. 질투의 참된 성질을 깨닫는다면 불공평과 집착에서 벗어나 〈모든 것을 성취하는 지혜〉가 떠오를 것이다. 그러니까 다섯 가지 부정적 감정은 우리가 그것들의 참된 성질을 바르게 인지하지 못했기 때문에, 그 직접적인 결과로 발생한 것이다. 부정적 감정이 올바르게 포착될 때, 그런 감정은 순수하게 정화되고 자유롭게 풀려나 다섯 가지 지혜의 현현으로 구체화된다.

다르마타 바르도에 있어서 당신이 이런 지혜의 밝은 빛을 인지하지 못할 때, 어떤 스승이 말한 것처럼 고열을 심하게 앓는 사람이 환각에 빠져 온갖 종류의 환상을 보게 되는 것과 똑같이, 자신에의 집착이 당신의 〈지각〉 안에 개입되게 된다. 예컨대 만일 당신이 분별의 지혜가 내는 빨간 홍옥빛을 알아차리지 못하면, 그것은 불로 나타나게 된다. 왜냐하면 그것은 불의 순수한 본질이기 때문이다. 만일 평등의 지혜가 내는 금색 광휘의 참된 성품을 인지하지 못한다면, 그것은 땅의 요소로 나타나게 된다. 왜냐하면 그것은 땅의 순수한 정수이기 때문이다. 나머지 셋의 경우도 마찬가지다. 다르마타 바르도가 현현할 때 자신에 대한 집착이 개입되는 경우, 그것들이 변화를 일으켜 당신은 거의 고착되어 굳어지고 이에 의해 윤회의 다양한 형태에 떨어지게 되는 것이다.

어느 족첸 수행법의 스승은 얼음과 물의 비유를 통해 다르마타 바르도를 알아차리지 못할 경우 자기 자신에 대한 집착이 어떤 결과를 초래하는지 설명했다. 물은 대개의 경우 액체 상태로 있는데, 정화하고 갈증을 풀어주는 놀라운 성질을 지닌다. 그러나 물이 얼면 얼음이 된다. 이와 유사하게 자신에 대한 집착이 일어날 때마다 그것은 우리의 내적 경험과 주위의 세상을 인지하는 방식을 고착시켜 버린다. 하지만 태양의 열이 얼음을 녹이는 것과 똑같이 다르마타 바르도를 알아차리면 그 빛으로 인해 우리의 지혜는 속박에서 풀려나 드러나게 된다.

근원적 광명과 다르마타 바르도가 현현한 이후, 마음의 정수를 인지하는 데 두 번에 걸쳐 연속해서 실패한 결과, 윤회가 실제로 어떻게 일어나게 되는지 이제 우리는 정확하게 볼 수 있다. 첫째,

근원적 광명, 마음의 본성이 인지되지 못한다. 만일 인지했더라면 해탈을 성취했을 것이다. 둘째, 마음 본성의 에너지가 나타나고 해탈을 위한 두번째 기회가 제시된다. 만일 이것을 인지하지 못한다면 부정적 감정이 일어나 여러 가지 거짓된 지각으로 응결되고, 우리가 윤회라 일컫는 환상의 영역이 만들어지게 되고, 우리는 탄생과 죽음의 순환에 갇혀버릴 것이다. 그러기에 영적 수행의 전부는 내가 무지의 전개 과정이라 일컫는 것을 즉시 뒤엎는 데 바쳐지고, 우리가 멋대로 지어내서 자신을 환상에 빠지게 만든 저와 같이 상호 연계되고 상호 의존적인 거짓된 지식을 감소시켜 녹이는 것을 목표로 하는 것이다.

근원적 광명이 죽음의 순간에 떠오르는 것과 마찬가지로, 다르마타 바르도에서도 해탈이 당연한 것으로 간주될 수는 없다. 왜냐하면 지혜의 밝은 빛이 반짝일 때, 지혜의 빛보다 덜 도전적이고 덜 압도적이며 단순하고 위안을 주는 아늑한 소리와 빛이 뒤따르기 때문이다. 이와 같이 희미한 빛(거무칙칙한 색, 노란색, 녹색, 파란색, 빨간색, 그리고 흰색을 띤 빛)은 성냄, 탐욕, 무지, 욕망, 질투, 그리고 자만심으로 집적된 우리의 습관적인 무의식적 경향과 관련된다. 이것들은 여섯 가지 윤회의 세계를 만들어내는 감정이다. 여섯 세계는 지옥, 아귀, 동물, 인간, 반신반인(半神半人), 그리고 신의 세계다.

만일 우리가 삶 속에서 마음의 다르마타적인 본성을 알아차려 확고하게 하지 못한다면, 삶의 시간 동안 우리가 쌓아올린 자기에 집착하려는 기본 성향이 일어나기 시작한다. 지식의 현란함에 위협받아 마음은 물러나게 된다. 우리의 습관적 성향을 불러들이는 아늑한 빛은 우리를 유혹해 업과 의식 흐름을 지배하는 특별한 부정적 감정에 따라 다시 태어나게 한다.

이제 온화한 붓다가 출현하는 「티베트 사자의 서」를 인용해 이러한 전과정을 설명하기로 하자. 스승이나 영적인 친구가 죽은 사람의 의식을 향해 이렇게 말을 건넨다.

오, 고귀한 집안에 태어난 아무개여, 귀기울여 들어라!
셋째날에는 땅의 순수한 정수가 노란 빛으로 떠오를 것이다. 그와 동시에 〈장엄하다〉고 알려진 노란색의 남쪽 붓다 세계로부터 라트나삼바바 붓다[寶生佛]가 노란색의 몸으로 손에는 소망을 실현시켜 주는 보석을 들고 그대 앞에 나타나리라. 그는 말이 지탱하는 왕좌에 앉아서 통치를 하고, 지고의 여성 배우자 마마키를 껴안고 있다. 그의 주위에 두 명의 남성 보디사트바[보살], 아카샤가르바와 사만타바드라가 있고[4] 또한 두 명의 여성 보디사트바, 마라와 두파가 있으며 여섯 명의 붓다는 무지개 빛에 둘러싸여 나타나리라.
느낌의 집합[受蘊]의 본래적인 순수함(이것이 바로 〈평등의 지혜〉)은 노란 빛으로 눈부시고 빛의 틱레로 장식되어 있는데 라트나삼바바와 그의 배우자의 가슴으로부터 당신을 향해 흘러나올 것이고, 당신의 가슴을 꿰뚫어 당신은 눈으로 바라볼 수 없을 것이다.
그와 아주 똑같은 시기에 지혜의 빛과 함께 인간계를 대표하는 흐릿한 파란 빛이 당신에게 다가와 그대의 가슴을 꿰뚫을 것이다. 그때 자만심에 끌려다니는 당신은 노란 빛의 강렬함이 두려워 달아날 것이다. 하지만 인간 세상의 흐릿한 파란 빛에는 기뻐하며 그것에 들러붙게 되리라.
이 순간 아무리 눈부시게 광채를 낼지라도 당신을 꿰뚫는 노란 빛을 두려워하지 말고 그것을 지혜로 알아차려라. 긴장을 풀고 당신의 리그파를 그 안에서 휴식을 취하고 어떤 행위든지 마음을 편하게 하여 자유로운 상태에서 할 수 있게 하라. 그리고 노란 빛에 대한 믿음을 지니고 그것에 헌신하고 흠모하도록 하라. 만일 그것이 그대 자신의 리그파에서 발하는 자연스러운 광휘인 줄 안다면, 당신이 그것에 헌신하지 않고 영적인 감흥에 필요한 기도를 말하지 않더라도 모든 붓다의 몸과 빛의 서광은 당신과 나뉠 수 없을 정도로 합치되고, 그대는 불성에 도달할 것이다.

만일 그대가 그것이 당신 자신의 리그파에서 발하는 자연스러운 광휘인 줄 모른다면 그때는 〈이것은 라트나삼바바 붓다의 자비 넘치는 힘이다. 나는 그 안에서 위안을 찾겠다〉라고 생각하면서 헌신적으로 기도해라. 사실 그것은 바르도의 무서움 가운데에서 당신을 인도하기 위해 찾아오는 라트나삼바바 붓다이다. 그것은 그의 자비 가득한 힘으로 빛의 갈고리이니, 그것에 온 마음으로 헌신해야 한다.

인간 세상의 흐릿한 파란 빛에 환호하지 말아라. 이것은 당신의 심한 자만심을 통해 쌓인 습관적 성향이 당신을 유혹하는 방식인 것이다. 당신이 흐릿한 파란 빛에 애착을 갖는다면 인간 세상에 떨어져 생로병사의 고통을 경험할 것이고 윤회의 수렁에서 빠져나올 기회를 잃게 될 것이다. 흐릿한 파란 빛은 해탈의 길을 가로막는 장애물이니 그것을 쳐다보지도 말라! 흐릿한 파란 빛에 들러붙지 말라! 그것을 갈망하지도 말라! 눈부시게 빛나는 노란 빛에 헌신하고 그것을 흠모하고, 라트나삼바바 붓다에 온 마음을 다해 이렇게 기도하라.

아!
뿌리 깊은 자만심으로 윤회의 수렁에서 방황할 때에
라트나삼바바 붓다께서는 저를 이끌어주시옵소서!
〈평등의 지혜〉가 있는 눈부신 빛의 길에서
지고의 여성 배우자 마마키께서 제 뒤에서 보살펴주시옵소서!
바르도의 위험한 좁은 길에서 저를 도와주소서!

저를 완전한 붓다의 자리에 이르게 하소서!

마음 깊이 헌신해 이렇게 감동적으로 기도를 할 때, 그대는 라트나삼바바 붓다와 그 배우자의 가슴으로부터 나오는 무지개 빛으로 녹아들어가 〈영광〉이라고 알려진 남쪽 붓다 세계에서 삼보가카야〔報身〕 붓다[5]가 될 것이다.

라트나삼바바 붓다의 현현에 대한 이러한 묘사는 죽어가는 자의 능력이 아무리 미약할지라도, 스승이나 영적인 친구에 의해 설명되기만 하면 확실히 해탈할 수 있다는 말로 맺고 있다. 하지만 「티베트 사자의 서」에 따르면 여러 번에 걸쳐 이런 설명이 〈제시된〉 이후라 해도, 부정적인 업 때문에 제대로 알아차리지 못하고 해탈하지 못하는 사람들도 있다고 한다. 탐욕과 몽롱함에 의해 흐트러지고 상이한 소리와 빛에 의해 겁먹은 그들은 달아날 것이다. 따라서 〈그 다음날〉 미래에 출현할 붓다, 빛을 무한하게 지닌 아미타바〔아미타불: 無量光佛〕는 그 만다라와 함께 눈부신 빨간 빛의 현란한 광휘 속에서 나타날 것이고, 탐욕과 비열함으로 만들어진 아귀가 내는 흐릿하고 유혹하는 노란 빛도 함께 현시될 것이다. 「티베트 사자의 서」는 계속해서 평화의 신과 분노의 신의 현현을 차례차례 유사한 방식으로 소개하고 있다.

나는 종종 이런 질문을 받는다. 〈신은 서양인에게도 나타나는가? 만일 그렇다면 서양인의 모습과 흡사한 형태인가?〉

다르마타 바르도의 현현은 〈자발적인 현전〉이라 일컫는다. 이것은 다르마타 바르도가 본래적으로 갖춰진 것이고 무조건적이고 우리 모두에게 존재하는 것임을 의미한다. 다르마타 바르도의 현현은 각 개인의 영적인 실현 정도에 제약되지 않는다. 오로지 그 현현을 알아차리느냐 여부가 관건이다. 티베트 인만 공유한 것이 아니며 보편적인 기본 체험이다. 그러나 다르마타 바르도를 인지하는 방식은 우리 각자에게 달려 있다. 다르마타 바르도는 본래 아무 한계가 없으므로, 어떤 형태로든 나타날 수 있다.

그러므로 신은 우리가 자신의 삶에서 매우 친숙한 그런 형상을 띨 수 있다. 예를 들면 기독교인의 경우 신은 예수라든가 성모 마리아의 형상을 취할 수도 있다. 일반적으로 깨달은 붓다가 나타나는 목적의 전부는 우리를 도와주려는 데 있으므로 어떤 형상이든지 우리에게 적합하고 유익한 형태를 띨 것이다. 그러나 신이 어떤 형태로 나타나든지, 어쨌든 그 기본 성품엔 어떤 차이도 있을 수 없다.

다르마타 바르도를 알아차리기

족첸 가르침에서는 이렇게 말한다. 마음의 본성을 참으로 실현하지 못하고 텍초 수행 체험이 확고하지 못하면 근원적 광명을 알아차릴 수 없는 것처럼, 토갈 수행이 확고하지 못하면 다르마타 바르도를 인지할 수 없다는 것이다. 마음 본성의 광명을 완전하게 해서 확고 부동하게 한 토갈 수행자는 이미 자신의 삶을 통해 다르마타 바르도에서 떠오르는 동일한 현현에 대한 직접적인 앎을 지니고 있는 셈이다. 그러니까 이런 에너지와 빛은 설령 숨겨져 있다 할지라도 언제나 우리와 함께 있다. 마음의 보다 거친 측면과 육신이 흩어질 때 그것들은 자연스럽게 풀려나고 우리의 참된 본성의 소리, 색, 빛은 빛나게 된다.

그러나 이 바르도가 해탈의 기회로 활용될 수 있는 것이 오직 토갈 수행을 통해서만은 아니다. 불교의 탄트라 수행자도 다르마타 바르도의 현현을 자신의 수행과 관련시킬 것이다. 탄트라에 있어서 신의 원리는 의사 소통의 방식에 있다. 만약 그들이 개인적으로 의사 소통할 형식이나 근거가 없다면 깨달은 에너지의 현전과 관계 맺기란 어렵다. 신은 비유적 표현으로 이해되는데, 붓다의 지혜로 가득한 마음의 무한한 에너지와 성질을 인격화함으로써 신 개념이 성립된다. 신의 형태로 다르마타 바르도를 인격화함으로써 수행자는 그것들을 알아차려 관련을 맺을 수 있다. 마음에 떠오르게 하는 수행을 통해 신을 만들어내서 재흡입하는 훈련을 행함으로써 그 사람은 신을 인지하는 마음과 신 자체가 분리될 수 없음을 실감하게 된다.

티베트 불교에서 수행자는 〈이담〉을 지닌다. 이담이란 그가 강한 업을 매개로 인연을 맺은 어떤 특별한 붓다나 신의 실재를 지니고서 닦는 수행을 뜻한다. 그들에게 이담은 진리의 화현으로 여겨져 그들의 수행을 자극한다. 다르마타 바르도의 현현을 외적인 현상으로 인지하는 대신, 탄트라 수행자는 다르마타 바르도를 이담 수행과 관련시킬 것이고, 따라서 다르마타 바르도의 현현과 더불어 합일하게 될 것이다. 그들은 수행을 통해 이담을 깨달은 마음의 자연스러운 광휘로 인지하므로, 다르마타 바르도의 현현을 그렇게 알아차릴 수 있으며 다르마타 바르도를 신으로 떠오르게 할 수도 있다. 이렇게 순수하게 지각하는 수행자는 바르도에서 무엇이 현시되든 다름아닌 이담의 나타남으로 인지한다. 그래서 그 수행력과 신의 축복을 통해 다르마타 바르도에서 해탈을 얻게 될 것이다.

이런 까닭으로 티베트 전통에서는 이담 수행에 익숙하지 못한 일반인과 평범한 수행자에게, 어떤 일이 일어나든지 심사숙고해서 그것들을 곧바로 본질적으로 (그들이 매우 친숙한) 자비의 붓다 아와로키테슈와라, 또는 파드마삼바바나 아미타바로 인지하도록 조언한다. 간단하게 말해서 삶에서 어떤 방식으로 수행을 했든지간에 다르마타 바르도의 현현을 인지하기 위해 노력해야 하는 것은 똑같다.

다르마타 바르도를 보는 또 다른 방법은 그것을 근본적으로 가장 순수한 형식으로 표현된 이원성으로 보는 것이다. 우리에게 해탈의 수단이 제시되어 있지만, 그와 동시에 우리는 자신의 습관과 본능적 욕구에 끌려다닌다. 우리는 마음의 순수한 에너지를 경험함과 동시에 혼란을 경험한다. 우리는 이것과 다른 것들 사이에서 마음을 정하도록 재촉받는 듯하다. 하지만 우리가 올바르게 선택할 수 있느냐 여부는 삶에서 우리의 영적 수행의 정도, 수행이 얼마만큼이나 완벽한지 여부에 따라 정해지는 것은 두말할 나위 없다.

* * *

1) 르네 웨베르 Renée Weber 편, 『과학자와 성인의 대화: 전일성의 추구 Dialogues with Scientists and Sages: The Search for Unity』(London: Routledge and Kegan Paul, 1986년), 45-46쪽.
2) 칼루 린포체, 『다르마 The Dharma』(Albany: State Univ. of New York Press, 1986년), 61쪽.
3) 같은 책, 62쪽.
4) 이것은 보살 사만타바드라를 가리키며 최초의 붓다를 가리키는 것은 아니다.
5) 21장 참조. 여기서 나는 귀엄 도르제 Gyurme Dorje 박사의 친절한 제안에 크게 감사드린다. 그와 그레함 콜먼 Graham Coleman이 편집해서 영역한 『티베트 사자의 서』가 1993년 펭귄 출판사에서 간행되기로 예정되어 있다.

18

생성의 바르도

죽음이란 대부분의 사람들에게 단지 죽어가는 과정의 종결임과 동시에 망각의 상태로 들어감을 의미할 것이다. 내적인 해체의 세 단계 과정은 손가락을 세 번 퉁기는 것처럼 순식간에 진행된다고 말해진다. 아버지와 어머니의 하얗고 빨간 정수가 가슴에서 만나게 되고 〈완전한 성취〉라 불리는 어둠 체험이 일어나게 된다. 근원적 광명이 떠오르지만, 우리는 그것을 알아차리지 못한 채 무의식 상태에서 혼절하고 만다.

이미 말한 것처럼 이것이 첫번째 실패로 〈리그파〉의 반대인 〈마리그파 Ma Rigpa〉라 불리는 무지의 상태이다. 이것은 우리에게 윤회라는 또 다른 순환의 시작을 의미하는데 죽는 순간 잠깐 동안 방해를 받게 된다. 그때 다르마타 바르도가 현현하게 되지만, 우리는 조금도 알아차리지 못한 채 과거로 흘러가게 된다. 이것이 두번째 실패로 무지의 두번째 단계이며 첫번째 실패와 마찬가지로 마리그파 상태에 있는 것이다.

우리가 의식하게 되는 첫번째 것은 마치 〈하늘과 땅이 다시 분리되는 듯〉함이다. 우리는 돌연 죽음과 재탄생 사이의 중간 단계로 움직이게 된다. 이것이 시파 Sipa 바르도라 불리는 생성의 바르도이며 죽음의 세번째 바르도이다.

근원적 광명을 인지하지 못하고 다르마타 바르도를 알아차리지 못해서 우리의 온갖 습관의 종자가 활성화되어 다시 일어나게 된다. 생성 바르도는 온갖 습관의 종자가 이렇게 일깨워질 때와 다시 생명의 자궁으로 들어갈 때 사이의 시간에 걸쳐 있다.

시파 바르도에서 〈시파〉라는 단어는 〈생성〉으로 옮겨지는데 〈가능성〉, 〈존재〉를 뜻하기도 한다. 시파 바르도의 상태에 있으면 마음은 이 세상의 물리적 몸뚱이에 더 이상 제한되거나 방해받지 않으므로 다른 세계에서 다시 태어날 〈생성의 가능성〉은 무한하다. 그리고 이 바르도는 영혼의 몸이라는 〈바깥 존재〉와 마음이라는 〈안쪽 존재〉를 지닌다.

생성 바르도의 두드러진 특징은 마음이 지배적인 역할을 한다는 데 있다. 반면 다르마타 바르도는 리그파의 영역 안에서 전개된다. 그래서 다르마타 바르도의 상태에서는 우리가 빛의 몸을 지니고, 생성의 바르도에서는 영혼의 몸을 지니게 되는 것이다.

생성의 바르도 상태에서 마음은 투시력이 뛰어나고 공간 이동에 아무런 제약이 없지만, 움직이는 방향은 전적으로 우리의 지나간 업의 습관에 따라 정해진다. 따라서 〈업력에 의해 생성되는 바르도〉라 일컬어진다. 왜냐하면 칼루 린포체가 말하듯 〈그것은 전적으로 지난날 우리의 행위 또는 업에 의한 기계적이고 맹목적인 귀결이고, 생성의 바르도 상태에서 일어나는 것 중에서 우리가 의식적으로 결정하는 것이란 아무것도 없기 때문이다. 우리는 업력의 바람에 휩쓸려 이리저리 끌려다닐 뿐이다〉.[1]

이 지점에 이르러 마음은 그 점진적 전개 과정에 따라 다음 단계에 도달하게 된다. 예컨대 순수한 상태(근원적 광명)에서부터, 그 빛과 에너지를 거쳐(다르마와 바르도의 현현), 생성 바르도 상태에 이르면 영혼의 형상이 좀더 거칠게 현시된다. 이 단계에서는 해체 과정이 반대 방향으로 전개된다. 이를테면 바람이 다시 나타나고, 바람과 함께 무지, 욕망, 성냄과 연계된 생각이 나타난다. 그때 우리의 지나간 업에 의해 형성된 육신에 대한 기억이 여전히 우리 마음에 선명하게 남아 있기 때문에 우리는 〈영혼의 몸〉의 형태를 띠게 된다.

영혼의 몸

영혼의 몸은 생성의 바르도 상태에서 일련의 독특한 특성을 지닌다. 영혼의 몸은 모든 감각 기관을 갖는다. 영혼의 몸은 지극히 가볍고 투명하고 활동적이다. 그 의식은 이 삶에서보다 일곱 배나 명료하다고 한다. 그것은 또한 초보적인 투시력을 지니는데, 의식의 지배를 받지 않지만 다른 사람의 마음을 읽을 수 있다.

이 영혼의 몸은 얼핏 보기에 방금 살았던 이 생의 육신과 흡사한 형상을 지닐 것이다. 하지만 영혼의 몸은 아무 결점도 없고 삶의 근원에 자리잡고 있다. 만일 당신이 이 생에서 약점이 있다거나 병에 걸렸다 할지라도, 생성의 바르도에서는 완벽한 영혼의 몸을 가질 것이다. 족첸의 가장 오래된 가르침 중 하나에 따르면, 영혼의 몸은 대략 여덟 살에서 열 살 정도의 어린이 크기라고 한다.

〈업력의 바람〉으로 알려진 개념적 사유의 힘으로 인해 영혼의 몸은 한순간도 가만히 있지 않는다. 영혼의 몸은 쉴새없이 움직인다. 영혼의 몸은 원하는 곳이면 어디든지 아무런 어려움 없이 생각하자마자 그곳에 갈 수 있다. 영혼의 몸은 아무런 물질적 토대가

없어서 벽이나 산 같은 큰 장벽을 쉽게 통과할 수 있다.[2]

영혼의 몸은 3차원의 대상을 꿰뚫어볼 수 있다. 하지만 육체적 몸의 아버지와 어머니의 정수를 결여하고 있으므로, 더 이상 해나 달의 빛을 받지 못한다. 단지 자기 앞의 공간을 직접 밝히는 희미한 색채만 있을 뿐이다. 다른 바르도의 존재를 볼 수는 있지만 살아 있는 존재가 영혼의 몸을 볼 수는 없다. 그러나 깊은 명상 체험을 통해 투시력이 열린 사람은 예외다.[3] 그래서 바르도의 세계를 돌아다니는 다른 많은 여행자, 우리보다 먼저 죽었던 사람들과 함께 만나 한순간 대화할 수 있다.

그것을 구성하는 다섯 가지 요소〔五大〕로 인해 영혼의 몸은 단단한 것처럼 느껴지고, 여전히 배고픔의 고통을 느낀다. 바르도 가르침에 따르면 영혼의 몸은 냄새를 먹고 살며 불에 구운 제물로부터 영양분을 취하지만, 특별히 그의 이름으로 봉헌된 제물로부터만 이익을 얻을 수 있다 한다.

생성 바르도의 상태에서 영혼의 몸은 그 활동이 매우 신속하다. 예컨대 생각은 재빨리 연속해서 일어나고 여러 가지 일을 동시에 행할 수 있다. 마음은 행동 양식과 습관, 특히 특정한 경험과 그들이 궁극적이라고 여기는 소신에 대한 집착을 지속시킨다.

바르도 상태에서 겪는 경험

바르도 상태에 들어간 첫번째 일주일 동안 우리는 이전의 삶에서와 마찬가지로 남자 또는 여자라는 느낌을 갖게 된다. 우리는 자신이 죽었는지도 아직 모른다. 가족과 사랑하는 사람을 만나기 위해 집으로 돌아오기도 한다. 그들과 대화하기 위해 어깨를 만지려고 애쓴다. 하지만 그들은 대답하지도 않고 우리가 함께 있다는 것을 의식하지도 못한다. 우리가 아무리 발버둥쳐도 그들이 우리를 의식하게 할 수 없다. 우리의 죽음에 직면해 그들이 울거나 충격을 받아 상심한 모습으로 앉아 있더라도 우리는 무력하게 지켜볼 수밖에 없다. 우리는 가족들과 의사 소통을 하려고 애쓰지만 아무런 결실도 없다. 우리의 자리는 더 이상 식탁에 마련되지 않고 우리의 소지품은 처분하기 위해 정리된다.「티베트 사자의 서」에서 〈뜨거운 모래밭에서 몸부림 치는 물고기처럼〉이라 지적했듯, 우리는 배고프고 상처입고 좌절을 느낀다.

만일 우리가 자신의 몸뚱이에 애착을 버리지 않는다면, 다시 몸 속으로 들어가거나 그 주위를 배회하려고 헛수고를 하며 애쓸지도 모른다. 극단적인 경우 영혼의 몸은 그 소유물이나 시신 주위에서 몇 주일 또는 심지어 몇 년 간 배회할 수도 있다. 아직까지도 자신이 죽었다는 사실을 인지하지 못한 것이다. 자신은 그림자도 없고 거울에 비치지도 않고 땅에 발자국을 남기지도 않는다는 것을 보게 될 때에야 비로소 자신이 죽었다는 사실을 알게 된다. 죽었다는 사실을 인지하는 크나큰 충격 때문에 혼절할 수도 있다.

생성의 바르도 상태에서 우리는 잃어버렸던 기억을 상세히 되살리게 되고, 또한 스승들의 말씀에 따르면 〈땅에 침을 뱉었던 데 불과한 곳〉까지도 재차 방문하면서 오랫동안 잊어버렸던, 지나간 우리 생의 모든 경험을 다시 반추하게 된다.

7일마다 모든 고통과 함께 죽음의 체험을 다시 한번 겪도록 이끌어진다. 만일 우리의 죽음이 평온했다면 평온한 마음의 상태가 반복된다. 그러나 괴로웠다면 그와 같은 고통이 되풀이된다. 평온함이든 괴로움이든 생전보다 일곱 배나 강렬하게 의식되고, 순식간에 지나가는 생성 바르도의 기간 동안 지난 생의 온갖 부정적인 업이 맹렬히 집중적이고도 혼란스러운 방식으로 되돌아온다.

우리는 바르도 세계를 홀로 외롭게 마치 가위에 눌린 것처럼, 꿈 속에서처럼 쉴새없이 미친 듯 날뛰면서 자신이 몸뚱이를 지녀 실제로 존재하고 있다고 믿는다. 하지만 이 바르도 상태에서 겪는 모든 경험은 단지 우리 마음으로부터 일어난 것으로 우리의 업과 습관이 다시 돌아와서 일으킨 것일 뿐이다.

네 가지 요소〔四大〕가운데 바람이 되돌아오는데, 튈쿠 워겐 린포체는 이렇게 말한다. 〈땅, 물, 불, 바람의 네 가지 요소가 일으키는 커다란 소리를 듣게 된다. 뒤에서 계속 떨어져 쇄도하는 소리, 어마어마한 강물이 쏟아져 내리는 소리, 화산처럼 불덩어리가 커다란 섬광을 내면서 타오르는 소리, 거대한 폭풍이 몰아치는 소리가 난다.〉[4] 무시무시한 어둠 속에서 도망치려고 발버둥치지만 흰색, 빨간색, 검은색으로 된 깊고 무시무시한 심연이 우리 앞에 입을 떡 벌리고 있다고 한다.

「티베트 사자의 서」에 의하면 세 가지 심연은 우리 자신의 욕심〔貪〕, 성냄〔瞋〕, 어리석음〔癡〕을 뜻한다고 한다. 이 심연 속에는 몸 서리쳐지는 폭우, 피고름으로 된 싸락눈이 쏟아져 내린다. 육신에서 벗어난 존재가 위협하는 울부짖음이 자주 들려오고, 살코기를 먹는 악마와 맹수가 우리를 쫓아다닌다.

우리는 업의 바람에 가차없이 휩쓸려 어디에도 발을 붙이지 못한다. 「티베트 사자의 서」에서는 이렇게 말한다. 〈이 무렵 견딜 수 없이 무시무시하고 격렬하게 소용돌이 치는 업력이라는 커다란 회오리바람이 그대를 내몰 것이다.〉 두려움에 떨면서 민들레 꽃씨처럼 바람에 이리저리 휘날리는 우리는 생성 바르도의 어둑어둑함 속에서 어디에도 도움을 청하지 못하고 여기저기 떠돌아다닌다. 배고픔과 갈증에 시달려 여기저기 쉴 곳을 찾아 헤맨다. 우리 마음의 지각은 순간순간 바뀌는데 「티베트 사자의 서」에 따르면 〈마치 투석기로 쏘아대는 것처럼〉 슬픔과 기쁨이 교대로 내뿜어진다. 물리적 형태의 몸을 갈망하게 되지만, 어디에서도 발견할 수 없다. 이런 형태의 몸은 우리를 한층 더 괴로움에 빠트린다.

바르도 세계가 우리 자신의 미혹으로 말미암아 악몽 같은 이미지로 가득 차는 것과 마찬가지로, 이런 광경과 주위 환경은 모두 우리의 업으로 이루어진 것이다. 삶에서 우리가 취한 습관적 행동이 긍정적이라면 바르도 상태에서의 지각과 체험도 축복과 행복으로 충만할 것이다. 그러나 삶을 통해 다른 사람에게 해를 끼치거나 가슴 아프게 했다면 바르도 상태에서 우리는 고통, 비탄, 두려움을 경험하게 될 것이다. 그래서 티베트에서는 어부, 도살자, 사냥꾼에게 해침을 당한 동물들이 괴물 같은 형상을 하고 그들을 공격한다고들 한다.

임사 체험을 상세하게 연구했고, 특히 임사 경험자의 공통된 특징 가운데 하나인 〈삶을 되돌아보기〉에 대하여 관심을 집중시켰던 몇몇 연구가는 이렇게 묻는다. 마약 복용자, 독재자, 또는 나치의 고문 가해자가 바르도 상태에서 겪을 공포를 우리가 상상이나 할 수 있을까? 〈삶을 되돌아보기〉는 죽은 이후 직접 간접으로 책임 있는 모든 고통을 경험할 수 있다는 사실을 시사하는 듯하다.

생성 바르도의 지속 기간

생성 바르도 전체는 평균해서 49일간 지속되고 최소한의 지속기간은 1주일이다. 하지만 오늘날 어떤 사람은 1백 살이나 살고 어떤 사람은 젊은 나이에 죽는 것과 마찬가지로, 생성 바르도의 지속 기간 또한 각양각색이다. 어떤 사람은 이 바르도에 달라붙어 유령이나 망령이 될 수 있다. 바르도의 처음 21일 동안은 이전의 삶에 대한 인상이 여전히 남아 있기 때문에, 이때가 살아 있는 사람이 죽은 사람을 도울 수 있는 가장 중요한 시기라고 뒤좀 린포체는 말하곤 했다. 21일이 지나면 죽은 사람의 미래가 형성되기 시작해 점점 뚜렷해진다.

미래의 부모와 업을 매개로 한 인연이 맺어질 때까지 우리는 바르도 상태에서 기다려야 한다. 나는 종종 바르도 상태를 휴게실 같다고 생각한다. 다음 생으로 갈아타기 전 최대한 49일까지 기다려야 한다. 그러나 중간 상태에서 기다릴 필요가 없는 두 가지 특별한 경우가 있다. 그것은 그들의 업력이 강력해서 다음의 삶으로 곧장 끌려가기 때문이다. 첫째는 남을 크게 이롭게 하여 긍정적인 삶을 영위한 사람들이다. 이런 사람들은 마음으로 영적인 수행을 닦은 자아 실현의 힘으로 인해 곧장 좋은 곳에 다시 태어나게 된다. 둘째는 남을 해롭게 하고 부정적인 생을 영위한 사람들의 경우다. 그들은 어디가 될지 모르지만 하여튼 다음의 생으로 재빨리 내려가게 된다.

심판

바르도에 대한 몇몇 설명은 세계의 다양한 문화권에서 발견되는 사후의 심판과 흡사한 일종의 삶 되돌아보기를 말하고 있다. 당신이 착한 사람이라면 하얀 수호 천사가 당신이 행한 선행을 헤아리면서 당신을 보호하는 상담자로 행동한다. 반면 당신이 나쁜 사람일 경우 검은 악마가 당신을 고발하기 위해 소송을 제기한다. 선행과 악행은 흰색과 검은색의 조약돌로 총계를 낸다. 그러면 이를 주재하는 〈염라대왕〉이 업을 비쳐주는 거울을 조사하고서 판단을 내린다.[5]

이런 심판 광경을 임사 체험의 삶 되돌아보기와 견주어볼 때 흥미롭게도 몇 가지 점에서 유사한 면이 있다는 생각이 든다. 궁극적으로 모든 판단은 우리 자신의 마음 안에서 일어난다. 우리가 판단하고 우리가 판단받는다. 레이먼드 무디 박사는 이렇게 말한다. 〈내가 연구한 사례에 따르면 심판은 모든 사람을 어떤 경우든지 사랑하고 받아들이는 듯한 빛의 존재로부터 내려지는 것이 아니라 개별 존재 내에서 이루어지는 것 같다. 이 점에 주목하면 흥미진진하다.〉[6]

임사 체험을 겪었던 어느 여인은 케네스 링에게 이렇게 말했다. 〈자기 삶이 보인다. 그리고 스스로 판단을 내리는 것이다……. 자기가 자기를 심판하고 있다. 이전에 자신의 모든 죄를 용서받았을지라도 마땅히 해야 될 것을 행하지 않은 자기 자신, 또 아마도 삶에서 비열하게 남을 해친 자기 자신을 스스로 어떻게 용서할 수 있겠는가? 당신이라면 자신을 용서할 수 있겠는가? 이것이 바로 심판의 내역이다.〉[7]

또한 최종 분석에서 실제로 중요하게 여겨지는 것은 우리의 모든 행동 밑에 깔린 동기이며, 우리가 과거의 행동과 말과 생각들의 결과에서 결코 벗어날 수 없다는 것이며, 우리가 남긴 흔적과 습관들이라는 것을 이 심판의 장면은 보여주고 있다. 그것은 이 생만이 아니라 미래의 삶 역시 우리가 전적으로 책임진다는 것을 뜻한다.

마음의 힘

우리의 마음은 바르도 상태에서 그토록 가볍고 활동적이고 상처받기 쉬우므로, 착하든 착하지 않든 일어나는 어떤 생각이라도 막대한 힘과 영향력을 지니게 된다. 우리를 땅에 발 딛게 할 물리적인 육체가 없으니까 생각은 곧 현실이 된다. 우리가 죽자마자 조심성 없이 진행되는 장례식, 재산을 놓고 다툼을 벌이는 탐욕스런 친척들, 우리가 마음 깊이 사랑하고 진정한 친구라고 생각했던 사람이 코웃음 치거나 마음을 상하게 하거나 은혜를 베푸는 듯한 방식으로 우리의 죽음에 대해 이야기하는 것을 보게 될 때 우리가 느끼게 될지도 모르는 비통함과 분노를 선명하게 상상해 보라. 그러한 상황은 매우 위험할 수 있다. 우리가 격하게 반응할 경우 불행하게도 곧장 환생의 길로 유도될 수 있기 때문이다.

따라서 생각의 압도적인 힘은 생성 바르도 상태에 있어서 핵심적인 주제이다. 이처럼 결정적인 순간에 우리는 삶을 지배했던 습관과 성향에 전적으로 노출되게 된다. 만일 당신이 삶의 과정에서 저러한 습관과 성향을 억제하지 못해 그것들이 당신의 마음을 움켜잡는 것을 막지 못한다면, 당신은 생성 바르도 상태에서 그것들의 힘에 이리저리 시달려 희생되고 말 것이다. 예를 들어 생성 바르도 상태에서는 작은 분노도 파괴적인 인과응보를 일으킬 수 있다. 이런 까닭으로 전통적으로 「티베트 사자의 서」를 읽은 티베트인은 주위 사람과 좋은 인간 관계를 맺는 사람이 되고자 했던 것이다. 그렇지 않으면 바로 그 목소리가 당신을 격분시켜 가장 비참한 결과가 야기될 수도 있기 때문이다.

바르도 가르침은 생성 바르도 상태에 있는 마음의 원래 그대로의 모습에 대해 다양하게 이야기하고 있다. 그중 가장 두드러진 이야기는 이것이다. 생성 바르도 상태에서 우리 마음은 마치 붉게 타오르는 쇠막대기 같아서 차갑게 식기 전이라면 원하는 대로 아무렇게나 구부릴 수 있다는 것이다. 이와 마찬가지로 이 바르도 상태에서 단 하나의 긍정적인 생각일지라도 당신을 곧바로 깨달음으로 이끌 수 있고, 단 하나의 부정적인 반응일지라도 당신을 가장 극단적이고 가장 긴 고통 속으로 떨어뜨릴 수 있다. 「티베트 사자의 서」의 다음 말보다 더 강력한 경고는 없을 것이다.

이제 위로 올라가기와 아래로 내려가기 사이의 경계선에 다다른다. 지금 이 순간 잠시라도 게으름을 피운다면 당신에게 끝없는 고통의 시간이 도래한다. 지금 이 순간 잠시라도 마음을 집중한다면 행복이 계속 지속되는 시간에 이른다. 마음을 한곳에 집중하라. 선한 업의 결과들이 지속되도록 노력하라.

「티베트 사자의 서」에서는 죽은 사람이 혹 영적 수행을 했다면 그것과의 연결을 일깨우기 위해 애쓰며, 우리를 이렇게 격려한다. 사람과 소유물에 대한 집착을 포기하고, 육신에 대한 갈망을 접어두고, 욕망이나 성냄에 말려들지 말고, 적대감보다는 친절함을 배양하고, 부정적 행동은 생각조차 하지 말 것. 「티베트 사자의 서」는 죽은 사람에게 더 이상 두려워할 필요가 없음을 상기시킨다. 바르도 영역에서 보게 되는 무시무시한 형상은 자신의 미혹으로 인해 투사된 인과응보에 지나지 않아 기본적으로 공허하다고 「티베트 사자의 서」는 말한다. 다른 한편으로 단지 〈습관적 성향을 지닌 영혼의 몸〉만 지니고 있으니까, 그 역시 공허하다. 〈따라서 공허한 것은 공허한 것을 해칠 수 없다.〉

생성 바르도의 변하기 쉽고 불안정한 특성은 또한 다양한 해탈의 계기가 될 수 있고, 이런 바르도 상태에서 영향받기 쉬운 마음은 우리에게 이롭게 작용할 수도 있다. 우리가 해야 할 것은 하나의 교훈을 기억하는 것이다. 하나의 긍정적인 생각이 우리 마음에서 일어나게 하는 것, 그것만 하면 된다. 만일 마음의 본성을 고취하는 가르침 가운데 단 하나라도 회상할 수 있다면, 만일 우리가 수행을 지향하는 그 어떤 선한 경향 또는 영적 수행과 깊은 관련을 가질 수 있다면, 그것 하나만으로도 우리는 자유롭게 될 수 있을 것이다.

다르마타 바르도의 상태에서 그러하듯, 생성 바르도 상태에서도 붓다의 세계는 자발적으로 나타나지 않는다. 하지만 붓다의 세계를 기억하는 것만으로도 당신은 마음의 힘에 의해 자신을 바로 그곳으로 옮길 수 있으며 깨달음으로 나아갈 수 있다. 당신이 붓다를 간절히 염원하기만 한다면 붓다가 당신 앞에 직접 현현할 것이다. 그러나 가능성이 무한하다고는 하지만, 이 바르도 상태에서 마음 전부는 아니더라도 자기 마음을 최소한 어느 정도 다스릴 수 있어야 한다는 사실을 잊어서는 안 된다. 이는 지극히 어렵다. 이 상태에서는 마음이 상처받기 쉽고 조각조각 부서져 있고 들떠 있기 때문이다.

따라서 이 바르도의 상태에서 자신의 의식을 한순간일지라도 갑자기 되찾을 수 있다면 즉각 영적인 수행의 관련을 상기하고 당신의 스승이나 붓다를 기억해 내서 온 마음을 다해 간절히 염원하라. 만일 당신이 삶의 시간 동안 하는 일이 어렵거나 위기에 봉착하거나 당신의 통제에서 벗어날 때마다 반사적으로 자연스럽게 기도를 해왔다면, 당신은 그때 즉각적으로 붓다나 파드마삼바바, 타라 혹은 아와로키테슈와라, 그리스도나 성모 마리아같이 깨달은 존재를 마음속으로 염원하거나 상기할 수 있을 것이다. 만약 당신이 열렬하게 헌신적으로 온 마음을 다해 염원한다면, 당신의 마음은 그들의 지혜로 충만한 마음의 영토로 풀려나 자유로워질 것이다. 이 생에서 우리가 염원하는 기도는 종종 인과응보를 거의 거두어들이지 못하는 듯하지만, 이 바르도 상태에서의 인과응보는 예상치 못할 정도로 강력하다.

하지만 바르도에 대해 설명하는 과정에서 이미 지적한 것처럼 우리가 이전에 아무 수행을 하지 않았다면 이처럼 중대한 국면을 당해서 마음을 한곳으로 모으기란 대단히 어렵다. 꿈이나 악몽 속에서 기도 같은 것을 기억하기란 거의 불가능하다. 그 와중에 우리는 얼마나 무기력하고 허약한가? 생성 바르도의 상태에서 우리가 생각을 모은다는 것이 그보다 더하지는 않겠지만 비슷하게 어려울 것이다. 이런 연유에서 「티베트 사자의 서」는 반복해서 〈마음을 산란하게 하지 말아라〉라고 강조하는 것이다. 이 책에서는 이렇게 말한다.

    이것이 붓다와 중생이 나뉘는 분기점이다…….
    〈한순간에 중생과 붓다는 분리된다, 한순간에 완전한 깨달음이 성취된다.〉

다시 태어남

생성 바르도의 상태에서 다시 태어나는 시간이 점점 다가올수록 당신은 물리적 육체의 토대를 더욱 갈망하게 되고, 환생을 가능하게 하는 누군가를 찾게 된다. 당신이 환생할 것 같은 영역에 대해 당신에게 경고하는 다양한 조짐이 나타나기 시작한다. 존재의 여섯 가지 세계로부터 다양한 색의 빛이 비치게 되고, 당신의 마음에 우세한 부정적 감정에 따라 어느 한 가지 빛으로 쏠리게 될 것이다. 어느 한 빛에 끌리게 되면, 다시 되돌리기란 지극히 어렵다.

그때 다른 영역과 연계된 이미지와 비전이 떠오를 것이다. 당신이 바르도 가르침과 더 친숙해지면, 그것이 실제로 의미하는 것에 좀더 주의하게 될 것이다. 상이한 가르침에 따라 조짐은 조금씩 달라진다. 만일 당신이 신으로 다시 태어나게 된다면, 당신은 많은 이야기와 함께 천상(天上)의 성으로 들어가는 광경을 보게 된다고 말해진다. 만약 당신이 반신반인으로 다시 태어난다면, 빙빙 돌면서 불타오르는 무기 가운데에 있거나 전쟁터에 나간다고 느낄 것이다. 당신이 동물로 다시 태어나게 된다면, 동굴이나 땅속의 구멍 또는 짚으로 만들어진 둥우리 안에 있는 자신을 발견하게 될 것이다. 당신이 나무 그루터기, 깊은 숲, 또는 엮어 만든 옷에 대한 비전을 보게 되면, 배고픈 아귀로 다시 태어나리라. 그리고 지옥에서 다시 태어난다면, 당신은 아무 힘도 없이 검은 심연으로 끌려가 검은 길을 따라 내려가서 검고 붉은 집들이 있는 어두컴컴한 곳, 또는 쇠로 된 도시로 끌려가게 된다.

당신의 시선이나 움직임이 나란히 정렬되어 당신이 나아가고 있는 영역을 지시하게 되며, 이런 식으로 다른 많은 조짐이 나타난다. 만일 당신이 신이나 인간의 세계에 다시 태어난다면, 당신의 시선은 위로 향할 것이다. 만일 동물의 세계라면, 새가 그렇듯 똑바로 앞을 보게 될 것이다. 배고픈 아귀나 지옥의 세계라면, 마치 물속으로 다이빙이라도 하듯 아래를 직면하게 되리라. 만일 이런 조짐 가운데 어느 하나라도 나타난다면, 불행하게 다시 태어나지 않기 위해 경계해야 한다.

이와 동시에 어떤 특정한 세상에 대해 당신이 강렬하게 욕심을 내어 갈망하게 되면 그곳을 향해 본능적으로 끌려가게 된다. 바르도 가르침은 이 즈음에 다시 태어나기를 갈망한 나머지 안전해 보이는 곳이라면 어디라도 달려갈지 모르는 위험이 크다고 경고한다. 만약 갈망이 좌절된다면 화가 나게 되고, 이러한 부정적인 감정의 흐름으로 인해 다음의 생으로 휩쓸려가게 됨에 따라 바르도 상태가 돌연 저절로 끝나게 될 것이다. 지금 설명한 것처럼 다시 탄생하는 것은 바로 탐욕, 성냄, 그리고 무지에 의해 결정된다.

단지 바르도 상태에서 들이닥치는 다양한 경험으로부터 벗어나기 위해 당신이 피난처를 향해 달리는 모습을 상상해 보자. 떠난다는 것이 두려워 어느 곳이든지 한곳에 정착하기 위해 거기에 집착해 새로 태어나게 될지도 모른다. 「티베트 사자의 서」의 설명에 따르면, 우리는 혼동을 일으켜 심지어 좋은 탄생지를 나쁜 곳으로, 또는 나쁜 탄생 장소를 좋은 곳으로 착각할 수도 있다. 또는 사랑했던 사람이 당신을 부르는 목소리, 유혹하는 노랫소리를 듣고서 이를 따라가 결국 좀더 낮은 세계로 떨어지고 말 수도 있다.

우리는 크게 주의를 기울여 이렇게 바람직하지 않은 영역으로 무모하게 끌려들어 가지 않도록 조심해야 한다. 하지만 무슨 일이 일어나고 있는 것인지를 의식한다면, 그 의식이 즉각 실제로 영향을 미쳐 당신의 운명이 변할 수 있다는 사실은 놀라운 일이 아닐 수 없다.

업력의 바람에 휩쓸려 당신은 미래의 부모가 사랑을 나누는 곳으로 곧장 끌려가게 될 것이다. 그들을 바라보면서 당신은 감정상 끌려들어 가게 된다. 왜냐하면 지난날 업의 인연으로 인해 당신은 자연히 강한 집착이나 혐오감을 느끼기 시작하기 때문이다. 어머니에 대한 집착과 갈망, 아버지에 대한 혐오감이나 질투로 말미암아 당신은 남자아이로 태어나게 되고, 반대의 경우라며 여자아이로 탄생하게 된다.[8] 그러나 만약 그러한 강렬한 감정에 굴복당한다면 다시 태어나게 될 뿐만 아니라 더 낮은 세계에서 탄생할 수도 있다.

그렇다면 다시 태어나는 것, 다음의 생을 향하는 것을 피하기 위해 우리가 할 수 있는 일은 없을까? 바르도 가르침은 두 가지 독특한 지침을 제시한다. 그것은 환생을 막는 방법 또는 이것이 실패할 경우 좀더 좋은 삶을 택하는 방법에 관한 것이다.

첫째는 다른 삶으로 들어감을 막는 지침이다. 최선의 방법은 탐욕, 성냄, 또는 질투 같은 감정을 내려놓고 바르도 상태에서 겪는 것 가운데 어느 하나도 궁극의 실재가 아님을 인지하는 것이다. 만일 당신이 이를 납득해 실현하고 이어서 그 참되고 텅 비어 있는 본성에서 마음을 쉰다면, 저절로 다시 태어나지 않게 될 것이다. 「티베트 사자의 서」는 여기에서 이렇게 경고한다.

아! 아버지와 어머니, 커다란 폭풍, 회오리바람, 천둥, 무시무시한 투사(投射)를 비롯하여 모든 이렇게 뚜렷한 현상들은 사실 환상일 뿐이다. 그것들이 설령 나타난다 할지라도 실재하지는 않는다. 그것들은 신기루 같고 영원하지도 않으며 불변하지도 않는다. 욕망이 도대체 무슨 쓸모가 있는가? 두려움이 대관절 무슨 소용이 있으랴! 그것이 존재하든 존재하지 않든…….

「티베트 사자의 서」는 계속해서 우리에게 충고한다.

〈모든 것의 본질은 바로 내 자신의 마음이다. 이 마음은 텅 비어 있기에 일어나지도 않고 어디에도 방해받지 않는다.〉 이 점에 유념하면서, 자신의 마음을 자연스럽고 희석되지 않고 마치 물에 물을 붓는 것처럼 본성에 맞게, 있는 그대로, 얽매임으로부터 풀려나 열려 있고 긴장이 풀린 상태로 유지하라. 자연스럽게, 자유롭게 쉬게 함으로써 온갖 종류의 다양한 삶으로 이끄는 자궁에 들어가는 것을 확실히 막을 수 있다.[9]

다시 태어남을 막는 방법 가운데 두번째로 좋은 것은 미래의 당신 부모를 붓다, 당신의 스승, 또는 이담의 신으로 바라보는 것이다. 최소한 탐욕의 감정에 끌려들어 감을 막기 위해 단념하는 마음을 일으키도록 노력해야 하고 붓다의 순수 영역에 대해 상념해야 한다. 이렇게 해야 환생을 피할 수 있고 붓다 세계 가운데 어느 한곳에 다시 태어날 수도 있다.

만약 당신이 바로 이런 종류의 수행을 닦을 수 있을 정도로 마음을 충분히 안정시킬 수 없다면, 그때에는 환생을 선택하는 방법이 남아 있는데 다양한 세계의 이정표와 조짐을 감안해서 어디에 태어날지 정하게 된다. 만일 당신이 영적인 수행의 길을 추구하기 위해, 또한 다른 사람을 돕기 위해 다시 태어나기를 택하거나 의도적으로 재탄생을 원한다면 인간 세상 이외의 다른 곳에 들어가서는 안 된다. 오직 인간 세계만이 영적인 전진을 위한 상황이 유리하기 때문이다. 당신이 인간의 영역 가운데 순조로운 상황에서 태어나려고 한다면 어느 도시의 화려하고 아름다운 집이나 많은 사람들 사이에 도착하고 있는 느낌이 들거나, 남녀가 사랑을 나누는 광경을 보게 된다고 바르도 가르침은 말한다.

그렇지 않으면 대개의 경우 우리는 선택의 여지가 없다. 〈어쩔 수 없이 둥지로 불려들어가는 새, 불길이 신나게 번지는 메마른 초원, 또는 습지로 깊숙이 들어가는 동물처럼〉 우리는 탄생지로 끌려들어 간다고 「티베트 사자의 서」는 말한다. 〈오, 고귀한 집안에 태어난 아무개여! 가고자 하지 않을지라도 당신 자신에게는 아무 힘이 없노라. 아무도 당신을 돕지 않으니 끌려갈 수밖에 없구나.〉

하지만 바르도 가르침이 항상 우리에게 영감을 불어넣는 것처럼 언제나 희망은 남아 있다. 즉 지금은 기도할 때라는 것이다. 이런 순간에서조차 강렬하게 염원하고 마음을 집중함으로써, 당신은 여전히 붓다의 세계 가운데 한곳에서 다시 태어날 수 있다. 또는 당신이 영적인 수행의 길을 만나서 해탈의 길을 계속 갈 수 있도록 이끄는 집안에 다시 태어나도록 깊은 영감을 일으킬 수 있다. 만일 특정한 영역에 끌려들어 가는 강력한 업을 지녔다면 선택의 여지는 없다. 하지만 생전의 열망과 기도가 당신의 운명을 다시 형성하도록 도울 수는 있다. 그래서 언젠가는 해탈로 이끄는 삶으로 다시 태어날 수 있다.

심지어 당신이 자궁에 들어갔을지라도 계속 기도할 수 있다. 지금이라도 당신 자신을 어떤 깨달은 존재로 마음속에 구상화하라는 것이다. 바즈라사트바〔金剛薩埵〕[10] 같은 스승은 자신이 들어가고 있는 자궁을 성스러운 환경, 〈신의 성채〉로 축복하면서 수행을 계속하라고 말한다.

    이제 생성의 바르도가 내게 떠오를 때
    나는 마음을 한곳에 집중하리니,
    선한 업의 과보를 연장하고자 애쓰며
    환생의 문이 가까워지기에
    다시 태어나지 않기 위해 노력하노라.
    이때는 인내와 순수 인식이 필요한 때이나니
    부정적 감정을 내려놓고 스승에 대해 명상하라.

특정한 영역에 거주하도록 하기 위해 우리가 다시 태어나도록 재촉하는 것은 궁극적으로 마음의 강한 충동이다. 마음의 그러한 충동을 견고하게 하여 궁극적으로 육체를 통해 환생하는 데 집착하는 것이 마음의 근본 성향이다. 이것이 바르도의 전개를 통해 일어나는 현현 과정에 있어서 다음의 단계인 것이다.

만일 당신이 인간으로 다시 태어나도록 마음을 정위시키는 데 성공한다면, 당신은 완전한 순환에 이르게 되는 셈이다. 당신은 바로 지금의 삶의 일상적인 바르도에 다시 한번 태어나도록 자리를 잡게 된다. 미래의 아버지와 어머니가 성교하는 것을 보게 될 때, 당신의 마음은 어쩔 수 없이 그 자궁 속으로 들어가게 된다. 당신의 마음은 다시 한번 급속도로 해체 국면의 신호와 근원적 광명의 떠오름을 경험하게 되고, 이것은 생성 바르도의 종결을 뜻한다. 그러고 나서 〈완전한 성취〉를 이루었음을 뜻하는 어둠의 체험을 다시 겪게 되고, 동시에 새 자궁과 인연을 맺게 된다.

따라서 생성의 바르도의 상태가 끝남에 따라, 새로운 삶이 근원적 광명과 함께 시작되는 것이다.

* * *

1) 칼루 린포체, 『다르마 The Dharma』(Albany: State Univ. of New York Press, 1986년), 18쪽.
2) 영혼의 몸이 갈 수 없는 곳은 두 군데뿐이라고 말해진다. 미래 어머니의 자궁과 모든 붓다가 깨달은 그곳 즉 바즈라사나 Vajrasana. 두 곳은 윤회와 열반으로 통하는 출입구를 상징한다. 다시 말해서 다시 태어나거나 깨달음을 얻게 되면 이 바르도 상태에서의 삶을 끝내게 된다.

3) 바르도의 존재를 인지하거나, 심지어 바르도 영역을 여행한 스승들의 보고서도 있다.
4) 최기 뉘마 린포체 Chökyi Nyima Rinpoche, 『바르도 가이드북 The Bardo Guide Book』(Kathmandu: Rangjung Yeshe, 1991년), 14쪽.
5) 이런 장면은 티베트 민속극에서 재현되고 또한 〈데록 déloks〉에 의해 보고된 바도 있다.(20장 「임사 체험」 참조.)
6) 레이먼드 무디 Raymond A. Moody, Jr., 『삶 이후의 삶에 대한 성찰 Reflections on Life After Life』(New York: Bantam, 1997년), 32쪽.
7) 케네스 링 Kenneth Ring, 『오메가를 향하여: 임사 체험의 의미를 찾아서 Heading Towards Omega: In Search of the Meaning of the Near-Death Experience』(New York: Bantam, 1985년), 70쪽.
8) 한 쌍의 남녀가 사랑을 나눌 때 한 무리의 바르도가 모여들어 업의 연계에 의해 다시 태어나기를 희구한다고 말해진다. 어느 하나가 성공하면 다른 것들은 절망하게 된다. 이런 일이 바르도 상태에서 7일마다 죽음의 체험으로 일어날 수 있다.
9) 프레맨틀 Fremantle과 퉁파 Trungpa, 「티베트 사자의 서」, 86쪽.
10) 바즈라사트바는 평화의 신과 분노의 신 가운데 핵심을 차지한다. 19장 「죽음 이후에 돕기」 참조.

19

죽음 이후에 돕기

사랑했던 사람이 죽었는데도 그를 돕기 위해서 할 수 있는 일이란 아무것도 없으며 깊은 통탄에 쓸쓸함만 더할 뿐이라는 확신은, 현대 사회에서 어느 누가 죽었을 때, 뒤에 남은 사람들이 통탄해 마지않는 노여움의 가장 깊은 근원 가운데 하나이다. 그러나 결코 그렇지 않다. 죽은 사람을 도울 수 있는 방법은 수없이 많이 있다. 그리고 그들이 이 세상에 더 이상 존재하지 않아도 남아 있는 우리가 살아가도록 그들에게서 도움을 받을 수도 있다. 불교의 독특한 특징 중 하나이며 붓다의 전지전능한 능력과 자비를 매우 심오하게 증명하는 것 가운데 하나로 죽은 사람을 도울 수 있는 많은 특별한 수행법을 들 수 있다. 그래서 남겨진 유족에게 위안을 줄 수 있는 것이다. 삶과 죽음에 대한 티베트 불교의 비전은 전체를 포괄해서 하나로 보는 것이다. 따라서 우리가 〈삶〉이라 부르는 것과 〈죽음〉이라 부르는 것 사이에는 아무런 장벽도 없으므로 어떤 상황 아래에서든 죽은 사람을 도울 방법이 있다는 사실이 명백하게 드러난다. 자비로운 마음의 빛나는 힘과 따뜻함은 중생이 어떤 영역에 있든지, 어떤 상태에 있든지 그를 돕기 위해서 손을 뻗을 수 있다.

우리가 도울 수 있을 때

이미 앞에서 서술한 것처럼 생성 바르도의 상태는 지극히 혼란스럽고 당혹스러운 시기인 듯하다. 하지만 거기에는 커다란 희망이 있다. 그토록 상처받기 쉬운 생성 바르도의 상태 동안 영혼의 몸은 그 명료함, 움직임, 민감함, 그리고 투시력으로 인해 살아 있는 사람이 베푸는 도움을 특별히 잘 받아들인다. 아무 육체적 형상이나 토대가 없는 영혼의 몸을 인도하기란 매우 쉽다. 「티베트 사자의 서」는 영혼의 몸을 비유해 고삐로 쉽사리 조절할 수 있는 말이나 땅에서는 거의 움직일 수 없지만 물에 띄우면 아무런 노력을 하지 않더라도 원하는 대로 어디로든지 이끌 수 있는 거대한 나무 같다고 말한다.

죽은 사람을 위해 영적 수행을 하기에 가장 좋은 시점은 생성 바르도 상태의 49일 동안으로, 특히 처음 21일이 강조된다. 그때는 죽은 사람이 이 생과 보다 강한 연계를 지니고 있어 우리의 도움에 좀더 가까이 있기 때문이다. 그래서 여기에서의 영적 수행은 그의 미래와, 해탈을 위한 기회, 또는 좀더 나은 환생의 큰 가능성을 보여준다. 다음 존재의 물리적 형상이 점차 정해지기 시작한 이후일지라도 그를 돕기 위해 모든 방안을 강구해야 한다. 죽은 후 21일부터 49일 사이에는 다음 존재의 육체적 형태가 정해지기 시작하므로 실제적 변화를 위한 기회는 훨씬 제한되어 있다.

하지만 죽은 사람을 돕는 것이 죽은 이후 49일에만 한정되지는 않는다. 아무리 오래전에 죽었다 할지라도 이미 죽은 사람을 돕는 일은 결코 늦지 않았다. 당신이 돕고자 하는 사람이 1백 년 전에 죽었을 수도 있지만, 그들을 위한 수행은 여전히 유익할 것이다. 누군가가 깨달음을 얻어 붓다가 되었을지라도 그가 다른 사람을 돕는 과업을 수행할 때에 여전히 온갖 도움을 필요로 한다고 뒤좀 린포체는 말하곤 했다.

우리가 도울 수 있는 방법

죽은 사람을 도울 수 있는 가장 쉬우면서도 제일 바람직한 방법은 어느 누가 죽었다는 소식을 듣자마자 내가 13장에서 제시했던 〈포와〉라는 본질적인 수행을 행하는 것이다.

티베트에서 불의 본성은 사물을 태우는 것이고 물의 본성은 적시는 것이라고 알려져 있듯이, 붓다의 본성은 누군가가 붓다를 갈구할 때 출현하는 것이라고 한다. 그것은 모든 중생을 도우려는 붓다의 무한한 자비심 때문이다. 〈신성한 사람〉이 당신의 죽은 친구를 위해 기도하는 것이 당신이 그 친구를 돕기 위해 진리를 염원하는 것보다 더 효과적이라고 생각하지 말아라. 왜냐하면 죽은 사람과 당신은 가까운 관계이므로, 당신의 강렬한 사랑과 깊은 인연으로 인해 당신의 염원에 힘이 보태지기 때문이다. 스승들은 우리에게 이렇게 확인시켜 주었다. 〈그들을 향해 큰소리로 외쳐라, 그러면 붓다가 당신에게 답하리라.〉

만일 당신이 참으로 좋은 마음씨를 지니고 정말 바르게 살면서 누군가를 위해 기도한다면, 그 기도는 매우 효과적이라고 잠양 켄체의 영적인 아내 칸도 체링 최된은 자주 말하곤 했다. 그러니까 만일 당신이 진정으로 사랑한 사람이 죽었을 때 그를 위해 참된 사랑과 성의를 다해 기도한다면, 그 염원은 비상한 힘을 발휘할 것이라고 확신한다.

포와 수행법을 행하기에 가장 효과적인 시점은 시신에 어떤 방식으로든 손이 닿거나 옮겨지기 이전이다. 만일 이것이 가능하지 않다면 그 사람이 죽은 장소에서 포와 수행을 하거나 적어도 그곳을 마음속으로 매우 강하게 상상해야 한다. 죽은 사람과 죽은 장소, 죽은 시간 사이에는, 특히 외상(外傷)을 입고 죽은 사람의 경우에는 밀접한 관련이 있다.

앞서 말한 것처럼 생성 바르도의 상태에서 죽은 사람의 의식은 일주일마다 정확하게 같은 날짜에 죽음의 체험을 겪게 된다. 따라서 당신은 포와 수행, 또는 당신이 선택한 다른 어떤 수행법이든지 49일 동안, 특히 일주일마다 그가 죽은 날과 같은 요일에 행해야 한다. 죽은 가족이나 친구가 마음에 떠오를 때마다, 그의 이름이 입에 올려지는 것을 들을 때마다 그에게 당신의 사랑을 보내고, 그러고 나서 포와 수행법에 초점을 맞춰 가능한 한 오랫동안 또한 원하는 만큼 자주 행해야 한다.

죽은 사람을 회상할 때마다 우리가 할 수 있는 또 다른 일은 곧바로 〈옴 마니 파드메 훔(티베트어 발음으로는 옴 마니 페메 훔)〉 같은, 자비로 충만한 붓다의 만트라를 외우는 것이다. 이렇게 만트라를 염송하는 것은 환생의 원인이 되는 부정적 감정을 정화시켜 준다.[1] 또는 〈옴 아미 데와 흐리흐〉, 즉 한없는 광명의 붓다인 아미타불의 만트라를 염송하라. 포와 수행과 함께 만트라를 염송할 수도 있다.

그러나 이미 죽은 사랑했던 사람을 돕기 위해서 당신이 어떤 수행을 하든지 하지 않든지, 바르도 상태에 있는 죽은 사람의 의식이 날카로운 투시력을 갖추고 있다는 사실을 잊어서는 안 된다. 죽은 사람을 향해 좋은 사념들을 명료하게 보내는 것은 매우 유익할 것이다.

가까운 누군가를 위해 기도할 때 원한다면 자비심의 울타리를 한층 넓혀 당신의 기도 가운데 이미 죽은 다른 사람들을 포함시킬 수 있으리라. 예컨대 잔혹 행위나 전쟁, 천재 지변의 희생자, 굶주림으로 죽은 사람, 또는 중국과 티베트 같은 곳에 있는 포로 수용소에서 이미 죽은 사람과 지금 죽어가는 사람. 또한 할아버지와 할머니처럼 당신의 가족 중 오래전에 죽은 사람, 세계 대전 같은 전쟁의 희생자를 위해서도 당신은 기도할 수 있다. 특히 극한의 고통, 격정, 또는 성냄 속에서 삶을 마감한 사람들에게 당신의 기도가 전해지고 있다고 상상해 보라.

사고사로 또는 갑자기 죽음을 당한 사람들은 특별히 절박하게 도움을 필요로 한다. 살인, 자살, 사고, 또는 전쟁의 희생자는 쉽게 괴로움과 고통, 그리고 두려움의 덫에 빠질 수 있다. 또는 죽음의 실제적 체험에 갇힐지도 모른다. 그래서 환생의 과정으로 옮겨갈 수도 없다. 그들을 위해 포와 수행을 할 경우엔 이전보다 훨씬 강하고 열렬히 행해야 한다.

붓다나 성스러운 존재가 자비와 축복을 베풀면서 쏟아내는 어마어마한 빛의 서광을 상상해 보라. 이 빛이 죽은 사람에게 쏟아져서 그들을 전체적으로 순화시키고, 혼란과 죽음의 고통으로부터 벗어나게 하여, 그들에게 심오한 평화가 지속되는 것을 상상해 보자. 이어서 죽은 사람이 빛 속으로 녹아들어 가고, 그의 의식이 치유받아 온갖 고통에서 풀려나 지혜로 충만한 붓다의 마음에 영원히 확고하게 흡입되는 것을 상상해 보라.

최근에 티베트를 방문했던 몇몇 서양인들이 그들이 직접 목격했던 광경을 내게 전했다. 어느 날 길 한편을 걸어가고 있던 어느 티베트 인이 중국인의 트럭에 치여서 즉사했다. 근처를 지나가던 승려가 재빨리 다가가서 땅바닥에 누워 있는 죽은 사람 옆에 앉았다. 그들은 승려가 몸을 기울여 그 사람의 귓가에 이런저런 수행 의례를 암송해 주는 장면을 목격했다. 그랬더니 놀랍게도 갑자기 죽은 줄 알았던 사람이 다시 살아났다. 그때 승려는 의식의 전이(轉移)라고 여겨지는 수행을 진행했고 그를 조용히 죽음의 길로 인도했던 것이다. 도대체 무슨 일이 일어난 것일까? 죽음을 가져올 정도의 격렬한 충격은 사람을 크게 혼란스럽게 만든다는 사실을 승려는 분명히 알고 있었다. 그래서 재빨리 행동을 취한 것이다. 그는 먼저 죽은 사람의 마음을 그 충격으로부터 풀려나게 했고, 이어서 포와 수행으로 붓다의 세계나 좋은 곳에서 환생하도록 전이시켰던 것이다. 이런 장면을 처음 지켜본 서양 사람들에게 이 승려는 그냥 평범한 인물로 보였겠지만, 이처럼 놀라운 이야기를 통해 볼 때 그는 상당한 힘을 지닌 수행자임이 분명하다.

명상 수행과 기도만이 죽은 사람을 돕는 유일한 방법은 아니다. 아픈 사람과 궁핍한 사람을 돕기 위해 죽은 사람의 이름으로 자선을 베풀 수 있다. 우리는 죽은 사람의 소유물을 가난한 사람에게 나누어줄 수 있다. 병원, 자선 사업, 호스피스, 또는 수도원 같은 인간적이거나 영혼을 돌보는 일에 죽은 사람의 이름으로 기부를 할 수 있다. 또한 우리는 훌륭한 영적인 수행자들의 은둔지, 보드가야 같이 성스러운 장소에서 위대한 스승이 이끄는 기도 모임을 후원할 수도 있다. 우리는 죽은 사람을 위해 등불을 제공할 수 있고, 영적인 수행과 관련된 예술 작업을 지원할 수 있다. 죽은 사람을 돕는 또 다른 방법으로 도살당할 위기에 처한 동물을 구해 내서 다시 자유롭게 풀어주는 것이 있는데, 이런 방식은 특히 티베트와 히말라야에서 권장되고 있다.

어떤 종류의 친절함과 관용으로 얻은 공로와 행복을 죽은 사람, 사실상 모든 죽은 사람들에게 헌정하는 것은 중요하다. 그렇게 함으로써 그들은 다음의 삶에서 한층 유리한 상황에서 훨씬 좋게 다시 태어날 수 있을 것이다.

죽은 사람의 투시력

생성 바르도 상태에 있는 사람의 통찰력 있는 의식은 이승에서보다 일곱 배나 명료하다는 것을 명심하자. 이것은 그들에게 커다란 고통을 줄 수도 있고 커다란 이익을 가져다줄 수도 있다.

따라서 사랑하는 사람이 죽은 후 그를 혼란스럽게 하거나 해치지 않기 위해 모든 행동을 조심해야 한다. 왜냐하면 죽은 사람이 뒤에 남겨진 사람 또는 죽은 사람을 위해 수행에 초대된 사람들에게 돌아와 보았을 때, 새로운 상태에 놓여 있는 그는 무슨 일이 일어나는지 볼 수 있을 뿐만 아니라 살아 있는 사람의 마음을 직접 읽을 수 있기 때문이다. 만일 친척들이 남겨진 재산을 어떻게 나눌 것인지 다투면서 재산에 대한 집착과 탐욕만 드러낼 뿐 죽은 사람에 대해 아무런 관심도 보이지 않는다면 죽은 사람을 성나게 만들어 마음을 상하게 하거나 환멸에 빠지게 할 수 있다. 그렇게 되면 죽은 사람은 몹시 흥분하여 다시 불행하게 태어날 것이다.

예를 들어 수행자가 죽은 사람을 돕기 위한 수행을 진행할 때에 아무 정성도 보이지 않고 사소한 일로 수행자의 마음이 흩어져 있는 것을 죽은 사람이 보았다고 상상해 보라. 그럴 경우 죽은 사람은 믿음을 잃고 말 수도 있다. 또한 사랑했던 사람이 미친 듯이 비탄에 잠겨 어찌하지 못하는 모습을 죽은 사람이 보았다고 상상해 보라. 그 역시 깊은 슬픔에 잠길 수 있다. 또 가족들이 돈 때문에 자신을 사랑하는 척 연기했다는 것을 죽은 사람이 알아차린다면 그는 환멸에 빠져 유산 상속자에게 달라붙는 귀신으로 되돌아올 수 있다. 이렇게 볼 때 누군가 죽었을 때 우리가 무엇을 행하고 어떻게 생각하고 어떻게 처신을 하느냐는 결정적으로 중요하며 우리의 미래에 상상할 수 없을 정도로 커다란 영향을 미친다는 사실을 알 수 있다.[2]

뒤에 남겨진 사람들이 화목하게 지내는 것이 죽은 사람의 마음의 평화에 왜 절대적으로 중요한지 당신은 이제 알 것이다. 따라서 티베트에서는 죽은 사람의 친구와 가족이 모두 모였을 때에 함께 수행을 하며 〈옴 마니 파드메 훔〉 같은 만트라를 가능한 한 많이 반복해서 염송하도록 기운을 북돋워주는 것이다. 이는 티베트에서는 어느 누구나 행하는 일이고 죽은 사람을 틀림없이 돕는 일이므로 모두 함께 모여서 열렬하게 기도한다.

또한, 바르도 상태에 있는 죽은 사람은 투시력이 있으므로 스승이나 영적으로 경험 많은 수도자가 자신을 위해 행하는 수행에서 현저한 이익을 얻을 수 있다. 스승이 하는 것은 마음의 본성, 리그파의 근원에서 편안히 쉬면서 생성 바르도의 상태에서 떠도는 죽은 사람의 영혼의 몸을 일깨우는 일이다. 영혼의 몸이 스승 앞에 현존할 때 스승은 명상의 힘을 통해서 그에게 리그파의 본질을 제시할 수 있다. 바르도 상태에 있는 존재는 그 투시력에 의해 지혜로 충만한 스승의 마음을 똑바로 볼 수 있고, 스승이 그 자리에서 마음의 본성을 제시하면 당장 속박에서 벗어날 수도 있다.

평범한 수행자가 이미 죽은 가까운 사람을 위해 어떤 수행을 행하더라도 똑같은 이유로 크게 도움이 된다. 예를 들어 「티베트 사자의 서」와 관련된 백 가지 평화의 신과 분노의 신의 수행을 행하거나 한결같은 자비의 상태에서 쉬기만 할 수도 있다. 특히 그때 죽은 사람을 일깨워 당신 수행의 핵심으로 초대할 수 있다면 죽은 사람은 크게 도움을 받을 것이다.

불교 수행자가 죽을 때마다 티베트 인은 그의 스승, 모든 영적인 지도자, 영혼의 친구에게 알려서 죽은 불자를 위해 모두 함께 모여 수행을 닦는다. 나는 평소에 죽은 사람의 이름을 모아서 인도와 히말라야에 있는 훌륭한 스승에게 보낸다. 몇 주마다 행하는 정화 수행에 그들은 죽은 사람의 이름을 포함시킬 것이고, 1년에 한번 열흘 동안 집중적으로 사원에 모여서 수행을 닦는 그룹도 있다.[3]

죽은 사람을 위한 티베트 불교의 수행법

티베트 사자의 서

티베트에서는 죽어가고 있는 사람을 위해 포와 수행이 행해질 때에, 「티베트 사자의 서」를 반복해서 읽고 이 책과 관련된 수행법이 실행된다. 티베트의 동부 지방에서는 사람이 죽은 후 49일 내내 「티베트 사자의 서」를 읽어주는 전통이 있다. 이렇게 읽어줌으로써 죽은 사람은 자신이 죽음의 과정에서 어떤 단계에 있는지 알게 되고, 그가 필요로 하는 어떤 영감이나 안내를 제시받게 된다.

서양 사람들은 종종 내게 묻는다. 〈죽은 사람이 어떻게 「티베트 사자의 서」를 들을 수 있는가?〉 이런 질문에 대해 나는 간단히 이렇게 답하고자 한다. 죽은 사람의 의식이 우리가 올리는 기도의 힘에 의해 일깨워졌을 때, 그는 우리의 마음을 읽을 수 있고, 우리가 무엇을 생각하는지 어떻게 명상을 하는지 정확하게 느낄 수 있다. 그러니까 설령 티베트어로 염송된다 할지라도 죽은 사람이 「티베트 사자의 서」라든가 그를 위해 행해지는 수행을 이해하는 데 아무런 어려움이 없다. 죽은 사람에게 언어는 아무 장벽이 되지 못한다. 왜냐하면 텍스트의 근본 의미가 그의 마음에 즉시 완전하게 이해될 수 있기 때문이다.

따라서 수행자가 이런 수행을 진행할 때 기계적으로 암송하기보다는 가능한 한 온 마음으로 주의를 쏟아 집중해야 한다. 게다가 죽은 사람은 실제로 죽음을 체험하고 있으므로 「티베트 사자의 서」에 담긴 진리를 우리보다 더욱 잘 이해할 수 있다.

나는 때때로 이런 질문을 받는다. 〈그러나 죽음의 순간에 의식이 이미 망각의 상태에 빠졌다면 어떻게 될까?〉 그와 같은 무의식 상태에 그가 얼마나 오래 머물 것인지, 어떤 시점에서 생성 바르도에 들어갈 것인지 모르기 때문에, 우리는 만약의 경우를 대비하기 위해서라도 「티베트 사자의 서」를 거듭 읽어야 하고 이와 관련된 수행도 진행해야 한다.

그러나 바르도 가르침이나 「티베트 사자의 서」에 친숙하지 않은 사람의 경우에는 어떻게 해야 할까? 그들에게도 읽어주어야 할까? 달라이 라마는 이 점에 대해 분명한 지침을 주고 있다.

> 당신이 종교를 믿든지 믿지 않든지, 죽음의 시점에 화평한 마음을 지니는 것은 지극히 중요하다. ……불교적 관점에서 보건대 죽어가는 사람이 환생을 믿든지 믿지 않든지 그들은 다시 태어나게 된다. 따라서 그가 아무런 믿음이 없을지라도 죽음의 순간에 평온한 마음을 일관되게 유지하는 것이 중요하다. 만일 환생을 믿지 않는 사람이라면, 그에게 「티베트 사자의 서」를 읽어주는 것이 그의 마음을 뒤흔들 수도 있다. ……그것은 반감을 불러일으켜 돕기는커녕 그를 해칠 수도 있다. 그러나 마음이 열려 있는 사람의 경우, 주문이라든가 붓다의 명호가 그가 어떤 종류의 인연을 불러일으키는 데 도움을 줄 수 있다. 그러므로 그에게는 「티베트 사자의 서」를 읽어주는 일이 요긴하다. 그러니까 무엇보다도 중요한 것은 죽어가는 사람의 태도를 고려하는 것이다.[4]

네 덴과 창 콕

「티베트 사자의 서」를 손에 들고 낭독하면서 죽은 사람을 인도하는 네 덴 Né Dren 수행, 또는 정화하는 창 콕 Chang Chok 수행. 이런 수행을 통해 스승은 죽은 사람의 의식을 더 좋게 환생하도록 이끌 수 있다.

네 덴이나 창 콕 수행은 죽은 이후 곧바로, 또는 적어도 49일 이내에 행해지는 것이 이상적이다. 만일 시신이 현존하지 않는다면 그와 유사한 형상이나 이름이 적힌 위패, 혹은 첸장 tsenjang이라 불리는 사진을 활용해서 죽은 사람의 의식을 불러내야 한다. 죽은 사람은 죽은 직후 최근까지 살았을 때의 몸을 유지하고 있다는 강한 느낌을 지니므로, 네 덴이나 창 콕 수행은 죽은 사람의 이런 느낌에 힘입어 효과를 얻을 수 있다.

바르도 상태에서 아무 목적 없이 떠도는 죽은 자의 의식은 스승의 명상의 힘에 의해 첸장을 통해서 소환되는데, 첸장은 죽은 사람의 정체성을 상징한다. 이렇게 해서 그의 의식이 순화되고 여섯 세계의 업의 종자는 정화된다. 그가 마치 살아 있기라도 하듯 스승은 가르침을 제시한다. 죽은 사람에게 마음의 본성도 소개된다. 마지막으로 포와 수행이 실행되어 죽은 자의 의식이 붓다의 세계를 향하게 된다. 그리고 나서 그의 낡은 첸장은 불태워지고 그의 업은 정화된다.

여섯 세계의 정화

내 스승 딜고 켄체 린포체는 〈여섯 세계의 정화〉라고 알려진 수행법이 죽은 수행자를 순화시키기 위한 최상의 수행이라고 말하곤 했다. 여섯 세계의 정화는 살아 있는 동안 여섯 가지 주요한 부정적인 감정을 순화하기 위해 심상과 명상을 활용하는 수행법이다.

사람들은 여섯 가지 주요한 부정적인 감정에 따라 그에 상응한 존재의 영역을 만들어낸다. 이 수행법은 죽은 사람을 위해서도 매우 유효하게 사용할 수 있다. 이 수행법은 업의 근원, 윤회의 사슬을 순화시키기 위해 특히 유력한 방법이며 아주 중요하다. 예컨대 이와 같은 부정적인 감정이 아직 정화되지 못했다면, 죽은 사람이 윤회 속에서 어떤 영역에 다시 태어날 것인지 이 수행법에 의해 지정될 것이기 때문이다.

족첸 탄트라에 따르면 부정적인 감정들은 정교한 채널을 갖춘 정신 물리학의 체계, 내부의 기(氣), 그리고 에너지 안에 축적되고 특히 몸 안의 특정한 에너지 센터에 집적된다. 지옥의 종자와 그 원인인 분노는 발바닥에 자리한다. 아귀(餓鬼) 세계의 종자와 그 원인인 탐욕은 몸통의 근거지에 놓여 있다. 동물의 세계의 종자와 그 원인인 어리석음은 배꼽에 놓여 있다. 인간 세계의 씨앗과 그 원인인 의심은 가슴에 자리한다. 반신반인의 씨앗과 그 원인인 질투는 목에 놓여 있다. 신의 세계의 종자와 그 원인인 자만심은 머리의 정수리에 자리한다.

여섯 세계의 정화 수행을 통해서 여섯 세계와 그 부정적인 감정들이 정화될 때, 수행자는 그와 같이 특별한 감정에 의해 만들어진 온갖 업이 소진되었으며 그의 몸 가운데 특별한 감정의 업과 연계된 특정 부위가 완전히 빛 속으로 해체되었다고 상상한다. 그러므로 죽은 사람을 위해 당신이 이 수행을 행할 때, 수행이 끝날 무렵에 모든 업이 순화되어 그의 몸과 존재 전체가 빛나는 광명 속으로 녹아들었다고 상상해야 한다.[5]

백 가지 평화의 신과 분노의 신의 수행

죽은 사람을 돕는 또 다른 방법은 백 가지 평화의 신과 분노의 신의 수행이다(이러한 신들은 17장 「본래 갖추어진 광휘」에서 다룬 바 있다). 수행자는 그의 몸 전체를 백 가지 평화의 신과 분노의 신의 만다라로 여겨야 한다. 예컨대 평화의 신은 가슴의 에너지 센터에, 분노의 신은 머리의 에너지 센터에 형상화한다. 그때 수행자는 신들로부터 무수한 빛의 광선이 쏟아져 죽은 사람에게 흘러내려 그들의 온갖 부정적인 업이 순화되는 것으로 상상해야 한다.

수행자가 암송하는 정화의 만트라는 모든 탄트라의 만다라를 주재하는 신, 백 가지 평화의 신과 분노의 신의 만다라에 있어서 핵심이 되는 신, 바즈라사트바의 만트라다. 그의 권능은 정화와 치유에 특별히 효과적이다. 이것은 〈백 가지 음절로 된 만트라〉로 백 가지 평화의 신과 분노의 신 각각의 〈근원을 이루는 음절〉을 포함한다.[6]

바즈라사트바 만트라를 축약된 형태로 사용할 수 있다. 〈옴 바즈라 사트바 훔(티베트어 발음으로는 옴 벤자 사토 훔).〉 이 만트라의 핵심적인 의미는 다음과 같다. 〈오 바즈라사트바여! 당신의 권능으로 영혼의 정화, 치유, 그리고 변화를 불러일으켜 주시옵소서!〉 영혼의 치유와 정화를 위해 나는 이 만트라를 적극 추천한다.

족첸 탄트라와 「티베트 사자의 서」와 관련된 수행에서 제시되는 또 다른 중요한 만트라는 〈아 아 하 샤 사 마〉이다. 이 만트라의 여섯 음절은 육도 윤회의 〈문을 닫는〉 힘을 지닌다.

화장

화장은 많은 동양 사회에서 일반적으로 널리 통용되는 시신을 처리하는 방식이다. 티베트 불교에도 역시 화장을 위한 독특한 수행법이 있다. 화장터 또는 화장용 장작더미를 바즈라사트바나 평화의 신과 분노의 신의 만다라로 마음속에 상상한다. 그러면 신이 강렬하게 마음속에 떠올라 그들의 현존을 간절히 염원하게 된다. 죽은 사람의 시신은 그의 온갖 부정적인 업과 무지를 실제로 상징하는 것으로 간주한다. 시신에 불이 붙으면 커다란 축제 속에서 신들에 의해 시신이 태워져 지혜로운 것으로 바뀌게 된다. 빛의 광선은 신들로부터 쏟아져 나오는 것으로 상정된다. 죽은 사람의 순수하지 못한 온갖 것이 지혜의 타오르는 불꽃으로 정화되어 감에 따라, 시신이 완벽하게 빛 속으로 녹아내린다고 마음속에 그린다. 당신이 마음속으로 이렇게 그릴 때 당신은 바즈라사트바의 백 가지 음절 또는 축약된 만트라를 암송할 수 있다. 화장할 때 행하는 이렇게 단순한 수행법은 뒤좀 린포체와 딜고 켄체 린포체에 의해 전수되어 고취된 바 있다. 죽은 시신의 재와 첸장은 흙과 함께 뒤섞여 차차 Tsatsa라 불리는 이미지가 거의 없는 것으로 만들어진다. 이것들은 죽은 사람을 위해서 축복되고 헌납된다. 그리하여 미래에 좀더 좋게 환생할 수 있기 위한 상서로운 여건이 조성되는 것이다.

죽은 이후 49일 동안 7일째마다 행해지는 수행

티베트의 사회에서는 죽은 후 7일이 되는 날마다 규칙적으로 수행과 의식이 행해지는데 그 집안이 여유가 있을 경우에는 49일 동안 매일매일 거행되기도 한다. 그런 수행을 위해 스님, 특히 그 집안과 가깝고 죽은 사람과 인연 있는 라마가 초대된다. 시신이 집 밖으로 나올 때까지 계속해서 등불을 켜놓고 기도를 진행한다. 스승과 시신에 제물을 바치고 죽은 사람의 이름으로 가난한 사람에게 시주를 행한다.

죽은 사람을 위해서 〈7일째마다〉 행하는 이런 수행은 매우 중요하다. 왜냐하면 영혼의 몸은 생성 바르도의 상태에서 매주마다 죽은 바로 그 요일에 죽음을 체험하기 때문이다. 만일 죽은 사람이 지난날 행실이 좋아서 덕을 충분히 쌓았으면, 이런 수행에 힘입어 순수한 영역으로 옮겨가는 자극을 받을 수 있다. 엄밀하게 말해서 어느 누가 수요일 정오 이전에 죽었다면, 죽은 이후 첫번째 수행은 다음주 화요일이 될 것이다. 어떤 사람이 수요일 정오 이후에 죽었더라면, 다음주 수요일이 된다.

티베트 인들은 죽은 이후 처음 4주를 특히 의미 있는 것으로 여긴다. 아주 평범한 사람이라면 4주 이상 바르도 상태에 머물지 않는다고 말해지기 때문이다. 대개의 경우 바르도 상태에서 가장 오래 머무는 기간이 49일로 간주되므로, 일곱번째 주 또한 중요하게 여겨진다. 따라서 이런 경우에 스승과 수행자가 집에 초청되는데 이때는 수행이나 제물, 그리고 궁핍한 이웃에 대한 시주가 좀더 큰 규모로 진행된다.

죽은 이후 1년이 되는 날, 죽은 사람의 환생을 기리기 위해서 재물을 봉헌하는 또 다른 의식과 축제가 열린다. 대부분의 티베트 가정에서는 그들의 스승, 부모, 남편, 아내, 형제 자매의 기일(忌日)에 매년 제사를 지내고 또한 그날 가난한 이웃에게 시주를 한다.

죽은 사람의 남겨진 가정을 보살피기

티베트 인들 사이에서는 누군가 죽을 때마다 친척과 친구가 함께 모이는 것이 당연하며, 모두가 항상 이런저런 방식으로 죽음을 맞은 가정에 도움을 준다. 사회 전체가 정신적, 감정적, 그리고 실질적으로 그들을 크게 후원한다. 또한 죽은 사람의 남겨진 가족들은 아무런 도움도 없다는 느낌을 받거나 당혹해서 어쩔 줄 몰라하거나 무슨 일을 해야 할지 망설이는 일이 결코 없다. 죽은 사람을 위해 많은 것이 행해지고, 남겨진 사람들이 사랑했던 사람의 죽음을 견뎌내서 계속 살아가도록 하기 위해 죽음에 관한 다양한 지식이 제시된다는 것을 티베트 인 모두가 알고 있다.

그러한 지원과 보살핌이 거의 상실된 현대 사회는 티베트의 관습에 견주어볼 때 얼마나 다른지! 그런 보살핌이 있다면, 죽음의 슬픔이 연장되거나 쓸데없는 어려움을 겪는 일이 줄어들 것이라고 나는 자주 생각하곤 한다.

내 제자들 중에는 호스피스 운동에 참여해 가까운 사람의 죽음을 맞이한 사람을 위해 카운슬러로 활동하는 이들이 있다. 그들의 이야기로는 죽은 사람이 있는 가정이 느끼는 고통 가운데 가장 심각한 것 중 하나는 사랑하는 사람이 죽었을 때 자신들이 아무것도 할 수 없다는 믿음이라고 한다. 그러나 내가 이미 제시한 것처럼 죽은 사람을 돕기 위해서 누구든지 어렵지 않게 행할 수 있는 것이 많다.

죽은 사람이 있는 가정을 위로하는 한 가지 방법은, 사랑했지만 이미 죽은 사람을 위해 그들이 할 일이 아직 남아 있음을 알려주는 것이다. 사랑하는 사람이 다른 세상으로 떠나간 뒤, 남아 있는 사람이 죽은 사람을 위해서 한층 진지하게 삶을 살고 그를 위해 수행함으로써 그의 죽음에 좀더 깊은 의미를 부여할 수 있다. 티베트에서는 친족들이 죽은 사람을 위해 성지 순례를 떠나기도 하는데, 특별한 시간에 성스러운 장소에서 이미 죽은 사랑했던 사람을 회상하고 그들을 위해 수행을 닦는 것이다. 티베트 인들은 죽은 사람을 결코 잊는 법이 없다. 그들을 위해서 성소에 제물을 바치기도 한다. 규모가 큰 기도 모임에 참석해 죽은 사람의 이름으로 기도를 후원하기도 한다. 그를 위해 영적인 일에 계속해서 기부할 것이다. 또한 스승을 만날 때마다 특별한 기도를 요청한다. 스승이 죽은 사람을 위해 수행하고 있다는 것은 티베트인들에게는 가장 큰 위안이 된다. 그러니까 우리가 사랑했던 사람이 어중간하게 죽도록 방치해서는 안 된다. 그가 떠나간 후 우리는 삶을 좀더 진지하게 살아야 한다. 최소한 죽은 사람의 소원이나 열망을 어떤 방식으로든 충족시키기 위해 노력해야 한다. 예를 들어 그의 소유물의 일부를 자선 단체에 기부하든가, 또는 그가 특별히 소중하게 여겼던 일에 그의 이름으로 기부하는 것이다.

티베트 인들은 사별을 당한 친구에게 이런 내용의 편지를 종종 쓰곤 한다.

모든 것은 영원하지 않고, 모든 것은 없어지게 마련이지. 자네도 이를 알 것이네. 자네의 어머님께서 돌아가셨지만 사람이 죽는 것은 지극히 자연스러운 일이지. 나이 많은 세대가 먼저 떠나게 되어 있는 법. 자네 어머님은 연로하셨고 건강도 좋지 않으셨으니, 어머니께서도 자신의 몸에서 떠난다고 해서 화내지는 않으셨겠지. 그리고 자네가 이제 수행자를 후원함으로써 어머님을 도울 수 있고, 어머님의 이름으로 선행을 쌓을 수 있기 때문에, 자네 어머님은 고통이 줄어들고 행복해지실 것이네. 그러니 슬픔에 젖지 말게나.

만일 어린애라든가 너무 젊어서 그렇게 빨리 죽을 것 같지 않았던 가까운 누군가를 잃었다면, 이렇게 말할 것이다.

자네의 귀여운 꼬마가 죽었으니, 자네의 존재 전체가 박살이라도 난 듯 여겨지네. 내가 보기에도 그건 너무 잔인하고 이치에도 맞지 않네 그려. 자네 아들의 죽음을 내 어찌 설명할 수 있겠나. 그러나 그것은 분명히 업의 자연스런 귀결이라고 나는 알고 있네. 아들의 죽음이

나와 자네가 알지 못하는 어떤 업보를 갚기 위한 것으로 나는 믿고, 또 그렇게 알고 있지. 자네의 슬픔이 바로 나의 슬픔이라네. 하지만 자네와 내가 함께 수행을 닦고 선행을 쌓고 사랑을 베풂으로써 그를 도울 수 있으니, 마음을 고쳐먹게나. 그가 죽은 지금 이 순간에도 우리가 그의 손을 잡고서 그와 함께 걸을 수 있다네. 새로운 생명을 얻어 다음 생에서는 좀더 오래 살도록 도울 수도 있지.

다른 경우에 이렇게 쓸 수도 있을 것이다.

자네의 슬픔이 크다는 걸 나는 잘 안다네. 하지만 자네가 절망에 빠질 때 자네의 친구를 위해 수행을 하는 스승이 있으니 그에게 얼마나 다행한 일인지 생각해 보게. 또한 다른 때, 다른 곳에서는 죽은 사람을 위해 아무런 영적인 도움도 베풀지 않는 점 역시 생각해 보게. 사랑하는 사람이 죽어가고 있음을 기억하고 있을 때, 오늘날 세상에 혼자 내버려지고, 잊혀지고, 포기되고, 또한 영적인 비전에 보호받지도 못한 채 얼마나 많은 사람들이 죽어가는지 생각해 보게. 티베트에서 문화 혁명 기간 동안 무시무시하고 비인간적인 상황 아래 어떤 종류의 영적인 수행도 금지된 채 죽어갔던 사람들을 생각해 보게. 절망에 위협당할 때 그것에 질질 끌려다니기만 한다면 죽은 사람이 그로 인해 더욱 불안해진다는 점 역시 기억하게나. 자네의 슬픔 때문에 그가 좀더 좋게 태어날 수 있는 길에서 다시 끌려나올지도 모르지. 만일 자네가 슬픔에 빠진다면 그를 돕는 일을 제대로 할 수 없을 것이네. 자네가 안정을 찾을수록 위안을 주게 되고 그를 한층 자유롭게 이끌 수 있을 것이네. 슬플 때, 용기를 내며 이렇게 말해 보게. 〈내가 어떤 기분이 들든지 그는 사라질 것이다. 설사 그가 되돌아올지라도 오래 머물 수 없으리라.〉 자네가 그의 생을 연장하려고 하지 않는 한, 상실감과 비탄을 비롯한 자네의 온갖 감정은 자연스럽게 해소되어 머지않아 사라질 걸세.

하지만 죽은 사람을 돕는 일이 가능한지조차 모르고, 또한 죽음이란 사실을 도무지 직시하지 않는 현대 사회에 이처럼 진지하고 현명한 성찰을 하기란 쉽지 않다. 처음으로 사별을 겪고 있는 사람은 불안, 격렬한 슬픔, 분노, 위축감 등으로 인해 낙담하게 되고, 갑자기 직면하게 된 죄의식으로 내면의 세계가 황폐해지기 십상이다. 따라서 가까웠던 누군가를 잃은 사람을 돕는 데는 커다란 인내심과 감수성이 요구된다. 그와 함께 시간을 보내면서 그가 스스로 입을 열어 말하게 하고, 그가 아주 개인적인 추억을 회상할 때 아무런 판단도 하지 말고 묵묵히 들어주고, 죽음의 구체적인 전개 과정을 그에게 계속해서 제시해야 한다. 무엇보다 그가 매우 격한 슬픔과 고통을 겪을 때 함께 있어줘야 한다. 그가 필요 없다고 사양할지 모른다. 그래도 언제든지 의지할 수 있다는 확신을 심어주어야 한다. 남편이 죽은 지 1년 되었다는 캐럴이라는 여성을 죽음을 주제로 한 비디오 시리즈에서 인터뷰했다. 진행자가 물었다. 〈지난 1년간을 되돌아볼 때, 당신에게 가장 도움을 주었던 사람이 누구입니까?〉 그녀는 이렇게 말했다. 〈내가 괜찮다고 말해도 계속 전화를 해주고 곁에 있어준 사람입니다.〉

슬픔을 당하고 있는 사람은 일종의 죽음을 겪고 있는 것이다. 실제로 죽어가고 있는 사람의 불안감처럼 그가 느끼는 불안감도 당연한 것으로 받아들여야 한다. 슬픔의 진행 과정은 길며 또 때로는 고문이라도 하듯 비탄이 계속해서 되풀이된다는 사실 역시 알 필요가 있다. 충격, 무감각, 또한 죽음을 부인하는 경향은 결국 점차 바랠 것이고, 커다란 상실감은 때로는 절망적일 만큼 깊이 가라앉는 의식으로 대체될 것이다. 그러나 그러한 의식은 궁극적으로는 회복될 것이고 균형을 찾게 된다. 이런 상태가 한 달 두 달이고 계속 반복된다. 사람으로서 더 이상 견딜 수 없을 정도의 온갖 감정과 두려움이 드는 것도 당연하다고 말해 줘야 한다. 몇 년이 걸릴지 몰라도 그런 비탄은 언젠가 반드시 소진되어 마침내 죽음을 수용하게 되리라는 말도 전해야 한다.

주디 타텔바움은 이렇게 말한다.

> 비탄은 주의를 기울여 치료해야 하는 상처다. 비탄을 극복하고 완전하게 성취한다는 것은 열린 태도로 정직하게 자기 감정에 직면하는 일, 상처가 치유되는 데 아무리 오랜 시간이 걸릴지라도 그 감정을 온전하게 표출해 풀어버리는 일, 감정을 있는 그대로 견디며 수용하는 것을 의미한다. 슬픔을 인정하면 무너져버릴까 봐 우리는 두려워한다. 한때의 비탄이 결국 해소된다는 것은 만고 불변의 진리. 하지만 표출되지 못한 비탄은 한없이 지속된다.[7]

그러나 친구와 가족이 가만히 앉아서 사별을 한 사람이 몇 달 후 저절로 〈일상적인 생활로 되돌아올 것〉을 기대하는 것은 결코 바람직하지 않다. 이렇게 섣부른 기대를 한다면 만약 비탄이 지속되고 때로는 더 심해질 경우, 그에 따라 그는 더욱 당혹하게 되고 고립감에 빠진다.

앞서 말한 대로 티베트에서는 친지와 가족을 비롯한 사회 전체가 죽음 이후 49일간 의식에 함께 참여하고, 죽은 사람을 돕기 위한 영적인 활동과 다양한 일에 몰두한다. 가까운 사람의 죽음을 겪은 사람은 슬픔에 잠길 것이고 어느 정도 울기도 하겠지만, 이는 당연한 일이다. 장례식이 끝난 뒤 모든 사람이 떠나면 집은 텅 비게 될 것이다. 그러나 그렇게 다양하고도 정교하게 따뜻한 방식으로 49일 동안 모든 사람들이 그의 집에 모여서 보살펴줌으로써 비탄을 쉽게 이겨내도록 도울 수 있다.

그러므로 서양 사회에서 가까운 사람의 죽음을 겪은 사람을 혼자 있도록 내버려두는 것은 매우 이상한 일이다. 갑작스런 죽음, 특히 자살의 경우에 비탄의 감정은 격하게 심화된다. 이럴 경우 남아 있는 사람에게는 이미 죽기는 했지만 사랑했던 사람을 어떤 방식으로도 도울 수 없었다는 무력감이 강화된다. 갑작스런 죽음을 당한 사람에겐 직접 가서 시신을 보는 것이 매우 중요하다. 그렇지 않다면 죽음이 실제로 일어났는지 깨닫기가 어렵기 때문이다. 가능하다면 시신 곁에 조용히 앉아서 죽은 사람이 필요로 하는 것을 말해 주고 사랑을 표현하고, 작별 인사도 함께 나눠야 한다.

만일 이것이 가능하지 않을 때는 죽은 사람의 사진을 꺼내와서 작별 인사를 하면서 인간 관계를 정리하고 가벼운 마음으로 떠날 수 있도록 이야기를 나눈다. 사랑하는 사람의 돌연한 죽음에 직면한 사람에게 이렇게 할 수 있도록 격려하고, 죽음이라는 새롭고도 애타는 현실을 받아들이게끔 도와주어야 한다. 그가 아무 희망 없이 멍하니 앉아서 좌절하고 자학하면서 죽음의 순간을 계속 되씹게 하기보다는 지금까지 제시한 것처럼 죽은 사람을 돕는 방식, 그가 어렵지 않게 할 수 있는 간단한 것들을 역시 말해 주자.

돌연한 죽음의 경우 남겨진 사람들은 죽음의 원인으로 여겨지는 것에 대해 종종 맹렬한 분노를 느낄 수도 있다. 그들이 그와 같은 감정을 표출할 수 있도록 도와주어야 한다. 속에 담아두고 있으면, 조만간 고질적인 우울로 굳어버릴 것이기 때문이다. 겉으로 드러냄으로써 숨겨진 고통을 털어놓도록 도와주자. 고통스럽기는 하지만, 그래야만 궁극적으로 그것에서 풀려나 치유될 수 있기 때문이다.

사랑하던 사람의 죽음 이후 어떤 사람이 그와의 지나간 관계에 있었던 잘못을 신경질적으로 회상하거나 그의 죽음을 막지 못한 것에 대해 스스로 괴로워하면서 강한 죄의식을 느끼는 경우도 자주 있다. 아무리 비합리적이고 우스꽝스럽더라도 그의 죄의식을 자유롭게 이야기하도록 유도하는 것이 바람직하다. 그러면 점차적으로 이런 감정이 감소될 것이고, 자신을 용서하고 삶을 정상적으로 영위하게 될 것이다.

마음의 수행

이제 깊은 슬픔과 비탄을 겪을 때 도움이 되는 수행을 소개하고자 한다. 그것은 내 스승 잠양 켄체가 감정적 고통이나 정신적 고민과 실망으로 괴로워하는 사람에게 항상 제시하던 수행법이다. 내 자신에 비추어볼 때 이 수행을 통해 누구든지 커다란 위안과 휴식을 얻을 수 있다. 현대와 같은 세상에서 가르침을 베푼다는 것은 결코 쉬운 일이 아니다. 내가 젊었을 때 수없이 많은 위기와 어려움을 당했다. 그때 나는, 지금도 그렇지만, 항상 나의 모든 스승과 파드마삼바바를 염원하곤 했다. 그러고 나서 이런 수행이 나 자신을 얼마나 바꾸어놓는지 스스로 발견했고, 혼란을 겪을 때 파드마삼바바 수행을 행하는 것이 가장 유용하다고 나의 모든 스승들이 말했던 이유를 비로소 알게 되었다. 파드마삼바바는 당신이 필요로 하는 권능을 지니고 있어서 오늘날과 같은 난세를 살아나갈 수 있도록 한다.

따라서 당신이 절망에 빠지고 화가 나고 기력이 소진될 때마다, 더 이상 버틸 수 없다고 느낄 때마다, 마음이 찢어질 때마다 이 수행을 닦도록 권하고 싶다. 이 수행을 효과적으로 행하기 위한 유일한 조건은 전심 전력을 다하는 것이고 파드마삼바바에게 도와달라고 참으로 염원하는 것뿐이다.

명상 수행을 하더라도 감정적 고통과 괴로움을 겪게 될 것이고 자신의 지나간 생이나 삶의 많은 것이 떠오를 때 직시하기 힘든 것도 있을 것이다. 그것들에 대처할 수 있을 정도의 지혜를 갖추지 못했음을, 당신의 명상 수행이 안정되지도 못했을 뿐 아니라 당신의 명상 그 자체로는 충분하지도 못하다는 것을 깨닫게 될 것이다. 그때 당신에게 필요한 것이 내가 〈마음의 수행〉이라 부르는 것이다. 지금처럼 절망이 넘치는 시대에 사람들이 자기 자신을 돕는 이런 수행을 지니지 못하다니, 나는 정말로 슬프다. 만일 그렇게 할 수만 있다면 헤아릴 수 없이 진귀한 것을 지니게 되리라. 그것은 변화를 일으키고 원기를 북돋워주는 근원이다.

염원

당신 앞에 있는 하늘을 향해 깨달은 존재가 그 누구든지, 그가 당신에게 영감을 불어넣어 주기를 염원하라. 이 존재는 모든 붓다, 보살, 스승의 화신으로, 앞서 말했듯 나의 경우 이런 화신은 파드마삼바바이다. 당신이 마음속으로 어느 한 가지 형태를 상상할 수 없더라도 그 현존을 강하게 느끼고 그의 무한한 힘, 자비, 축복을 염원해 보라.

큰소리로 외치기

가슴을 열고, 자신이 느끼는 온갖 고통과 괴로움을 담아 마음속으로 그를 염원하라. 울 것 같은 느낌이 들면 망설이지 말고 눈물이 흐르도록 하고 진정으로 도움을 요청한다. 당신을 위해 무조건적으로 함께 있어주는 누군가가 당신에게 귀기울여 아무런 판단도 내리지 않고 사랑과 자비심으로 이해해 준다는 것을 알아야 한다. 이를테면 언제까지나 함께하는 친구, 정화와 보호의 근원으로서 무수한 사람에 의해 여러 세기 동안 활용된 만트라, 〈옴 아 훔 바즈라 구루 파드마 싯디 훔〉이란 만트라를 암송하면서 자신의 고통 깊숙한 곳으로부터 그를 염원한다.

마음을 축복으로 가득 채우기

당신이 큰소리로 외쳐 부르는 붓다가 이제 사랑, 자비, 지혜, 권능으로 응답한다고 상상하라. 방대한 빛줄기가 당신을 향해 쏟아져 내린다. 저 빛줄기가 당신의 마음을 꽉 채우고 고통을 축복으로 바꾸는 감로수라고 상상하라.

파드마삼바바가 현현하는 한 가지 방식은 법복을 입고 따뜻하고 아늑한 감정이 황홀하게 배어나오는 채 사랑이 넘치는 미소를 머금고 명상의 자세로 아무 꾸밈 없이 앉아 있는 모습이다. 이렇게 빛이 방사되므로 그는 〈위대한 축복〉이라고 일컬어진다. 그는 손을 무릎에 편안히 얹고 죽은 사람이 남긴 두개골의 윗부분으로 만든 컵을 흔들고 있다. 위대한 축복으로 가득 찬 컵은 소용돌이치고 불꽃을 튀기면서 모든 치유의 근원으로 작용한다. 그는 빛나는 한줄기 빛에 둘러싸여 연꽃 같은 자세로 장엄하게 앉아 있다.

그를 무한히 따뜻하고 사랑으로 충만한 존재, 축복의 태양, 안락함, 평온함, 그리고 치유의 근원으로 간주해 보라. 당신의 마음을 열어 온갖 괴로움이 드러나도록 하라. 소리 높여 도움을 청해라. 그리고 그의 만트라를 염송한다. 〈옴 아 훔 바즈라 구루 파드마 싯디 훔.〉

이제 무수한 빛줄기가 그의 몸이나 가슴으로부터 쏟아진다고 상상해 보라. 두개골 잔으로부터 위대한 축복의 감로수가 환희심으로 흘러넘쳐, 금빛 액체 같은 빛줄기가 당신에게 계속 쏟아져 내린다고 상상해 보라. 그것이 흘러 당신 가슴을 가득 채우고 당신의 고통을 축복으로 변화시킨다.

파드마삼바바로부터 흘러내리는 위대한 축복의 감로수는 내 스승이 즐겨 가르쳤던 놀라운 수행법이다. 이 수행은 내가 참으로 필요할 때 커다란 영감과 도움을 주었다.

죽은 사람을 돕기

만트라를 염송하면서, 또는 가슴에 축복을 가득 채우면서 이 수행을 계속 반복하면, 당신의 고통이 점차 마음 본성의 확고한 평화 속으로 용해될 것이다. 붓다가 당신의 마음 본성에서 한순간도 분리됨 없이 당신과 함께 있음을 기쁜 마음으로 알게 되리라. 붓다가 내리는 축복을 통해서 붓다가 자신 안에 있다는 확신은 증가될 것이다.

이제 모든 힘과 확신과 더불어 이 수행법이 제시되었으니, 당신이 이와 같은 축복, 깨달은 존재의 치유 능력을 지닌 자비의 빛을 이미 죽은 사랑했던 사람에게 보내고 있다고 상상해 보자. 이것은 외상을 입고 고통 속에 죽은 사람의 경우 특히 중요한데, 이를 통해 고통이 평온함과 축복으로 변하기 때문이다. 이전에는 사랑했던 친구의 죽음 앞에서 슬픔과 무력함만 느낄 뿐 돕기 위한 일은 아무것도 할 수 없었을 것이다. 하지만 이런 수행을 통해 당신은 위안을 받고 기운이 북돋워지고 죽은 사람을 도울 수 있는 권능이 부여된 것을 느낄 것이다.

가슴을 열어놓기

　직접적인 결과나 기적을 기대할 것은 없다. 잠시 후 또는 훨씬 뒤에, 또는 거의 기대를 잃은 뒤에 당신의 괴로움이 소진될 수 있다. 무슨 일인가 일어난다거나 슬픔이 딱 종결된다는 식의 기대는 하지 말아라. 수행중에, 깨달은 존재와 붓다에게 열려 있는 것처럼 자신의 비탄에 열려 있어야 한다.
　심지어 자신의 괴로움을 향해 신비스럽게 감사의 마음이 느껴질 수도 있다. 왜냐하면 고통은 당신을 뚫고 나아가서 변화할 기회를 제공해 주기 때문이다. 고통이 없다면, 무상(無上)의 기쁨이란 보배가 고통의 심해 가운데 감춰져 있는 것을 발견할 수 없을 것이다. 괴로움을 겪을 때가 마음이 가장 크게 열릴 수 있는 시점이고, 또한 지극히 상처받은 곳이야말로 더욱 큰 활력이 참으로 자리할 수 있는 장소이다.
　그때 스스로에게 이렇게 말해 보자. 〈나는 이 고통으로부터 달아나지 않으련다. 할 수 있는 한 최대한도로 값지게 활용해서 좀더 자비롭게 다른 사람을 돕고자 한다.〉 괴로움을 통해 결국 우리는 자비를 배울 수 있다. 자기가 괴롭다면 다른 사람이 괴로울 때 어떠하리라는 것을 알게 된다. 그리고 자신이 남을 돕는 위치에 있다면, 자기의 괴로움을 계기로 해서 남의 고통을 이해하게 되어 남을 돕는 자비심을 일으키게 될 것이다.
　따라서 당신이 무엇을 하든지 자신의 괴로움에 눈을 감아서는 안 된다. 자기의 괴로움을 받아들여 그 상처를 감당해야 한다. 크게 절망하게 되더라도, 그 고통을 있는 그대로 수용하자. 왜냐하면 그것은 값으로 따질 수 없는 선물을 당신에게 주고 있기 때문이다. 예컨대 영적인 수행을 통해 슬픔 뒤에 깔려 있는 무언가를 발견하는 기회이다. 〈비탄이란 자비가 피어나는 정원일 수 있다〉라고 루미는 썼다. 만일 당신이 마음을 열어 일체에 통하도록 한다면, 사랑과 지혜를 찾는 삶 속에서 당신의 괴로움은 가장 커다란 동지가 될 수 있다.

또한 우리가 자신을 고통으로부터 보호할 수 없다는 사실을 안다. 고통을 피하려고 할 때 우리는 더 고통받게 된다. 우리는 자신이 체험하는 것으로부터 아무것도 배울 수 없다는 사실을 너무도 모른다. 릴케는 이렇게 썼다. 고통으로부터 보호받는 마음은 〈상실에 노출되지 않아 결백하고 안전할 수는 있겠지만, 결코 자비심을 알 수 없다. 상실을 극복한 마음만이 만족할 수 있다. 자유란 모든 것을 포기함으로써 누리게 되는 것이다.〉[8]

비탄을 통해 배우기

고통에 압도당할 때에는 5장 「마음을 고향으로 이끌기」에서 명상 수행에 대해 언급할 때 제시한 다양한 방법을 자신에게 불어넣어 보자. 슬픔을 진정시켜 해소하는 가장 효과적인 방법 가운데 하나는 대자연 속에 안기는 것이다. 특히 폭포 주위에 앉아 명상하면서 폭포수가 흘러내리듯 눈물과 비탄을 쏟아내어 자기 자신을 정화시키는 것이다. 또는 무상함이라든가 슬픔을 주제로 한 감동적인 책을 읽고서 그 지혜를 통해 위안을 얻는 것도 하나의 방법이다.

비탄을 받아들여 종결 짓는 것은 실제로 가능하다. 많은 사람들이 사용했으며 효과가 판명된 한 가지 방법은 죽음으로 끝나지 않은 일을 끝맺기 위해 내가 설명한 방법들을 변용하는 것이다. 당신이 사랑했던 사람이 아무리 오래전에 죽었을지라도 이것이 매우 효과적임을 발견할 수 있을 것이다.

모든 붓다와 깨달은 존재가 저 하늘에서 당신을 둘러싼 채 자비의 빛을 내려보내 당신을 보살피고 축복을 내린다고 상상해 보라. 그들의 존재 앞에서 비탄에 젖은 채로 당신이 하고 싶은 말, 마음속에 진정으로 담아두었던 이야기를 먼저 죽은 사랑했던 사람에게 건네본다.

죽은 사람이 살아 있을 때보다 당신을 한층 사랑하고 이해하는 눈빛으로 바라본다고 상상해 보라. 죽은 사람은 자기가 당신을 사랑한다는 것, 무슨 일을 했을지라도 용서한다는 사실을 당신이 이해하길 바란다. 또한 당신이 관대한 마음으로 자신을 용서해 주길 기대한다.

가슴을 활짝 열고, 어떤 분노와 불쾌함이라도 말로 표출하고, 깊숙이 숨겨두었던 것을 있는 그대로 드러내도록 한다. 온 마음을 다해 죽은 사람을 향하여 관용을 보내고 용서한다고 말하라. 생전의 그에게 끼쳤을지도 모르는 온갖 고통에 대해 사과하라. 이제 당신을 향해 쏟아지는 그의 관용과 사랑을 당신의 존재 전체로 느껴보라. 사랑받고 용서받음을 존재 깊숙이 인지하게 되고, 비탄이 해소되는 것을 느낄 것이다.

수행이 종결될 즈음 이제 진정으로 그 사람을 보낼 수 있는지 자신에게 물어본다. 이제 그가 마음을 돌려 떠난다고 상상하고, 이어서 죽은 사람을 돕기 위해 포와라든가 다른 수행을 함으로써 끝을 맺는다. 이 수행을 통해 당신의 사랑을 한번 더 보여주고, 죽은 사람을 돕기 위해 무언가를 행하고, 마음속으로 그와의 인간 관계를 끝맺고 치유하는 기회를 갖게 된다.

만일 당신이 비탄과 사별에 스스로를 맡긴다면 더 많은 것을 배울 수 있다. 사별함으로써 자신의 삶을 직시하게 되어 이전에 찾지 못했던 생의 목적을 발견하려 애쓰게 된다. 사랑한 사람의 죽음 이후 갑자기 외로움이 느껴질 때, 그것은 새로운 삶의 기회가 주어진 것으로 생각할 수 있다. 〈이 생에서 무엇을 할 것인가?〉, 〈왜 더 살려고 하는가?〉라는 질문도 스스로 던지게 된다.

살면서 사랑과 이해를 보여주지 못하거나 관용을 베풀지 못해 살아 생전에 사랑했던 사람에게 좀더 다감하게 대해주지 못했다면, 상실과 사별은 또한 무슨 일이 일어나는지를 날카롭게 각성시켜 줄 수 있다. 엘리자베스 퀴블러로스는 이렇게 말했다. 〈내가 사람들에게 가르치고자 하는 것은, 곁에 있는 동안에 당신의 마음을 말해 주라는 것이다.〉[9] 또한 레이먼드 무디도 임사 체험을 연구한 이후에 이렇게 썼다. 나는 〈일상 생활에서 우리 모두가 얼마나 죽음에 가깝게 있는지 알게 되었다. 이전보다 더욱 사랑하는 사람에게 내 마음을 전하는 데 신경을 쓰게 되었다.〉[10]

따라서 크게 사랑했던 사람을 잃은 이후 절망과 비탄의 수렁에 빠진 사람들에게, 나는 마음 깊은 곳으로부터 보살핌, 권능, 은총을 염원하는 기도를 하라고 충언하고자 한다. 사랑했던 사람을 잃어버린 후에도 계속 살면서 새롭게 주어진 삶에서 풍부한 의미를 발견할 수 있도록 기도를 올리자. 죽음으로부터 입은 상처의 충격을 수용하고 용기를 내어 참고 견뎌내자. 무엇보다도, 이젠 당신의 사랑을 다른 사람과 한층 깊게 나누는 방식을 발견하도록 찾아보자.

　　　　　　　＊　＊　＊

1) 이 만트라를 설명하는 〈부록4〉를 참조.
2) 그러나 이미 죽은 수행자가 살아 있는 친구와 가족이 자신이 죽은 이후에 탐욕을 부리고 거짓을 일삼는 모습을 보는 경우, 상처받고 화를 내는 대신 그들의 모든 행위가 단지 윤회의 씨앗임을 깨달을 수도 있다. 그래서 그는 해방감과 자비심을 좀더 깊게 일으켜 생성 바르도의 상태에 있는 자신을 크게 이롭게 할 수도 있다.
3) 우리가 죽은 사람을 위해 수행하고 기도해 주기를 스승에게 요구할 때, 아무리 작은 액수라 하더라도 헌금하는 것이 일반적인 관례이다. 헌금함으로써 죽은 사람과 스승 사이에 명백한 관계가 성립된다. 스승은 오로지 죽은 사람만을 위해 의식을 집행할 때 그 헌금을 사용하거나, 신성한 성지에 제물을 올리거나, 그가 추구하는 일에 죽은 사람의 이름으로 헌납하기도 한다.
4) 죽음과 죽어감에 대한 일단의 의문에 달라이 라마가 제시한 해답. 〈부록2〉의 미주1 참조.
5) 이러한 전통적 수행법은 훈련을 필요로 하고 단지 이 책을 읽고 따른다고 될 일이 아니다. 어떤 수행은 권위 있는 스승으로부터 전수받고 위임받지 않으면 안 된다. 죽음과 죽어가는 환자를 돌보는 불교의 접근법을 교육하는 프로그램이 앞으로 조직되기를 나는 기대하는데, 여기에 제시된 수행 방법 가운데 몇 가지가 포함될 것이다. 그땐 딜고 켄체 린포체의 충고에 입각해서 죽은 사람을 위한 간단한 의식과 가이드가 활용될 것이다.
6) 백 가지 음절 만트라는 다음과 같다.
옴 바즈라 사트바 사마야 마누플라야 바즈라 사트바 테노파 티슈차 디 호 메 브하와 수토카요 메 브하와 수포카요 메 브하와 아누락토 메 브하와 사르와 싯디 메 프라야차 사르와 카르마 수차 메 칫땀 슈리얌 쿠루 훔 하 하 하 하 호 브하가완 사르와 타타가타 바즈라 마메문차 바즈리브하와 마하 사마야사트바 아.
7) 주디 타텔바움 Judy Tatelbaum, 『비탄에 잠기는 용기: 창의적 삶, 회복 그리고 비탄과 함께 성장하기 The Courage to Grieve: Creative Living, Recovery and Growth through Grief』(New York: Harper & Row, 1980년).
8) 스티븐 미첼 Stephen Mitchell 편역, 「밖으로 달아난 비둘기 Dove that Ventured Outside」, 『라이너 마리아 릴케의 시선집 The Selected Poetry of Rainer Maria Rilke』(New York: Vintage Books, 1984년), 293쪽.

9) 엘리자베스 퀴블러로스Elisabeth Kübler-Ross의 말 인용, 대니얼 골먼Daniel Goleman, 「어린이는 항상 거기에 있다. 참 사랑은 죽지 않는다The Child Will Always Be There. Real Love Doesn't Die」, 《오늘의 심리학 *Psychology Today*》 (1976년 9월), 52쪽.

10) 레이먼드 무디Raymond A. Moody, Jr., 『삶 이후의 삶에 대한 성찰 *Reflections on Life after*』(New York: Bantam, 1977), 112쪽.

20

임사 체험

 이제 서양에서는 죽음에 가까이 근접했거나 임상적으로 죽었다가 다시 소생한 사람들이 겪은 경험담에 붙인 〈임사 체험〉이라는 말이 사람들에게 꽤 익숙하다. 임사 체험은 역사를 통해 모든 신비적이고 샤머니즘적 전통에서, 또한 플라톤, 교황 그레고리, 수피교도의 몇몇 위대한 스승, 톨스토이, 그리고 칼 융에 의해서 제시된 바 있다. 지나간 역사로부터 내가 즐겨 드는 실례는 18세기 영국의 위대한 역사가이자 수도사였던 비드 Bede가 증언한 이야기이다.

 이 무렵 옛날에 일어났던 일들처럼 기록할 가치가 있는 기적이 영국에서 일어났다. 영적인 죽음으로부터 삶을 일깨우기 위해, 죽었던 어떤 남자가 육신으로 돌아와 그가 겪었던 주목할 만한 많은 일을 전했다. 나는 여기서 언급할 가치가 있는 몇 가지를 간략하게 제시하고자 한다. 노섬브리언스에 독실한 신앙 생활을 하던 것으로 알려진 커닝햄 가족이 살고 있었다. 그런데 그 집의 가장인 커닝햄 씨가 병이 들어 점차 악화되었다. 그는 어느 날 밤 이른 시각에 죽음을 맞이했다. 그러나 새벽에 그는 되살아났다. 죽은 그가 갑자기 일어나 앉자, 시신 주위에서 울부짖던 사람들은 대경실색해서 달아났다. 오직 그를 극진하게 사랑하는 아내만 그의 곁에 남아 있었지만, 그녀 역시 두렵고 놀랍기는 마찬가지였다. 남편은 이렇게 말해 그녀를 안심시켰다. 〈놀라지 마시오. 나는 죽음의 손아귀에서 정말로 벗어났다오. 나는 사람들 사이에서 계속 살도록 허락받았소. 하지만 예전에 살았던 것처럼 살지 않고 매우 다른 방식으로 살 거요.〉 그 후 오래지 않아 그는 모든 세속적 책무를 포기하고 멜로스의 수도원에 들어갔다.

비드는 계속해서 이렇게 증언했다.

그는 자신이 죽었을 때 경험한 것을 이렇게 설명했다. 〈빛나는 옷을 입은 잘생긴 남자가 나를 안내했다. 그는 북서 방향으로 말없이 걸어갔다. 우리는 계속 여행해서 아주 넓고도 깊은 계곡이 끝없이 펼쳐진 곳에 도착했다. ……그는 나를 어둠으로부터 끌어내 밝은 빛이 충만한 곳으로 이끌었다. 그가 환한 빛이 있는 곳으로 인도하자, 내 앞에는 길이와 높이가 모든 방향으로 무한정하게 뻗은 듯한 거대한 벽이 보였다. 그 벽에는 문, 창문, 출입구도 보이지 않아서 우리가 벽을 어떻게 지날까 의심스러웠다. 그러나 벽에 도착하자, 즉시(나도 도대체 어찌된 영문인지 모르겠다) 우리는 벽의 꼭대기에 있게 되었다. 그 안에 매우 넓고 쾌적한 초원이 있었다. ……모든 곳에 빛이 흘러넘쳐 한낮 태양 빛의 밝음보다도 한층 밝아 보였다…….

이어서 안내자가 말했다. '당신은 이제 당신의 몸으로 되돌아가 사람들 사이에서 더 살아야 합니다. 만일 당신이 더욱 주의 깊게 행동하고 말과 처세를 덕망 있고 정직하게 하도록 노력한다면, 당신이 정말로 죽었을 때 지금 본 것처럼 행복한 영혼들 사이에 당신 역시 거처를 얻게 될 것입니다. 내가 지금 당신을 잠시 떠나는 것은 당신의 미래가 어떻게 될지 발견하기 위해서입니다.' 그가 내게 이렇게 말했을 때에 나는 몸으로 돌아가기가 싫었다. 그곳의 쾌적함과 아름다움, 거기서 만난 친구들로 인해 기뻐 어쩔 줄 몰랐기 때문이다. 그러나 나는 안내자에게 감히 질문을 던질 수 없었다. 그러는 사이에 어찌된 일인지 모르지만, 나는 돌연 이 세상의 사람들 사이에 살아 있는 내 자신을 발견했다.〉

비드는 다음 말과 함께 그의 증언을 마감한다.

신에게 헌신하는 이 사람은 그가 직접 보았던 이런저런 것들에 관하여 무관심하고 경망스럽게 살아가는 사람들에게는 이야기하지 않고, 오직 마음에 담아두었다가 성스러움 안에서 살아가려는 사람들에게만 전해 주려 했다.[1]

현대 의학 기술의 발전으로 임사 체험의 범위에 새로운 흥미로운 차원이 부가되었다. 많은 사람들이 사고나 심장 마비, 심각한 질병, 또는 수술이라든가 전쟁으로 인한 〈죽음〉으로부터 다시 살아났다. 임사 체험은 이제 상당한 양의 과학적 탐구와 철학적 사색의 주제로 자리잡았다. 권위 있는 갤럽의 1982년 여론 조사 결과에 의하면 미국인 중 8백만 명 이상, 또는 20명에 한 명 꼴로 적어도 한 번의 임사 체험을 경험했다고 한다.[2]

바르도 상태를 모든 사람이 동일하게 경험할 수 없는 것과 마찬가지로 아무도 남의 경우와 정확하게 일치하는 임사 체험을 할 수는 없겠지만, 임사 체험의 다양한 국면이 공통적으로 나타내는 양상, 즉 〈핵심 체험〉이라는 것은 존재한다.

— 임사 체험자는 어떠한 고통이라든가 육체 감각, 두려움 없이 어

떤 느낌, 평온함, 행복감을 이전과 다른 상태로 경험한다.

─임사 체험자는 사이렌 소리 또는 급히 진행되는 소리를 들을지도 모르고, 육신에서 벗어난 자신을 발견할지도 모른다. 이것이 이른바 〈육체 이탈 경험〉이다. 그들은 자신의 몸을, 종종 그 위 어딘가의 지점에서 바라볼 수 있다. 그들의 시각과 청각 능력은 증대된다. 그들의 의식은 분명하고 생생하게 깨어 있다. 그들은 심지어 벽을 통과할 수 있다.

─임사 체험자는 다른 현실을 의식하게 된다. 예컨대 어둠 속으로 들어가기도 하고, 차원 없는 공간을 떠다니기도 하고, 급속도로 터널을 통과하기도 한다.

─임사 체험자는 빛을 보게 된다. 처음엔 저 멀리 떨어진 하나의 점이었다가 자력(磁力)이 있는 듯 그를 향해 끌려 내려와 곧 빛과 사랑으로 그를 감싼다. 이 빛은 거룩한 아름다움으로 눈을 매혹시키는 것으로 묘사되지만 눈을 상하지는 않는다. 몇몇 체험자는 〈빛의 존재〉, 즉 빛을 발하는 전능한 존재와의 만남을 증언하는데, 소수의 체험자는 자비와 사랑으로 충만한 신 또는 예수라 칭하기도 한다. 때로는 이 존재와 함께 이생에서 행한 모든 선하고 악한 일을 보면서 자신의 삶을 되돌아볼 것이다. 그들은 그 존재와 텔레파시로 의사 소통하고, 시간과 공간 같은 일상적인 모든 개념이 무의미하게 되는 차원, 시간 개념에서 벗어나 축복으로 가득 찬 차원에 있음을 자각하게 된다. 임사 체험이 일상적 시간 관념상 단지 1, 2분 정도 지속될 뿐일지라도 그 체험 내용은 아주 정교하고 풍족할 수 있다.

─몇몇은 천국 같은 광경과 건물, 천상의 음악이 들려오는 불가사의하게 아름다운 안쪽의 세계를 보고 하나로 합일되는 느낌을 받는다. 지극히 드물기는 하지만 무서운 지옥의 모습인 듯한 장면을 보고하기도 한다.

─임사 체험자는 그들이 넘어갈 수 없는 경계선에 도달하기도 한

다. 몇몇은 먼저 죽은 친척과 친구를 만나 이야기하는 일도 있다. 그들은 때로는 소명 의식과 봉사 정신으로, 때로는 가족을 보호하고 돌보기 위해, 때로는 아직 성취하지 못한 삶의 목적을 위해 자신의 육신과 이생에 되돌아올 것을 결정(종종 마지못해)하거나 또는 그렇게 하도록 유도된다.

임사 체험 보고 자료에서 계속해서 제기하듯, 임사 체험의 가장 중요한 측면은 이런 경험을 직접 겪은 사람의 삶과 사는 방식, 직업, 그리고 인간 관계에서 일어나는 커다란 변화다. 그들은 고통과 죽어감의 두려움을 잊을 수는 없겠지만, 죽음 자체에 대한 공포는 잊게 된다. 그들은 한층 관대해지고 사랑을 널리 베풀게 된다. 그들은 정신적 가치, 〈지혜의 길〉, 그리고 대개의 경우 특정한 종교의 도그마보다는 만인에게 공통되는 영성(靈性)에 관심을 갖게 된다.

그러면 임사 체험을 어떻게 이해해야 하는가? 「티베트 사자의 서」를 읽은 몇몇 서양의 작가는 티베트 전통에서 가르치는 바르도와 임사 체험을 동일시하기도 한다. 얼핏 보기에 양자 사이엔 흥미를 돋구는 유사점이 있는 듯하지만, 세목을 바르도 가르침과 얼마나 정확하게 관련 지을 수 있을까? 이는 이 책의 범위를 넘은 특별한 연구가 요구된다고 나는 생각한다. 하지만 우리가 엿볼 수 있는 일련의 유사성과 차이점은 있다.

어둠과 터널

죽어감의 바르도의 해체 과정의 마지막 단계는 〈완전한 성취〉라고 일컬어지는 어둠의 체험이 〈마치 칠흑 같은 어둠이 텅 빈 하늘을 덮어씌우듯〉 싹틀 때다. 이 지점에서 바르도 가르침은 축복과 환희의 순간에 대해 말한다. 임사 체험의 주된 특징 가운데 하나는 〈무서운 속도로〉 움직여 검은 공간을 통해 〈무중력 상태에서 총체적이고 평화롭고 놀라운 암흑〉을, 그리고 〈길고 어두운 터널〉을 내려오는 기분이다.

어떤 여인이 케네스 링에게 이렇게 말했다. 〈그곳은 진공 상태처럼 아무것도 없고 지극히 화평하다. 얼마나 쾌적한지 그곳에 계속 머물고 싶다. 그곳은 온전한 암흑으로 아무런 감각도 없고 어두운 터널처럼 아무 느낌도 없었다. 마치 공중에 떠 있는 듯하다.〉[3]

그리고 또 다른 여인이 그에게 이렇게 말했다.

내가 기억하는 첫번째 것은 황급히 돌진하는 어마어마한 소리, 무시무시한 소리다. 그 소리를 적합하게 묘사할 단어를 찾기가 어렵다. 그것을 연상시킬 수 있는 가장 가까운 표현은 회오리바람, 거의 나를 잡아당기듯이 어마어마하게 내뿜는 바람이다. 그리고 나는 넓은 지역의 특정한 지점으로 끌려가고 있었다.[4]

마고트 그레이는 어떤 여성의 이런 증언을 들었다.

나는 외계의 공간 같은 곳에 있었다. 그곳은 절대적으로 깜깜한 곳이고 나는 터널의 끝에 있는 출구 같은 곳을 향해 끌려가는 듯 느껴졌다. 나는 저 끝에 있는 빛을 볼 수 있었기 때문에 알 수가 있었다. 이런 식으로 내가 놓인 위치와 움직임을 추측했다. 나는 수직으로 세워져서 출구를 향해 끌어당겨지고 있었다. 꿈이 아니라는 것을 나는 알았다. 꿈은 그런 식으로 뀌지지 않는다. 그게 꿈이었다고는 단 한번도 생각하지 않았다.[5]

빛

죽음의 순간에는 근원적 광명 또는 밝은 빛이 온갖 광채를 뿜으면서 떠오른다. 「티베트 사자의 서」에서는 이렇게 말한다. 〈오, 고귀한 집안에 태어난 아무개여! ……그대의 리그파는 광명과 공(空)과 더불어 한순간도 분리됨 없이 거룩하게 팽창된 빛의 상태에 머문다. 삶도 죽음도 넘어선 그것은 사실상 붓다의 변하지 않는 빛이다.〉

어린이의 임사 체험을 집중 연구한 멜빈 모스 Melvin Morse는 이렇게 말한다. 〈임사 체험을 한 거의 모든 어린이(그리고 어른 경험자의 4분의 1)의 체험 과정에 빛이 등장한다. 그들이 육신에서 벗어난 후 또는 터널 쪽으로 여행한 후, 임사 체험의 마지막 단계에 빛이 나타난다고 그들 모두는 증언한다.〉[6]

마고트 그레이는 빛으로의 근접을 가장 뛰어나게 묘사한 증언 가운데 하나를 제시했다.

그러고 나서 점차적으로 저 멀리, 측정하기 어려울 만큼 멀리 떨어져 있는 길을 발견하게 된다. 당신이 흰 빛을 볼 수 있을 때쯤 터널의 끝에 도달할 것이다. 하지만 그것은 하늘을 올려다보고서 저만큼 떨어져 있는 별 하나를 보는 데에나 비교할 수 있다. 그러나 터널을 통해 보고 있는 것이다. 그러니까 이 빛은 터널 끝을 가득 채운다. 이 빛에 집중하게 된다. 왜냐하면 손을 뻗으면 닿을 것같이 느껴지기 때문이다.

점차 그 빛을 향해 비상한 속도로 나아감에 따라, 그 빛은 갈수록 커진다. 모든 과정에 겨우 일 분 정도 소요되는 듯하다. 이처럼 지극히 밝은 빛으로 근접할수록 갑작스런 터널의 끝이란 느낌은 없고 빛 속에 더욱 몰입하게 된다. 이제, 터널은 뒤에 있고 앞에는 거대하고 아름다운 파랗고 하얀 빛이 있다. 너무나 밝아서 단숨에 눈이 멀어버릴 것만 같지만, 결코 눈을 해치지는 않는다.[7]

많은 임사 체험자들은 빛 자체를 이렇게 묘사한다.

그것은 빛이라기보다는 완전한 어둠의 부재였다. ……아마도 사물에 그림자를 만드는 커다란 빛으로 생각될지 모르겠다. 이 빛은 실재적으로 어둠의 부재였다. 만약 빛이 완벽하게 감싸고 있지 않다면 그림자가 생겨날 수밖에 없으므로, 그런 식으로 얘기할 수는 없다. 그러나 이 빛은 절대적으로 완벽해서 그것을 결코 볼 수 없다. 자신이 빛 안에 있기 때문이다.[8]

어떤 사람이 케네스 링에게 말했다. 〈그것은 그렇게 밝지 않았다. 그것은 희미한 램프 비슷했다. 하지만 램프에서 나오는 빛과 같은 종류의 빛은 아니었다. 그것이 무엇인지 아는가? 그것은 누군가가 태양에 휘장을 두른 듯했다. 그것은 나를 지극히, 지극히 평온하게 만들었다. 모든 것이 잘 진행되어 갔다.〉[9]

어떤 여성이 마고트 그레이에게 말했다. 〈그 빛은 당신이 상상할 수 있는 어떤 것보다도 밝다. 그것을 묘사할 적합한 단어가 없다. 그때 나는 매우 행복했다. 왜 그런지 설명하기란 불가능했다. 그것은 매우 청명하고 기묘한 느낌이었다. 빛이 그토록 밝다면 아마 눈이 멀어버리겠지만, 그 빛은 조금도 눈부시지 않다.〉

다른 사람들도 어떻게 빛을 보고 또한 어떻게 곧장 빛 속으로 들어갔는지 자세히 말한다. 그리고 그들이 지닌 느낌을 이렇게 밝힌다. 〈전혀 빛과 분리된 기분이 아니었다. 내가 바로 빛이었고 빛과 하나였다.〉[10]

이틀에 걸쳐 두 번의 큰 수술을 받았던 어떤 여성은 마고트 그레이에게 이렇게 말했다. 〈나의 정수만이 느껴졌다. 시간은 아무 문제가 되지 않았고 공간은 축복으로 충만했다. 나는 밝은 빛으로 목욕했고 무지개의 기운에 몰입했다. 모든 것이 융합되었다. 소리는 조화롭고, 무어라 이름할 수 없는(나는 이제 그것을 음악이라 부른다) 새로운 질서였다.〉[11]

빛에 들어가는 이 지점에 도달했던 다른 남자는 그 체험을 이렇게 묘사한다.

다음의 사건들은 동시에 일어난 듯하다. 그렇지만 그것들을 묘사하기 위해 나는 시간 간격을 두고 하나씩 말하겠다. 어떤 존재, 에너지의 일종으로 다른 사람의 인격이라기보다 의사 소통이 가능한 지성체라는 느낌이다. 또한 그것은 시야 전체를 채울 만큼 크고, 지적인 통찰로 가득 차 있다. 그것은 모든 것을 절대적으로 빨아들이고 전 존재를 에워싸는 듯하다.

빛은 직접 의사 소통을 하는데, 한순간의 염동(念動) 작용으로 언어에 상관 없이 생각의 파도가 즉시 읽혀진다. 의심스러운 메시지는 수용하기가 불가능한 것 같다. 내가 받은 첫번째 메시지는 이러한 것이었다. 〈안심하라, 모든 게 아름답고 만사형통이다. 두려워할 것은 아무것도 없다.〉 나는 곧 지극히 편안한 상태에 놓였다. 의사들이 〈다 괜찮아요. 두려워할 게 아무것도 없어요. 이것은 당신을 해치지 않아요〉라고 말한다면, 이런 말은 관례적으로 하는 말일 뿐이니 믿기 어려울 것이다.

그러나 이것은 내가 여태껏 알았던 것 가운데 가장 아름다운 느낌이었다. 그것은 절대적으로 순수한 사랑이다. 모든 느낌, 모든 감정이 완벽하다. 따뜻함을 느끼지만 그것은 온도와 아무 관련이 없다. 그곳의 모든 것은 절대적으로 생생하고 뚜렷하다. 빛이 전하는 것은 진실되고 순수한 사랑의 느낌이다. 생전 처음 겪는 느낌이다. 그것은 당신 부인의 사랑, 당신 아이들의 사랑, 또는 성적인 사랑과는 비할 수조차 없다. 이 모두를 합한다 할지라도, 당신이 이 빛으로부터 얻는 느낌과 비교할 수는 없다.[12]

열네 살에 물에 빠져 죽을 뻔했던 한 소년은 이렇게 회상한다.

빛의 근원에 도달하자, 나는 그것을 바라볼 수 있었다. 내가 보고서 느낀 감정을 인간의 언어로 묘사할 수는 없다. 그것은 고요, 사랑, 에너지, 그리고 아름다움이 무한하게 펼쳐진 거대한 세계였다. 이것과 비교하면 인간의 삶은 중요하지 않은 듯했다. 하지만 그것은 이전과는 다른 좀더 나은 삶을 위한 방편으로써 죽음을 요청하는 것과 동시에 삶의 중요성도 말했다. 그것은 모든 존재의 실존에도 불구하고 존재의 모든 것, 아름다움의 모든 것, 의미의 모든 것이었다. 그것은 영원히 한 곳에 있는 우주의 모든 에너지였다.[13]

멜빈 모스는 어린이의 임사 체험에 대해 감동적인 필치로 저술했는데, 어린이들은 단순한 수사법으로 이렇게 말한다. 〈놀라운 비밀을 말씀드릴게요. 나는 천국의 계단을 올라갔어요. 나는 바로 그 빛에 도달하고 싶었어요. 내 몸을 잊고 모든 것을 잊고서, 그 빛에 도달하기를 간절히 원했어요. 모든 좋은 게 다 들어 있는 아름다운 빛이 있었어요. 내가 병원에서 혼수 상태에서 깨어났을 때, 눈을 뜨고 모든 곳에서 빛의 파편을 보았어요. 세상의 모든 것이 얼마나 조화를 이루고 있는지 볼 수가 있었어요.〉[14]

임사 체험과 생성 바르도의 유사성

임사 체험을 경험할 때 마음은 순간적으로 육신 밖으로 벗어나서, 생성 바르도의 영혼의 몸 상태에서 겪는 것과 흡사한 일련의 체험을 경험하게 된다.

육신에서 벗어나는 경험

임사 체험은 종종 바로 육신에서 벗어나는 경험과 더불어 시작된다. 임사 체험자는 주위 환경과 함께 자신의 육신을 볼 수 있다. 이것은 「티베트 사자의 서」에서 이미 말한 것과 일치한다.

〈마취제가 몸에 닿고, 이어서 공중을 떠돌다가 침대 위에서 나의 시신을 내려다보면서 내 몸에서 빠져나온 나 자신을 발견한 기억이 있다. 나는 단지 머리와 눈만 있었던 것으로 의식되고 몸을 가졌던 기억은 나지 않는다.〉[15]

심장 발작으로 고통받은 어떤 남자는 케네스 링에게 이렇게 말했다. 〈나는 저 위 공간에 떠 있는 듯했고 단지 내 마음만 움직였다. 몸에 대한 감각이 없었고 내 머리 같은 것만 공간에 떠 있었다. 나는 오직 마음뿐이었다. 아무런 중력도 느끼지 않았고, 아무것도 지닌 게 없었다.〉[16]

가족들을 무력하게 바라보기

죽은 사람은 생성 바르도 상태에서 살아 있는 친족을 볼 수 있고 그들의 말을 들을 수 있지만 그런데도 그들과 의사 소통을 할 수 없어서 좌절을 느낀다고 나는 앞에서 밝혔다. 플로리다 출신의 어느 여성은 마이클 사봄에게 자신이 천장 근처의 한 지점에서 자기 어머니를 내려다보았던 이야기를 했다. 〈내가 기억 가운데 가장 중요한 것은, 어머니에게 아무리 나는 괜찮다고 말해도 뜻을 전할 수가 없어서 크게 슬펐다는 사실이다. 어쨌든 나는 괜찮은 줄 알았지만, 그녀에게 알릴 수 있는 방법이 없었다…….〉[17]

〈나는 방안 저 아래에 있는 그들을 보고 있던 것을 기억한다. 내 아내, 큰아들, 큰딸, 그리고 의사……. 그들이 왜 우는지 나는 이해할 수 없었다.〉[18] 그리고 어떤 여성이 마이클 사봄에게 말했다. 〈나는 저 위에 앉아서 어머니와 하녀가 울부짖으면서 고함치는 광경을 보고 있었다. 왜냐하면 내가 죽었다고 생각했기 때문이다. 나는 그들에게 크게 미안했다. ……매우 슬펐다. 그러나 나는 거기에서 자유로움을 느꼈고 괴로워할 이유가 조금도 없었다.〉[19]

완벽한 형상, 움직임, 그리고 비상한 통찰력

생성의 바르도에서 영혼의 몸은 「티베트 사자의 서」에 〈최고 전성기의 몸과 같다〉고 제시되어 있고, 초자연적인 움직임과 비상한 통찰력을 지닌 것으로 묘사된다. 임사 체험자들 또한 그들이 지닌 형상이 완벽하고 더할 나위 없는 삶의 전성기에 있음을 발견한다.

〈나는 둥둥 떠다녔고 한층 젊은 남자가 되었다. ……반사라든가 뭔가를 통해 내 자신을 볼 수 있었고, 내 모습은 실제 나이보다 20년은 젊어 보였다.〉[20]

그들은 자신들이 순간적으로, 단지 생각의 힘만으로 여행할 수 있음 또한 발견한다. 베트남 전쟁에 참전했던 한 군인은 마이클 사봄에게 이렇게 말했다. 〈나는 원하는 어느 곳이든 즉각적으로 갈 수 있으리라는 생각이 들었다. ……나는 일종의 힘을 느껴 생기가 돋았다. 내가 원하는 것 모두를 할 수 있었다. ……그곳은 이곳보다 실제로 더 진짜 같았다.〉[21]

〈나는 갑자기 내가 실종되었던 전쟁터로 거슬러 올라간 것을 기억한다. ……거기에 내가 형체를 나타낸 듯하다가 돌연 다음 순간 여기에 있게 되었다. 그것은 눈 깜빡할 순간의 일이었다.〉[22]

많은 임사 체험자는 또한 〈시간의 처음부터 시간의 마지막에 이르기까지〉[23] 온갖 지식을 투시하는 비상한 통찰력에 대해 말한다. 어느 여성은 레이먼드 무디에게 이렇게 밝혔다. 〈갑자기, 처음부터 시작해서 끝없이 전개되는 일체에 대한 모든 지식을, 모든 시대의 온갖 비밀, 우주, 별, 달 모든 것의 의미를 순식간에 꿰뚫었다.〉[24] 〈이런 일에는 하나의 계기가 있었다. 글쎄, 그것을 알릴 수 있는 적당한 방식이 없다. 그러나 나는 모든 것을 아는 듯했다. ……그곳에선 한순간도 의사 소통 같은 것이 필요하지 않았다. 내가 알고자 하는 것은 무엇이든지 알 수 있으리라는 생각이 들었다.〉[25]

〈거기에 있는 동안, 나는 사물의 중심에 있음을 느꼈다. 모든 것을 훤히 알고 있으며 정화된 느낌이었다. 모든 것의 핵심을 볼 수 있다고 느꼈다. 모든 것은 조화를 이루었고, 심지어 캄캄하게 어두울 때라도 일체의 뜻이 통했다. 마치 크랭크 톱의 조각이 서로서로 꼭 들어맞는 것 같았다.〉[26]

다른 존재를 만남

티베트의 가르침에 따르면 생성 바르도 상태에 있는 영혼의 몸은 바르도의 상태에 있는 다른 존재와 만나는 것으로 서술되어 있다. 이와 유사하게 임사 체험자는 종종 이전에 죽은 사람들과 대화를 할 수 있었다. 마이클 사봄에 따르면, 자신에게 증언했던 베트남 전쟁 참전 군인은 전쟁터에서 의식을 잃었을 때 자신의 몸을 보았다고 말했다.

그 전날 죽어서 내가 관에 담았던 열세 명이 거기에 나와 함께 있었다. 게다가 한술 더 떠서 4월 한 달 동안 내가 속한 보병 중대는 42명을 잃었는데, 42명 모두가 거기에 있었다. 그들은 우리 인간의 몸 형태가 아니었다. ……그러나 나는 그들이 그곳에 있음을 느꼈다. 나는 그들의 현존을 느꼈다. 우리는 목소리로 말하지 않고서도 의사 소통을 했다.[27]

이빨을 뽑아내는 동안 마취 상태에서 심장 박동이 멈췄던 어떤 여성은 이렇게 말했다.

그때 나는 내 자신을 발견했다. 나는 아름다운 풍경 안에 있었는데, 풀은 지상에서 본 어떤 것보다 푸르렀고 독특한 빛 혹은 색채를 지녔다. 색채는 무어라 묘사할 수 없었으니 지상의 색채는 그것과 비교해 보면 우중충해 보인다. ……이곳에서 이미 죽은 줄 알고 있는 사람들을 보았다. 거기에서는 말이 필요 없었다. 그들이 생각하는 것을 내가 아는 듯했고, 동시에 내가 생각하고 있는 것을 그들이 안다는 것도 느껴졌다.[28]

서로 다른 영역

다른 많은 종류의 직감력과 마찬가지로 생성 바르도 상태에 있는 영혼의 몸은 서로 다른 영역의 비전과 징후를 볼 것이다. 임사 체험을 한 후 되살아난 사람 가운데, 적은 비율이기는 하지만 일부가 내적 세계, 천국, 빛의 도시에 대한 비전과 심오한 음악 소리를 증언했다.

어떤 여성이 레이먼드 무디에게 말했다.

거리를 두고 떨어져서…… 나는 도시를 볼 수 있었다. 거기에는 건물들이 제각기 떨어져 서 있었다. 그것들은 빛나고 밝았다. 그곳 사람들은 행복했다. 거기에는 반짝이는 물, 분수대……, 빛의 도시, 나는 그곳을 이렇게 말하는 게 적합하다고 생각한다. 그곳은 멋있었다. 아름다운 음악도 있었다. 모든 것이 빛나고 놀라웠다. 그러나 내가 그곳에 들어갔더라면, 결코 돌아오지 못했으리라고 생각한다. ……만일 내가 거기에 들어가면 돌아올 수 없을 것이라는 말을 들었다. ……결정은 내가 내리는 것이었다.[29]

다른 사람이 마고트 그레이에게 말했다.

뭔가 구조물이나 건물처럼 보이는 곳에 내가 있는 것을 깨달았다. 내가 기억하기로 건물에는 벽이 없었다. 단지 모든 것에 충만한 아름다운 금빛만 있었다……. 내 주위의 많은 사람들이 걷고 있거나 빙빙 도는 모습을 보았다. 그들은 심지어 걷는 것이 아니라 미끄러지는 것처럼 보였다. 나는 그들과 떨어져 있는 느낌이 들지 않았다. 내가 그들에 대해 가장 뚜렷하게 기억하는 것은 나를 중심으로 주위에 있는 모두가 완전한 부분을 이루어 일체가 된 느낌이었다.[30]

지옥같이 흉칙한 광경

하지만 티베트의 가르침을 통해 우리가 예상할 수 있듯이 임사 체험자의 모든 증언이 긍정적인 것만은 아니다. 몇몇 체험자는 두려움, 공포, 외로움, 처참함, 그리고 어둠 등 무서운 경험을 말하기도 하는데, 생성 바르도의 묘사를 생생하게 회상시켜 준다. 마고트 그레이에게 자신의 체험을 증언한 어떤 사람은 소용돌이처럼 거대한 검은 회오리바람으로 빨려들어 갔던 경험을 말했다. 생성 바르도에서 좀더 낮은 영역으로 다시 태어나게 되는 경우처럼, 부정적 경험을 했던 사람들은 위로 올라가지 않고 아래 영역으로 여행하게 된다고 느끼는 경향이 있다.

나는 소리의 강줄기를 따라 움직이고 있었다. 쉴새없이 종알거리는 사람의 말소리……, 내 자신이 그 흐름의 일부가 되어 서서히 그 속에 잠겨드는 것을 느꼈다. 내 자신을 잃어버릴 것 같은 커다란 공포에 휩싸였다.[31]

나는 커다란 구덩이 속을 내려다보았는데 그 안은 회색 안개가 소용돌이쳤고 온갖 손과 팔이 내밀어져 나를 움켜잡고서 그 속으로 끌어당기려 했다. 자포자기로 가득 찬 울부짖는 비명 소리에 몸서리쳐졌다.[32]

다른 사람들도 극심한 추위나 참을 수 없는 폭염이 내리쬐는 지옥처럼 흉칙한 광경을 경험했고, 고문을 받는 비명 소리라든가 야수의 울부짖음 같은 소리를 들었다. 어느 여성이 마고트 그레이에게 말했다.

나는 안개가 자욱한 곳에 있었다. 지옥이라고 느꼈다. 안개가 뿜어져 나오는 커다란 웅덩이가 있었는데 그곳에는 나를 잡으려는 손들이 뻗어나와 있었다. 그 손들이 나를 움켜잡고 그들이 있는 웅덩이 속으로 끌어넣으려 해서 나는 더럭 겁이 났다. ……커다란 사자가 다른 쪽에서 나를 향해 펄쩍 뛰어들어 나는 비명을 질렀다. 나는 사자를 두려워하지는 않았지만, 어쨌든 사자가 나를 불안하게 해서 무시무시한 웅덩이 속으로 나를 밀어넣으리라 느꼈다. ……그곳은 매우 뜨거웠고 수증기가 뜨끈뜨끈하게 달아올랐다.[33]

심장 박동 정지로 고통받았던 어떤 남자는 이렇게 증언했다. 〈나는 아래로 아래로, 지구 속으로 깊이 들어갔다. 거기엔 노여움이 있었고 소름 끼치는 공포를 느꼈다. 모든 것이 회색이었다. 그 소음은 미친 야생 동물이 이빨을 가는 것처럼 요란했고 무시무시하게 으르렁거렸다.〉[34]

몇몇 사람들은 물질 세계, 소유물, 사람, 또는 습관에 대한 집착을 제어할 수 없어서 함정에 빠진 사람을 보았다고 레이먼드 무디 박사는 적고 있다. 어느 여성은 이와 같이 〈갈피를 못 잡는 사람〉에 대해 이렇게 말했다.

그들의 머리라고 생각되는 것이 아래로 숙여졌다. 그들의 표정은 슬프고 침울했다. 쇠사슬에 묶여서 끌려가듯 그들은 발을 질질 끌었다. ……그들은 배척당한 듯했고 침울했고 어두워 보였다. 그리고 자신들이 어디로 가는지도 모르고, 누구를 따르는지도 모르고, 무엇을 기다리는지도 모른 채, 영원히 발을 질질 끌면서 이리저리 방황하는 듯 보였다.

내가 지나가도, 그들은 무슨 일인지 보기 위해 머리를 들지도 않았다. 그들은 이렇게 생각하는 듯했다. 〈그래, 모든 게 끝났어, 나는 무엇을 하고 있지? 도대체 어떻게 된 거야?〉 이와 같이 완벽하게 궤멸 당해, 그들은 아무 희망 없는 태도로 무엇을 해야 할지, 어디로 가야 할지, 자신이 누군지, 아무것도 알지 못하는 것 같았다.

그들은 가만히 앉아 있다기보다는 아무 방향도 정하지 않고서 영원히 떠다니는 듯했다. 똑바로 가다가 왼쪽으로 바꾸고, 몇 발짝 지나서 오른쪽으로 되돌아오는 식이었다. 그리고 아무것도 할 일이 없었다. 무언가를 열심히 찾았지만, 뭘 찾는 건지 알 수가 없었다.[35]

임사 체험과 관련된 자료에 따르면 종종 어떤 한계 또는 경계가 감지된다고 한다. 되돌아올 수 없는 지점에 이르는 것이다. 이 경계선에서 어떤 사람은 이승으로 되돌아가도록 빛의 존재에 유도되었다. 물론 티베트의 바르도 가르침에 이와 유사한 내용은 없다. 왜냐하면 바르도 가르침은 실제로 죽는 사람에게 무슨 일이 일어나는지 설명하기 때문이다. 하지만 티베트에도 임사 체험과 비슷한 것을 경험하고 놀라울 정도로 유사한 증언을 하는 사람들이 있는데, 티베트 사람들은 이들을 데록이라 일컫는다.

티베트적인 임사 체험

서양에는 거의 알려지지 않았지만 티베트 인에게 친숙한 진귀한 현상이 바로 〈데록 Délok〉이다. 티베트어로 데록은 〈죽음으로부터 되돌아왔음〉을 뜻한다. 전통적으로 데록이란, 질병으로 인해 표면상으로는 〈죽어〉 바르도 영역 안에서 여행을 한 사람을 뜻한다. 그들은 지옥을 방문해서 죽은 사람에 대한 심판과 지옥의 고통을 목격하고, 때로는 천국과 붓다의 세계를 찾아가기도 한다. 때로는 그들을 보호하고 무슨 일이 일어나는지 설명해 주는 신과 함께할 수도 있다. 일주일이 지나면 데록 영적인 수행과 삶의 유익한 길을 강조하는 죽음의 군주가 살아 있는 사람에게 보내는 메시지와 함께 육신으로 되돌려 보내진다. 종종 데록은 그들이 겪은 일을 사람들에게 믿게 하는 데 커다란 어려움을 겪고, 사람들이 지혜로운 길에 주의를 기울이게 하기 위해 자신의 체험을 사람들에게 반복 설명하는 데 남은 생을 바치기도 한다. 유명한 몇몇 데록에 의해 씌어진 자서전은 여기저기 떠도는 음유 시인에 의해 지금도 티베트 전역에 울려퍼지고 있다.

데록이 전하는 내용은 당신의 기대대로 「티베트 사자의 서」와 같은 바르도 가르침뿐만 아니라 임사 체험과도 어느 정도 상통한다.

링자 최기는 티베트의 내 고향 출신의 유명한 데록으로, 16세기에 살았던 사람이다. 그녀의 자서전을 읽어보면 자신이 죽었다는 사실을 깨닫지 못했던 것을, 그리고 몸에서 벗어난 자기 자신을 발견했던 것을 밝히고 있다. 또 그녀는 자신의 옷을 입고 자기 침대에 누워 있는 돼지의 시신을 보았다고 한다. 그녀는 미친 듯 날뛰면서 가족과 말을 하려고 애썼지만 그들은 그녀의 죽음을 맞아 수행하는 일에 착수했다. 그들이 그녀를 알아보지도 못하고 음식을 갖다주지도 않자 그녀는 점점 사나워졌다. 그녀의 아이가 울부짖을 때 그녀는 격렬한 고통을 일으키는 〈피고름이 우박처럼 떨어지는 것〉을 느꼈다. 그러나 수행이 행해질 때면 환희를 느꼈고, 마침내 그녀를 위해 수행하여 마음의 본성에서 쉬고 있는 스승 앞에 이르게 되자, 무어라 형언할 수 없는 행복을 느끼고 그녀의 마음과 스승의 마음이 하나가 되었다.

잠시 후 그녀의 아버지로 생각되는 사람이 부르는 소리를 듣고 그녀는 그를 따라갔다. 그래서 고향처럼 보이는 바르도 영역에 도착했다. 그녀의 증언에 따르면 그곳에 지옥으로 연결되는 다리가 있었고, 죽음의 군주가 거기에서 죽은 자의 선악 행위를 헤아리고 있었다. 그녀는 자신들의 이야기를 자세히 말하는 온갖 사람들을 그곳에서 만났고, 중생들을 해탈시키기 위해 지옥 세계로 들어가는 위대한 요가 수행자도 보았다.

마침내 그녀의 이름과 가족에 관해서 실수가 있었음이 발견되었고 그녀는 아직 죽을 때가 아니었기 때문에, 이 세상으로 되돌려 보내졌다. 죽음의 군주가 살아 있는 사람들에게 보내는 메시지와 함께 그녀는 자신의 몸으로 돌아와 회복되었으며, 자신이 배운 것을 주위에 널리 알리는 일에 남은 생을 바쳤다.

데록 현상은 과거에만 일어난 일이 아니고 티베트에선 최근까지 계속되었다. 때때로 데록은 약 일주일 동안 육신에서 벗어나는데, 먼저 죽은 전혀 모르는 사람들을 만나서 그들의 살아 있는 친족에게 전해 달라는 메시지를 받아오기도 하고, 그들을 위해 특정한 종류의 수행을 해달라는 부탁을 가족들에게 전하기도 한다. 그러면 데록은 자신의 몸으로 되돌아와서 그들의 메시지를 전하는 것이다. 티베트에서 이런 일은 일반적으로 믿어지는 일이고, 데록이 사람들을 기만하는지 아닌지를 조사하기 위한 정교한 검증 방법이 고안되기도 했다. 딜고 켄체 린포체의 딸은 데록에 관한 책의 저자 프랑소와 퐁마레 Françoise Pommaret에게 이렇게 말했다. 〈티베트에선 데록이 죽음을 체험하는 동안, 육신의 구멍을 버터로 막고 보리 밀가루로 만든 반죽을 얼굴에 바른다.〉[36] 만일 버터가 흐르지 않고 밀가루로 된 마스크에 금이 가지 않으면, 데록은 믿을 만하다고 인정받는다.

데록의 이러한 전통은 티베트의 히말라야 지역에서 오늘날에도 계속되고 있다. 지극히 평범한 사람, 종종 여성으로서 매우 헌신적이고 믿음이 돈독한 사람이 데록의 역할을 수행하게 된다. 그들은 불교 달력상 특별한 날에 몇 시간 동안 〈죽는다〉. 그들의 중요한 기능은 산 사람과 죽은 자 사이의 메신저 역할을 하는 것이다.

임사 체험의 메시지

우리가 이미 살펴보았듯, 임사 체험과 바르도 가르침 사이에는 의미 있는 유사성과 함께 중요한 차이점도 있다. 가장 커다란 차이는 물론 임사 체험자가 제대로 죽지 않았다는 점이다. 반면 바르도 가르침은 죽은 자에게 실제로 죽은 이후 무슨 일이 일어나는지, 그들이 다시 탄생할 때에는 어떻게 되는지를 말한다. 임사 체험자가 죽음의 세계로 더 한층 들어가지 못한 사실은(체험자 가운데 몇몇은 겨우 1분간만 〈죽은〉 사람도 있다) 어쨌든 두 가지 이야기 사이의 불일치를 설명하고 있음에 틀림없다.

임사 체험이란 죽어감의 바르도에서 해체 과정의 단계에 해당된다고 주장하는 사람도 있다. 하지만 임사 체험과 바르도 가르침의 내용을 정확하게 연결시키는 것은 너무 성급하다는 느낌이 든다. 왜냐하면 임사 체험을 겪은 이후 되살아난 사람은 단지 임사(臨死)라는 말 그대로 〈죽음에 가깝게〉 근접했을 뿐이기 때문이다. 내가 나의 스승 딜고 켄체 린포체에게 임사 체험의 내용을 설명했더니, 그는 그것이 바로 현재 삶의 일상적인 바르도에 속하는 현상이라고 말했다. 의식이 〈죽은〉 사람의 몸에서 떠나 여러 영역을 일시적으로 떠돌아다닌 것에 지나지 않기 때문이다.

임사 체험자들은 현재 삶의 일상적인 바르도 내에서 자신의 죽음을 임상적으로 경험한다고 딜고 켄체 린포체는 말했다. 아마도 그들은 바르도의 문턱에 서 있기는 했지만 실제 그 속으로 들어갔다가 되돌아온 것은 아니었을 것이다. 그들이 무엇을 경험하든지 그들은 여전히 바로 현재 삶의 일상적인 바르도 안에 있는 것이다. 그들이 빛을 경험하는 것은 근원적 광명의 떠오름과 유사할까? 커다란 태양이 떠오르기 바로 직전에 여명의 첫번째 광휘를 힐끗 본 것이 아닐까?

임사 체험의 세부적인 요소에 담긴 궁극적인 의미가 무엇이든지 간에, 나는 내가 듣거나 읽은 많은 경험담에 크게 감동받았다.

이 체험에서 흘러나온 몇 가지 태도, 즉 불교적 인생관을 그토록 풍부하게 반영하는 태도에 나는 특히 강한 인상을 받았다. 그것은 내가 이미 말한 두 가지이다. 첫째, 심오한 변화와 이런 체험을 겪은 사람들에게 일어나는 영적인 각성, 둘째, 우리 삶을 되돌아본다는 암시. 자기의 생을 되돌아보기는 임사 체험에서 계속해서 일어나는데, 이것을 보면 우리는 자신의 업으로부터 벗어날 수 없음을 알 수 있다. 우리의 온갖 행동, 말, 그리고 생각이 멀리까지 미치는 과보임을 임사 체험은 매우 분명하게 입증해 준다. 임사 체험자가 죽음과의 만남 또는 〈빛의 존재〉의 현존을 통해 전해 주는 핵심적인 메시지는 불교와 바르도 가르침의 메시지와 똑같다. 예컨대 삶에서 가장 본질적이고 제일 중요한 것은 사랑과 앎, 자비와 지혜라는 것이다.

임사 체험자는 틀림없이 바르도 가르침이 우리에게 말하는 것을 보기 시작한다. 이를테면 삶과 죽음이 마음 그 자체에 있다는 것. 임사 체험자 가운데 많은 사람들은 이런 경험 이후 얻은 확신을 통해 마음에 대한 이해가 한층 깊어지게 된다.

또한 임사 체험과 그 결과, 그리고 신비적인 상태와 의식의 변화된 상태 사이에는 필연적이고도 놀라운 유사성이 있다. 예를 들면 임사 체험자들은 일련의 비정상적인 현상을 보고했다. 몇몇 체험자는 세상일에 대한 사전 인지 또는 예언 능력 또는 〈한 개인의 삶을 먼저 예언하는 능력〉을 지니게 되었는데 기분 나쁠 정도로 정확하다고 판정되었다. 임사 체험을 겪은 이후 몇몇 사람들은 쿤달리니 Kundalini[37] 에너지로 보이는 경험을 보고하기도 한다. 다른 체험자는 실제적이고도 놀라운 투시 능력, 또는 심리적이거나 육체적 치료 능력을 지니게 된 것을 발견한다.

죽음에 가깝게 근접했던 대부분의 사람들은 개인적으로 그들이 경험했던 것의 아름다움, 사랑, 평화, 축복, 그리고 지혜에 대해 이야기하며 그들의 이야기는 명백하게 감명을 준다. 이런 증언을 들어보면 그들이 마음의 본성을 흘끗 보았던 것 같다. 그 같은 섬광을 통해 그들에게 참으로 영적인 변화가 일어났다는 것은 그다지 놀랄 일이 못 된다. 하지만 마고트 그레이가 지적하듯 〈한층 고차원적인 영적인 실재를 경험하기 위해서 우리가 죽어야 할 필요는 없다〉.[38] 만일 우리가 단지 그것을 발견해 이해하기만 한다면, 그 같은 고차원적인 영적인 실재는 바로 지금 여기에도 있다는 것이다.

나는 한 가지 중요한 점을 경고하고자 한다. 임사 체험에 대한 이런 설명이 아무리 고무적이라 해도, 그와 같은 평온함과 축복의 상태에 머물기 위해 우리가 해야 할 일이 죽는 것뿐이라고 믿어서는 곤란하다. 그렇게 단순하게 되지도 않으며 될 수도 없다.

때때로 사람들은 괴로움과 고통을 겪을 때 더 이상 견딜 수 없는 느낌을 받는다. 임사 체험담을 듣고서 생명을 버림으로써 삶을 마감하려는 유혹을 느낄지도 모른다. 이는 간단한 해결책인 듯 보이지만, 우리가 무엇을 겪든지 그것이 삶의 일부라는 사실을 간과한 셈이다. 그렇게 삶으로부터 달아나기란 불가능하다. 달아난다면 후일에 좀더 심각한 방식으로 고통에 직면하게 될 것이다.

더욱이, 자료로 수집된 임사 체험 대부분은 좋은 내용을 담고 있는데 그것이 부정적인 무서운 경험이 실제로 드물어서 그런 것인지 단지 부정적인 체험담을 수집하기 어려워서 그런 것인지 여전히 숙고해 볼 필요가 있다. 실제로 사람들은 부정적이거나 놀라운 체험을 기억하고 싶지 않거나, 의도적으로 기억하지 않을 수도 있다. 또한 임사 체험자들은, 우리가 아직 살아 있을 때 현재 우리의 삶을 변화시키는 것이 중요함을 배웠노라고 강조한다. 왜냐하면 우리가 〈여기에 살아 있는 동안 좀더 중요한 임무〉를 지니기 때문이라

고 그들은 말한다.[39]

지금 우리의 삶을 변화시키는 것은 시급하고 본질적인 사항이다. 만일 죽음을 연약하게 낭만적인 것으로 간주함으로써 임사 체험의 이런 핵심적인 메시지, 즉 삶은 본래 성스러운 것이며 우리는 신성한 목표를 지니고 삶을 살아야만 한다는 메시지가 상실된다면 비극이 아니겠는가! 만약 그러한 연약한 낙관주의적 사유 방식으로 지구의 존립마저 위태로운 현 상황에서 우리 자신과 세계에 대한 우리의 실제적 책임을 더 한층 소홀히하게 된다면, 더 더욱 비극이 아닐까!

임사 체험의 의미

몇몇 연구가는 임사 체험이 영적인 경험 이외에 다른 어떤 것으로도 구성된다는 점을 보여주고자 애쓰기도 했다. 환원주의를 주장하는 과학자는 생리학적, 신경학적, 화학적, 또는 심리적 효과의 관점에서 설명을 시도했다. 그러나 임사 체험을 탐구하는 연구가, 의사 그리고 과학자는 이런 주장을 조목조목 명료하게 되받아치면서, 그렇게 해서는 임사 체험 전체를 설명할 수 없다고 주장했다. 멜빈 모스는 그의 뛰어난 책 『빛에 보다 가깝게: 어린이의 임사 체험에서 배우기 Closer to the Light: Learning from Children's Near-Death Experience』의 말미에 이렇게 쓰고 있다.

하지만 임사 체험을 일련의 사건으로 나타나는 것으로 여겨 다양한 부분들로 보아서는 그 전모를 제대로 이해할 수 없다. 각각의 선율이 내는 소리의 다양한 진동수를 연구하는 것만으로는 음악을 이해할 수 없고, 모차르트 음악을 즐기기 위해 음향 물리학에 대한 깊은 이해를 필요로 하지 않는다. 임사 체험은 신비로 남아 있다.[40]

그는 또 이렇게 말한다.

임사 체험을 바르게 이해하는 것은 거의 3백 년 전 아이작 뉴턴에 의해 시작된 과학과 종교 사이의 커다란 균열을 치유하는 우리의 첫번째 발걸음이 될 것이라고 생각한다. 사람들이 임사 체험을 겪을 때 경험하는 것에 대해 의사, 간호사, 그리고 우리 자신을 교육시킨다면, 의학과 삶에 대한 우리의 사고 방식에 함축된 편견을 뒤흔들 것이다.[41]

달리 말하면 의학 기술상의 진보는 동시에 혁명의 수단을 제공하고 있는 것이다. 멜빈 모스는 이렇게 말한다.

임사 체험이 이렇게 속출하도록 이끈 것이 우리의 의학 기술이라는 점은 아이로니컬하다. ……여러 세기 동안 임사 체험은 있어왔다. 하지만 환자를 소생시키는 기술을 지니게 된 것은 최근 20년 전부터였다. 이제 그들이 우리에게 그들의 경험을 말하고 있으니, 그들에게 귀를 기울이자. 내게 있어서 이것은 우리 사회에 대한 하나의 도전이다. ……임사 체험은 내가 보기에 죽어감과 결합된 자연스러운 심리적 과정이다. 만약 우리가 이러한 지식으로 우리 사회를 재조정할 수 있다면 죽어가는 환자를 도울 뿐만 아니라 우리 사회 전체를 돕게 될 것이라고 나는 대담하게 예측한다. 나는 오늘날의 의학에는 영혼이 결여되어 있다고 본다. ……의료 기술과 영혼이 나란히 병립할 수 없다는 근거는 그 어디에서도 찾을 수 없다.[42]

내가 이 책을 쓴 이유 중 하나는 멜빈 모스가 말한 것이 가능하다고 내가 믿고 있음을 보여주기 위함이다. 우리 인간의 잠재 능력을 충분히 계발한다면 기술 문명과 영혼은 나란히 병립될 수 있고, 그렇게 되어야 한다. 인간의 과학이 신비주의가 제시하는 내용과 임사 체험, 그리고 이 책에서 말하는 죽음과 죽어감의 내용을 받아들여 탐구하는 용기를 가진다면 매우 유익하지 않을까?

임사 체험 연구의 대표적 인물 가운데 한 사람인 브루스 그레이슨 Bruce Greyson은 이렇게 말한다.

> 과학은 임사 체험을 설명하기 위해 노력해야 한다. 거기에 우리 자신의 영적인 성장의 열쇠가 놓여 있기 때문이다. ……지나간 역사를 통해서 우리는 과학이, 당시에 이해할 수 없었던 현상을 풀이하기 위해 분투하는 과정을 거쳐야만 새로운 방법을 발견한다는 사실을 알고 있다. 임사 체험은 과학자가 새로운 과학적 방법을 개발하도록 하는 수수께끼 가운데 하나로, 우리의 모든 지식의 근원, 예컨대 지성의 논리적 영역뿐만 아니라 인간 몸에 대한 경험적 관찰, 신비의 직접적인 체험 또한 뒤섞인 수수께끼라고 나는 믿는다.[43]

브루스 그레이슨 또한 임사 체험은 어떤 이유가 있기 때문에 일어난다고 믿고 있다. 〈내가 임사 체험을 수년 간 지켜본 바에 의하면, 우리는 다른 사람을 돕는 법을 배우기 위해 이런 체험을 겪는다고 생각한다.〉

하지만 케네스 링은 임사 체험에서 또 다른 엄청난 가능성과 의미를 읽는다. 그렇게 많은 사람들이 지금 이 시기에 어째서 그런 체험을 겪고서 영적인 변화를 일으키는지 그는 되묻는다. 여러 해에 걸쳐 임사 체험 영역의 가장 용감한 선구자 가운데 한 사람인 그는 좀더 고차원적이고 한층 고귀한 영적인 실재를 말하면서, 우리가 현재 삶의 모든 양상을 시급히 바꾸어 모든 전쟁과 종교와 사람들간의 온갖 분할을 종식시키고 환경을 보호해 구할 것을 우리에게 요구한다. 그러면서 그는 임사 체험자를 〈희망의 전도사〉로 간주하기까지 했다.

> 나는 믿는다. ……전체로서의 인간성이 집단적으로 좀더 새롭고 한층 고차원적인 의식 양태를 일깨우기 위해 투쟁하고 있다고. ……그리고 임사 체험은 수년 간에 걸쳐 수백만 명의 사람에게 이런 변화를 일으킨 진전의 장치로 간주될 수 있다고 믿는다.[44]

이것이 진실인지 아닌지는 우리 모두에게 달려 있을 것이다. 즉, 우리가 임사 체험과 바르도 가르침의 함의에 직접 대면할 용기를 지녔는지에 달려 있는 것이다. 우리 자신을 변화시킴으로써 우리 주위의 세계가 변하고, 그리하여 단계적으로 인간의 미래 전체가 바뀔 것이다.

* * *

1) 비드 Bede, 레오 셜리프라이스 Leo Sherley-Price 옮김, 『영국 교회와 사람들의 역사 A History of the English Church and People』(Harmondsworth, England: Penguin Books, 1968), 420-421쪽.
2) 조지 갤럽 George Gallup Jr.와 윌리엄 프록터 William Proctor 공저, 『불멸에의 모험: 죽음의 문턱 너머 바라보기 Adventures in Immortality: A Look Beyond the Threshold of Death』(London: Souvenir, 1983).

3) 케네스 링 Kenneth Ring, 『죽음 앞의 삶: 임사 체험에 관한 과학적 연구 *Life at Death: A Scientific Investigation of the Near-Death Experience*』(New York: Quill, 1982), 55쪽.
4) 같은 책, 63쪽.
5) 마고트 그레이 Margot Grey, 『죽음으로부터 되돌아오다: 임사 체험에 관한 탐구 *Return from Death: An Exploration of the Near-Death Experience*』(Boston and London: Arkana, 1985), 42쪽.
6) 멜빈 모스 Melvin Morse, 『빛에 보다 가깝게: 어린이의 임사 체험에서 배우기 *Closer to the Light: Learning from the Children's Near-Death Experiences*』(New York: Villard, 1990), 115쪽.
7) 마고트 그레이, 앞의 책, 47쪽.
8) 마이클 사봄 Michael Sabom, 『죽음을 되돌아본다: 임사 체험에 관한 의학적 탐구 *Recollections of Death: A Medical Investigation of the Near-Death Experience*』(London: Corgi, 1982), 66쪽.
9) 케네스 링, 앞의 책, 59쪽.
10) 마고트 그레이, 같은 책, 46쪽.
11) 같은 책, 33쪽.
12) 같은 책, 53쪽.
13) 멜빈 모스, 앞의 책, 120쪽.
14) 같은 책, 181쪽.
15) 마고트 그레이, 앞의 책, 35쪽.
16) 케네스 링, 앞의 책, 45쪽.
17) 마이클 사봄, 앞의 책, 37쪽.
18) 같은 책, 155쪽.
19) 같은 책, 37쪽.
20) 같은 책, 40쪽.
21) 같은 책, 56쪽.
22) 같은 책, 54-55쪽.
23) 케네스 링, 『오메가를 향하여: 임사 체험의 의미를 찾아서 *Heading Towards Omega: In Search of the Meaning of the Near-Death Experience*』(New York: Quill, 1985), 199쪽.
24) 레이먼드 무디 Raymond A. Moody, Jr., 『삶 이후의 삶에 대한 성찰 *Reflections*

on Life After Life』(London: Corgi, 1978), 10쪽.
25) 같은 책, 14쪽.
26) 마고트 그레이, 앞의 책, 52쪽.
27) 마이클 사봄, 앞의 책, 71쪽.
28) 마고트 그레이, 앞의 책, 50쪽.
29) 레이먼드 무디, 앞의 책, 19쪽.
30) 마고트 그레이, 앞의 책, 51쪽.
31) 같은 책, 59쪽.
32) 같은 책, 65쪽.
33) 같은 책, 63쪽.
34) 같은 책, 70쪽.
35) 레이먼드 무디, 앞의 책, 19쪽.
36) 프랑소와 퐁마레 Françoise Pommaret, 『티베트 사회에서 피안의 혼령 Les Revenants de l'Au-Dela dans le Monde Tibetain』(Paris: Editions du CNRS, 1989).
37) 힌두교 전통에 따르면 쿤달리니는 미묘한 에너지의 깨어남을 뜻하는데 이를 통해 심리, 생리적 변화가 일어나 신과 합일할 수 있게 된다.
38) 마고트 그레이, 앞의 책, 194쪽.
39) 케네스 링, 앞의 책b, 145쪽.
40) 멜빈 모스, 앞의 책, 193쪽.
41) 같은 책, 93쪽.
42) 「임사 체험으로부터: 아이들이 경험한 것 The NDE: As Experienced in Children」, IANDS(The International Association for Near-Death-Studies)를 위한 강의.
43) 「임사 체험으로부터: 그것을 과학적으로 설명할 수 있는가? The NDE: Can It Be Explained in Science?」, IANDS를 위한 강의.
44) 케네스 링, 앞의 책b, 7쪽.

결론

21

보편적인 과정

 티베트가 중국에 점령된 이후 70여 년 간 무슨 일이 일어났는지 세상 사람들은 아무것도 모르고 있으며, 티베트 사람들이 이미 겪었고 여전히 당하고 있는 테러, 파괴 그리고 조직적인 집단 대학살에 대해서도 여태껏 아무것도 모른다. 티베트의 6백만 인구 가운데 1백만 명이 넘는 사람들이 중국인의 손에 죽어갔다. 지구의 환경 보전에 아마존 강의 숲처럼 반드시 필요한 티베트의 방대한 숲도 잘려나가 버렸다. 그곳의 야생 동물은 거의 전부가 대량 학살당했고, 평원과 강은 핵 실험으로 오염되었다. 6천 5백여 개에 달하는 사원 대부분은 건물이 파괴되거나 황폐해졌다. 티베트 인들은 절멸의 위기에 서 있고, 본토에서 티베트 문화의 영광은 거의 흔적없이 말살당했다.

 1950년대 중국이 티베트를 점령한 직후부터 무서운 잔학 행위가 여러 번 일어났다. 영적인 스승, 남자 스님, 여자 스님이 첫번째 대상이었다. 왜냐하면 중국의 공산주의자는 종교적 삶의 온갖 흔적을 일소시킴으로써 무엇보다도 먼저 티베트 인의 정신 세계를 단절시키고자 했기 때문이다. 최악의 상황에서 맞이한 특별하고도 감동적인 죽음이 여러 해에 걸쳐 많고많은 이야기를 통해 내게 전해 졌는데, 그런 죽음은 중국인이 필사적으로 파괴하고자 했던 진리의 장관을 증거해 주는 최후의 공물이었다.

티베트의 내 고향, 캄 지방에 나이 든 켄포 수도원장이 살고 있었다. 그는 여러 해 동안 산속의 은둔지에 머물렀다. 중국인들은 그를 〈징벌〉하러 가겠다고 공표했다. 사람들은 그것이 곧 고문과 죽음을 의미한다는 것을 알고 있었다. 그를 체포하기 위해 군대가 은둔지로 파견되었다. 그때 켄포는 연로해 걸을 수가 없었다. 중국인은 늙고 더러운 말을 타고 마지막 여행을 하고 있는 그를 발견했다. 그들은 그를 말에 앉혀 묶어가지고 그의 은거지에서 군대의 주둔지까지 끌어갔다. 끌려가는 도중 켄포가 노래를 부르기 시작했다. 중국인은 그의 노래말을 이해할 수 없었지만 함께 끌려가던 승려들은 그가 〈영적인 체험의 노래〉, 즉 그 실현의 깊이와 환희로부터 저절로 솟아나는 아름다운 노래를 불렀다고 훗날 증언했다. 일행은 천천히 길을 따라 내려갔다. 군인들은 돌처럼 굳은 침묵을 지켰고 스님들 대부분은 흐느꼈다. 하지만 켄포는 줄곧 노래만 불렀다.

죽음에 직면해서까지 그를 그토록 평온하게 만든 것이 대체 무엇이었을까? 그처럼 마지막 순간에조차 그가 아무 두려움 없이 환희에 넘쳐 노래부르게 한 것은 대관절 무엇이었을까? 아마도 그는 14세기 족첸 계통의 스승, 롱첸파의 마지막 유언 〈청정한 광휘〉와 흡사한 시가(詩歌)를 불렀을 것이다.

구름 한점 없는 어두운 밤에 둥근 보름달
〈별들의 군주〉가 떠오르기 시작하나니……
나의 자비 넘친 군주, 파드마삼바바의 얼굴이

부드러운 환영의 빛을 보내면서 내게 다가오누나.

죽음을 맞는 내 환희는 더 한층, 더 한층 크다네.
바다에서 큰 재산 모으는 무역업자의 기쁨보다도,
전쟁에서 승리한 신들의 우두머리보다도,
완벽하게 황홀경에 들어선 성인들보다도 크다네.
떠날 시간이 되자 길을 나서는 여행자와 마찬가지로
나는 이 세상에 더 이상 머물지 않으리니
죽음을 넘어선 위대한 축복의 성채로 가겠노라.

지금 나의 이 삶은 끝나가고 업도 다하고
기도로 불러올 수 있는 모든 이익도 없어져
지상의 모든 일 마쳐지니, 이 생의 전람회는 끝나누나.
한순간에 내 존재의 바로 그 정수를 알아차려
바르도 상태의 순수하고 광대한 영역에서
나는 이제 근원적 완성의 뜨락에 자리를 잡겠노라.

내 안에서 찾은 풍족함으로 다른 사람을 행복하게 했나니
해탈의 섬에 도달하고자 이생의 축복 사용했노라.
당신과 내 고귀한 제자와 모든 시간을 함께했기에
나는 진리를 나누는 기쁨으로 만족하게 보냈노라.

이제 이 삶과의 온갖 인연 끝나 가고
원하는 대로 나는 정처 없이 죽어가는 가난뱅이리니,
나를 슬프게 보지 말고 항상 기도하게나.
나의 이런 말은 온 마음으로 당신을 돕기 위함이니,

꿀벌이 빼어난 기쁨을 핥기 위해 연꽃에 달려들 듯이
당신도 내 말을 연꽃으로 생각해 일심으로 헌신하게.

이런 위대한 가르침을 통해
윤회의 고통 속에서 헤매는 모든 중생
근원적 완성의 뜨락에서, 니르바나에 도달하기를 기도하나이다.

이 시가는 최고의 깨달음을 성취한 인물의 발언임에 틀림없다. 나는 롱첸파 같은 인물에 대해서, 그리고 내 스승 잠양 켄체나 뒤좀 린포체, 딜고 켄체 린포체에 대해 생각해 본다. 나는 깨달음의 깊이를 지닌 인물이란 삶과 죽음 위로 솟아올라, 온갖 애매하고 복잡한 관련 속에 있는 삶과 죽음을 있는 그대로 바라보는 높은 봉우리 위의 독수리라고 상상해 본다.

산에 있는 독수리의 눈으로, 즉 깨달음의 안목으로 일체를 꿰뚫어보게 되면 우리가 있다고 여기는 삶과 죽음 사이의 경계선이 점차 변화되어 녹아내리는 것을 목전에 보게 된다. 물리학자 데이비드 봄은 실재를 〈쉴새없이 움직이는 온전한 전체〉라고 규정했다. 스승들이 보고 그때 직접적으로 온전하게 이해한 것은 그와 같이 끊임없이 흐르는 움직임이고, 그처럼 온전한 전체이다. 무지로 인해 우리가 〈삶〉이라 부르고 〈죽음〉이라고 일컫지만, 그것은 단지 그러한 전체와 움직임의 여러 가지 양상에 지나지 않는다. 이것이 바르도 가르침을 통해 우리가 보게 되고 위대한 스승들의 삶을 통해 구체화된 방대한 비전이며, 일반 사람들과 크게 다른 점이다.

바르도 가르침이 제시하는 것

따라서 깨달은 눈으로 죽음을 보는 것은 이러한 전체의 맥락에서 죽음을 보는 것이고, 시작도 끝도 없는 흐름의 일부로 보는 것이다. 바르도 가르침의 독특함과 힘은 죽음의 실제 전개 과정을 지극히 명료하게 제시함으로써 삶의 구체적 전개까지도 보여준다는 데 있다.

이제 죽어가는 사람에게 일어나는 일, 즉 죽음의 과정의 세 가지 결정적인 단계를 각각 다시 한번 살펴보자.

1 죽어가는 과정의 절정에서 오대(五大), 감각, 그리고 의식 상태가 해체된 이후 마음의 궁극적 본성, 근원적 광명이 잠시 동안 본래 모습 그대로 노출된다.

2 이어서 재빨리 마음의 본성의 광휘가 펼쳐져 소리, 색 그리고 빛의 형태로 반짝인다.

3 다음엔 죽은 사람의 의식이 일깨워져 생성 바르도 상태로 들어간다. 그의 일상적 마음이 되돌아오고, 지난날의 업과 습관에 따라 영혼의 몸 형태를 띠게 된다. 지난 생의 업과 습관으로 인해 일상적 마음은 가공(架空)의 바르도 체험을 실제적이고 견고한 어떤 것으로 여기며 그것에 집착하게 된다.

그러면 바르도 가르침은 죽음을 어떤 것이라고 보여주는가? 그것은 다름 아니라 마음이 점차적으로 현현하는 세 가지 단계이다. 즉 마음의 본질적 성격의 아주 순수한 상태로부터 빛과 에너지(마음과 본성의 광휘)를 거쳐 영혼의 몸으로 점차 구체화된다. 다시 말해 그 세 가지 전개 과정은 죽어감의 바르도, 다르마타 바르도, 그리고 생성 바르도로 명료하게 해명된다. 이를테면 첫째 본래 모습 그대로 노출되는 것, 둘째 자발적인 광휘, 그리고 셋째 구체화와 현현이다.

바르도 가르침은 우리를 한발 더 이끈다. 바르도 가르침이 사실상 우리에게 제시하는 것은 이러한 세 가지 양상이 죽어감과 죽음의 과정에서만 전개되는 것은 아니라는 사실이다. 이것은 참으로 혁명적인 통찰로, 제대로 이해된다면 우리의 견해가 송두리째 바뀔 것이다. 이러한 세 가지 양상은 지금 바로 이 순간, 그리고 모든 순간마다 우리의 마음과 생각과 감정에서 또한 우리 의식 체험의 모든 수준에서 전개되고 있다.

바르도 가르침이 제시하는 이런 전개 과정을 이해하는 또 다른 방식은 죽어감과 죽음의 각 단계마다 나타나는 것을 주의 깊게 바라보는 것이다. 바르도 가르침은 존재의 세 가지 단계에 대해 말하는데 각 단계마다 산스크리트 어로 〈카야Kaya〉라는 이름이 붙어 있다. 이것은 〈몸〉을 의미하는 말로서 이 경우엔 차원, 범위, 토대를 뜻한다.

따라서 이제 이런 견지에서 세 가지 전개 과정을 살펴보기로 하자.

1 죽음의 순간 근원적 광명 안에서 드러나는 절대적 상태는 다르마카야Dharmakaya(법신)라 불린다. 이것은 〈텅 비어 있는 공(空)〉, 무조건적인 진리의 차원이다. 여기에는 어떤 망상이나 무지 또는 어떤 종류의 개념도 끼여들 수 없다.

2 다르마타의 바르도 상태에서 자발적으로 나타나는 에너지와 빛의 본능적 광휘는 삼보가카야Sambhogakaya(보신)라 일컬어진다. 완전한 기쁨의 차원, 순전한 충만과 풍요의 장으로 모든 이론적인 한계,

시간이나 공간의 제약을 넘어선다.

   3 생성의 바르도 상태에서 현시되는 형상으로 구체화되는 영역은 니르마나카야 Nirmanakaya(응신)라 불리는데, 끊임없이 현현하는 차원이다.

이제 마음의 본성을 눈여겨 볼 때 마음이 세 가지 동일한 측면을 지녔음을 기억하자. 즉 마음의 텅 비어 있는 하늘 같은 정수, 그 찬란하게 빛나는 본성, 어떤 것에도 제약받지 않고 일체를 꿰뚫고 자비 넘치는 에너지. 이 세 가지는 리그파 안에서 동시에 현존하고 서로서로 상호 침투하여 하나가 된다. 파드마삼바바는 이를 이런 방식으로 묘사한다.

   이 리그파 안에서 세 가지 카야는 서로 분리될 수 없으며 온전히 하나로 현존한다.
   그것은 텅 비어 있어 어디에서든 무엇에 의해서든 창조된 것이 아니므로, 다르마카야다.
   그것의 빛나는 명료함은 텅 비어 있는 공의 본래적으로 투명한 광휘를 상징하므로, 그것은 삼보가카야다.
   그것의 발생은 어떤 장애나 방해를 받지 않으므로, 그것은 니르마나카야다.
   이 세 가지가 완벽하고도 온전하게 하나로 나타나니 이것이 바로 그 정수다.[1]

그래서 세 가지 카야는 깨달은 마음의 세 가지 고유한 국면에 해당된다. 세 가지 카야는 또한 지각 능력의 상이한 기능과도 관련된다. 우리들 대부분은 통찰력이 제한되어 있으므로, 그 형상과 현현에 있어서 단지 니르마나카야 차원만 인지할 뿐이다. 바로 이 것이 우리들 대다수가 죽음의 시점에 이르러 공백이라든가 망각의 상태에 빠지는 이유이기도 하다. 다르마카야라는 실재가 근원적 광명으로 떠오를 때에 사람들은 그 실재와 만나지도 못하고 그 것을 알아차릴 방법을 개발하지도 못했기 때문이다. 또한 다르마타 바르도의 상태에서 삼보가카야의 영역이 나타날 때에, 이를 알아차릴 수 있으리라는 기대를 전혀 할 수 없다. 우리는 니르마나카야의 현현을 순수하지 못하게 지각하는 영역 안에서 전생애를 살아왔기 때문이다. 따라서 우리는 죽음의 순간 그러한 차원으로 곧장 되돌려지게 된다. 우리가 영혼의 몸을 지닌 생성 바르도의 상태에서 깨어나게 되면 이전에 살았을 때처럼 견고하고 현실적인 것에 대한 환상 때문에 미친 듯 날뛰게 되고, 아무 도움을 받지도 못한 채 지난 생의 업에 이끌려 다시 태어나게 된다.

    그러나 자신을 높이 실현한 존재는 우리들과 전적으로 다르게 지각한다. 지각이 순화되고 진전되어 어느 정도 정련된 상태에서 여전히 인간의 몸으로 머무는 동안 그는 실재를 전적으로 순화된 형태로 아무 한계가 없는 차원에서 투명하게 인지한다. 또한 우리가 목격하듯 그런 인물은 죽음을 경험할 때 추호의 두려움이나 놀라움을 갖지 않는다. 그는 사실상 죽음을 해탈의 마지막 기회로 여기는 것이다.

잠의 전개 과정

    죽음의 순간 바르도 상태에서 전개되는 세 가지 국면은 삶에서도 역시 의식의 세 가지 상이한 수준으로 인지될 수 있다. 잠과 꿈

속에서 일어나는 일에 비춰 생각해 보자.

1 우리가 잠에 빠져들 때, 감각과 의식의 좀더 거친 층은 해체되고 점차적으로 근원적 광명이라 부를 수 있는 마음의 절대적 본성이 짧게 순간적으로 본래 모습 그대로 드러나게 된다.

2 다음으로, 다르마타 바르도의 상태와 비교될 수 있는 의식의 다른 차원이 있다. 의식의 이 차원은 미묘해서 일상에서 거의 인식하지 못한다. 우리들이 꿈이 시작되기 전 잠자는 기간을 얼마나 의식할 수 있을까?

3 우리들 대부분의 경우에 있어 마음이 다시 활동하게 될 때 우리가 의식하는 모든 것은 두번째 단계에 이어지는 다음 단계이다. 또한 생성 바르도의 상태와 유사한 꿈의 세계에 자신이 있음을 발견하게 된다. 이 상태에서 우리는 〈꿈의 몸〉 형태를 띠고서 깨어 있을 때의 습관과 활동에 크게 영향받으면서 형성되는 상이한 꿈 체험을 겪게 된다. 꿈을 꾸고 있다는 것은 조금도 알아차리지 못한 채 꿈속에서 마주치는 것을 모두 견고하고 현실적인 것으로 믿게 된다.

생각과 감정의 전개 과정

정확하게 똑같은 과정이 생각과 감정의 움직임, 또한 생각과 감정이 일어나는 방식에서도 인지될 수 있다.

1 근원적 광명, 마음의 절대적 본성은 어떤 생각이나 감정의 발생 이전에 존재하는 리그파의 원초적 상태이다.

2 아무 제약이 없는 영역 내에서 근본적인 에너지, 리그파의 자발적

인 광휘가 일어나게 되는데, 그것은 가공되지 않은 감정의 토대, 잠재력, 원료로 떠오르기 시작한다.

   3 그래서 이 에너지는 감정과 생각의 형태를 띨 수 있는데, 결국 우리를 행동하도록 내몰고 업을 쌓도록 이끌게 된다.

만일 우리가 명상 수행에 아주 익숙해진다면 다음의 과정을 조금도 틀림없이 분명하게 지켜볼 수 있다.

   1 생각과 감정이 점차적으로 침묵을 지켜 희미해지고 마침내 마음의 본성으로 용해됨에 따라, 우리는 아주 잠깐 동안 마음의 본성인 리그파의 원초적 상태를 일별할 수 있다.
   2 그리고 나서 마음 본성의 평온함과 고요함으로부터 어떤 움직임과 가공되지 않은 에너지, 그리고 바로 자기 자신의 찬란한 빛이 전개되는 것을 의식하게 된다.
   3 그 같은 에너지가 떠오를 때에 어떤 집착이라도 끼여들면 에너지는 불가피하게 생각의 형태로 구체화되어 순차적으로 개념적인 정신 활동을 우리에게 상기시킬 것이다.

일상 생활에서 진행 과정

지금까지 우리가 잠과 꿈속에서 이러한 전개 과정이 재생되는 방식 그리고 생각과 감정의 형성 과정을 살펴보았으니, 이제 일상 생활에서 우리가 하루하루 겪는 경험을 검토하기로 하자.

일상 생활에서 진행되는 과정을 검토하기 위해서는 기쁨이나 성냄 가운데 어느 한 가지 움직임을 가까이서 살펴보는 것이 좋을 것이다. 그런 움직임을 검토하면, 어떤 감정이 일어나기 전에 항상 하나의 공백이나 간격이 있음을 보게 되리라. 그 같은 순간은 순수하고 소박한 의식으로 충만한데, 그때 우리가 만일 자신을 제대로 추스르기만 한다면 마음의 참된 본성을 일별할 수 있을 것이고 한순간에 무지의 껍데기가 벗겨지게 된다. 그럴 경우 우리는 집착할 필요라든가 그럴 가능성으로부터 완전히 벗어나게 된다. 심지어 〈집착〉이란 개념마저 우스꽝스러운 군더더기가 된다. 하지만 어떤 생각, 관계나 개념으로부터 벗어나 자유로운 존재의 축복을 발견할 수 있는 그러한 공백의 〈텅 비어 있는 공(空)〉에 기꺼이 응하는 대신 우리는 뿌리 깊은 습관적 경향에 쫓기게 되고, 자신에게 익숙한 위안을 주는 감정의 연극처럼 지극히 의심스러운 안정에 집착하게 된다. 이렇게 해서 마음의 본성으로부터 일어나는 본래적으로 무조건적인 에너지가 감정의 형태로 고착되고 근원적 순수함이 윤회를 거치는 동안 왜곡되어, 마음은 일상 생활 속에서 끊임없이 혼란에 빠져 미혹되게 된다.

내가 제시한 것처럼 일상 생활의 모든 측면을 제대로 점검한다면 바르도 상태에서 겪는 것과 똑같은 과정을 잠과 꿈속에서, 생각과 감정 안에서 반복해서 겪는다는 것을 발견하게 될 것이다. 바르도 가르침은 이러한 사실, 즉 우리가 삶과 죽음 그리고 의식의 갖가지 다양한 층차를 통해 바르도의 전개 과정을 계속 반복해 경험한다는 것을 정확하게 제시한다. 그런 과정을 통해 지금 현재나 죽음의 순간에 헤아릴 수 없이 많은 해탈의 기회가 제공되는 것이다. 바르도 가르침에 따르면, 우리가 어떻게 하느냐에 따라 해탈의 기회 또는 미혹의 지속이 정해지는 것이 이 전개 과정의 성격, 형식, 독특함이다. 왜냐하면 전과정의 모든 양상이 해탈 또는 미혹의 기회를 동시에 우리에게 제공하기 때문이다.

바르도 가르침은 죽음과 환생, 무지로 인한 단조로움의 반복, 삶 이후의 삶이라는 제어할 수 없는 순환으로부터 어떻게 해야 벗어날 수 있는지 진리의 문을 열어주고 있는 것이다. 삶과 죽음의 이런 과정을 통해 마음의 본성인 리그파를 확고하게 알아차려 유지할 수 있다면, 또는 심지어 마음을 다스리는 어떤 척도를 획득할 수 있기만 하면, 우리는 해탈을 향하는 저 문을 건너갈 수 있을 것이다. 해당되는 바르도의 단계에 따라, 마음의 본성 자체에 익숙한 정도에 따라, 그리고 자신의 마음, 생각, 감정에 대한 이해의 깊이에 따라 리그파를 알아차리는 정도는 달라질 것이다.

그러나 바르도 가르침은 또한 우리에게 이렇게 말하기도 한다. 삶의 과정에서 지금 우리 마음속에 일어나는 것은 죽을 때 바르도 상태에서 일어나는 것과 정확하게 일치된다는 사실이다. 왜냐하면 삶과 죽음 사이에는 본질적으로 아무 차이가 없기 때문이다. 삶과 죽음은 〈한순간도 단절되지 않는 전체〉 또한 〈쉴새없이 흐르는 움직임〉 가운데에서 둘로 나뉘지 않는 하나로 합치되어 있다. 이런 연유에서 17세기 티베트의 가장 위대한 스승 가운데 한 사람인 체레 나촉 랑돌은 생각과 감정, 마음의 본성, 그리고 마음의 인지 여부에 대한 우리의 현재 이해 정도에 따라 네 가지 바르도(바로 지금의 삶, 죽어감, 다르마타, 그리고 생성 바르도)를 위한 마음의 수행을 설명했다.

> 이같이 무한한 현상의 다양성을 꿈으로 알지니
> 단지 마음의 투사에 불과하기에, 환상일 뿐 실재하지는 않노라.
> 어떤 것에도 집착함 없이 온갖 개념을 넘어서는
> 리그파의 지혜에서 쉬어라.
> 이것이 바로 지금의 삶의 바르도를 위한 마음의 수행이로다.

당신이 곧 죽게 될 때 어느 누구도 도울 수 없나니
죽음에서 경험하는 것은 단지 자신의 개념적 사유일 뿐.
생각을 지어내지 말고 리그파의 광대함 안에서
온갖 사념이 쓰러지게 하라.
이것이 죽어감의 바르도를 위한 마음의 수행이로다.

좋든 싫든 현상이든 아니든 집착하는 것은 그대의 마음,
무엇이 일어나든 마음 자체는 다르마카야의 자기 광휘이니
일어나는 것에 집착하지도 말고 개념으로 엮어내지도 말고
받아들이지도 말고 거부하지도 말라.
이것이 다르마타 바르도를 위한 마음의 수행이로다.

윤회는 그대의 마음, 열반 또한 그대의 마음,
온갖 기쁨, 고통, 미혹도 마음과 떨어져 있지 않나니
당신 자신의 마음을 다스리는 것.
이것이 생성 바르도를 위한 마음의 수행이로다.

우리는 이제 하나의 바르도를 특별히 검토하고자 하는데, 그러한 바르도 상태에서 명상 수행, 감정과 생각에 대한 이해, 그리고 우리의 경험이 어떻게 뒤엉켜서 상호 연결되는지, 또한 그러한 바르도 상태에서 우리가 겪는 경험이 어떻게 일상적 생활에 반영되는지 살펴보기로 한다. 아마도 네 가지 바르도 중에서 연구하는 데 가장 도움이 되는 것은 다르마타 바르도일 것이다. 이 바르도 상태에서 감정으로 나타나게 될 순수한 에너지가 자발적으로 마음 본성의 본래적 광휘로 떠오르기 시작하기 때문이다. 또한 감정은 현대 사회에서 사람들이 거의 강박적으로 몰두하는 것이기도

하다. 감정의 본성을 진정으로 이해하게 되면 해탈의 길로 한층 더 전진하게 된다.

명상의 가장 심원한 목표는 리그파의 상태에서 마음의 흩어짐 없이 쉬는 데 있고, 태양과 무수한 햇살이 나뉠 수 없는 것처럼 마음에 무엇이 일어나든지 자기 자신의 리그파가 현현한 것으로 바라보는 데 있다. 체레 나촉 랑돌도 다르마타 바르도에 대한 자신의 시에서 이렇게 읊었다. 〈좋든 싫든 현상이든 아니든 집착하는 것은 그대의 마음, ……마음 자체는 다르마카야의 자기 광휘이니…….〉

따라서 당신이 리그파 상태에 있을 때, 그리고 생각과 감정이 일어날 때, 그것이 무엇이고 어디에서 연원하는지 정확하게 인지해야 한다. 그때 무엇이 일어나든지 그것은 지혜의 자기 광휘인 것이다. 하지만 당신이 리그파의 소박한 순수 의식의 현전을 놓쳐서 무엇이 일어나는지 놓치게 되면, 그땐 그것이 당신에게서 유리될 것이다. 그것은 계속 우리가 〈생각〉 또는 감정이라 부르는 형태를 띨 것이고 이렇게 해서 이원화되게 된다. 이런 식의 이원화와 그 귀결을 피하기 위해 체레 나촉 랑돌은 이렇게 말했다. 〈일어나는 것에 집착하지도 말고 개념으로 엮어내지도 말고, 받아들이지도 말고, 거부하지도 말라. 이것이 다르마타 바르도를 위한 마음의 수행이로다.〉

당신과 당신의 마음속에서 일어나는 것 사이의 그러한 분리, 또한 그것이 야기하는 이원화는 죽음 이후 극적으로 확대된다. 마음 안에서 일어나는 것의 참된 본성을 인지하지 못하기 때문에 다르마타 바르도의 상태에서 현현하는 소리, 빛, 광선이 당신에게는 충격적인 외적인 현상의 객관적인 실제 형태를 띠게 된다. 그러니까 그런 상황 속에서 평화의 신과 분노의 신의 화려한 광휘로부터 도망쳐서 여섯 세계의 흐릿하고 유혹적인 습관적인 빛으로 달려가는 것말고 대체 무엇을 할 수 있겠는가? 다르마타 바르도의 상태에서 결정적으로 중요한 점은 현현하는 것이 바로 당신 마음의 지혜의 충만한 에너지라는 사실이다. 붓다와 지혜의 빛은 결코 당신으로부터 분리될 수 없고, 당신 자신의 지혜로 가득 찬 에너지인 것이다. 그것이 결코 둘로 나뉠 수 없음을 인지해 그곳으로 들어감이 바로 해탈이다.

죽을 때 다르마타 바르도의 상태에서 현현하는 것, 그리고 하나의 감정이 삶 속에서 우리 마음에 생겨나기 시작할 때마다 일어나는 것은 똑같이 자연스런 과정이다. 초점은 우리가 일어나는 것의 참된 본성을 알아차리느냐의 여부에 달려 있다. 만일 어떤 감정이 일어날 때에 그것이 진정 무엇인지를, 즉 우리 자신의 마음 본성의 자발적인 에너지인 줄을 인지할 수 있다면 그때 우리는 그런 감정의 부정적인 과보라든가 가능한 위험으로부터 벗어나서 리그파라는 광대한 영역의 원초적 순수함으로 돌아가 해소시킬 수 있을 것이다.

이렇게 인식을 통해 자유를 얻는 것은 오랜 세월 동안 닦은 명상 수행을 통해서만 가능하다. 왜냐하면 마음의 본성인 리그파가 확고해야 하고 그에 친숙해져야 하기 때문이다. 그것이 아닌 그 어떤 것도 우리 자신의 습관적 경향과 서로 다투는 감정으로부터 벗어나 우리 모두가 갈망하는 평온하고 행복한 자유를 우리에게 가져다줄 수 없으리라. 자유를 얻는 것은 어려운 일이지만, 이러한 가능성이 실제로 존재한다는 사실 자체가 커다란 희망과 영감을 일으키는 근원이라고 바르도 가르침은 우리에게 강조한다. 생각과 감정, 마음과 그 본성, 삶과 죽음을 완벽하게 이해하는 방법이 있다. 그것은 바로 깨달음을 성취하는 것이다. 깨달은 존재는 내가 말한 것처럼 삶과 죽음을 손바닥 안에 있는 것처럼 여긴다. 왜냐하면 체레 나촉 랑돌이 쓴 것처럼 그는 이미 알고 있기 때문이다. 〈윤회는 그대의 마음,

열반 또한 그대의 마음, 온갖 기쁨, 고통, 미혹도 마음과 떨어져 있지 않나니……〉 오랜 수행을 통해 마음이 안정되고 상대적 실재인 모든 움직임, 모든 생각, 모든 감정을 하나로 통합한 분명한 인식에 의해 그는 자유롭게 된다. 뒤좀 린포체는 이렇게 말했다. 〈커다란 미혹, 마음의 어둠[無明]을 순화했으므로, 결코 어두워지지 않는 태양의 밝은 빛이 지속적으로 떠오르게 된다.〉

환희의 에너지

나는 종종 뒤좀 린포체의 다음 말을 생각하곤 한다. 〈마음의 본성은 모든 것의 본성이다.〉 바르도 가르침이 제시하는 이러한 세 가지 과정은 우리가 발견했듯 삶과 죽음 양쪽 의식의 모든 상이한 층차와 온갖 다양한 체험뿐만 아니라 우주 자체의 실제 본성에 적용해도 타당하지 않을까 나는 생각한다.

세 가지 카야와 바르도의 세 가지 전개 양상에 대해 숙고하면 할수록, 나는 다른 영적인 전통의 가장 심오한 비전과 인간들이 노력해 성취한 매우 상이한 많은 영역들로부터 한층 풍부하고도 흥미를 돋구는 유사점을 발견한다. 나는 삼위 일체로 표상되는 신의 본성과 활동에 대한 기독교적인 비전, 하느님 아버지라는 근거로부터 성스러운 성령의 신비한 매개를 통해 형상으로 현현된 그리스도의 육화(肉化)를 생각하게 된다. 그리스도는 니르마나카야와 유사하고, 성령은 삼보가카야에 가깝고, 양자의 절대적 근거는 다르마카야와 흡사한 것으로 상상하는 것이 어느 정도 의미 있지 않을까? 티베트 불교에 있어서 육화를 뜻하는 튈쿠tulku는 실제로 니르마나카야를 의미하는데, 예컨대 자비로 충만한 깨달은 인물의 에너지는 계속해서 다시 현현해 구체화함으로써 활동하려고 한다. 튈쿠는 육화에 대한 그리스도적인 개념과 매우 유사하지 않은가?

또한 힌두교에 있어서 신의 정수에 대한 3중의 비전은 산스크리트 어로 〈사트치트 아난다 satcitananda(사트 sat-치트 cit-아난다 ananda)〉로 불리는데, 포괄적으로 옮겨보면 〈현현, 의식, 축복〉을 뜻한다. 힌두교에 있어서 신은 모든 이러한 세력과 힘이 무아경 상태에서 동시에 폭발함을 의미한다. 우리는 또다시 세 가지 카야 비전과 매혹적인 유사점을 지적할 수 있다. 삼보가카야는 아마도 아난다에, 다시 말해 신의 본성으로부터 축복을 내리는 에너지에 비교될 수 있고, 니르마나카야는 사트에, 또한 다르마카야는 치트에 견줄 수 있다. 인도의 엘레판타 계곡에 새겨진 시바 신의 거대한 조각품은 절대자의 세 가지 형상을 상징하는 세 가지 얼굴 형태를 지니고 있는데, 이 시바 신 조각품을 본 적이 있는 사람이라면 신성함과 관련된 이런 비전의 위엄과 장엄에 대해 어떤 인상을 받았을 것이다.

정수와 본성에 대한 이러한 신비적인 비전, 신성한 차원의 행동은 존재의 수준이 서로 다르기는 하지만, 상호 스며든다〔相卽相入〕는 불교적인 관점을 두드러지게 연상시킨다. 여러 신비적 전통들이 실재를 독특한 관점에서 보고는 있지만, 세 가지 양상의 전개 과정이 이처럼 상이한 신비적 전통 각각의 핵심에서 제시되는 점은 적어도 우리의 상상력을 자극하지 않는가?

현현하는 것의 본성이 무엇인지에 대해, 그리고 이를 이해함에 있어 서로 다르기는 해도 연관이 있는 접근법에 대해 생각하게 되면 자연스럽게 인간 창조의 원리, 인간성의 내면 세계 형식으로 명시되는 것을 숙고하기에 이른다. 세 가지 카야와 바르도의 전개 과정이 예술적 표현의 전개 과정에 어떤 빛을 던지지 않을까? 그래서 예술의 참된 의미와 숨겨진 목표에 뭔가 시사하는 바가 있지 않을까? 나는 수년 간에 걸쳐 이 점을 곰곰이 숙고해 보았다. 음악이든 예술이든 시든 또는 많은 과학자들이 술회한 것처럼 과학적 발견의 순간과 전개이든 창조하는 개개인의 행위와 그 표명은 신비스러운 영감으로부터 일어나는데, 이것은 이를 해석하고 의사 소통하는 에너지에 의해 어떤 형태로 조정된다. 바르도 상태에서 작용하는 상호 연결된 세 가지 양상의 전개 과정이 여기서도 작동하는 것을 알 수 있지 않은가? 음악과 시를 창조하는 작업이나 과학상의 어떤 발견이 큰 의미와 중대성을 지니는 것도 이 때문이 아닐까? 그리고 이것은 우리의 본성과 실재의 몇몇 핵심적인 비밀이 제시되는 명상과 희열의 상태로 우리를 인도하는 힘을 말해 주는 것은 아닐까? 블레이크의 다음 시는 어디에서 비롯한 것일까?

> 모래 한 알에서 세계를 본다.
> 또한 한 송이 야생화에서 하늘을 보고
> 손바닥에 무한을 싣고
> 한 시간 속에 영원을 지니노라.[2]

티베트 불교에 따르면 니르마나카야는 물질계에서 무한정하게 다양한 형식과 방식으로 현현하는 깨달음의 존재로 그려진다고 한다. 그것은 전통적으로 세 가지 방식으로 규정된다. 하나는 고타마 싯다르타처럼 이 세상에 태어나서 가르침을 펼친 완전히 깨달은 붓다 같은 존재이다. 다른 하나는 튈쿠처럼 다른 사람에게 이익을 주는 특별한 능력을 지녔지만 외관상으로는 평범한 존재다. 세번째 어느 정도의 깨달음으로 이익을 베풀고 다양한 예술, 기술, 그리고 과학을 통해서 다른 사람에게 영감을 주는 존재를 들 수 있다. 각각의 경우에 이같이 깨달은 인물의 추진력은 칼루 린포체가 말하듯 〈자발적으로 표출하는데, 마치 태양이 어떤 것에 지시를 내리거나 의식적으로 생각함이 없이 자발적으로 빛을 방사하는 것과 마찬가지다. 태양이 존재하면 빛은 방사되게 마련이다.〉[3] 따라서 진리의 차원으로부터 궁극적인 영감을 끌어내는 것이 예술적 천재의 재능과 본성에 대한 한 가지 설명이 되지 않을까?

그렇다고 해서 위대한 예술가가 무조건 깨달은 존재라고 말하는 것은 결코 아니다. 그들의 삶을 살펴보아도 이 점은 분명하다. 그러나 어떤 결정적인 시기와 예외적인 상황 아래서 그들이 깨달은 존재가 에너지를 표출하기 위한 도구와 채널이 될 수도 있음 또한 분명하다. 베토벤이나 모차르트의 가장 위대한 걸작에 귀기울이면, 이따금 예술 작품을 통해서 다른 차원이 현시되는 듯하다는 것을 어느 누가 부인할 수 있겠는가! 또한 샤르트르 성당처럼 중세 유럽의 대성당, 또는 이스파한(16세기에서 18세기까지 페르시아의 수도)의 회교 사원, 캄보디아 앙코르의 조각품, 또는 엘로라에 있는 힌두 사원의 아름다움과 풍요로움을 보면서도 예술가들이 모든 것의 근원으로부터 비롯하는 에너지에 직접적으로 영감받았음을 모를 사람이 어디 있겠는가!

나는 예술가의 위대한 작품이 밤하늘에 빛나는 달과 같다고 생각한다. 달은 세상을 비춘다. 하지만 달빛은 그 자신의 빛이 아니라 절대적 존재의 숨겨진 태양으로부터 빌려온 것이다. 예술은 영혼의 본성을 일별하는 데 많은 도움을 준다. 하지만 현대의 예술 대부분이 한계에 부딪히는 이유 중 하나는 겉으로는 드러나지 않지만 예술에 내재된 성스러운 근원과 그것의 신성한 목적, 즉 우주에서 사람들의 참된 본성과 위치를 부여하고 그들을 제자리로 복귀시켜 삶의 가치와 의미, 그리고 그 무한한 가능성을 끊임없이 새롭게 하는 목적을 잃어버렸기 때문이 아닐까? 삼보가카야의 영역과 흡사한 영감받은 예술적 표현의 실재적 의미는, 릴케가 〈축복의 날개 달린 에너지〉라 불렀던 쉴새없이 빛나면서 행복에 넘친 에너지 같은 차원 — 절대적 존재의 순수함과 무한정한 의미를 한정된 상대적 존재에게, 다시 말해 다르마카야로부터 니르마나카야에게 전하고 옮겨주고 의사 소통해 주는 그 같은 광휘가 아닐까?

전일성의 열린 비전

갖가지 다양한 측면과 현대 과학의 발견에 대한 달라이 라마의 끊임없는 호기심과 개방성은 내게 영감을 불어넣어 준다.[4] 불교는 결국 〈마음의 과학〉이라고 종종 일컬어지며, 내가 바르도 가르침에 대해 곰곰이 숙고하자 그 정확성과 방대함 그리고 명쾌함은 나를 또다시 경외감과 감사의 염으로 감동시켰다. 만일 불교가 마음의 과학이라면 족첸과 바르도 가르침은 내게 과학의 핵심, 가장 내면적인 비전과 실용적인 씨앗을 뜻한다. 그 씨앗으로부터 상호 연결된 깨달음이라는 거대한 나무가 꽃을 피웠으며 앞으로도 인간이 진화함에 따라 지금은 상상할 수 없는 방식으로 계속 꽃을 피울 것이다.

다양한 전공의 과학자들을 여러 해 동안 만나 본 결과, 나는 불교의 가르침과 현대 과학이 발견한 것들 사이의 풍부한 유사점에 점점 더 감명을 받게 되었다. 운 좋게도 서양의 중요한 철학과 과학의 개척자들 가운데 많은 사람들이 이러한 유사점을 의식하고 기백 있게 추구했다. 따라서 앞으로 신비주의, 마음과 의식에 관한 과학, 그리고 물질에 대한 다양한 과학간의 대화를 통해서 우주에 대한 새로운 비전과 우리의 책임이 잘 밝혀지게 될 것이다. 바르도 가르침 자체와 그것의 세 가지 전개 과정은 이런 대화에 독특한 기여를 하리라고 나는 점점 더 확신하고 있다.

나는 여기서 가능한 모든 대안 가운데 내가 특히 몰입했던 물리학자 데이비드 봄의 특별한 과학적 비전에 초점을 맞추고자 한다. 봄은 실재에 대한 새로운 접근법을 그려낸 적이 있는데, 논란의 여지가 있기는 하지만 상이한 영역의 과학자, 예컨대 물리학, 의학, 생물학, 수학, 신경 과학, 그리고 예술가와 철학자로부터 커다란 호응을 받았다. 데이비드 봄은 바르도 가르침이 그러하듯 한순간도 나뉘지 않고 이음새도 없는 전일함으로서의 전체와 하나됨에 근거해서 실재에 다가서는 새로운 과학적 접근법을 제시했다.

그가 우주에서 작동하는 것으로 본 다차원적이고 동적인 질서는 기본적으로 세 가지 양상을 띤다고 한다. 가장 두드러진 것은 대상, 공간, 그리고 시간으로 구성된 우리의 3차원 세계다. 그는 이 세계를 〈명백한〉 또는 〈펼쳐진〉 질서라 부르고 있다. 그는 이 질서가 무엇으로부터 펼쳐진다고 믿을까? 나누어지지 않는 보편적인 영역, 〈시간을 넘어선 장소〉, 그는 이를 〈함축된〉 또는 〈접힌〉 질서라 부르는데 그것은 우리의 온갖 경험의 바탕을 이루는 것으로 일체를 포괄한다. 그는 두 가지 질서 사이의 관계를 계속적인 진행 과정으로 보고 명백한 질서로 펼쳐진 것이 다시 함축된 질서로 접힌다고 말한다. 이러한 과정을 다양한 구조로 조직하는 근원으로서 극도로 함축적인 질서, 아직은 포착하기 어렵지만 잠재 능력상으로는 무한정한 차원을 그는 〈제안〉한다.(그는 〈제안〉이라는 용어를 즐겨 사용한다. 왜냐하면 그의 철학 전체는 자유롭게 진행되는 대화에서 창조된 아이디어여서 항상 논란의 여지가 있기 때문이다.)

이런 세 가지 질서와 세 가지 카야 그리고 바르도의 전개 과정

사이에서 생생한 유사점을 끌어낼 수는 없을까? 데이비드 봄은 이렇게 말한다. 〈함축된 질서의 개념 전부는 무엇보다 먼저 형상 없는 것으로부터 명백하게 펼쳐짐을 통해서 형상의 근원을 음미하는 방식이다.〉[5]

또한 나는 양자 물리학에서 유래된 물질을 이해하는 이런 방식을 데이비드 봄이 풍부한 상상력으로 의식 자체로까지 확장한 데 크게 감명을 받았고, 과학이 좀더 개방된 방향으로 전개됨에 따라 이런 식의 비약이 한층 더 필요하리라고 생각한다. 데이비드 봄은 말한다. 〈마음은 우주와 유사한 구조를 지닐 수도 있다. 우리가 텅 빈 공간이라 부르는 근본적인 움직임에는 실제로 거대한 에너지와 운동이 있다. 마음에 나타나는 특별한 형태는 입자와 유사할 수도 있고, 마음의 근저에 다가서면 그것이 빛으로 느껴질지도 모른다.〉[6]

함축된 질서와 명백한 질서 개념을 연결하여 데이비드 봄은 정신적인 것과 물질적인 것, 마음과 육체 사이의 관계를 보는 하나의 방식을 상정했다. 이런 관계를 그는 몸의 의미라고 불렀다. 그는 이렇게 말한다. 〈몸의 의미 개념은 몸(물질적인 것)과 그것의 의미(정신적인 것)가 결코 분리되어 존재하는 것이 아니라 오히려 하나인 종합적인 실재의 두 가지 양상임을 뜻한다.〉[7]

데이비드 봄에게 있어서 우주는 서로 스며드는 세 가지 양상, 즉 물질, 에너지, 의미로서 나타난다.

함축된 질서의 관점에서 보면, 에너지와 물질은 활동 전체와 그 같은 활동이 일어나는 물질에 형상을 부여하는 어떤 종류의 의미를 불어넣는다. 마음의 에너지와 뇌의 물질적 실체의 에너지는 또한 그들의 활동 전체에 형상을 부여하는 어떤 종류의 의미를 불어넣는다. 따라서 지극히 일반적으로, 에너지는 물질과 의미를 감싸고, 물질은 에너지와 의미를 감싸고, ……또한 의미는 물질과 에너지를 감싼다. ……따라서 이런 세 가지 기본 개념 각각은 다른 두 가지를 감싼다.[8]

특별히 미묘하게 정련된 이 비전을 단순화한다면, 데이비드 봄에게 있어서 의미는 특별하고도 폭넓은 중요성을 지닌다고 말할 수 있다. 그는 이렇게 말한다. 〈일상적인 견해와는 대조적으로, 이 비전에 따르면 의미란 우리의 실재 전체가 본래 타고난 핵심적인 것이며, 지극히 추상적이어서 마음에만 관계되는 극히 가벼운 것만은 아님을 암시한다. 다시 말해 인간의 삶에 있어서 아주 일반적으로 보자면, 의미는 존재이다…….〉 우주를 해석하는 바로 그 행위를 통해 우리는 우주를 창조하고 있는 것이다. 〈보기에 따라서, '우리'는 우리의 의미들의 총체라고 말할 수 있다.〉[9]

우주에 대해 데이비드 봄이 제시한 개념의 세 가지 양상과 세 가지 카야 사이의 유사점을 찾아보는 것은 유익한 일이지 않을까? 데이비드 봄의 개념을 한층 깊게 탐구해 보면 의미, 에너지, 그리고 물질이 세 가지 카야 각각과 유사한 관계가 있어 보일지도 모른다. 또한 그렇게 하여 그가 설명하는 것처럼 의미의 역할이 다르마카야, 모든 것이 일어나는 끝없이 비옥하고 아무 한정 없는 전체성과 흡사하다는 것을 시사받을 수 있지 않을까? 의미와 물질이 그것을 통해서 상호 작용하게 되는 에너지의 움직임은 확실히 삼보가카야, 즉 텅 비어 있는 근저로부터 자발적으로 계속해서 에너지가 밖으로 분출되는 것과 유사하다. 그리고 데이비드 봄의 비전에서 물질의 창조는 니르마나카야, 즉 그러한 에너지가 끊임없이 형상으로 구체화되는 것과 흡사하다.

데이비드 봄과 실재에 대한 그의 뛰어난 해석에 대해 생각하면서 나는 위대한 스승에 의해 훈육된, 참으로 깨달음을 얻은 영적인 수행자이기도 한 훌륭한 과학자가 무엇을 발견할 수 있는가를 곰곰이 생각하곤 한다. 어떤 한 사람이 과학자이자 성인, 롱첸파이자 아인슈타인이라면 실재의 비밀에 대해 우리에게 무엇을 말해주게 될까? 바르도 가르침이라는 큰 나무로 인해 앞으로 번성할 것 가운데 하나는 과학적이면서도 신비적인 대화가 아닐까? 그리고 아직은 이런 대화를 간신히 상상만 할 뿐이지만, 현재 우리는 그 출발점에 서 있는 것인지도 모른다. 인류에게 있어 그것이 의미하는 것은 무엇일까?

데이비드 봄과 바르도 가르침 사이의 유사점 가운데 가장 깊은 것은 양쪽이 모두 전일성의 비전에 근거를 둔다는 점이다. 이런 비전이 만일 개인의 의식을 바꾸어 사회에까지 영향을 미칠 수 있다면, 세상에 살아 있는 상호 관계와 그 의미가 반드시 필요하다는 것을 재삼 인식시킬 것이다.

내가 여기서 제안하고 있는 것은 사람들이 전체를 생각하는 일반적 방식, 즉 그의 일반적인 세계관이 인간 마음 그 자체의 전반적인 질서를 위해서 결정적으로 중요하다는 점이다. 만일 전체를 독립된 단편으로 이루어진 것으로 생각한다면 그 사람의 마음은 그런 식으로 작용하게 된다. 그러나 만약 그가 나뉘지 않고 끊이지 않고 아무런 경계도 없이(왜냐하면 모든 경계는 분할이나 틈을 의미하기 때문이다) 모든 것이 한결같이 조화롭게 포함된 것으로 전체를 본다면 그의 마음 또한 그러한 방식으로 작동할 것이고, 이로부터 전체 안에서의 행동이 질서정연하게 전개될 것이다.[10]

데이비드 봄의 이런 글에 모든 위대한 스승들은 완전히 동의할 것이다.

의미의 변화는 이 세상을 정치적으로, 경제적으로, 그리고 사회적으로 변화시키는 데 필요하다. 하지만 그런 변화는 먼저 개개인으로부터 시작되어야 한다. 의미는 그를 위해서 바뀌어야 한다……. 만일 의미가 실재의 핵심이라면, 사회 즉 개인과 그 관계는 기본적인 변화가 일어난 다른 어떤 것을 의미하는 것으로 보아야 한다.[11]

바르도 가르침의 비전 및 예술과 과학 양쪽의 가장 깊은 이해가 궁극적으로는 하나의 사실, 즉 우리 자신에 대한 우리 자신을 위한 우리의 책임으로 수렴된다. 또한 그런 책임감은 가장 긴급하고 원대한 일에 활용되어야 한다. 즉 그것은 우리 자신, 우리 삶의 의미, 그리고 우리 주변의 세계를 바꾸는 일이다.

붓다도 말했다. 〈내가 그대들에게 해탈의 길을 보여주었으니 이제 그대들은 스스로 직접 그 길을 가야 한다.〉

* * *

1) J. M. 레이놀스J.M.Reynolds, 『벌거벗은 의식으로 바라봄으로써 자아를 해방시킨다 Self-Liberation through seeing with Naked Awareness』(New York: Station Hill, 1989년), 13쪽.
2) 「무지의 전조(前兆) Auguries of Innocence」, 『블레이크 전작집 Blake: Complete Writings』(Oxford and New York: Oxford Univ. Press, 1972년), 431쪽.
3) 칼루 린포체 Kalu Rinpoche, 『다르마 The Dharma』, 38쪽.
4) 달라이 라마 외, 『마음의 과학: 동서의 대화 MindScience: An East-West Dia-

logue』(Boston: Wisdom, 1991년).
5) 르네 웨베르 Renée Weber 편, 『과학자와 성인의 대화: 전일성의 추구 Dialogues with Scientists and Sages: The Search for Unity』(London: Routledge and kegan Paul, 1986년), 93-94쪽.
6) 같은 책, 48쪽.
7) 데이비드 봄, 『의미를 찾아서: 데이비드 봄과의 주말 대화 Unfolding Meaning: A Weekend of Dialogue with David Bohm』(London: Ark, 1987년), 73쪽.
8) 같은 책, 90-91쪽.
9) 파보 필캐넨 Paaro Pylkkänen 편, 『의미의 탐구 The Search for Meaning』(Wellingborough: Crucible, 1989년), 51쪽; 데이비드 봄, 앞의 책, 93쪽.
10) 데이비드 봄, 『전일성과 함축된 질서 Wholeness and the Implicate Order』(London: Ark, 1988년)
11) 데이비드 봄, 앞의 책a, 107, 96쪽.

22

평화의 봉사자

이 책이 다년간에 걸쳐 진행되는 과정을 지켜본 나의 나이 든 제자 가운데 하나가 얼마 전에 내게 이렇게 물었다. 〈이 책이 간행될 때, 린포체께서는 이 책의 출판을 통해 마음 깊숙이 어떤 일이 일어나기를 바라십니까?〉 이런 질문을 받자 곧 바로 라마 체텐의 이미지가 내 마음에 떠올랐다. 나는 소년 시절에 그가 죽어가는 모습을 목격했는데 그는 침착하고도 품위 있게 죽음을 맞이했다. 그래서 그 질문에 대해 나는 내 자신에게 이렇게 답했다. 〈나는 모든 사람들이 죽음이나 삶을 두려워하지 않기를 염원한다. 그리고 모든 사람들이 평온하게, 가장 현명하게, 매우 밝게, 그리고 지극히 따뜻한 보살핌 속에서 죽음을 맞이할 수 있기를 희구한다. 또 모든 사람들이 마음과 실재의 본성을 제대로 이해했을 때에만 싹트는 궁극적인 행복을 발견하기를 바란다.〉

토머스 머튼Thomas Merton은 이렇게 썼다. 〈만일 우리가 자기 자신과 분리된 심연을 건널 수 없다면, 달까지 여행한다고 해서 무슨 이익이 있겠는가? 이것이야말로 발견을 위한 모든 여행 중 가장 중요하다. 자기 자신을 발견할 수 없다면 다른 모든 것은 소용 없을 뿐만 아니라 비참해질 것이다.〉[1] 우리는 죽이고 폭파하도록 사람을 훈련시키는 일과 폭탄, 폭격기, 미사일을 만드는 일에 매분 수백만 달러를 소비한다. 그러나 이와 대조적으로 사람들에게 인간의 본성과 죽음을 가르치는 일에, 그리고 사람들이 죽을 때 그들에게 무엇이 일어날지 이해시키는 일에는 거의 한푼도 쓰지 않는다. 얼마나 무시무시하고 서글픈 현실인가! 우리 자신의 무지, 그리고 자기 자신과 서로에 대한 참된 사랑의 부족을 드러내는 것이 아니고 무엇이랴! 다른 무엇보다도 내가 쓴 이 책이 이런 상황을 변화시키는 데 조금이나마 기여해서 영적인 변화가 시급하다는 것, 우리 자신과 다른 사람들에 대한 책임감이 촉구되고 있다는 것을 가능한 한 많은 사람들이 깨우치도록 했으면 하는 바람이다. 우리는 누구나 붓다가 될 수 있는 존재로 누구든지 평화롭게 살고 평온하게 죽기를 바란다. 사람들이 이런 진리를 언제 이해할 수 있을까? 이렇게 단순하고 성스러운 이해를 반영하는 사회를 정말 언제 만들 수 있을까? 그것이 없다면 삶이 무슨 가치가 있겠으며, 어떻게 우리가 편안하게 죽을 수 있겠는가?

바로 지금이야말로 죽음과 죽어감에 대한 개화된 비전이 전세계 모든 교육 기관에 소개되어야 할 때이다. 어린이라고 해서 죽음으로부터 〈보호〉받아서는 안 된다. 어린이에게도 죽음의 참된 의미와 죽음으로부터 배울 수 있는 것들이 충분히 제시되어야 한다. 왜 모든 연령 계층에 이런 비전이 단순한 형태로 제시되지 않는 것일까? 죽음과 죽어가는 사람을 돕는 법과 죽어가는 과정의 영적인 의미에 대한 지식을 사회의 모든 구성원이 입수할 수 있어야 한다. 온갖 종류의 학교, 단과 대학, 종합 대학에서 깊이 있고 풍부한 상상력으로 가르쳐야 한다. 특히 의과 대학 부속 병원에서 죽어가는 환자들을 돌보는, 그들을 보살필 책임이 있는 의사와 간호사에게 제시되어야 한다.

　의사가 죽음에 대한 최소한의 이해조차도 지니지 못하고서 어떻게 진정 유능한 의사일 수 있으며 죽어가는 환자를 어떻게 영적으로 돌볼 수 있겠는가? 어느 간호사가 만약 죽어감에 대한 자신의 두려움에 직접 대면하지 않은 상태에 있어서, 죽어가는 환자가 인도와 지혜를 원할 때 할말이 아무것도 없다면 어떻게 참으로 능력 있는 간호사일 수 있겠는가! 새로운 사상과 새로운 접근 방식에 대해 지극히 진솔하게 열려 있는 품성 좋은 의사, 간호사, 일반 사람들을 나는 많이 알고 있다. 나는 이 책을 통해 그들이 바르도 가르침의 교훈을 받아들여 채택하도록 돕기 위한 용기와 힘을 주기를 기원한다. 지금이야말로 의료업 종사자들이 삶과 죽음의 진리 추구와 질병 치료술이 분리될 수 없음을 이해해야 할 때가 아닐까! 내가 이 책을 통해서 바라는 것은 바로 죽어가는 사람을 위해 행해져야 될 것을 행하는 최상의 조건에 대한 논의가 어디에서든지 일어나도록 돕는 일이다. 의사와 간호사를 교육하는 방식, 환자를 돌보는 병원의 태도, 죽어가는 환자를 실제로 취급하는 방식에 있어서 영적이며 실용적인 변혁이 시급하게 요청된다. 나는 이 책이 그런 전환에 작게나마 기여하기를 바란다.

　호스피스 운동이 일으키고 있는 선구적인 작업에 대해 나는 반복해서 공감을 피력해 왔다. 우리는 호스피스 운동을 통해 죽어가는 사람이 귀중하게 보살핌을 받고 있음을 본다. 나는 이 자리에서 세계의 모든 국가가 호스피스 운동의 창설을 고취하고, 가능한 한 풍족하게 재원을 지원하라고 마음 깊이 간청하고자 한다.

　이 책의 간행을 통해 몇몇 다양한 교육 프로그램을 위한 재단 설립 기금을 마련하는 것이 내 의도이다. 이 재단은 온갖 종류의 성장 배경과 직업을 지닌 모든 사람들, 특히 죽어가는 사람을 돌보는 일과 관련된 사람들(예컨대 죽어가는 사람이 있는 가정, 의사, 간호사, 모든 종파의 성직자, 카운슬러, 정신병 치료사, 그리고 심리학자)을 위한 것이다.

현대의 질병에 대해 파드마삼바바가 상세히 예언한 것과 마찬가지로, 아직 거의 알려지지 않았지만 티베트 불교에는 의학적으로 놀라운 새 사실이 온전히 풍족하게 남아 있다. 이처럼 놀라운 가르침을 진지하게 연구하기 위한 기금 마련을 이 자리를 통해 강하게 염원하고 싶다. 난치병 치료약이 발견되지 않으리라고 어느 누가 장담할 수 있으며, 암과 에이즈, 심지어 아직 증세가 나타나지 않은 불치병의 고통이 경감되지 않으리라고 어느 누가 감히 말할 수 있으랴!

따라서 이 책을 통해 내가 희망하는 것은 우리가 죽음을 바라보는 방식, 죽어가는 사람을 돌보는 방식, 그리고 우리가 삶을 바라보는 방식 전체와 살아 있는 사람을 보살피는 방식 전체에 조용한 변혁을 고취하는 것이다.

내가 이 책을 쓰고 있을 때, 나의 위대한 스승 딜고 켄체 린포체가 1991년 2월 27일 금요일 부탄의 심푸에서 자신의 육신을 벗었다. 그는 82세였다. 그는 모든 중생을 위한 봉사에 전생애를 바쳤다. 그를 만난 사람 가운데 어느 누가 그를 잊을 수 있을까! 그는 사람들 가운데에서 광채를 발하는 거대한 산이었다. 그에게서 지극히 의미 심장하며 고요하고 부드럽고 풍요롭고 자연스러운 유머가 항상 흘러나오지 않았더라면, 그의 위대함은 상대방을 압도했을 것이다. 그러한 평온함과 축복은 궁극적인 깨달음의 징후이다. 나와 다른 많은 사람에게 있어서 그는 밀라레파, 롱첸파, 파드마삼바바, 심지어 붓다 자신의 깨달음과 위풍을 성취한 스승이었다. 그가 죽었을 때는 마치 태양이 진 것처럼 세상에는 어둠만 남겨졌고 티베트 정신의 빛나는 한 시기가 막을 내리게 되었다. 미래가 우리에게 무엇을 보여줄지는 모르지만, 어느 누구도 그러한 인물을 다시 볼 수 없으리라고 나는 확신한다. 그를 단 한번, 단 한순간 보기만 한 사람이라도, 해탈의 씨앗이 심어져 그 무엇에 의해서도 파괴되지 않고 언젠가 온전하게 개화되리라고 나는 믿는다.

딜고 켄체 린포체의 죽음을 전후해서 그의 위대함을 입증해 주는 놀라운 징후가 여러 번 목격되었다. 하지만 내가 가장 충격을 받았고 감동한 징후는 4천 마일 떨어진 프랑스 남부 지방의 르라링에서 일어났다. 몽펠리에 근처에 있는 그곳은 스승의 축복 아래 은둔지가 되었다. 그곳에 살면서 일을 했던 내 제자는 그때 일어난 일을 이렇게 말한다.

그날 아침 하늘은 평소보다 어두웠고, 동이 트는 첫 신호로 먼 지평선에 짙은 붉은색 선이 나타났다. 그때 우리는 시내를 향해 가고 있었다. 그 길의 끝에 도착했을 때 우리 오른편에 있는 언덕의 줄기를 타고 유골을 모셨던 텐트가 우리가 앞으로 절을 지을 땅 쪽으로 기울어진 것이 보였다. 그런데 갑자기 날카로운 햇살이 박명(薄明)을 꿰뚫고, 이른 아침에 강렬한 색채를 일으키면서 유골을 모신 하얀 텐트 위에 똑바로 떨어졌다. 우리는 계속 길을 갔는데 시내로 들어가는 길로 들어서기 위해 모퉁이를 돌았을 때 어떤 갑작스러운 충동으로 텐트를 되돌아보았다. 그때쯤 하늘이 밝아졌다. 우리는 깜짝 놀랐다. 찬란한 무지개가 골짜기 전체에 걸쳐 있었는데, 색채가 너무나 청명하고 살아 움직이는 듯해서 손을 뻗으면 닿을 수 있을 것처럼 느껴졌다. 무지개는 왼편에 있는 수평선에서 시작해서 하늘에 이르기까지 아치 형태로 뻗어 있었다. 비는 조금도 뿌리지 않은 데다가, 거대한 텅 빈 하늘과 대조적으로 무지개 자체는 선명한 빛을 발해서 한층 신비로웠다. 바로 그날 딜고 켄체 린포체가 부탄에서 죽음을 맞이했다는 전갈을 받은 것은 다음날 저녁이었다. 무지개는 우리 모두와 르라 링에 내린 그의 축복이었음을 우리는 확신했다.

붓다가 쿠시나가라의 숲 속에서 5백여 명의 제자들에 둘러싸여 누운 자세로 죽어갈 때에, 그는 마지막 호흡을 내쉬면서 제자들에게 말했다. 〈존재의 형체가 다시 해체되는 것은 모든 것의 본성이다. 모든 힘을 다해 완벽함에 도달하기 위해 정진하라.〉 딜고 켄체 린포체가 천화한 이후 붓다의 이런 말이 종종 떠오르곤 했다. 세상의 기축인 듯한 최상의 스승의 죽음보다 통렬하게 무상함을 가르치는 것이 어디 있겠는가! 스승을 알게 되어 그의 제자로 임했던 우리 모두는 외로움을 느꼈으며 내팽개쳐진 느낌이었다. 이제 그가 그토록 고귀하게 상징했던 전통을 할 수 있는 한 진전시키고 구체화하는 것이 우리 모두가 할 일이다. 붓다라는 빛나는 광휘가 사라진 세상에 제자들이 홀로 남겨졌을 때, 그들이 했던 과업을 이제 우리가 해야 하는 것이다. 즉 〈모든 힘을 다해 완벽함에 도달하기 위해 정진해야 한다〉.

프랑스의 아침 하늘과 르라 링의 계곡을 아치 모양으로 뒤덮었던 그 무지개는 딜고 켄체 린포체가 전세계에 내린 축복이자, 앞으로도 계속 내릴 축복을 의미한다고 나는 생각한다. 육신에서 벗어난 그는 지금 다르마카야의 시간을 넘어선 무제한적인 광휘 속에 살면서, 깨달음에 도달한 인물이 지니는 권능으로 시간과 공간의 제약을 넘어서 자비를 베풀고 있다. 그가 성취한 것을 믿고 온 마음을 다해 그를 염원한다면 즉시 그가 당신과 함께 있음을 알게 될 것이다. 모든 존재를 그토록 완벽하게 사랑했던 그가 우리를 버리는 일이 어떻게 가능하겠는가? 게다가 모든 것과 하나였던 그가 어디로 갈 수 있으랴!

  티베트의 모든 전통을 스스로 체현했던 그러한 스승이 티베트의 멸망 이래 30여 년 간 우리와 함께 지냈고 또한 히말라야, 인도, 유럽, 아시아, 미국에서도 가르침을 베풀 수 있었음은 크게 다행스러운 일이다. 그의 목소리와 가르침이 담긴 수백 시간에 달하는 테이프, 그의 위대한 모습을 전하는 수많은 비디오, 그의 마음에서 풍요롭게 우러나오는 지혜를 담은 여러 언어의 번역본들을 가지고 있다는 것은 커다란 행운이다. 그가 말년에 프랑스 남부 지방 그레노블 근처에서 티베트와 주위 환경이 거의 유사한 계곡과 산을 응시하면서 1,500여 명의 제자에게 가장 중요한 족첸 가르침을 전수했을 때, 나는 그가 제시한 가르침을 남다르게 회상하게 된다. 1,500여 명의 제자 중 대부분은 전세계에서 모인 내 학생들이었으니 내게는 큰 기쁨이었다. 그의 생애 말년에 베푼 이런 행위를 통해서 딜고 켄체 린포체는 이런 가르침이 서양에 도래하리라는 심인(心印)을 분명하게 찍은 것이고, 그 자리에 참석했던 스승들은 모두 함께 그들이 일생 동안 명상함으로써 축적된 힘을 통해서 가르침을 수용했다고 축복한 것으로 느꼈다. 내 개인적으로는 여러 해에 걸쳐 가르침을 서방 세계에 전하기 위해 내가 행했던 모든 일에도 역시 그가 축복했음을 느낀다. 딜고 켄체 린포체와 그가 인류를 위해 행한 것을 회상하면 티베트가 세계에 준 위대한 선물이 한 개인에 집적되어 펼쳐졌음을 발견하게 된다.

  서양이 동양적 지혜의 전통에 마음을 열려고 하는 1959년 그 순간 티베트가 마침내 무너진 것은 내게 항상 우연 이상의 뭔가가 있는 듯 보였다. 따라서 서양이 동양의 지혜를 받아들이려 하던 바로 그 시점에 무너짐을 통해 티베트의 고산 지대에 순수하게 보존되었던 전통의 가장 깊은 가르침 가운데 몇몇이 전 인류에게 전달될 수 있었다. 어떤 대가를 치르더라도 이처럼 살아 있는 전통을 보존하는 것이 현재에는 매우 긴요하다. 지혜로 충만한 전통을 널리 전하기 위해 티베트 인들은 상상할 수 없을 정도로 고통을 겪었다. 그들을 우리 마음에 항상 기억하고, 또한 그들의 땅과 전통을 그들에게 되돌려주기 위한 일을 모두 함께 추진해야 한다. 내가 당신들과 함께 공유하는 이와 같은 위대한 가르침이, 그렇게 오랫동안 지켜봤던 바로 그 사람들에 의해 공공연하게 실현될 수 없는 게 티베트의 현실이다. 티베트의 수도원과 사원이 폐허더미로부터 다시 일어설 날이 곧 다가올 것이고 티베트의 광활한 공간은 다시 한번 평화와 깨달음의 추구에 바쳐지게 되리라.

　인류 미래의 큰 부분이 자유로운 티베트의 재건립 여부에 달려 있을지도 모른다. 티베트는 온갖 부류의 구도자와 갖가지 종교의 신봉자를 위한 신성한 곳으로, 세상이 필요로 하는 지혜의 저장 창고로, 좀더 높은 통찰과 성스러운 기술이 검증되어 정련되고 다시 제정되는 실험실로 작용해 왔다. 티베트는 여러 세기에 걸쳐 이런 역할을 했으므로, 이젠 위태로운 현대적 상황을 맞이하여 인류 전체를 위해 영적인 감흥과 구원을 주는 일에 나설 것이다. 요즘 같은 상황에서 이런 지혜를 실행하는 데 적합한 환경을 발견하기란 어렵다. 크나큰 비극과 그리고 온갖 고통을 겪고 나서 일신된 결단으로 다시 건립된 티베트야말로 그러한 환경이 될 것이다. 따라서 티베트는 인간성의 향상을 위해 지극히 중요한 곳이다.

　나는 이 책을 티베트에서 테러로 죽으면서까지 자신의 신념과 붓다 가르침의 놀라운 비전을 입증한 수십만 명에게 바치며, 20세기의 이와 유사한 소름 끼치는 상황 속에서 죽은 사람들에게 헌정한다. 또한 유태인들, 캄보디아 난민들, 러시아 인들, 두 차례에 걸친 세계 대전의 희생자들, 자포자기의 상태에서 또한 아무도 기억하지 않는 상태에서 죽어간 모든 사람들, 그리고 영적인 수행을 계속하는 사람들과 영적인 수행의 기회를 박탈당한 사람들에게 이 책을 바친다.

티베트의 가르침은 이제 새로운 시기에 접어들고 있다고 많은 스승들은 믿고 있다. 파드마삼바바와 비전 넘치는 다른 스승들은 일단의 예언을 통해 그들의 재림을 서방 세계에 예고했다. 그 시기가 오면 이 가르침이 새 생명을 얻게 될 것을 나는 알고 있다. 이러한 새 생명은 변화를 필요로 할 것이다. 그러나 전통의 순수함이라든가 그 힘, 또는 진리의 시간 초월성과 어긋나지 않게 하기 위해서 각색은 반드시 지극히 깊은 이해로부터 비롯되어야 한다고 나는 믿는다. 만일 전통을 깊이 있게 이해하는 바탕 위에서 현대 사회의 문제와 도전을 있는 그대로 읽어낸다면 적합한 변화가 일어날 것이고, 그런 각색에 의해 가르침 자체의 좀더 깊은 지층이 드러나게 되고, 우리 시대의 난제를 한층 효과적으로 다룸으로써 전통을 강화할 뿐만 아니라 한층 확대된 가르침으로 풍요롭게 할 것이다.

지난 60여 년 간 서양을 방문했던 티베트의 많은 위대한 스승들은 이제 세상을 떠났다. 그들은 가르침이 티베트 인과 불교도만이 아니라 전세계를 널리 이롭게 할 것을 기도하면서 죽었다고 나는 확신한다. 또한 나는 현대 세계가 가르침을 수용할 수 있을 만큼 성숙했을 때, 그 가르침이 얼마나 가치 있고 계시적인 것일지 티베트의 많은 스승들은 정확하게 알고 있었다고 생각한다. 또한 나는 뒤좀 린포체와 카르마파에 대해서 생각한다. 두 인물은 각자의 깨달음의 힘으로 서양을 축복하기라도 하려는 듯 서방 세계에서 그대로 죽기를 선택했다. 세계의 변화와 인류의 가슴과 마음의 개명(開明)을 염원하는 그들의 기도가 충족되기를 바란다. 그들의 가르침을 받은 우리들은 책임감을 느끼고 이를 실현하기 위해 끊임없이 노력할 것이다.

불교처럼 영적인 가르침은 고대적 형태에서 서양에 적합한 형태로의 변모를 모색해야 하는 커다란 도전에 직면해 있는데, 거칠고 쉴새없이 급격하게 변하는 현대에 불교 가르침을 따르는 신봉자가 불교적 진리를 실현할 수 있는가는 조용하고도 꾸준하게 수행을 닦을 수 있느냐 여부에 달려 있다. 영적인 훈련은 결국 질적으로 가장 높은 것이고, 어떤 면에서 교육적으로 요구하는 것도 가장 많다. 그것은 어떤 다른 종류의 진지한 교육과 마찬가지로 헌신적이고 체계적으로 교육받아야 한다. 의사가 되기 위해서는 다년간의 교육과 실습이 요구된다. 그런데 삶의 과정에서 우리의 영적인 성취를 위해 요구되는 것이 우연히 축복받아 입문식을 행하고 때때로 여러 스승을 만나는 것에 불과하다면, 이를 어떻게 받아들일 수 있겠는가? 지난날 사람들은 한곳에 머물면서 일생 동안 한 스승을 섬겼다. 밀라레파는 스승 마르파를 떠나서 혼자 수행을 닦을 수 있을 정도로 성숙하기 전에 오랫동안 스승을 모셨다. 스승과 함께 생활하면서 영적인 훈육을 받고, 그를 열심히 본받고 계속해 전수받을 필요가 있다. 불교 가르침의 미래와 관련해 현대의 주된 의문은 이렇다. 불교 가르침에 따르는 사람이 내적 외적으로 올바른 환경을 발견하도록 돕고, 그를 고취시켜 불교 가르침에 따라 온전하게 수행을 닦아 철저하게 실현하게 하고, 마침내 그 마음의 정수를 구현해 체득할 수 있는가가 그 관건이다.

우리 안에 거대한 에너지 창고, 지혜와 자비의 힘, 그리스도가 하늘의 왕국이라 일컬었던 권능이 있다고 세상의 모든 신비적인 가르침은 분명하게 밝히고 있다. 만일 우리가 그것을 어떻게 사용하는지 배울 수만 있다면 (이것은 우리가 깨달음을 추구해야 하는 목표이기도 하다) 그것은 우리 자신뿐만 아니라 우리 주위의 세계마저도 변화시킬 수 있다. 이같이 성스러운 힘을 명확하게 사용하는 것이 오늘날보다 필수적이고 시급한 때가 언제 있었는가! 이처럼 순수한 힘의 본성을 이해하고, 그것을 위해 길을 닦고, 세상을 위해 그것을 어떻게 쓰느냐 하는 것이 지금보다 긴요한 시기가 언제 있었는가! 이 책을 읽는 모든 사람이 깨달음의 힘을 알게 되어 그 힘을 굳게 믿고, 그래서 자기 마음의 본성을 인지하게 되기를 나는 기도한다. 왜냐하면 마음의 본성을 인지하는 것은 존재 밑바탕의 세계관 전체를 변모시키는 이해를 불러일으키고, 당신이 어떤 재주나 능력을 지녔든지 어떤 환경에 처하든지 관계 없이 모든 존재를 섬기기 위한 자연스럽고 자발적인 자비 넘치는 의지 및 어떻게 하는 것이 최선인지 알게 하는 직접적인 앎을 발견하여 계발할 수 있도록 도울 것이기 때문이다. 당신이 존재의 깊은 핵심에서 뇨슐 켄 포의 다음 말처럼 살아 있는 진리를 알게 되기를 나는 기도한다.

참된 본성을 실현하지 못한 모든 중생을 위해 자비심은 아무런 작위 없이도 흘러나온다. 자비심은 아무 한정이 없어서, 만일 눈물로 표출할 경우 당신은 끝없이 울게 되리라. 당신이 마음의 본성을 실현할 때면 자비만이 아니라 숙련된 방편 또한 어마어마하게 갖춰지게 된다. 또한 탄생이나 죽음 또는 그 중간 상태에 대한 온갖 고통과 두려움으로부터 자연스럽게 벗어날 것이다. 이런 깨달음으로부터 일어나는 기쁨과 축복에 대해 말한다면, 만일 당신이 세상의 모든 명예, 쾌락, 행복을 모아 함께 쌓아놓을지라도 마음의 본성을 실현할 때 겪는 축복에는 비할 수조차 없다고 붓다는 말한다.

지혜와 자비가 이처럼 역동적으로 결합해서 세상에 봉사함으로써 이 지구의 보전에 매우 효과적으로 참여할 수 있게 될 것이다.

영적인 수행은 남자나 여자 수도자만이 아니라, 어떤 신념이나 삶의 방식을 지녔든지 모든 사람에게 긴요하다는 점을 이제 지구상의 모든 종교 전통의 지도자들은 명심해야 한다. 내가 이 책을 통해 제시하고자 하는 것은 영적인 성장이 지극히 실용적이고 활동적이고 효과적이라는 사실이다. 티베트에 전해 내려오는 유명한 말이 있다. 〈세상이 악으로 가득 찼을 때, 모든 불행은 깨달음의 길로 이끌어져야 한다.〉 우리 모두가 함께 위험에 직면한 시대를 맞이하여 이젠 영적인 성장을 사치품이 아니라 생존을 위한 필수품으로 생각해야 한다. 가르침이 제시한 기회를 많은 사람들이 잡을 수 있는 그런 세상에 살면서, 그들이 생의 일부를 진지하게 영적 수행을 닦는 데 바쳐 마음의 본성을 인지하여 죽음을 불교의 깨달음의 경지로 한층 다가갈 수 있는 기회로 활용하고, 다른 생명을 돌보고 이롭게 하기 위해 다시 태어나고자 하는 것을 나는 감히 상상하고자 한다. 이 책을 통해 나는 당신에게 성스러운 기법을 제시했다. 당신은 이 기법에 의해서 현재의 삶과 죽어가는 과정뿐만 아니라 미래의 삶, 나아가 인류의 미래까지 바꿀 수 있다. 내 스승들과 함께 내가 여기서 고취시키려고 희망한 것은 의식적인 인간성의 진화를 향한 대담한 도약이다. 죽는 법을 배우는 것은 사는 방식을 배우는 것이다. 어떻게 사느냐를 배우는 것은 이 생에서만이 아니라 다음 생에서 어떻게 행동하느냐를 배우는 것이다. 당신 자신을 참으로 변화시켜 다른 존재를 돕기 위해 어떻게 하면 변화된 존재로 다시 태어날 수 있는가를 배우는 것은 진정 세상을 돕는 가장 효과적인 방식이다.

불교 전통의 가장 자비심 넘치는 통찰과 인류의 영적인 지혜에 지극히 고귀한 기여는 이상적 인간형으로서 보살 이념을 제시하고 그 이념의 제정을 되풀이해서 강조한 사실을 들 수 있다. 보살은 모든 중생의 고통을 떠맡고, 그 자신의 이익을 위해서만이 아니라 다른 모든 생명을 도와서 해탈시키기 위한 역할을 맡고 있다. 그리고 마침내 해탈에 도달한 이후 절대의 세계로 용해되거나 윤회의 고통에서 달아나기보다 자신의 지혜와 자비를 활용해 섬기기 위해 계속해서 중생 세계로 되돌아오게 된다. 다른 무엇보다 세계가 필요로 하는 것은 롱첸파가 말했듯 〈불굴의 인내라는 갑옷을 입고〉 보살의 비전에 헌신하고, 중생들이 체험할 수 있는 영역에서 지혜를 펼치는 활발한 평화의 봉사자들이다. 우리 세계의 보전과 좀더 사랑으로 충만한 미래를 위해 지금 사회의 온갖 상황 아래서, 우리는 자비와 지혜가 우러나오는 길로서 의식적으로 활동하고, 자신의 마음과 행동뿐만 아니라 다른 사람의 마음과 행동을 변화시키기 위해 활동하고, 부처와 깨달은 존재의 지원을 확신하면서 쉴새 없이 활동하는 보살 이념에 충실한 변호사, 예술가와 정치인, 의사와 경제인, 교사와 과학자, 기술자와 엔지니어를 필요로 한다. 테이아르 드 샤르댕 Teilhard de Chardin도 이렇게 말했다. 〈언젠가 우리가 바람, 파도, 밀물과 썰물, 중력을 정복한 이후, ……우리는 사랑의 에너지를 이용하게 될 것이다. 그때, 인류 역사상 두번째로 인간은 불을 발견하게 될 것이다.〉 루미의 놀라운 기도문에도 이런 말이 실려 있다.

　　오 사랑이여, 오 순수하고 깊은 사랑이여,
　　지금 여기에서 모든 것이 되어주소서.
　　세계는 당신이 순결하게 끝없이 비추는 광휘 속으로 용해되옵나니,
　　연약한 살아 있는 낙엽은 차가운 별보다도 밝게 당신과 함께 불타오르나이다.
　　나를 당신의 하인, 당신의 호흡, 당신의 핵심으로 만들어주옵소서.

이 책의 출판을 통해 내가 바라는 매우 깊은 바람 가운데 하나는 이 책이 보살이 되기로 결심한 누구에게든지 변함없이 충실한 친구, 이 시대의 도전에 참으로 직면해서 모든 다른 존재를 위한 자비심으로 인해 깨달음을 추구하고자 하는 누구에게든지 인도와 영감의 근원이 되었으면 하는 것이다. 그런 마음을 품은 사람들이 싫증을 내거나 실망하거나 환멸을 느끼지 않기를 나는 바란다. 그들에게 어떤 테러, 어려움, 장애가 일어나더라도 결코 희망을 포기하지 않기를 나는 염원한다. 그런 장애물은 단지 그들을 한층 고취시켜 좀더 깊은 결심을 하도록 이끌 것이다. 그 현존으로 지상에 축복을 내렸고 여전히 축복을 내리고 있는 깨달은 존재의 결코 소멸되지 않는 사랑과 힘에 대한 믿음을 그들이 지니기를 바란다. 우리와 똑같은 남성이나 여성인 위대한 스승들은 붓다가 임종 직전에 온 힘을 다해 깨달음을 얻기 위해 정진하라는 말씀에 무한한 용기를 지니며 유념하고 있었다. 위대한 스승들의 살아 있는 전범에 비추어 내가 마음을 계속해서 다지는 것처럼 그들도 마음을 다시 굳게 다지기를 바란다. 모든 사람들이 마음 본성과 더불어 궁극의 행복 속에 있게 되기를, 잔인함과 공포를 찾아볼 수 없는 미래 세계에 대한 비전과 그렇게 많은 모든 전통의 신비가들이 염원했던 비전이 우리의 온갖 노력을 통해 실현되기를 기대해 본다. 이러한 좀더 나은 세상의 실현을 위해 먼저 샨티데바, 이어서 성 프란체스코와 함께 우리 모두 기도를 올리기로 하자.

    왜냐하면 이 공간이 존재하고
    모든 존재가 고통을 견디고 있는 한,
    저 역시 남아서
    세상의 비참함을 쫓아내겠나이다.

주여, 저를 도구로 사용하셔서
미움이 있는 곳에 당신의 평화를,
저로 하여금 사랑의 씨를 뿌리게 하소서.
무례함이 있는 곳에 용서를,
의심이 있는 곳에 믿음을,
절망이 있는 곳에 희망을,
어둠이 있는 곳에 빛을,
그리고 슬픔이 있는 곳에 기쁨을.
오, 성스러운 주님이시여! 제게 허락해 주소서,
위로받기보다는 위로하기를,
이해받기보다는 이해하기를,
사랑받기보다는 사랑하기를,
추구하나이다.
왜냐하면 받는 것은 주는 것에 있고,
용서받음은 용서하는 것에 있고,
우리가 영원한 생명으로 태어나는 것은,
죽어감에 있기 때문입니다.

    나는 이 책을 나의 모든 스승들께 헌정한다. 이미 천화한 스승들은 그 큰 뜻이 실현되기를 염원하고, 살아계신 스승들은 오래 장수를 누리시어 위대하고 성스러운 작업이 한층 빛나는 성공을 이루고 그 가르침으로 모든 존재를 북돋워 용기를 주고 기운이 나게 이끌기를 바란다. 나는 뒤좀 린포체와 딜고 켄체 린포체가 이 시대의 위험에 직면한 우리를 돕기 위해 강력하고 온전히 깨달은 인간의 모습으로 환생하기를 온 마음으로 갈구한다.
    이 책 속에 등장한 인물 중 이미 죽은 모든 사람들에게 나는 이 책을 헌정한다. 라마 체텐, 라마 촉덴, 삼텐, 아니 페루, 그리고 아페 돌제. 당신이 기도할 때 그들을 기억하고, 이미 죽거나 지금 죽어가고 있는 내 제자로, 나에게 그토록 영감을 불어넣었던 사람들의 헌신과 용기를 기억하길 바란다. 또한 이 책을 살아 있거나, 죽어가거나, 또는 이미 죽은 모든 존재에게 헌정한다. 바로 이 순간 죽어감의 과정을 겪고 있는 사람들이 평온하기를, 추호의 고통이나 두려움 없이 죽음을 맞이하기를 염원한다. 지금 이 순간 태어나고 있는 생명, 또한 이 생에서 고군 분투하는 사람들이 붓다의 축복 아래 성장하기를 바라고 그들이 가르침을 만나서 지혜의 길을 따르기를 희망한다. 그들의 삶이 복되고 열매를 맺고 온갖 슬픔으로부터 벗어나기를 염원한다. 이 책을 읽은 사람이라면 누구든지 끝없이 온갖 풍요로운 이익을 얻기 바라며, 이 가르침에 의해 그들의 마음이 바뀌기를 희망한다. 이것이 바로 나의 기도이다.

 육도 윤회에서 방황하는 모든 중생이 다 함께 근원적 완벽함에 도달하기를 나는 염원한다.

* * *

1) 토머스 머튼Thomas Merton, 『사막의 지혜 *The Wisdom of the Desert*』(New York: New Directions, 1960년), 11쪽.

부록 1

잠양 켄체 최기 로되(1893-1959)는 20세기 티베트 불교의 가장 뛰어난 스승이었다. 티베트 불교의 모든 전통과 전승 보유자로서의 권위를 지닌 그는 티베트가 벌이고 있는 〈비폭력 운동〉에서 핵심적 위치를 차지했다.

잠양 켄체 최기 로되와
소갈 린포체

뒤좀 린포체(1904-1987)는 티베트에서 가장 뛰어난 요가 수행자, 학자, 명상가 가운데 한 사람이다. 파드마삼바바의 살아 있는 후계자로 간주되는 그는 많은 저서를 남겼고, 파드마삼바바가 비밀로 한 많은 〈보물〉들을 드러냈다.

사진: Peri Eagleton

1979년 런던, 가르치는 뒤좀 린포체와 통역하는 소걀 린포체   사진: Giles Oliver

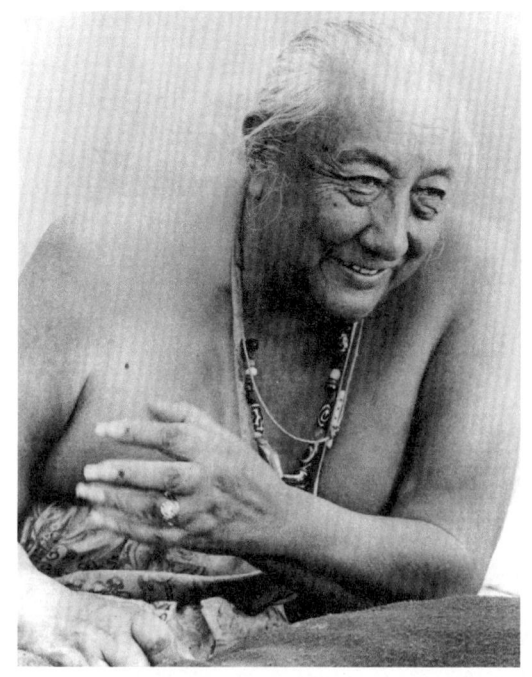

딜고 켄체 린포체(1910-1991)는 족첸 가르침에서 어느 누구도 필적할 수 없는 스승이며, 파드마삼바바가 숨긴 영적인 보물을 발견한 인물로 공인받았다. 그는 잠양 켄체 최기 로되의 가장 뛰어난 제자였고 H. H. 달라이 라마를 비롯한 많은 중요한 라마들의 스승이었다.

사진: Werner Nowotny

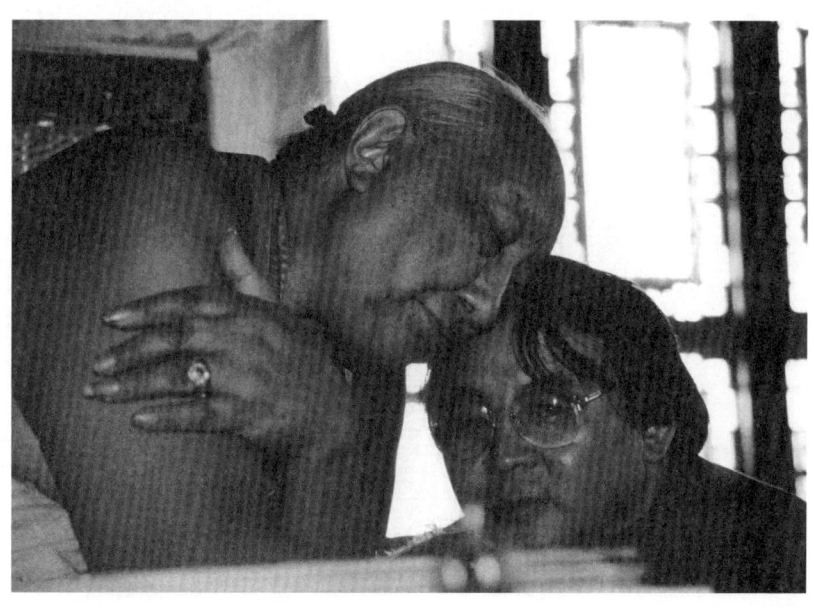

딜고 켄체 린포체와 소갈 린포체   사진: Haeko Rah

뇨슐 켄 린포체(1932-1999)는 족첸의 최고 지도자로, 그의 제자들은 그를 위대한 지도자 롱첸파의 현신(現身)으로 여긴다. 그는 수많은 서양 불교 지도자들과 젊은 라마들의 스승이기도 하다.　　　　　　　　　　　　　　　　　　　　　　사진: Peter Fry

1986년 웨일스 리그파, 뇨슐 켄포와 소걀 린포체　　　사진: Ruth Seehausen

칸도 체링 최된은 잠양 켄체 최기 로되의 영적인 아내였고, 티베트 불교에서 가장 뛰어난 여성 스승으로 여겨진다.

사진: Graham Price

1996년 런던 리그파, 칸도 체링 최된과 소걀 린포체

사진: Graham Price

부록 2

죽음과 관련된 의문들

　의학과 의료 기구의 발달로 무수한 생명이 구해지고 고통이 크게 경감되었다. 하지만 그와 동시에 죽어가는 환자와 그 가족, 그리고 의사들은 많은 윤리적이고 도덕적인 딜레마에 직면하게 되었다. 그 딜레마는 복잡하고 때때로 해결하기엔 화가 날 정도로 어려운 과제다. 예를 들면 죽어가는 우리의 친족이나 친구가 생명 유지 장치의 도움을 받아야 할까, 아니면 그 장치를 제거해야 할까? 죽어가는 사람의 격심한 통증이 계속되는 것을 막기 위해서 의사는 그의 삶을 종결 짓는 결정을 내려야 할까? 또한 길고도 고통스러운 죽음을 선고받았다고 느끼는 사람에게 생명을 이어가도록 용기를 북돋워주어야 하는가, 아니면 스스로 목숨을 끊도록 곁에서 도와주어야 하는가? 사람들은 종종 내게 죽음과 죽어가는 과정 등에 대해 질문을 던지곤 하는데, 그에 관해 나는 여기서 몇 가지 의문을 검토하고자 한다.

인위적으로 살아 있게 하는 것

70여 년 전만 해도 대부분의 사람들은 집에서 죽었다. 그러나 이젠 대다수가 병원이나 요양원에서 죽는다. 죽어가는 사람을 생명 유지 장치로 계속 목숨을 연명하게 하는 것은 참으로 놀라운 현상이다. 자신의 삶을 불필요하게 연장하지 않고 인간적이면서도 존귀한 죽음을 확보하기 위해 그들이 할 수 있는 것이 무엇인지 숙고하는 것은 한층 복잡한 문제가 되었다. 예컨대 어떤 사람이 심각한 사고를 당한 이후 생명 유지 장치를 쓸 것인지에 대해 우리는 어떤 결정을 내려야 할까? 또한 어떤 사람이 혼수 상태에 빠져 말할 수 없다면, 또는 퇴행성 질환으로 정신적인 활동을 할 수 없다면 어떻게 해야 하는가? 뇌 손상으로 지극히 흉악한 몰골이 된 어린아이의 경우 어떻게 해야 할까?

이런 의문에 대해 답을 쉽게 마련할 수는 없다. 하지만 우리를 이끌어줄 몇 가지 기본 원리는 있다. 붓다의 가르침에 따르면 모든 생명은 신성하다. 모든 존재는 불성을 지니고, 우리가 살펴본 것처럼 깨달음의 가능성을 갖는다. 살상을 피하는 것은 인간 행동의 제1의 원리다. 하지만 붓다는 독단주의 또한 매우 강하게 비판했다. 이러한 문제에 대해서 고정된 견해나 〈공식적인〉 지위, 또는 규칙을 만들어서는 안 된다고 나는 생각한다. 우리는 각각의 상황에 따라 우리가 지닌 지혜에 입각해 행동할 뿐이다. 그리고 항상 그러하듯 모든 것은 우리의 행동 동기와 그 배후에 깔린 자비에 달려 있다.

죽어가는 사람을 인위적으로 계속 살아 있게 함에 있어서 어떤 점이 중요할까? 달라이 라마는 하나의 중요한 점으로 죽어가는 사람의 마음 상태를 지적했다. 〈불교적 관점에서 보건대 만일 죽어가는 사람이 명확하게 생각할 수 있고 도덕에 맞게 생각할 가능성이 있다면, 그가 단 몇 분이라도 더 살게 하는 것은 중요하고 또한 그렇게 살게 해야 할 목적이 있다.〉 그는 그런 상황에서 가족에 초점을 맞춘다. 〈만일 명확하게 사유할 가능성이 없고, 그를 계속 단지 연명하게 하기 위해 가족이 많은 비용을 지출해야 한다면, 그땐 그렇게 할 아무 목적이 없는 듯하다. 그러나 각각의 사례는 별개의 것으로 취급해야 한다. 일반화하는 것은 지극히 위험하다.〉[1]

생명 유지 장치 또는 생명 소생 장치는 죽음이란 위급한 국면에 있어서 불안, 고통, 그리고 혼란의 원인이 될 수 있다. 불교의 가르침과 임사 체험의 증거로 볼 때, 누군가가 혼수 상태에 빠질지라도 자신에게 무슨 일이 일어나는지 온전하게 의식할 수 있다는 것은 분명한 사실이다. 바로 죽기 전에, 죽어갈 때, 그리고 몸과 의식이 최종적으로 분리될 때까지 일어나는 것은 누구에게든지, 특히 수행을 닦거나 자기 자신을 마음의 본성에 맡겨놓은 영적인 수행자에게는 지극히 중요한 것이다.

대개의 경우 단순히 죽어가는 과정만 연장시키는 생명 유지 장치는 이렇게 하는 것이 죽어가는 당사자의 바람이 아니었다면, 죽어가는 사람에게 불필요한 집착, 분노, 좌절감만 일으킬 수도 있다. 가족들이 사랑하는 사람이 죽도록 내버려두어야 할지 어려운 책임감에 휩싸였을 때, 만일 회복의 희망이 조금도 없는 경우라면 그를 단순히 생명을 연장하도록 하는 것보다 사랑하는 사람의 마지막 날 또는 최후의 시간을 좀더 의미 있게 보내게 하는 편이 더 중요할 수 있으리라. 더욱이 의식이 여전히 몸에 남아 있는지 제대로 알 수 없으므로, 죽어가는 사람은 아무 쓸모도 없는 육신에 갇혀 있다고 생각할 수도 있을 것이다.

딜고 켄체 린포체는 이렇게 말했다.

어떤 사람이 회복할 가능성이 전혀 없을 때 생명 유지 장치를 사용하는 것은 아무 의미가 없다. 그가 평온한 분위기 속에서 자연스럽게 죽음을 맞이할 수 있도록 하고, 그를 위해서 적극적인 행동을 취하는 것이 한층 낫다. 생명 유지 장치가 곁에 있어도 소생 가능성이 전혀 없다면 그 장치를 작동하지 않는 것은 죄가 되지 않는다. 왜냐하면 그가 계속 생존할 방법이 없고, 또한 그 장치를 작동할지라도 우리가 단지 그의 삶에 인위적으로 집착하는 것일 뿐이기 때문이다.

또한 소생시키기 위한 시도는 죽어가는 사람에게 아무 필요도 없고 불필요한 혼란만 일으킬 수 있다. 어떤 의사는 이렇게 말한다.

병원은 극도로 흥분된 광란에 휩싸인다. 환자를 소생시키려는 마지막 수단을 취하기 위해 일단의 사람들이 침대 곁으로 달려든다. 죽은 것이나 다름없는 환자에게 무수하게 약을 투여하고 바늘을 찔러대고 전기 충격을 가한다. 그가 죽어가는 순간 심전도, 피 속의 산소량, 뇌파 움직임 등등이 면밀하게 기록된다. 최후에, 의사가 이제 그만이라고 선언할 때에야 비로소, 이런 히스테리는 막을 내린다.[2]

당신은 생명 유지 기구를 쓰든가 소생되기를 바라지 않을 수도 있고, 결정적인 죽음의 국면 이후 한동안 혼란스럽지 않은 상태로 남겨지기를 원할 수도 있다. 그러나 죽어가는 과정에 있어서 스승들이 추천한 평온한 주위 환경을 바라는 자신의 소망이 지켜질 것인지 어떻게 확신할 수 있을까?

만일 당신이 병원에서 어떤 종류의 치료를 원하고 거부하는지 밝혔을지라도, 자신의 요구가 존중되지 않을 수도 있다. 만일 가장 가까운 혈육이 당신의 바람에 동의하지 않는다면, 당신이 여전히 의식이 있고 말할 수 있을지라도 그는 특별한 절차가 진행되도록 요구할 수도 있으리라. 불행하게도, 의사들이 죽어가는 환자보다 가족의 바람에 따르는 것은 드문 일이 아니다. 물론 자기가 죽어갈 때 최상의 조건은 집에서 죽는 것이다.

세계의 어떤 곳에서는 유언장이라고 알려진 문서가 존재한다. 언젠가 자신의 미래를 더 이상 스스로 결정할 수 없는 때가 오면, 자신이 처리해 주기를 바라는 바를 문서에 명시하는 것이다. 이는 현명한 예방 조치로 의사가 딜레마에 빠질 때에 도움이 된다. 하지만 이것은 법적인 구속력이 없고 자신의 병이 어떤 복잡한 과정을 거쳐서 진행될지 예상할 수도 없다. 미국에서는 〈건강 문제를 대비한 위임장〉이라고 불리는 것을 변호사와 함께 작성할 수 있다. 이것은 자신의 의사를 진술하는 가장 효과적인 방식으로 의사들은 이것을 존중할 것이다. 그 문서에 당신의 의견과 바람을 이해하는 법적인 대변자를 적어두면, 그가 당신의 병이 진행되는 상황에 따라 대응할 수 있고 또 당신을 위해서 중요한 결정을 내릴 수 있다.

당신이 죽어갈 때, 특히 당신이 생명 유지 장치를 원하지 않고 심장이 멈춰도 소생시키려는 시도를 원하지 않을 경우, 의사가 당신의 바람을 기분좋게 존중하는지 살펴보아야 한다. 의사가 병원 관계자에게 당신의 바람을 말하고 해당 자료에 분명하게 기록해 놓았는지 확인해 보자. 또 죽어가는 과정을 주제로 가족들과 함께 의견을 나누어보자.

죽어감의 과정이 시작되자마자, 당신의 가족이나 친구는 모든 모니터와 정맥 주사 선을 끊도록 요구하고, 당신이 중환자실에서 가능한 한 조용한 병실로 옮겨지도록 해야 할 것이다. 당신 주변의 분위기를 조용하고, 평온하고, 가능한 한 광란에서 벗어난 분위기로 유도하는 방법을 강구해야 한다.

죽음의 과정이 자연스럽게 진행되도록 이끌기

1986년 미국 의학 협회는 시한부 환자와 혼수 상태에 빠진 환자로부터 음식과 물을 포함한 생명 유지 장치를 의사가 제거하는 것이 윤리적으로 합당하다고 규정지었다. 4년 뒤 시행한 갤럽 여론 조사에 따르면, 미국인 가운데 84퍼센트가 생명 유지 장치로 연명하면서 아무 소생 가능성이 없다면, 그 장치를 쓰지 않는 편이 낫다는 의견을 밝혔다.[3]

생명 유지 장치를 제한하거나 거두자는 결정은 종종 〈수동적인 안락사〉라고 불린다. 환자의 양태가 더 이상 치료될 수 없는 경우 환자의 생명을 날짜나 시간적으로만 연장하는 의료 기구의 사용이나 모험적인 조치를 자제함으로써 죽음이 자연스럽게 다가오도록 허용하는 것이다. 그것은 생명 유지 장치와 정맥 주사에 의한 영양 공급을 거부하거나 중단하고 심장 소생법을 사용함이 없이, 죽어 가는 사람을 치유하기 위한 한정된 공격적인 치료법이나 요법만을 포함한다. 또한 가족과 의사가 죽음을 일으키는 2차적 조건을 치료하지 않기로 선택할 때, 이렇게 수동적인 안락사 방식을 취하게 된다. 예컨대 골수암의 마지막 단계에 접어들어 죽어가는 환자는 폐렴으로 접어들 수도 있는데, 폐렴을 치료하지 않는다면 한층 평온하게, 덜 고통스럽고 생명 유지 기간이 덜 연장된 상태에서 죽음을 맞이할 수 있다.

시한부 생명인 환자가 생명 유지 장치를 벗어버리는 경우는 어떠할까? 삶을 종결 지음으로써 그들이 부정적인 행동을 저지르는 것은 아닐까? 칼루 린포체는 이 의문에 대해 지극히 분명하게 답했다.

고통을 충분히 겪어서 죽기로 결심한 사람은 덕이 있느니 없느니 일컬을 수 없는 상황에 처해 있는 것이다. 물론 그러한 결정을 내린 사람을 비난할 수는 없다. 그것은 업의 차원에서도 부정적인 행위는 아니다. 그것은 단지 고통을 피하려는 바람으로 모든 생명체가 지닌 기본적인 소망인 것이다. 다른 한편으로, 특별히 덕 있는 행위도 아니다……. 오히려 한 생명을 종결 지음으로써 괴로움을 끝내려는 소망이기도 하다. 따라서 업의 측면에서 중립적인 행동인 것이다.

만일 우리가 죽어가는 누군가를 돌보는데, 그가 우리에게 생명 유지 장치를 치워달라고 요청하면 어떻게 해야 하는가? 칼루 린포체는 이렇게 말했다.

우리는 환자의 생명을 구할 수 없다. 그의 고통을 경감시켜 줄 수도 없다. 그러나 우리가 할 수 있는 일은 가장 순수한 방식으로 움직여 최선을 다하는 것이다. 우리가 무엇을 하든, 그것이 궁극적으로 성공하지 못할지라도 업력상으로 상처를 입거나 부정적이라고 간주할 수는 없다. 환자가 생명 유지 장치를 제거해 달라고 치료자에게 요구한다면, 치료자는 그로 인해 어려운 위치에 놓이게 된다. 왜냐하면 치료자는 본능적으로 자신에게 이렇게 말할 것이기 때문이다. 〈이 사람이 생명 유지 장치에 의지한다면 계속 살 수 있다. 내가 그것을 치운다면 그는 죽을 것이다.〉 업의 과보는 치료자의 의향에 달려 있다. 그렇게 해달라고 말한 것이 아무리 죽어가는 당사자일지라도 계속 연명할 수단을 빼앗는 것은 치료자이기 때문이다. 그러나 치료자의 기본 동기가 항상 죽어가는 사람을 돕고 그 고통을 경감시키는 데 있었다면, 저런 마음의 상태로 인해 업력상으로 어떤 부정적인 것도 야기되지는 않는 듯하다.[4)]

죽음을 선택하기

1990년 갤럽 여론 조사에 따르면 미국인 가운데 66퍼센트가 커다란 고통을 겪는 사람이 〈개선의 조짐이 전혀 없을 때에〉 자신의 삶을 종결 지을 도덕적 권리가 있다고 믿는다. 네덜란드에서는 매년 많은 이들이 안락사를 선택한다고 말해진다. 환자가 죽음을 맞이할 수 있도록 곁에서 도운 의사들은 환자가 동의했고, 환자들과 두 가지 갈림길을 충분히 논의했고, 동료들에게 또 다른 의견에 대해 자문을 구했음을 입증해야 한다. 미국에서는 이에 관한 문제가 곪아 터져서 시한부 인생을 선고받은 환자가 자살하는 방법을 분명하게 제시한 책이 베스트 셀러가 되었고 〈적극적인 안락사〉 또는 〈죽어가는 사람을 돕기〉를 법제화하기 위한 움직임이 태동하기 시작했다.

그러나 안락사가 법제화되면 무슨 일이 일어날까? 시한부 인생을 선고받은 환자, 특히 극심한 고통에 시달리는 환자는 그들의 고통이 다루어질 수 있고 생명을 좀더 지속시킬 수 있을지라도, 죽음을 택하리라고 많은 사람들은 염려한다. 나이 든 사람들은 죽는 것이 그들의 의무라고 느낄 수도 있고 단지 남은 가족의 삶과 돈을 절약하기 위해 자살을 택할 수도 있다.

죽어가는 사람과 함께 일하는 많은 사람들에 따르면, 안락사를 위해서 요구되는 답은 시한부 인생을 돌보는 것보다 높은 기준이라는 것이다. 안락사를 주제로 한 계류중인 법안에 대해 질문을 받았을 때, 엘리자베스 퀴블러로스는 이렇게 답했다. 〈이러한 문제에 관련해 법률을 제정해야 한다는 우리의 현실이 슬프다. 우리는 인간의 판단을 활용해야 하며 죽음의 공포를 꼭 붙잡아야 한다. 그래야 우리는 환자의 필요를 존중할 수 있고 그들에게 귀기울일 수 있으며 이러한 문제에 직면하지 않게 될 것이다.〉[5]

죽어가는 과정이란 견딜 수 없고, 벗어날 수도 없고 심지어 발광하게 만들며, 참을 수 없을 만큼 의미 없는 괴로움에 덜미를 잡히는 것일지도 모른다고 사람들은 걱정한다. 불교 가르침은 고통에 대해 색다르게 접근해 그것에 의미를 부여한다. 달라이 라마는 이렇게 지적했다.

당신의 괴로움은 당신 자신의 업으로 말미암은 것이다. 당신이 어떤 방식으로든지 그것을 정화하지 않는다면, 이 삶이든 다른 삶이든 어쨌든 저러한 업의 과보를 받아야만 한다. 그런 경우라면 아무 도움을 받을 수 없고 또한 그런 이유로 인해 훨씬 괴로운 동물 세계보다, 한층 나은 방식으로 업보를 맺을 가능성이 있는 인간 세계의 이 삶에서 경험하는 것이 낫다고 여겨진다.

불교 가르침에 따르면 죽어가는 사람이 병의 악화, 고통, 그리고 두려움에 대처하는 것을 돕기 위해서 우리는 할 수 있는 모든 것을 해야 하고, 삶의 끝맺음에 의미를 부여할 수 있도록 사랑으로 보살펴야 한다. 런던의 성 크리스토퍼 호스피스 운동의 창시자, 시실리 선더스 부인은 이렇게 말했다. 〈만일 우리가 돌보는 환자 가운데 누군가 안락사를 요구한다면, 그것은 우리가 우리의 일을 제대로 하지 못했음을 의미한다.〉 그녀는 안락사의 법제화에 반대하면서 이렇게 말했다.

우리 사회는 그들이 죽을 때까지 계속 살도록 돕기 위한 충분한 시간과 노력과 돈이 없을 정도로 그렇게 가난한 사회는 아니다. 우리가 그들을 두려움과 비통함으로 잡아끄는 고통을 없앨 수 있다면 그렇게 해야 한다. 우리는 그들이 죽도록 내버려두어서는 안 된다⋯⋯. 자발적으로 〈적극적인〉 안락사를 법으로 제정하는 것은 무책임한 행동이고, 환자를 보살피는 일을 훼방하고 약한 사람을 억압하는 것이며 연약한 사람, 연로자, 무능력하게 죽어가는 사람에 대한 우리의 진정한 존중과 책임감을 버리는 것이다.[6]

다른 몇 가지 질문

낙태되거나 또는 매우 어린 나이에 죽은 아기의 의식은 어떻게 될까? 아기를 돕기 위해서 부모는 무엇을 할 수 있을까?
딜고 켄체 린포체는 이렇게 설명했다.

> 태어나기 이전에, 태어나면서, 또는 갓난아기 때 죽은 사람의 의식은 다시 한번 바르도 상태를 통해 여행하여 다른 존재 형태를 띠게 될 것이다. 일반적으로 죽은 사람을 위해 진행하는 것과 똑같이 가치 있는 수행과 행동이 행해질 수 있다. 예컨대 순화를 위한 수행과 바즈라 사트바의 만트라 염송, 등불 봉헌하기, 유골의 재를 정화하기 등등.

낙태의 경우 이러한 일반적인 수행에 덧붙여, 부모가 양심의 가책을 느낀다면, 자신의 잘못을 뉘우치며 용서를 바라면서 바즈라 사트바의 정화하는 수행을 일심으로 행함으로써 도울 수 있다. 그들은 또한 등불을 봉헌하고 죽음에 처한 생명을 구해 내거나 다른 사람을 돕고, 또 몇몇 인도주의적이거나 영적인 일을 후원해서 아기의 미래의 행복과 미래의 깨달음을 위해 헌납할 수 있다.

자살한 사람의 의식에는 어떤 일이 일어나는가? 딜고 켄체 린포체는 이렇게 말했다.

어떤 사람이 자살했을 때, 그의 의식은 부정적인 업을 따르는 것 이외에 아무 선택의 여지가 없으며, 해로운 악령이 달려들어 그의 생명력을 점유하게 되는 것은 당연하다. 자살의 경우 능력 있는 스승이 죽은 자의 의식을 자유롭게 하기 위해서 특별한 종류의 수행, 즉 불을 봉헌하는 의식과 다른 의례를 진행해야 한다.

우리가 죽을 때 자신의 신체 기관을 기부해야 하는가? 피가 여전히 순환되거나 죽어가는 과정이 만료되기 이전에, 신체 기관을 떼어낸다면 어떻게 되는가?

내가 이런 질문을 제기하자, 스승들은 신체 기관의 기부는 매우 적극적인 행동이라고 찬성을 했다. 왜냐하면 그런 행위는 다른 사람을 돕고자 하는 순수한 자비심에서 비롯하기 때문이다. 따라서 죽어가는 사람이 그런 행위를 진정으로 바라는 한, 육신에서 떠나고 있는 의식에 어떤 방식으로도 해를 입히지 않을 것이다. 또한 이렇게 관대한 마지막 행위에 의해 선업이 쌓이게 된다. 자신의 신체 기관을 기부하는 과정에서 어떤 괴로움과 고통, 그리고 순간순간마다 일어나는 마음의 혼란은 선업으로 변하게 된다고 어떤 스승은 말했다.

딜고 켄체 린포체는 이렇게 설명했다. 〈틀림없이 조금 후에 죽게 될 어떤 사람이 신체의 일부를 기부하겠다고 밝혔고 그의 마음이 자비심으로 가득하다면, 심장 박동이 멈추기 이전이라도 신체의 일부를 제거해도 괜찮다.〉

한 사람의 몸, 또는 바로 그의 머리를 냉동시켜서 의학이 그를 소생시킬 수 있는 지점까지 발달할 때를 기다리는 인간 냉동 보존술은 어떤가?

딜고 켄체 린포체는 이를 전적으로 무의미하다고 지적했다. 어느 누가 실제로 죽은 이후 누군가의 의식이 그 몸으로 들어갈 수 없다는 것이다. 어떤 사람의 시신을 미래의 소생을 위해서 계속 보존한다는 믿음은 비극적이게도 육신에 대한 집착만 심화시켜 그 고통을 크게 늘리고 환생의 과정에 장애가 될 수 있다. 인간 냉동 보존술이라는 것은 바르도 상태를 겪지도 않은 채 냉동 지옥으로 곧장 떨어지는 격이라고 어느 스승은 비유하기도 했다.

연로한 부모, 예컨대 노쇠하거나 노망 든 아버지를 위해 우리가 무엇을 할 수 있을까?

이런 질문에 대해서는 어떤 가르침을 제시하는 것도 소용 없을 것이다. 조용히 수행을 닦거나 만트라라든가 붓다의 명호를 염송하는 것은 분명히 도움될 것이다. 칼루 린포체는 이렇게 설명한다.

> 당신이 씨앗을 심어야 한다. 이런 상황에서 그를 향한 당신 자신의 열망과 이타주의적 관심이 매우 중요하다. 불행한 상황에 처한 아버지를 보살필 때에 그의 행복과 복지에 대해 마음 깊이 관심을 표하면서 최상의 태도로 임해야 한다. 아버지와의 관계에서 그것은 매우 중요한 요인이다……. 부모와 자녀 사이의 업력은 지극히 강하다. 만약 우리가 부모에게 자비와 관심으로 접근하고, 영적 수행에 우리 자신만이 아니라 다른 존재의 이익, 특히 이 경우 자신의 부모를 위해서 참여한다면, 저러한 연계로 인해 포착하기 어려운 신비한 차원에서 많은 이익을 성취할 것이다.[7]

* * *

1) 생명 유지와 안락사를 포함해서 죽음과 죽어감에 대한 일련의 질문을 달라이 라마, 딜고 켄체 린포체, 그리고 다른 스승들에게 물었다. 이 장을 통해서 나는 그들의 답변을 인용하고자 한다. 그들의 상세한 답변이 가까운 미래에 출판되기를 나는 희망한다.
2) 멜빈 모스Melvin Morse, 『빛에 보다 가깝게 Closer to the Light』(New York: Villard Books, 1990년), 72쪽.
3) 《뉴스위크Newsweek》, 1991년 8월 26일 41쪽에 인용된 갤럽 여론 조사.
4) 칼루 린포체 Kalu Rinpoche, 『보석 장식 The Gem Ornament』(Ithaca, NY: Snow Lion, 1986년), 194쪽.
5) 엘리자베스 퀴블러로스 Elisabeth Kübler-Ross, 『죽음과 죽어감에 대한 의문 Questions on Death and Dying』(New York: Macmillan, 1974년), 84쪽.
6) 데임 시실리 선더스 Dame Cicely Saunders, 「보살피는 일에 헌신 A Commitment to Care」,《불교 호스피스 트러스트 저널 Raft, The Journal of the Buddhist Hospice Trust》, 2호(런던 1989/90년 겨울), 10쪽.
7) 칼루 린포체, 앞의 책, 194쪽.

부록 3

평온하게 죽음을 맞이한 두 사람

죽어가는 사람을 붓다의 가르침에 입각해서 도와주었던 서양의 내 제자와 친구들은 나에게 많은 고무적인 이야기를 전해 주었다. 여기서 내 제자가 전한 두 가지 이야기, 두 사람이 죽음을 맞이했던 방식에 대해 살펴보기로 하자.

도로시

내 제자 도로시는 영국 런던에 있는 성 크리스토퍼 호스피스 병원에서 암으로 죽었다. 그녀는 빛깔을 활용한 치료 요법사이자 치료사임과 동시에 재능 있는 예술가, 자수가, 예술사가, 여행 가이드였다. 그녀의 아버지는 잘 알려진 치료사였고 그녀는 모든 종교와 영적 전통에 대해 커다란 경외심을 지녔다. 그녀가 불교를 발견해서 그녀의 말대로 〈사로잡히게〉 된 것은 말년에 이르러서였다. 불교의 가르침이 실재에 대한 가장 강력하고도 온전한 전망을 그녀에게 제시했다고 그녀는 말했다. 그녀가 죽었을 때, 그녀를 돌보았던 영적인 친구 몇몇의 입을 통해서, 불교 가르침이 그녀를 어떻게 도와주었는지 살펴보기로 하자.

도로시의 죽음은 우리 모두에게 감명을 주었다. 그녀는 품위 있고 존엄하게 죽었다. 그녀와 접촉한 모든 사람들은 그녀의 힘을 느꼈다. 의사, 간호사, 간호 보조원, 다른 환자들 그리고 적지 않은 그녀의 영적 친구들이 마지막 몇 주일 동안 그녀와 함께 보낼 수 있었던 것은 행운이었다.

그녀가 호스피스 병원에 입원하기 전 우리가 그녀의 집으로 방문했을 때, 암은 매우 공세적인 단계에 접어들어 있었고 그녀의 신체 기관은 무너지기 시작했음이 분명했다. 그녀는 몇 년에 걸쳐 모르핀에 중독되었고 이젠 거의 먹을 수도 마실 수도 없었다. 하지만 결코 불만을 터트린 적이 없었기에, 그녀가 상당한 고통 속에 빠져 있는 줄 아무도 몰랐다. 그녀는 크게 야위었고 피폐해 보일 때도 있었다. 그러나 사람들이 그녀를 방문할 때마다, 그녀는 그들과 인사를 나누고 놀랄 만한 에너지와 기쁨을 발하면서 진지하고도 동정심 많은 태도로 대화를 나누었다. 그녀가 즐겨 했던 일 가운데 하나는 소파에 드러누워서 소갈 린포체의 가르침이 담긴 테이프를 듣는 것이었다. 소갈 린포체가 그녀에게 특별한 의미가 있다고 말하며 몇 가지 테이프를 보냈을 때, 그녀는 크게 기뻐했다.

도로시는 자신의 죽음을 세세한 항목까지 준비하고 계획했다. 그녀는 처리되지 않은 일이 남아서 다른 사람이 정리해야 하는 일이 없기를 원했고 온갖 일 처리로 몇 달을 보냈다. 그녀는 죽음에 대해서는 어떤 공포도 없는 듯 보였지만, 모든 일을 완결 지어서 아무 부담 없이 죽음에 다가갈 수 있기를 원했다. 그녀는 자신이 평생 동안 어떤 사람도 해치지 않았다는 것에 많은 위로를 받았고

〈내 할 일을 끝냈다〉라고 말한 것처럼 가르침을 받아들여 그에 따랐다.

호스피스 병원으로 떠날 때가 되어 그녀의 작은 아파트와 영영 이별할 시점이 다가오자(그녀는 여러 해 걸쳐 그 아파트를 아름다운 패물로 가득 장식했다), 도로시는 잡동사니가 든 가방 하나만 달랑 들고서 뒤돌아보지도 않은 채 집을 떠났다. 그녀는 이미 그녀의 개인 소지품 대부분을 처분했다. 그녀는 항상 소지하던 린포체의 작은 사진과 명상에 관한 그의 소책자만 지니고 갔다. 그녀는 자그마한 가방에 자기의 소지품을 담았다. 그 가방을 그녀는 〈떠돌아다니는 빛〉이라고 불렀다. 마치 쇼핑을 가기라도 하는 듯했지만 그녀는 사실상 이 생을 하직하고 있는 것이다. 그녀는 단지 〈안녕, 안녕, 나의 보금자리여!〉라고 말하면서 손을 흔들었고 문 밖으로 걸어나갔다.

호스피스 병동에 있는 그녀의 병실은 매우 특별한 장소가 되었다. 그녀 곁의 테이블에 놓인 린포체의 사진 앞에는 항상 촛불이 켜져 있었다. 한번은 그와 실제로 이야기를 나누고 싶은지 누군가 묻자, 그녀는 웃으면서 사진을 쳐다본 다음 이렇게 말하는 것이었다. 〈아닙니다, 그럴 필요 없어요. 그는 항상 여기에 있어요!〉 그녀는 〈올바른 주위 환경〉을 조성하라는 린포체의 충고를 종종 언급했고, 그녀 바로 앞 벽에 아름다운 무지개 그림을 걸어두었다. 병실 곳곳에는 방문객들이 갖고 온 꽃들이 있었다.

도로시는 죽는 그 순간까지 주변 상황을 이끌고 있었으며 불교 가르침에 대한 믿음은 단 한순간도 흔들림이 없는 듯했다. 우리가 그녀를 돕는다기보다 그녀가 우리를 돕는 것처럼 느껴졌다. 그녀는 일관되게 명랑했고 자신감이 넘쳤고 유머 감각을 유지했고, 용기와 자립 정신으로부터 비롯하는 기품이 넘쳐흘렀다. 그녀는 항상 우리를 기쁘게 맞이했는데, 죽음이란 결코 암담하거나 무시무시한 것이 아님을 우리가 이해하도록 은밀하게 도왔다. 이를 통해 우리는 그녀의 능력을 알게 되었고, 그녀와 함께 있다는 것이 영광이고 특권임을 느꼈다.

우리는 거의 도로시의 힘에 의지하게 되었다. 따라서 그녀가 우리의 힘과 보살핌을 필요로 한다는 것을 알게 되었을 때, 그것은 우리를 초라하게 만들었다. 그녀에게 지금 필요한 것은 이 모든 사소한 것들을 놓아주고 자기 자신에게 주의를 돌리게 하는 것임을 우리가 갑자기 깨달았을 때, 그녀는 다른 사람들에게 아주 많은 관심을 보이고 난 후 자신의 장례식에 관한 세부적인 것들을 처리하고 있는 중이었다. 그녀는 그렇게 해도 된다는 우리의 허락을 얻고자 했다.

죽어가는 과정은 어렵고 고통스러웠다. 도로시는 무사처럼 보였다. 그녀의 몸이 더 이상 그녀를 지탱할 수 없는 그 순간까지, 간호사를 귀찮게 하지 않으려고 가능한 한 무엇이든 스스로 하려고 애썼다. 한번은 그녀가 아직까지 침대에서 일어날 수 있을 때였는데, 변기에 앉고 싶어하는지 간호사가 조심스럽게 물었다. 도로시는 그녀를 밀어젖히고 웃음을 터뜨렸고 이렇게 말했다. 〈이 몸뚱이 좀 보세요!〉 그녀는 거의 뼈만 앙상하게 남은 자신의 몸을 보여주었다. 그녀의 몸은 쇠락하고 있었지만 그와 대조적으로 그녀의 영혼은 빛나고 원기가 솟구치는 듯했다. 그녀의 몸이 자신의 일을 제대로 하고 있다는 것을 그녀는 알고 있는 듯했다. 육신은 더 이상 〈그녀의 것〉이 아니었다. 그녀가 이제껏 머물렀던 것일 뿐 그녀는 이제 그것을 떠나보내려 하고 있었다.

도로시 주위에는 온갖 광명과 기쁨이 넘쳤건만, 죽어가는 과정이란 결코 쉽지 않은 것이 분명했다. 사실 그것은 매우 힘든 일이었다. 침울하고 마음 아픈 순간도 있었으나 그녀는 불굴의 정신력과 커다란 자비심으로 극복해 나아갔다. 어느 날 벌렁 나자빠져 고통스러운 밤을 지낸 이후, 그녀는 어느 순간 혼자서 쓸쓸히 죽을지도 모른다는 걱정에 휩싸여 우리 가운데 어느 한 사람이 온종일 함께 있기를 원했다. 그래서 우리는 24시간 동안 교대로 병실을 지켰다.

  도로시는 매일 수행을 했는데, 순화시켜 주는 바즈라사트바의 수행을 즐겨 했다. 린포체는 그녀가 읽어야 하는 포와의 핵심적 수행법을 포함해서 죽음에 대한 가르침을 추천한 적이 있었다. 때때로 우리는 그녀를 위해 큰소리로 함께 읽어주기도 했다. 때로는 파드마삼바바의 만트라를 염송하기도 했다. 어떤 경우엔 침묵을 지키면서 휴식을 취하기도 했다. 수행과 휴식을 반복하는 완만하고도 편안한 리듬을 유지했다. 그녀가 꾸벅꾸벅 졸 때면, 우리는 그녀를 깨우기 위해 〈오, 이 구절은 너무 멋있어요!〉라고 말하기도 했다. 그녀가 좀더 활기 차고 생생해 보일 때 그리고 그녀가 그것을 좋아한다고 느낄 때 우리는 바르도 가르침을 읽어주어서 자신이 겪고 있는 단계를 인지하도록 했다. 그녀가 얼마나 영민하고 정신을 바짝 차리고 있는지 우리는 모두 놀랐다. 그녀는 수행을 지극히 단순하게, 바로 그 핵심만 계속하기를 원했다. 우리가 〈교대〉하기 위해 방에 들어가면 항상 병실의 평온한 분위기에 감명을 받곤 했다. 병실 침대에 누워 있는 도로시는 잠을 자고 있을 때조차 크게 눈을 뜨고 허공을 응시하거나 보살펴주는 사람과 함께 앉아 조용히 만트라를 염송했다.

  린포체는 그녀의 병세가 어떠한지 알아보기 위해 종종 전화를 걸었고, 그녀가 죽음에 얼마나 다가갔는지에 관해 자유롭게 이야기를 주고받았다. 그녀는 이를테면 〈며칠 안에 가게 되겠죠, 린포체〉 이런 식으로 말하곤 했다. 어느 날 간호사가 전화를 올려놓은 작은 수레를 굴리면서 〈암스테르담에서 전화왔습니다〉라고 말했다. 도로시는 린포체의 전화를 받고 기쁨으로 빨갛게 달아올랐다. 그녀는 수화기를 내려놓은 뒤 우리를 향해 미소를 지었다. 그녀는 더 이상 텍스트를 낭송해 주는 소리에 집중할 수 없으며 이젠 다만 〈마음의 본성에서, 광명 안에서 쉬는 때〉라고 그가 그녀에게 말했다고 했다. 그녀에게 죽음이 아주 가까이 다가와 있었다. 린포체가 마지막으로 그녀에게 전화했을 때, 그는 〈우리를 잊지 마세요, 언젠가 우리를 찾아보세요〉라고 말했다고 한다.

한번은 의사가 그녀의 병세와 약물 치료에 그녀가 잘 적응하는지 검사하기 위해 병실을 찾았을 때, 도로시는 천진난만하게도 솔직히 이렇게 말하는 것이었다. 〈당신이 알다시피 나는 불교 신자입니다. 우리들은 죽을 때 많은 빛을 보게 되리라 믿습니다. 나는 이제 겨우 약간의 섬광만 보기 시작합니다만, 내가 참으로 그것을 모두 보았다고 생각하지는 않습니다.〉 의사들의 증언에 따르면 그녀의 병세는 상당히 악화되어 있었다. 그런 상태에서는 일반적으로 의식을 잃으리라고 예상되지만, 그녀가 여전히 명료한 의식을 유지하며 생생하게 살아 있어서 의사들은 크게 놀랐다고 한다.

죽음이 다가오자 밤과 낮의 구분이 몽롱해진 도로시는 점점 자기 자신으로 들어갔다. 안색은 변해 갔고 의식 있는 순간은 점점 줄어들었다. 그녀의 육신을 구성하는 다섯 가지 요소〔五蘊〕가 해체되고 있다는 조짐을 우리는 간파할 수 있었다. 도로시는 죽을 준비가 되어 있었지만, 그녀의 몸은 떠날 준비가 되지 않았다. 왜냐하면 그녀의 심장이 강했기 때문이다. 따라서 매일 밤마다 그녀에게 커다란 시련이 찾아왔고, 아침이 되면 또 하루가 지났다는 생각에 놀라곤 했다. 그녀가 불만을 터뜨리지는 않았지만 얼마나 괴로워하는지 우리는 직접 목격할 수 있었다. 그녀를 편안하게 해주기 위해 우리는 최선을 다했다. 그녀가 더 이상 유동식조차 취할 수 없게 되자 우리는 그녀의 입술에 물을 적셔주었다. 정확히 마지막 36시간에 이르기까지 그녀는 자신의 의식을 간섭할 어떤 약도 정중하게 거절했다.

도로시가 죽기 얼마 전, 간호사들은 그녀에게 감동을 받았다. 그녀는 태아의 자세로 웅크리고 누워 있었다. 그녀의 몸은 이제 거의 소진되어 움직일 수도 없고 말할 수도 없었지만, 그녀의 눈은 여전히 열려 있고 살아 있어서 그녀 앞에 있는 창문을 통해 하늘을 바라보고 있었다. 그녀가 죽기 바로 직전 한순간, 그녀는 거의 지각할 수 없을 정도로 미세하게 움직여 똑바로 데비를 쳐다보고서 무언가를 강렬하게 전하고 싶어했다. 마치 〈이것이 바로 그것이로구나〉라고 말하기라도 하듯 약간의 미소와 함께 무언가를 인지한 몸짓이었다. 그러고 나서 그녀는 다시 하늘을 응시한 채 한두 번 호흡하면서 죽어갔다. 데비는 부드럽게 도로시의 손을 내려놓았다. 그리고 그녀는 아무 방해도 받지 않고 내적인 해체 과정을 계속 겪어나갔다.

호스피스 병동 관계자의 증언에 따르면, 도로시만큼 죽음을 잘 준비한 사람을 보지 못했고 그녀가 죽은 지 1년이 지날 때까지도 여전히 많은 사람들이 그녀의 존재와 그때의 감동을 기억했다고 전한다.

릭

릭은 미국 오리건에 살고 있었으며 에이즈에 걸려 있다. 몇 년 전 내가 미국에서 연례 행사로 개최한 하계 수련 대회에 참석해 죽음, 인생, 그리고 병이 그에게 무엇을 의미하는지 내게 물었을 때,

그는 45살의 컴퓨터 오퍼레이터였다. 나와 함께 겨우 2년간 불교를 공부한 릭이 그 가르침을 마음 깊이 수용한 것에 나는 놀랐다. 이렇게 짧은 기간 동안 그는 자신의 방식으로 불교의 핵심인 헌신, 자비, 그리고 마음의 본성들을 포착했다. 그는 이것들을 자기 삶의 일부로 받아들였다. 릭은 의자에 앉아서 우리 모두와 얼굴을 맞대고 자신이 죽어감에 대해 어떻게 느끼는지 말했다. 다음의 발췌문을 통해 이처럼 감동적인 이야기의 독특한 풍취를 독자 여러분이 맛보기를 나는 희망한다.

내 자신이 죽어가고 있다는 생각이 들었던 2년 전에, 나는 자연스러운 짓을 했습니다. 큰소리로 울부짖으며 해답을 구하려 했습니다. 또한 몇 주 동안 고열에 시달렸는데, 밤의 한가운데로 들어간다는 생각이 들기도 했습니다……. 그렇게 집착했고 그렇게 울부짖었습니다…….

이것이 우리가 할 수 있는 전부일 때, 파드마삼바바가 거기에 함께 있다는 약속이 있습니다. 그는 결코 거짓말하지 않습니다. 그는 내게 여러 번에 걸쳐 자신의 약속을 입증했습니다. 린포체는 파드마삼바바가 우리 자신의 마음의 본성, 우리 자신의 불성이라고 가르쳐주었습니다. 만약 파드마삼바바가 아니었더라면, 저처럼 영광된 빛나는 현존이 없었더라면, 내가 겪고 있는 것을 결코 참을 수 없었을 것입니다. 내가 그렇게 할 수 없었으리란 것을 나는 알고 있습니다.

내가 알게 된 첫번째 사실은 우리가 자기 자신에 대한 책임을 져야 한다는 사실입니다. 내가 죽어가는 이유는 에이즈에 걸렸기 때문입니다. 그것은 바로 내가 책임져야 하지 그 누구도 힐책할 수 없습니다. 사실 어느 누구도, 심지어 나 자신까지도 굳이 질책할 필요는 없지만 나는 저것에 대해 책임이 있습니다.

불교에 입문하기 전, 나는 단지 행복하기만을 바란다고 내 자신과 어떤 신에게든지 맹세를 했습니다. 내가 불교에 입문하기로 결단을 내렸을 때, 나는 그것에 충실했습니다. 이것은 마음을 어떤 식으로든 수행함에 있어서 매우 중요합니다. 자신이 참으로 변화를 원한다는 결단을 내려야만 합니다. 만일 당신이 변화를 원하지 않는다면, 어느 누구도 당신을 도우려 하지 않을 것입니다.

우리의 관심은 우리의 일상 생활 속에서 행하는 것입니다. 첫번째는 당신이 이 몸속에, 또한 이 행성에 있는 것을 감사하게 여기는 것입니다. 지구에 대해, 살아 있는 존재들에 대해 고마움을 느끼는 것은 첫 단초입니다. 이제 나는 사물들이 서서히 빠져나가는 것을 느끼며, 모든 사람과 모든 것에 한층 감사하고 있습니다. 따라서 나의 수행은 이제 감사함에 초점을 맞추게 되어 삶을, 다양한 온갖 형상과 함께 살고 있는 파드마삼바바를 계속해서 찬양하게 됩니다.

나는 이제 그렇게 여러 해에 걸쳐 저질렀던 실수, 〈수행〉이란 바른 자세로 앉아서 만트라를 염송하면서 〈이 생이 끝나도 저는 기쁠 것이나이다〉라고 생각함에 지나지 않는다는 실수를 범하지 않겠습니다. 수행은 저것보다 한층 큰 것입니다. 수행이란 당신이 마주치는 모든 사람입니다. 수행이란 당신이 듣게 되는, 또는 심지어 당신에게 향하는 온갖 불량한 말입니다.

당신이 수행의 자리에서 일어났을 때에 그때가 바로 수행이 시작되는 순간입니다. 수행을 삶에 적용함에 있어서 우리는 매우 능수능란하고 창의적이어야 합니다. 수행을 닦기 위해서, 우리의 일상 환경에 있는 것들을 항상 활용해야 합니다. 예를 들어 졸려서 바즈라사트바를 머리 위에 형상화할 수 없다면, 나는 일어나서 아침에 식사할 때 사용한 접시를 닦으러 갑니다. 내가 손에 들고 있는 접시가 바로 세계이고 고통 속에 신음하는 모든 존재이기도 합니다. 그때 나는 만트라를 염송합니다. 옴 바즈라 사트바 훔……, 그렇게 해서 나는 존재의 괴로움을 씻어냅니다. 내가 샤워를 할 때, 그것은 샤워가 아닙니다. 바즈라사트바가 머리 위에 있는 것입니다. 내가 햇볕을 쐬러 밖에 나갈 때, 그것은 바즈라사트바의 몸으로부터 빛나는 수십만 개 태양과 같은 광명으로 내게 들어옵니다. 나는 곧바로 그것을 받아들입니다. 길을 가다가 멋있는 사람이 걸어가는 모습을 보면 〈멋있게 보이는 사람이구나〉라고 생각할 수도 있습니다. 하지만 즉시 온마음을 다해 그런 생각을 파드마삼바바에게 바치고 그냥 그대로 내려놓습니다. 당신도 자신의 실제 삶 속에서 수행을 닦아야 합니다. 그렇지 않으면 어려운 시기가 닥쳐올 때, 아무런 위안도 의지처도 되지 못하는 텅 빈 믿음만 있을 뿐입니다. 믿음이란 이런 것에 지나지 않습니다. 〈오, 언젠가 하늘 나라에 갈 거야. 언젠가 나는 붓다가 될 거야.〉 미래에 붓다가 되기를 바라지 마십시오. 당신은 지금 붓다여야 합니다. 그리고 수행을 닦을 때, 당신은 있는 그대로의 모습으로 수행해야 합니다.

자신의 삶에서 일어나고 있는 상황을 활용하는 것은 매우 중요합니다. 린포체가 반복해서 말하는 것처럼, 당신이 일상 생활에서 큰소리로 울부짖으며 계속 도움을 청한다면, 바르도 상태에서도 똑같은 일이 벌어지는 것은 당연합니다……. 이런 맥락에서 뒤좀 린포체는 이런 만트라를 만들었습니다. 〈보답할 길 없는 친절함을 지닌 라마여, 나는 단지 당신을 기억할 뿐이나이다.〉 미래의 어느 날, 그것이 우리가 할 수 있는 전부입니다. 그러나 그것은 아주 효과가 있습니다.

따라서 행복, 자기 책임감, 감사하는 마음을 지니게 되면 죽어 있는 의례적인 수행을 살아 있으며 계속 전진하고 변하고 흘러가고 열려 있는 영광된 수행과 혼동하지 않게 됩니다. 왜냐하면 그것이 바로 지금의 내가 경험하는 것이기 때문입니다. 이렇게 말하면 사람들이 과연 그럴까라고 의심하는 줄 압니다만, 내 자신은 결코 그렇지 않습니다. 나는 도처에서 파드마삼바바를 봅니다. 바로 이런 식으로 나는 수행을 합니다. 모든 사람, 특히 다른 사람들을 힘들게 하는 까다로운 사람들과의 만남은 스승의 축복입니다. 내게 에이즈는 스승의 축복입니다. 그것은 은총입니다. 너무도 큰 은총이어서 나는 깊이 생각하게 됩니다.

그러나 이렇게 할 수 있는 것은 내가 마음을 닦았기 때문입니다. ……처음 시작했을 때, 나는 마음속으로 사물에 대해 끊임없이 판단을 내렸습니다. 나는 이 사람 저 사람을 판단하곤 했습니다. 그들이 사물을 보는 방식도 판단했고 심지어 앉는 방식마저 판단을 내렸습니다. 〈나는 오늘 날씨가 싫어, 비가 너무 많이 내려서 너무 우울해. 오, 나 좀 불쌍히 여겨줘요……. 오, 나를 사랑해 줘요……. 오, 좀 도와주세요!〉 나는 저런 식으로 생각하면서 끊임없이 주석을 달았습니다. 그러나 나는 수행에 착수하기 시작했습니다. 나는 스스로 주석을 거의 달지 않으려 노력했고 냉장고에 〈더 이상 판단을 하지 말자〉고 써붙였습니다.

당신이 마음을 쓸 때, 이것과 저것 사이에서 선택하게 됩니다. 〈이것은 나쁘고, 저것은 좋다, 나는 그것을 원하지 않는다.〉 희망과 두려움 사이, 미움과 사랑 사이, 기쁨과 슬픔 사이, 당신이 두 극단 가운데 어느 하나를 실제로 취할 때에, 당신 마음의 본질적인 평화는 뒤집어지고 맙니다. 어느 선사(禪師)가 말했습니다. 〈어느 것도 선호하지 않는 사람에게 대도(大道)는 어렵지 않노라.〉 불성이 당신과 함께 있기 때문입니다. 행복은 어디든지 있습니다.

따라서 나는 내 개념적인 마음으로 시작했습니다. 처음엔 불가능한 일을 하는 듯했습니다. 그러나 그렇게 수행을 닦으면 닦을수록……, 나는 이런 사실을 발견했습니다. 만일 당신이 그들의 위치에 그것들을 내버려두기만 한다면, 그것들은 있는 그대로 완벽해질 것입니다. 또 그것들은 있는 그대로 행복해질 것입니다. 왜냐하면 자신이 불성을 지니고 있음을 당신이 깨닫기 때문입니다.

당신이 불성을 갖고 있음을 느껴야만 하는 것은 아닙니다. 그것이 핵심은 아닙니다. 핵심은 믿음이고 신념입니다. 핵심은 헌신이고 포기입니다. 그것이 나의 정수입니다. 만일 스승께서 말씀하시는 것을 당신이 믿을 수 있고 또한 다듬을 수 있다면, 일어나고 있는 것에 있는 그대로 주목해서 함께 있을 수 있다면, 잠시 후 어느 것도 그렇게 오래 주변에 머무르지 않음을 당신은 알아차릴 수 있습니다. 부정적인 생각조차도 오래 머물 수 없습니다. 특히 우리의 육신도 마찬가지입니다. 모든 것은 변합니다. 만일 당신이 그것을 그대로 놓아둔다면 자유롭게 풀려날 것입니다.

나 같은 상황에 처하면, 뚜렷한 공포가 찾아와 압도하고 공포에 의해 꿀꺽 삼켜지는 듯한 기분이 들 것입니다. 그때 당신의 마음을 가만히 진정시켜야 합니다. 공포가 결코 자신을 죽이지 않음을 알게 됩니다. 저런 공포감은 자신의 마음을 통과해 지나가는 어떤 것일 뿐입니다. 공포감은 생각의 전개 과정으로, 만일 내가 간섭하지만 않는다면, 저절로 해소된다는 것을 나는 알고 있습니다. 저것이 바르도 상태에서 일어나는 것임을 나는 또한 압니다. 무서워보이는 비전이 자신에게 다가오는 것을 보게 될 때, 그것은 당신이 아닌 다른 어디로부터 다가오는 것이 결코 아닙니다! 우리의 육신 속에서 유지되어 왔던 온갖 에너지는 풀어지고 있습니다.

일찍이 내가 마음을 다스리고 있을 때, 당신이 접근해야만 하는 어떤 지점, 어떤 선이 있음을 나는 또한 발견했습니다. 저 지점 너머 당신의 마음을 가게 할 수는 없습니다. 만일 당신이 그렇게 한다면, 당신은 정신적 문제와 침울함을 감내해야 하고 주변의 모든 사람들에게 참으로 지겨운 사람이 되는 것을 감내해야 합니다. 저것은 최소한이 될 것입니다. 그러나 당신은 자제심을 잃어버릴 수도 있습니다. 당신의 마음이 실제에 대해 말하고 있다고 믿음으로써 균형을 잃을 수 있습니다. 우리 모두 자제심을 잃어버릴 수 있지만 거기에는 넘을 수 없는 어떤 선이 있습니다……. 나는 돌연하게 찾아오는 공포에 익숙해졌습니다. 내 앞의 땅에 커다란 블랙홀이 있다는 생각이 들었습니다. 그러나 특권과 행복이라는 은총을 누린 이후로 블랙홀을 더 이상 보지 않게 되었습니다.

당신들 가운데 몇몇은 내 가족보다도 훨씬 소중합니다. 왜냐하면 파드마삼바바가 다른 방식으로, 예컨대 당신들의 보살핌, 관심, 사랑을 통해서 내게 올 수도 있기 때문입니다. 내가 에이즈 환자인 것에 당신들은 개의치 않는 듯합니다. 어느 누구도 내게 이렇게 물은 적이 없습니다. 〈당신의 병세는 어떻습니까?〉 이것이 내게 저주일 수 있음을 어느 누구도 넌지시 암시한 적도 없습니다. 일주일쯤 전에 내게 전화를 건 오래된 친구가 〈이것은 신이 자네에게 내린 저주란 걸 염려하지 않는가?〉라고 말한 것만 제외한다면. 나는 웃기를 멈춘 다음 〈신이 지구를 저주하고 인간의 몸이 순결하지 못하다고 자네는 믿는군. 축복이야말로 출발점이지 저주는 아니라고 나는 생각한다네〉라고 나는 친구에게 말했습니다. 시작을 알 길 없는 시점으로부터 모든 것은 이미 순수하고도 완벽하게 성취되어 있습니다.

따라서 내가 지금 할 일은 단지 광명과 더불어 쉬는 것입니다. 광명은 어디든지 있습니다. 당신은 그것으로부터 달아날 수 없습니다. 광명에 도취해서 나는 때때로 광휘 속을 떠다니는 듯한 느낌이 듭니다. 파드마삼바바가 마음의 하늘을 날아다님에 따라 나도 함께 날 수 있도록 그에게 맡겼습니다.

이제 이것에 귀기울이면서 앉아 있다면, 나는 〈좋다, 그렇다면 당신은 왜 치료받지 않는가?〉라고 말할 것입니다. 사람들도 내게 저런 질문을 던졌습니다. 내가 시도하지 않은 것은 결코 아닙니다. 나는 약으로 가득 찬 여행 가방을 가져왔습니다. 그러나 꽤 오래전에 나는 저런 질문을 멈추었습니다. 내가 그만둔 이유는 약물 치료가 이미 출발한 죽음의 과정을 조작하고 간섭하는 것 같기 때문입니다. 많은 업이 소각되고 있음을 나는 압니다. 나는 내 어머니를 위해 정화하고 있습니다. 왜냐하면 내가 그녀에게 이것을 옮겼기 때문입니다. 그녀는 꽤 고통 당하고 있습니다. 이 그룹에는 형제 자매같이 내가 사랑한 영적인 친구들이 있습니다. 그들 역시 괴로워하고 있습니다. 나는 파드마삼바바와 이런 관계를 맺게 되었습니다. 내가 가만히 머물러 이런 고통을 받으며 몇몇 사람들과 함께 당신을 깨끗하게 정화하도록 도울 수 있다면, 그것은 얼마나 커다란 축복이겠습니까? 이것이 바로 나의 기도입니다. 나는 고통받기를 좋아하는 사람은 아닙니다. 그러나 나를 그러한 고통 속으로 부드럽게 밀어넣고 있는 은총과 축복을 느낍니다.

이제, 바르도에 대한 린포체의 가르침을 통해, 나는 죽음이 결코 적이 아니라는 것을 알게 되었습니다. 마치 우리의 생각이 적으로 여겨지지 않는 것처럼……. 또한 삶도 적이 아닙니다. 삶은 영광스러운 어떤 것입니다. 왜냐하면 이 삶을 통해서 우리가 진정 누구인지 일깨워질 수 있기 때문입니다.

그러므로 내 마음 깊숙한 곳으로부터, 당신이 비교적 건강할 때, 당신이 가진 기회를 낭비하지 말고 린포체가 당신에게 제시하는 것을 열심히 공부하라고 당신에게 간청합니다. 그는 족첸 가르침이 무엇인지 말하고 가르칠 때 어떻게 해야 주안점에 도달할지 알고 있습니다. 또한 그는 어떻게 해야 당신을 핵심으로 이끌 수 있는지도 알고 있습니다. 그것이 매우 중요합니다. 특히 당신이 죽음에 다가갈 준비를 하고 있을 때.

여기서 이제 나는 작별 인사를 하려고 합니다. 내 형제 자매가 된 당신들 모두에게, 알기는 해도 더 자세히 알 기회가 없었던 당신들에게, 내가 만난 일조차 없는 당신들에게 작별 인사를 올리고자 합니다. ……6개월 내에 내가 죽을지도 모른다는 느낌이 듭니다. 3개월 이내일 수도 있습니다. 그러니 나는 당신들을 내 마음에 간직하겠습니다. 나는 당신들이 밝게 빛나고 있음을 봅니다. 어둠은 없습니다. 그것은 바로 파드마삼바바의 마음에서부터 비롯한 빛이며 우리 모두에게 충만합니다. 스승의 축복에 감사드립니다.

부록 4

두 가지 만트라

티베트에서 가장 유명한 두 가지 만트라는 바즈라 구루 만트라라고 불리는 파드마삼바바의 만트라, 〈옴 아 훔 바즈라 구루 파드마 싯디 훔〉, 그리고 자비의 붓다 아와로키테슈와라의 만트라, 〈옴 마니 파드메 훔〉이다. 대부분의 만트라처럼 두 가지는 인도 고대의 성스러운 언어, 산스크리트 어로 되어 있다.

바즈라 구루 만트라

[소갈 린포체 친필]

바즈라 구루 만트라, 〈옴 아 훔 바즈라 구루 파드마 싯디 훔〉. 이는 티베트어로 이렇게 발음된다. 〈옴 아 훔 벤자 구루 페마 싯디 훔〉. 뒤좀 린포체와 딜고 켄체 린포체의 해설에 근거해서 그 의미를 설명하고자 한다.

옴 아 훔

〈옴 아 훔〉 훔 세 음절은 외적으로 내적으로, 〈신비스러운〉 의미를 지닌다. 하지만 이런 각각의 단계에 있어서 〈옴〉은 몸, 〈아〉는 말, 〈훔〉은 마음을 상징한다. 그것들은 모든 붓다가 몸, 말, 마음에 축복을 내려 변화를 일으키는 것을 뜻한다.

〈옴〉은 우리가 몸을 통해, 〈아〉는 말을 통해, 〈훔〉은 마음으로 저지른 모든 행위를 정화한다.[1] 우리의 몸, 말, 마음을 정화함으로써 〈옴 아 훔〉은 붓다가 몸, 말, 마음으로 내리는 축복을 전해 준다.

〈옴〉은 또한 형상의 정수, 〈아〉는 소리의 정수, 〈훔〉은 마음의 정수이다. 따라서 이 만트라를 염송함으로써 자기 자신뿐만 아니라 주위 환경과 그 안에 있는 모든 다른 존재도 정화하고 있는 것이다. 〈옴〉은 모든 지각, 〈아〉는 모든 소리, 〈훔〉은 마음, 그 생각과 감정을 정화한다.

내적으로 〈옴〉은 미묘한 채널을, 〈아〉는 바람 내부의 공기나 에너지 흐름을, 〈훔〉은 창조적인 정수를 정화한다.[2]

좀더 깊은 수준에서 〈옴 아 훔〉은 붓다의 연꽃 가족의 세 가지 카야[三身]를 상징한다. 〈옴〉은 다르마카야[法身]로 무한한 광명을 지닌 붓다, 아미타불이다. 〈아〉는 삼보가카야[報身]로 자비의 붓다인 아와로키테슈와라이다. 〈훔〉은 니르마나카야[化身]로 파드마삼바바이다. 이 만트라의 경우, 세 가지 카야가 모두 파드마삼바바 한 사람에게 구현되어 있음을 뜻한다.

가장 심오한 수준에서 〈옴 아 훔〉을 염송함으로써 마음 본성의 세 가지 측면을 깨닫게 된다. 〈옴〉은 끊임없이 유출되는 에너지와 자비를 깨닫게 하고, 〈아〉는 빛나는 본성을 깨닫게 하고, 〈훔〉은 하늘 같은 정수를 깨닫게 한다.

바즈라 구루 파드마
〈바즈라〉는 돌 가운데 가장 강하고 제일 귀한 다이아몬드에 비유된다. 마치 다이아몬드가 무엇이든 자를 수 있지만 자신은 결코 파괴되지 않는 것처럼, 변하지 않고 둘로 나뉘지 않는 붓다의 지혜는 무지에 손상을 입거나 파괴당하지 않고 온갖 미혹과 몽롱함을 타파할 수 있다. 붓다는 몸, 말, 지혜로 충만한 마음의 특성과 활동에 힘입어 다이아몬드처럼 그 무엇에도 방해받지 않고 꿰뚫는 힘으로 중생들을 이롭게 할 수 있다. 다이아몬드처럼 〈바즈라〉는 아무 결함이 없다. 그 빛나는 강인함은 실재와 관련된 다르마카야의 성품, 아미타불의 성품을 실현함으로부터 비롯한다.

〈구루〉는 중량감 있고 힘있는 인물을 뜻한다. 이를테면 놀라운 자질을 갖춘 사람, 지혜, 지식, 자비, 능란한 방편들을 지닌 인물. 마치 금이 금속 중에서 가장 무겁고 가장 진귀하듯, 〈구루〉의 자질에 아무 흠이 없는 까닭에 어느 누구도 그를 능가할 수 없고 그 탁월함으로 말미암아 모든 것의 위에 자리한다. 〈구루〉는 삼보가카야, 그리고 자비의 붓다 아와로키테슈와라와 일치한다. 또한 파드마삼바바는 〈바즈라〉로 상징되는 탄트라의 길을 가르쳤고, 탄트라 수행을 통해 최상의 깨달음을 실현했으므로 〈바즈라 구루〉로 간주된다.

〈파드마〉는 연꽃을 뜻하고, 붓다의 연꽃 가족, 특히 그들의 깨달음에서 흘러나오는 말을 의미한다. 연꽃 가족은 인간 존재에 속한 붓다 가족이다. 파드마삼바바는 아미타불의 직접적인 영향을 받은 니르마나카야이다. 아미타불은 붓다의 연꽃 가족에서 근본이 되는 붓다이고 〈파드마〉라고 알려져 있다. 〈연꽃에서 태어났음〔蓮花生〕〉을 뜻하는 그의 이름 파드마삼바바는 활짝 핀 연꽃에서 탄생한 그를 가리키는 것이다.

〈바즈라 구루 파드마〉를 함께 결합시키면 바른 견해, 명상, 바른 행위의 정수와 축복을 뜻한다. 진리의 변하지 않고, 파괴되지 않는 정수를 의미하는 〈바즈라〉가 우리의 바른 견해 가운데에서 실현되기를 염원해야 한다. 광명과 고귀한 깨달음을 상징하는 〈구루〉가 우리의 명상 속에서 완벽해지기를 염원해야 한다. 자비를 상징하는 파드마가 우리의 행동중에서 성취되기를 염원해야 한다.

만트라를 염송함으로써, 우리는 파드마삼바바와 모든 붓다의 지혜로 충만한 마음의 축복, 고귀한 깨달음, 자비를 받아들이게 된다.

싯디 훔

〈싯디〉는 〈실제적인 성취〉, 〈도달〉, 〈축복〉 그리고 〈깨달음〉을 뜻한다. 두 가지 종류의 〈싯디〉가 있다. 평범한 〈싯디〉와 최상의 〈싯디〉. 평범한 〈싯디〉의 축복을 수용함으로써, 우리 삶의 병 같은 온갖 장애가 제거되고 우리의 선한 열망은 충족되고 재물이나 성공 또는 수명의 장수를 성취하고 다양한 삶의 상황이 모두 상서롭게 되어 영적인 수행으로 이끌어 깨달음에 도달하게 된다.

최상의 〈싯디〉의 축복은 깨달음 자체, 파드마삼바바가 완벽하게 성취한 실현을 일으켜 우리 자신과 모든 중생을 이롭게 한다. 따라서 파드마삼바바의 몸, 말, 마음, 특성, 행위를 기억하고 염원함으로써 우리는 평범한 〈싯디〉와 최상의 〈싯디〉에 도달할 것이다.

〈싯디 훔〉은 쇠를 잡아당기는 자석처럼 모든 〈싯디〉를 끌어들인다고 한다.

〈훔〉은 지혜로 충만한 붓다의 마음을 의미하고, 만트라를 일으키는 성스러운 촉매이다. 〈훔〉은 그 힘과 진리를 선언하는 것이나 마찬가지다. 〈반드시 그렇게 되기를 기원하나이다!〉

이 만트라의 핵심적인 의미는 이러하다. 〈나는 그대 바즈라 구루, 파드마삼바바를 염원합니다. 당신의 축복으로 내게 평범한 '싯디'와 최상의 '싯디'를 내려주기를 염원합니다.〉

딜고 켄체 린포체는 이렇게 설명한다.

12가지 음절 〈옴 아 훔 바즈라 구루 파드마 싯디 훔〉[3]은 붓다 가르침의 12가지 유형이 내리는 축복 전체를 전한다고 한다. 가르침의 12가지 유형은 붓다의 8만 4천 가지 다르마의 정수이다. 그러므로 〈바즈라 구루 만트라〉를 한번 염송하는 것은 붓다의 가르침 전체를 암송하거나……, 수행을 닦는 축복과 마찬가지이다. 이러한 12가지는 우리를 윤회하게 만드는 〈12연기〉로부터 벗어나게 하는 해독제이다. 12연기는 무명(無明), 업의 형성(行), 산만한 의식(識), 이름과 형상(名色), 6가지 감각(六入), 접촉(觸), 느낌(受), 애착(愛), 집착(取), 존재(有), 탄생(生), 늙음(老), 그리고 죽음(死)이다.

이런 12연기가 윤회의 메커니즘을 일으켜 윤회가 지속되게 된다. 〈바즈라 구루 만트라〉의 12음절을 염송함으로써, 12연기의 매듭이 풀리고 업에 의해 감정적으로 뒤얽힌 층이 제거되어 완전히 정화되고, 따라서 윤회로부터 벗어나게 된다.

우리가 사람의 모습을 한 파드마삼바바를 볼 수는 없지만, 지혜로 충만한 그의 마음은 만트라를 통해 현현한다. 12가지 음절은 지혜로 충만한 그의 마음으로부터 우러나온 것으로, 그의 축복 전부를 전한다. 〈바즈라 구루 만트라〉는 소리의 형태로 나타난 파드마삼바바인 것이다. 따라서 12가지 음절을 염송해 그를 바랄 때, 우리가 얻게 되는 축복과 공덕은 엄청나다. 우리가 청할 수 있는 파드마삼바바보다 훨씬 강력한 붓다나 보호자가 없는 이처럼 어려운 시기에 〈바즈라 구루 만트라〉보다 더 적합한 만트라는 없다.

자비의 만트라

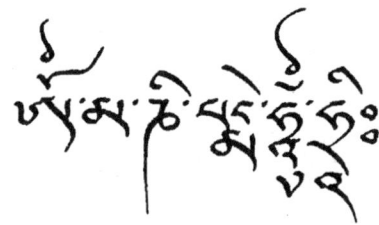

〔소갈 린포체 친필〕

자비의 만트라, 〈옴 마니 파드메 훔〉은 티베트어로는 〈옴 마니 페메 훔〉이다. 모든 붓다와 보살의 자비와 축복을 체현하고 있는 이 만트라는 특히 자비의 붓다, 아와로키테슈와라의 축복을 불러낸다. 아와로키테슈와라는 삼보가카야〔報身〕의 현현으로, 그의 만트라는 모든 중생을 향한 붓다 자비의 정수로 간주된다. 파드마삼바바가 티베트 인에게 가장 중요한 스승인 것처럼, 아와로키테슈와라는 티베트 인에게 가장 중요한 붓다로 업과 관련된 신격(神格)이다. 자비의 붓다는 티베트 인의 의식에 깊이 간직되어 있기에, 〈엄마〉라고 말할 수 있는 어린이는 〈옴 마니 파드메 훔〉 만트라도 염송할 수 있다는 유명한 이야기가 있다.

헤아릴 수 없는 시간 이전에, 천 명의 왕자가 성불하기로 서원을 했다고 한다. 우리에게 고타마 싯다르타라고 알려진 한 왕자는 성불했다. 하지만 아와로키테슈와라는 다른 모든 왕자가 붓다가 될 때까지 깨달음을 성취하지 않겠다고 서원했다. 그는 또한 무한한 자비심으로 다양한 세계에서 윤회의 고통에 신음하는 모든 중생을 해방시키겠다고 했다. 시방(十方)의 붓다 앞에서 그는 염원했다. 〈제가 모든 중생을 도울 수 있게 하옵소서. 그리고 이처럼 거룩한 과업으로 제가 피곤해진다면, 제 몸이 천 갈래로 찢어지게 하옵소서.〉 먼저, 그는 지옥에 내려갔고 아귀 세계를 거쳐 신의 세계까지 올라갔다고 한다. 그곳에서 내려다보았더니, 자신이 지옥으로부터 무수한 중생을 구제했는데도 헤아릴 수 없이 더 많은 중생이 그 세계로 들어가는 것을 보고 그는 깜짝 놀라고 말았다. 그래서 그는 비탄에 깊이 잠겼다. 일순간 그는 거의 자신이 했던 서원을 잃기까지 했고 그의 몸은 천 갈래로 찢어졌다. 이런 절망 속에서 그가 모든 붓다를 향해 큰소리로 도움을 청했더니, 부드러운 눈송이가 눈보라 치는 것처럼 그를 돕기 위해 우주의 모든 방향에서 달려왔다고 한다. 붓다들은 그 위대한 권능으로 그를 다시 온전하게 했다. 그 후부터 아와로키테슈와라는 11개의 머리, 천 개의 팔과 천 개의 눈이 달린 손바닥을 지녔으니 그것은 참된 자비의 징표인 지혜와 숙련된 방편들의 결합을 뜻한다. 이런 모습을 한 그는 모든 중생을 돕는 데 이전보다 한층 권능을 갖춰 빛나게 되었고, 붓다 앞에서 그 서원을 계속 반복함에 따라 그는 훨씬 더 자비로워졌다. 〈모든 중생이 깨달음에 도달하기 전에 나는 결코 궁극적인 불성에 이르지 않겠나이다.〉

윤회에서 신음하는 중생의 고통을 보고 그의 눈에서 두 방울의 눈물이 떨어졌다고 한다. 붓다의 축복으로 두 방울의 눈물은 두 명의 타라[多羅] 보살로 바뀌었다. 하나는 녹색의 타라로 자비의 활발한 힘과 관계되고, 다른 하나는 흰색의 타라로 자비의 모성적인 측면과 관계된다. 〈타라〉라는 명칭은 〈얽매임으로부터 풀려난 여성〉을 뜻한다. 그녀는 우리가 윤회의 바다를 건너게 한다.

대승 경전에 따르면 아와로키테슈와라는 붓다에게 자신의 만트라를 헌정했고 붓다는 우주의 모든 중생이 불성을 향하도록 돕는 고귀하고도 특별한 임무를 다시 그에게 부여했다고 한다. 그리고 그 순간 모든 신이 비처럼 꽃을 뿌렸고 땅이 흔들렸고 공중에서는 〈옴 마니 파드메 훔 흐리흐〉라는 소리가 울렸다고 한다.

이런 시가 있다.

> 아와로키테슈와라는 달과 같노니
> 그 시원한 빛은 윤회의 타오르는 불꽃을 끄고
> 밤에 핀 자비의 연꽃
> 그 서광으로 꽃잎을 활짝 피우는구나.

불교 가르침에 따르면 〈옴 마니 파드메 훔〉 여섯 음절[4] 각각은 존재의 다른 수준에서 변화를 일으키기 위한 독특하고 잠재적인 효과를 지닌다고 한다. 여섯 음절은 여섯 가지 유독한 부정적인 감정을 완전히 정화한다. 여섯 가지 유독한 감정은 무지의 현현으로, 우리의 몸, 말, 마음에 부정적인 영향을 미쳐 우리를 윤회에 떨어뜨려 고통받게 한다. 교만, 질투, 욕망, 무지, 탐욕, 그리고 성냄은 이 만트라에 의해 참된 본성, 깨달은 마음에 현현하는 여섯 붓다의 가족의 지혜로 변하게 된다.[5]

따라서 우리가 〈옴 마니 파드메 훔〉을 염송할 때에 여섯 세계에서 윤회하게 하는 여섯 가지 부정적인 감정이 정화된다. 여섯 음절을 염송함으로써 여섯 세계 각각에 다시 태어나지 않게 되고 또한 각각의 세계에 본래 갖춰진 고통 역시 내쫓게 된다. 그와 동시에 〈옴 마니 파드메 훔〉의 염송에 의해 자아의 집합, 다섯 가지 스칸다스〔五蘊〕는 완전히 정화되고, 깨달은 마음의 여섯 가지 초월적인 행위 즉 여섯 가지 파라미타〔六波羅蜜〕는 완벽해진다. 그 여섯 가지는 보시(布施), 계율 준수〔持戒〕, 인내〔忍辱〕, 수행 정진〔精進〕, 선정(禪定), 그리고 통찰력〔智慧〕이다. 또한 〈옴 마니 파드메 훔〉은 온갖 종류의 부정적인 영향과 다양한 형태의 병으로부터 굳건하게 지켜준다고 한다.

종종 아와로키테슈와라의 근본 음절 〈흐리흐〉가 부가되어 이 만트라는 〈옴 마니 파드메 훔 흐리흐〉가 된다. 모든 붓다의 자비의 정수, 〈흐리흐〉는 우리의 부정적인 감정을 붓다의 지혜로 변화시키는 촉매 역할을 한다.

칼루 린포체는 이렇게 말한다.

이 만트라를 해석하는 또 다른 방식이 있다. 음절 〈옴〉은 깨달은 존재의 정수이다. 중간에 있는 음절, 〈마니 파드메〉는 깨달은 존재의 말을 상징한다. 마지막 음절, 〈훔〉은 깨달은 존재의 마음을 뜻한다. 모든 붓다와 보살의 몸, 말, 마음은 이 만트라에 갖추어져 있다. 이 만트라는 몸, 말, 마음의 미혹을 정화하고 모든 중생을 깨달음으로 이끈다. 우리 자신의 믿음이 보태지고 또 명상과 염송에 몰입하면, 변화를 일으키는 만트라의 힘이 일깨워져 계발되게 된다. 이런 방식으로 자기 자신을 정화하는 것은 진정으로 가능하다.[6]

이 만트라에 익숙하고 일생 동안 확고한 믿음으로 또 열정적으로 암송하는 사람을 위해서 「티베트 사자의 서」는 바르도 상태에서 이렇게 기원한다. 〈다르마타의 소리가 천 개의 천둥처럼 외쳐질 때, 그것이 모두 여섯 음절의 소리가 되게 하소서.〉 우리는 「수랑가마 수트라〔首楞嚴經〕」에서도 이와 유사한 내용을 만나게 된다.

아와로키테슈와라의 소리는 얼마나 향기롭고 신비스러운가. 그것은 우주의 원초적인 소리이다.……그것은 내면에 자리잡은 바닷물의 절제된 속삭임이다. 그 신비로운 소리는 고통 속에서 도움을 외치는 모든 중생에게 해탈과 평화를 가져다준다. 그것은 열반의 한없는 평화를 간구하는 모두에게 청명한 안정감을 가져다준다.

* * *

1) 몸으로 저지르는 세 가지 부정적인 행동: 살생, 도적질, 음란함. 말로 범하는 네 가지 부정적인 행위: 거짓말, 거친 말, 비방, 험담. 마음으로 짓는 세 가지 부정적인 행위: 탐욕, 원한, 삿된 소견.
2) 산스크리트 어로 나디 Nadi, 프라나 prana, 빈두 bindu, 티베트어로는 챠 tsa, 룽 lung, 틱레 tiklé, 15장 참조.
3) 이 만트라는 산스크리트 어로 12음절이지만, 우리말로 표기하면 12음절이 넘는다. 바즈라, 즉 〈VAJRA〉는 우리말 표기상 3음절이지만 J와 R이 복자음이어서 산스크리트 어로는 2음절이다. 또 파드마, 즉 〈PADMA〉도 우리말로는 3음절이지만 D와 M이 복자음이므로 2음절이다. ― 옮긴이
4) 이 만트라 역시 산스크리트어로 6음절이지만 우리말 발음으로는 7음절이다. 왜냐하면 파드메, 즉 〈PADME〉에서 D와 M은 복자음이어서 2음절이기 때문이다. 하지만 우리말로는 〈파드메〉 3음절로 표기하게 된다. 또한 우리 나라에서는 일반적으로 〈옴 마니 반메 훔〉이라고 염송하지만 산스크리트의 원래 발음에 가깝게 〈옴 마니 파드메 훔〉이라고 표기했다. ― 옮긴이
5) 다섯 붓다의 가족과 다섯 가지 지혜는 불교 가르침에서 일반적으로 사용되는 것이다. 여기서 말하는 여섯번째 붓다의 가족은 다른 다섯 붓다의 가족을 모두 포괄하고 있다.
6) 칼루 린포체 Kalu Rinpoche, 『다르마 The Dharma』(Albany: State Univ. of New York Press, 1986년), 53쪽.

참고 문헌

죽음과 죽어감에 관한 티베트의 전통적인 가르침

Bokar Tulku. *Death and the Art of Dying*. San Francisco: Clearpoint Press, 1994.
Chagdud Tulku Rinpoche. *Life in Relation to Death*. Junction City, CA: Padma Publishing, 1987.
Chökyi Nyima Rinpoche. *The Bardo Guidebook*. Kathmandu: Rangjung Yeshe, 1991.
Delog Dawa Drolma. *Delog: Journey to Realms Beyond Death*. Junction City, CA: Padma Publishing, 1995.
Dorje, Gyurme, Thupten Jinpa, and Graham Coleman. *The Tibetan Book of the Dead*. New York: Viking, 2005.
Dzogchen Ponlop. *Mind Beyond Death*. Ithaca, NY: Snow Lion, 2008.
Fremantle, Francesca. *Luminous Emptiness: Understanding the Tibetan Book of the Dead*. Boston: Shambhala, 2001.
Fremantle, Francesca and Choögyam Trungpa. *The Tibetan Book of the Dead*. Boston: Shambhala, 1975.
Lama Lodu. *Bardo Teachings: The Way of Death and Rebirth*. Ithaca, NY: Snow Lion, 2011.
Mullin, Glenn H. *Death and Dying: The Tibetan Tradition*. London: Arkana, 1986.
Padmasambhava. *Natural Liberation: Padmasambhava? Teachings on the Six Bardos*. Translated by B. Alan Wallace. Somerville, MA: Wisdom Publications, 1998.
Padmasambhava and Karma Lingpa. *The Tibetan Book of the Dead: Awakening Upon Dying*. Translated by Elio Guarisco and Nancy Simmons. Berkeley, CA: North

Atlantic Books, 2013.

Rangdroöl, Tsele Natsok. *The Mirror of Mindfulness*. Translated by Erik Pema Kunsang. Kathmandu: Rangjung Yeshe, 1987.

Rinbochay, Lati, and J. Hopkins. *Death, Intermediate State and Rebirth in Tibetan Buddhism*. Ithaca, NY: Snow Lion: 1985.

Tulku Thondup. *Peaceful Death, Joyful Rebirth*. Edited By Harold Talbott. Boston: Shambhala, 2005.

죽어가는 사람을 돌보기

Baugher, John. "The 'Quiet Revolution' in Care for the Dying." In *Inner Peace-Global Impact*, edited by Kathryn Goldman Schuyler. Charlotte, NC: Information Age Publishing Inc., 2012.

Bernhard, Toni. *How to be Sick: A Buddhist-Inspired Guide for the Chronically Ill and Their Caregivers*. Somerville, MA: Wisdom Publi- cations, 2010.

Borysenko, Joan. *Minding the Body, Mending the Mind*. Rev. ed. Cambridge: Da Capo Press, 2007.

Buckman, Robert. *I Don't Know What to Say: How to Help and Support Someone Who Is Dying*. New York: Vintage, 1992.

Byock, Ira. *Dying Well: Peace and Possibilities at the End of Life*. New York: Riverhead Books, 1989.

Cairns, Moira, Marney Thompson, Wendy Wainwright, and Victoria Hospice Society. *Transitions in Dying and Bereavement: A Psychological Guide for Hospice and Palliative Care*. Baltimore: Health Professions Press, 2003.

Callanan, Maggie, and Patricia Kelley. *Final Gifts: Understanding the Special Awareness, Needs and Communications of the Dying*. New York: Simon & Schuster, 1992.

De Hennezel, Marie. *Intimate Death: How the Dying Teach Us How to Live*. Translated by Carol Brown Janeway. New York: Vintage Books, 1998.

DeLeo, Kirsten. *Present Through the End: A Caring Companion's Guide to Accompanying the Dying*. Boulder: Shambhala Publications, 2019.

Doka, Kenneth, ed. *Living with Grief: Before and After the Death*. Washington, DC: Hospice Foundation of America, 2007.

Fitzgerald, Helen. *The Mourning Handbook*. New York: Fireside, 1995.

Grieco, Mary Hayes. *Unconditional Forgiveness*. New York: Atria, 2011.

Halifax, Joan. *Being with Dying: Cultivating Compassion and Fearlessness* in the

Presence of Death. Boston: Shambhala, 2008.

Hoblitzelle, Olivia Ames. *Ten Thousand Joys & Ten Thousand Sorrows: A Couple? Journey Through Alzheimer?*. New York: Tarcher, 2010.

Kuöbler-Ross, Elisabeth. *On Death and Dying*. New York: Collier, 1970.

Levine, Stephen. *A Year to Live: How to Live This Year as If It Were Your Last*. New York: Bell Tower, 1998.

Lief, Judith L. *Making Friends with Death: A Buddhist Guide to Encountering Mortality*. Boston, Shambhala, 2001.

Longaker, Christine. *Facing Death and Finding Hope: A Guide to the Emotional and Spiritual Care of the Dying*. New York: Main Street Books, 1997.

Lynn, Joanne. *Handbook for Mortals: Guidance for People Facing Serious Illness*. New York: Oxford Univ. Press, 1999.

Newland, Guy. *A Buddhist Grief Observed*. Somerville, MA: Wisdom Publications, 2016.

Nouwen, Henri. *Our Greatest Gift: Meditations on Dying and Caring*. San Francisco: HarperOne, 1994.

Nyima, Choökyi, and David R. Shlim. *Medicine & Compassion*. Somerville, MA: Wisdom Publications, 2006.

Puchalski, Christina, and Betty Ferrell. *Making Health Care Whole*. West Conshohocken, PA: Templeton Press, 2010.

Tatelbaum, Judy. *The Courage to Grieve: Creative Living, Recovery and Growth Through Grief*. New York: Harper & Row, 1980.

Ward, Barbara. *Healing Grief: A Guide to Loss and Recovery*. London: Vermillion, 1993.

Watts, Jonathan S., and Yoshiharu Tomatsu, eds. *Buddhist Care for the Dying and the Bereaved*. Somerville, MA: Wisdom Publications, 2012.

임사 체험

Fenwick, Peter, and Elizabeth Fenwick. *The Truth in the Light*. Guildford, United Kingdom: White Crow Books, 2011.

Grey, Margot. *Return from Death: An Exploration of the Near-Death Experience*. Boston and London: Arkana, 1985.

Holden, Janice Miner, Bruce Greyson, and Debbie James, eds. *The Handbook of Near-Death Experiences: Thirty Years of Investigation*. Santa Barbara, CA: Praeger, 2009.

Lorimer, David. *Whole in One: The Near-Death Experience and the Ethic of Interconnectedness*. London: Arkana, 1990.

Moody, Raymond. *Life After Life*. Covington, GA: Mockingbird Books, 1975.

Moody, Raymond. *Reflections on Life After Life*. Covington, GA: Mockingbird Books, 1977.

Morse, Melvin, and Paul Perry. *Closer to the Light: Learning from Children? Near-Death Experiences*. New York: Ivy Books, 1990.

Parnia, Sam. *Erasing Death: The Science That Is Rewriting the Boundaries Between Life and Death*. San Francisco: HarperOne, 2013.

Ring, Kenneth. *Heading Towards Omega: In Search of the Meaning of the Near-Death Experience*. New York: HarperCollins, 1985.

Ring, Kenneth. *Life at Death: A Scientific Investigation of the Near-Death Experience*. New York: Quill, 1980.

Sabom, Michael B. *Recollections of Death: A Medical Investigation of the Near-Death Experience*. New York: Harper & Row, 1982.

van Lommel, Pim. *Consciousness Beyond Life: The Science of the Near-Death Experience*. San Francisco: HarperOne, 2010.

과학과 불교의 비교

Bohm, David. *Unfolding Meaning: A Weekend of Dialogue with David Bohm*. New York: Routledge, 1987.

Dalai Lama, and Paul Ekman. *Emotional Awareness*. New York: Henry Holt, 2008.

Dalai Lama, et al. *MindScience: An East-West Dialogue*. Somerville, MA: Wisdom Publications, 1991.

Damasio, Antonio. *The Feeling Of What Happens: Body, Emotion and the Making of Consciousness*. Boston: Houghton Mifflin Harcourt, 2000.

Davidson, Richard J., and Sharon Begley. *The Emotional Life of Your Brain*. New York: Plume, 2013.

Fraser, Andy, ed. *The Healing Power of Meditation*. Boston: Shambhala, 2013.

Gilbert, Paul. *The Compassionate Mind*. London: Constable & Robinson, 2009.

Goleman, Daniel. *Destructive Emotions: A Scientific Dialogue with the Dalai Lama*. New York: Bantam, 2003.

Mansfield, Vic. *Tibetan Buddhism and Modern Physics*. West Conshohocken, PA: Templeton Foundation Press, 2008.

Pylkkaönen, Paavo, ed. *The Search for Meaning*. Wellingborough, United Kingdom:

Crucible, 1989.
Ricard, Matthieu, and Trinh Xuan Thuan. *The Quantum and the Lotus: A Journey to the Frontiers Where Science and Buddhism Meet*. New York: Three Rivers Press, 2001.
Wallace, B. Alan, ed. *Buddhism and Science: Breaking New Ground*. New York: Columbia Univ. Press, 2003.
Weber, Rene"e. *Dialogues with Scientists and Sages: The Search for Unity*. London: Routledge & Kegan Paul, 1986.
Zajonc, Arthur, ed. *The New Physics and Cosmology: Dialogues with the Dalai Lama*. New York: Oxford Univ. Press, 2004.

달라이 라마의 책들

Advice on Dying and Living a Better Life. Translated by Jeffrey Hopkins. New York: Atria Books, 2002.
The Art of Happiness: A Handbook for Living. London: Hodder & Stoughton, 1998.
Beyond Religion: Ethics for a Whole World. New York: Houghton Mifflin Harcourt, 2011.
The Dalai Lama at Harvard. Translated and edited by Jeffrey Hopkins. Ithaca, NY: Snow Lion, 1988.
Dzogchen: The Heart Essence of the Great Perfection. Ithaca, NY: Snow Lion, 2000.
Ethics for the New Millennium. New York: Riverhead, 1999.
Freedom in Exile: An Autobiography of the Dalai Lama of Tibet. New York: HarperCollins, 1990.
Kindness, Clarity and Insight. Translated by Jeffrey Hopkins. Edited by Jeffrey Hopkins and Elizabeth Napper. Ithaca, NY: Snow Lion, 1984.
Mind in Comfort and Ease: The Vision of Enlightenment in the Great Per-fection. Somerville, MA: Wisdom, Publications 2006.
A Policy of Kindness: An Anthology of Writings by and about the Dalai Lama. Edited by Sidney Piburn. Ithaca, NY: Snow Lion, 1990.
Towards a Kinship of Faiths: How the World? Religions Can Come Together. New York: Three Rivers Press, 2010.
The Universe in a Single Atom: The Convergence of Science and Spirituality. New York: Morgan Road Books, 2005.

붓다와 그의 가르침

Choödroön, Pema. *When Things Fall Apart: Heart Advice for Difficult Times*. Boston: Shambhala, 2002.

Dudjom Rinpoche. *Counsels from My Heart*. Boston: Shambhala, 2003.

Gehlek Rimpoche. *Good Life, Good Death*. New York: Riverhead, 2001.

Goldstein, Joseph, and Jack Kornfield. *Seeking the Heart of Wisdom: The Path of Insight Meditation*. Boston: Shambhala, 1987.

Gunaratana, Bhante. *Mindfulness in Plain English*. 20th Anniversary Edition. Somerville, MA: Wisdom Publications, 2011.

Hanh, Thich Nhat. *Being Peace*. Berkeley: Parallax Press, 1987.

Hanh, Thich Nhat. *The Miracle of Mindfulness: An Introduction to the Practice of Meditation*. Translated by Mobi Ho. Boston: Beacon Press, 1976.

Hanh, Thich Nhat. *Old Path, White Clouds: Walking in the Footsteps of the Buddha*. Translated by Mobi Ho. Berkeley: Parallax Press, 1991.

Kalu Rinpoche. *The Dharma: That Illuminates All Beings Impartially Like the Light of the Sun and the Moon*. Albany, NY: State Univ. of New York Press, 1986.

Karmapa Ogyen Trinley Dorje. *The Heart Is Noble: Changing the World from the Inside Out*. Boston: Shambhala, 2013.

Khandro Rinpoche. *This Precious Life: Tibetan Buddhist Teachings on the Path to Enlightenment*. Boston: Shambhala, 2005.

Khyentse, Dilgo. *The Heart of Compassion: The Thirty Seven Verses on the Practice of a Bodhisattva*. Translated by the Padmakara Translation Group. Boston: Shambhala, 2007.

Khyentse, Dilgo. *The Wish-Fulfilling Jewel: The Practice of Guru Yoga According to the Longchen Nyingthig Tradition*. Translated by the Padmakara Translation Group. Boston: Shambhala, 1988.

Khyentse, Dzongsar Jamyang. *Not for Happiness: A Guide to the So-Called Preliminary Practices*. Boston: Shambhala, 2012.

Kongtruöl, Dzigar. *It? Up to You: The Practice of Self-Reflection on the Buddhist Path*. Boston: Shambhala, 2006.

Lama Zopa Rinpoche. *How to be Happy*. Edited by Josh Bartok and Ailsa Cameron. Somerville, MA: Wisdom Publications, 2008.

Patrul Rinpoche. *The Words of My Perfect Teacher*. Translated by Padmakara Translation Group. Revised edition. Boston: Shambhala, 1998.

Rahula, Walpola. *What the Buddha Taught*. Revised and expanded. New York: Grove Press, 1974.

Ringu Tulku. *Daring Steps: Traversing the Path of the Buddha*. Ithaca, NY: Snow Lion, 2010.

Sakya Trizin. *Freeing the Heart and Mind: Introduction to the Buddhist Path*. Somerville, MA: Wisdom Publications, 2011.

Salzberg, Sharon. *Lovingkindness: The Revolutionary Art of Happiness*. Revised edition. Boston: Shambhala, 2002.

Shantideva. *The Way of the Bodhisattva*. Translated by Padmakara Translation Group. Boston: Shambhala, 2008.

Sogyal Rinpoche. *The Spirit of Buddhism: The Future of Dharma in the West*. San Francisco: HarperOne, 2003.

Suzuki, Shunryu. *Zen Mind, Beginner? Mind*. Edited by Trudy Dixon. Boston: Shambhala, 2006.

Thurman, Robert. *Essential Tibetan Buddhism*. San Francisco: Harper-SanFrancisco, 1996.

Trungpa, Choögyam. *Cutting Through Spiritual Materialism*. Boston: Shambhala, 1973.

Tsoknyi Rinpoche and Eric Swanson. *Open Heart, Open Mind: Awakening the Power of Essence Love*. New York: Harmony Books, 2012.

Tulku Thondup. *The Healing Power of Mind*. Boston: Shambhala, 1998.

Tulku Thondup. *Masters of Meditation and Miracles: Lives of the Great Buddhist Masters of India and Tibet*. Boston: Shambhala, 1999.

Tulku Urgyen Rinpoche. *Rainbow Painting: A Collection of Miscellaneous Aspects of Development and Completion*. Translated by Erik Pema Kunsang. Kathmandu: Rangjung Yeshe, 2009.

The Twelfth Tai Situpa. *Relative World, Ultimate Mind*. Boston: Shambhala, 1992.

Yongey Mingyur Rinpoche. *The Joy of Living: Unlocking the Secret and Science of Happiness*. New York: Harmony Books, 2007.

감사의 말

　이 책에 담긴 가르침들을 드러내는 과정에서 그리고 현대 정신에 다가가는 길 위에서, 나는 달라이 라마 성하의 사례와 그가 현 세계 모두를 아우르는 광명정대함을 드러낼 때, 모든 참됨과 순수를 구현하는 방식에서 끝없는 영감을 받았다. 그에 대한 감사의 깊이를 표현할 방법이 없다. 그는 티베트인들 뿐 아니라 그의 메시지에 의해 변화한 삶을 살고 또 감명 받은 전 세계 셀 수 없이 많은 사람들에게 용기와 영감을 주는 끝없는 원천이다. 나와 달라이 라마 성하의 연결이 다른 사람들에게까지 뻗어나간다는 이야기를 들었다. 그리고 나는 그에게 느끼는 친밀함의 힘을 통해 이 이야기가 어느 정도 사실임을 안다.

　나는 이 책의 본질이 된 모든 내 스승들의 가르침과 영감에 감사하며, 나 역시 그들 모두에게 그것들을 바친다. 나를 알아보고 길러 준 잠양 켄체 최기 로되는 내게 삶의 의미와 삶의 토양을 주었고, 내가 가진 것들 가운데 가장 귀중한 두 가지인 헌신과 이해력을 주었다. 잠양 켄체 최기 로되의 영적인 동반자이자 티베트 불교에서 가장 권위 있는 여성 요가 수행자였던 칸도 체링 최된 또한 그녀의 사랑과 돌봄 속에서 내게 진정한 스승이었다. 내게 그녀는 잠양 켄체와 완전히 떼어 놓을 수 없는 존재였고, 나는 오직 그녀에게 비친 그의 장엄한 존재를 봄으로써 그녀를 생각할 수밖에 없었다. 그녀는 내게 영적 어머니와 같았다. 나는 항상 그녀의 기도와 사랑에 의해 보호받음을 느꼈다. 잠양 켄체가 내게 심었던 이해의 씨앗을 개인적인 친절과 가르침으로 꽃피운 사람은 뒤좀 린포체였다. 그가 내게 보인 애정은 종종 내가 그의 친아들이 아닐까 생각할 정도였다. 딜고 켄체 린포체는 내가 가진 이해력에 깊이와 설득력을 더했다. 수년 동안 그는 부드럽고 무한한 다정함으로 거리낌 없이 전하던 조언과 개인적인 보살핌을 통해 스승으로서 더 많은 역할을 했다. 내가 '스승'에 대해 생각할 때마다 내 마음은 점점 딜고 켄체 린포체로 향했고, 그는 내게 모든 가르침의 전형, 즉 살아있는 부처가 되었다.

이 위대한 스승들은 끊임없이 나를 인도하고 나아가게 한다. 나는 하루도 그들과 그들의 갚지 못할 친절을 잊은 적이 없고, 제자들과 친구들에게 늘 그들 이야기를 한다. 나는 그들이 큰 영감을 준 이 책을 통해 그들의 지혜와 자비, 힘, 그리고 인간에 대한 비전 같은 것들이 살아남을 수 있기를 염원한다.

어린 시절부터 감동의 눈물이 날 만큼 내게 특별한 애정을 보였던 삼촌 걀왕 카르마파 역시 잊을 수 없다. 나는 종종 우리 시대의 밀라레파인 위대한 칼루 린포체에 대해서도 생각하는데, 그는 나를 믿음과 온기, 존경으로 대하여 엄청난 용기를 주었다.

여기서 나는 다른 위대한 스승들, 예를 들어 어린 시절부터 절친한 친구이자 나의 스승이었고, 또 형제였던 사캬 티진 성하 같은 이들에게 내가 진 영감의 빛에 대한 감사를 표하고 싶다. 나는 나와 내 학생들에게 안식의 원천이자 영원한 가이드였던 도둡첸 린포체에게 깊이 감사하다. 최근 몇 년간 내게 가장 소중한 몇몇 순간들을 뇨슐 켄 린포체와 함께 했다. 나는 뇨슐 켄 린포체의 끝없는 배움과 지혜의 불빛 속에서 그 가르침들을 명확히 하는 행운을 누렸다. 특별한 영감의 샘이었던 또 다른 두 명의 걸출하고 탁월한 스승들은 툴쿠 우르걘 린포체와 툴식 린포체이다. 내 연구와 교육에 매우 중요한 역할을 했던 박식한 켄포 아페와 켄포 로되 상뽀에게도 감사를 전해야 한다. 또 내 스승인 잠양 켄체가 돌아가신 후에 내게 큰 친절을 보였던 걜툅 린포체도 잊을 수 없을 것이다.

나는 파드마삼바바에게서 직접 전수받은 풍부한 가르침의 전통을 끊임없이 전달하기 위해 지친 줄 모르고 열심히 일했던 뛰어난 스승 페노르 린포체의 경탄할 만한 비전과 격려에 특별한 찬사를 바치고 싶다.

특유의 친절함과 이해심을 보였던 뒤좀 린포체의 아내, 상윰 쿠쇼 리진 왕모와 나를 지속적으로 도운 그의 자녀들 셴펜 린포체, 치메 왕모, 체링 펜좀 등, 뒤좀 린포체의 가족들에게도 깊은 감사를 전한다. 이 책에 영감을 준 최기 니마 린포체와 서양 최고의 교사로서 서양에 가르침을 전하는 데 중요한 역할을 했던 페마 왕걜 린포체의 따뜻하고 너그러운 도움에도 감사드린다.

젊은 스승들 가운데, 스승인 잠양 켄체 최기 로되의 "활기의 발산"이었던 종사르 잠양 켄체 린포체를 콕 집어 이야기해야겠다. 그 가르침의 탁월함과 생생함은 계속해서 나를 매혹했고, 미래에 대한 희망으로 가득 채웠다. 딜고 켄체 린포체의 계승자로서 다섯 살 때부터 줄곧 그에게서 가르침을 받아왔던 셰첸 랍잠 린포체의 훌륭하고 자발적인 도움에 대해서도 감사를 표해야 할 것이다.

나는 내 심장과 가장 가까운 스승이자 그의 일이 곧 나의 것인 족첸 린포체에게서 항상 큰 감동과 격려를 받는다. 엄청난 활력으로 남인도에 유명한 족첸 수도원을 재건한 그는 배움과 눈부신 순도(純度), 존재의 자연적인 단순함으로 그가 미래에 되고자 하는 위대한 스승의 자세를 이미 갖추었다.

몇몇 스승들이 이미 이 책에서 다루는 가르침에 대한 어떤 특별한 질문들에 대해 구체적으로 답했다. 달라이 라마 성하와 딜고 켄체 린포체, 뇨슐 켄 린포체, 툴식 린포체, 종사르 켄체 린포체, 라티 린포체, 알락 센까르 린포체가 바로 그들이다. 그들 모두에게 깊은 감사를 전한다. 수년간 나와 내 제자들에게 끊임없이 도움과 친절의 손길을 내밀었고, 이 책을 티베트어로 번역하는 것을 포함하여 환상적인 번역 작업을 했던 링구 툴쿠 린포체에게도 고마움을 표현하고 싶다.

수십 년간 좋은 작품으로 수많은 서양인들을 도운 여러 전통의 스승들, 불교 가르침의 선구자들에게도 경의를 표한다. 스즈키 선생님과 최걈 둥파, 다르탕 툴쿠, 틱낫한이 바로 그들이다.

어머니와 돌아가신 아버님의 지지, 지금껏 내가 한 모든 것들을 이룰 수 있도록 그들이 내게 준 모든 도움에도 감사하다. 열여덟 살 때부터 잠양 켄체의 개인 비서 일을 했던 선친 체왕 팰조르는 훌륭한 의사이자 요가 수행자였다. 나의 어머니 테링 왕모는 항상 내게 나아갈 것을 재촉했고 내 일을 격려했다. 형제 티걜과 자매 데첸의 도움과 충심에도 감사를 표한다.

시킴국 사람들과 돌아가신 왕과 왕대비, 돌아가신 텐진 남걀 황태자와 현재의 왕인 왕축을 비롯한 모든 왕실 가족들에게도 감사를 표한다. 시킴연구소의 전임 소장이었던 니르말 신하 교수에게도 고맙다.

특히 이 책에서 내게 격려와 영감의 원천이 되었던 이는 데이비드 봄인데 그에게도 감사의 말을 전한다. 케네스 링 박사와 나의 오랜 친구인 배질 하일리 박사, 달라이 라마 성하의 번역가로 이 책을 꼼꼼히 읽고 조언해 준 게세 툽텐 진파를 비롯한 몇몇 과학자들과 학자들에게도 감사하다. 달라이 라마 성하의 비서인 텐진 게체 테통과 달라이 라마 성하의 특사이자 국제 티베트 캠페인의 수장인 로디 갸리 린포체, 그리고 딜고 켄체 린포체의 비서인 쾬촉 텐진의 도움에도 감사 인사를 전한다.

나는 재능 있는 유명 작가인 내 친구 앤드류 하비가 눈부시게 단순하고 탁월한 문장으로 가르침의 장엄함이 빛을 발할 수 있도록 도운, 헌신적이고 열정적이며 사심 없는 방식에도 감사를 표한다. 앤드류 하비는 스승 툭세 린포체와 세계 종교 사이의 조화를 공부하던 미라 수녀의 일도 도왔다. 내 기억에 툭세 린포체는 긍정적인 사랑의 빛을 발하는 사람으로 새겨져 있으며, 나는 항상 나를 애정 어린 눈빛으로 바라보던 그의 친절에 보답할 수 있기를 바랐다.

수년간 이 책의 수많은 변화들을 지켜본 패트릭 개프니의 희생과 열정, 끊임없는 인내심에 감사한다. 그는 나의 가장 오랜 친구이자 가장 가까운 친구로, 만약 누군가 내 작품과 내 마음을 전부 이해한다면 그 사람은 분명 패트릭 개프니일 것이다. 따라서 이 책은 내 책인 동시의 그의 책이기도 하다. 만약 그가 없었다면 이런 일이 가능하다고 상상조차 할 수 없었을 것이다. 나는 이 작품을 그의 영적인 발전과 모든 존재의 행복을 위해 바치고 싶다.

크리스틴 롱가커의 죽음과 죽어감에 대한 가르침 그리고 죽어가는 이들에 대한 귀중한 도움에도 감사하다. 나의 첫 서양인 친구이자 제자 중의 하나인 해럴드 탤벗과 마이클 볼드윈에게도 경의를 표한다. 그들은 붓다의 가르침을 서양에 확립하기 위해 헌신했고 항상 나를 격려해 주었다. 또 이 책을 위해 귀중하고 열성적인 도움을 준 샌프란시스코 하퍼 출판사의 에이미 헤르츠와 마이클 톰스를 비롯한 모든 스태프들에게도 감사를 전해야겠다.

나는 필립 필리포, 도미니크 사이드, 메리 엘런 루일러, 샌드라 파울라, 도리스 월터, 이언 맥스웰, 자일스 올리버, 리사 브루어, 도미니크 코웰, 사바 체라이에트, 톰 보텀스, 로스 매케이에게의 끊임없는 도움과 헌신에 감사를 전하고자 한다. 존 클리스, 알렉스 리스, 앨런 매슨, 보카라 르장드르, 라비니아 퀴리에, 피터 코니시와 해리엇 코니시, 로빈 렐프, 패트릭 네일러의 비전과 도움에도 감사하다.

깊은 헌신으로 나를 견디고, 이 책을 만드는 모든 과정을 함께 했으며, 내게는 스승이나 다름없었던 나의 모든 학생들과 친구들에게도 감사를 표한다. 그들은 내게 끝없는 영감의 원천이었다. 또 이 가르침들을 진실로 실행했던 이들, 특히 죽어가는 이들과 유가족들을 돌보면서 이 책에 수많은 유용한 통찰을 제공했던 이들에게 감사하다. 나는 이 책을 이해하고 적용하고자 노력했던 모든 내 학생들의 노력에 감동받았다. 그들이 모두 성공하기를 기원한다.

나는 가르침의 정수를 전달하고자 최선을 다했으나 혹시 모를 누락, 부정확한 내용이나 실수에 대해서는 독자들의 관용을 바란다. 그리고 내 스승들과 가르침의 수호자들이 나를 용서하길 기도한다.

옮긴이의 말

이 책은 죽음과 삶을 주제로 한 일종의 편람, 가이드북, 백과 사전이라고 말할 수 있다. 여러 번에 걸쳐 음미하고 반복해서 읽어야만 그 의미의 다양한 층차가 확연하게 눈에 들어올 수 있다. 이 책은 다양한 내용으로 구성되어 있는데 이를테면 다양한 전승 자료로부터 유래되는 네 가지 바르도, 죽음과 죽어가는 과정에 대한 포괄적인 설명, 삶과 죽어감의 과정 그리고 죽음 이후 자기 자신과 다른 사람을 돕기 위한 설명, 일상에서 실제로 실행할 수 있는 가르침, 그리고 영적인 수행의 필요성과 구체적 방법 등이 자세하게 제시된다.

우리는 때때로 〈죽으면 어떻게 될까?〉라고 궁금해한다. 그에 대해 소걀 린포체는, 그 마음 상태가 어떠하든지 지금 우리의 마음 상태 그대로, 어떤 사람이든지 우리가 지금 사는 모습 그대로와 다름없다고 답한다. 그러니까 살아 있는 바로 지금 우리가 변하지 않는다면 죽음의 순간에, 죽음 이후에 바뀌는 것은 하나도 없다. 누구나 그 자신이 살아왔던 방식 그대로 죽게 마련이다. 그러한 까닭에 지금 이 삶에서 할 수 있는 한 마음의 흐름을 정화하고 자기 자신과 그 성격을 근본적으로 뜯어고치는 것이 무엇보다 중요하다. 즉 우리가 어떤 사람인가, 어떤 삶을 살았는가 하는 것이 가장 중요하다. 또한 죽음과 관련해서 중요한 것이 또 하나 있다. 죽는 그 순간 마음의 상태가 어떠한가? 우리가 삶의 시간 동안 부정적인 업을 많이 축적했을지라도 죽는 순간 진정 마음을 바꿀 수 있다면 그것은 우리의 미래에 결정적으로 영향을 미칠 수 있다. 왜냐하면 죽는 순간 카르마를 정화하기 위한 예외적으로 강력한 기회가 주어지기 때문이다. 그러므로 죽는 순간 마음의 상태는 매우 중요하다.

불교 가르침의 근본 메시지는 우리가 죽음을 제대로 준비한다면 죽음과 삶 모두에 커다란 희망이 남아 있다고 전한다. 불교는 삶에 있어서 궁극적으로 아무런 한계 없는 자유를 성취할 가능성을 제시해 주는데, 그런 자유는 바로 지금 우리의 노력 여하에 따라 우리 자신의 것이 될 수도 있다. 죽음을 준비하고 수행을 충실히 닦은 사람에게 죽음은 패배이기는 커녕 승리, 삶의 가장 영광스런 성취의 순간이라고 소걀 린포체는 강조한다.

옮긴이가 처음 이 책을 접했을 때, 죽음을 바라보는 우리 사회의 시선과 관련해서 우리말로 옮길 필요성을 절감했고 비로소 펴낼 수 있게 되었다. 이 책을 출판하는 과정에서, 산스크리트 어와 티베트어 표기와 관련해 도움을 준 유경희 선생님과 고영섭 선생님에게 감사를 표하고 민음사 여러분에게도 감사의 뜻을 전한다.

봄내 마을에서 오진탁

저자에 대하여

티베트 동부 캄에서 태어난 소갈 린포체는 아주 어린 나이에 13대 달라이 라마의 스승, 테르텐 소갈 레렙 링파의 환생으로 인정받았다. 그는 스승 잠양 켄체 최기 로되의 친밀한 인도를 받으면서, 티베트 라마가 받는 전통적인 교육을 받았다. 잠양 켄체 린포체는 소갈 린포체를 자기 아들처럼 보살폈다.

린포체는 티베트 불교의 다양한 학파의 스승들, 특히 뒤좀 린포체와 딜고 켄체 린포체로부터 배웠다. 처음에는 존경하는 스승들을 위해 영어 통역자와 보좌관으로 일했고, 나중에는 독자적으로 가르침을 전했다. 린포체는 많은 나라를 방문해 현대인들이 삶을 영위하는 모습을 지켜보면서, 티베트 불교 가르침을 현대인들에게 적절하고 의미 있게 전하는 방식을 모색했다.

이런 과정을 거쳐 소갈 린포체 특유의 스타일, 티베트 가르침을 현대인의 삶에 맞추는 그의 지혜와 능력이 형성되었다. 기념비적인 저서 『삶과 죽음을 바라보는 티베트의 지혜』를 통해 그의 지혜와 능력은 명명백백하게 입증되었다. 린포체는 40년 넘게 가르침을 전했고 티베트 불교 센터와 지부를 중심으로 국제적인 네트워크를 구축했는데, 그는 이를 리그파라고 이름했다. 유럽, 아메리카, 오스트레일리아, 그리고 아시아를 폭넓게 여행해 그의 수행처에서 많은 사람에게 가르침을 전했다. 2019년 세상을 떠났다.

리그파

　　리그파는 티베트 불교 전통을 최대한 정확하고 현대인들의 삶과 필요에 맞게 구현하는 것을 목표로 한다.
　　티베트 불교의 모든 학파와 전승에 열려 있는 리그파는, 티베트 불교 가르침을 따르는 사람들이 가르침을 온전히 체험할 수 있는 환경을 조성하면서, 학습과 수행의 완전한 길을 제시하고 있다. 또한 리그파는 불교 가르침의 지혜와 자비를 현대인 삶의 다양한 측면들에 어떻게 적용할 수 있을지 모색하고 있다.

　　리그파는 '지혜'나 '깨어 있음'을 뜻하는 티베트 단어이다. 하지만 티베트 불교 전통의 가장 깊은 가르침, 족첸에서는 리그파가 '마음의 가장 내밀한 본성'이라는 훨씬 심오한 의미를 뜻한다. 붓다의 모든 가르침 전체는 우리의 근원적인 본성, 전지(全知) 혹은 깨달음을 실현하는 것을 지향한다. 우리의 근원적인 본성은 아주 보편적이고 근원적이어서 온갖 한계에서 벗어나 있고 또한 심지어 종교마저도 넘어선다.

―소걀 린포체

리그파라는 단어에서 영감을 받은 소걀 린포체는 서양에 불교의 가르침을 전하기 위해 진행 중인 프로젝트에 리그파라는 이름을 붙였다. 오늘날 리그파는 전 세계 24개국에 117개 이상의 센터와 지부가 있다.

　다양한 티베트 불교 전통 출신의 저명한 스승들이 여러 해에 걸쳐 리그파 센터에서 가르침을 펼쳤다. 그들 중에는 특히 달라이 라마, 캅제 뒤좀 린포체, 캅제 딜고 켄체 린포체, 사캬 트리진 성하, 16대 걀왕 카르마파, 용진 링 린포체, 페노어 린포체, 툴쉭 린포체, 그리고 양탕 린포체 등이 포함되어 있다.

　등급으로 구분된 리그파의 학습과 수행 과정은 전 세계 도시에 있는 리그파, 수행처 그리고 온라인으로 개설된 프로그램과 코스를 포함한다. 학습과 수행 과정은 프랑스 남부 지방의 레렙 링(Lerab Ling)에 건립된 인터내셔널 수행처, 아일랜드 남서부 지방 족첸 베아라(Dzogchen Beara)에 있는 장기 수행처에서 마무리된다. 달라이 라마가 2008년 참석해 완공된 레렙 링의 티베트 전통 방식의 사원에서, 400여 명의 리그파 수행자들이 2006년부터 2009년까지 수행에 참여했다.

　리그파는 아시아에서 위대한 스승과 사원의 활동을 후원했는데, 특히 티베트의 영적 전통이 생생하게 살아 있는 기도 모임과 의식 수행을 지원하고 있다.

　2017년 7월, 리그파의 영적인 스승 소걀 린포체는 40여 년 동안 활동한 이후 오래된 제자들의 고발에 의해 모든 직책을 내려놓았다. 린포체는 존경받는 티베트인 라마들에게 컨설팅을 받는, 리그파의 미래를 이끌어 갈 책임이 있는 비전 보드(Vision Board)를 포함한 헌신적인 제자들 모임에 모든 권한을 위임했다.

　불만에 대한 답변으로 리그파는 다음과 같은 견해를 발표했다.

우리는 마음 깊이 유감을 표하면서, 리그파의 과거와 현재 회원들이 겪은 피해에 대해 사죄 말씀을 드린다. 우리가 할 수 있는 모든 것을 할 것이고, 상처받았던 회원들을 지원할 것이다. 리그파가 안전한 환경이라는 확신을 누구나 가질 수 있도록 모든 책임을 다할 것이다.

리그파가 단행한 여러 가지 개혁은 다음 온라인 주소에서 확인할 수 있다. www.rigpa.org/learning-journey

소걀 린포체는 2019년 8월 세상을 떠났다. 린포체가 설립한 리그파는 티베트 지혜 전통에 따라 학습하고 수행하는 제자들 수천여 명을 지도하고 있다.

국제 센터 및 지회 연락처

AUSTRALIA
158 Australia Street, Newtown
Sydney, NSW 2050
Tel: +61 (0)2 9211 5304
Website: www.rigpa.org.au
Email: rigpa.australia@rigpa.org.au

AUSTRIA
Website: www.rigpa.de/zentren/wien/
Email: rigpa.wien@gmail.com

BELGIUM
10 rue Fernand Bernier
1060 Bruxelles
Tel: +32 (0) 479 34 20 74
Website: www.rigpa.be
Email: contact.rigpa.be@gmail.com

CANADA
C.P. 202
Succ. St-Dominique
Montreal (Quebec)
H2S 3K9
Tel: +1 514 490 9092
Website: www.rigpacanada.org
Email: info@rigpacanada.org

CZECH REPUBLIC
Email: czech@rigpa.de
Website: www.rigpa.de/zentren/daenemark-oesterreich-tschechien/

DENMARK
Website: www.rigpa.de/zentren/
daenemark-oesterreich-tschechien/

FRANCE
6 bis rue Vergniaud
92300 Levallois Perret, Paris
Tel: +33 (0)1 46 39 01 02
Website: www.rigpa.fr

GERMANY
Soorstraße 85
14050 Berlin
Tel: +49 (0)30 23 25 50 10
Website: www.rigpa.de
Email: info@rigpa.de

INDIA
Email: mauro.demarch@rigpa.org

IRELAND
12 Wicklow Street,
[3rd floor] Dublin 2
Tel: +353 (0)1 670 3358
Website: www.rigpa.ie
Email: info@rigpa.ie

ISRAEL
Email: talsade28@gmail.com

ITALY
Website: www.rigpa.it

Email: info@rigpa.it

NETHERLANDS
Van Ostadestraat 298-300
1073 TM Amsterdam
Tel: +31 (0)20 470 5100
Website: www.rigpa.nl
Email: rigpa@rigpa.nl

SPAIN
Avda Germanías, n° 36-1°, ptas 1ª y 2ª.
46004 Valencia
Tel: +34 (0)630 117 617
Website: www.rigpameditacion.org
Email: info@rigpa.es

SWEDEN
Email: info@rigpa.se

SWITZERLAND
Gubelhangstr. 7
CH-8050 Zu?rich
Website: www.rigpa.ch
Email: info@rigpa.ch

TAIWAN
Email: jingmeei@gmail.com

UNITED KINGDOM
330 Caledonian Road
London N1 1BB
Tel: +44 (0)207 700 0185

Website: www.rigpa.org.uk
Email: enquiries@rigpa.org.uk

UNITED STATES OF AMERICA
P.O. Box 28577
Bellingham, WA 98228
Tel: +1 866 200 5876
Website: www.usa.rigpa.org
Email: info@rigpaus.org

해외 리그파 센터에 대한 자세한 정보를 원하시면 리그파 웹사이트를 방문하세요. www.rigpa.org/locations

수행 센터

Dzogchen Beara
Garranes, Allihies
Beara, Co. Cork P75C670
Republic of Ireland
Tel: +353 (0)27 730 32
Website: www.dzogchenbeara.org
Email: info@dzogchenbeara.org

Lerab Ling
L'Engayresque
34650 Roqueredonde
France
Tel: +33 (0)4 67 88 46 00
Website: www.lerabling.org
Email: lerabling@rigpa.org

프로젝트 및 활동

Dzogchen Beara Spiritual Care Centre
Garranes, Allihies
Beara, Co. Cork P75C670
Republic of Ireland
Tel: +353 (0)27 73370
Website: www.dzogchenbeara.org/spiritual-care-centre/
Email: carecentre@dzogchenbeara.org

리그파 웹사이트
www.rigpa.org

PRAJNA
Online library and events
Website: www.prajnaonline.org

RIGPA SHEDRA
Website: www.rigpashedra.org

SHEDRA WIKI
Website: www.rigpawiki.org

RIGPA STORE
ZAM SARL
Tel: +33 (0)4 67 88 46 36
Website: www.zamstore.com
Email: informationsclients@zamstore.com

옮긴이 **오진탁**

성균관대학교 철학과를 졸업하고, 고려대학교 철학과에서 석사 학위와 박사 학위를 받았다. 2004년 한림대학교에 생사학연구소를 열고 국내 최초로 죽음 준비 교육과 자살 예방 교육 과목을 개설하는 등 자살 예방에 힘쓴 공로를 인정받아 2008년과 2014년에 보건복지부 장관으로부터 표창을 받았다. 현재 한림대학교 철학과 교수로 재직 중이다. 저서로 『죽음을 알면 삶이 바뀐다』, 『죽으면 다 끝나는가?』, 『자살예방 해법은 있다』 등이 있고, 역서로 『죽음으로부터 배우는 삶의 지혜』 등이 있다.

삶과 죽음을 바라보는
티베트의 지혜

1판 1쇄 펴냄 1999년 2월 1일
1판 24쇄 펴냄 2011년 8월 9일
2판 1쇄 펴냄 2013년 12월 11일
3판 1쇄 찍음 2014년 12월 24일
3판 5쇄 펴냄 2018년 4월 5일
4판 1쇄 펴냄 2020년 9월 25일
5판 1쇄 펴냄 2023년 1월 2일
5판 2쇄 펴냄 2024년 11월 26일

지은이   소걀 린포체
옮긴이   오진탁
발행인   박근섭, 박상준
펴낸곳   (주)민음사

출판등록   1966. 5. 19. 제16-490호
주소   서울특별시 강남구 도산대로1길 62(신사동) 강남출판문화센터 5층 (우편번호 06027)
대표전화   02-515-2000 | 팩시밀리   02-515-2007
홈페이지   www.minumsa.com

한국어 판 ⓒ (주)민음사, 1999, 2013, 2014, 2020, 2023. Printed in Seoul, Korea

ISBN 978-89-374-2419-9 (03200)

* 잘못 만들어진 책은 구입처에서 교환해 드립니다.